»... eine meisterhafte Synthese der Fülle der weltgeschichtlichen Entwicklungen der Epoche von 1875 bis 1914«, so leitete Wolfgang J. Mommsen seine große Besprechung der deutschen Erstausgabe des vorliegenden Buches in der Frankfurter Allgemeinen Zeitung ein.
Eric J. Hobsbawm gilt als einer der geistigen Väter der Gesellschaftsgeschichte als einer neuen Form von Geschichtsschreibung, die von der Analyse der ökonomischen und gesellschaftlichen Verhältnisse ausgeht und die politischen, ideologischen, geistigen und religiösen Entwicklungen in einen Zusammenhang zu bringen sucht. Mommsens Urteil: »Dieser Band darf als Meisterstück einer solchen Gesellschaftsgeschichte gelten.«
In der von Hobsbawm beschriebenen Epoche betritt das Kleinbürgertum die Arena im Namen des universellen Fortschritts. In diese Zeit fällt das Erstarken der Arbeiterbewegung, die die luxusgewohnte Bourgeoisie das Fürchten lehrte; in diese Zeit fällt der Beginn der Emanzipation der Frauen aus patriarchalischer Vormundschaft. Hobsbawm behandelt die ökonomischen und politischen Entwicklungen ebenso wie die der schönen Künste, die wissenschaftlich-technischen Verheißungen, den »Zeitgeist«, das Lebensgefühl und die Krise des Liberalismus.
Der Autor beschreibt die sozialen und politischen Hoffnungen in einer beispiellosen Ära des Friedens, in der die europäischen Weltmächte im Zenith ihrer Macht und Herrlichkeit standen und die sich bald in einen beispiellosen Krieg wenden sollte.

Eric J. Hobsbawm, geboren 1917, lehrte bis zu seiner Emeritierung Geschichte am Birkbeck College der University of London. Er ist Mitglied der British Academy und Mitglied des wissenschaftlichen Beirats der Reihe »Europäische Geschichte«, die im Fischer Taschenbuch Verlag erscheint. Er ist Autor zahlreicher Bücher, die auch ins Deutsche übersetzt wurden, darunter: »Europäische Revolutionen«, »Blütezeit des Kapitals«, »Das Zeitalter der Extreme. Weltgeschichte des 20. Jahrhunderts«, »Nation und Nationalismus. Mythos und Realität seit 1780«, »Revolution und Revolte. Aufsätze zum Kommunismus, Anarchismus und Umsturz im 20. Jahrhundert«.

Unsere Adresse im Internet: www.fischer-tb.de

Eric J. Hobsbawm

Das imperiale Zeitalter 1875–1914

Aus dem Englischen von
Udo Rennert

Fischer Taschenbuch Verlag

Für die Studenten des Birkbeck Colleges

3. Auflage: Dezember 1999

Veröffentlicht im Fischer Taschenbuch Verlag GmbH,
Frankfurt am Main, Juli 1995

Lizenzausgabe mit freundlicher Genehmigung
des Campus Verlages GmbH, Frankfurt am Main
Die Originalausgabe erschien unter dem Titel
»The Age of Empire 1875–1914«
bei Weidenfeld and Nicolson, London 1987

Druck und Bindung: Clausen & Bosse, Leck
Printed in Germany
ISBN 3-596-12599-5

Inhalt

Vorwort

Obgleich dieses Buch von einem Fachhistoriker geschrieben wurde, wendet es sich nicht allein an ein akademisches Publikum, sondern an alle, die ein Interesse daran haben, die Welt zu verstehen, und die überzeugt sind, daß die Beschäftigung mit Geschichte diesem Zweck dient. Es ist nicht seine Absicht, dem Leser exakt mitzuteilen, was alles in den 40 Jahren vor dem Ersten Weltkrieg auf dem Globus passiert ist, wenn ich auch hoffe, einen Eindruck von jener Epoche vermitteln zu können. Wer mehr über diese Zeit erfahren will, dem steht eine Fülle von zum Teil hervorragender weiterführender Literatur zur Verfügung, die am Ende dieses Buches aufgeführt ist.

In dem vorliegenden Band habe ich ebenso wie in den beiden anderen, die ihm vorausgehen *(Europäische Revolutionen 1789-1848* und *Die Blütezeit des Kapitals),* den Versuch unternommen, das 19. Jahrhundert und seinen Ort in der Geschichte zu verstehen und zu erklären, eine Welt, die einem umwälzenden Wandel unterworfen war; die Wurzeln unserer Gegenwart bis in den Boden der Vergangenheit zurückzuverfolgen und – vielleicht mehr als alles andere – die Vergangenheit als ein zusammenhängendes Ganzes zu sehen und nicht (wie wir sie durch die Spezialisierung unseres Fachs so oft zu sehen bekommen) als ein Ensemble von Einzelaspekten: eine Länder-, Politik-, Wirtschafts-, Kultur- oder sonst eine Geschichte. Soweit mein Interesse an Geschichte zurückreicht, ist es mir immer darum gegangen zu ergründen, wie und warum alle diese Aspekte des vergangenen (oder gegenwärtigen) Lebens miteinander zusammenhängen.

Dieses Buch ist deshalb (von zufälligen Ausnahmen abgesehen) keine erzählende oder systematische Darstellung und noch weniger eine Demonstration von Gelehrsamkeit. Man versteht es am besten als die Entfaltung eines Arguments oder auch als die Variierung eines Grundthemas durch die einzelnen Kapitel hindurch. Der Leser mag selbst beurteilen, ob dieser Versuch gelungen ist, obwohl ich mich nach besten Kräften bemüht habe, das Buch auch für den historischen Laien verständlich zu machen.

Es gibt keine Möglichkeit, all jenen Autoren meine Dankesschuld abzutragen, aus deren Arbeiten ich mich bedient habe, auch wenn ich nicht immer ihrer Meinung war, und noch weniger kann ich all die Ideen würdigen, die ich im Lauf langer Jahre in Diskussionen mit Studenten und Fachkollegen von anderen übernommen habe. Sollten sie ihre eigenen Gedanken und Beobachtungen in diesem Buch wiederentdecken, dann können sie mich wenigstens zur Rede stellen, falls ich ihr Urteil oder die historischen Tatsachen falsch wiedergegeben habe, was mir sicherlich hier und da unterlaufen ist. Ich kann mich jedoch immerhin bei denen bedanken, die es mir ermöglicht haben, die Ergebnisse einer langjährigen Beschäftigung mit der hier behandelten Periode in einem einzigen Buch zusammenzufassen. Das Collège de France gab mir 1982 die Möglichkeit, eine Art Vorentwurf in Form einer Vorlesungsreihe aus 13 Veranstaltungen abzufassen; ich danke dieser erlauchten Institution sowie Emmanuel Le Roy Ladurie, von dem die Einladung ausgesprochen wurde. Die Leverhulme-Stiftung verhalf mir zu einer Emeritus Fellowship 1983-1985, so daß ich Forschungshilfen in Anspruch nehmen konnte. Das Maison des Sciences de l'Homme und Clemens Heller in Paris, das World Institute for Development Exonomics Research der United Nations University und die Macdonnell Foundation ermöglichten mir 1986 mehrere ruhige Wochen, in denen ich das Manuskript fertigstellen konnte. Von den vielen Personen, die mich bei meiner Forschungsarbeit unterstützt haben, danke ich ganz besonders Susan Haskins, Vanessa Marshall und Dr. Jenna Park. Francis Haskell sah das Kapitel über Kunst und Literatur durch, Alan Mackay die Kapitel über die Naturwissenschaften und Pat Thane das über die Frauenemanzipation; alle drei bewahrten mich vor manchen, aber leider vermutlich nicht allen Irrtümern. André Schiffrin las das gesamte Manuskript als ein Freund und Musterbeispiel für den gebildeten Nichthistoriker, an den sich dieses Buch wendet. Lange Jahre habe ich den Studenten am Birkbeck College der Universität London Vorlesungen über europäische Geschichte gehalten, und es ist zweifelhaft, ob ich in der Lage gewesen wäre, ohne diese Erfahrung ein Buch über das 19. Jahrhundert in der Weltgeschichte in Angriff zu nehmen. Das ist der Grund, warum ich es diesen Studenten gewidmet habe.

VORSPIEL

»Erinnerung ist Leben. Stets sind es Gruppen lebender Menschen, die sie mit sich tragen, und deshalb ist sie in ständiger Entwicklung begriffen. Sie unterliegt der Dialektik des Bewahrens und Vergessens, unempfindlich für ihre fortwährenden Umgestaltungen, bereit für alle Arten des Gebrauchs und der Manipulation. Manchmal ruht sie während langer Perioden im verborgenen, um dann plötzlich von neuem aufzuleben. Geschichte ist die immer unvollständige und problematische Rekonstruktion dessen, was nicht mehr da ist. Erinnerung gehört stets zu unserer eigenen Zeit und bildet ein gelebtes Band mit der ewigen Gegenwart; Geschichte ist eine Darstellung der Vergangenheit.«

Pierre Nora (1984, S. XIX)

»Eine bloße Nacherzählung des Gangs der Ereignisse, selbst in weltweitem Maßstab, kann uns kaum zu einem besseren Verständnis jener Kräfte verhelfen, die in der Welt von heute wirksam sind, sofern wir uns nicht zugleich die tiefliegenden strukturellen Veränderungen ins Bewußtsein rufen. Was wir vor allem anderen benötigen, sind ein neuer Bezugsrahmen und neue Orientierungslinien. Beides versucht das vorliegende Buch zu vermitteln.«

Geoffrey Barraclough (1964, S. 1)

I

Im Sommer 1913 beendete in Wien, der Hauptstadt der österreichisch-ungarischen Monarchie, eine junge Dame den Besuch des Gymnasiums mit dem Abitur. Das war damals noch eine ziemlich ungewöhnliche Leistung für ein Mädchen in Mitteleuropa. Um das Ereignis gebührend zu feiern beschlossen die Eltern, ihr eine Reise ins Ausland zu schenken, und da es undenkbar gewesen wäre, eine achtbare junge Frau von 18 Jahren ganz allein den verschiedensten Gefahren und Versuchungen auszusetzen, sahen sie sich in der Verwandtschaft nach einer geeigneten Begleitung um. Zum Glück gab es unter den verschiedenen untereinander verbundenen Familien, die während der letzten Generation auf der Suche nach Wohlstand und Bildung aus zahlreichen Kleinstädten in Polen und Ungarn westwärts gezogen waren eine, die außergewöhnlich erfolgreich gewesen war. Onkel Albert hatte in der Levante – Istanbul, Izmir, Aleppo und Alexandria – eine Ladenkette aufgebaut. Zu Beginn des 20. Jahrhunderts konnte man im Osmanischen Reich und im Nahen Osten noch viele Geschäfte machen, und Österreich war seit langem das Fenster Mitteleuropas zum Orient. Ägypten war sowohl ein lebendes Museum, in dem man seine Bildung vervollkommnen konnte, als auch die Heimat eines hochgebildeten Zirkels der kosmopolitischen Mittelschicht Europas, mit deren Angehörigen man sich mühelos auf Französisch verständigen konnte – eine Sprache, deren Kenntnis die besagte junge Dame und ihre Schwestern in einem Internat in der Nähe von Brüssel vertieft hatten. Natürlich lebten dort auch Araber. Onkel Albert war glücklich, seine junge Verwandte bei sich aufzunehmen, die von Triest aus, damals der Haupthafen der Habsburger Monarchie und zufällig auch der Wohnort von James Joyce, auf einem Dampfer der Lloyd Triestino nach Ägypten gereist war. Die junge Dame war die spätere Mutter des Autors.

Einige Jahre früher war ein junger Mann ebenfalls nach Ägypten gereist, allerdings von London aus. Er stammte aus wesentlich bescheideneren Verhältnissen. Sein Vater, der in den 70er Jahren des 19. Jahrhunderts von Russisch-Polen nach England ausgewandert war, schlug sich in East London und Manchester schlecht und recht in seinem erlernten Beruf als Möbeltischler durch und mußte eine Tochter aus erster und acht Kinder aus zweiter Ehe durchbringen, von denen die meisten in England geboren waren. Mit Ausnahme eines Sohnes war keines seiner Kinder für eine handwerkliche Tätigkeit begabt oder fühlte sich zu ihr hingezogen. Nur ein einziges der jüngsten Kinder hatte die Möglichkeit, länger die Schule zu besuchen, und wurde später Bergbauingenieur in Südamerika, damals noch informeller Bestandteil des britischen Empire. Alle waren jedoch versessen darauf, sich die englische Sprache und Kultur anzueignen und anglisierten sich voll Begeisterung. Einer wurde Schauspieler, ein anderer (die erwähnte Ausnahme) führte das Geschäft des Vaters weiter, einer wurde Volksschullehrer, zwei weitere traten in den expandierenden öffentlichen Dienst ein und wurden Postbeamte. Wie die Dinge lagen, hatte England vor kurzem (1882) Ägypten besetzt, und so kam es, daß einer der beiden einen winzigen Teil des britischen Empire im Nildelta repräsentierte, nämlich den Ägyptischen Post- und Telegrafendienst. Er war der Meinung, Ägypten sei der richtige Ort für einen seiner Brüder, dessen hauptsächliche Qualifikation ihm ausgezeichnete Dienste für seinen Weg durchs Leben geleistet hätte, wenn da nicht der fehlende Lebensunterhalt gewesen wäre: Er war intelligent, liebenswürdig, musikalisch, ein vielseitiger Sportler und sogar ein medaillenverdächtiger Leichtgewichtboxer. Kurzum, er gehörte genau zu der Sorte von Engländern, die am ehesten eine Stelle in einer Schiffagentur »in den Kolonien« bekamen und sich dort bewährten.

Dieser junge Mann war der zukünftige Vater des Autors, der auf diese Weise seine spätere Frau genau dort kennenlernte, wo die Ökonomie und die Politik – ganz zu schweigen von der Sozialgeschichte – jener Periode beide zusammenbrachten – vermutlich im Sportklub in einem Vorort von Alexandria, wo sie dann auch ihre erste gemeinsame Wohnung bezogen. Es ist äußerst unwahrscheinlich, daß es zu irgendeiner früheren geschichtlichen Epoche als der hier behandelten zwischen zwei derartigen Menschen zu einer entsprechenden Begegnung oder gar einer Heirat gekommen wäre. Der Leser soll erfahren, warum dies so war.

Es gibt allerdings noch einen wichtigeren Grund, warum ich eine autobiographische Anekdote an den Anfang dieses Buches gestellt habe. Für uns alle existiert eine Zwielichtzone zwischen der Geschichte und der Erinnerung; zwischen der Vergangenheit als einem grob skizzierten Bericht, der einer relativ nüchternen Überprüfung zugänglich ist und der Vergangenheit als eines erinnerten Bestandteils oder Hintergrunds des eigenen Lebens. Für einzelne menschliche Individuen erstreckt sich diese Zone von dem Punkt, mit dem die lebendigen Familientraditionen oder -erinnerungen beginnen – sagen wir mit dem frühesten Familienfoto, das vom ältesten noch lebenden Familienmitglied identifiziert oder erläutert werden kann –, bis zum Erreichen der Volljährigkeit, wenn das Schicksal der Allgemeinheit und das der eigenen Person als zwei Aspekte erkannt werden, die sich nicht voneinander trennen lassen und sich gegenseitig bedingen (»ich traf ihn kurz vor Kriegsende«; »Kennedy muß 1963 ermordet worden sein, denn damals war ich noch in Boston«). Die Ausdehnung dieser Grauzone mag unterschiedlich sein, und dasselbe gilt für den Grad ihrer Tönung und der Unschärfe der Konturen in ihrem Innern. Aber es gibt immer ein solches Niemandsland der Zeit. Für den Historiker wie für jeden anderen auch ist dies der Zeitraum, der sich am schwersten fassen läßt. Für den Autor, der gegen Ende des Ersten Weltkriegs als Kind von Eltern geboren wurde, die 1914 33 und 19 Jahre alt waren, fällt das imperiale Zeitalter in diese Zwielichtzone.

Aber das gilt nicht nur für Individuen, sondern auch für ganze Gesellschaften. Die Welt, in der wir leben, wird noch immer weitgehend von Männern und Frauen gemacht, die während jenes Zeitraums, um den es in diesem Buch geht, oder in seinem unmittelbaren Schatten aufgewachsen sind. Vielleicht ist das immer weniger der Fall, je mehr das 20. Jahrhundert sich seinem Ende nähert, aber für die beiden ersten Drittel unseres Jahrhunderts traf es zweifellos zu.

Betrachten wir etwa eine Aufzählung der Namen politischer Persönlichkeiten, die zu den treibenden und gestaltenden Kräften des 20. Jahrhunderts gerechnet werden müssen. Im Jahr 1914 war Wladimir Iljitsch Uljanow (Lenin) 44 Jahre alt, Josef Wissarionowitsch Dschugaschwili (Stalin) 35, Franklin Delano Roosevelt 30, J. Maynard Keynes 32, Adolf Hitler 25, Konrad Adenauer 38, Winston Churchill 40, Mahatma Ghandi 45, Jawaharlal Nehru 25, Mao Tse-tung 21, Ho Tschi-minh 22, genauso alt wie Josip Broz (Tito) und Francisco Franco Bahamonde (General Franco in Spanien), zwei Jahre jünger als Charles de Gaulle und neun Jahre jünger als Benito Mussolini. Oder nehmen wir bedeutsame Menschen aus dem Bereich der Kultur. Eine Stichprobe aus einem *Dictionary of Modern Thought* von 1977 erbringt das folgende Resultat:

1914 und später Geborene	23 %
1880-1914 Volljährige oder aktiv Tätige	45 %
1900-1914 Geborene	17 %
vor 1880 aktiv Tätige	15 %

Ganz offenbar haben jene Frauen und Männer, die relativ spät in unserem Jahrhundert ein derartiges Lexikon zusammengestellt haben, noch immer das imperiale Zeitalter für die Herausbildung des modernen Denkens jener Tage als das bei weitem bedeutsamste angesehen. Ob wir ihrem Urteil zustimmen oder nicht, auf jeden Fall ist es historisch von Interesse.

Von daher sehen sich nicht nur die vergleichsweise wenigen überlebenden Individuen, die noch eine unmittelbare Verbindung zu den Jahren vor 1914 haben, dem Problem gegenüber, mit welchen Augen sie die Landschaft ihrer persönlichen Zwielichtzone betrachten sollen, sondern auch – wenngleich weniger persönlich – jeder andere, der in der Welt der 80er Jahre lebt, sofern diese durch die Ära geformt wurde, die zum Ausbruch des Ersten Weltkriegs geführt hat. Das soll nicht heißen, die entferntere Vergangenheit habe für uns keine Bedeutung, sondern nur, daß unser Bezug zu ihr ein anderer ist. Wenn wir es mit weiter zurückliegenden Zeiträumen zu tun haben, dann wissen wir, daß wir ihnen im Grunde genommen fremd und als Außenstehende begegnen, westlichen Anthropologen vergleichbar, die papuanische Bergvölker erforschen wollen. Wenn diese Zeiträume geographisch, historisch oder emotional weit genug von uns entfernt liegen, dann kann es sein, daß sie ausschließlich durch die unbelebten Überbleibsel der Toten überleben: Worte und Symbole, von Hand geschrieben, gedruckt oder eingemeißelt, materielle Gegenstände oder Bilder. Wenn wir Historiker sind, dann wissen wir außerdem, daß das, was wir darüber schreiben, nur von anderen Fremden gleich uns beurteilt und korrigiert werden kann, für die »die Vergangenheit (ebenfalls) ein anderes Land (ist)«. Den Ausgangspunkt unserer Betrachtung bilden natürlich immer unsere eigene Zeit, unser Ort und unsere eigene Situation, einschließlich der Neigung, die Vergangenheit nach unseren heutigen Begriffen umzumodeln, lediglich das zu sehen, wofür sie unser Auge geschärft hat und was der von uns gewählte Blickwinkel uns zu sehen ermöglicht. Dessen ungeachtet machen wir uns mit den üblichen Werkzeugen und Gerätschaften unseres Handwerks an die Arbeit, stützen uns auf archivalische und andere Quellen, durchforsten eine Fülle von Sekundärliteratur, arbeiten uns durch die angehäuften Debatten und Meinungsverschiedenheiten von Generationen unserer Vorgänger, durch die wandelbaren Moden und Perioden der Interpretation und des Interesses, unablässig neugierig, unablässig (sollte man wenigstens meinen) Fragen stellend. Aber kaum etwas hemmt unseren Weg, abgesehen von ein paar Zeitgenossen, die wie wir als Fremde über eine Vergangenheit urteilen, die kein Bestandteil der eigenen Erinnerung mehr ist. Denn selbst das, was uns noch über das Frankreich von 1789 oder das England unter Georg III. erinnerlich zu sein scheint, haben wir aus zweiter oder fünfter Hand von irgendwelchen offiziellen oder sonstigen Lehrern gelernt.

Überall dort, wo Historiker versuchen, sich einer Periode zu bemächtigen, aus der noch einige Augenzeugen überlebt haben, treffen zwei völlig entgegengesetzte Geschichtsauffassungen aufeinander oder ergänzen sich bestenfalls: das gelehrsame und das existentielle, das archivalische und das persönliche Gedächtnis. Denn jeder ist ein Historiker des eigenen bewußt gelebten Lebens, soweit er oder sie es gedanklich bewältigt – zwar ein unzuverlässiger Historiker in fast jeder Hinsicht, wie jeder weiß, der sich auf das Gebiet der »oral history« (Geschichte als mündliche Überlieferung) vorgewagt hat, aber dennoch einer, dessen Beitrag unentbehrlich ist. Fachhistoriker, die ergraute Soldaten oder Politiker befragen, besitzen weit mehr und zuverlässigere Informationen über das vergangene Geschehen, die schwarz auf weiß vorliegen, als ihre Gewährsleute aus der Erinnerung hervorholen können, und trotzdem ist es möglich, daß sie diese falsch verstehen. Und im Gegensatz etwa zum Historiker der Kreuzzüge kann der Historiker des Zweiten Weltkrieges von denen korrigiert werden, die ihr Gedächtnis befragen, den Kopf schütteln und ihm sagen: »Aber so war es ganz und gar nicht.« Dennoch sind beide Betrachtungen von Geschichte, die einander dergestalt gegenüberstehen, in unterschiedlichem Sinne ganzheitliche Konstruktionen der Vergangenheit, die bewußt als solche vertreten oder wenigstens potentiell so definiert werden können.

Mit der Geschichte der Zwielichtzone verhält es sich jedoch anders. Sie ist ein unzusammenhängendes, unvollständig wahrgenommenes Bild der Vergangenheit, stellenweise etwas stärker ins Dunkel getaucht, dann wieder scheinbar deutlich zu erkennen, stets vermittelt durch eine Mixtur aus Lernen und einem Gedächtnis aus zweiter Hand, durch die gesellschaftliche und individuelle Tradition geformt. Denn diese Geschichte ist noch immer ein Teil von uns, wenn auch nicht mehr ganz innerhalb unserer persönlichen Reichweite. Sie gleicht jenen buntfarbigen frühen Landkarten mit ihren unzuverlässigen Umrissen und weißen Flecken, umrahmt von Ungeheuern und Symbolen. Die letzteren werden durch die modernen Massenmedien noch übertrieben, weil allein schon durch die Tatsache, daß die Zwielichtzone für uns von Bedeutung ist, diese auch in den Mittelpunkt des Interesses der Medien gerückt wird. Ihnen ist es zu verdanken, daß so fragmentarische und symbolische Bilder zumindest in der westlichen Welt eine gewisse Dauerhaftigkeit erworben haben: etwa die *Titanic,* die selbst heute noch die Schlagzeilen der Zeitungen zu füllen vermag, obwohl seit ihrem Untergang mehr als drei Viertel unseres Jahrhunderts vergangen sind. Und diese Bilder, die uns in den Sinn kommen, wenn wir aus diesem oder jenem Grund an die Epoche denken, die mit dem Ersten Weltkrieg endet, lassen sich weit schwerer von einer durchdachten Interpretation dieses Zeitraums ablösen als beispielsweise jene Bilder und Anekdoten, die für den Nichthistoriker eine wie auch immer fragwürdige Verbindung zu einer weiter entfernten Vergangenheit herzustellen pflegten: der kegelspielende Sir Francis Drake während der Fahrt der Armada auf England, das Diamantencollier von Marie-Antoinette oder ihr Ausspruch: »Wenn das Volk kein Brot hat, soll es doch Kuchen essen!«, oder schließlich George Washington bei der Überquerung des Delaware. Keines dieser Bilder wird den ernsthaften Historiker auch nur einen Augenblick lang beeinflussen. Wir stehen über ihnen. Aber können wir, selbst als akademische Fachgelehrte, sicher sein, daß wir auf die mythologisierten Bilder des imperialen Zeitalters mit derselben Gelassenheit blicken: auf die *Titanic,* das Erdbeben von San Francisco oder die Dreyfus-Affäre? Offenbar nicht, wenn wir die Hundertjahrfeiern zur Errichtung der Freiheitsstatue zum Maßstab nehmen.

Mehr als jedes andere schreit das imperiale Zeitalter nach Entmystifizierung, einfach deshalb, weil wir – und dazu gehören auch die Historiker – uns nicht mehr darin befinden, aber nicht wissen, wieviel von ihm noch in uns steckt. Das bedeutet indes nicht, daß es nach Entlarvung oder einer Aufdekkung von Skandalen verlangt (einem Ereignistyp, für den es Pionierdienste leistete).

II

Das Bedürfnis nach einer irgendwie gearteten historischen Perspektive macht sich um so drängender bemerkbar, als die Menschen im ausgehenden 20. Jahrhundert tatsächlich noch immer leidenschaftlich in die Periode verstrickt sind, die 1914 endete, vermutlich einfach aus dem Grunde, weil der August 1914 eine der am wenigsten umstrittenen »natürlichen Zäsuren« in der Geschichte darstellt. Er wurde zu seiner Zeit als das Ende einer Ära empfunden, und daran hat sich bis heute nichts geändert. Es ist zwar durchaus möglich, dieses Gefühl wegzudiskutieren und auf den Kontinuitäten und Verzahnungen über die Kriegsjahre hinweg zu bestehen. Schließlich ist der Geschichtsverlauf nicht mit einer Straßenbahnlinie vergleichbar, bei der jedesmal an den Endhaltestellen alle Fahrgäste mitsamt dem Fahrer die Bahn verlassen und völlig neue Leute einsteigen. Aber wenn es bestimmte historische Daten gibt, die mehr sind als lediglich praktische Hilfsmittel zur Periodisierung, dann gehört der August 1914 zweifellos dazu. Im Bewußtsein der damaligen Beteiligten markierte er das Ende einer Welt, die von der Bourgeoisie für die Bourgeoisie gemacht worden war. Er bezeichnet das Ende jenes »langen 19. Jahrhunderts«, mit dem die Historiker zu rechnen gelernt haben und das den Gegenstand einer dreibändigen historischen Abhandlung bildet, die mit dem vorliegenden Band abgeschlossen wird.

Das ist zweifellos auch der Grund, warum dieses Zeitalter eine erstaunliche Zahl von Fach- und Laienhistorikern, Autoren über seine Kultur, Literatur und Kunst, Biografen, Filmemacher und Fernsehautoren und nicht zuletzt Modeschöpfer angezogen hat. Ich möchte einmal vermuten, daß im englischen Sprachraum in den vergangenen 15 Jahren Monat für Monat mindestens eine erwähnenswerte Veröffentlichung – Buch oder Aufsatz – über die Zeit von 1880 bis 1914 erschienen ist. In der Mehrzahl wenden sie sich an Historiker oder sonstige Spezialisten, denn diese Periode ist nicht nur, wie wir gesehen haben, bedeutsam für die Entwicklung der modernen Kultur, sondern sie bildet auch den Rahmen für zahlreiche leidenschaftlich geführten nationalen und internationalen Debatten in der Geschichtswissenschaft, die zumeist in den Jahren vor 1914 ausgelöst wurden: über den Imperialismus, die Entwicklung der Arbeiterbewegung und der sozialistischen Parteien, über das Problem des wirtschaftlichen Niedergangs in England oder das Wesen und die Ursprünge der Russischen Revolution, um nur einige wenige zu nennen. Aus naheliegenden Gründen bezieht sich die bekannteste all dieser Debatten auf die Ursachen des Ersten Weltkriegs; sie hat bislang einige Tausend Bände gefüllt, und die Literatur zu diesem Thema vermehrt sich nach wie vor in eindrucksvollem Tempo. Sie ist darum lebendig geblieben, weil das Problem der Ursachen von Weltkriegen seit 1914 leider nicht wieder verschwinden wollte. Tatsächlich liegt der Zusammenhang zwischen den Problemen der Vergangenheit und denen der Gegenwart nirgendwo deutlicher auf der Hand als in der Geschichte des imperialen Zeitalters.

Wenn wir einmal von der rein monografischen Literatur absehen, dann lassen sich die meisten Autoren, die über jene Zeit geschrieben haben, in zwei Gruppen einteilen, je nachdem, ob sie ihren Blick nach rückwärts oder nach vorn richten. Jede der beiden Gruppen konzentriert sich auf eines der beiden hervorstechendsten Merkmale dieser Epoche. Auf der einen Seite erscheint sie extrem weit entfernt und jenseits aller Wiederkehr, wenn man sie durch den unüberwindbaren Engpaß von 1914 betrachtet. Zugleich und paradoxerweise hat jedoch sehr vieles von dem, was nach wie vor für das ausgehende 20. Jahrhundert charakteristisch ist, seinen Ursprung in den letzten 30 Jahren vor dem Ersten Weltkrieg. Barbara Tuchmans *Der stolze Turm,* ein auflagenstarkes »Porträt der Welt vor dem Ersten Weltkrieg (1890-1914)« ist vielleicht das bekannteste Beispiel für die erste Gruppe, während Alfred Chandlers *The Visible Hand,* eine Untersuchung über das Aufkommen des Managements moderner Großunternehmen, für die Sichtweise der zweiten Gruppe steht.

Sowohl zahlenmäßig als auch im Hinblick auf die Auflagenhöhe ihrer Bücher dominieren so gut wie sicher die Autoren der ersten Gruppe. Die unwiederbringliche Vergangenheit bedeutet für den guten Historiker, der weiß, daß sie sich nicht in überholten Begriffen verstehen läßt, einerseits eine Herausforderung, andererseits aber auch eine fast unwiderstehliche Versuchung zur Nostalgie. Die am wenigsten scharfsichtigen und zugleich gefühlsseligsten Autoren sind fortwährend bemüht, die Faszination einer Epoche wieder heraufzubeschwören, die in der Erinnerung der Angehörigen der Mittel- und Oberschichten wie durch einen goldenen Nebel verklärt erscheint: die »gute alte Zeit« oder, etwas spezieller für das Frankreich vor dem Ersten Weltkrieg, die Belle Epoque. Verständlicherweise kam diese Betrachtungsweise besonders den Unterhaltungskünstlern und Medienproduzenten, den Modeschöpfern und anderen Lieferanten einer zahlungskräftigen Kundschaft entgegen. Sie hat jene Version der Epoche zur Folge, die dem Film- und Fernsehpublikum wahrscheinlich besonders vertraut ist. Sie ist äußerst unbefriedigend, obwohl sie zweifellos einen besonders augenfälligen Aspekt jener Zeit erfaßt, der letzten Endes Begriffe wie »Plutokratie« und »leisure class« in die öffentliche Diskussion gebracht hat. Man kann sich darüber streiten, ob diese Betrachtungsweise in ihrer Sinnlosigkeit noch durch die mindestens ebenso nostalgische, aber geistig anspruchsvollere Sichtweise jener Autoren übertroffen wird, die am liebsten beweisen möchten, daß das Paradies nicht verlorengegangen wäre, wenn nicht einige vermeidbare Fehler gemacht worden oder einige unvorhergesehene Unfälle eingetreten wären, ohne die es weder einen Ersten Weltkrieg, noch eine Russische Revolution oder all das gegeben hätte, was sie für den Verlust der Welt vor 1914 verantwortlich machen.

Andere Historiker interessieren sich mehr für das Gegenteil der tiefen Zäsur, nämlich für alles, was noch für unsere heutige Zeit kennzeichnend ist und seinen – manchmal ganz unvermittelten – Ursprung in den Jahrzehnten vor 1914 hat. Sie suchen nach diesen Wurzeln und frühen Ankündigungen unserer eigenen Zeit, die in der Tat auf der Hand liegen. In der Politik sind die Arbeiterparteien und die sozialistischen oder sozialdemokratischen Parteien, die heute in den meisten Staaten Westeuropas die Regierung oder die Hauptopposition stellen, die Nachkommen der Ära von 1875 bis 1914, und dasselbe gilt für ihre Ableger, die kommunistischen Parteien, von denen die osteuropäischen Länder beherrscht werden*, und auch für die aus allgemeinen Wahlen hervorgegangenen Regierungen, die modernen Massenparteien, die landesweit organisierten Massengewerkschaften und die moderne Sozialgesetzgebung.

Unter dem Schlagwort der »Moderne« übernahm die Avantgarde jener Zeit den größten Teil der enormen Kulturproduktion des 20. Jahrhunderts. Selbst in unserer Zeit, da manche Avantgarden oder andere Schulen diese Tradition nicht mehr akzeptieren, definieren sie sich über das, was sie ablehnen (»Postmoderne«). Heute wird die Kultur des Alltagslebens noch immer von drei wesentlichen Neuerungen jener Zeit beherrscht: der Werbung in ihrer jetzigen Form, den modernen Tageszeitungen und Illustrierten mit Massenauflage und dem bewegten fotografischen Bild (in Film und Fernsehen). Wissenschaft und Technik haben seit der Zeit 1875-1914 einen weiten Weg zurückgelegt, aber in den Naturwissenschaften besteht eine augenfällige Kontinuität zwischen der Ära Plancks, Einsteins und des jungen Niels Bohr und der Gegenwart. Was die Entwicklung der Technik angeht, so beherrschen das benzingetriebene Automobil auf den Straßen und das Flugzeug, die beide während der hier behandelten Epoche zum erstenmal in der Geschichte auf den Plan traten, noch immer das Bild unserer Städte und Landschaften. Das Telefon und die drahtlose Telegrafie, die damals erfunden wurden, sind inzwischen zwar verbessert, aber nicht verdrängt worden. Es kann gut sein, daß

* Die kommunistischen Parteien, die in außereuropäischen Ländern die Regierung stellen, wurden zwar nach deren Vorbild aufgebaut, aber erst nach der Periode, um die es hier geht.

im Rückblick gerade die letzten Jahrzehnte des 20. Jahrhunderts nicht mehr in den Rahmen passen, der vor 1914 entstand, aber als Orientierungshilfe leistet er in vieler Hinsicht noch immer gute Dienste.

Es kann jedoch unmöglich genügen, die Geschichte der Vergangenheit im Hinblick auf ihre Kontinuität und Diskontinuität bis zur Gegenwart darzustellen. Zweifellos ist dieser Aspekt beim imperialen Zeitalter noch immer von Bedeutung, da unsere Empfindungen nach wie vor unmittelbar von diesem Abschnitt der geschichtlichen Vergangenheit berührt werden. Dennoch sind für den Historiker die Fragen nach Kontinuität und Diskontinuität für sich allein genommen ein triviales Problem. Aber wie sollen wir diese Periode einordnen? Denn letzten Endes ist das Verhältnis der Vergangenheit zur Gegenwart für die Beschäftigung – der Leser wie der Autoren – mit Geschichte von zentraler Bedeutung. Beiden muß daran gelegen sein zu verstehen, wie aus der Vergangenheit die Gegenwart geworden ist, und beide wollen die Vergangenheit verstehen, wobei das Haupthindernis darin besteht, daß diese *nicht* wie die Gegenwart ist.

Das imperiale Zeitalter ist zwar als Buch in sich abgeschlossen, ist jedoch gleichzeitig der dritte und letzte Band eines – wie sich erst im Lauf der Jahre herausgestellt hat – allgemeinen weltgeschichtlichen Überblicks über das 19. Jahrhundert, genauer gesagt des »langen 19. Jahrhunderts« der Historiker, das sich von etwa 1776 bis 1914 erstreckt. Es war nicht die ursprüngliche Absicht des Autors, sich auf ein derart wahnwitzig ehrgeiziges Unternehmen einzulassen. Wenn jedoch drei Bände, die in mehr oder weniger großen Abständen über die Jahre hinweg niedergeschrieben wurden und mit Ausnahme des letzten nicht als Bestandteile eines einzigen Projekts konzipiert waren, untereinander dennoch einen gewissen Zusammenhang aufweisen, dann deshalb, weil ihnen allen eine gemeinsame Anschauung darüber zugrundeliegt, was das 19. Jahrhundert eigentlich ausmacht. Und wenn es aufgrund dieser gemeinsamen Auffassung gelungen ist, den Band *Europäische Revolutionen* mit dem Band *Die Blütezeit des Kapitals* und beide wiederum mit dem vorliegenden Buch zu verknüpfen – was ich hoffe –, dann müßte diese Auffassung auch dazu beitragen können, das imperiale Zeitalter mit dem zu verknüpfen, was darauf folgte.

Auf eine knappe Formel gebracht besteht die zentrale Achse, um die ich die Geschichte des 19. Jahrhunderts zu gruppieren versucht habe, im Triumph und der Umgestaltung des Kapitalismus in den historisch spezifischen Formen der bürgerlichen Gesellschaft in ihrer liberalen Spielart. Die Geschichte beginnt mit dem entscheidenden doppelten Durchbruch der ersten industriellen Revolution in England, die die grenzenlose Kapazität der Produktivkräfte begründete, denen der Kapitalismus den Weg zum wirtschaftlichen Wachstum und zur internationalen Ausbreitung geebnet hatte, und der amerikanisch-französischen politischen Revolution, die die Leitbilder für die staatlichen Institutionen einer bürgerlichen Gesellschaft errichtete, ergänzt durch das praktisch gleichzeitige Aufkommen ihrer charakteristischsten – und miteinander verknüpften – theoretischen Systeme: der klassischen politischen Ökonomie und der utilitaristischen Philosophie. Der erste Band dieser Geschichte, *Europäische Revolutionen 1789-1848,* ist um diesen Begriff der »doppelten Revolution« zentriert.

Diese doppelte Revolution führte zur selbstbewußten Eroberung des Erdballs durch die kapitalistische Wirtschaft, vorgetragen von der für sie typischen Klasse des »Bürgertums« bzw. der »Bourgeoisie« und unter den Fahnen ihres charakteristischen geistigen Ausdrucks, der Ideologie des Liberalismus. Dies ist das Hauptthema des zweiten Bandes, der die kurze Zeitspanne zwischen den Revolutionen von 1848 und dem Einsetzen der Großen Depression der 70er Jahre behandelt, als die Zukunftsaussichten der bürgerlichen Gesellschaft und ihrer Wirtschaftsform relativ unproblematisch erschienen, weil ihre augenblicklichen Triumphe so überwältigend waren. Denn entweder waren die politischen Widerstände der »anciens régimes«, gegen die sich die Französische Revolution gerichtet hatte, überwunden, oder diese alten Regime gaben sich den Anschein, als akzeptierten sie die wirtschaftliche, institutionelle und kulturelle Hegemonie eines triumphalen bürgerlichen Fortschritts. Wirtschaftlich waren die Schwierigkeiten einer Industrialisierung und eines Wachstums, das seine Grenzen in der Enge seiner Ausgangsbasis hatte, ebenfalls überwunden, nicht zuletzt durch die Ausbreitung der Industrialisierung und die enorme Ausweitung der Weltmärkte. Auf der sozialen Ebene war die explosive Unzufriedenheit der Armen während der ersten Hälfte des 19. Jahrhunderts in der Folgezeit entschärft. Kurzum, die Haupthindernisse eines ununterbrochenen und vermutlich unbegrenzten bürgerlichen Fortschritts schienen beseitigt. Die potentiellen Schwierigkeiten, die aus den inneren Widersprüchen dieses Fortschritts erwuchsen, schienen noch keinen Anlaß für eine unmittelbare Beunruhigung zu bieten. In Europa gab es während dieses Zeitraums weniger Sozialisten und Sozialrevolutionäre als je zuvor oder danach.

Das imperiale Zeitalter hingegen war von diesen Widersprüchen durchdrungen und beherrscht. Es war eine Ära des beispiellosen Friedens in der westlichen Welt, in deren Schoß eine Ära von gleichfalls beispiellosen Weltkriegen heranreifte. Es war eine Ära der – entgegen allem äußeren Anschein – zunehmenden sozialen Stabilität innerhalb der Zone der entwickelten Industriewirtschaften, aus der die kleinen Gruppen von Männern hervorgingen, die mit einer an Verachtung grenzenden Mühelosigkeit riesige Imperien erobern und beherrschen konnten, während diese Zone gleichzeitig an ihren Ausläufern zwangsläufig die vereinten Kräfte der Rebellion und der Revolution hervorbrachte, die sie überfluten sollten. Seit 1914 wurde die Welt von der Angst vor einem Weltkrieg und jahrelang auch von dessen Realität beherrscht, aber auch von der Angst vor einer Revolution (oder der Hoffnung darauf) – beides aufgrund der historischen Situationen, die unmittelbar aus dem imperialen Zeitalter hervorgingen.

Es war jene Ära, in der massenhaft organisierte Bewegungen der Lohnarbeiterklasse, die durch den Industriekapitalismus geschaffen wurde und für ihn charakteristisch war, plötzlich aufkamen und den Sturz des Kapitalismus forderten. Aber sie entstanden innerhalb von besonders florierenden und expandierenden Wirtschaften, und in den Ländern, in denen sie am stärksten waren, zudem zu einer Zeit, als der Kapitalismus ihnen wahrscheinlich geringfügig bessere Bedingungen bot als zuvor. Es war eine Zeit, in der die politischen und kulturellen Institutionen des bürgerlichen Liberalismus auf die arbeitenden Massen ausgedehnt wurden (oder demnächst werden sollten), die innerhalb der bürgerlichen Gesellschaften lebten, unter Einschluß selbst der Frauen (zum erstenmal in der Geschichte), doch diese Ausdehnung erfolgte um den Preis einer Abdrängung der zentralen Klasse, des liberalen Bürgertums, in die Randzonen der politischen Macht. Denn die auf dem allgemeinen Wahlrecht beruhenden Demokratien, die das zwangsläufige Ergebnis des liberalen Fortschritts waren, liquidierten in den meisten Ländern den bürgerlichen Liberalismus als eine politische Kraft. Es war eine Zeit der tiefen Identitätskrise und des Wandels für eine Bourgeoisie, deren traditionelles moralisches Fundament unter dem Gewicht des von ihr angehäuften Wohlstandes und Komforts ins Wanken geriet. Ihre ganze Existenz als Herrenklasse wurde durch die Umgestaltung ihres eigenen politischen Systems untergraben. Juristische Personen (d.h. wirtschaftliche Großorganisationen oder Großunternehmen) im Besitz von Aktionären, deren Führungskräfte den Status von Angestellten hatten, ersetzten mehr und mehr einzelne Personen und ihre Familien, die bislang ihre Unternehmen als Eigentümer persönlich führten.

Die Liste solcher Paradoxien ließe sich noch lange fortsetzen. Die Geschichte des imperialen Zeitalters ist voll von ihnen. Ihr Grundmuster, wie es in diesem Buch gesehen wird, besteht in einer Bewegung von der Gesellschaft und der Welt des bürgerlichen Liberalismus hin zu dem, was man als ihren »eigenartigen Tod« bezeichnet hat, nachdem sie ihren Zenit erreichte, als Opfer der in ihrem eigenen Fortschritt beschlossenen Widersprüche.

Es kommt noch hinzu, daß das kulturelle und geistige Leben jener Zeit ein merkwürdiges Bewußtsein für den sich abzeichnenden Umschlag der Verhältnisse, für den bevorstehenden Tod der einen und das Bedürfnis nach einer anderen Welt an den Tag gelegt hat. Was der Epoche jedoch die ihr eigentümliche Stimmung und Atmosphäre verlieh, war der Umstand, daß jedermann die kommenden Katastrophen zugleich erwartete, mißverstand und einfach nicht daran glauben wollte. Ein Weltkrieg würde kommen, doch niemand, nicht einmal der beste aller prophetischen Geister, machte sich wirklich eine Vorstellung davon, wie dieser Krieg sein würde. Und als die Welt schließlich am Rande des Krieges stand, da stürmten die Entscheidungsträger in den Abgrund und konnten es einfach nicht fassen. Die großen jungen sozialistischen Bewegungen waren revolutionär; doch für die meisten ihrer Anhänger war die Revolution in gewisser Weise das logische und notwendige Ergebnis der bürgerlichen Demokratie, die den immer zahlreicher werdenden Vielen die Entscheidung über die schrumpfende Zahl der Wenigen in die Hand gab. Und für jene unter ihnen, die mit einem wirklichen Aufstand rechneten, konnte das vorrangige Ziel des Kampfes nur darin bestehen, eine bürgerliche Demokratie als notwendige Vorstufe zu etwas noch Fortschrittlicherem zu errichten. Somit blieben die Revolutionäre auch dann noch im Rahmen ihrer Epoche, als sie sich daran machten, aus ihm herauszutreten.

In Wissenschaft und Kunst wurden die Dogmen des 19. Jahrhunderts gestürzt, doch zu keiner Zeit hat es mehr Männer und Frauen gegeben, die gerade erst die Ausbildungsstätten verlassen hatten und geistig durchaus auf der Höhe waren und so fest an das glaubten, was von kleinen avantgardistischen Gruppen schon damals verworfen wurde. Hätte es in der entwickelten Welt vor 1914 bereits die Meinungsforschung gegeben und hätte man die Bevölkerung danach gefragt, ob sie die Zukunft heiter oder düster, optimistisch oder pessimistisch beurteilte, dann wären die hoffnungsvollen Stimmen zweifellos in der Überzahl gewesen. Paradoxerweise wäre ihr Stimmenanteil von 1900 bis 1914 wahrscheinlich noch dauernd gestiegen und in jedem Fall höher gewesen als in den letzten Jahrzehnten des 19. Jahrhunderts. Allerdings zählten zu den Optimisten nicht nur solche, die an die Zukunft des Kapitalismus glaubten, sondern auch jene, die fest mit seinem Sturz rechneten.

Für sich allein genommen hat das historische Muster einer Umkehrung der Verhältnisse, einer Entwicklung, die ihre eigenen Fundamente untergräbt, in der von uns betrachteten Periode nichts, was diese von anderen Epochen unterscheiden würde. Es ist bis heute der ganz normale Mechanismus eines endogenen geschichtlichen Wandels. Das Besondere am langen 19. Jahrhundert besteht lediglich darin, daß die titanischen und revolutionären Kräfte dieser Zeit, die die Welt in einer Weise veränderten, daß sie anschließend nicht mehr wiederzuerkennen war, sich eines speziellen und historisch außergewöhnlichen und wenig stabilen Vehikels bedienten. Ähnlich wie die Umgestaltung der Weltwirtschaft während einer entscheidenden, aber notgedrungen kurzen Zeitspanne mit dem Geschick eines einzelnen mittelgroßen Staates – England – gleichgesetzt wurde, so wurde auch die Entwicklung der damaligen Welt eine Zeitlang mit der Entwicklung der liberalen bürgerlichen Gesellschaft des 19. Jahrhunderts identifiziert. Gerade am Ausmaß, in dem die Ideen, Werte, Annahmen und Institutionen, die mit ihr verknüpft waren, im Zeitalter des Kapitals zu triumphieren schienen, läßt sich die historisch vergängliche Natur dieses Triumphes ablesen.

Dieses Buch untersucht jenen historischen Augenblick, zu dem deutlich wurde, daß die Gesellschaft und die Zivilisation, wie sie vom westlichen liberalen Bürgertum für sich geschaffen wurde, nicht die endgültige Form der modernen Industriewelt darstellte, sondern nur eine ihrer frühen Entwicklungsphasen. Die wirtschaftlichen Strukturen, von denen die Welt des 20. Jahrhunderts getragen wird, sind zwar nach wie vor kapitalistisch, aber nicht mehr die des »freien Unternehmertums« in dem Sinne, wie es 1870 von Leuten aus der Wirtschaft verstanden worden wäre. Die Revolution, deren Erinnerung die Welt seit dem Ersten Weltkrieg beherrscht, ist nicht mehr die Französische Revolution von 1789. Die Kultur, die sie durchdringt, ist nicht mehr die bürgerliche Kultur, wie man sie vor 1914 aufgefaßt hätte. Der Kontinent, der damals in überwältigendem Maße die wirtschaftliche, geistige und militärische Macht der Epoche darstellte, hat diese Rolle heute ausgespielt. Weder die Geschichte im allgemeinen noch die Geschichte des Kapitalismus im besonderen endeten 1914, auch wenn ein ziemlich großer Teil der Welt durch die Kräfte der Revolution zu einem völlig andersgearteten Wirtschaftstyp überging. Das imperiale Zeitalter bzw. das des Imperialismus, wie Lenin es bezeichnete, war eben nicht »das letzte Stadium« des Kapitalismus; doch damals ist das von Lenin auch nicht behauptet worden. Er nannte es lediglich – in der Erstfassung seiner so einflußreichen Schrift – »das jüngste« Stadium des Kapitalismus.* Und trotzdem ist es verständlich, warum Beobachter – und nicht nur solche, die der bürgerlichen Gesellschaft ablehnend gegenüberstanden – den Eindruck haben konnten, daß jene Ära in der Weltgeschichte, in der sie in den letzten Jahrzehnten vor dem Ersten Weltkrieg leb-

* Diese Schrift wurde nach seinem Tod umbenannt.

ten, mehr war als nur eine von vielen Entwicklungsphasen. In dieser oder jener Weise schien sie eine Welt vorwegzunehmen und vorzubereiten, die grundsätzlich anders war als die der Vergangenheit. Und so kam es denn auch seit 1914, wenn auch ganz anders, als es von den meisten Propheten erwartet oder vorhergesagt worden war. Es gibt kein Zurück zur Welt der bürgerlich-liberalen Gesellschaft. Allein schon die Forderungen im ausgehenden 20. Jahrhundert, den kapitalistischen Geist des 19. Jahrhunderts wiederaufleben zu lassen, bezeugen die Unmöglichkeit, diesen Wunsch zu verwirklichen. Was auch immer kommen mag, seit 1914 gehört das Jahrhundert des Bürgertums der Geschichte an.

Kapitel 1
Die hundertjährige Revolution

»Hogan ist ein Prophet ... Ein Prophet, Hennessey, ist ein Mann, der schon vorher weiß, wenn's Ärger gibt ... Hogan ist der glücklichste Mann auf der Welt, wenn er an heute denkt, aber morgen wird irgendwas passieren.«

Finlay Peter Dunne (1910, S. 46 f.)

I

Hundertjahrfeiern sind eine Erfindung des späten 19. Jahrhunderts. Irgendwann zwischen dem 100. Jahrestag der Amerikanischen Revolution (1876) und dem der Französischen Revolution (1889) – die beide mit den obligaten Weltausstellungen gefeiert wurden – rückte den gebildeten Bürgern der westlichen Welt die Tatsache ins Bewußtsein, daß diese Welt, geboren in der Zeit zwischen der Unabhängigkeitserklärung, dem Bau der ersten Eisenbrücke der Welt und der Erstürmung der Bastille, mittlerweile 100 Jahre alt war. Wie nahm sich die Welt der 1880er Jahre neben der der 1780er Jahre aus?*

Mehr als alles andere war sie nun wirklich erdumspannend. Fast alle ihre Regionen waren inzwischen bekannt und mehr oder weniger korrekt kartographisch erfaßt. Mit geringfügigen Ausnahmen stellten Forschungsreisen keine »Entdeckungsfahrten« mehr dar, sondern eher athletische Unternehmungen, häufig durchsetzt von starken Elementen persönlicher oder nationaler Rivalität, wie sie sich etwa in den Versuchen manifestierten, die rauhesten und unwirtlichsten Gegenden der Arktis und Antarktis zu bewältigen. Der US-Amerikaner Peary sollte 1909 das Rennen zum Nordpol gegen britische und skandinavische Konkurrenz gewinnen; der Norweger Roald Amundsen erreichte 1911 den Südpol, einen Monat vor dem unglücklichen Briten Robert Scott. (Keine der beiden Taten zeitigte auch nur den geringsten praktischen Nutzen und verfolgte diesen Zweck auch gar nicht.) Die Eisenbahn und das Dampfschiff hatten die Dauer transkontinentaler oder inter-

* Das 1. Kapitel von *Europäische Revolutionen 1789-1848* schildert diese frühere Welt.

kontinentaler Reisen von mehreren Monaten auf wenige Wochen zusammenschrumpfen lassen, mit Ausnahme eines Großteils der ausgedehnten Landmassen Afrikas, Kontinentalasiens und Teilen des Inneren Südamerikas, und bald würden aus den Wochen wenige Tage werden: Nach der Fertigstellung der transsibirischen Eisenbahn 1904 war es möglich, die Strecke von Paris nach Wladiwostok in 15 bis 16 Tagen zurückzulegen. Die elektrische Telegraphie ermöglichte nunmehr die Übermittlung von Nachrichten um den gesamten Erdball innerhalb weniger Stunden. So kam es, daß Männer und Frauen der westlichen Welt – aber nicht nur sie – mit beispielloser Mühelosigkeit und in beispiellos großer Zahl über weite Entfernungen hinweg reisten und miteinander verkehrten. Um nur ein einziges einfaches Beispiel anzuführen, das man zur Zeit Benjamin Franklins noch als aberwitzige Phantasie angesehen hätte: 1879 besuchten knapp eine Million Touristen die Schweiz. Mehr als 200.000 von ihnen waren US-Amerikaner – das entsprach mehr als einem Touristen auf 20 Einwohner der USA zum Zeitpunkt der ersten dortigen Volkszählung im Jahre 1790 (vgl. Mulhelf 1892, S. 573).*

Gleichzeitig war es eine wesentlich dichter bevölkerte Welt. Die demographischen Daten sind vor allem für das ausgehende 18. Jahrhundert so spekulativ, daß präzise Zahlenangaben ebenso sinnlos wie gefährlich wären, aber wir liegen sicher nicht völlig falsch mit der Annahme, daß die rund 1,5 Milliarden Menschen, von denen die Erde um 1880 bevölkert war, das Doppelte der Weltbevölkerung von 1780 ausmachten. Das bei weitem größte Kontingent stellten wie immer die Asiaten, aber während ihr Anteil an der Weltbevölkerung um 1880 (nach neueren Schätzungen) noch rund zwei Drittel betragen hatte, lag er 100 Jahre später nur noch bei etwa 55 Prozent. An zweiter Stelle kamen die Europäer (einschließlich des dünnbesiedelten asiatischen Teils von Rußland). Ihre Einwohnerzahl hatte sich zwischen 1800 und 1900 von etwa 200 auf 430 Millionen erhöht – und das trotz der starken Auswanderungswellen von Europa nach Übersee. Diese waren die Hauptursachen für die nachhaltigsten Veränderungen in der Weltbevölkerung, den Anstieg der Einwohnerzahl des gesamten amerikanischen Kontinents von 30 auf knapp 160 Millionen innerhalb von 100 Jahren. In den USA und in Kanada stieg die Bevölkerung im 19. Jahrhundert sogar von sieben auf über 80 Millionen Einwohner. Der verwüstete afrikanische Kontinent, über dessen Bevölkerung wir zugegebenermaßen wenig wissen, wuchs langsamer als jeder andere, vermutlich bestenfalls um ein Drittel innerhalb des einen Jahrhunderts. Wäh-

* Eine ausführlichere Darstellung dieses Globalisierungsprozesses findet sich in *Europäische Revolutionen,* Kap. 3 und 11.

rend zum Ende des 18. Jahrhunderts die Bevölkerung Afrikas vielleicht dreimal so groß war wie die von Nord- und Südamerika zusammen, gab es zum Ende des 19. Jahrhunderts vermutlich beträchtlich mehr Nord- und Südamerikaner als Afrikaner. Die winzige Bevölkerung der Pazifikinseln einschließlich Australiens nahm zwar durch europäische Einwanderer von geschätzten zwei auf rund sechs Millionen Einwohner zu, fiel allerdings im Hinblick auf die Weltbevölkerung kaum ins Gewicht.

Während jedoch die Welt in einer Hinsicht demographisch größer und geographisch kleiner wurde und einen globaleren Charakter annahm – sich mithin zu einem Planeten entwickelte, der immer fester zusammengehalten wurde durch die Bande der bewegten Güter und Menschen, des Kapitals und der Verkehrsverbindungen, materieller Güter und Ideen – trieb sie in einer anderen Hinsicht auf eine Spaltung zu. Es hatte in den Jahren nach 1780 reiche und arme Regionen gegeben, fortgeschrittene und rückständige Wirtschaften und Gesellschaften, stärkere und schwächere Einheiten politischer Organisation und militärischer Macht, wie in allen anderen Zeitaltern der Geschichte, von denen wir Kenntnis haben. Und es läßt sich kaum bestreiten, daß eine breite Kluft zwei ganz verschiedene Regionen voneinander trennte. Auf der einen Seite gab es jenen großen Gürtel der Welt, die traditionelle Heimat von Klassengesellschaften und von mehr oder weniger stabilen Staaten und Städten, die von gebildeten Minderheiten regiert wurden und – zum Glück für den Historiker – schriftliche Dokumente hinterließen. Und auf der anderen Seite gab es die Zonen im Norden und Süden dieses Gürtels, auf die die Ethnographen und Anthropologen des späten 19. und frühen 20. Jahrhunderts ihr Hauptaugenmerk richteten. Dennoch schienen innerhalb dieses riesigen Gürtels, der sich von Japan im Osten bis zu den Küsten des Mittel- und Nordatlantik und durch europäische Eroberungen bis hin zu den beiden Amerika erstreckte, die bereits bestehenden und keineswegs geringfügigen Disparitäten noch nicht unüberwindlich.

Im Hinblick auf die Produktion und das Volksvermögen, von der Kultur ganz zu schweigen, waren die Unterschiede zwischen den vorindustriellen Regionen nach heutigen Maßstäben erstaunlich gering; sie entsprachen etwa einem Verhältnis von 1:1,8. Eine neuere Schätzung gelangt sogar zu dem Schluß, daß zwischen 1750 und 1800 das Bruttosozialprodukt pro Kopf der Bevölkerung in den heute als »entwickelten Ländern« bezeichneten Staaten im wesentlichen genau so hoch war wie in der heutigen sogenannten »Dritten Welt«, obgleich dies hauptsächlich auf die enorme Größe und das relativ hohe Gewicht des chinesischen Reiches (mit etwa einem Drittel der Weltbevölkerung) zurückzuführen ist, dessen durchschnittlicher Lebensstandard zu jener Zeit möglicherweise sogar über dem der Europäer lag (vgl. Bairoch 1978, S. 175-186). Im 18. Jahrhundert wäre den Europäern zwar das Reich des Himmels in der Tat ziemlich fremdartig erschienen, aber kein intelligenter Beobachter hätte seine Wirtschaft und Zivilisation in irgendeiner Hinsicht gegenüber der europäischen als unterlegen oder gar als »rückständig« bezeichnet. Doch im 19. Jahrhundert verbreiterte sich die Kluft zwischen den westlichen Ländern, der Ausgangsbasis jener wirtschaftlichen Revolution, die im Begriff stand, die Welt zu verändern, und den übrigen Regionen, zunächst allmählich und später mit wachsendem Tempo. Noch 1880 war das Pro-Kopf-Einkommen in der »entwickelten« Welt (nach derselben Schätzung) etwa doppelt so hoch wie das der »Dritten Welt«, 1913 betrug es bereits mehr als das Dreifache – und stieg weiterhin an. 1950 (um den Prozeß in seiner Dramatik zu zeigen) lag der Faktor bei fünf, 1970 bei sieben. Überdies begann sich die Schere zwischen der »Dritten Welt« und den wirklich entwickelten Teilen der »entwickelten« Welt, d.h. den Industrieländern, früher und sogar noch schneller zu öffnen. Hier lag das Bruttosozialprodukt pro Kopf der Bevölkerung in den Industrieländern bereits 1830 doppelt und 1913 siebenmal so hoch wie in den Ländern der »Dritten Welt«.*

Eine wesentliche Ursache dieser Lücke war die Entwicklung der Technik, durch die sie nicht nur wirtschaftlich, sondern auch politisch vergrößert wurde. Hundert Jahre nach der Französischen Revolution zeigte sich immer deutlicher, daß ärmere und rückständigere Länder aufgrund der technischen Unterlegenheit ihrer Bewaffnung mühelos besiegt und – sofern ihr Territorium nicht sehr ausgedehnt war – erobert werden konnten. Das war etwas vergleichsweise Neues. Nach der napoleonischen Invasion in Ägypten 1798 standen die Franzosen einer etwa gleich stark gerüsteten Armee der Mamelucken gegenüber. Die kolonialen Eroberungen durch europäische Truppen waren nicht dem Einsatz von Wunderwaffen zu verdanken, sondern einer größeren Aggressivität, Skrupellosigkeit und vor allem einer disziplinierteren Organisation (vgl. Kiernan 1982, S. 34 ff.; Headrick 1981). Doch die industrielle Revolution, die um die Mitte des Jahrhunderts auch die Kriegführung erfaßte (vgl. *Die Blütezeit des Kapitals*, Kap. 4), verschob das Ungleichgewicht noch weiter zugunsten der »fortschrittlichen« Welt mit der Erfindung von Brisanzgrana-

* Die Zahl, die das Bruttosozialprodukt pro Kopf der Bevölkerung angibt, ist eine rein statistische Größe, die sich daraus ergibt, daß das gesamte BSP durch die Bevölkerungszahl geteilt wird. Zwar ist sie für allgemeine Vergleiche des wirtschaftlichen Wachstums zwischen unterschiedlichen Ländern und/oder Perioden ganz sinnvoll, aber sie sagt überhaupt nichts aus über das tatsächliche Einkommen oder den Lebensstandard irgendeines Einwohners in der betreffenden Region oder über die dort herrschende Einkommensverteilung, wenn man einmal davon absieht, daß es in dem Land mit der höheren Pro-Kopf-Ziffer des Bruttosozialprodukts insgesamt mehr zu verteilen gibt.

ten, Maschinengewehren und durch den Einsatz von Dampfschiffen (s. Kap. 13). Das halbe Jahrhundert von 1880 bis 1930 sollte eben deshalb zum goldenen oder eher eisernen Zeitalter der Kanonenbootdiplomatie werden.

Aus den genannten Gründen haben wir es 1880 weniger mit einer einzigen Welt, sondern mit zwei Sektoren zu tun, die miteinander zu *einem* globalen System verbunden sind: den entwickelten und den rückständigen, den herrschenden und den abhängigen, den reichen und den armen Ländern. Aber selbst diese Beschreibung ist irreführend. Während die (kleinere) erste Welt trotz ihrer beträchtlichen inneren Unterschiede vereint war durch ihre Geschichte und als gemeinsamer Träger der kapitalistischen Entwicklung, verband die (weit größere) zweite Welt im Innern nichts als ihr Verhältnis zur ersten, d.h. praktisch ihre potentielle oder tatsächliche Abhängigkeit von dieser. Was sonst außer der Zugehörigkeit zur menschlichen Rasse hatten das Chinesische Reich mit dem Senegal, Brasilien mit den Neuen Hebriden oder Marokko mit Nicaragua gemeinsam? Die Länder der Zweiten Welt waren untereinander weder durch ihre Geschichte, Kultur oder Sozialstruktur noch durch Institutionen oder auch nur das verbunden, was für uns heute das hervorstechendste Merkmal der abhängigen Welt ist, nämlich die Massenarmut. Denn Reichtum und Armut als soziale Kategorien können sich nur auf Gesellschaften mit einer bestimmten Schichtung und auf Wirtschaften mit einer bestimmten Struktur beziehen, und Teile der abhängigen Welt hatten bislang weder das eine noch das andere. Alle bisher bekannten Gesellschaften weisen bestimmte gesellschaftliche Ungleichheiten auf (neben denen zwischen den Geschlechtern), aber während ein indischer Maharadscha, der den Westen besuchte, so behandelt werden konnte, als wäre er im westlichen Verständnis ein Millionär, war dies bei einem großen Häuptling aus Neuguinea nicht einmal theoretisch möglich. Und während zwar einfache Leute aus irgendeiner Gegend der Welt in eine andere verfrachtet und dort in der Regel zu Lohnarbeitern und damit zu Angehörigen der Klasse der »Armen« gemacht werden konnten, so wäre es andererseits doch sinnlos gewesen, sie in ihrem Heimatland mit denselben Kategorien zu kennzeichnen. Jedenfalls gab es begünstigte Regionen auf der Welt – insbesondere in den Tropen –, wo es keinem an Obdach, Nahrung oder Muße fehlte. Es gab sogar noch kleine Gesellschaften, in denen die Begriffe Arbeit und Freizeit keine Bedeutung hatten, so daß für sie die Worte fehlten.

Die Existenz dieser beiden Sektoren selbst ließ sich nicht bestreiten, aber die Grenzen zwischen ihnen waren undeutlich, in der Hauptsache deshalb, weil die Gruppe der Staaten, von denen die wirtschaftliche – und in unserer heutigen Zeit die politische – Eroberung der Erde ausging, untereinander ebenso durch ihre Geschichte wie durch ihre wirtschaftliche Entwicklung verbunden war. Es waren die Länder »Europas« und unter ihnen nicht nur jene Regionen vor allem in Nordwest- und Mitteleuropa und einige ihrer Neugründungen in Übersee, die schlicht das Zentrum der weltkapitalistischen Entwicklung bildeten. Zu »Europa« gehörten auch die südlichen Regionen, die einst eine Hauptrolle bei der Entwicklung des Frühkapitalismus gespielt hatten, seit dem 16. Jahrhundert jedoch wirtschaftlich verkümmert waren, und die Erobererländer der ersten großen europäischen Reiche in Übersee, insbesondere die italienische und die iberische Halbinsel. Dazu gehörte außerdem eine breite Grenzzone im Osten, wo seit über 1000 Jahren die Christenheit – d.h. die Erben und Nachfahren des Römischen Reiches* – die periodischen Einfälle militärischer Eroberer aus Innerasien abgewehrt hatten. Aus der letzten dieser Eroberungswellen war das große Osmanische Reich hervorgegangen, das jedoch nach und nach aus jenen riesigen Gebieten Europas zurückgedrängt wurde, in denen es vom 16. bis zum 18. Jahrhundert geherrscht hatte. Seine Tage in Europa waren fraglos gezählt, obwohl es 1880 noch immer einen breiten Gürtel quer durch die Balkanhalbinsel (Teile des heutigen Griechenland, Jugoslawiens und Bulgariens sowie ganz Albanien) und einige Mittelmeerinseln kontrollierte. Ein Großteil der zurückeroberten oder befreiten Territorien konnte nur aus Höflichkeit als »europäisch« bezeichnet werden. Tatsächlich wurde damals die Balkanhalbinsel noch allgemein als »Vorderer Orient« oder »Naher Osten« und Südwestasien als »Mittlerer Osten« bezeichnet. Andererseits waren bzw. wurden jene beiden Staaten, die am meisten dazu beigetragen hatten, die Türken zurückzuwerfen, europäische Großmächte, und dies trotz der notorischen Rückständigkeit weiter Teile ihrer Territorien samt der dort lebenden Völker: die Habsburger Monarchie und vor allem das russische Zarenreich.

Große Bereiche Europas lagen deshalb bestenfalls an den Rändern des Kerngebietes der kapitalistischen Wirtschaftsentwicklung und der bürgerlichen Gesellschaft. In einigen von ihnen lebte die Mehrzahl der Einwohner eindeutig in einem anderen Jahrhundert als ihre Zeitgenossen und ihre Herrscher – so z.B. an der Adriaküste Dalmatiens oder der Bukowina, wo 1880 die Bevölkerung zu 88 Prozent aus Analphabeten bestand, verglichen mit elf Prozent in Niederösterreich, das zum selben Herrschaftsgebiet gehörte (vgl. Flora 1983, S. 78). Viele gebildete Österreicher teilten die Überzeugung

* Zwischen dem 5. Jahrhundert n.Ch. und 1453 überlebte das Römische Reich mit wechselndem Erfolg mit Byzanz (Istanbul) als Hauptstadt und dem orthodoxen Christentum als Staatsreligion. Der russische Zar (= Caesar; noch heute lautet die slawische Bezeichnung von Istanbul »Zarigrad« = Stadt des Kaisers) betrachtete sich und sein Land als Nachfolger dieses Reiches und Moskau als »das dritte Rom«.

Metternichs, daß Asien hinter den östlichen Stadtgrenzen Wiens beginne, und die meisten Norditaliener betrachteten die Mehrzahl ihrer süditalienischen Landsleute als eine Art afrikanische Barbaren, aber in beiden Monarchien machten die rückständigen Regionen nur einen Teil des Staatsgebietes aus. In Rußland zog die Frage: »europäisch oder asiatisch?«, einen weit tieferen Trennungsstrich, da praktisch das gesamte Territorium, von Belorußland und der Ukraine nach Osten bis zum Pazifik, abgesehen von einer schmalen Schicht von Gebildeten gleich weit von einer bürgerlichen Gesellschaft entfernt war. Diese Frage war in der Tat der Gegenstand einer leidenschaftlich geführten öffentlichen Debatte.

Doch davon völlig unabhängig verbanden eine gemeinsame Geschichte, Politik, Kultur und nicht zuletzt eine jahrhundertelange Expansion zu Wasser und zu Land auf Kosten der »zweiten Welt« selbst die rückständigen Teile der »ersten Welt« mit den fortschrittlichen, wenn wir von einigen wenigen isolierten Enklaven von Bergbewohnern des Balkan und dergleichen absehen. Rußland war tatsächlich rückständig, obwohl seine Herrscher sich seit zwei Jahrhunderten systematisch am Westen orientiert und die Herrschaft über westliche Grenzgebiete wie Finnland, das Baltikum und Teile Polens errungen hatten, die deutlich weiter entwickelt waren. Dennoch gehörte Rußland in wirtschaftlicher Hinsicht unstreitig insofern zum »Westen«, als seine Regierung sichtlich auf eine Politik der umfassenden Industrialisierung nach westlichem Muster setzte. Politisch war das Zarenreich eher Kolonisator als Kolonie, und kulturell gehörte die kleine gebildete Minderheit in Rußland zu den Glanzlichtern der westlichen Zivilisation im 19. Jahrhundert. Die Bauern der Bukowina, im abgelegensten Nordosten des Habsburgerreiches*, mochten noch im Mittelalter leben, aber ihre Hauptstadt Czernowitz (Cernovitsi) beherbergte eine berühmte europäische Universität, und die emanzipierte und assimilierte jüdische Mittelschicht dieser Stadt war alles andere als mittelalterlich. Am anderen Ende Europas lag das kleine, schwache und nach damaligen Begriffen in jeder Hinsicht rückständige Portugal, praktisch eine Halbkolonie Englands, und nur ein hoffnungsfrohes Auge konnte dort irgendwelche Spuren einer wirtschaftlichen Entwicklung ausmachen. Trotzdem blieb Portugal nicht nur ein Mitglied im Klub der souveränen Staaten, sondern aufgrund seiner Geschichte auch ein großes Kolonialreich; es behielt seine riesigen afrikanischen Kolonien nicht nur deshalb, weil sich die rivalisierenden europäischen Großmächte über deren Aufteilung nicht einigen konnten, sondern auch, weil seine als »europäisch« geltenden Besitzungen nicht – oder nicht

* Diese Region wurde 1918 Rumänien zugeschlagen und gehört seit 1947 zur Ukrainischen Sowjetrepublik.

ausschließlich – als willkommene Beute kolonialer Eroberungen betrachtet wurden.

In den Jahren nach 1880 war Europa nicht nur das ursprüngliche Zentrum der kapitalistischen Entwicklung, das die Welt beherrschte und veränderte, sondern zugleich das bei weitem bedeutsamste Element der Weltwirtschaft und der bürgerlichen Gesellschaft. Niemals in der Geschichte gab es ein Jahrhundert, das stärker von Europa geprägt gewesen wäre, und nie wieder wird es ein solches geben. Demographisch lag der Anteil der europäischen an der Weltbevölkerung am Ende des Jahrhunderts höher als zu dessen Beginn – er war von rund 20 auf etwa 25 Prozent gestiegen (vgl. Rostow 1978, S. 52). Obwohl der alte Kontinent Millionen Menschen in verschiedene neue Welten entlassen hatte, wuchs er schneller als diese. Und obgleich allein schon aufgrund des Tempos und der Dynamik der Industrialisierung Nordamerikas schon jetzt mit Sicherheit abzusehen war, daß es zu einer weltweiten wirtschaftlichen Supermacht werden würde, lag die europäische Industrieproduktion noch immer um mehr als das Doppelte über der amerikanischen, und der maßgebliche technische Fortschritt kam nach wie vor primär aus den Ländern diesseits des Atlantik. Das Automobil, die Kinematographie und der Rundfunk wurden zunächst weitgehend in Europa entwickelt. (Japan kam innerhalb der modernen Weltwirtschaft nur sehr langsam in Schwung, während es sich in der Weltpolitik schneller von der Stelle bewegte.)

Was die Hochkultur anging, so blieb die Welt der weißen Siedler in Übersee nach wie vor überwiegend vom alten Kontinent abhängig; das galt sogar noch mehr für die schmale Schicht gebildeter Eliten der nichtweißen Gesellschaften, soweit diese sich den »Westen« zum Vorbild nahmen. Wirtschaftlich konnte Rußland sich noch nicht mit dem stürmischen Wachstum und dem Wohlstand der USA messen. Kulturell aber war das Rußland Dostojewskijs (1821-1881), Tolstoijs (1828-1910), Tschechows (1860-1904), Tschaikowskijs (1840-1893), Borodins (1834-1887) und Rimsky-Korsakows (1844-1908) eine Großmacht, und die USA eines Mark Twain (1835-1910) und Walt Whitman (1819-1892) waren es nicht, selbst wenn man Henry James (1843-1916) noch hinzurechnet, der seit langem nach England ausgewandert war, dessen geistiger Atmosphäre er sich stärker zugehörig fühlte. Europäische Kultur und europäisches Geistesleben waren noch immer in erster Linie die Sache einer kleinen Minderheit von Vermögenden und Gebildeten und darauf zugeschnitten, innerhalb eines solchen Milieus und für dieses ihre Aufgabe zu erfüllen. Der Beitrag des Liberalismus und nach ihm der ideologischen Linken bestand in der Forderung, die Leistungen dieser elitären Kultur allen zugänglich zu machen. Das Museum und die kostenlose Stadtbücherei waren ihre charakteristischen Errungenschaften. Die nordamerikanische Kultur, stärker demokratisch und egalitär geprägt, fand erst im Zeitalter der Massenkultur im 20. Jahrhundert zu sich. Vorläufig hinkten die USA selbst auf einem Gebiet, das so eng mit dem technischen Fortschritt verzahnt war wie die Naturwissenschaften, noch immer nicht nur den Deutschen und Engländern, sondern sogar den kleinen Niederlanden hinterher, wenn man die geographische Verteilung der Nobelpreise während des ersten Vierteljahrhunderts seit dem Bestehen dieser Ehrung als Maßstab wählt.

Während folglich ein Teil der »ersten Welt« ebensogut in den Sektor der Abhängigkeit und Rückständigkeit gepaßt hätte, gehörte praktisch die gesamte »zweite Welt« eindeutig zu ihm; abgesehen von Japan, das seit 1868 systematisch dem westlichen Vorbild folgte (s. *Die Blütezeit des Kapitals,* Kap. 8), und von Überseeterritorien, wo sich umfangreiche Bevölkerungsgruppen europäischer Abstammung angesiedelt hatten – 1880 noch primär aus Nordwest- und Mitteleuropa –, mit Ausnahme natürlich der Territorien jener eingeborenen Bevölkerungsteile, die ihren Ausrottungsversuchen entkommen konnten. Es war diese Abhängigkeit – oder genauer gesagt die Unfähigkeit, sich von der Wirtschaft und Technik des Westens fernzuhalten bzw. einen Ersatz dafür zu finden oder sich den Männern zu widersetzen, die mit den Waffen und dem Organisationsvermögen des Westens kämpften –, die Gesellschaften, die ansonsten nichts miteinander gemein hatten, zu einer einzigen Kategorie der Opfer (im Gegensatz zu der der Urheber) der Geschichte des 19. Jahrhunderts zusammenfaßte. Ein zynisches westliches Witzwort drückte diesen Sachverhalt militärisch verkürzt so aus:

> »Whatever happens, we have got
> the Maxim Gun, and they have not.«
> (Belloc 1898, S. VI)

Gegenüber diesem einen schienen die übrigen Unterschiede zwischen den steinzeitlichen Gesellschaften Melanesiens und den hochentwickelten und urbanisierten Gesellschaften Chinas, Indiens und der islamischen Welt keine Rolle mehr zu spielen. Was bedeutete es schon, daß ihre Kunstwerke voller Schönheit und die Monumente ihrer uralten Kulturen Wunderwerke waren und daß ihre (hauptsächlich religiösen) Philosophien manchen westlichen Gelehrten und Dichter kaum weniger als das Christentum beeindruckten? Letzten Endes waren sie alle gleichermaßen auf Gedeih und Verderb den Schiffen ausgeliefert, die aus der Fremde kamen und in ihren Häfen Waren, bewaffnete Männer und Ideen entluden, denen gegenüber sie wehrlos waren und die ihre Welt nach den Bedürfnissen der Eindringlinge umformten, was immer die Betroffenen dabei empfinden mochten.

Das heißt nicht, daß die Trennung zwischen den beiden Welten einfach einer Aufteilung zwischen Industrie- und Agrarländern, zwischen städtischer und ländlicher Zivilisation entsprach. Die »zweite Welt« umfaßte Städte, die älter als die der »ersten« und/oder mindestens ebenso groß waren: z.B. Peking oder Konstantinopel. Der kapitalistische Weltmarkt des 19. Jahrhunderts erzeugte zudem neue, überproportional große städtische Zentren, durch die die Wirtschaftsströme zwischen den Ländern kanalisiert wurden: Melbourne, Buenos Aires und Kalkutta hatten um 1885 jeweils eine halbe Million Einwohner und waren damit größer als Amsterdam, Mailand, Birmingham oder München, während Bombay mit einer Einwohnerzahl von einer Dreiviertel Million in Europa nur noch von einem halben Dutzend Städten übertroffen wurde. Obgleich die Städte, von einigen wenigen speziellen Ausnahmen abgesehen, zahlreicher waren und in den Wirtschaften der »ersten« Welt eine wichtigere Rolle spielten, blieb doch diese Welt überraschend stark landwirtschaftlich geprägt. Nur in sechs europäischen Ländern war die Minderheit der männlichen erwerbstätigen Bevölkerung in der Landwirtschaft beschäftigt, während es ansonsten bei weitem die Mehrheit war. Doch diese sechs Länder bildeten bezeichnenderweise das Kernstück der älteren kapitalistischen Entwicklung – Belgien, England, Frankreich, Deutschland, die Niederlande und die Schweiz. Allerdings war es in England nur ein geringer Teil der Erwerbstätigen (etwa ein Sechstel), der einer Tätigkeit in der Landwirtschaft nachging; in anderen Ländern lag der Prozentsatz zwischen 30 und 45 (vgl. Bairoch et al. 1968). Es bestand in der Tat ein auffälliger Unterschied zwischen der kommerzialisierten und weitgehend rationalisierten Landwirtschaft der »entwickelten« Regionen und der Bodenbewirtschaftung der rückständigen Gebiete. Dänische und bulgarische Bauern hatten 1880 wirtschaftlich gesehen kaum etwas gemeinsam außer einem Interesse an Viehzucht und Ackerbau. Dennoch war die Landwirtschaft ebenso wie die alten Handwerksberufe eine tief in der alten Vergangenheit verwurzelte Lebensweise, wie die Ethnologen und Brauchtumsforscher des späten 19. Jahrhunderts wußten, wenn sie hauptsächlich auf dem Land nach alten Traditionen und »volkstümlichen Überresten« Ausschau hielten. Selbst in der am stärksten modernisierten Landwirtschaft wurden diese noch gehegt und gepflegt.

Andererseits war auch die Industrie nicht ausschließlich eine Domäne der »ersten Welt«. Ganz abgesehen vom Aufbau einer Infrastruktur (z.B. Hafenanlagen und Eisenbahnverbindungen) und einer natürlichen Rohstoffindustrie (Bergbau) in manchen abhängigen und kolonialen Wirtschaften und dem Bestehen einer Hausindustrie in zahlreichen rückständigen ländlichen Gebieten entwickelten sich zaghaft selbst auf dieser frühen Stufe einige Industrien des westlichen Typus in abhängigen Ländern wie Indien, hier und da gegen eine starke Opposition der Interessen im Mutterland: in der Hauptsache in der Textilherstellung und der Nahrungsmittelverarbeitung. Aber auch die Metallindustrie fand bereits Eingang in die »zweite Welt«. In Indien nahm das große Eisen- und Stahlwerk in Tata um 1885 seinen Betrieb auf. Unterdessen blieb die Kleinproduktion in Familienbetrieben, die für den Markt oder in Heimarbeit für Verleger produzierten, ebenso charakteristisch für die »entwickelte« wie für einen Großteil der abhängigen Welt. Dieser von deutschen Wissenschaftlern mit Besorgnis beobachteten Produktionsweise stand eine kritische Phase bevor, da sie mit Fabriken und modernen Verteilungssystemen konkurrieren mußten. Insgesamt gesehen konnte sie sich jedoch erstaunlich gut behaupten.

Trotz alledem ist es einigermaßen zutreffend, die Industrie zu einem Kriterium für Modernität zu machen. In den Jahren nach 1880 konnte man kein Land außerhalb der »entwickelten« Welt (und Japans, das den Anschluß an diese geschafft hatte) als industriell oder als in der Industrialisierung begriffen bezeichnen. Selbst jene »entwickelten« Länder, die nach wie vor weitgehend agrarisch geprägt waren oder zumindest im öffentlichen Bewußtsein nicht unmittelbar mit Fabriken und Hüttenwerken in Verbindung gebracht wurden, waren bereits sozusagen auf die Wellenlänge der industriellen Gesellschaft und des jeweils neuesten Standes der Technik eingestellt. Abgesehen von Dänemark waren z.B. die skandinavischen Länder bis vor kurzem notorisch arm und rückständig. Dennoch verfügten sie innerhalb einiger weniger Jahrzehnte über mehr Telefone pro Kopf der Bevölkerung als jede andere europäische Region – einschließlich England und Deutschland (vgl. Webb 1911); ihre Wissenschaftler errangen beträchtlich mehr Nobelpreise als die der USA, und sie waren im Begriff, zu Hochburgen sozialistischer Bewegungen zu werden, deren Organisation eigentlich ganz auf die Interessen des Industrieproletariats zugeschnitten war.

Aber noch überzeugender läßt sich die »fortschrittliche« Welt als eine Welt der rapiden Urbanisierung – in Extremfällen sogar der Großstadtbewohner – beschreiben, wie sie in der Geschichte ohne Beispiel dasteht (vgl. Bairoch 1985, Teil C). Im Jahr 1800 gab es in Europa gerade 17 Großstädte mit einer Bevölkerung ab 100.000 Einwohner und einer Gesamteinwohnerzahl von knapp fünf Millionen. 90 Jahre später waren es bereits 103 mit einer insgesamt sechsmal höheren Einwohnerzahl. Was das 19. Jahrhundert seit 1789 hervorgebracht hatte, war jedoch nicht so sehr der gigantische städtische Ameisenhaufen mit seinen Millionen von wimmelnden Einwohnern – obgleich bis 1880 zu London drei weitere Millionenstädte hinzugekommen waren (Paris, Berlin und Wien). Es war vielmehr ein weit verzweigtes System mittlerer und größerer Städte, insbesondere ausgedehnte und ziemlich dicht bevölkerte Zonen oder Ballungsgebiete einer städtischen und industriellen Entwicklung, die nach und nach die landwirtschaftlichen Flächen der Region aufzehrten. Einige der besonders dramatischen Fälle waren vergleichsweise neueren Datums, etwa das Ergebnis der um die Jahrhundertmitte einsetzenden Entwicklung der Schwerindustrie wie in Tyneside und Clydeside in England, oder die Entwicklung verlief auf breiter Linie wie im Ruhrgebiet oder im Kohle-Stahl-Gürtel Pennsylvanias. In diesen Zonen befanden sich nicht notwendig große Städte, sofern es dort keine Hauptstädte gab, Zentren der Verwaltung und anderer tertiärer Bereiche oder große internationale Häfen, in deren Nähe sich ebenfalls ungewöhnlich große Ansiedlungen bildeten. Merkwürdigerweise gab es mit Ausnahme Englands, Portugals und Dänemarks 1880 keinen europäischen Staat mit einer Großstadt, die sowohl ein politisches Zentrum als auch eine bedeutende Hafenstadt war.

II

Ist es schon schwierig genug, die wirtschaftlichen Unterschiede zwischen den beiden Sektoren der Welt in wenigen Worten zu charakterisieren, auch wenn sie noch so offensichtlich und tiefgreifend waren, so macht es kaum weniger Mühe, die politischen Unterschiede zwischen ihnen knapp zusammenzufassen. Zweifellos existierte ein allgemeines Modell der Strukturen und Institutionen eines im eigentlichen Sinne »fortschrittlichen« Landes, wenn man einmal von geringfügigen lokalen Abweichungen absah. Ein solches Land mußte ein mehr oder weniger homogener Territorialstaat sein, international souverän, groß genug, um als Basis einer nationalen wirtschaftlichen Entwicklung zu dienen, es sollte ein zusammenhängendes Ensemble von politischen und gesetzlichen Institutionen aufweisen, die im allgemeinsten Sinne liberal und vom Repräsentationsprinzip (d.h. verbindliche Verfassung, geltende Gesetze) geprägt waren, aber gleichzeitig sollte auf einer niedrigeren Ebene ein gewisses Maß an lokaler Autonomie und Initiative bestehen. Ein solcher Staat sollte sich aus »Staatsbürgern« zusammensetzen, d.h. aus den einzelnen Bewohnern seines Territoriums, die mit bestimmten gesetzlichen und politischen Grundrechten ausgestattet waren, und nicht etwa aus Körperschaften oder Gruppen und Gemeinschaften anderer Art. Ihre Beziehungen zur Staatsregierung sollten direkt und nicht über ständische oder sonstige Gruppen vermittelt sein usw. Das alles waren anzustrebende Ziele, und zwar nicht nur für die »entwickelten« Länder (die um 1880 allesamt diesem Modell mehr oder weniger entsprachen), sondern auch für alle übrigen, die sich nicht bewußt vom modernen Fortschritt abkoppeln wollten. Insofern blieb der Nationalstaat mit liberaler Verfassung als Modell nicht auf die »entwickelte« Welt beschränkt. Die größte Gruppe von Staaten, die theoretisch diesem Modell verpflichtet waren – im allgemeinen eher in seiner föderalistischen, nordamerikanischen als in seiner zentralisierten, französischen Variante – fand sich sogar in Lateinamerika. Dieses bestand zu jener Zeit aus 17 Republiken und einem Kaiserreich (Brasilien), das die 80er Jahre des 19. Jahrhunderts allerdings nicht überleben sollte. Allerdings hatte die politische Wirklichkeit in Mittel- und Südamerika oder auch in einigen dem Namen nach konstitutionellen Monarchien Südosteuropas mit der Theorie des Konstitutionalismus wenig zu tun. In einem sehr großen Teil der nicht entwickelten Welt gab es nicht einmal Staaten dieser oder überhaupt irgendeiner Form. Manche bestanden aus den Besitzungen europäischer Mächte, von denen sie unmittelbar verwaltet wurden: Diese Kolonialreiche sollten bald darauf eine enorme Ausweitung erfahren. Einige von ihnen, z.B. im Innern Afrikas, bestanden aus politischen Gebilden, auf die der Begriff »Staat« im damals geläufigen europäischen Sinne sich unmöglich ernsthaft anwenden ließ, auch wenn andere Bezeichnungen, die damals gebräuchlich waren (»Stämme«), kaum besser taugten. Einige bestanden aus – gelegentlich sehr alten – Reichen, z.B. dem Chinesischen, Persischen und Osmanischen Reich, die auch nach europäischen Kriterien als Staaten galten, ohne deshalb Territorial- oder »Nationalstaaten« vom Typus des 19. Jahrhunderts zu sein; und sie hatten sich allem Anschein nach überlebt. Auf der anderen Seite konnte man dieselbe Gebrechlichkeit, wenn auch nicht immer dasselbe hohe Alter, bei manchen Reichen beobachten, die zumindest partiell zur »entwickelten« Welt gehörten, auch wenn dies nur auf ihren zugegebenermaßen prekären Status als »Großmächte« zurückzuführen war: beim russischen Zarenreich und der Habsburger Monarchie Österreich-Ungarn.

Unter dem Gesichtspunkt der internationalen Politik (d.h. in den Augen der europäischen Regierungen und Außenministerien) war die Zahl der politischen Gebilde, die weltweit als souveräne Staaten betrachtet wurden, nach unseren Maßstäben ziemlich bescheiden. Um 1875 gab es in Europa nicht mehr als 17 davon (einschließlich der sechs »Mächte« – England, Frankreich, Deutschland, Rußland, Österreich-Ungarn und Italien – und des Osmanischen Reiches), 19 in Nord- und Südamerika (einschließlich einer faktischen »Großmacht«, der USA), vier oder fünf in Asien (hauptsächlich Japan und die beiden alten Reiche China und Persien) sowie drei ziemlich marginale Fälle in Afrika (Marokko, Äthiopien und Liberia). Außerhalb des amerikanischen Kontinents, auf dem sich die größte Ansammlung von Republiken auf dem Erdball befand, handelte es sich fast ausschließlich um Monarchien – in Europa bildeten lediglich die Schweiz und (seit 1870) Frankreich eine Ausnahme –, obgleich die »entwickelten« Länder in der Mehrzahl konstitutionelle Monarchien waren oder zumindest nach außen den Anschein erweckten, die Bevölkerung bis zu einem gewissen Grade durch Wahlen an der Regierung zu beteiligen. Das Russische und das Osmanenreich – das eine noch an der Schwelle zur »Entwicklung«, das andere zweifelsfrei zur Welt der Opfer gehörig – bildeten die einzigen europäischen Ausnahmen. Abgesehen von der Schweiz, Frankreich, den USA und vielleicht noch Dänemark stützte sich jedoch keiner dieser Staaten mit einer Repräsentativverfassung auf ein demokratisches Wahlrecht (das zu dieser Zeit ohnedies nur Männern zugestanden wurde)*, auch wenn einige nominell weiße Siedlerkolonien im britischen Empire (Australien, Neuseeland und Kanada) weitgehend demokratisch waren – sie waren sogar demokratischer als alle sonstigen Regionen mit Ausnahme einiger Rocky Mountains-Staaten in den USA. In diesen Ländern außerhalb Europas hatte die politische Demokratie allerdings die Eliminierung der Bevölkerung der Ureinwohner zur Voraussetzung – der Indianer, Aborigines usw. Wo es nicht möglich war, sie durch Vertreibung in »Reservate« oder durch Völkermord loszuwerden, gehörten sie nicht zur politischen Gemeinschaft. 1890, im Jahr einer neuerlichen Volkszählung, waren von den insgesamt 63 Millionen Einwohnern der USA nur 230.000 Indianer (vgl. *Historical Statistics of the United States,* 1960).

Was die Bewohner der »entwickelten« Welt angeht (und die der Länder, die bestrebt oder gezwungen waren, diese nachzuahmen), so entsprachen die erwachsenen Männer unter ihnen zunehmend dem Minimalkriterium einer bürgerlichen Gesellschaft: daß sie aus rechtlich freien und gleichen Individuen besteht. Nirgendwo in Europa gab es noch die Rechtsinstitution der Leibeigenschaft. Die gesetzlich erlaubte Sklaverei, die fast überall in der westlichen und westlich beherrschten Welt abgeschafft worden war, sah selbst in ihren letzten Bastionen – Brasilien und Kuba – einem alsbaldigen Ende entgegen und wurde dort 1890 endgültig aufgehoben. Juristische Freiheit und

* Der Ausschluß aller Personen ohne elementare Schulbildung vom allgemeinen Wahlrecht, ganz zu schweigen von den ständigen Militärputschen, macht es unmöglich, die lateinamerikanischen Republiken in irgendeiner Hinsicht als »demokratisch« zu kennzeichnen.

Gleichheit waren freilich durchaus nicht unvereinbar mit realer Ungleichheit. Das Ideal einer liberalen bürgerlichen Gesellschaft wurde von Anatole France ironisch auf eine knappe Formel gebracht: »Das Gesetz in seiner majestätischen Gleichheit verbietet es den Armen wie den Reichen gleichermaßen, unter den Brücken zu schlafen, auf der Straße zu betteln und Brot zu stehlen.« Dennoch war es in der »entwickelten« Welt nunmehr letztlich das Geld und nicht mehr die Geburt, der Grad der juristischen Freiheit oder der Stand, was die Verteilung fast aller Privilegien gesellschaftlicher Exklusivität bestimmte. Und die Gleichheit vor dem Gesetz schloß auch politische Ungleichheit nicht aus, denn es kam nicht nur auf das Geld, sondern auch auf die tatsächliche Macht an. Die Reichen und die Mächtigen waren nicht nur politisch einflußreicher, sondern konnten auch beträchtlichen außergesetzlichen Zwang ausüben, wie jeder Bewohner beispielsweise des süditalienischen Hinterlandes oder Nord- und Südamerikas nur zu gut wußte, ganz zu schweigen von den nordamerikanischen Schwarzen. Dennoch bestand ein deutlicher Unterschied zwischen den Regionen der Welt, in denen solche Ungleichheiten noch immer formaler Bestandteil des gesellschaftlichen und politischen Systems waren, und solchen, in denen sie zumindest formal mit der offiziellen Theorie unvereinbar waren. Es war derselbe Unterschied wie zwischen den Ländern, in denen die Folter noch immer eine gesetzliche Form des Gerichtsverfahrens darstellte (z.B. in China), und den Ländern, in denen sie offiziell nicht mehr existierte, auch wenn die Polizei stillschweigend einen Unterschied zwischen der »folterbaren« und der »nicht folterbaren« Klasse machte (um eine Wendung Graham Greenes zu gebrauchen).

Der am deutlichsten sichtbare Unterschied zwischen den beiden Sektoren betraf die Kultur im weitesten Sinne des Wortes. 1880 bestand die »entwickelte« Welt überwiegend aus Ländern oder Regionen, in denen die Mehrzahl der männlichen und zunehmend auch die weibliche Bevölkerung lesen und schreiben konnten, in denen die Politik, die Wirtschaft, die Wissenschaft und ganz allgemein das geistige Leben sich von der Vormundschaft der alten Religionen emanzipiert hatten. Gegen Ende der 70er Jahre konnte jedes Land und jede Region in Europa, deren Bevölkerung mehrheitlich aus Analphabeten bestand, fast sicher als unentwickelt oder rückständig klassifiziert werden und umgekehrt. Italien, Portugal, Spanien, Rußland und die Balkanländer standen bestenfalls an der Schwelle zur Entwicklung. Innerhalb Österreichs (ohne Ungarn) stellten die Slawen der tschechischen Landesteile, die deutschsprachigen Gruppen und selbst noch die weit weniger schreib- und lesekundigen Italiener und Slowenen die fortschrittlichen Landesteile dar, während die ukrainischen, rumänischen und serbokroatischen Bevölkerungsteile, die überwiegend aus Analphabeten bestanden, die rückständigen Regionen repräsentierten. Städte mit einer Bevölkerungsmehrheit ohne die geringste Elementarbildung, wie sie in der damaligen »Dritten Welt« vorherrschten, sind als Indikator der Rückständigkeit sogar noch zuverlässiger, da die Stadtbewohner in der Regel wesentlich gebildeter waren als die Landbevölkerung. In solchen Unterschieden kamen einige ziemlich offensichtliche kulturelle Elemente zum Ausdruck, z.B. der beträchtlich größere Wert, der von den Protestanten und (West-)Juden im Gegensatz zu den Katholiken, Muslimen oder den Angehörigen anderer Religionen auf die Bildung breiter Bevölkerungsschichten gelegt wurde. Ein armes und weitgehend agrarisch geprägtes Land wie Schweden mit einer Analphabetenquote von lediglich zehn Prozent im Jahr 1850 läßt sich nirgendwo anders vorstellen als in der protestantischen Zone der Welt (die aus den meisten an die Ostsee, Nordsee und den Atlantik angrenzenden Ländern mit Ausläufern nach Mitteleuropa und Nordamerika besteht). Auf der anderen Seite drücken sich in den Unterschieden auch Besonderheiten in der wirtschaftlichen Entwicklung und in der gesellschaftlichen Arbeitsteilung aus. So lag etwa in Frankreich 1901 der Anteil der Analphabeten bei den Fischern dreimal so hoch wie bei Fabrikarbeitern und Hausangestellten, bei den Bauern doppelt, bei den Gewerbetreibenden nur halb so hoch sowie bei den Mitarbeitern im öffentlichen Dienst und bei den Angehörigen akademischer Berufe aus verständlichen Gründen am niedrigsten überhaupt. Bauern, die ihren eigenen Hof bewirtschafteten, waren *weniger* schreibkundig als landwirtschaftliche Lohnarbeiter (wenngleich nur geringfügig), doch in den schwächer von der Tradition geprägten Bereichen von Handel und Gewerbe waren die Arbeitgeber gebildeter als die Arbeiter, allerdings auch nicht mehr als ihre Angestellten (vgl. Cipolla 1969, S. 76). Kulturelle, soziale und wirtschaftliche Faktoren lassen sich in der Praxis kaum voneinander trennen.

Die Schulbildung breiter Massen, die in den entwickelten Ländern der damaligen Zeit durch die Einführung der allgemeinen Schulpflicht unter staatlicher Aufsicht gestellt wurde, darf nicht mit der Bildung und Kultur der im allgemeinen sehr kleinen Eliten verwechselt werden. Hier waren die Unterschiede zwischen den beiden Sektoren der Welt geringer, obgleich die höhere Bildung etwa der europäischen Universitätsabsolventen mit der der Moslem- oder Hindugelehrten oder der ostasiatischen Mandarine wenig gemein hatte (sofern diese sich nicht ebenfalls dem europäischen Modell anpaßten). Ein Analphabetentum der breiten Massen wie in Rußland schloß die Existenz einer eindrucksvollen Bildung einer wenn auch zahlenmäßig kleinen Minderheit keineswegs aus. Es gab allerdings bestimmte Institutionen, die für die Zone der »Entwicklung« oder der europäischen Herrschaft typisch waren, vor allem die im wesentlichen säkulare Universität, die es außerhalb dieser Zone nicht gab*, sowie – zu ganz anderen Zwecken – das Opernhaus. In beiden Institutionen schlug sich das Eindringen der vorherrschenden »westlichen« Zivilisation nieder.

III

Die Bestimmung des Unterschieds zwischen fortgeschrittenen und rückständigen, entwickelten und nicht entwickelten Teilen der Welt ist eine komplizierte und undankbare Aufgabe, da derartige Klassifizierungen von vornherein statisch und vereinfacht sind und der komplexen und sich fortwährend verändernden Wirklichkeit, die mit ihnen erfaßt werden soll, unmöglich gerecht werden. Veränderung aber war das Signum des 19. Jahrhunderts: sowohl im Hinblick auf die dynamischen Regionen an den Küsten des Nordatlantik, die zu jener Zeit den Kern des Weltkapitalismus bildeten, als auch im Hinblick auf die Befriedigung ihrer Interessen. Von einigen unbedeutenden und immer selteneren Ausnahmen abgesehen waren alle Länder, selbst die bislang isoliertesten, zumindest an ihren Rändern dieser weltweiten Umgestaltung unterworfen. Auf der anderen Seite erfolgte selbst in den »fortschrittlichsten« der »entwickelten« Länder der Wandel zum Teil in der Weise, daß das Erbe einer alten und »rückständigen« Vergangenheit erst den neuen Verhältnissen angepaßt werden mußte, und überall gab es Schichten und Enklaven in der Gesellschaft, die sich jeder Veränderung widersetzten. Die Historiker zerbrechen sich den Kopf darüber, wie sich dieser universelle und zugleich jeweils spezifische Wandel, die Komplexität seines Musters und seiner Interaktionen sowie seine Hauptrichtungen am besten formulieren und darstellen lassen.

Die meisten zeitgenössischen Beobachter hätten um 1875 weit mehr die Eindeutigkeit in der Richtung der Veränderungen hervorgehoben. Ob auf materiellem Sektor, in der wissenschaftlichen Erkenntnis oder auf dem Gebiet der Umformung der Natur, überall schien Veränderung so offensichtlich gleichbedeutend mit Fortschritt zu sein, daß auch Geschichte selbst – jedenfalls die der Neuzeit – und Fortschritt scheinbar zusammenfielen. Dieser

* Die Universität war zu dieser Zeit noch nicht unbedingt die moderne Institution zur Beförderung wissenschaftlicher Erkenntnis nach dem Vorbild Deutschlands im 19. Jahrhundert, das sich damals überall im Westen ausbreitete.

wurde an der ständig steigenden Kurve aller Dinge abgelesen, die man messen konnte oder selektiv überhaupt messen wollte. Eine fortwährende Verbesserung auch jener Dinge, die ihrer unstreitig noch bedurften, war durch die historische Erfahrung verbürgt. Es erschien kaum glaublich, daß sich noch vor gut 300 Jahren intelligente Europäer die Landwirtschaft, die Militärtechniken und sogar die Medizin der alten Römer zum Vorbild genommen hatten, daß man noch vor zwei Jahrhunderten eine ernsthafte Debatte darüber geführt hatte, ob die Menschen der Neuzeit jemals in der Lage sein würden, die Leistungen ihrer Altvorderen zu übertreffen, und daß zum Ende des 18. Jahrhunderts Fachleute darüber streiten konnten, ob die Bevölkerung Großbritanniens ein Wachstum zu verzeichnen hatte.

Am sichtbarsten und unstrittigsten war der Fortschritt der Technik und ihre augenfällige Folge, das Wachstum der materiellen Produktion und des Verkehrs. Die modernen Maschinen wurden aus Eisen und Stahl hergestellt und überwiegend durch Dampf angetrieben. Die Kohle war zur wichtigsten industriellen Energiequelle geworden. In Europa (ohne Rußland) wurden 95 Prozent des industriellen Energiebedarfs durch Kohle gedeckt. Bäche und Flüsse in Europa und Nordamerika mit starkem Gefälle, die früher einmal für den Standort zahlreicher Baumwollspinnereien bestimmend waren (die englische Bezeichnung *cotton mill* = Baumwollmühle erinnert noch heute an die Bedeutung der Wasserkraft), fielen wieder in die Beschaulichkeit des Landlebens zurück. Andererseits hatten die neuen Energiequellen, elektrischer Strom und Erdöl, noch keine nennenswerte Bedeutung erlangt, obgleich in den 80er Jahren der Bau von Großanlagen zur Stromerzeugung und der Bau von Verbrennungsmotoren möglich geworden war. Selbst in den USA gab es 1890 nicht mehr als rund drei Millionen elektrische Lampen, und zu Beginn der 80er Jahre verbrauchte Deutschland, die modernste industrielle Wirtschaftsmacht ihrer Zeit, jährlich nicht einmal 400.000 Tonnen Erdöl (vgl. Mulhall 1892, S. 245).

Die moderne Technik feierte nicht nur Triumphe, sie war auch nicht mehr zu übersehen. Ihre Produktionsmaschinen, nach heutigen Maßstäben noch nicht einmal besonders stark – in England betrug ihre Durchschnittsleistung um 1880 weniger als 20 PS (berechnet anhand der Daten in ebd., S. 546 und 549) –, waren in der Regel sehr groß und bestanden noch hauptsächlich aus Eisen, wie man in jedem Industriemuseum feststellen kann. Doch die bei weitem größten und stärksten Maschinen des 19. Jahrhunderts waren gleichzeitig auch für die Bevölkerung die sichtbarsten und geräuschvollsten – die 100.000 Eisenbahnlokomotiven (200-450 PS), die unter einer langen Rauchfahne insgesamt zweidreiviertel Millionen Personen- und Güterwagen als lange Züge hinter sich herzogen. Sie gehörten zu den dramatischsten Neuerungen des Jahrhunderts, an die man – im Gegensatz zur Luftfahrt – noch vor einem Jahrhundert, als Mozart seine Opern komponierte, nicht einmal im Traum gedacht hatte. Mit ihren riesigen Netzen aus schimmernden Schienen auf Bahndämmen, über Brücken und Viadukte, durch Einschnitte und Tunnels von bis zu 15 km Länge, über Bergpässe, die so hoch waren wie die höchsten Gipfel der Alpen, stellten die Eisenbahnen in ihrer Gesamtheit das gewaltigste öffentliche Bauunternehmen der bisherigen Menschheitsgeschichte dar. Sie beschäftigten mehr Arbeitskräfte als jedes andere Industrieunternehmen. Die Eisenbahnen erreichten die Zentren der Großstädte, wo ihre triumphalen Leistungen mit nicht weniger triumphalen und gigantischen Bahnhöfen gefeiert wurden, ebenso wie die abgelegensten Landstriche, in die sonst keine anderen Boten der Zivilisation des 19. Jahrhunderts vordrangen. 1882 benutzten jährlich fast zwei Millionen Reisende die Eisenbahn, in der Mehrzahl natürlich Europäer (72 Prozent) und Nordamerikaner (20 Prozent; vgl. ebd., S. 100). In den »entwickelten« Regionen des Westens gab es damals wohl nur noch wenige Männer und nicht einmal mehr viele (weniger mobile) Frauen, die nicht irgendwann einmal in ihrem Leben mit der Eisenbahn in Berührung gekommen waren. Es gab vermutlich nur noch ein weiteres Nebenprodukt der modernen Technik, das Netz der Telegrafendrähte auf endlosen Reihen hölzerner Masten, die sich über eine drei- bis viermal so lange Entfernung erstreckten wie das Schienennetz der Eisenbahn, das noch allgemeiner bekannt war.

Die weltweit 22.000 Dampfschiffe im Jahr 1882, mit vielfach noch leistungsfähigeren Maschinen als die Lokomotiven, waren indessen weniger zahlreich, fielen nur den wenigen ins Auge, die in der Nähe eines Hafens wohnten oder dorthin reisten, und waren auch weit weniger bedeutsam. Denn um 1880 beförderten sie selbst im industrialisierten England noch immer (allerdings nicht mehr lange) weniger Tonnage als die Segelschiffe. In der gesamten Weltschiffahrt wurden 1880 noch fast drei Viertel der Schiffsfracht durch Windkraft und nur ein Viertel durch Dampfkraft transportiert. Dieses Verhältnis sollte sich schon in den folgenden Jahren drastisch zugunsten der Dampfschiffe ändern. Noch herrschte – trotz des Wechsels vom Holz zum Eisen und vom Wind zur Dampfkraft – auf den Meeren die Tradition, und zwar ganz besonders im Hinblick auf den Bau und das Be- und Entladen der Schiffe.

Wieviel Aufmerksamkeit hätten ernsthafte Laien in den Jahren nach 1875 wohl den umwälzenden Fortschritten der Technik geschenkt, die zu dieser Zeit noch heranreiften oder bereits das Licht der Welt erblickten: den unterschiedlichsten Typen von Turbinen und Verbrennungsmotoren, dem Telefon, Grammophon und der elektrischen Glühbirne (die allesamt eben erst erfunden worden waren), dem Automobil, das von Daimler und Benz in den 80er Jahren gebaut worden war, ganz zu schweigen von der Kinematographie, der Luftfahrt und der Radiotelegrafie, die in den 90er Jahren in Betrieb waren oder genommen wurden? Diese Beobachter hätten fast sicher wesentliche Entwicklungen auf allen Gebieten erwartet und prophezeit, die mit Elektrizität, Fotografie und chemischer Synthese zusammenhingen, die mittlerweile vertraut genug waren, und sie wären nicht überrascht gewesen, daß mit Hilfe der Technik ein so wichtiges und offensichtliches Problem gelöst werden konnte wie die Konstruktion eines mobilen Motors zur Mechanisierung des Überlandtransportes. Mit der Entdeckung der Radiowellen und der Radioaktivität hätten sie vermutlich nicht gerechnet. Zweifellos hätten sie – wie die Menschen aller Zeitalter vor ihnen – Mutmaßungen über die Aussichten des Flugverkehrs angestellt und wären angesichts des technischen Optimismus jener Tage in dieser Hinsicht wohl sehr zuversichtlich gewesen. Zweifellos gierten die Menschen nach neuen Erfindungen. Thomas Alva Edison, der Erbauer des vermutlich ersten industriellen Entwicklungslabors (1876) in Menlo Park, New Jersey, wurde mit seinem ersten Phonographen 1877 für die Amerikaner zu einem Nationalhelden. Aber wahrscheinlich rechnete niemand mit den tatsächlichen Veränderungen, die sich aus diesen Erfindungen für die Konsumgesellschaft ergeben sollten, denn mit Ausnahme in den USA waren diese Folgen bis zum Ersten Weltkrieg tatsächlich eher bescheidener Art.

Der Fortschritt kam demnach am sichtbarsten in der enormen Fähigkeit zur materiellen Produktion und zu einem schnellen Massenverkehr in der »entwickelten« Welt zum Ausdruck. Die Segnungen dieser Vermehrung des Reichtums hatten in den 70er Jahren die überwiegende Mehrheit der Bewohner Asiens, Afrikas und Lateinamerikas noch kaum erreicht. Wie groß der Anteil der Bevölkerung in Südeuropa oder im Zarenreich war, der von ihnen profitierte, muß offen bleiben. Selbst in der »entwickelten« Welt waren sie äußerst ungleichmäßig verteilt; so lag z.B. der Bevölkerungsanteil der Reichen bei 3,5 Prozent, der Mittelschicht bei 13-14 und der Anteil der arbeitenden Klassen bei 82-83 Prozent, um eine offizielle französische Kategorisierung aller Beerdigungen in der Republik von 1870 bis 1880 zu zitieren (s. *Die Blütezeit des Kapitals*, Kap. 12). Dennoch war eine gewisse Verbesserung der Lage der einfachen Leute in dieser Zone schwer zu leugnen. Der Anstieg des menschlichen Größenwachstums, der dazu geführt hat, daß heute jede Generation größer ist als die ihrer Eltern, hat wahrscheinlich als Folge einer verbesserten Ernährung in etlichen Ländern um 1880 eingesetzt – aber keineswegs überall (vgl. Floud 1985). Die durchschnittliche Lebenserwartung eines Neugeborenen war in den 80er Jahren noch immer mäßig hoch: 43-45 Jahre in den meisten »entwickelten« Regionen, d.h. in Belgien, England, Frankreich, Massachusetts, den Niederlanden und der Schweiz. In Deutschland lag sie allerdings bei unter 40 und in Skandinavien bei 48-50 Jahren (vgl. von Mayr 1924, S. 427). Dennoch war die Lebenserwartung im Lauf des Jahrhunderts ziemlich sicher angestiegen, obgleich der entscheidende Rückgang der Säuglingssterblichkeit, der diese Ziffer am nachhaltigsten beeinflußt, gerade erst einsetzte. (Um 1965 lag sie in allen diesen Ländern bei etwa 70 Jahren.)

Kurz, die größte Hoffnung unter den Armen, selbst in den »entwickelten« Teilen Europas, bestand vermutlich noch immer darin, genug zu verdienen, um Leib und Seele zusammenzuhalten, ein Dach über dem Kopf und ausreichende Kleidung zu haben, vor allem während der anfälligsten Jahre ihres Lebenszyklus, wenn ihre Kinder noch nicht im erwerbsfähigen Alter waren und sie selbst ins Greisenalter kamen. In den »entwickelten« Teilen Europas brauchten sie allerdings nicht mehr den Hungertod als möglichen Schicksalsschlag zu befürchten. Selbst in Spanien ereignete sich die letzte große Hungersnot in den 60er Jahren des 19. Jahrhunderts. In Rußland war diese allerdings nach wie vor eine reale Lebensbedrohung: Noch 1891-1892 fielen ihr dort zahlreiche Menschen zum Opfer. In der späteren »Dritten Welt« blieb sie weiterhin endemisch. Fraglos gab es eine wachsende Schicht wohlhabender Bauern, in manchen Ländern außerdem eine Schicht »achtbarer« Facharbeiter oder sonstwie gesuchter Handarbeiter, die in der Lage waren, Geld zu sparen und mehr als nur das Lebensnotwendigste zu kaufen. Die einzige Verbrauchergruppe hingegen, deren Einkommen genügend hoch war, um das Interesse von Produzenten und Geschäftsleuten auf sich zu lenken, war die der mittleren Einkommen. Die auffälligste Neuerung auf dem Gebiet des Absatzes von Verbrauchsgütern war das großstädtische Warenhaus, das zuerst in Frankreich, Nordamerika und England aufkam und gerade erst auch in Deutschland Fuß faßte. Der Bon Marché, Whiteley's Universal Emporium oder Wanamakers waren nicht für die arbeitenden Klassen gedacht. Die USA mit ihrem enormen Verbraucherreservoir dachten bereits an Großmärkte mit einem begrenzten Sortiment standardisierter Artikel, aber selbst dort überließ man den Billigmarkt der Armen noch den Kleinunternehmen. Noch gab es keine moderne Massenproduktion und keine Wirtschaft des Massenkonsums, aber sie sollten auch nicht mehr lange auf sich warten lassen.

Doch der Fortschritt schien auch auf dem Gebiet sichtbar zu werden, das damals noch gern als »Moralstatistik« bezeichnet wurde. Die allgemeine Schulbildung befand sich eindeutig auf dem Vormarsch. War es etwa kein Maß für die Ausbreitung der Zivilisation, daß in England noch beim Ausbruch der Kriege gegen Napoleon je Einwohner jährlich zwei, in den Jahren von 1880 bis 1885 jedoch 42 Briefe verschickt wurden? Daß in den USA im Jahr 1880 Monat für Monat 186 Millionen Zeitungen und Zeitschriften gedruckt wurden gegenüber 330.000 im Jahr 1788? Daß 1880 die Zahl der Personen, die sich wissenschaftlich betätigten, indem sie sich einer der britischen wissenschaftlichen Gesellschaften anschlossen, mit 44.000 etwa 15mal höher lag als 50 Jahre zuvor (vgl. Mulhall 1892, Stichworte »Post Office«, »Press« und »Science«)? Zweifellos zeigte die Moral, soweit sie sich in den äußerst zweifelhaften Daten der Kriminalstatistik und den wilden Vermutungen von Leuten niederschlug, die (wie zahlreiche Zeitgenossen im viktorianischen England) den außerehelichen Geschlechtsverkehr unter Strafe stellen wollten, eine ungewissere oder weniger zufriedenstellende Entwicklung. Aber war es denn nicht möglich, in der fortschreitenden Entwicklung der Institutionen in Richtung auf einen liberalen und demokratischen Verfassungsstaat, der sich überall in den »fortschrittlichen« Ländern bemerkmar machte, ein Zeichen der moralischen Besserung zu sehen, die Ergänzung der außergewöhnlichen wissenschaftlichen und materiellen Triumphe jenes Zeitalters? Damals verlieh Mandell Creighton, ein anglikanischer Bischof und Historiker, seiner Überzeugung Ausdruck, daß »wir nicht umhin können, einen Fortschritt in allen menschlichen Angelegenheiten als eine wissenschaftliche Hypothese zu unterstellen, auf der die gesamte Geschichtsschreibung aufbaut« (zit. n. *The Cambridge Modern History,* 1902, Bd. 1, S. 4).

In den »entwickelten« Ländern hätten dieser Einschränkung sicher nur wenige widersprochen, obgleich man vielleicht hinzufügen sollte, daß selbst in diesen Teilen der Welt eine solch weitgehende Übereinstimmung relativ jungen Datums war. Im übrigen Teil der Welt hätten die meisten die Aussage des Bischofs gar nicht verstanden, selbst wenn sie darüber nachgedacht hätten. Alles Neue, besonders wenn es von außen, von Städtern und Fremden hereingetragen wurde, galt eher als Störung der alten und gewohnten Bahnen denn als Verbesserung, und die dadurch gestiftete Unruhe war ja auch überall sichtbar, während es für eine Verbesserung der Lage kaum überzeugende Anhaltspunkte zu geben schien. Es gab keinen Fortschritt in der Welt, und es brauchte auch gar keinen zu geben: Dieser Standpunkt wurde sogar in der »entwickelten« Welt von jenem unerschütterlichen Gegner aller Errungenschaften des 19. Jahrhunderts, der römisch-katholischen Kirche, nachdrücklich vertreten (vgl. *Die Blütezeit des Kapitals,* Kap. 6, 1). Bestenfalls durfte man darauf hoffen, falls die Zeiten auch ohne Hungersnöte, Dürreperioden oder Epidemien einmal schlecht waren – was den Launen Gottes oder der Natur zugeschrieben werden konnte –, die erwartete Normalität des menschlichen

Daseins durch die Rückkehr zum wahren Glauben wiederherzustellen, von dem man irgendwie abgekommen war, oder durch die Besinnung auf eine reale oder vorgestellte Vergangenheit, in der noch Gerechtigkeit und Ordnung geherrscht hatten. Jedenfalls waren die altüberlieferte Weisheit und die alte Art am besten – und Fortschritt hieß bloß, daß nun die Jungen den Alten etwas beizubringen suchten.

»Fortschritt« außerhalb der entwickelten Länder war deshalb weder eine offensichtliche Tatsache noch eine plausible Annahme, sondern in erster Linie eine fremde Gefahr und Herausforderung. Diejenigen, die von ihm profitierten und ihn begrüßten, waren kleine Minderheiten von Herrschern und Städtern, die sich mit fremden und irreligiösen Werten identifizierten. Jene, die etwa von den Franzosen in Nordafrika bezeichnenderweise *évolués* genannt wurden – die »Entwickelten« –, waren zu jener Zeit genau diejenigen, die sich von ihrer Vergangenheit und ihrem Volk losgesagt hatten; die zum Teil dazu gezwungen waren (z.B. in Nordafrika durch die Aufgabe der islamischen Gesetze), wenn sie in den Genuß der französischen Staatsbürgerschaft kommen wollten. Noch gab es nur sehr wenige Orte – selbst in den rückständigen Regionen Europas, die doch an die fortschrittlichen Regionen angrenzten oder von ihnen umgeben waren –, wo Landleute oder die verstreuten städtischen Armen bereit gewesen wären, der Führung der offen traditionsfeindlichen Neuerer zu folgen, wie viele der neuen sozialistischen Parteien bald entdecken sollten.

Die Welt zerfiel also in einen kleineren Teil, in dem der »Fortschritt« endogen war, und einen zweiten, weit größeren Teil, in dem dieser als fremder Eroberer auftrat, unterstützt von Minderheiten lokaler Kollaborateure. Im ersten Teil glaubte inzwischen selbst die Mehrheit der Durchschnittsbevölkerung daran, Fortschritt sei möglich und wünschenswert und in mancher Hinsicht finde er sogar bereits statt. In Frankreich gab es keine Partei von Bedeutung und keinen vernünftigen Politiker im Kampf um Wählerstimmen, die sich als »konservativ« bezeichnet hätten; in den USA war »Fortschritt« eine nationale Ideologie; selbst im Deutschen Reich – dem dritten bedeutenden Land mit allgemeinem Männerwahlrecht um 1875 – errangen die Parteien, die sich »konservativ« nannten –, bei den allgemeinen Wahlen jenes Jahrzehnts weniger als ein Viertel der abgegebenen Stimmen.

Aber wenn der Fortschritt so mächtig, so universell und so wünschenswert war, wie ließ sich dann dieses Widerstreben, ihn mit offenen Armen aufzunehmen oder gar an ihm teilzuhaben, erklären? War es einfach der Ballast der Vergangenheit, die allmählich, zwar ungleichmäßig, aber unaufhaltsam von den Schultern jener Teile der Menschheit genommen wurde, die noch immer unter ihr ächzte? Stimmte es denn nicht, daß bald ein Opernhaus, jene so charakteristische Kathedrale der bürgerlichen Kultur, in Manaus errichtet werden sollte, über 1700 Kilometer stromaufwärts des Amazonas inmitten des tropischen Urwaldes, bezahlt aus den Gewinnen des Kautschukbooms – dessen indianische Opfer leider keine Gelegenheit mehr haben würden, sich an Verdis *Troubadour* zu erfreuen? Hatten denn nicht Gruppen von militanten Verfechtern der neuen Art bereits die Regierung ihres Landes übernommen – wie die Partei mit dem bezeichnenden Namen *Científicos* in Mexiko – oder standen kurz davor wie die Jungtürken im Osmanischen Reich, deren Komitee den nicht weniger bezeichnenden Namen »Einheit und Fortschritt« trug? Hatte nicht sogar Japan seine jahrhundertelange Isolation durchbrochen, um westliche Lebensart und westliches Gedankengut aufzunehmen und sich zu einer modernen Großmacht zu entwickeln, was alsbald durch militärische Triumphe und Eroberungen schlagend unter Beweis gestellt werden sollte?

Trotz alledem war das Unvermögen oder die Weigerung der meisten Erdenbewohner, dem Beispiel des westlichen Bürgertums zu folgen, noch verblüffender als der Erfolg jener, die ihm nachzueifern versuchten. Vielleicht lag es nur zu nahe, daß die Bewohner der ersten Welt, die es sich vorläufig noch leisten konnten, die Japaner zu übersehen, in ihrem Eroberungsdrang zu dem Schluß gelangten, ein großer Teil der Menschheit sei biologisch unfähig, das zu erreichen, was eine Minderheit von angeblich weißer Hautfarbe oder, noch genauer, was Menschen nordeuropäischer Herkunft an vielversprechenden Leistungen vorgeführt hatten. Die Menschheit war in »Rassen« geschieden, eine Vorstellung, welche die Ideologie der Zeit fast ebenso tief durchdrang wie die Idee des »Fortschritts«; sie teilte sich in diejenigen, deren Platz bei den großen internationalen Fortschrittsfeiern, den Weltausstellungen (s. *Blütezeit des Kapitals*, Kap. 2) auf den Tribünen der technischen Triumphe war, und in die anderen, die dort ihren Platz in den »Kolonialpavillons« oder »Eingeborenendörfern« hatten, die das Bild der Ausstellungen inzwischen vervollständigten. Sogar in den »entwickelten« Ländern selbst war die Menschheit zunehmend gespalten in den tatkräftigen und begabten Stamm der Mittelklassen und in die trägen Massen, deren genetische Mängel sie zur Unterlegenheit verdammten. Die Biologie wurde als Erklärung für die Ungleichheit herangezogen, ganz besonders von jenen, die sich zur Überlegenheit bestimmt fühlten.

Zugleich erhöhte jedoch dieser Rückgriff auf die Biologie die Verzweiflung derjenigen, deren Pläne für eine Modernisierung ihrer Länder auf das wortlose Unverständnis und den stummen Widerstand der Bevölkerung stießen. In den Republiken Lateinamerikas, inspiriert durch die Revolutionen, die Europa und die USA umgeformt hatten, glaubten Ideologen und Politiker, der Fortschritt ihres Landes hänge von der »Arisierung« ab – d.h. von einer konstanten »Aufhellung« der Bevölkerung durch Mischehen (Brasilien) oder einer Neubesiedlung durch eingewanderte weiße Europäer (Argentinien). Ihre herrschenden Klassen waren zweifellos weiß oder hielten sich zumindest dafür, und nach wie vor waren nicht-iberische Nachnamen europäischer Herkunft unter den politischen Eliten Südamerikas überdurchschnittlich häufig. Selbst in Japan, so unwahrscheinlich uns das heute anmuten mag, erschien eine »Verwestlichung« zu dieser Zeit problematisch genug, um den Gedanken nahezulegen, sie lasse sich allein durch eine Infusion von – wie wir heute sagen würden – Genen aus dem Westen erreichen (s. *Die Blütezeit des Kapitals*, Kap. 8 und 14).

Derartige Verirrungen in pseudowissenschaftliche Spekulationen (vgl. Kap. 10) unterstreichen den Gegensatz zwischen Fortschritt als universellem Anspruch (auch als einer Wirklichkeit) einerseits und der Ungleichmäßigkeit seiner tatsächlichen Ausbreitung andererseits. Es gab nur wenige Länder, bei denen es so aussah, als würden sie sich zu kapitalistischen Industriewirtschaften mit einem liberalen Rechts- und Verfassungsstaat und einer bürgerlichen Gesellschaft nach westlichem Vorbild mausern. Selbst innerhalb einzelner Länder oder Gemeinschaften bestand zwischen den »Fortgeschrittenen« (im allgemeinen gleichzeitig den Wohlhabenden) und den »Rückständigen« (im allgemeinen gleichzeitig den Armen) eine breite und tiefe Kluft, wie die sorgenfreie, kultivierte und assimilierte jüdische Mittel- und Oberschicht in den westlichen Ländern und Mitteleuropa gerade feststellen konnten, die sich einem Heer von zweieinhalb Millionen ihrer aus den osteuropäischen Ghettos eingewanderten Glaubensbrüder gegenübersahen. Konnten diese unzivilisierten Barbaren wirklich *demselben* Volk zugehören »wie wir selbst«?

Und war die Masse der inneren und äußeren Barbaren vielleicht so groß, daß der Fortschritt auf eine Minderheit beschränkt blieb, die nur deshalb die Zivilisation aufrechterhalten konnte, weil sie in der Lage war, die Barbaren in Schach zu halten? Und hatte nicht John Stuart Mill persönlich gesagt: »Despotismus ist eine legitime Regierungsform im Umgang mit Barbaren, sofern er ihre Förderung im Sinn hat« (Mill 1969, S. 17)? Aber es gab noch ein weiteres und tiefer reichendes Dilemma des Fortschritts. Wohin führte er eigentlich? Selbst wenn man zugab, daß die umfassende Eroberung der Weltwirtschaft, der Vormarsch einer siegreichen Naturwissenschaft und Technik, auf deren Fundament sie zunehmend aufbaute, tatsächlich unleugbar, universell, irreversibel und deshalb unaufhaltsam war; selbst wenn man zugab, daß in den Jahren nach 1870 alle Versuche, diesen Siegeszug aufzuhalten oder auch nur zu verlangsamen, immer unrealistischer und kraftloser wurden und daß selbst jene Kräfte, die es sich zur Aufgabe gemacht hatten, traditionsgeleitete Gesellschaften zu bewahren, sich hierzu bereits gelegentlich der Waffen der modernen Gesellschaft bedienten; und selbst wenn man davon ausging, daß der politische Fortschritt in Gestalt von Repräsentativregierungen und der moralische Fortschritt in Gestalt einer zunehmenden Schulbildung der Massen anhielt und sich sogar noch beschleunigte – würde all dies zu einem Fortschritt der Zivilisation in dem Sinne führen, in dem der junge John Stuart Mill die Sehnsüchte eines Jahrhunderts des Fortschritts artikuliert hatte: nach einer Welt oder auch nur einem Land, »(das) eine höhere Stufe der Entwicklung erreicht, mehr von den besten Eigenschaften des Menschen und der Gesellschaft aufzuweisen hat, wenn es auf dem Wege zur Vollkommenheit weiter vorgeschritten, glücklicher, weiser und edler ist« (Mill 1874, S. 1)?

In dem Jahrzehnt zwischen 1870 und 1880 war der Fortschritt der bürgerlichen Welt an einem Punkt angelangt, an dem zunehmend skeptische oder sogar pessimistische Stimmen laut wurden. Und sie wurden verstärkt durch die Situation, in der sich die Welt inzwischen befand und die nur wenige vorhergesehen hatten. Die wirtschaftlichen Fundamente der fortschreitenden Zivilisation gerieten ins Wanken. Nach einer Generation der beispiellosen Expansion befand sich die Weltwirtschaft in einer Krise.

Kapitel 2
Eine Wirtschaft schaltet um

»Kombination ist zunehmend die Seele moderner kommerzieller Systeme geworden.«

A.V. Dicey (1905, S. 245)

»Der Zweck einer jeden Kapitals- und Betriebsvereinigung mehrerer industrieller Unternehmungen zu einer großen Körperschaft unter gemeinsamer Leitung sollte immer die weitgehendste Verminderung der Kosten für Produktion, Verwaltung und Verkauf, unter Beseitigung eines ruinösen Konkurrenzkampfes, behufs Erzielung eines möglichst hohen Gewinnes sein . . .«

Karl Duisberg, Gründer der I.G. Farben, (1904/1923, S. 344)

»Es gibt nun Zeitpunkte, da die Entwicklung auf allen Gebieten der kapitalistischen Volkswirtschaft – in der Technik, auf dem Geldmarkt, im Handel, in den Kolonien – soweit herangereift ist, daß eine eminente Erweiterung des Weltmarktes stattfinden muß, die gesamte Weltproduktion auf eine neue, viel umfassendere Basis gehoben wird. Dann beginnt eine Sturm- und Drangperiode für das Kapital.«

I. Helphand (Parvus) (1901/1972, S. 26)

I

Ein hervorragender nordamerikanischer Fachmann stellte 1889, im Gründungsjahr der Sozialistischen Internationale, in einer Betrachtung über die Weltwirtschaft fest, daß diese seit 1873 durch »eine beispiellose Störung und Depression des Handels« gekennzeichnet sei. Weiter heißt es bei ihm:

»Ihre auffälligste Besonderheit war ihre Universalität; sie zog Nationen in Mitleidenschaft, die sich im Kriegszustand befanden und solche, die den Frieden bewahrten, Nationen mit einer stabilen Währung auf Goldbasis und solche mit einer instabilen Währung . . .; Nationen, die unter einem System des freien Warenaustausches leben und solchen, in denen dieser Austausch mehr oder weniger gravierenden Beschränkungen unterliegt. Ihre schmerzhaften Auswirkungen bekamen alte Gemeinwesen wie England oder Deutschland ebenso zu spüren wie Australien, Südafrika und Kalifornien, die erst in jüngerer Zeit entstanden sind; sie erwies sich als ein überaus schwer zu tragendes Unglück für die Einwohner der Ödgegenden Neufundlands und Labradors wie der sonnigen, fruchtbaren Zuckerinseln

Ost- und Westindiens; und sie hat nicht einmal die Spekulanten an den Weltbörsen reicher gemacht, deren Gewinne normalerweise gerade dann am größten sind, wenn das Geschäft besonders wechselhaft und unsicher ist.« (Wells 1883, S. 1 f.)

Diese Auffassung, im allgemeinen in einer etwas weniger barocken Sprache vorgetragen, wurde von zeitgenössischen Beobachtern weitgehend geteilt, auch wenn manche späteren Historiker sie nur schwer nachvollziehen konnten. Denn obwohl der Handelszyklus, der den Grundrhythmus einer kapitalistischen Wirtschaft bildet, in der Zeit zwischen 1873 und Mitte der 90er Jahre zweifelsohne einige ausgeprägte Depressionen hervorbrachte, erlebte die Weltproduktion, weit von einer Stagnation entfernt, einen ununterbrochenen steilen Anstieg. Zwischen 1870 und 1890 erhöhte sich die Roheisenproduktion in den fünf größten Erzeugerländern um mehr als das Doppelte (von elf auf 23 Millionen Tonnen), die Produktion von Stahl, mittlerweile ein zweckmäßiger Indikator der Industrialisierung insgesamt, stieg um das Zwanzigfache (von einer halben auf elf Millionen Tonnen). Der internationale Handel wuchs weiterhin in beeindruckendem Tempo, wenn auch zugegebenermaßen etwas weniger schnell als bisher. Es waren genau die Jahrzehnte, in denen die nordamerikanische und die deutsche Industrie mit Riesenschritten vorwärts stürmten und die industrielle Revolution auf neue Länder wie Schweden und Rußland übergriff. Etliche Überseeländer, die erst seit kurzer Zeit in die Weltwirtschaft integriert waren, erlebten eine wirtschaftliche Blüte wie nie zuvor – womit sie übrigens eine internationale Schuldenkrise anbahnten, die der heutigen recht ähnlich war, vor allem deshalb, weil die Namen der verschuldeten Länder weitgehend dieselben geblieben sind. Die Auslandsinvestitionen in Lateinamerika erreichten in den 80er Jahren schwindelnde Höhen, als die Länge des argentinischen Eisenbahnnetzes sich innerhalb von fünf Jahren verdoppelte und Argentinien und Brasilien jährlich jeweils bis zu 200.000 Einwanderer anlockten. Konnte eine solche Periode des spektakulären Produktionswachstums wirklich als »Große Depression« bezeichnet werden?

Die Historiker mögen da ihre Zweifel haben, die Zeitgenossen hatten sie jedenfalls nicht. Waren diese intelligenten, gut informierten und beunruhigten Engländer, Franzosen, Deutschen und Nordamerikaner einer kollektiven Wahnvorstellung zum Opfer gefallen? Es wäre absurd, das zu unterstellen, selbst wenn der leicht apokalyptische Ton mancher Kommentare selbst für die damaligen Verhältnisse übertrieben erschien. Denn keineswegs alle »nachdenklichen und konservativen Köpfe« teilten die Überzeugung von D.A. Wells, daß eine Zusammenrottung der Barbaren im eigenen Land und nicht außerhalb drohte, um das gesamte gegenwärtige gesellschaftliche Gefüge und das Fortbestehen der Zivilisation selbst anzugreifen (ebd., S. VI). Trotzdem gab es einige, die ihm darin zustimmten, ganz zu schweigen von der wachsenden Schar von Sozialisten, die einem Zusammenbruch des Kapitalismus unter seinen eigenen, unlösbaren Widersprüchen entgegensahen, der sich während der Phase der Depression immer deutlicher abzuzeichnen schien. Der pessimistische Ton in der Literatur und Philosophie der 80er Jahre (s.S. 129, 324 f.) läßt sich ohne dieses Gefühl einer allgemeinen wirtschaftlichen und damit auch sozialen Misere kaum zureichend verstehen.

Was selbst den weniger apokalyptisch gestimmten Wirtschaftswissenschaftlern und Geschäftsleuten zu schaffen machte, war die anhaltende »Depression der Preise, eine Depression der Zinsen und eine Depression der Gewinne«, wie Alfred Marshall, der kommende Guru der Wirtschaftstheorie, 1888 feststellte (Marshall 1926, S. 98 f.). Kurz, was nach dem zugegebenermaßen drastischen Zusammenbruch der 70er Jahre auf dem Spiel stand (vgl. *Die Blütezeit des Kapitals,* Kap. 2), war nicht die Produktion, sondern deren Ertragsfähigkeit.

Das spektakulärste Opfer dieses Verfalls der Gewinne war die Landwirtschaft, und sie war zudem der Sektor, in dem die Unzufriedenheit die unmittelbarsten und weitreichendsten sozialen und politischen Folgen hatte. Ihre Produktion, die in den vorangegangenen Jahrzehnten enorm gesteigert worden war (vgl. *Die Blütezeit des Kapitals,* Kap. 10), überschwemmte nun die Weltmärkte, die bislang durch hohe Transportkosten vor einer massiven Konkurrenz aus dem Ausland geschützt waren. Die Folgen für die Agrarpreise – sowohl für die europäische Landwirtschaft als auch für die überseeischen Exportwirtschaften – waren verheerend. 1894 betrug der Weizenpreis nur noch gut ein Drittel seines Standes von 1867 – eine glänzende Prämie für die Kleinhändler, aber eine Katastrophe für die Bauern und Landarbeiter, die in den westlichen Industrieländern (mit England als einziger Ausnahme) noch immer 40 bis 50 Prozent und in den übrigen Ländern bis zu 90 Prozent der männlichen Erwerbstätigen stellten. In einigen Regionen verschlimmerte sich die Lage noch durch hinzukommende Plagen wie z.B. den Reblausbefall in Frankreich nach 1872, durch den die Weinbauern zwischen 1875 und 1889 eine Produktionseinbuße um zwei Drittel hinnehmen mußten. Die Jahrzehnte der Depression waren keine gute Zeit für die Bauern der Länder, die an die Weltmärkte angeschlossen waren. Die Reaktionen der Landwirte reichten je nach dem Wohlergehen und der politischen Struktur ihrer Länder von aktiver Beteiligung an Wahlkämpfen bis zu offener Rebellion, sofern sie nicht wie in Rußland 1891/92 durch Hungersnöte umkamen. Der Populismus, der in den 90er Jahren in den USA grassierte, hatte sein Zentrum im Weizengürtel von Kansas und Nebraska. Zwischen 1879 und 1894 gab es Bauernrevolten oder Unruhen, die als solche ausgegeben wurden, in Irland, Spanien, Sizilien und Rumänien. Länder wie England, die sich keine Sorgen um ihre Bauern machen mußten, weil es dort kaum mehr welche gab, konnten ihre Landwirtschaft aussterben lassen: Hier verschwanden zwischen 1875 und 1895 zwei Drittel der für den Weizenanbau genutzten Flächen. Andere Länder wie Dänemark modernisierten gezielt ihre Landwirtschaft, indem sie sich auf die Erzeugung einträglicher Tierprodukte umstellten. Und noch andere Staaten wie Deutschland, vor allem jedoch Frankreich und die USA, griffen zu Schutzzöllen, um die Preise hochzuhalten.

Die beiden häufigsten Reaktionen der eigentlichen Betroffenen waren jedoch die Massenemigration hauptsächlich der landlosen oder nur über einen unrentablen Hof verfügenden Landarbeiter und Bauern und die Gründung von Genossenschaften, in der Hauptsache durch Bauern mit potentiell tragfähigem Grundbesitz. Das Jahrzehnt von 1880 bis 1890 verzeichnete die insgesamt höchsten Auswanderungsquoten der klassischen Auswandererländer (ohne den Ausnahmefall Irland in dem Jahrzehnt nach der Großen Hungersnot; vgl. *Die Blütezeit des Kapitals,* Kap. 8, V) sowie den eigentlichen Beginn der Massenauswanderung aus Ländern wie Italien, Spanien und Österreich-Ungarn, gefolgt von Rußland und den Balkanländern.* Das war das Sicherheitsventil, durch das der soziale Druck gerade so niedrig gehalten wurde, um einen Aufruhr oder eine Revolution zu verhindern. Was die Genossenschaften angeht, so stellten sie bescheidene Kredite für die Kleinbauern bereit. 1908 gehörten über die Hälfte aller selbständigen Landwirte in Deutschland diesen ländlichen Spar- und Darlehenskassen an (die auf die Gründung durch Raiffeisen in den 70er Jahren zurückgingen). In dieser Zeit entstanden zahlreiche Genossenschaften für den Einkauf der Produktionsmittel und den Absatz und die Verarbeitung der landwirtschaftlichen Erzeugnisse (im letztgenannten Fall hauptsächlich Molkereiprodukte und in Dänemark Räucherschinken) in den verschiedensten Ländern. Ein Jahrzehnt nach 1884, nachdem sich französische Bauern ein Gesetz zur Zulassung von Gewerkschaften für ihre eigenen Zwecke zunutze gemacht hatten, waren 400.000 von ihnen bereits in knapp 2000 dieser *syndicats* zusammengeschlossen (vgl. Fay 1948, Bd. 1, S. 49 und 114). Um die Jahrhundertwende bestanden in den USA – vorwiegend im mittleren Westen – 1600 Genossenschaften zur Herstellung von Molkereiprodukten, und in Neuseeland war die Milchindustrie fest in den Händen ländlicher Genossenschaften.

* Die einzige Region Südeuropas, wo es bereits vor 1880 zu nennenswerten Auswanderungen kam, war Portugal.

Handel und Gewerbe hatten ihre eigenen Probleme. Einer Generation, die in der Überzeugung groß geworden ist, daß steigende Preise (»Inflation«) eine wirtschaftliche Katastrophe bedeuten, mag es kaum glaublich erscheinen, daß die Geschäftsleute im 19. Jahrhundert weit stärker durch fallende Preise beunruhigt waren – und in einem insgesamt gesehen ohnehin deflationären Jahrhundert war die Periode von 1873 bis 1896 durch einen besonders drastischen Preisverfall (in England beispielsweise um 40 Prozent) gekennzeichnet. Denn eine Inflation ist – innerhalb gewisser Grenzen – nicht nur für Schuldner von Vorteil, wie jeder Hausbesitzer mit einer langfristigen Hypothek weiß, sondern sie bewirkt auch eine automatische Steigerung der Gewinnspanne, wenn Güter zu niedrigeren Kosten produziert und später auf einem inzwischen gestiegenen Preisniveau verkauft werden. Umgekehrt schmälert eine Deflation den Gewinn. Eine beträchtliche Ausdehnung des Marktes hätte diesen Verlust mehr als ausgleichen können, aber tatsächlich wuchs der Markt nicht schnell genug. Das hatte in der Hauptsache drei Gründe. Erstens machten die neuen industriellen Techniken einen enormen Produktionsanstieg nicht nur möglich, sondern geradezu notwendig (wenn die Anlagen mit Gewinn arbeiten sollten); zweitens nahm die Zahl der konkurrierenden Produzenten und der Industriewirtschaften und damit die gesamte verfügbare Produktionskapazität ebenfalls zu; und drittens begann sich der Massenmarkt für Verbrauchsgüter gerade erst langsam zu entwickeln. Selbst bei Kapitalgütern konnte die Kombination aus einer neuen und verbesserten Produktionskapazität, einem effizienteren Einsatz der Produktionsgüter und einer veränderten Nachfrage drastische Konsequenzen haben: Zwischen 1871/75 und 1894/98 fiel der Preis für Roheisen um 50 Prozent.

Eine weitere Schwierigkeit bestand darin, daß die Produktionskosten kurzfristig unelastischer waren als die Preise, denn die Löhne konnten in aller Regel nicht entsprechend gekürzt werden, oder sie wurden nicht entsprechend gekürzt, während die Unternehmen obendrein in beträchtlichem Umfang durch veraltete oder veraltende Anlagen und Maschinen oder durch neue, hohe Kapitalinvestitionen belastet waren, die sich bei niedrigen Gewinnspannen langsamer als erwartet amortisierten. In einigen Ländern wurde die Situation noch zusätzlich durch den zwar allmählich fallenden, aber kurzfristig schwankenden und unberechenbaren Silberpreis und dessen Parität zum Goldpreis kompliziert. Solange beide Preise stabil blieben, wie dies bis 1872 über lange Jahre hinweg (in einer Parität von etwa 15:1) der Fall gewesen war, gab es im internationalen Zahlungsverkehr, der auf der Basis der beiden Edelmetalle abgewickelt wurde, keine Probleme. Als die Parität sich jedoch fortwährend änderte, traten im Handel zwischen

Ländern mit unterschiedlichen Metallwährungen zunehmend Schwierigkeiten auf.

Was ließ sich gegen den Rückgang von Preisen, Gewinnen und Zinssätzen unternehmen? Eine Art umgekehrter Monetarismus stellte eine Lösung dar, die, wie die heftige und heute in Vergessenheit geratene zeitgenössische Debatte um den »Bimetallismus« vermuten läßt, bei vielen auf Gegenliebe stieß, die den Fall der Preise vornehmlich einer weltweiten Knappheit des Goldes zuschrieben, das in wachsendem Maße (über das Pfund Sterling mit fester Goldparität – d.h. dem Goldsovereign) zur ausschließlichen Basis des Weltzahlungssystems wurde. Ein System, das nicht nur Gold, sondern auch das insbesondere in Nordamerika in immer größeren Mengen verfügbare Silber zur Grundlage hatte, würde zweifellos durch eine Geldinflation eine Preissteigerung herbeiführen. Die Währungsinflation, die insbesondere für die arg in Bedrängnis geratenen Viehfarmer von Vorteil war, ganz zu schweigen von den Betreibern der Silberminen in den Rocky Mountains, wurde zu einem wesentlichen Programmpunkt in den populistischen Bewegungen Nordamerikas, und die Vision einer Menschheit, die an ein Kreuz aus Gold geschlagen war, beflügelte die Reden des großen Volkstribunen William Jennings Bryan (1860-1925). Doch wie bei den anderen Lieblingsthemen Bryans, z.B. die buchstabengetreue Wahrheit der Bibel und die daraus folgende Notwendigkeit, die Verbreitung der Lehren Charles Darwins zu verbieten, kämpfte er auch hier auf verlorenem Posten. Die Banken, Großunternehmen und die Regierungen in den Kernländern des Weltkapitalismus hatten nicht die Absicht, die feste Goldparität aufzugeben, die für sie ungefähr dasselbe war wie die Genesis für Bryan. Jedenfalls waren es schließlich nur noch Länder wie Mexiko, China oder Indien, die hauptsächlich an der Silberwährung festhielten, und auf die kam es nicht an.

»Am ehesten waren noch die Regierungen geneigt, den gewichtigen Interessen- und Wählergruppen ihr Ohr zu leihen, von denen sie gedrängt wurden, die heimischen Produzenten gegen die Konkurrenz importierter Waren zu schützen. Denn zu diesen gehörten nicht nur – wie zu erwarten war – der große Block der Landwirte, sondern auch wichtige Vertreter der inländischen Industrie, die bemüht war, ihre »Überproduktion« möglichst niedrig zu halten, indem zumindest die Rivalen aus dem Ausland ferngehalten wurden. Die Große Depression beendete die lange Ära des Wirtschaftsliberalismus (vgl. *Die Blütezeit des Kapitals*, Kap. 2) zumindest auf dem Sektor des Warenhandels.* Angefangen mit Deutschland und Italien (Textilien) Ende der 70er Jah-

* Die freie Beweglichkeit von Kapital, finanziellen Transaktionen und Arbeitskräften wurden dagegen im Zweifelsfall noch ausgeprägter.

re, wurden Schutzzölle zu einem festen Bestandteil der internationalen Wirtschaft und erreichten ihren Gipfelpunkt zu Beginn der 90er Jahre mit den Strafzöllen, die sich mit den Namen Méline in Frankreich (1892) und McKinley (1890) in den USA verbinden.*

Von allen bedeutenden Industrieländern hielt allein England an einem uneingeschränkten Freihandel fest, obwohl es immer wieder machtvolle Vorstöße der Protektionisten gegen diese Politik gab. Die Gründe dafür lagen auf der Hand, ganz davon abgesehen, daß es hier keinen nennenswerten Anteil der Bauern und deshalb auch keine ins Gewicht fallende Gruppe protektionistischer Stammwähler mehr gab. England war der mit Abstand größte Importeur von Industrieprodukten und im Lauf des Jahrhunderts immer exportabhängiger geworden – wohl am stärksten in der Zeit von 1870 bis 1890 –, weit mehr als seine schärfsten Rivalen, wenn auch nicht stärker als einige fortgeschrittene Volkswirtschaften von weit geringerem Umfang wie Belgien, die Schweiz, Dänemark und die Niederlande. Großbritannien war der unerreicht größte Exporteur von Kapital und »unsichtbaren« finanziellen, kommerziellen und Transportdienstleistungen. Als der Wettbewerb aus dem Ausland auch die britische Industrie nicht länger verschonte, wurden die Londoner City und die britische Frachtschiffahrt für die Weltwirtschaft sogar noch bedeutsamer als je zuvor. Andererseits, und das wird oft übersehen, war England der bei weitem größte Absatzmarkt für die Rohprodukte der übrigen Welt und beherrschte – um nicht zu sagen repräsentierte – den Weltmarkt für bestimmte Rohstoffe wie Rohrzucker, Tee und Weizen, von denen 1880 das halbe Welthandelsvolumen in England abgesetzt wurde. 1881 kauften die Engländer fast die Hälfte der weltweit exportierten Fleischmengen und weit mehr Schaf- und Baumwolle (55 Prozent) als jede andere Nation (berechnet nach von Neumann-Spallart 1884, S. 153 und 185). Als in den Jahren der Großen Depression in Großbritannien die heimische Nahrungsmittelerzeugung weiter zurückging, nahmen die Importe sogar extreme Dimensionen an. Im Zeitraum 1905-1909 deckte dieses Land nicht nur 56 Prozent seines Getreidebedarfs, sondern auch seinen Verbrauch an Käse und Eiern zu 76 bzw. 68 Prozent aus Einfuhren (vgl. Bairoch 1977, Bd. 3, S. 89).

* Durchschnittliche Höhe der Zölle in Europa 1914 (nach Pollard 1981, S. 259)

England	0 %	Österreich, Italien	18 %
Niederlande	4 %	Frankreich, Schweden	20 %
Schweiz, Belgien	9 %	Rußland	38 %
Deutschland	13 %	Spanien	41 %
Dänemark	14 %	USA (1913)	30 %[1]

1 Nach 49,5 % (1890), 39,9 % (1894), 57 % (1897) und 38 % (1909).

Der Freihandel schien also unverzichtbar zu sein, denn er verschaffte den Rohstoffproduzenten in Übersee die Möglichkeit, ihre Erzeugnisse gegen britische Fertigprodukte einzutauschen, und verstärkte auf diese Weise die Symbiose zwischen Großbritannien und der unterentwickelten Welt, auf der die britische Wirtschaftsmacht im wesentlichen beruhte. Argentinische und uruguyaische *estancieros*, australische Schafzüchter und dänische Landwirte hatten kein Interesse an einer Förderung einheimischer Fabriken, denn ihnen ging es als wirtschaftlichen Planeten im britischen Sonnensystem ziemlich gut. Die Kosten für England waren nicht unerheblich. Wie wir gesehen haben, bedeutete Freihandel die Bereitschaft, die britische Landwirtschaft untergehen zu lassen, wenn sie sich nicht selbst über Wasser halten konnte. Großbritannien war das einzige Land, in dem selbst konservative Staatsmänner trotz ihres traditionellen Festhaltens an protektionistischen Maßnahmen bereit waren, die Landwirtschaft aufzugeben. Dieses Opfer fiel ihnen zugegebenermaßen insofern leichter, als die Finanzen der schwerreichen und politisch noch immer entscheidenden Großgrundbesitzer inzwischen ebensosehr auf die Einnahmen aus städtischem Immobilienbesitz und Aktien gegründet waren wie auf die Erträge ihrer Weizenfelder. Konnte dies nicht die Bereitschaft nach sich ziehen, auch die britische Industrie zu opfern, wie die Protektionisten befürchteten? Bei einem Rückblick nach 100 Jahren aus dem England unseres Jahrzehnts, das im Begriff steht, seine Industrie wieder abzubauen, erscheinen solche Befürchtungen nicht unbegründet. Schließlich ist der Kapitalismus nicht dazu da, diesen oder jenen Produktionszweig zu bevorzugen, sondern Gewinne zu machen. Während es jedoch einerseits außer Zweifel stand, daß in der britischen Politik die Meinung der Londoner City weit mehr zählte als die der Industriellen in der Provinz, schienen andererseits jedenfalls vorläufig die Interessen der City mit denen der meisten Industrien nicht in Konflikt zu geraten. So blieb England weiterhin dem Wirtschafsliberalismus verpflichtet* und schuf damit den protektionistischen Ländern genügend Spielraum, daß diese sowohl ihre Inlandsmärkte schützen als auch ihre Ausfuhren nach Belieben steigern konnten.

Wirtschaftswissenschaftler und Historiker sind sich bis heute uneinig über die Auswirkungen dieser Wiederbelebung des internationalen Protektionismus oder, um es anders auszudrücken, über die merkwürdige Schizophrenie der kapitalistischen Weltwirtschaft. Deren Grundbausteine im 19. Jahrhundert bestanden zunehmend aus »nationalen« oder »Volkswirtschaften« – der

* Mit Ausnahme der Einwanderungspolitik, da das Land als eines der ersten 1905 durch ein Gesetz die Masseneinwanderung von (jüdischen) Ausländern einzuschränken versuchte.

britischen, deutschen, US-amerikanischen etc. Aber trotz des programmatischen Titels des berühmten Buches von Adam Smith *Der Reichtum der Nationen* (1776) hatte die »Nation« als Wirtschaftseinheit keinen klar umschriebenen Ort in der reinen Theorie des liberalen Kapitalismus, dessen nationale Grundbausteine von den nicht weiter reduzierbaren Atomen des Unternehmertums gebildet wurden. Die einzelnen Unternehmer oder »Firmen« (über die nicht viel gesagt wurde) folgten allesamt dem Grundsatz, höchstmögliche Gewinne zu erzielen oder möglichst geringe Verluste zu machen. Sie betätigten sich auf »dem Markt«, der im Grenzfall weltweit war. Der Liberalismus war der Anarchismus des Bürgertums, und ganz wie im revolutionären Anarchismus hatte der Staat in ihm keinen Platz. Genauer gesagt, der Staat als Faktor in der Wirtschaft existierte lediglich insofern, als er die autonomen und selbsttätigen Mechanismen »des Marktes« störte.

In gewisser Hinsicht war diese Sichtweise auch plausibel. Auf der einen Seite schien es sinnvoll, anzunehmen – erst recht nach der ökonomischen Liberalisierung um die Jahrhundertmitte (vgl. *Die Blütezeit des Kapitals*, Kap. 2) – daß die Triebkräfte einer Wirtschaft, die sie in Gang hielten und für ihr Wachstum sorgten, in den wirtschaftlichen Entscheidungen ihrer Grundbausteine bestanden. Auf der anderen Seite war die kapitalistische Wirtschaft zwangsläufig weltumspannend. Während des 19. Jahrhunderts wurde sie dies um so mehr, als sie ihre Aktivitäten auf immer abgelegenere Gegenden des Erdballs ausweitete und alle Regionen noch gründlicher umformte. Hinzu kam, daß eine solche Wirtschaft keine Grenzen anerkannte, denn sie funktionierte am besten, wenn das freie Spiel der Produktionsfaktoren durch nichts beeinträchtigt wurde. Der Kapitalismus war damit nicht nur praktisch, sondern auch theoretisch internationalistisch. Das Ideal seiner Theoretiker bestand in einer internationalen Arbeitsteilung, durch die ein optimales Wachstum der Weltwirtschaft gewährleistet werde. Seine Maßstäbe waren global: Es war unsinnig, in Norwegen Bananen züchten zu wollen, wenn ihr Anbau in Honduras weit billiger war. Auf lokale oder regionale Verhältnisse bezogene Gegenargumente wurden nicht akzeptiert. Die reine Theorie des Wirtschaftsliberalismus billigte auch die extremsten und absurdesten Konsequenzen ihrer Grundannahmen, sofern sich zeigen ließ, daß auf diese Weise im Weltmaßstab optimale Ergebnisse erzielt wurden. Wenn sich nachweisen ließe, daß die gesamte Industrieproduktion der Welt sich am besten in Madagaskar konzentrieren würde (so wie damals 80 Prozent der weltweiten Uhrenproduktion auf die Schweiz entfielen; vgl. Landes 1983, S. 289) oder daß die gesamte Bevölkerung Frankreichs tunlicherweise ihren Wohnsitz in Sibirien nähme (so wie große Teile der norwegischen Bevölkerung ihr Land verließen und in die USA auswanderten)*, dann konnte es einfach kein ökonomisch vernünftiges Argument gegen derartige Entwicklungen geben.

Was sollte denn wirtschaftlich gesehen falsch sein am britischen Quasimonopol um die Mitte des 19. Jahrhunderts auf dem Gebiet der Weltindustrie oder an der demographischen Entwicklung Irlands, das zwischen 1841 und 1911 fast die Hälfte seiner Bevölkerung verlor? Das einzige Gleichgewicht, das von der liberalen Wirtschaftstheorie anerkannt wurde, war das im weltwirtschaftlichen Maßstab.

Aber in der Praxis erwies sich dieses Modell als unzureichend. Die sich entwickelnde Weltwirtschaft des Kapitalismus war eine Ansammlung fester Blöcke – und zugleich im ständigen Fluß. Wie immer die »Volkswirtschaften« – d.h. die durch die Grenzen von Staaten definierten Wirtschaften – entstanden waren, die diese Blöcke bildeten, und wie immer die Grenzen einer Wirtschaftstheorie beschaffen waren, die – hauptsächlich von deutschen Nationalökonomen – auf diesen Blöcken basierte: Diese Volkswirtschaften existierten deshalb, weil Nationalstaaten existierten. Wahrscheinlich hätte kein Mensch Belgien als die erste industrialisierte Wirtschaft auf dem europäischen Kontinent bezeichnet, wenn dieses Land ein Teil Frankreichs geblieben wäre (wie in der Zeit vor 1815) oder ein Gebiet des Vereinigten Königreichs der Niederlande (wie in der Zeit von 1815 bis 1830). Nachdem Belgien jedoch ein selbständiger Staat war, wurden sowohl seine Wirtschaftspolitik als auch die politische Dimension der Wirtschaftstätigkeit seiner Bewohner durch diese Tatsache geformt. Zweifellos gab und gibt es wirtschaftliche Aktivitäten wie die des internationalen Finanzsystems, die letztlich kosmopolitisch geprägt sind und deshalb keinen nationalen Beschränkungen unterliegen, soweit diese wirksam sind. Dennoch achten selbst solche übernationalen Unternehmungen darauf, sich jeweils mit einer Volkswirtschaft von ausreichender Bedeutung zu verbinden. Die (überwiegend deutschen) Handelsbankiersfamilien verlegten beispielsweise nach 1860 ihre Stammhäuser größtenteils von Paris nach London. Und das von allen großen Bankhäusern am meisten internationale, das der Familie Rothschild, stand überall dort in Blüte, wo es seine Tätigkeit in der Hauptstadt eines größeren Staates ausübte, und verfiel in den Ländern, wo dies nicht der Fall war: Die Rothschilds in London, Paris und Wien erhielten sich ihren Einfluß, während den Rothschilds in Neapel und Frankfurt (das Unternehmen weigerte sich, seinen Sitz nach Ber-

* Zwischen 1820 und 1975 wanderten rund 855.000 Norweger in die USA aus; das entsprach fast der gesamten norwegischen Bevölkerung im Jahr 1820 (vgl. *Harvard Encyclopedia of American Ethnic Groups*, 1980, S. 750).

lin zu verlegen) der Erfolg versagt blieb. Nach der deutschen Reichseinigung genügte Frankfurt nicht mehr.

Diese Feststellungen beziehen sich natürlich in der Hauptsache auf den »entwickelten« Sektor der Welt, d.h. auf die Staaten, die in der Lage waren, ihre Industriewirtschaften gegen Konkurrenten zu verteidigen, und nicht auf den restlichen Teil der Welt, dessen Wirtschaften politisch oder ökonomisch vom »entwickelten« Kern abhängig waren. Entweder blieb diesen Regionen keine Wahl, weil eine Kolonialmacht darüber befand, was mit ihren Wirtschaften geschehen sollte, oder ein bestimmter Wirtschaftszweig in einem der führenden Industrieländer war in der Lage, sie zu einer Kaffee- oder Bananenrepublik zu machen. Oder aber sie waren an einer Wahl häufig nicht interessiert, da es sich für sie auszuzahlen schien, wenn sie sich auf die Förderung und Erzeugung von Rohstoffen und Rohprodukten für einen Weltmarkt spezialisierten, auf dem die kolonialen Mutterländer als Käufer auftraten. In den Ländern der Peripherie hatte die »Volkswirtschaft«, sofern sie überhaupt existierte, andere Aufgaben wahrzunehmen.

Aber die »entwickelte« Welt war mehr als ein Ensemble aus einzelnen »Volkswirtschaften«. Die Industrialisierung und die Große Depression machten aus ihnen eine Gruppe *rivalisierender* Wirtschaften, in der die Gewinne der einen die Position der anderen zu gefährden drohten. Nunmehr konkurrierten nicht mehr nur einzelne Firmen gegeneinander, sondern ganze Nationen. Von nun an sollten die britischen Leser ins Schaudern geraten bei den diversen journalistischen Enthüllungen über die deutsche oder US-amerikanische Wirtschaftsinvasion – E.E. Williams' *Made in Germany* (1896) oder Fred A. Mackenzies *American Invaders* (1902) sind hierfür zwei Beispiele von vielen.* Ihre Väter hatten gegenüber den (berechtigten) Warnungen vor der technischen Überlegenheit ausländischer Unternehmen noch die Ruhe bewahrt. Im Protektionismus äußerte sich eine Situation der internationalen Wirtschaftskonkurrenz.

Doch welches waren seine Auswirkungen? Wir dürfen als gesichert annehmen, daß ein überzogener Protektionismus, der darin besteht, jede »Volkswirtschaft« gegen alle anderen durch gestaffelte politische Barrieren abzuschirmen, dem Wachstum der Weltwirtschaft abträglich ist. Das sollte sich zwischen den beiden Weltkriegen zur Genüge bewahrheiten. In dem Zeitraum von 1880 bis 1914 war der Protektionismus hingegen weder allgemein, noch wirkte er – von einigen Ausnahmen abgesehen – als Schutz; außerdem

* Das Buch von Williams erschien ursprünglich als Folge unheilbeschwörender Artikel in der *New Review* des Imperialisten W.E. Henley. Außerdem beteiligte er sich an ausländerfeindlichen Kampagnen.

beschränkte er sich, wie wir gesehen haben, auf den Warenhandel und beeinträchtigte weder die Mobilität der Arbeitskräfte noch die internationalen Finanztransaktionen. Insgesamt gesehen funktionierte der Agrarprotektionismus in Frankreich und schlug in Italien fehl (wo es als Reaktion zu einer Massenauswanderung kam), und im Deutschen Reich kam er vor allem den Großgrundbesitzern zugute (vgl. Kindleberger 1951, S. 37). Die Protektion der Industrie ermöglichte alles in allem eine Verbreiterung der weltweiten Industriebasis, weil dadurch die nationalen Industrien ermutigt wurden, für ihre heimischen Märkte zu produzieren, die ebenfalls ein sprunghaftes Wachstum erlebten. Infolgedessen stellte sich bei Berechnungen heraus, daß das weltweite Wachstum von Produktion und Handel zwischen 1880 und 1914 deutlich höher ausfiel als während der Jahrzehnte des Freihandels (vgl. Bairoch 1976, S. 309 ff.). 1914 war die Industrieproduktion in den kolonialen oder »entwikkelten« Ländern zweifellos etwas weniger ungleichmäßig verteilt als 40 Jahre früher. 1870 hatten noch die vier wichtigsten Industriestaaten knapp 80 Prozent der gesamten weltweiten Produktion auf sich vereinigt, während es 1914 nur noch 72 Prozent einer mittlerweile verfünffachten Weltproduktion waren (vgl. Hilgerdt 1945, S. 13 und 132 ff.). Wie weit der Protektionismus zu dieser Entwicklung beigetragen hat, muß offen bleiben. Daß er das wirtschaftliche Wachstum nicht wirklich aufhalten konnte, steht wohl außer Zweifel.

Obwohl der Protektionismus eine »instinktive« politische Reaktion der besorgten Produzenten auf die Depression darstellte, so war er doch nicht die bedeutsamste wirtschaftliche Antwort des Kapitalismus auf seine Schwierigkeiten. Diese bestand vielmehr im Zusammenwirken von wirtschaftlicher Konzentration und einer Rationalisierung der Produktion – oder in der amerikanischen Terminologie, die sich inzwischen weltweit zunehmend durchsetzte: in der Kombination von »Trusts« und »Scientific Management«. Beides waren Versuche, unter dem Druck des Wettbewerbs und der sinkenden Preise die Gewinnspannen zu erhöhen.

Eine wirtschaftliche Konzentration ist nicht dasselbe wie ein Monopol im strengen Wortsinn (Beherrschung des Marktes durch ein einziges Unternehmen) oder im gebräuchlicheren, umfassenderen Sinn der Marktbeherrschung durch mehrere Unternehmen (Oligopol). Tatsächlich kamen die drastischsten Beispiele der Wirtschaftskonzentration im allgemeinen durch Fusionen oder marktbeherrschende Absprachen zwischen Einzelunternehmen zustande, die sich gemäß der Theorie des freien Unternehmertums eigentlich zum Nutzen des Verbrauchers gegenseitig hätten ruinieren müssen. So kam es zur Bildung von »Trusts« in den USA, die – vermutlich wenig wirksame – antimonopolistische Gesetze wie den Sherman Anti-Trust Act (1890) nach sich zogen, und der deutschen »Syndikate« oder »Kartelle« – vorwiegend in der Schwerindustrie – die sich des Wohlwollens der Regierung erfreuten. Das Rheinisch-Westfälische Kohlesyndikat (1893), das rund 90 Prozent der in der Region geförderten Kohle auf sich vereinigte, oder die Standard Oil Company, die 1880 90-95 Prozent des in den USA raffinierten Erdöls kontrollierte, waren zweifellos Monopole. Dasselbe gilt praktisch für den »Milliarden-Dollar-Trust« von United States Steel (1901), der 63 Prozent des gesamten US-amerikanischen Stahls produzierte. Es ist ebenfalls keine Frage, daß sich während der Großen Depression und noch danach in der neuen Phase eines weltweiten Wirtschaftsaufschwungs deutlich ein neuer Trend abzeichnete: eine Abkehr von einem ungehinderten Wettbewerb zugunsten des »Zusammenwirkens mehrerer Kapitalisten, die bislang getrennt vorgegangen waren« (Macrosty 1907, S. 1). Monopolistische oder oligopolistische Trends wirkten sich vor allem in folgenden Branchen aus: in der Schwerindustrie, in den Industrien, die weitgehend von Staatsaufträgen abhängig waren wie der enorm schnell wachsende Rüstungssektor (s.S. 385 ff.), in den Industrien, die Energie in völlig neuen Formen förderten und erzeugten wie die Erdöl- und die Elektrizitätsindustrie, im Transportwesen und in der Herstellung bestimmter Verbrauchsgüter des Massenbedarfs wie Seife und Tabak.

Die Eroberung einer marktbeherrschenden Stellung und die Ausschaltung des Wettbewerbs waren indessen nur ein Aspekt eines allgemeineren kapitalistischen Konzentrationsprozesses, und sie waren weder universell noch irreversibel: 1914 bestand in den USA in der Erdöl- und der Stahlindustrie ein stärkerer Wettbewerb als zehn Jahre zuvor. Insofern war es irreführend, im Jahr 1914 von einer neuen Phase der kapitalistischen Entwicklung, des sogenannten »Monopolkapitalismus« zu sprechen, denn die hatte sich um 1900 viel deutlicher abgezeichnet. Dennoch spielt es keine große Rolle, wie wir die Phase bezeichnen (ob als »Hochkapitalismus« oder als »organisierter Kapitalismus« usw.), solange Einigkeit darüber besteht – und daran kann kein Zweifel herrschen –, daß zunehmend Unternehmenszusammenschlüsse auf Kosten der Marktkonkurrenz, Wirtschaftsvereinigungen auf Kosten privater Firmen und die Bildung von Großunternehmen auf Kosten der mittleren und kleinen Unternehmen erfolgten und daß dieser Konzentrationsprozeß eine Entwicklung zu Oligopolen bedeutete. Das wurde selbst in einem so mächtigen Bollwerk der altmodischen Klein- und Mittelbetriebe und der freien Konkurrenz wie in England sichtbar. Seit 1880 änderte sich die Struktur der Absatzmärkte grundlegend. »Lebensmittelhändler« und »Metzger« bezeichneten jetzt nicht mehr den kleinen Ladeninhaber, sondern zunehmend eine nationale oder internationale Kette mit Hunderten von Filialen. Im Bankwesen verdrängten eine Handvoll finanzstarker Aktienbanken mit einem nationalen Netz von Zweigstellen in atemberaubendem Tempo die Kleinbanken: Die Lloyds Bank schluckte allein 164 von ihnen. Nach 1900 war die altmodische oder überhaupt jede britische Provinzbank nur noch eine »historische Sehenswürdigkeit«.

Ebenso wie die wirtschaftliche Konzentration war das »Scientific Management« (der Begriff selbst kam erst um 1910 in Gebrauch) ein Kind der Großen Depression. Sein Begründer und Apostel F.W. Taylor (1856-1915) begann 1880 in der von Problemen geplagten amerikanischen Stahlindustrie seine Ideen zu entwickeln; sie gelangten um 1890 nach Europa. Gewinneinbußen während der Depression sowie die wachsende Größe und Komplexität der Unternehmen machten deutlich, daß die traditionellen, auf Erfahrung oder auf Faustregeln beruhenden Methoden der Betriebsführung und vor allem der Produktion nicht mehr ausreichten. Von daher erklärte sich das Bedürfnis nach einer rationaleren oder »wissenschaftlicheren« Methode der Steuerung, Überwachung und Programmierung großer, gewinnorientierter Firmen. Die Aufgabe, auf die der »Taylorismus« unverzüglich seine Anstrengungen konzentrierte und mit der im öffentlichen Bewußtsein das »Scientific Management« gleichgesetzt wurde, war die Maximierung der Leistung der Arbeiter. Die Lösung dieses Problems wurde im wesentlichen mit drei Methoden angestrebt: 1. durch eine Isolierung des einzelnen Arbeiters sowie die Verlagerung der Kontrolle des Arbeitsprozesses auf die Vertreter des Managements, die den einzelnen Arbeitern genau sagten, was sie zu tun hatten und welche Produktionsmenge von ihnen erwartet wurde; 2. durch eine systematische Aufsplitterung jedes Arbeitsschrittes in zeitlich abgegrenzte Teilelemente (»Zeit- und Bewegungsstudien«); und 3. durch verschiedene Lohnsysteme, die für den Arbeiter einen Anreiz boten, mehr zu produzieren. Diese Stücklohnsysteme waren bald weitverbreitet, doch der Taylorismus im eigentlichen Wortsinn hatte in Europa und selbst in den USA vor 1914 praktisch keine Fortschritte gemacht und wurde lediglich in den letzten Jahren vor Kriegsausbruch in Managerkreisen als Schlagwort bekannt. Nach 1918 sollte der Name Taylors gleich dem des zweiten Pioniers der Massenproduktion, Henry Ford, als bequemes Kürzel für den rationalen Einsatz von Maschinen und Arbeitskräften zur Maximierung der Produktion dienen – paradoxerweise für bolschewistische Planwirtschaftler ebenso wie für gestandene Kapitalisten.

Trotz alledem steht außer Frage, daß die Umgestaltung der Struktur von Großunternehmen, von der reinen Produktionsstätte bis in die Etagen der Angestellten, zwischen 1880 und 1914 ziemlich weit gedieh. Die »sichtbare Hand« der modernen Konzernorganisation und -führung ersetzte von nun an die »unsichtbare Hand« (Adam Smith) des anonymen Marktes. Die leitenden Angestellten, Ingenieure und Prokuristen traten an die Stelle der alten Eigentümer, die ihr Unternehmen gleichzeitig auch geführt hatten, der Konzern ersetzte das Einzelunternehmen. Der typische Unternehmer, zumindest bei Großbetrieben, war jetzt immer weniger ein Mitglied der Gründerfamilie, sondern ein leitender Gehaltsempfänger, und der Mann, der ihn beaufsichtigte, war eher ein Bankier oder ein Aktionär als ein Kapitalist, der sein Unternehmen selbst verwaltete.

Es gab noch einen dritten möglichen Weg aus den Schwierigkeiten der kapitalistischen Wirtschaft: den Imperialismus. Das zeitliche Zusammentreffen zwischen Großer Depression und der dynamischen Phase der kolonialen Aufteilung der Welt ist immer wieder festgestellt worden. Wie weit zwischen beidem jedoch ein Zusammenhang besteht, ist unter Historikern sehr umstritten. Jedenfalls war die Beziehung, wie wir im folgenden Kapitel sehen werden, komplizierter als ein einfaches Ursache-Wirkung-Verhältnis. Dennoch ist unbestreitbar, daß der Druck des Kapitals auf der Suche nach gewinnträchtigeren Investitionen sowie der Produktion auf der Suche nach neuen Märkten zu einer Politik der Expansion beitrugen, zu der auch koloniale Eroberungen gehörten. »Welche Meinungsverschiedenheiten unter den Bürgern Amerikas hinsichtlich der Politik der territorialen Expansion auch bestehen mögen«, meinte 1900 der frühere US-Außenminister John W. Foster, »alle scheinen darin übereinzustimmen, daß eine kommerzielle Expansion wünschenswert ist.« (Zit. n. Williams 1973, S. 55) Mit dieser Auffassung stand er auf dem Gebiet der internationalen Wirtschaft und Politik keineswegs allein.

Ein weiteres Ergebnis oder Abfallprodukt der Großen Depression ist noch zu erwähnen. Sie war zugleich eine Ära starker sozialer Unruhen, nicht nur, wie wir gesehen haben unter den Farmern und Landwirten, deren Betriebe von den Erschütterungen des Preisverfalls bei Agrargütern heimgesucht wurden, sondern auch unter der Arbeiterklasse. Warum die Große Depression in zahlreichen Ländern zu einer massenhaften Mobilisierung der Industriearbeiterschaft und seit Ende der 80er Jahre zur Entstehung schlagkräftiger sozialistischer Parteien und Arbeiterorganisationen führte, ist nicht ganz klar. Denn paradoxerweise hatte derselbe Preisverfall, der automatisch zu einer Radikalisierung der Landwirte führte, eine spürbare Senkung der Lebenshaltungskosten bei allen Gehaltsempfängern zur Folge und trug in allen Industrieländern wesentlich zu einer Verbesserung des materiellen Lebensstandards der Arbeiter bei. Hier mag indessen der Hinweis genügen, daß die modernen Arbeiterbewegungen ebenfalls Kinder der Großen Depression sind. Diese Bewegungen werden eingehender im 5. Kapitel behandelt.

II

Etwa seit 1895 bis zum Ausbruch des Ersten Weltkriegs spielte das Orchester der Weltwirtschaft in der Dur-Tonart wirtschaftlicher Blüte und nicht mehr in Moll wie während der Depressionsphase. Der Überfluß aufgrund eines anhaltenden Wirtschaftsaufschwungs bildete den Hintergrund einer Zeit, die auf dem europäischen Kontinent bis heute als die *Belle Epoque* bekannt ist. Der Umschwung von einer sorgenvollen zu einer euphorischen Stimmung erfolgte so plötzlich und heftig, daß ihn sich Vulgärökonomen mit einem *deus ex machina* erklärten, den sie in den damaligen enormen Goldfunden in Südafrika, Alaska (dem letzten großen Goldrausch im Westen Nordamerikas, am Klondike) und anderswo zu entdecken glaubten. Aber insgesamt gesehen sind die Wirtschaftshistoriker von solchen letztlich monetaristischen Hypothesen weniger beeindruckt als manche modernen westlichen Regierungen unserer Zeit. Trotzdem war das Tempo des Aufschwungs verblüffend und wurde fast sogleich von einem besonders hellsichtigen Revolutionär, A.L. Helphand (1869-1924), der unter dem Pseudonym Parvus veröffentlichte, als Anzeichen für den Beginn einer neuen und ausgedehnten Phase des stürmischen kapitalistischen Fortschritts erkannt. Tatsächlich war der Gegensatz zwischen der Großen Depression und dem darauffolgenden säkularen Wiederaufschwung der Ausgangspunkt für die ersten Spekulationen über jene »langen Wellen« in der Entwicklung des Weltkapitalismus, die später mit dem Namen des russischen Nationalökonomen Kondratjew in Verbindung gebracht werden sollten. Vorläufig war jedenfalls nicht zu leugnen, daß diejenigen, die sich in düsteren Prognosen über die Zukunft des Kapitalismus oder gar seinen bevorstehenden Zusammenbruch ergangen hatten, falsch lagen. Unter den Marxisten entbrannten leidenschaftliche Debatten darüber, was dies für die Zukunft ihrer Bewegung bedeutete und ob die Marxschen Lehren einer »Revision« bedurften.

Die Wirtschaftshistoriker haben ihre Aufmerksamkeit überwiegend auf zwei Aspekte jener Epoche gerichtet: auf die Umverteilung wirtschaftlicher Macht und Größe, d.h. auf den relativen Niedergang Englands und den relativen – und absoluten – Aufstieg der USA und vor allem Deutschlands sowie auf das Problem lang- und kurzfristiger Schwankungen, d.h. auf die »lange Kondratjew-Welle«, deren Abschwung und anschließender Aufschwung sich genau über die Hälfte der hier behandelten Periode erstreckten. Doch so interessant diese Probleme auch sein mögen, unter dem Blickwinkel der Weltwirtschaft sind sie nur von untergeordneter Bedeutung.

Prinzipiell ist es nicht so überraschend, daß Deutschland und die USA mit einem Bevölkerungswachstum von 45 auf 65 bzw. von 50 auf 92 Millionen Einwohnern England überflügelten, das sowohl eine kleinere Fläche als auch eine geringere Bevölkerung aufwies. Das mindert allerdings keineswegs den beeindruckenden Erfolg der deutschen Industrieexporte. Betrugen diese 1883 noch weniger als die Hälfte der britischen Ausfuhren, so lagen sie 30 Jahre später bereits höher als diese. Außer in den Ländern, die man als »halbindustrialisiert« bezeichnen könnte – d.h. praktisch die tatsächlichen oder faktischen »Dominions« des Britischen Empire einschließlich seiner lateinamerikanischen Wirtschaftssatelliten –, hatten die deutschen Fabrikexporte die englischen auf der ganzen Linie geschlagen. Die Exporte in die industrielle Welt lagen um ein Drittel und in die »unentwickelte« Welt immer noch um zehn Prozent höher. Andererseits ist es aber auch nicht verwunderlich, daß England nicht in der Lage war, seine Ausnahmestellung als »Werkstatt der Welt«, die es um 1860 noch innegehabt hatte, zu behaupten. Selbst die USA erreichten nach 1950 – auf dem Gipfel ihrer weltweiten Vormachtstellung und mit einer dreimal so großen Bevölkerung wie der englischen 1860 – nicht einmal 53 Prozent der weltweiten Eisen- und Stahlerzeugung und 49 Prozent der Textilproduktion.

Das entscheidende Problem ist allerdings nicht, welches Land innerhalb der wachsenden Weltwirtschaft stärker und schneller wuchs, sondern das weltweite Wachstum insgesamt. Leider gibt es bislang keine allgemein anerkannte Theorie über diesen merkwürdigen Wechsel zwischen den wirtschaftlichen Aufschwung- und Abschwungphasen, die zusammen jeweils eine »Welle« von rund 50 Jahren Dauer ausmachen. Die bekannteste und eleganteste theoretische Erklärung stammt von Joseph Alois Schumpeter (1883-1950). Sie bringt jeden Abschwung mit der Erschöpfung des Profitpotentials einer Reihe von wirtschaftlichen »Innovationen« und jeden neuen Aufschwung mit neuen Innovationen in Zusammenhang, die hauptsächlich – aber nicht ausschließlich – technischer Natur sind und deren Potential ebenfalls eines Tages erschöpft sein wird. Auf diese Weise werden neue Industrien, die als »Leitsektoren« des wirtschaftlichen Wachstums fungieren – z.B. die Baumwollindustrie während der ersten industriellen Revolution, der Eisenbahnbau seit etwa 1845 –, quasi zu jenen Motoren, welche die Weltwirtschaft wieder aus dem Morast herausziehen, in dem sie sich vorübergehend festgefahren hat. Diese Theorie ist recht einleuchtend, da jede säkulare Aufschwungperiode seit 1785 in der Tat mit dem Aufkommen neuer und zunehmend technisch umwälzender Industrien in Verbindung stand: nicht zuletzt auch die außergewöhnlichste all dieser weltwirtschaftlichen Blütezeiten, die zweieinhalb

Jahrzehnte, die den frühen 70er Jahren unseres Jahrhunderts voraufgingen. Das Problem beim Aufschwung nach 1895 liegt nun allerdings darin, daß die innovativen Industrien jener Periode – grob gesprochen die Chemie- und die Elektroindustrie sowie die Branchen, die mit den neuen Energiequellen zusammenhingen, die gerade begonnen hatten, den Dampfmaschinen ernsthaft Konkurrenz zu machen – zu dieser Zeit noch nicht den Eindruck erweckten, als könnten sie die gesamte Weltwirtschaft beherrschen. Kurz, da wir sie nicht angemessen erklären können, helfen uns die Kondratjew-Phasen auch nicht viel weiter. Sie erlauben uns lediglich die Feststellung, daß der Zeitraum, der in diesem Buch behandelt wird, sich über eine gesamte »Kondratjew-Welle« erstreckt; doch das ist für sich betrachtet nichts Besonderes, da die gesamte moderne Geschichte der Weltwirtschaft mühelos in diesem Muster unterzubringen ist.

Es gibt jedoch einen Aspekt der Kondratjew-Analyse, der für eine Periode der rapiden »Globalisierung« der Weltwirtschaft von Bedeutung sein muß. Es ist der Zusammenhang zwischen dem *industriellen* Sektor der Weltwirtschaft, der durch eine anhaltende Revolutionierung der Produktion anwuchs, und der *Agrar*produktion, wo die Erträge in der Hauptsache durch die Erschließung neuer Anbaugebiete oder die Umstellung auf den ausschließlichen Anbau von Exportprodukten gesteigert wurden. Von 1910 bis 1913 gab es für die Verbraucher der westlichen Welt fast doppelt soviel Weizen wie (durchschnittlich) in dem Jahrzehnt nach 1870. Doch der Löwenanteil dieses Anstiegs entfiel auf einige wenige Länder: die USA, Kanada, Argentinien und Australien und in Europa Rußland, Rumänien und Ungarn. Der Anteil der westeuropäischen Agrarproduktion (Frankreich, Deutschland, England, Belgien, Niederlande und Skandinavien) an dieser Steigerung machte lediglich 10-15 Prozent aus. So kann es nicht wundernehmen – selbst wenn wir einmal landwirtschaftliche Katastrophen wie die acht Dürrejahre in Australien (1895-1903), denen die Hälfte aller Schafe zum Opfer fiel, oder neuartige Plagen wie den Baumwollkapselkäfer unberücksichtigt lassen, der seit 1892 die nordamerikanischen Baumwollplantagen heimsuchte –, daß die Wachstumsrate der Agrarproduktion weltweit nach einem anfänglichen Spurt ihr Tempo wieder verlangsamte. Danach entwickelten sich die *terms of trade*, die Austauschverhältnisse zwischen den einzelnen Ländern, zugunsten der Landwirtschaft und zu Lasten der Industrie, d.h. die Landwirte bezahlten relativ oder absolut weniger für das, was sie von der Industrie bezogen, während diese umgekehrt für landwirtschaftliche Güter in relativen oder absoluten Preisen mehr bezahlen mußte als bisher.

Man hat behauptet, diese Änderung der Austauschverhältnisse könne den Umschwung von einem deutlichen Preisverfall 1873-1896 zu einem klar erkennbaren Preisanstieg 1896-1914 und darüber hinaus erklären. Das mag sein. Fest steht jedenfalls, daß diese Änderung der *terms of trade* einen Druck auf die Produktionskosten der Industrie und damit auch auf deren Rentabilität ausübte. Zum Glück für die »Schönheit« der Belle Epoque war die Wirtschaft so beschaffen, daß sie diesen Druck auf die Arbeiter abwälzte. Der steile Anstieg der Reallöhne, wie er für die Große Depression besonders charakteristisch war, wurde sichtbar abgeschwächt. In Frankreich und England kam es zwischen 1899 und 1913 sogar zu einem *Fall* der Reallöhne. Auf diesen Umstand gehen zweifellos zu einem Teil die unheildrohenden sozialen Spannungen und Ausbrüche der letzten Jahre vor 1914 zurück.

Was machte also letzten Endes die Dynamik der Weltwirtschaft aus? Wie immer eine detaillierte Antwort auf diese Frage ausfallen mag, der Schlüssel zu dem Problem liegt sicherlich in dem zentralen Gürtel der industrialisierten und der in der Industrialisierung begriffenen Länder, die sich zunehmend über die gemäßigte nördliche Hemisphäre erstreckten, denn sie wirkten als Motor des weltweiten Wachstums, sowohl als Produzenten wie auch als Abnehmer.

Diese Länder bildeten nunmehr ein riesiges, schnell wachsendes und sich ausdehnendes produktives Kernstück im Herzen der Weltwirtschaft. Dieses beinhaltete jetzt nicht mehr nur die großen und kleinen Zentren der Industrialisierung der Jahrhundertmitte, die ihrerseits zumeist mit atemberaubendem oder gar unvorstellbarem Tempo expandierten – England, Deutschland, die USA, Frankreich, Belgien, die Schweiz, Böhmen und Mähren –, sondern auch eine neue Zone kommender Industrieländer: Skandinavien, die Niederlande, Norditalien, Ungarn, Rußland und selbst Japan. Immer größere Bevölkerungsmassen wurden abhängig von den Gütern und Dienstleistungen der Welt, die sie käuflich erwerben mußten, weil sie nicht mehr in die Subsistenzökonomie der traditionellen Landwirtschaft integriert waren. Im 19. Jahrhundert verstand man unter einem »Städter« üblicherweise den Bewohner einer Ortschaft von über 2000 Einwohnern. Aber selbst wenn wir ein etwas großzügigeres Kriterium wählen (5000 Einwohner), war der Anteil der Europäer der »entwickelten« Zone und der Nordamerikaner, die in Städten lebten, von 1850 bis 1914 von 19 bzw. 14 Prozent auf 41 Prozent gestiegen. Rund 80 Prozent der Stadtbewohner (gegenüber rund zwei Dritteln im Jahr 1850) wohnten jetzt in Städten mit mehr als 20.000 Einwohnern, mehr als die Hälfte davon in Großstädten mit über 100.000 Einwohnern, und bildeten dort ein riesiges Reservoir potentieller Abnehmer (vgl. Bairoch 1985, S. 288).

Diese riesigen Käuferschichten verfügten außerdem aufgrund der gefallenen Preise während der Großen Depression über beträchtlich mehr Geld als früher, selbst wenn man den Rückgang der Reallöhne nach 1900 berücksichtigt. Von der Geschäftswelt wurde nunmehr die entscheidende Bedeutung dieses Kundenpotentials erkannt. Wenn auch die politischen Philosophen das Heraufkommen der Massen befürchten mochten – die Verkäufer begrüßten es. Die Werbung, die sich während dieser Zeit erstmals zu einer wichtigen Branche entwickelte, nahm sich ihrer an. Die Ratenzahlung, die in jener Zeit aufkam, sollte Familien mit schmalem Budget den Kauf größerer Produkte ermöglichen. Und die revolutionäre Kunst und Industrie des Kinos (s. Kap. 9), 1895 aus dem Nichts entstanden, stellte bereits 20 Jahre später einen Reichtum zur Schau, der selbst die kühnsten Erwartungen übertraf, und produzierte Filme, die noch die fürstlichsten Operninszenierungen in den Schatten stellten – und das alles mit Hilfe eines Publikums, das seinen Eintritt in Groschen bezahlte.

Eine einzige Ziffer mag die Bedeutung der »entwickelten« Zone der Welt zu dieser Zeit demonstrieren. Trotz des bemerkenswerten Wachstums neuer Regionen und Wirtschaften in Übersee und trotz des Aderlasses einer beispiellosen Massenauswanderung stieg der Anteil der Europäer an der Weltbevölkerung im 19. Jahrhundert sogar noch an, und ihr Wachstum beschleunigte sich von jährlich sieben Prozent in der ersten Jahrhunderthälfte auf acht in der zweiten und schließlich auf 13 Prozent in den Jahren 1900-1913. Wenn wir zu diesem urbanisierten Kontinent von potentiellen Käufern noch die USA und einige sich rasch entwickelnde, aber weit kleinere Wirtschaften in Übersee hinzurechnen, dann haben wir eine »entwickelte« Welt von etwa 15 Prozent der Erdoberfläche, die von rund 40 Prozent der Weltbevölkerung bewohnt wurde.

Diese Länder bildeten also den Hauptteil der Weltwirtschaft. Untereinander wickelten sie 80 Prozent des Welthandels ab. Darüber hinaus bestimmten sie über die Entwicklung der restlichen Welt, deren Wirtschaften wuchsen, indem sie den Bedarf fremder Länder deckten. Was mit Uruguay oder Honduras geschehen wäre, wenn man sie sich selbst überlassen hätte, wissen wir nicht. (Dieser Fall war sowieso nicht sehr wahrscheinlich: Paraguay hatte einmal versucht, aus dem Weltmarkt auszusteigen und war wieder hineingeprügelt worden – vgl. *Die Blütezeit des Kapitals,* Kap. 4.) Wir wissen hingegen, daß das eine Land Rindfleisch produzierte, weil es dafür in England einen Markt gab, und das andere Bananen, weil ein paar Händler in Boston darauf setzten, daß die Nordamerikaner für dieses Nahrungsmittel Geld ausgeben würden. Einigen dieser Satellitenwirtschaften ging es besser als anderen, doch je besser es ihnen ging, desto größer war der Nutzen für die Wirtschaften der Kernländer, für die deren Wachstum größere und expandierende Absatzmärkte für ihre eigenen Verbrauchs- und Investitionsgüter bedeuteten. Die Welthandelsflotte, deren Wachstum ein grober Indikator für die Ausweitung der Weltwirtschaft darstellt, war zwischen 1860 und 1890 mehr oder weniger auf demselben Stand geblieben – ihr Umfang schwankte zwischen 16 und 20 Millionen Tonnen. Zwischen 1890 und 1914 aber wuchs sie fast auf das Doppelte an.

III

Wie läßt sich nach alledem die Weltwirtschaft des imperialen Zeitalters in wenigen Sätzen charakterisieren?

Vor allem war sie, wie wir gesehen haben, eine geographisch wesentlich breiter fundierte Wirtschaft als zuvor. Ihr industrieller und in der Industrialisierung begriffener Sektor hatte zugenommen: in Europa durch die industrielle Revolution in Rußland und Ländern wie Schweden und den Niederlanden, die bislang davon kaum berührt waren, und außerhalb durch Entwicklungen in Nordamerika und bis zu einem gewissen Grad auch bereits in Japan. Der internationale Markt für Rohstoffe erfuhr eine enorme Ausdehnung – zwischen 1880 und 1913 wuchs der Handel mit ihnen um fast das Dreifache –, und infolgedessen wuchsen auch die Regionen, in denen sie gefördert oder produziert wurden und damit auch deren Integration in den Weltmarkt. Kanada stieß nach 1900 zu den Hauptweizenproduzenten vor, nachdem seine durchschnittliche Ernte von jährlich 52 Millionen Scheffel im letzten Jahrzehnt des 19. Jahrhunderts auf 200 Millionen Tonnen in den letzten Jahren vor dem Ersten Weltkrieg gestiegen war (vgl. Lewis 1978, Anhang IV). Zur selben Zeit wurde auch Argentinien zu einem wichtigen Weizenexporteur – und Jahr für Jahr überquerten italienische Saisonarbeiter, die im Volksmund »Schwalben« *(golondrinas)* genannt wurden, den Atlantik, um dort die Ernte einzubringen. Im imperialen Zeitalter wurden Baku und das Donezbekken Bestandteile der industriellen Landkarte, exportierte Europa seine Güter in neue Städte wie Johannesburg und Buenos Aires und wurden während des Kautschukbooms 1000 Meilen aufwärts des Amazonas auf den Gebeinen toter Indianer Opernhäuser errichtet.

Daraus folgt, wie bereits bemerkt, daß die Weltwirtschaft inzwischen wesentlich pluralistischer war als zuvor. England war nicht mehr das einzige

Land mit einer vollindustrialisierten oder überhaupt einer industriellen Wirtschaft. Wenn wir die Industrieproduktion und den Bergbau (einschließlich der Bauindustrie) der vier größten Volkswirtschaften zusammenfassen, dann entfielen vom Gesamtvolumen 1913 auf die USA 46 Prozent, auf Deutschland 23,5, auf England 19,5 und auf Frankreich elf Prozent (vgl. ebd., S. 275). Das imperiale Zeitalter war also, wie wir noch sehen werden, wesentlich ein Zeitalter der Rivalität zwischen einzelnen Staaten. Darüber hinaus waren die Beziehungen zwischen der entwickelten und der unentwickelten Welt ebenfalls vielgestaltiger und komplexer als 1860, als die Hälfte aller Exporte aus Asien, Afrika und Lateinamerika in ein einziges Land – Großbritannien – gingen. 1900 war der britische Anteil auf ein Viertel geschrumpft, und die Exporte aus Ländern der »Dritten Welt« in die übrigen europäischen Länder lagen mit 31 Prozent bereits deutlich höher (vgl. Hanson 1980, S. 55). Damit war das imperiale Zeitalter nicht mehr monozentrisch.

Der wachsende Pluralismus der Weltwirtschaft wurde bis zu einem gewissen Grad verdeckt durch ihre anhaltende, letztlich sogar verstärkte Abhängigkeit von den finanziellen, kommerziellen und Transportdienstleistungen Englands. Auf der einen Seite war die Londoner City mehr denn je die Schaltstelle für die internationalen geschäftlichen Transaktionen der Welt, so daß allein ihre kommerziellen und finanziellen Dienstleistungen fast genug einbrachten, um das beträchtliche Defizit im Güteraustausch auszugleichen (£ 137 Millionen gegenüber £ 142 Millionen in der Zeit von 1906-1910). Auf der anderen Seite verstärkten das enorme Gewicht der britischen Auslandsinvestitionen und ihrer Handelsflotte noch das ökonomische Gewicht dieses Landes. Die Weltwirtschaft drehte sich um London und beruhte auf dem Pfund Sterling. Auf dem internationalen Kapitalmarkt blieb England weiterhin mit großem Abstand die beherrschende Macht. 1914 hielten Frankreich, Deutschland, die USA, Belgien, die Niederlande, die Schweiz und die übrigen Länder des europäischen Kontinents 56 Prozent aller Auslandsinvestitionen, England *allein* dagegen 44 Prozent (vgl. Pollard 1985, S. 492). 1914 war die englische Handelsflotte allein um zwölf Prozent größer als die Handelsflotten aller übrigen europäischen Staaten zusammengenommen.

Tatsächlich wurde die zentrale Stellung Englands vorläufig durch die Entwicklung eines weltweiten Pluralismus sogar noch gestärkt. Denn da die neu in der Industrialisierung begriffenen Wirtschaften mehr Rohstoffe und Agrarprodukte aus der unterentwickelten Welt bezogen, häuften sie ein beträchtliches Außenhandelsdefizit gegenüber diesen Ländern an. Allein England stellte weltweit das Gleichgewicht wieder her, indem es mehr Fertigprodukte aus den rivalisierenden Ländern importierte – ferner durch seine eigenen Industrieausfuhren in die abhängige Welt, durch die enormen unsichtbaren Einkünfte aus seinen internationalen Finanzdienstleistungen (Banken, Versicherungen usw.) und durch die Renditen aus seinen riesigen Auslandsinvestitionen. Auf diese Weise stärkte der relative industrielle Niedergang Großbritanniens seine finanzielle Lage und mehrte seinen Wohlstand. Die Interessen der britischen Industrie und der Londoner City, die sich bislang gut vertragen hatten, gerieten allmählich miteinander in Konflikt.

Das dritte Merkmal der Weltwirtschaft war auf den ersten Blick das augenfälligste: eine technische Revolution. Es war, wie wir alle wissen, die Zeit, in der das Telefon und die drahtlose Telegrafie, der Plattenspieler und das Kino, das Automobil und das Flugzeug sich in die Szenerie des modernen Lebens einfügten, ganz zu schweigen vom Einzug der Wissenschaft und Technik in die Haushalte in Form von Produkten wie dem Staubsauger (1908) und dem einzigen universellen Medikament, das je erfunden wurde, dem Aspirin (1899). Auch dürfen wir das nützlichste aller Geräte jener Zeit nicht vergessen, dessen Beitrag zur menschlichen Emanzipation sogleich erkannt wurde, nämlich das unauffällige Fahrrad. Und doch, bevor wir diese eindrucksvolle Fülle neuartiger Erfindungen als eine »zweite industrielle Revolution« begrüßen, müssen wir uns daran erinnern, daß sie dies nur im Rückblick waren. Für die damaligen Zeitgenossen bestand die größte Innovation in der Modernisierung der ersten industriellen Revolution durch Verbesserungen der bewährten Technik von Dampf und Eisen – durch Turbinen und Stahl. Technisch revolutionäre Industrien auf der Grundlage von elektrischem Strom, Chemie und Verbrennungsmotoren begannen zweifellos eine wichtige Rolle zu spielen, vor allem in dynamischen neuen Volkswirtschaften. Schließlich nahm Ford 1907 die Produktion seines berühmten Modells T auf. Aber andererseits, um nur Europa anzuführen, wurden zwischen 1880 und 1913 ebensoviele Kilometer Eisenbahnschienen verlegt wie während der eigentlichen »Eisenbahnzeit« zwischen 1850 und 1880. Frankreich, Deutschland, die Schweiz, Schweden und die Niederlande verdoppelten in diesen Jahren mehr oder weniger ihr Schienennetz. Der letzte Triumph der britischen Industrie, das praktische Monopol im Schiffsbau, das England zwischen 1870 und 1913 innehatte, wurde durch die Nutzung der Hilfsquellen der ersten industriellen Revolution errungen. Bislang verstärkte die neue industrielle Revolution noch die alte statt sie zu verdrängen.

Das vierte Kennzeichen war, wie wir bereits gesehen haben, eine doppelte Transformation in der Struktur und dem *modus operandi* der kapitalistischen Unternehmen. Auf der einen Seite gab es die Konzentration von Kapital hin zu neuen Größenordnungen, die zu einer Unterscheidung zwischen »Unternehmen« und »Großunternehmen« führten, den Rückzug des freien Marktes und all die anderen Entwicklungen, von denen Beobachter um die Jahrhundertwende bewogen wurden, tastend nach allgemeinen Kategorien zu suchen, um etwas zu erfassen, das offenbar nichts anderes war als eine neue Phase der wirtschaftlichen Entwicklung (s. das folgende Kapitel). Auf der anderen Seite gab es den systematischen Versuch, die Produktion und die Führung der Unternehmen zu rationalisieren, indem man nicht nur auf die technische Apparatur, sondern auch auf die Organisation und Kalkulation »wissenschaftliche Methoden« anwandte.

Das fünfte Merkmal war eine außergewöhnliche Veränderung auf dem Markt für Verbrauchsgüter: eine Änderung der Quantität wie der Qualität. Mit dem Wachstum der Bevölkerung, der Städte und der Realeinkommen begann der Massengütermarkt, der sich bislang mehr oder weniger auf Nahrungsmittel und Kleidung, d.h. auf Güter zur Befriedigung des Grundbedarfs beschränkt hatte, alle Industrien zu beherrschen, die Verbrauchsgüter produzierten. Langfristig war das von größerer Bedeutung als der beträchtliche Zuwachs des Verbrauchs der wohlhabenden und sorgenfreien Klassen, deren Nachfragestruktur sich allenfalls unwesentlich veränderte. Es war der Ford T und kein Rolls Royce, der die Motorindustrie revolutionierte. Gleichzeitig trugen eine revolutionäre Technik und der Imperialismus dazu bei, eine Palette neuartiger Güter und Dienstleistungen für den Massengütermarkt zu schaffen – von den Gaskochern, deren Zahl sich während dieser Zeit in den Küchen der britischen Arbeiterklasse sprunghaft vermehrte, bis zum Zweirad, dem Kino und der unscheinbaren Banane, deren Verzehr vor 1880 in den Industrieländern so gut wie unbekannt war. Eine der augenfälligsten Konsequenzen war die Entstehung von Massenmedien, die diesen Namen nunmehr wirklich verdienten. In England erreichte um 1890 eine Tageszeitung erstmals eine verkaufte Auflage von einer Million, in Frankreich um 1900 – *Lloyd's Weekly* und *Le Petit Parisien.*

All das bedeutete nicht nur die Einführung der neuartigen »Massenproduktion«, sondern auch die Veränderung des Absatzes, einschließlich des Kreditkaufs (hauptsächlich in Form von Ratenzahlungen). So begann etwa der Verkauf von Tee in Großbritannien 1884 in abgepackten Viertelpfundpäckchen. Das brachte manchem Lebensmittelhändler aus den Seitenstraßen der Arbeiterviertel der Großstädte ein Vermögen ein, so z.B. Sir Thomas Lipton, dessen Segeljacht und dessen Geld ihm die Freundschaft von König Edward VII. eintrugen. Die Zahl der Filialen Liptons wuchs zwischen 1870 und 1899 aus dem Nichts auf 500 an (vgl. Mathias 1967).

Das alles paßte natürlich ausgezeichnet zum sechsten Merkmal der Wirtschaft jener Epoche: dem deutlichen – sowohl absoluten als auch relativen – Wachstum des tertiären Sektors der Wirtschaft, d.h. der Arbeitsplätze in öffentlichen wie privaten Büros, im Einzelhandel und in anderen Dienstleistungsbranchen. Um nur das Beispiel England anzuführen, ein Land, das auf dem Gipfel seines Einflusses die Weltwirtschaft mit Hilfe geradezu lächerlich weniger Angestellter und Beamter beherrschte: 1851 waren von insgesamt 9,5 Millionen Erwerbstätigen lediglich 67.000 im öffentlichen Dienst und 91.000 in Privatunternehmen mit Dienstleistungen beschäftigt. Bereits 1881 lagen die Ziffern bei 120.000 bzw. 360.000 – nach wie vor fast ausschließlich männliche Angestellte und Beamte. Wiederum 30 Jahre später waren es im privaten Dienstleistungssektor knapp 900.000, davon 17 Prozent Frauen, und die Zahl der im öffentlichen Dienst Beschäftigten hatte sich verdreifacht. Gemessen an der Gesamtzahl der Erwerbstätigen war der Anteil im privaten Sektor innerhalb von 60 Jahren auf das Fünffache gestiegen. Wir werden auf die sozialen Folgen dieses Zuwachses der Angestellten und Beamten noch zurückkommen.

Das siebte und letzte Charakteristikum der Wirtschaft, das ich hier anführen möchte, ist die zunehmend wichtige Rolle des Staates und des öffentlichen Sektors oder auch das, was Ideologen liberaler Observanz wie der Rechtsanwalt A.V. Dicey als das bedrohliche Vordringen des »Kollektivismus« auf Kosten des guten alten Ellbogenindividualismus oder auch des freien Unternehmertums geißelten. Auf diese oder jene Weise mehrten sich nach 1875 die Zweifel an der Effektivität einer autonomen und sich selbst regulierenden Marktwirtschaft, der berühmten »unsichtbaren Hand« von Adam Smith ohne jede Einmischung des Staates. Diese Hand wurde jetzt in der unterschiedlichsten Weise immer sichtbarer.

Auf der einen Seite veranlaßte die allmähliche Demokratisierung, wie wir im 4. Kapitel noch sehen werden, häufig widerstrebende und verunsicherte Regierungen zu einer Politik sozialer Reformen und staatlicher Sozialleistungen sowie zu politischen Maßnahmen zur Verteidigung der wirtschaftlichen Interessen bestimmter Wählergruppen, z.B. zu Protektionismus und – etwas weniger wirkungsvoll – zu Maßnahmen gegen eine übermäßige Wirtschaftskonzentration wie in den USA und in Deutschland. Andererseits gingen politische Rivalitäten zwischen einzelnen Staaten und der wirtschaftliche Konkurrenzkampf zwischen nationalen Unternehmergruppen Hand in Hand, was sowohl zum Phänomen des Imperialismus als auch zum Ausbruch des Ersten Weltkriegs beitrug. Im übrigen führten sie zum Wachstum von Industrien – z.B. der Rüstungsindustrie –, für die staatliche Aufträge eine lebenswichtige Rolle spielten.

Während demnach die strategische Rolle des öffentlichen Sektors für die Wirtschaft entscheidend sein konnte, blieb sein tatsächliches Gewicht freilich eher bescheiden. Zwar beteiligte sich etwa die britische Regierung an den Ölfördergesellschaften im Nahen Osten, kontrollierte sie die neue drahtlose Telegrafie, betrieb der russische Zar seit etwa 1890 systematisch eine Politik der Industrialisierung. Aber weder für die einzelnen Regierungen noch für die öffentliche Meinung stellte der staatliche Sektor etwas anderes dar als eine Art unbedeutendes Anhängsel der Privatwirtschaft, selbst wenn man das deutliche Wachstum des (hauptsächlich kommunalen) Verwaltungsapparats bei den öffentlichen Versorgungs- und Dienstleistungsbetrieben in Europa in Betracht zog. Nur die Sozialisten teilten diesen Glauben an die Vormachtstellung des privatwirtschaftlichen Sektors nicht, auch wenn sie an die Probleme einer staatlich gelenkten Wirtschaft kaum einen Gedanken verschwendeten. Allerdings waren die modernen Wirtschaften, die weitgehend vom Staat gesteuert, organisiert und beherrscht werden, erst das Ergebnis des Ersten Weltkriegs. Sofern sich der Anteil der öffentlichen Ausgaben am rapide anwachsenden Nationalprodukt der meisten führenden Länder zwischen 1875 bis 1914 überhaupt veränderte, ging er eher zurück (vgl. Lesourd et al. 1976, S. 247) – und zwar trotz des scharfen Anstiegs der Ausgaben für die Kriegsvorbereitungen.

Auf diese Weise wuchs und veränderte sich die Wirtschaft der »entwickelten« Welt. Was jedoch den Zeitgenossen in der »entwickelten« und industriellen Welt noch mehr in die Augen stach als der augenfällige Wandel ihrer Wirtschaft, das war ihr kaum zu übersehender Erfolg. Sie lebten einfach in einer wirtschaftlichen Blütezeit. Selbst die arbeitenden Massen profitierten von dieser Expansion zumindest insofern, als die Industriewirtschaft von 1875 bis 1914 auffallend arbeitsintensiv war und anscheinend einen nahezu unbegrenzten Bedarf an relativ unqualifizierten oder angelernten männlichen und weiblichen Arbeitskräften hatte, die in die Städte und Industrien strömten. Das war auch der Grund, warum die Scharen von Europäern, die in die USA auswanderten, sich dort so leicht einfügen konnten. Aber wenn auch die Wirtschaft Arbeitsplätze bereithielt, so sorgte sie vorläufig doch noch nicht für mehr als nur eine bescheidene und gelegentlich sogar kaum spürbare Linderung der Armut, die von den meisten schwer arbeitenden Menschen während des größten Teils der bisherigen Menschheitsgeschichte als ihr Schicksal hingenommen wurde. In der rückblickenden Mythologie der arbeitenden Klassen erscheinen die Jahrzehnte vor 1914 nicht als Goldenes Zeitalter wie in den Mythen der Reichen oder auch der weniger begüterten Mittelschichten in Europa. Für diese war die Belle Epoque fürwahr das Paradies, das nach 1914 verloren gehen sollte. Unter dem Blickwinkel der wolkenverhangenen und unruhigen Nachkriegsjahre erschienen die außergewöhnlichen Augenblicke des letzten Wirtschaftsbooms vor dem Kriegsausbruch im Rückblick als sonnige »Normalität«, zu der Wirtschaft und Staat zurückfinden wollten. Vergebens. Denn wie wir noch sehen werden, waren jene Tendenzen in der Vorkriegswirtschaft, welche diese Ära für die Mittelschichten zu einer goldenen machten, gleichzeitig auch diejenigen, die sie in den Weltkrieg, in die Revolution und gesellschaftliche Erschütterungen trieben und so eine Rückkehr in das verlorene Paradies unmöglich machten.

Kapitel 3
Das imperiale Zeitalter

»Nur völlige politische Verzogenheit und naiver Optimismus können verkennen, daß das unumgängliche Ausdehnungsbestreben aller bürgerlich organisierten Kulturvölker, nach einer Zwischenperiode äußerlich friedlichen Konkurrierens, sich jetzt in völliger Sicherheit wieder nähert, wo nur die Macht über das Maß des Anteils der Einzelnen an der ökonomischen Beherrschung der Erde und damit auch den Erwerbsspielraum ihrer Bevölkerung, speziell ihrer Arbeiterschaft entscheiden wird.«

Max Weber (1897; zit.n. Mommsen 1974, S. 82)

»Wenn ihr bei den Chinesen seid…, sagt (der deutsche Kaiser), dann denkt daran, daß ihr die Vorhut des Christentums seid, sagt er, und spießt mit eurem Bajonett jeden verhaßten Ungläubigen auf, der euch über den Weg läuft, sagt er. Sie sollen spüren, was unsere westliche Zivilisation bedeutet . . . Und wenn ihr zufällig nebenbei ein Stückchen Land findet, dann laßt es euch von keinem Franzmann oder Russen wieder wegnehmen.«

Finlay Peter Dunne (1900, S. 93 f.)

I

Eine Weltwirtschaft, deren Tempo von ihrem entwickelten oder in der Entwicklung begriffenen Kern vorgegeben wurde, war auf dem besten Wege, eine Welt hervorzubringen, in der die »fortgeschrittenen« Länder die »rückständigen« beherrschten – kurz gesagt: eine Welt imperialer Herrschaft. Paradoxerweise kann man die Ära von 1875 bis 1914 jedoch nicht nur deshalb als das imperiale Zeitalter bezeichnen, weil in ihr eine neue Form des Imperialismus entstand, sondern auch aus einem viel altmodischeren Grund. Es war vermutlich jene Periode der neueren Weltgeschichte, in der die Zahl der Herrscher, die offiziell den Titel eines »Kaisers«, eines Herrschers über ein großes Imperium trugen oder diese Würde in den Augen westlicher Diplomaten verdienten, am größten war.

In Europa nahmen die Herrscher Deutschlands, Österreich-Ungarns, Rußlands, der Türkei und (in ihrer Eigenschaft als die Herren über Indien)

Großbritanniens diesen Titel für sich in Anspruch. In zwei Fällen (Deutschland und England/Indien) handelte es sich um Neueinführungen aus den 70er Jahren. Sie machten den Untergang des Zweiten Kaiserreichs von Napoleon III. in Frankreich mehr als wieder wett. Außerhalb Europas wurde dieser Titel den Oberhäuptern Chinas, Japans, Persiens und – hier vielleicht mehr aus Gründen einer internationalen diplomatischen Höflichkeit – Äthiopiens und Marokkos seit langem zugestanden, während sich in Brasilien noch bis 1889 ein amerikanischer Kaiser behauptete. Vervollständigt wird die Aufzählung durch ein oder zwei weitere »Kaiser«, deren Titel noch fragwürdiger war. Am Ende des Ersten Weltkriegs waren fünf von ihnen verschwunden. Heute (1987) ist der einzige überlebende Titelträger dieser illustren Gesellschaft von Obermonarchen der Herrscher Japans, dessen politische Kompetenzen äußerst beschränkt sind und der über keinen nennenswerten politischen Einfluß verfügt.*

In einem weniger trivialen Sinne ist das imperiale Zeitalter offenbar das Zeitalter von Imperien einer neuen Art, nämlich von Kolonialreichen. Die wirtschaftliche und militärische Vormachtstellung der kapitalistischen Länder war seit längerem nicht mehr ernsthaft in Frage gestellt worden, doch zwischen dem Ende des 18. und dem letzten Viertel des 19. Jahrhunderts hatte es keinen systematischen Versuch mehr gegeben, sie in formelle Eroberungen, Annexionen und eine Verwaltung der Kolonialgebiete umzusetzen. Das wurde in den Jahrzehnten von 1880 bis 1914 nachgeholt, und der größte Teil der Welt außerhalb Europas und Amerikas wurde formell in Territorien aufgeteilt, die unter der formellen Herrschaft oder der informellen politischen Oberhoheit jeweils eines Mitgliedes einer kleinen Staatengruppe standen – in der Hauptsache England, Frankreich, Deutschland, Italien, die Niederlande, Belgien, die USA und Japan. Diese Aufteilung erfolgte zum Teil auf Kosten der alten, noch bestehenden vorindustriellen europäischen Reiche Spaniens und Portugals, wobei ersteres – trotz aller Versuche, sein Herrschaftsgebiet in Nordwestafrika auszudehnen – weit größere Einbußen erlitt als letzteres. Die Erhaltung der großen portugiesischen Territorien in Afrika (Angola und Mosambik), die andere imperialistische Kolonien überdauern sollten, verdankte sich allerdings primär der Unfähigkeit der neuen Aspiranten, sich untereinander über eine Aufteilung dieser Gebiete zu einigen. Eine ähnliche Uneinigkeit bestand bei den Überresten des Spanischen Reiches in Lateinamerika (Kuba, Puerto Rico) und im Pazifik (Philippinen) nicht, so daß diese 1898 von den

* Der Sultan von Marokko zieht den Titel eines Königs vor. Keiner der anderen noch existierenden Mini-Sultane in der islamischen Welt will oder kann als »König der Könige« gelten.

USA übernommen wurden. Die meisten der großen traditionellen Reiche Asiens blieben nominell unabhängig, auch wenn die westlichen Mächte sich dort »Einflußzonen« oder sogar eine direkte Verwaltung sicherten. Tatsächlich wurde die militärische und politische Wehrlosigkeit dieser Staaten als etwas Selbstverständliches hingenommen. Ihre Unabhängigkeit beruhte entweder auf ihrer Zweckmäßigkeit als Pufferstaaten (wie in Siam, dem heutigen Thailand, das die britische von der französischen Einflußsphäre in Südostasien trennte, oder in Afghanistan, als Prellbock zwischen der britischen und der russischen Zone), auf dem Unvermögen rivalisierender Großmächte, sich auf einen bestimmten Aufteilungsmodus zu einigen, oder auf ihrer schieren Größe. Der einzige außereuropäische Staat, der sich dem Versuch einer formellen kolonialen Eroberung erfolgreich widersetzte, war Äthiopien, das Italien, dem schwächsten aller imperialistischen Staaten, Trotz bot.

Zwei große Regionen des Erdballs waren praktisch vollkommen aufgeteilt: Afrika und der Pazifische Raum. Im Pazifik, der nunmehr restlos unter England, Frankreich, Deutschland, den Niederlanden, den USA und – zu einem geringen Teil – Japan aufgeteilt war, gab es überhaupt keine unabhängigen Staaten mehr. 1914 gehörte ganz Afrika mit Ausnahme Äthiopiens, der unbedeutenden westafrikanischen Republik Liberia und eines Teils von Marokko, das sich noch immer gegen eine vollständige Eroberung zur Wehr setzte, den Imperien der Briten, Franzosen, Deutschen, Belgiern, Portugiesen und – zu einem geringen Teil – der Spanier. Asien behielt, wie wir gesehen haben, große und nominell unabhängige Gebiete, obgleich die älteren europäischen Reiche ihre großen Besitztümer ausdehnten und abrundeten. So verleibte Großbritannien seinem indischen Reich Burma ein und begründete in Tibet, im Iran und in der Region um den Persischen Golf neue Einflußsphären bzw. verstärkte die bereits bestehenden; Rußland drang weiter nach Innerasien und (mit weniger Erfolg) in das pazifische Sibirien sowie die Mandschurei vor; die Niederländer festigten ihre Herrschaft über die äußeren Regionen Indonesiens. Zwei praktisch neue Reiche wurden durch die französische Eroberung Indochinas, begonnen unter Napoleon III., und durch die japanische Eroberung Koreas und Taiwans (1895) auf Kosten Chinas und später (1905) zu einem kleineren Teil auch Rußlands geschaffen.

Nur eine einzige größere Region des Globus blieb von diesem Aufteilungsprozeß faktisch unberührt. Der amerikanische Kontinent war 1914 noch derselbe wie 1875 oder gar 1820, eine einmalige Ansammlung souveräner Republiken mit Ausnahme Kanadas, der Kleinen Antillen und Teilen der karibischen Küste, wie z.B. Surinam und British Guayana. Abgesehen von den USA und den jeweiligen Nachbarstaaten vermochte ihr politischer Status kaum jemanden zu beeindrucken. Es stand ganz außer Zweifel, daß sie in wirtschaftlicher Hinsicht Satelliten der entwickelten Welt waren. Dennoch machten nicht einmal die USA, die in dieser riesigen Region zunehmend ihre politische und militärische Vormachtstellung zur Geltung brachten, den ernsthaften Versuch, sie zu erobern und ihrer formellen Kontrolle zu unterwerfen. Ihre einzigen direkten Annexionen beschränkten sich auf Puerto Rico (Kuba wurde eine wenn auch nur nominelle Unabhängigkeit eingeräumt) und im Jahre 1903 auf einen schmalen Streifen beiderseits des – seit 1906 im Bau befindlichen – Panamakanals, der eine weitere kleine und offiziell unabhängige Republik durchschnitt, die von dem weit größeren Kolumbien im Zuge einer für diesen Zweck äußerst geeigneten lokalen Revolution getrennt worden war. In Lateinamerika wurden wirtschaftliche Kontrolle und – soweit nötig – politischer Druck ohne formelle Eroberungen ausgeübt. Der gesamte amerikanische Kontinent war die einzige bedeutende Region der Erde, um die es keine ernsthaften Auseinandersetzungen unter den Großmächten gab. Mit Ausnahme Großbritanniens besaß kein europäischer Staat mehr als die verstreuten Überreste des (hauptsächlich karibischen) Kolonialreichs aus dem 18. Jahrhundert, die weder wirtschaftlich noch in sonstiger Hinsicht von Bedeutung waren. Weder die Engländer noch die übrigen Großmächte sahen einen Grund, sich mit den USA und ihrer Monroe-Doktrin anzulegen.*

Die Aufteilung der Welt unter eine Handvoll Staaten, die diesem Buch seinen Titel verleiht, war der spektakulärste Ausdruck jener zunehmenden Aufteilung des Erdballs in Starke und Schwache, »Fortgeschrittene« und »Rückständige«, die wir bereits festgestellt haben. Sie war zudem etwas auffallend Neues. Zwischen 1876 und 1915 wurde etwa ein Viertel der Landoberfläche der Erde als Kolonien unter einem halben Dutzend Staaten verteilt oder neuverteilt. England vergrößerte seine Territorien um rund zehn Millionen qkm, Frankreich um 8,75, Deutschland um etwa 2,6, Belgien und Italien um jeweils rund 2,5 Millionen qkm. Die USA eroberten knapp 260.000 qkm, hauptsächlich von Spanien, und Japan etwa dieselbe Fläche von China, Rußland und Korea. Portugals ehemalige Kolonien in Afrika vergrößerten sich um rund 780.000 qkm; selbst Spanien, das gegenüber den USA unterm Strich verloren hatte, gelang noch der Zuerwerb einiger steiniger Regionen in Marokko und der westlichen Sahara. Die Ausbreitung des Russischen Reiches

* Die Monroe-Doktrin, erstmals 1823 formuliert und seither von US-Regierungen mehrfach bekräftigt und erläutert, erklärte jeden künftigen Versuch einer Kolonisierung oder der politischen Intervention in die westliche Hemisphäre durch europäische Mächte zu einem feindseligen Akt. Dies wurde später so ausgelegt, daß die USA als einzige Macht das Recht hatten, überall in dieser Hemisphäre zu intervenieren. Je mehr die USA zu einer Großmacht aufstiegen, desto ernster nahmen die europäischen Staaten diese Doktrin.

während jener Jahrzehnte ist zahlenmäßig schwerer zu erfassen, da sie jeweils angrenzende, nicht genau umrissene Gebiete betraf und lediglich eine jahrhundertelange territoriale Expansion des Zarenreiches fortsetzte; darüber hinaus mußte Rußland, wie wir noch sehen werden, bestimmte Gebiete an Japan abtreten. Unter den großen Kolonialreichen waren es allein die Niederlande, die – bewußt oder aus Unvermögen – keine neuen Territorien erwarben, wenn man einmal davon absieht, daß sie ihre bestehende Herrschaft über die indonesischen Inseln, die sich seit langem formell in ihrem »Besitz« befanden, noch weiter ausdehnten. Von den unbedeutenderen Kolonialmächten liquidierte Schweden seinen einzigen verbliebenen Kolonialbesitz, eine westindische Insel, durch den Verkauf an Frankreich, und Dänemark tat es ihm nach, behielt jedoch Island und Grönland als »Schutzgebiete«.

Das Spektakulärste ist allerdings nicht immer auch das Bedeutsamste. Als Beobachter der Weltbühne in den letzten Jahren des 19. Jahrhunderts mit einer Analyse dessen begannen, was anscheinend eine neue Phase der nationalen und internationalen Entwicklung darstellte – sichtlich anders als das Grundmuster der liberalen Welt des Freihandels und der freien Konkurrenz um die Jahrhundertmitte –, bewerteten sie die Schaffung von Kolonialreichen lediglich als einen ihrer Aspekte. Orthodoxe Beobachter glaubten ganz allgemein eine neue Ära der nationalen Expansion ausmachen zu können, heterodoxe Beobachter sahen in ihr spezieller eine neue Phase der kapitalistischen Entwicklung. Die einflußreichste dieser Analysen eines Phänomens, das bald als »Imperialismus« bezeichnet wurde, Lenins kleine Schrift aus dem Jahr 1917, behandelte in Wirklichkeit »Die Aufteilung der Welt unter die Großmächte« erst im sechsten von insgesamt zehn Kapiteln.

Aber selbst wenn der Kolonialismus lediglich ein Aspekt einer weit umfassenderen Veränderung der Welt war, so war er doch derjenige, der am unmittelbarsten ins Auge fiel. Er bildete den Ausgangspunkt für weiterführende Analysen, denn ohne jeden Zweifel wurde der Begriff »Imperialismus« erstmals in den 90er Jahren, im Verlauf der Auseinandersetzung um koloniale Eroberungen, zu einem festen Bestandteil des politischen und journalistischen Vokabulars. Außerdem nahm er genau zu jener Zeit die ökonomische Dimension an, die er als Begriff seither nicht mehr verlieren sollte. Das ist auch der Grund, warum Verweise auf die alten Formen der politischen und militärischen Gebietserweiterungen, auf denen der Terminus beruht, sinnlos sind. Herrscher und ihre Reiche gab es seit altersher, aber der Imperialismus war etwas ganz Neues. Der Begriff (der z.B. in den Schriften des 1883 gestorbenen Karl Marx nicht vorkommt) fand in England erstmals in den Jahren nach 1870 Eingang in die Politik und galt noch 1880 als Neologismus. Erst nach 1890 kam er schlagartig allgemein in Gebrauch. Um die Jahrhundertwende, als die Intellektuellen begannen, Bücher darüber zu verfassen, hat der britische Liberale John A. Hobson ihn charakterisiert als einen »Ausdruck, ... der auf jedermanns Lippen liegt und der dazu benutzt wird, die mächtigste Strömung in der gegenwärtigen Politik der westlichen Welt zu bezeichnen« (Hobson 1970, S. 29). Kurz, es handelte sich um einen neuartigen Terminus zur Beschreibung eines neuartigen Phänomens.

Die Argumente im Umfeld dieses heiklen Themas sind so gefühlsgeladen und bilden ein so dichtes und wirres Gestrüpp, daß der Historiker zunächst vor der Aufgabe steht, sie zu entwirren, um das eigentliche Phänomen dahinter sichtbar zu machen. Denn in diesen Auseinandersetzungen ging es zumeist nicht um die Ereignisse in der Welt von 1875 bis 1914, sondern um den Marxismus, ein Thema, das sehr leicht starke Emotionen auslöst. Das kam daher, daß die (äußerst kritische) Analyse des Imperialismus in der Leninschen Version für den revolutionären Marxismus der kommunistischen Bewegungen nach 1917 und die revolutionären Bewegungen der »Dritten Welt« von entscheidender Bedeutung werden sollte. Was der Debatte ihre besondere Schärfe verlieh, war der Umstand, daß im Kampf zwischen Befürwortern und Gegnern des Imperialismus seit dem Ende des 19. Jahrhunderts letztere nach einiger Zeit von vornherein geringfügig im Vorteil waren, da das Wort selbst allmählich eine abwertende Färbung annahm, die es seither nicht mehr verloren hat. Im Gegensatz zur »Demokratie«, die wegen ihrer positiven Bedeutungsinhalte selbst von ihren Gegnern noch in Anspruch genommen wird, gilt »Imperialismus« gemeinhin als etwas, das man ablehnen und von dem man sich distanzieren muß. Noch 1914 brüsteten sich zahlreiche Politiker damit, Imperialisten zu sein, doch später konnte sich das praktisch niemand mehr leisten.

Die Kernthese der Leninschen Analyse (die sich offen auf eine Vielzahl zeitgenössischer marxistischer und nichtmarxistischer Autoren stützte) besagte, daß der neue Imperialismus in einer neuen Phase des Kapitalismus wurzele, die unter anderem zu einer »Aufteilung der Welt unter die Kapitalistenverbände« führe, zu einem System formeller und informeller Kolonien und Einflußsphären. Die Rivalitäten zwischen den kapitalistischen Mächten hätten dann folgerichtig den Ersten Weltkrieg mit sich gebracht. Wir brauchen hier nicht näher auf die besonderen Mechanismen einzugehen, durch die der »Monopolkapitalismus« zum Kolonialismus führte – die Meinungen darüber gingen selbst bei Marxisten auseinander –, oder auf die spätere Erweiterung solcher Analysen zu einer umfassenderen »Dependenztheorie«. Sie alle nehmen in dieser oder jener Weise an, daß die wirtschaftliche Expansion in

Überseegebiete und deren Ausbeutung für die kapitalistischen Länder von wesentlicher Bedeutung seien.

Eine Kritik dieser Theorien wäre weder von besonderem Interesse noch für den vorliegenden Kontext relevant. Hier genügt die einfache Feststellung, daß nichtmarxistische Analytiker des Imperialismus in der Regel das Gegenteil dessen behaupteten, was die Marxisten darüber sagten, und auf diese Weise den eigentlichen Gegenstand ins Dunkel rückten. Sie bestritten in der Mehrzahl jeden Zusammenhang zwischen dem Imperialismus des ausgehenden 19. und beginnenden 20. Jahrhunderts mit dem Kapitalismus überhaupt oder mit jener spezifischen Phase, deren Konturen, wie wir gesehen haben, sich gegen Ende des 19. Jahrhunderts abzuzeichnen begannen. Sie bestritten, daß der Imperialismus bedeutsame wirtschaftliche Ursachen habe, daß er den imperialistischen Staaten ökonomisch von Nutzen sei und erst recht, daß die Ausbeutung rückständiger Regionen in jeder Hinsicht für den Kapitalismus wesentlich sei und daß dieser sich auf die Wirtschaft der Kolonialländer nachteilig auswirke. Sie behaupteten, der Imperialismus führe nicht zu unkontrollierbaren Rivalitäten zwischen den imperialistischen Mächten und sei auch nicht maßgeblich für den Ausbruch des Ersten Weltkrieges verantwortlich. Sie ließen keinerlei ökonomische Erklärungen gelten und konzentrierten sich statt dessen auf psychologische, ideologische, kulturelle und politische Erklärungen. Ein Großteil der frühen theoretischen Literatur zur Verteidigung des Imperialismus ist heute nicht mehr haltbar. Die eigentliche Schwäche der anti-antiimperialistischen Autoren besteht darin, daß sie jenes Zusammentreffen ökonomischer und politischer, nationaler und internationaler Entwicklungen nicht erklären können, das den Zeitgenossen um die Jahrhundertwende so sehr in die Augen fiel, daß sie dafür nach einer umfassenden Erklärung suchten. Sie erklären nicht, warum die Zeitgenossen überzeugt waren, daß der »Imperialismus« jener Zeit eine ebenso neuartige wie historisch *zentrale* Entwicklung darstellte. Kurz, ein Großteil dieser Literatur läuft darauf hinaus, Tatsachen zu bestreiten, die schon damals offensichtlich waren und es bis heute geblieben sind.

Ohne weiter auf die Auseinandersetzungen zwischen Leninisten und ihren Gegnern einzugehen, müssen wir zuallererst auf jene offenkundige Tatsache hinweisen, die im letzten Jahrzehnt des vorigen Jahrhunderts von niemandem ernsthaft bestritten worden wäre, daß nämlich die Aufteilung des Globus eine wirtschaftliche Dimension hatte. Der Nachweis dieses Sachverhaltes ist allerdings nicht gleichbedeutend mit einer Erklärung für jeden Aspekt des damaligen Imperialismus. Das Verhältnis von wirtschaftlicher Entwicklung und übriger Geschichte läßt sich nicht mit einem Puppenspieler und seinen Marionetten vergleichen. Nicht einmal der bornierteste Geschäftsmann, der sein Kapital z.B. gewinnbringend in südafrikanische Gold- und Diamantenminen investierte, kann ausschließlich als Maschine zur Geldvermehrung betrachtet werden. Er war nicht immun gegenüber den politischen, emotionalen, ideologischen, patriotischen oder gar rassistischen Appellen, die so offensichtlich mit der imperialen Expansion verknüpft waren. Aber wenn sich für die damalige Ära ein ökonomischer Zusammenhang zwischen den Tendenzen der wirtschaftlichen Entwicklung innerhalb der kapitalistischen Kernländer und deren Expansion in die Peripherie nachweisen läßt, dann müssen z.B. die strategischen Erwägungen der rivalisierenden Mächte stets vor dem Hintergrund der ökonomischen Dimension analysiert werden. Auch heute kann man über die Nahostpolitik, die keineswegs allein von simplen wirtschaftlichen Überlegungen diktiert wird, nicht sinnvoll diskutieren, ohne dabei vom Erdöl zu reden.

Nun besteht eine der Grundtatsachen des 19. Jahrhunderts in der Schaffung einer einzigen Weltwirtschaft, die auch noch die entlegensten Regionen der Erde erfaßte, eines immer dichter werdenden Netzes wirtschaftlicher Transaktionen, von Verkehrswegen und Bewegungen von Gütern, Geld und Menschen, durch die die entwickelten Länder untereinander und mit der unentwickelten Welt verbunden wurden (vgl. *Die Blütezeit des Kapitals,* Kap. 3). Ohne diese Verflechtungen hätte es keinen besonderen Grund gegeben, warum die europäischen Staaten mehr als nur flüchtig an den Angelegenheiten etwa des Kongobeckens interessiert sein oder in diplomatische Auseinandersetzungen um ein pazifisches Atoll geraten sollten. Zwar war diese weltweite Ausdehnung der Wirtschaft nicht neu, aber sie hatte sich doch in der Mitte des 19. Jahrhunderts merklich beschleunigt. Zwischen 1875 und 1914 hielt dieses Wachstum an – relativ gesehen vielleicht weniger spektakulär, dafür jedoch um so mehr in seinem absoluten Umfang. Die europäischen Ausfuhren hatten sich zwischen 1848 und 1875 mehr als vervierfacht, während sie in den folgenden vier Jahrzehnten nur noch um das Doppelte anstiegen. Doch die gesamte Handelsschiffstonnage der Welt, die zwischen 1840 und 1870 lediglich von 10 auf 16 Millionen Tonnen gestiegen war, verdoppelte sich während unserer Periode, während das Eisenbahnnetz der Erde sich von gut 200.000 km (1870) auf mehr als eine Million km am Vorabend des Ersten Weltkriegs erweiterte.

Dieses immer enger werdende Netz von Transportverbindungen schloß selbst die rückständigen und bislang marginalen Zonen an die Weltwirtschaft an und erzeugte innerhalb der alten Zentren des Reichtums und der Entwicklung ein neues Interesse an diesen abgelegenen Gebieten. Jetzt, da sie zugänglich waren, schienen viele dieser Regionen auf den ersten Blick nichts anderes als potentielle Erweiterungen der entwickelten Welt zu sein, bereits von Männern und Frauen europäischer Herkunft besiedelt und erschlossen, die die einheimischen Bewohner zurückdrängten oder ausrotteten, Städte aus dem Boden stampften und mit der Zeit unzweifelhaft eine industrielle Zivilisation errichten würden: die USA westlich des Mississipi, Kanada, Australien, Neuseeland, Südafrika, Algerien, der Südzipfel Südamerikas. Diese Prophezeiung erfüllte sich nicht, wie wir noch sehen werden. Dessen ungeachtet wurden diese Gebiete trotz ihrer zum Teil beträchtlichen Abgelegenheit von den damaligen Zeitgenossen von jenen anderen Regionen unterschieden, die aus klimatischen Gründen für weiße Siedler zwar unattraktiv waren, in die jedoch, um einen führenden Kolonialisten jener Zeit zu zitieren, »der Europäer in kleiner Zahl mit seinem Kapital, seiner Tatkraft und seinen Kenntnissen kommen (konnte), um einen höchst einträglichen Handel aufzubauen und jene Erzeugnisse zu erlangen, die zur Deckung des Bedarfs seiner fortgeschrittenen Zivilisation nötig (waren)« (Johnston 1930, S. 445).

Denn jene Zivilisation hatte mittlerweile einen Bedarf an exotischen Gütern. Die technische Entwicklung hing inzwischen von Rohstoffen ab, die aus klimatischen oder geologischen Gründen ausschließlich oder überreich in entlegenen Weltregionen vorkamen. Der Verbrennungsmotor und das Automobil, jene typischen Kinder unserer Epoche, waren auf Erdöl und Kautschuk angewiesen. Bislang kam das Öl überwiegend aus den USA und Europa (hauptsächlich aus Rußland und zu einem geringen Teil aus Rumänien), doch schon jetzt waren die Ölfelder des Nahen Ostens Gegenstand heftiger diplomatischer Auseinandersetzungen und eines anhaltenden Kuhhandels. Kautschuk war ein ausschließlich tropisches Erzeugnis und wurde durch grausam ausgebeutete Eingeborene in den Regenwäldern des Kongo und des Amazonas gewonnen; gegen diese Ausbeutung richteten sich denn auch die ersten antiimperialistischen Proteste. Später wurden vor allem in Malaya ausgedehnte Kautschukplantagen betrieben. Zinn kam aus Asien und Südamerika. Nichteisenmetalle, bislang fast ohne Bedeutung, wurden für neuartige Stahllegierungen gebraucht, die den immer höheren technischen Beanspruchungen besser standhalten konnten. Manche davon waren innerhalb der entwickelten Welt, vor allem in den USA, frei zugänglich, andere hingegen nicht. Die neuen elektrischen und Motorindustrien benötigten große Mengen Kupfer, dessen Hauptlagerstätten sich in der heute sogenannten »Dritten Welt«, in Chile, Peru, Belgisch-Kongo (heute Zaire) und Nordrhodesien (heute Sambia) befanden. Und daneben gab es natürlich auch weiterhin einen unersättlichen Bedarf an Edelmetallen, der während jener Zeit Südafrika mit Abstand zum weltweit größten Goldproduzenten machte, von seinem Reichtum an Diamanten ganz zu schweigen. Bergwerke spielten eine bahnbrechende Rolle bei der Erschließung der Welt für den Imperialismus: Die hier erzielten Profite waren so exorbitant, daß sich sogar der Bau von Eisenbahnzubringerstrecken lohnte.

Darüber hinaus erzeugten die immer neuen Verbrauchermassen in den Mutterländern einen rapide wachsenden Absatzmarkt für Nahrungsmittel. Allein schon vom Umsatz her wurde dieser beherrscht von den Grundnahrungsmitteln Getreide und Fleisch, die beide billig und in verschiedenen Zonen mit europäischer Besiedlung in riesigen Mengen erzeugt wurden – in Nord- und Südamerika, Rußland und Australasien. Dieses Wachstum transformierte jedoch auch den Markt für jene Produkte, die seit langem und bezeichnenderweise (zumindest in Deutschland) als »Kolonialwaren« bekannt waren und in den Lebensmittelläden der entwickelten Welt verkauft wurden: Zucker, Tee, Kaffee, Kakao und Kakaoprodukte. Durch die Beschleunigung des Transports und neue Techniken der Konservierung konnten in diesen Läden nunmehr auch tropische und subtropische Früchte angeboten werden; so kam es zur Entstehung der »Bananenrepubliken«.

Die Briten, die nach 1840 pro Kopf der Bevölkerung 675 g Tee und in den 60er Jahren 1470 g verbraucht hatten, erreichten 30 Jahre später einen Verbrauch von 2560 g – das entsprach durchschnittlichen Jahresimporten von rund 18.000 t in den 40er, 45.000 t in den 60er und 100.000 t Tee in den 90er Jahren. Während die Briten von dem wenigen Kaffee, den sie bisher getrunken hatten, völlig abkamen und sich dem Tee aus Indien und Ceylon (heute Sri Lanka) zuwandten, importierten US-Amerikaner und Deutsche Kaffee in immer riesigeren Mengen, insbesondere aus Lateinamerika. Zu Beginn des 20. Jahrhunderts verbrauchte eine New Yorker Familie durchschnittlich 450 g Kaffee in der Woche. Die Quäker, die in England Erfrischungsgetränke und Schokolade produzierten, bezogen ihre Rohstoffe aus Westafrika und Südamerika. Der geschäftstüchtige Mann aus Boston, der 1885 die United Fruit Company gründete, schuf in Mittelamerika private Imperien, um Nordamerika mit Bananen zu versorgen – eine Frucht, die dort bislang weitgehend unbekannt war. Die Seifenfabrikanten, die als erste die Möglichkeiten der neuen Werbeindustrie in vollem Umfang demonstrierten, verarbeiteten Pflanzenöle aus Afrika. Plantagen sowie landwirtschaftliche Groß- und Mittelbetriebe waren der zweite Stützpfeiler der imperialen Wirtschaftssysteme; die Händler und Finanzleute der Mutterländer waren der dritte.

Diese Entwicklungen änderten zwar nichts an der Form und am Charakter der industrialisierten oder in der Industrialisierung begriffenen Länder, obgleich sie neue, von Großunternehmen beherrschte Branchen ins Leben riefen, deren Geschicke eng mit denen bestimmter geographischer Regionen verknüpft waren wie z.B. die Erdölgesellschaften. Aber sie veränderten die übrige Welt insofern, als sie aus ihr einen Komplex kolonialer und halbkolonialer Territorien machten, die sich mehr und mehr auf die Erzeugung eines oder zweier Rohprodukte für den Weltmarkt spezialisierten, deren Preisentwicklung sie auf Gedeih und Verderb ausgeliefert waren. Malaya wurde zunehmend gleichbedeutend mit Zinn und Kautschuk, Brasilien mit Kaffee, Chile mit Salpeter, Uruguay mit Fleisch und Kuba mit Zucker und Zigarren. Mit Ausnahme der USA gelang zu dieser Zeit nicht einmal den weißen Siedlerkolonien die Industrialisierung, da auch sie in diesem Käfig der internationalen Spezialisierung gefangen waren. Sie konnten selbst nach europäischen Maßstäben zu großem Wohlstand gelangen, vor allem wenn sich die europäischen Einwanderer demokratische Institutionen gegeben hatten und über politischen Einfluß verfügten.* Ein Europäer, der sich zu jener Zeit mit dem Gedanken an Auswanderung trug, ging vermutlich besser nach Australien, Neuseeland, Argentinien oder Uruguay als in irgendein anderes Land, einschließlich der USA. In allen diesen Ländern bildeten sich Arbeiter- und radikaldemokratische Parteien, die zum Teil sogar die Regierung stellten, und es wurden lange vor den europäischen Staaten ehrgeizige Sozialprogramme entwickelt (Neuseeland und Uruguay). Die Wirtschaften dieser Länder waren jedoch nur Anhängsel der europäischen (d.h. im wesentlichen britischen) Industriewirtschaft, und deshalb lohnte es sich nicht für sie – oder zumindest nicht für die Exporteure von landwirtschaftlichen oder mineralischen Rohstoffen –, eine eigene Industrialisierung in Angriff zu nehmen. Auch hätten die etablierten Industriestaaten eine solche nicht gerade begrüßt. Was immer offiziell verkündet werden mochte: Die Funktion der Kolonien und der informellen »Schutzgebiete« bestand darin, die Wirtschaften der Mutterländer zu ergänzen und nicht mit ihnen zu konkurrieren.

Die abhängigen Territorien, die nicht dem sogenannten (weißen) »Siedlerkapitalismus« zugehörten, florierten weniger gut. Ihr wirtschaftliches Interesse lag in der Kombination von natürlichen Ressourcen und Arbeitskräften, die als »Eingeborene« wenig kosteten und billig zu unterhalten waren. Dennoch profitierten die Oligarchien der Großgrundbesitzer und Handelsagenten – die sich aus Einheimischen und/oder Europäern zusammensetzten – und, sofern es welche gab, ihre Regierungen allein schon von der zeitlichen

* Allerdings schlossen die Demokratien der Weißen im allgemeinen die einheimische Bevölkerung von den Rechten aus, die die Einwanderer für sich erkämpft hatten – sofern diese sich nicht überhaupt weigerten, die Ureinwohner als vollwertige Menschen anzuerkennen.

Dauer der Rohstoffnachfrage, die lediglich durch vorübergehende, wenn auch zuweilen (wie in Argentinien 1890) dramatische Handels- oder politische Krisen unterbrochen wurde. Der Erste Weltkrieg vernichtete zwar einige ihrer Märkte, doch diese Länder selbst verschonte er, da sie zu abgelegen waren. Für sie endete das imperiale Zeitalter erst mit der Weltwirtschaftskrise 1929-1933. Dennoch wurden sie im Lauf jener Jahre immer verwundbarer, da ihr Wohlergehen von den Weltmarktpreisen für Kaffee (auf den 1914 bereits 58 und 53 Prozent der brasilianischen bzw. kolumbianischen Exporterlöse entfielen), Kautschuk, Zinn, Kakao, Rindfleisch oder Wolle abhängig war. Bis zum abrupten Preissturz bei natürlichen Rohstoffen in der Goßen Depression von 1929 erschien diese Verwundbarkeit langfristig jedoch unbedeutend im Vergleich zu der scheinbar grenzenlosen Ausweitung der Exporte und Kredite. Im Gegenteil: Wie wir gesehen haben, veränderten sich bis 1914 die *terms of trade* allenfalls zugunsten der Produzenten von landwirtschaftlichen und mineralischen Rohstoffen.

Trotz alledem erklärt die wachsende Bedeutung solcher Regionen für die Weltwirtschaft nicht, warum die führenden Industriestaaten den Globus in Kolonien und Einflußsphären aufzuteilen trachteten. In den Analysen von Imperialismuskritikern werden hierfür eine Reihe von Erklärungen gegeben. Die bekannteste davon – nämlich der Drang des Kapitals in gewinnträchtigere Investitionen als im Mutterland – ist zugleich die mit der geringsten Überzeugungskraft. Da die britischen Kapitalexporte im letzten Drittel des 19. Jahrhunderts gewaltig expandierten und die Erträge aus diesen Investitionen für die britische Zahlungsbilanz von wesentlicher Bedeutung wurden, lag es nur allzu nahe, den »neuen Imperialismus« mit Kapitalexporten in Verbindung zu bringen, wie J.A. Hobson dies getan hat. Es läßt sich jedoch nicht bestreiten, daß tatsächlich nur ein äußerst geringer Anteil dieses umfangreichen Kapitalstroms in die neuen Kolonialreiche floß: Der größte Teil der britischen Auslandsinvestitionen wanderte in die sich rasch entwickelnden und im allgemeinen seit langem bestehenden weißen Siedlerkolonien, die bald als praktisch unabhängige »Dominions« anerkannt werden sollten (Kanada, Australien, Neuseeland und Südafrika); ferner in Länder, die man als »Wahl-Dominions« bzeichnen könnte, etwa Argentinien und Uruguay; ganz zu schweigen von den USA. Außerdem entfiel der Löwenanteil solcher Investitionen (1913: 76 Prozent) auf staatliche Kredite an Eisenbahngesellschaften und öffentliche Versorgungsunternehmen, deren Renditen zwar wesentlich günstiger waren als die von britischen Staatsanleihen – fünf gegenüber drei Prozent –, aber immer noch unattraktiver als die Profite des Industriekapitals im eigenen Land, abgesehen natürlich vom Gewinn der geldgebenden Banken. Diese Investitionen erzielten folglich keine hohen Renditen, aber dafür galten sie als sicher.

Ein überzeugenderer allgemeiner Beweggrund für die koloniale Expansion war die Suche nach neuen Märkten. Die Tatsache, daß entsprechende Hoffnungen häufig enttäuscht wurden, spielt keine Rolle. Der Glaube, daß sich die »Überproduktion« der Großen Depression durch eine breit angelegte Exportoffensive abbauen ließ, war weit verbreitet. Geschäftsleute, stets auf dem Sprung, in die weißen Flecken auf der Karte des Welthandels die Zahlen potentieller Käufermassen einzutragen, hatten zweifellos ein Interesse an derartigen unausgeschöpften Zonen. So war z.B. China eines der Länder, das die Phantasie der Verkäufer beschäftigte: Was wäre wohl, wenn jeder seiner 300 Millionen Einwohner auch nur ein einziges Päckchen Tapeziernägel kaufen würde? Die Handelskammern der britischen Städte zur Zeit der Großen Depression nach 1880 gerieten außer sich bei dem Gedanken, ihren Handelsvertretern könnte aufgrund von diplomatischen Verhandlungen der Zugang zum Kongobecken verweigert werden, von dem man sich ungeheure Absatzmöglichkeiten versprach – um so mehr, als diese Region soeben von einem hochwohlgeborenen Unternehmer, König Leopold II. von Belgien, erschlossen wurde (vgl. Hynes 1979, passim). (Wie sich indes herausstellte, war dessen Lieblingsmethode der Ausbeutung durch Zwangsarbeit nicht geeignet, einen nennenswerten Pro-Kopf-Verbrauch anzuregen, auch wenn er von Massakern Abstand nahm, um die Anzahl der einheimischen Abnehmer nicht zu verringern.)

Doch der eigentlich entscheidende Punkt der weltwirtschaftlichen Lage bestand darin, daß eine Reihe von entwickelten Wirtschaften gleichzeitig dasselbe Bedürfnis nach neuen Märkten verspürte. Sofern sie stark genug waren, bestand ihr Ideal in der »offenen Tür« zu den Märkten der unterentwickelten Welt, während sie im anderen Fall darauf hofften, für sich Gebiete zu gewinnen, die als ihr Eigentum der eigenen Industrie eine Monopolstellung oder zumindest einen wesentlichen Vorsprung verschaffen würden. Eine Aufteilung der noch nicht besetzten Teile der »Dritten Welt« war die logische Folge. In gewisser Hinsicht war dies eine Erweiterung des Protektionismus, der nach 1879 fast überall um sich griff (s. Kap. 2). »Wenn Sie nicht so eingefleischte Protektionisten wären«, sagte 1897 der englische Premierminister dem französischen Botschafter, »dann würden Sie uns auch nicht so erpicht darauf sehen, fremde Gebiete zu annektieren« (zit. n. Platt 1968, S. 365 f.). Insofern war der »neue Imperialismus« das natürliche Abfallprodukt einer internationalen Wirtschaft, die sich auf eine – durch die Rezession der 80er Jahre noch verschärfte – Rivalität mehrerer konkurrierender Industriewirtschaften gründete. Zwar erwartete man keineswegs, daß sich diese oder jene Kolonie von allein zu einem Eldorado mausern würde (auch wenn genau das in Südafrika der Fall war, das zum größten Goldproduzenten der Erde wurde). Es genügte bereits, wenn die Kolonien eine geeignete Ausgangsbasis für eine regionale Erschließung durch den Handel boten.

An diesem Punkt läßt sich das wirtschaftliche Motiv zum Erwerb eines kolonialen Territoriums nur schwer von dem politischen trennen. Protektionismus bedeutet immer staatliche Unterstützung der eigenen Wirtschaft. Das strategische Motiv zu einer Kolonisierung war offensichtlich in Großbritannien am stärksten. Von den diversen Kolonien aus ließ sich der Zugang zu den verschiedensten Land- und Seezonen kontrollieren, die für die weltweiten britischen Handels- und Schiffahrtsinteressen als lebenswichtig angesehen wurden. Mit dem Aufkommen der Dampfschiffahrt konnte diese Besitzungen auch als Kohlenstationen dienen. (Gibraltar und Malta waren frühe Beispiele für ersteres, während etwa die Bermuda-Inseln und Aden sich im letzteren Sinne als äußerst nützlich erwiesen.) Daneben hatten die Kolonien auch eine symbolische oder reale Bedeutung für die »Raubstaaten«, die alle einen angemessenen Anteil an der Beute haben wollten. Sobald die rivalisierenden Mächte begannen, Afrika und Ozeanien auf der Landkarte aufzuteilen, versuchte natürlich jede zu verhindern, daß die übrigen einen übergroßen Anteil (oder ein besonders attraktives Stück) erhielten. Nachdem der Status einer Großmacht auf diese Weise davon abhing, daß ein Land seine Flagge über einem Palmenstrand (oder, was wahrscheinlicher war, über mit Buschwerk bestandenen Landstrichen) wehen lassen konnte, wurde der Erwerb von Kolonien an sich bereits zu einem Statussymbol, ganz unabhängig von deren Wert. Um die Jahrhundertwende konnten sich selbst die USA, deren besondere Form des Imperialismus weder davor noch danach jemals an den Besitz formeller Kolonien geknüpft war, der allgemeinen Mode nicht ganz entziehen. Deutschland zeigte sich zutiefst von der Tatsache getroffen, daß eine so mächtige und dynamische Nation wie die deutsche einen so viel kleineren Anteil an kolonialen Besitztümern hatte als die Briten und die Franzosen, und dabei waren seine Kolonien von geringem wirtschaftlichen und noch geringerem strategischen Interesse. Italien ließ es sich nicht nehmen, ganz besonders unattraktive Wüsten- und Bergregionen in Afrika zu okkupieren, um seinen Anspruch als Großmacht zu bekräftigen, und sein Unvermögen, 1896 Äthiopien zu erobern, bedeutete zweifellos eine Einbuße dieses Anspruchs.

Aus diesen Gründen haben manche Historiker des Imperialismus ihre Zuflucht zu letztlich strategischen Motiven genommen und versucht, die britische Expansion in Afrika mit dem Bedürfnis zu erklären, die Zufahrtsstraßen nach Indien und dessen Glacis zu Wasser und zu Land gegen potentielle Bedrohungen zu schützen. Es ist in der Tat wichtig, sich daran zu erinnern, daß im Weltmaßstab betrachtet Indien das Herzstück der britischen Strategie war und daß diese Strategie die Kontrolle nicht nur über die kurzen Seewege zum Subkontinent (Ägypten, Naher Osten, Rotes Meer, Persischer Golf und Südarabien) und die langen Seewege (Kap der Guten Hoffnung und Singapur), sondern auch über den gesamten Indischen Ozean einschließlich wichtiger Abschnitte der afrikanischen Küste und deren Hinterland erforderte. Die britischen Regierungen waren sich dieser Tatsache deutlich bewußt. Es trifft ebenfalls zu, daß die Auflösung lokaler Machtstrukturen in bestimmten, strategisch bedeutsamen Gebieten wie z.B. Ägypten (einschließlich des Sudan) die Briten dazu bewog, eine wesentlich direktere politische Präsenz an den Tag zu legen als ursprünglich beabsichtigt, was bis zur unmittelbaren Herrschaft gehen konnte. Doch diese Argumente machen eine ökonomische Analyse des Imperialismus nicht hinfällig. Vor allem unterschätzen sie den unmittelbar ökonomischen Anreiz, bestimmte afrikanische Territorien zu erwerben, von denen Südafrika das augenfälligste ist. Auf jeden Fall war das Gerangel um Westafrika und das Kongogebiet primär wirtschaftlich motiviert. Zum zweiten übersehen diese Erklärungen die Tatsache, daß Indien »der strahlendste Edelstein in der imperialen Krone« war und gerade deshalb im Zentrum der britischen Globalstrategie stand, weil es für die britische Wirtschaft eine ganz reale Bedeutung hatte. Diese war niemals größer als während der von uns betrachteten Epoche, als bis zu 45 Prozent der britischen Baumwollausfuhren nach Indien und weitere 15 Prozent in den Fernen Osten gingen, zu dem Indien das Einfallstor bildete, und als die internationale Zahlungsbilanz Englands von dem in Indien erzielten Überschuß abhing. Drittens war die Auflösung lokaler einheimischer Regierungen, die gelegentlich die Errichtung einer europäischen Herrschaft über ein Gebiet zur Folge hatte, an dessen Verwaltung die Europäer bislang kein Interesse gezeigt hatten, selbst wieder das Ergebnis wirtschaftlicher Durchdringung. Und schließlich scheitert auch der Versuch zu beweisen, daß die innere Entwicklung des westlichen Kapitalismus in keinerlei Hinsicht die territoriale Neuaufteilung der Welt erkläre, weil der Weltkapitalismus nach 1880 fraglos nicht mehr derselbe war wie in den Jahren nach 1860. Jetzt bestand er aus einer Vielzahl miteinander rivalisierender »Volkswirtschaften«, die sich voreinander »schützten«. Kurz, Politik und Wirtschaft lassen sich in einer kapitalistischen Gesellschaft ebensowenig voneinander trennen wie Politik und Religion in einer islamischen. Der Versuch, eine rein außerökonomische Erklärung für den »neuen Imperialismus« zu konstruieren, ist ebenso unrealistisch wie der Versuch einer rein außerökonomischen Erklärung für den damaligen Aufstieg der Arbeiterparteien.

Tatächlich hatte das Aufkommen von Arbeiterparteien oder allgemeiner gesagt einer demokratischen Politik (s.Kap. 4) einen unverkennbaren Einfluß auf den Aufstieg des »neuen Imperialismus«. Seit der große Imperialist Cecil Rhodes 1895 feststellte, wer den Bürgerkrieg vermeiden wolle, müsse zum Imperialisten werden (vgl. Beer 1898, S. 304; allgemeiner Semmel 1906), ist den meisten Beobachtern der sogenannte »Sozialimperialismus« zu Bewußtsein gekommen: der Versuch, mittels imperialer Expansion die unzufriedenen Massen im eigenen Land zu beschwichtigen – sei es durch ökonomische Vorteile, durch soziale Reformen oder sonstwie. Es besteht überhaupt kein Zweifel, daß die Politiker diesen vorteilhaften Aspekt des Imperialismus klar gesehen haben. Für manche Länder – insbesondere Deutschland – hat man das Aufkommen des Imperialismus sogar in erster Linie mit dem »Primat der Innenpolitik« erklärt. Vermutlich war die Rhodessche Version des Sozialimperialismus, bei der es primär um die möglichen wirtschaftlichen Vorteile ging, die den unzufriedenen Massen direkt oder indirekt zugute kamen, die unwichtigste. Es gibt keine stichhaltigen Anhaltspunkte, daß koloniale Eroberungen als solche einen besonderen Einfluß auf die Beschäftigungsquote oder die Realeinkommen der meisten Arbeiter in den Mutterländern gehabt hätten*, und die Vorstellung, daß die Auswanderung in eine Kolonie ein Sicherheitsventil für übervölkerte Länder darstelle, war kaum mehr als eine demagogische Phantasie. (Tatsächlich war es zu keiner Zeit leichter als zwischen 1880 und 1914, ein Land zum Einwandern zu finden, und nur eine winzige Minderheit von Auswanderern ging in eine Kolonie oder war dazu genötigt.)

Weit bedeutsamer war die gängige Praxis, den Wählern Ruhm statt Reformen, die weit kostspieliger gewesen wären, anzubieten: Und was wäre ruhmreicher gewesen als die Eroberungen exotischer Territorien und dunkelhäutiger Rassen, vor allem wenn diese in der Regel billig zu haben waren? Allgemeiner ausgedrückt ermutigte der Imperialismus die Massen und insbesondere die potentiell Unzufriedenen, sich mit dem imperialen Staat, der imperialen Nation zu identifizieren und damit unbewußt das vom Staat repräsentierte politische und soziale System zu rechtfertigen und ihm Legitimität zu verleihen. Und in einer Ära der Massenpolitik (s.Kap. 4) benötigten selbst alte

* Nur in Einzelfällen konnten sich Kolonien in dieser Hinsicht als unmittelbar nützlich erweisen. So verließen z.B. die Bergarbeiter Cornwalls scharenweise die dort verfallenen Zinnbergwerke und gingen in die südafrikanischen Goldfelder, wo sie sehr viel Geld verdienten, aber dafür noch früher als bisher an Lungenentzündung starben. Die Grubenbesitzer Cornwalls gingen ein geringeres Gesundheitsrisiko ein, indem sie sich an den neuen Zinnminen in Malaya beteiligten.

Systeme eine neue Legitimität. Auch hierüber waren sich die zeitgenössischen Beobachter nicht im Zweifel. Die britischen Krönungszeremonien von 1902, die sorgfältig und auf neue Weise in Szene gesetzt wurden, fanden Beifall, weil sie darauf angelegt waren, »die demokratische Anerkennung einer erblichen Krone *als eines Symbols der weltweiten Herrschaft ihrer Rasse«* zum Ausdruck zu bringen (Bodley 1903, S. 153. Hervorh. E.H.). Kurz, ein Kolonialreich ergab einen guten ideologischen Kitt.

Wie effektiv diese besondere Spielart eines Hurrapatriotismus war, ist nicht ganz geklärt, vor allem nicht in den Ländern, wo der Liberalismus und die radikalere Linke starke antiimperialistische, antimilitaristische, antikolonialistische oder allgemeiner antiaristokratische Traditionen entwickelt hatten. Es besteht kaum ein Zweifel, daß in verschiedenen Ländern der Imperialismus besonders zahlreiche Anhänger in den neuen Mittelschichten hatte, deren soziale Identität sich auf den Anspruch stützte, die auserwählten Träger des Patriotismus zu sein (s.Kap. 8). Bei den Arbeitern finden sich weit weniger Anzeichen einer spontanen Begeisterung für koloniale Eroberungen oder gar Kriege oder überhaupt eines starken Interesses an alten oder neuen Kolonien (mit Ausnahme der weißen Siedlerkolonien). Versuche, den Stolz auf den nationalen Imperialismus zu institutionalisieren, etwa durch die Einführung des »Empire Day« (24. Mai) in England 1902, waren auf ein zwangsweise mobilisiertes Publikum in Form von Schulkindern angewiesen. (Die Faszination des Patriotismus in einem allgemeineren Sinne wird weiter unten erörtert.)

Bei alledem läßt sich schwerlich bestreiten, daß die Idee einer auf die eigene Überlegenheit gegründeten Beherrschung einer Welt von Dunkelhäutigen in entfernten Regionen ihre eigene Popularität hatte und damit einer imperialistischen Politik Vorschub leistete. Bei ihren großen Weltausstellungen (vgl. *Die Blütezeit des Kapitals,* Kap. 2) hatte sich die bürgerliche Zivilisation stets im dreifachen Triumph ihrer Naturwissenschaft, Technik und Industrieproduktion gesonnt. Während des imperialen Zeitalters kamen außerdem ihre Kolonien hinzu. Gegen Ende des 19. Jahrhunderts gab es auf Weltausstellungen plötzlich zahlreiche, bislang praktisch unbekannte »Kolonialpavillons«: 1889 in Paris waren es 18, 1900 waren es 14 (vgl. Benedict et al. 1983, S. 23). Natürlich war das eine kalkulierte Werbemaßnahme, aber wie jede wirklich gute kommerzielle oder politische Werbung hatte sie Erfolg, weil sie einen öffentlichen Nerv traf. Kolonialausstellungen waren ein Renner. Britische Jubiläen, königliche Leichenbegängnisse und Krönungsfeierlichkeiten waren sogar noch eindrucksvoller, weil hier wie bei den Triumphzügen im alten Rom ergebene Maharadschas in edelsteinbesetzten Gewändern im Gefolge einhergingen – allerdings nicht aus Zwang, sondern aus freien Stücken. Militärparaden wurden noch farbiger, weil bei ihnen turbangeschmückte Sikhs, schnauzbärtige Radschputen, lächelnde und unerbittliche Gurkhas, Spahis und hochgewachsene schwarze Senegalesen mitmarschierten: die Welt der »Barbarei« im Dienste der Zivilisation. Selbst im Wien der Habsburger Monarchie, die kein Interesse an Überseekolonien zeigte, lockte auf der Weltausstellung ein Ashantidorf die Zuschauer an. Der Zöllner Rousseau war nicht der einzige, der von den Tropen träumte.

Das Gefühl der eigenen Überlegenheit, das auf diese Weise die westlichen Weißen – Reiche, Angehörige der Mittelschichten und Arme gleichermaßen – einte, beruhte nicht allein darauf, daß sie alle die Privilegien der Herrscher genossen, vor allem dann, wenn sie sich tatsächlich in den Kolonien aufhielten. In Dakar oder Mombasa war noch der kleinste Bürodiener ein Herr und wurde von Leuten, die in Paris oder Rom nicht einmal von seiner Existenz Notiz genommen hätten, als »Gentleman« anerkannt; jeder weiße Arbeiter konnte einem Schwarzen Befehle erteilen. Doch selbst dort, wo die Ideologie an einer zumindest potentiellen Gleichheit festhielt, wurde diese in ein Herrschaftsverhältnis umgemünzt. Frankreich glaubte daran, aus seinen Untertanen Franzosen machen zu können, und gab sie fiktiv (wie es in allen Schulbüchern nachzulesen war – in Timbuktu und Martinique ebenso wie in Bordeaux) als Abkömmlinge »de nos ancêtres les gaulois« (unserer Vorfahren, der Gallier) aus; ganz im Gegensatz zu den Briten, die von dem fundamental und ein für allemal unenglischen Wesen der Bengali oder Yoruba überzeugt waren. Doch allein schon die Existenz einer Schicht von einheimischen *évolués* unterstrich das Fehlen einer »Entwicklung« bei der großen Mehrheit. Die Kirchen gingen daran, die Heiden zu den verschiedenen Versionen des wahren christlichen Glaubens zu bekehren, sofern sie nicht von den Kolonialregierungen unmittelbar davon abgehalten wurden (wie in Indien) oder vor einer offensichtlich unlösbaren Aufgabe standen (wie in den islamischen Regionen).

Es war das klassische Zeitalter ausgedehnter missionarischer Bemühungen.* Die Missionstätigkeit war keineswegs ein Mittel der imperialistischen Politik. Häufig stand sie zu den Kolonialbehörden in Opposition, und fast immer hatten die Interessen der Neubekehrten für die Missionare den Vorrang. Dennoch war der Erfolg des Herrn eng an das Vordringen des Imperialismus gebunden. Ob der Handel der Fahne folgte oder umgekehrt, mag bis

* Zwischen 1876 und 1902 erschienen 119 Bibelübersetzungen gegenüber 74 in den drei Jahrzehnten davor und 40 in der Zeit von 1816 bis 1845. Zwischen 1886 und 1895 wurden in Afrika 23 neue protestantische Missionen gegründet, mindestens dreimal soviel wie in jedem vorangegangenen Jahrzehnt (vgl. *Encyclopedia of Missions,* 1904, Anhang IV, S. 838 f.).

heute umstritten sein, aber auf jeden Fall bahnten erst die kolonialen Eroberungen einem erfolgreichen missionarischen Wirken den Weg – wie in Uganda, Rhodesien (Sambia und Simbabwe) und Njassaland (Malawi). Und während das Christentum auf der Gleichheit der Seelen beharrte, betonte es die Ungleichheit der Hautfarbe – selbst der von Geistlichen. Denn obgleich sich die Zahl der eingeborenen Gläubigen vermehrte, blieb die Hälfte der Geistlichen weiß. Und einen farbigen Bischof hätte man zwischen 1880 und 1914 schon mit der Lupe suchen müssen. Die ersten asiatischen Bischöfe wurden von der katholischen Kirche erst in den Jahren nach 1920 geweiht, 80 Jahre nachdem sie beteuert hatte, wie wünschenswert eine solche Entwicklung sei (vgl. *Dictionnaire de spiritualité*, 1979, Bd. 10, Stichwort »Mission«, S. 1398 f.).

Was die Bewegung angeht, die am leidenschaftlichsten für die Gleichheit aller Menschen eintrat, so sprach sie mit zwei Zungen. Die säkulare Linke war prinzipiell und häufig auch in der Praxis antiimperialistisch. Freiheit für Indien ebenso wie für Ägypten und Irland war das Ziel der britischen Arbeiterbewegung. Die Linke wankte zu keiner Zeit in ihrer Verurteilung von Kolonialkriegen und kolonialen Eroberungen, häufig – wie im Fall der britischen Opposition gegen den Burenkrieg – auch auf die Gefahr hin, vorübergehend an Popularität einzubüßen. Radikale deckten die Greuel im Kongo, in den kolonialen Kakaoplantagen auf afrikanischen Inseln oder in Ägypten auf. Die Kampagne, die zu dem großen Wahltriumph der britischen Liberalen 1906 führte, wurde weitgehend damit bestritten, die »Chinesensklaverei« in den südafrikanischen Bergwerken öffentlich anzuprangern. Dennoch unternahmen die Sozialisten in den westlichen Ländern bis zur Zeit der Kommunistischen Internationale nur in den seltensten Fällen (etwa in Niederländisch-Indien, dem heutigen Indonesien) konkrete Schritte, um den Widerstand der Kolonialvölker gegen ihre Herrscher zu organisieren. Innerhalb der sozialistischen und der Arbeiterbewegung waren jene, die den Imperialismus offen als wünschenswert oder zumindest als notwendiges Stadium in der Geschichte der Völker, die »für eine Selbstregierung noch nicht reif« waren, akzeptierten, eine Minderheit auf dem revisionistischen und dem fabianistischen rechten Flügel, obwohl viele Gewerkschaftsführer Diskussionen über die Kolonien vermutlich für bedeutungslos hielten oder in farbigen Völkern in erster Linie billige Arbeitskräfte sahen, die die klassenbewußten weißen Arbeiter bedrohten. Der Druck, die Einwanderung von Farbigen zu verbieten, was zwischen 1880 und 1914 zur Politik des »Weißen Kaliforniens« und des »Weißen Australien« führte, kam zweifellos von der Arbeiterklasse, und die Gewerkschaften von Lancashire verbündeten sich mit den dortigen Baumwollfabrikanten in ihrer Forderung, Indien dürfe nicht industrialisiert werden. Im internationalen Maßstab blieb der Sozialismus vor 1914 weitgehend eine Bewegung von Europäern und weißen Auswanderern oder deren Nachkommen (s.Kap. 5). Der Kolonialismus war für ihre Interessen von untergeordneter Bedeutung. Ihre Analyse und Definition der neuen »imperialistischen« Phase des Kapitalismus, die sie kurz vor der Jahrhundertwende ausgemacht hatten, sah zu Recht in den Annexionen und der Ausbeutung der Kolonien nichts anderes als eines der Symptome und Merkmale dieser neuen Phase: unerwünscht, wie alle anderen ihrer Merkmale, aber an sich nicht von zentraler Bedeutung. Nur wenige Sozialisten richteten bereits wie Lenin ihr Augenmerk auf den »Zündstoff« an der Peripherie des Weltkapitalismus.

Soweit die sozialistische (d.h. in erster Linie marxistische) Imperialismusanalyse den Kolonialismus in das viel umfassendere Konzept einer »neuen Phase« des Kapitalismus integrierte, war sie zweifellos prinzipiell richtig, wenn auch nicht notwendig in allen Einzelheiten. Außerdem neigte sie – wie überhaupt die damaligen Zeitgenossen, auch die Kapitalisten – gelegentlich zu einer Übertreibung der wirtschaftlichen Bedeutung der kolonialen Expansion für die Mutterländer. Der Imperialismus des ausgehenden 19. Jahrhunderts war zweifelsohne »neu«. Er war das Kind einer Zeit der Konkurrenz zwischen rivalisierenden, industriekapitalistischen Volkswirtschaften – in einer Zeit, in der »Schutzzoll und Expansion . . . die gemeinsame Forderung der herrschenden Klasse« wurden (Hilferding 1923, S. 470). Er war Bestandteil eines Prozesses der Abkehr von einem Kapitalismus des *laissez-faire* und brachte den Aufstieg von Großunternehmen und Oligopolen sowie zunehmende Eingriffe des Staates in die wirtschaftliche Sphäre mit sich. Er gehörte zu einer Zeit, in der die Ränder der Weltwirtschaft zunehmend an Bedeutung gewannen. Er war ein Phänomen, das 1900 ebenso »natürlich« erschien, wie man es 40 Jahre zuvor für unwahrscheinlich gehalten hätte. Alle Erklärungsversuche, die den Imperialismus von den besonderen Entwicklungen des Kapitalismus im späten 19. Jahrhundert trennen wollen, müssen als – freilich vielfach gelehrte und zuweilen auch scharfsinnige – Übungen in Ideologie betrachtet werden.

II

Damit sind wir noch immer bei der Frage nach den Auswirkungen der westlichen (und seit den 90er Jahren auch der japanischen) Expansion auf die übrige Welt und nach der Bedeutung der »imperialen« Aspekte des Imperialismus für die Mutterländer.

Die erste Frage läßt sich wesentlich schneller beantworten als die zweite. Die wirtschaftlichen Auswirkungen des Imperialismus waren erheblich und machten sich vor allem höchst ungleichmäßig bemerkbar, denn die Beziehungen zwischen Mutterland und Kolonien waren extrem asymmetrisch. Der Einfluß des ersteren auf die letzteren war dramatisch und entscheidend, auch ohne militärische Besetzung, hingegen der umgekehrte Einfluß fast unbedeutend und kaum jemals eine Sache auf Leben und Tod. Kuba stand und fiel mit dem Preis für Zucker und der Bereitschaft der USA, dieses Gut zu importieren, aber selbst kleine »entwickelte« Länder – etwa Schweden – wären nicht ernsthaft beeinträchtigt gewesen, wenn der gesamte karibische Zucker mit einem Schlag vom Markt verschwunden wäre, da sie ihren Zucker nicht ausschließlich aus jener Region bezogen. Praktisch sämtliche Ein- und Ausfuhren aller schwarzafrikanischen Regionen erfolgten über eines der westlichen Mutterländer, aber für die Mutterländer blieb dieser Handel mit Afrika, Asien und Ozeanien trotz eines geringfügigen Anstiegs von 1870 bis 1914 gänzlich bedeutungslos. Rund 80 Prozent des europäischen Handels während des gesamten 19. Jahrhunderts (Exporte und Importe) wurden zwischen entwikkelten Ländern getätigt, und dasselbe galt für die europäischen Auslandsinvestitionen (vgl. Bairoch 1974 und 1976, S. 81). Soweit diese überseeische Länder betrafen, gingen sie überwiegend in eine Handvoll sich rasch entwickelnder Wirtschaften von Siedlern europäischer Herkunft – Kanada, Australien, Südafrika, Argentinien etc. – sowie natürlich in die USA. Unter diesem Aspekt erschien das imperiale Zeitalter von Nicaragua oder Malaya aus in einem anderen Licht als von Frankreich oder Deutschland aus.

Unter den Mutterländern war der Imperialismus offensichtlich für England von größter Bedeutung, da die wirtschaftliche Vormachtstellung dieses Landes seit langem auf seinen besonderen Beziehungen mit seinen überseeischen Märkten und Bezugsquellen agrarischer und industrieller Grundstoffe beruhte. Man kann sogar behaupten, daß die Industrieerzeugnisse des Vereinigten Königreichs auf den Märkten der in der Industrialisierung begriffenen Wirtschaften gar nicht besonders konkurrenzfähig gewesen sind – mit Ausnahme vielleicht der goldenen Jahrzehnte von 1850 bis 1870. Die Sicherung und Bewahrung ihres privilegierten Zugangs zur außereuropäischen Welt war somit für die britische Wirtschaft eine reine Überlebensfrage (vgl. Cain/Hopkins 1980). Im ausgehenden 19. Jahrhundert war England darin auch bemerkenswert erfolgreich und erweiterte das der britischen Krone mittelbar oder unmittelbar unterstehende Territorium auf ein Viertel der vom Land bedeckten Erdoberfläche (die in britischen Atlanten in stolzem Rot koloriert waren). Wenn wir das sogenannte »informelle Empire« der unabhängigen Staaten mit einbeziehen, die letzten Endes wirtschaftlich von England abhängig waren, dann war flächenmäßig etwa ein Drittel der Länder der Erde in wirtschaftlicher und sogar kultureller Hinsicht britisch. Denn England exportierte selbst die eigenartige Form seiner Briefkästen nach Portugal und eine so stockbritische Institution wie das Kaufhaus Harrods nach Buenos Aires. Bis 1914 wurde indessen ein Großteil dieser indirekten Einflußzonen, insbesondere in Lateinamerika, bereits von anderen Mächten infiltriert.

Allerdings hatte nur ein geringer Teil dieser erfolgreichen Verteidigungsoperation viel mit der »neuen« imperialistischen Expansion zu tun, ausgenommen jene größte aller Bonanzas, die Diamantenfelder und Goldminen in Südafrika. Diese brachte eine Sippschaft von (größtenteils deutschen) Schnellmillionären hervor – die Wernhers, Beits, Ecksteins und andere –, von denen die Mehrzahl nicht weniger schnell in die britische High Society aufgenommen wurde, die für Parvenüs immer dann offenstand, wenn diese mit genügend Geld um sich warfen. Außerdem führte sie zum größten der Kolonialkonflikte, dem Burenkrieg (1899-1902), der den Widerstand zweier kleiner lokaler Republiken von weißen ländlichen Siedlern brach.

Ein Großteil des britischen Erfolgs in Übersee verdankte sich der systematischeren Ausbeutung der bereits bestehenden englischen Besitzungen, ferner der besonderen Stellung Großbritanniens als wichtigster Importeur von Rohstoffen sowie als größter Investor in nominell selbständigen Regionen. Abgesehen von Indien, Ägypten und Südafrika betraf die britische Wirtschaftstätigkeit zumeist Länder, die praktisch unabhängig waren, wie die weißen »Dominions«, die USA oder Lateinamerika, in denen die britische Staatsmacht wenig ausrichten konnte. Denn trotz der Schmerzensschreie der (während der Großen Depression gegründeten) *Corporation of Foreign Bondholders* angesichts der altbekannten lateinamerikanischen Praxis, die Rückzahlung von Staatsanleihen auszusetzen oder in entwerteter Währung vorzunehmen, unterstützte die britische Regierung ihre Investoren in Lateinamerika nicht wirksam, weil sie dazu einfach nicht in der Lage war. Die Große Depression war in dieser Hinsicht ein entscheidender Testfall, da sie ähnlich wie spätere Weltwirtschaftskrisen (einschließlich der jüngsten) zu einer großen internationalen Schuldenkrise führte, die die Banken des Mutterlandes in arge Bedrängnis brachte. Das einzige, was die britische Regierung tun konnte, war dafür zu sorgen, daß das bedeutende Bankhaus Baring während der »Baringkrise« von 1890 vor einer Insolvenz bewahrt wurde, als diese Bank etwas zu tief in den Strudel der zahlungsunfähigen argentinischen Staatsfinanzen geraten war. Soweit die britische Regierung die Gläubiger mit einer Diplomatie der Stärke unterstützte, was sie nach 1905 zunehmend tat, geschah dies lediglich gegenüber Unternehmern aus anderen Ländern, die von ihren eigenen Regierungen Schützenhilfe erhielten, aber nicht gegen die größeren Regierungen der abhängigen Welt.*

Alles in allem fuhren die britischen Kapitalisten mit ihrem »informellen« oder freien Empire recht gut. Knapp die Hälfte des gesamten langfristig vom Staat aufgenommenen Kapitals 1914 wurde in Kanada, Australien und Lateinamerika investiert. Nach 1900 waren über die Hälfte aller britischen Ersparnisse in Auslandsinvestitionen angelegt.

Selbstverständlich holte sich Großbritannien auch seinen Anteil von den erst seit kurzem kolonialisierten Regionen der Welt, und angesichts der britischen Macht war es ein größerer und vermutlich wertvollerer Anteil als der eines jeden anderen Landes. Mochte Frankreich ruhig den größten Teil Westafrikas in Besitz nehmen, die vier britischen Kolonien in dieser Region kontrollierten jedenfalls »die Gegenden mit der höheren Bevölkerungsdichte, den größeren Produktionskapazitäten und dem Handelsübergewicht« (Flint 1973, S. 111). Doch das Ziel der Briten war nicht Expansion, sondern Verteidigung gegen andere, die eigene Territorien für sich beanspruchten – Territorien, die bislang wie überhaupt der größte Teil der Welt in Übersee von britischem Handel und Kapital beherrscht worden waren.

Ob auch andere Mächte entsprechend von ihrer kolonialen Expansion profitierten, läßt sich unmöglich angeben, da eine formelle Kolonisierung lediglich einen Aspekt der weltweiten wirtschaftlichen Expansion und Konkurrenz darstellte und zudem, wie im Fall der beiden industriellen Großmächte USA und Deutschland, nicht einmal einen wesentlichen. Zudem gab es kein anderes Land außer England (möglicherweise mit Ausnahme der Niederlande), für das eine besondere Beziehung mit der nichtindustriellen Welt wirtschaftlich entscheidend gewesen wäre. Alles, was wir einigermaßen sicher feststellen können, ist nur folgendes. Erstens war offenbar der Drang zu Kolonien in wirtschaftlich weniger dynamischen Industrieländern verhältnismäßig stärker und diente dort bis zu einem gewissen Grad als potentielle Kompensation für deren wirtschaftliche und politische Unterlegenheit gegenüber ihren Rivalen – im Fall Frankreichs auch für die demographische und militärische Unterlegenheit. Zweitens: Es gab in allen Fällen bestimmte wirtschaft-

* Es gab einige wenige Beispiele für eine Kanonenbootwirtschaft – z.B. in Venezuela, Guatemala, Haiti, Honduras und Mexiko – doch sie ändern an unserem Bild nur wenig. Natürlich schlugen sich die britischen Regierungen und Kapitalisten – vor die Wahl gestellt zwischen lokalen Parteien oder Staaten, die den britischen Wirtschaftsinteressen förderlich waren und solchen, die diesen schadeten – stets auf jene Seite, von der sie sich den größeren Gewinn versprachen; das war z.B. Chile im sogenannten »Salpeterkrieg« gegen Peru (1879-1883), oder es waren die Gegner von Präsident Balmaceda 1891 in Chile, als es ebenfalls um Salpeter ging.

liche Gruppen – vor allem solche, die am Überseehandel und an Industrien beteiligt waren, die überseeische Rohstoffe verarbeiteten –, die stark auf eine koloniale Expansion drängten, was sie natürlich mit dem zu erwartenden nationalen Nutzen rechtfertigten. Drittens: Während einige dieser Gruppen von einer solchen Expansion enorm profitierten – so zahlte z.B. die Compagnie Française de l'Afrique Occidentale 1913 eine 26prozentige Dividende (vgl. Southworth 1931, Tab. 7) –, zogen die meisten der tatsächlich neuen Kolonien kaum Kapital an, und ihr wirtschaftlicher Erfolg war enttäuschend.*

Kurz, der neue Kolonialismus war ein Abfallprodukt einer Ära der ökonomisch-politischen Rivalität zwischen konkurrierenden Volkswirtschaften, die durch den Protektionismus noch verschärft wurde. Indem jedoch die Kolonialmächte fast generell den Anteil an ihrem gesamten Handelsvolumen, der auf ihre jeweiligen Kolonien entfiel, steigern konnte, war dieser Protektionismus in bescheidenem Maße erfolgreich.

Aber das imperiale Zeitalter war nicht nur ein wirtschaftliches und politisches, es war auch ein kulturelles Phänomen. Die Eroberung des Erdballs durch seine »entwickelte« Minderheit veränderte Anschauungen, Ideen und Ziele, sowohl gewaltsam und durch Institutionen als auch durch die stille Kraft des Beispiels und sozialen Wandel. In den abhängigen Ländern beeindruckten die importierten kulturellen Muster kaum jemanden außer den einheimischen Eliten, obgleich man natürlich nicht vergessen darf, daß es z.B. in Schwarzafrika christliche Missionare waren, die durch die Gründung von Bildungseinrichtungen nach westlichem Muster neuen gesellschaftlichen Eliten den Weg bahnten. Mit Ausnahme von Afrika und Ozeanien änderte die überwiegende Mehrheit der Kolonialbevölkerungen kaum etwas an ihrer Lebensweise, sofern es nicht unumgänglich war. Und zum Kummer unbeugsamer Missionare übernahmen die eingeborenen Völker nicht so sehr den aus dem Westen eingeführten Glauben, sondern lediglich diejenigen seiner Elemente, die für sie im Rahmen ihres eigenen Systems von Glaubensvorstellungen und Institutionen oder ihrer Bedürfnisse einen Sinn ergaben. Daher wirkte auch die Religionsausübung der bekehrten Kolonienbewohner auf den westlichen Beobachter häufig etwas ungewohnt. Das galt selbst dort, wo die Gläubigen nominell der reinen Lehre ihres Bekenntnisses folgten. Aber

* Die durchschnittliche Dividende der in den französischen Kolonien tätigen Aktiengesellschaften betrug in jenem Jahr allerdings nur 4,6 Prozent. Frankreich gelang es nicht einmal, seine neuen Kolonien voll in ein protektionistisches System zu integrieren, obwohl 1913 55 Prozent deren Handels mit dem Mutterland abgewickelt wurden. Da Frankreich nicht in der Lage war, die bereits bestehenden wirtschaftlichen Verbindungen dieser Gebiete mit anderen Regionen und Mutterländern zu zerstören, mußte es einen großen Teil seines Bedarfs an Kolonialprodukten – Kautschuk, Häute und Leder sowie Tropenhölzer – über Hamburg, Antwerpen und Liverpool beziehen.

sie waren genauso bereit, ihre eigenen Glaubensvarianten zu entwickeln, vor allem in Südafrika – der einzigen Region in Afrika, in der es wirklich zu massenhaften Bekehrungen kam –, wo bereits 1892 eine »äthiopische Bewegung« von den Missionen abfiel, um eine eigene Form des Christentums zu gründen, die weniger leicht mit den Weißen in Verbindung gebracht wurde.

Was der Imperialismus den existierenden oder zukünftigen Eliten der abhängigen Welt brachte, war somit im wesentlichen eine »Verwestlichung«. Damit hatte er allerdings schon lange vorher begonnen. Für alle Regierungen und Eliten der Länder, die unter direkter oder indirekter Kolonialherrschaft standen, war seit Jahrzehnten klar gewesen, daß sie dem westlichen Beispiel nacheifern mußten, wenn sie nicht untergehen wollten (vgl. *Die Blütezeit des Kapitals*, Kap. 7, 8 und 11). Tatsächlich gingen die Ideologien, von denen diese Eliten im Zeitalter des Imperialismus inspiriert wurden, auf die Jahre zwischen der Französischen Revolution und der Mitte des 19. Jahrhunderts zurück, als sie die Form des Positivismus von Auguste Comte (1798-1857) annahmen: eine Modernisierungstheorie, von der sich auch die Regierungen Brasiliens, Mexikos und der frühen Türkischen Revolution leiten ließen (s.S. 357 und 364). Der Widerstand der Eliten gegenüber dem Westen war selbst dort westlich geprägt, wo er sich aus religiösen, moralischen, ideologischen oder politischen Gründen gegen jede Verwestlichung überhaupt richtete. Der heiligengleiche Mahatma Gandhi, der einen Lendenschurz trug und eine Spindel in der Hand hielt (um sich gegen die Industrialisierung zu wenden), wurde nicht nur von den Eigentümern mechanisierter Baumwollspinnereien in Ahmedabad unterstützt und finanziert*, sondern war selbst ein Anwalt, der seine Ausbildung im Westen genossen hatte und sichtlich von westlichem Denken beeinflußt war. Er wird überhaupt nicht zureichend verstanden, wenn man in ihm ausschließlich einen Hindu-Traditionalisten sieht.

Am Beispiel Gandhis läßt sich der besondere Einfluß der Ära des neuen Imperialismus recht gut verdeutlichen. Geboren als Angehöriger einer relativ niedrigstehenden Kaste von Händlern und Geldverleihern, die zuvor wenig mit der verwestlichten Elite zu tun hatte, von der Indien unter britischer Aufsicht verwaltet wurde, erhielt er dennoch eine akademische und politische Ausbildung in England. In den Jahren vor 1890 war dies eine so allgemein akzeptierte Möglichkeit für ehrgeizige junge Männer seines Landes, daß Gandhi selbst begann, ein Handbuch über die englische Lebensart zu schreiben, das sich an künftige Studenten richtete, die in denselben bescheidenen Umstän-

* Einem seiner Förderer wird der Ausspruch in den Mund gelegt: »Ach, wenn Bapudschi wüßte, was es kostet, ihn in Armut zu halten!«

den lebten wie er selbst. In glänzendem Englisch geschrieben, erteilte das Buch Ratschläge zu allem und jedem, von der Reise nach London auf einem P & O-Dampfer und der Zimmersuche bis hin zu den Möglichkeiten der Einhaltung von Eßvorschriften für den frommen Hindu und der Gewöhnung an den befremdlichen Brauch westlicher Männer, sich selbst zu rasieren, statt zu einem Barbier zu gehen (vgl. Gandhi 1958). Gandhi sah sich offenbar weder als kompromißlosen Befürworter noch als unnachgiebigen Gegner alles Britischen. Gleich vielen anderen Pionieren der kolonialen Befreiung während ihres zeitweiligen Aufenthalts im Mutterland suchte er Anschluß an westliche Zirkel, die ihm ideologisch zusagten. Er verfiel auf britische Vegetarier, von denen er mit einiger Sicherheit vermuten konnte, daß sie auch anderen »fortschrittlichen« Angelegenheiten aufgeschlossen gegenüberstanden.

Gandhi lernte seine charakteristische Methode der Mobilisierung traditionalistischer Massen zu nichttraditionalistischen Zwecken mit den Mitteln des gewaltlosen Widerstandes in einer Umwelt, die durch den »neuen« Imperialismus geschaffen wurde. Sie war, wie zu erwarten, eine Mischung aus westlichen und östlichen Elementen, denn er machte kein Hehl aus seinen geistigen Anleihen bei John Ruskin und Tolstoj. (Vor 1880 wäre eine Befruchtung indischer politischer Blüten durch eine Übertragung von Pollen aus Rußland undenkbar gewesen, doch bis zum ersten Jahrzehnt des neuen Jahrhunderts war dies bei indischen ebenso wie bei chinesischen und japanischen Radikalen gang und gäbe.) Südafrika, das dank seiner Diamanten und seines Goldes einen enormen Aufschwung erlebte, lockte eine große Gemeinde anspruchsloser Einwanderer aus Indien an, und die Rassendiskriminierung in dieser neuartigen Konstellation erzeugte eine der wenigen Situationen, in denen die nicht zur Elite gehörenden Inder für eine moderne politische Mobilisierung bereit waren. Gandhi sammelte seine politischen Erfahrungen und verdiente seine politischen Sporen als Vorkämpfer für die Rechte der Inder in Südafrika. In Indien selbst, wohin er schließlich zurückkehrte – freilich erst nach Ausbruch des Ersten Weltkriegs –, um zur zentralen Figur in der indischen Nationalbewegung zu werden, wäre es dafür wohl noch zu früh gewesen.

Kurz, das imperiale Zeitalter schuf sowohl die Bedingungen, aus denen antiimperialistische Führer entstanden, als auch die Bedingungen, die, wie wir noch sehen werden (Kap. 12), ihren Stimmen zunehmend zu Resonanz verhalfen. Aber es wäre natürlich ein Anachronismus und ein Mißverständnis, die Geschichte der Völker und Regionen, die unter die Herrschaft und den Einfluß der westlichen Kolonialmächte gebracht wurden, primär unter dem Aspekt ihres Widerstandes gegenüber dem Westen darzustellen. Es wäre ein Anachronismus, weil die Ära der bedeutsamen antiimperialistischen Bewegungen von wenigen Ausnahmen abgesehen, auf die ich noch zu sprechen komme, in den meisten Regionen frühestens mit dem Ersten Weltkrieg und der Oktoberrevolution einsetzte, und ein Mißverständnis, weil man in diesem Fall den Text des neuzeitlichen Nationalismus – Unabhängigkeit, Selbstbestimmung der Völker, Bildung von Territorialstaaten etc. (s.Kap. 6) – in eine Geschichte hineinläse, die ihn noch gar nicht enthielt und auch nicht enthalten konnte. Tatsächlich waren es die verwestlichten Eliten, die als erste mit derartigen Ideen in Berührung kamen durch ihre Reisen in den Westen und durch die westlich geprägten Bildungsinstitutionen, denn diese waren es, denen sie ihre akademische Ausbildung verdankten. Junge indische Universitätsabsolventen, die aus Großbritannien zurückkehrten, mochten vielleicht die Parolen eines Mazzini und Garibaldi im Munde führen, aber vorläufig hatte kaum einer der Bewohner des Pandschab auch nur die geringste Vorstellung davon, was das bedeuten sollte.

Das nachhaltigste kulturelle Vermächtnis des Imperialismus bestand somit in einer Bildung für die verschiedenartigsten Minderheiten, die diese mit westlichen Denk- und Lebensweisen vertraut machte. Das waren die wenigen Bevorzugten, die Lesen und Schreiben gelernt hatten und deshalb den sichersten Weg zum Erfolg entdeckten – im weißen Kragen des Geistlichen, Lehrers, Beamten oder Büroangestellten. In manchen Gegenden gehörten hierzu auch jene, die als Soldaten und Polizisten der neuen Herrscher deren Denk- und Lebensgewohnheiten übernahmen: die Art der Kleidung, die besonderen Vorstellungen von Zeit, Raum und häuslicher Ordnung. Aus diesen Minderheiten gingen natürlich später diejenigen hervor, die politische Erschütterungen und Veränderungen bewirkten, und das ist auch der Grund, warum das kurze Zeitalter des Kolonialismus derart dauerhafte Wirkungen nach sich zog. Denn man darf ja nicht vergessen, daß die gesamte Erfahrung des Kolonialismus von der ursprünglichen Besetzung bis zur Bildung unabhängiger Staaten sich in den meisten Teilen Afrikas über nicht mehr als ein einziges Menschenleben – etwa das von Winston Churchill (1874-1965) – erstreckt hat.

Und wie verhält es sich umgekehrt mit der Auswirkung der abhängigen auf die herrschende Welt? Der Exotismus war ein Nebenprodukt der europäischen Expansion seit dem 16. Jahrhundert, obgleich philosophische Kommentatoren im Zeitalter der Aufklärung die fremden Länder außerhalb Europas in der Mehrzahl als eine Art moralisches Barometer der europäischen Zivilisation betrachtet hatten. Wo sie offenkundig zivilisiert waren, konnten sie die institutionellen Mängel des Westens deutlich machen, wie in Montesquieus *Persischen Briefen;* wo sie es nicht waren, wurden sie gern als edle Wilde behandelt, deren natürliche und bewundernswerte Haltung die Verdorbenheit der zivilisierten Gesellschaft sichtbar machte. Das Neue im 19. Jahrhundert bestand darin, daß Nichteuropäer und deren Gesellschaften zunehmend und generell als unterlegen, unerwünscht, schwach und rückständig und sogar als infantil behandelt wurden. Sie waren die geeigneten Objekte für eine Eroberung oder zumindest für eine Bekehrung zu den Werten der einzigen *wirklichen* Zivilisation, wie sie von Händlern, Missionaren und Scharen bewaffneter Männer vertreten wurde, die mit Feuerwaffen und Feuerwasser gerüstet waren. Und in gewisser Hinsicht wurden die Werte traditioneller nichtwestlicher Gesellschaften zunehmend irrelevant für deren Überleben in einer Zeit, in der es allein auf Stärke und Militärtechnik ankam. Hinderte etwa die Kultiviertheit des kaiserlichen Peking die westlichen Barbaren daran, den Sommerpalast mehr als einmal in Brand zu setzen und zu plündern? Konnte die Eleganz der Elitenkultur in der verfallenen Hauptstadt Mughal, die in Satyajit Rays *The Chessplayers* so schön porträtiert wird, die vorrückenden Briten aufhalten? Für den Durchschnittseuropäer wurden solche Menschen zum Gegenstand der Verachtung. Die einzigen Nichteuropäer, mit denen er etwas anfangen konnte, waren Kämpfer, vor allem solche, die man in der eigenen Kolonialarmee aufstellen konnte (Sikhs, Gurkhas, die Bergstämme der Berber, Afghanen oder Beduinen). Das Osmanische Reich erntete widerwilligen Respekt, weil es selbst während seines Niedergangs über eine Infanterie verfügte, die europäischen Armeen Widerstand leisten konnte. Japan wurde als gleichwertig angesehen, nachdem es begonnen hatte, Kriege zu gewinnen.

Und doch waren es gerade die Dichte des weltweiten Kommunikationsnetzes, die Zugänglichkeit fremder Länder, die mittelbar oder unmittelbar die Konfrontation und die Vermischung der westlichen mit der exotischen Welt verstärkten. Zwar gab es faktisch nur wenige Europäer, die beide Welten kannten und darüber Reflexionen anstellten, aber in der imperialistischen Ära schwangen sich etliche Autoren zu Mittlern zwischen beiden auf. Es waren zumeist Intellektuelle aus Berufung – von Beruf Seeleute (wie Pierre Loti und der größte von allen, Joseph Conrad), Soldaten und Kolonialbeamte (wie der Orientalist Louis Massignon) oder Kolonialjournalisten (wie Rudyard Kipling). Doch mit der Zeit wurde das Exotische Bestandteil der Allgemeinbildung. In den ungeheuer erfolgreichen Jugendbüchern von Karl May (1842-1912) streifte der fiktive deutsche Held durch den Wilden Westen und den islamischen Osten, unternahm auch gelegentliche Ausflüge nach Schwarzafrika und Lateinamerika. In den Sensationsromanen eines Sax Rohmer gehörte zu den Schurken nunmehr auch ein so unergründlicher und allmächtiger Orientale wie Dr. Fu Man Chu. In den Schundheften für englische Jugendliche kam jetzt auch ein reicher Hindu vor, der mit seinem bizarren Babu-Englisch ganz dem gängigen Klischee jener Zeit entsprach. Das Exotische konnte sogar gelegentlich zu einem Bestandteil der Alltagserfahrung werden – vermittelt durch die Wildwest-Show von Buffalo Bill mit ihren exotischen Cowboys und Indianern, die Europa seit 1887 eroberte, oder durch die immer kunstvolleren »Kolonialdörfer« und Ausstellungsstücke der großen Weltausstellungen. Diese Einblicke in fremde Welten waren natürlich keineswegs authentisch, sondern ideologische Verzerrungen und verstärkten im allgemeinen das Gefühl der Überlegenheit der »Zivilisierten« über die »Primitiven«. Sie waren allein deshalb schon imperialistisch, weil wie in den Romanen von Joseph Conrad gezeigt wird, das entscheidende Bindeglied zwischen der Welt des Exotischen und der des Alltags in der formellen oder informellen Durchdringung der »Dritten Welt« durch die erste bestand. In die Umgangssprache gingen – hauptsächlich über den Slang der Kolonialstreitkräfte – Wörter aus der aktuellen imperialen Erfahrung ein, in denen sich häufig eine negative Auffassung von den Kolonialvölkern spiegelte. So bezeichneten italienische Arbeiter Streikbrecher als *crumiri* (nach einem nordafrikanischen Stamm), und italienische Politiker nannten die Kolonnen fügsamer süditalienischer Wähler, die von lokalen Patronen an die Wahlurne geführt wurden, *ascari* (aus Eingeborenen rekrutierte Kolonialtruppen). Das Wort »Kazike« (span. *cacique),* mit dem man die indianischen Häuptlinge in Spanisch-Amerika bezeichnete, wurde zum Synonym für politische Führer, und in Frankreich nannte man die Anführer von Verbrecherbanden *caïds* (ursprünglich der Titel nordafrikanischer Stammesoberhäupter).

Dieser Exotismus hatte jedoch auch eine positivere Seite. Es gab durchaus geistig interessierte Verwaltungsbeamte und Soldaten – Geschäftsleute neigten weniger zu solchen Überlegungen –, die sich tiefschürfende Gedanken über die Unterschiede zwischen ihren eigenen und den von ihnen beherrschten Gesellschaften machten. Ihnen verdanken wir gelehrte Bücher über die Kolonialländer, vor allem über das indische Reich, aber auch theoretische Reflexionen, unter deren Einfluß sich die westlichen Sozialwissenschaften veränderten. Ein Großteil dieser Arbeiten war gewiß ein Nebenprodukt der Kolonialherrschaft oder sollte diese unterstützen, und in aller Regel beruhten sie fraglos auf der unerschütterlichen Überzeugung von der Überlegenheit des westlichen Wissens über jedes andere – mit Ausnahme vielleicht der Religion, wo die Überlegenheit etwa des Methodismus über den Buddhismus für einen unvoreingenommenen Beobachter keineswegs offensichtlich war. Der Imperialismus führte so im Westen zu einem beträchtlichen Anwachsen des Interesses an bestimmten Formen des Spiritismus, die aus dem Orient stammten oder dies zumindest für sich beanspruchten und gelegentlich sogar auch zu Bekehrungen (vgl. z.B. Romein 1978, S. 501 ff., zum zwischenzeitlichen Erfolg des Buddhismus). Dennoch kann man bei aller postkolonialen Kritik die Gesamtheit all dieser gelehrten Bücher aus dem Westen nicht einfach als eine herablassende Abwertung außereuropäischer Kulturen abtun. Zumindest die besten ihrer Autoren haben diese Kulturen ernst genommen und als etwas angesehen, das Achtung verdient und aus dem Lehren gezogen werden können. In der Kunst, insbesondere in der bildenden Kunst, behandelten die westlichen Avantgarden die außerwestlichen Kulturen als völlig ebenbürtig und ließen sich zu einem Großteil von ihnen inspirieren. Das gilt nicht nur für die Künste, die für den westlichen Beobachter kultivierte, wenn auch exotische Zivilisationen repräsentierten (wie die japanische, deren Einfluß auf französische Maler nicht zu übersehen war), sondern auch für die als »primitiv« geltenden Künste vor allem Afrikas und Ozeaniens. Zweifellos lag ihr besonderer Reiz in ihrer »Primitivität«, doch es läßt sich nicht bestreiten, daß die Avantgarden des frühen 20. Jahrhunderts die Europäer lehrten, die entsprechenden Produkte ungeachtet ihrer Herkunft als eigenständige, häufig sogar als große Kunst zu betrachten.

Ein letzter Aspekt des Imperialismus ist noch kurz zu erwähnen: sein Einfluß auf die herrschenden und die Mittelschichten der Kolonialländer selbst. In einer Hinsicht hat der Imperialismus den Triumph dieser Klassen und der nach ihrem Bild geschaffenen Gesellschaften in einer Weise auf die Spitze getrieben, wie sie durch nichts anderes möglich gewesen wäre. Eine kleine Anzahl von zumeist nordwesteuropäischen Ländern beherrschte die Erde. Manche Imperialisten betonten zum Unmut der romanischen und erst recht der slawischen Länder sogar die besonderen Eroberungsleistungen der Länder teutonischer und vor allem angelsächsischer Abstammung, die sich trotz all ihrer Rivalitäten angeblich durch eine innere Verwandtschaft auszeichneten (was auch noch in Hitlers widerwilligem Respekt für England nachklang). Und wiederum eine kleine Anzahl von Männern aus der Ober- und Mittelschicht dieser Länder – Offiziere, Verwaltungsbeamte, Geschäftsleute und Ingenieure – übten diese Herrschaft wirkungsvoll aus. Um 1890 herrschten gut 6000 britische Beamte über knapp 300 Millionen Inder mit Hilfe von wenig mehr als 70.000 europäischen Soldaten, deren Mannschaften ebenso wie die weit stärker aus Eingeborenen rekrutierten Truppenteile aus Söldnern bestanden. Dieser Fall ist zwar extrem, aber keinesfalls untypisch. Konnte es noch einen überzeugenderen Beweis für die eigene absolute Überlegenheit geben?

Die Zahl der unmittelbar an der imperialistischen Herrschaft beteiligten Personen war also relativ klein – aber ihre symbolische Bedeutung war ungeheuer groß. Als der Schriftsteller Rudyard Kipling, der Barde des indischen Reiches, 1899 an einer Lungenentzündung zu sterben drohte, trauerten nicht nur die Briten und Amerikaner – Kipling hatte gerade ein Gedicht über »Die Bürde des weißen Mannes« als Mahnung an die USA wegen ihrer Verpflichtungen auf den Philippinen gerichtet –, selbst der deutsche Kaiser schickte ein Telegramm (vgl. Gretton 1913, S. 25).

Doch der imperiale Triumph brachte auch Probleme und Unsicherheiten mit sich. Er warf insofern Probleme auf, als der Widerspruch zwischen der Herrschaft der führenden Schichten der Mutterländer über ihre Kolonialreiche und ihre eigenen Völker sich immer weniger auflösen ließ. In den Kolonialmächten selbst setzte sich, wie wir noch sehen werden, zunehmend und, wie es schien, unaufhaltsam das demokratische Wahlrecht durch. In den Kolonialreichen bestand hingegen eine Autokratie, die auf dem Zusammenwirken von physischem Zwang und passiver Unterwerfung unter eine Übermacht beruhte, die so groß erschien, daß sie scheinbar durch nichts zu erschüttern und somit legitim war. Auf Soldaten gestützte »Prokonsuln«, einzelne Männer mit absoluter Gewalt über Territorien von der Größe eines Königreichs, herrschten über ganze Kontinente, während sich in der Heimat die unwissenden und minderwertigen Massen breit machten. Mußte man daraus nicht eine Lehre ziehen – eine Lehre im Sinne von Nietzsches »Wille zur Macht«?

Und der Imperialismus hatte Unsicherheiten zur Folge. Zunächst und vor allem konfrontierte er eine kleine Minderheit von Weißen – denn selbst die Mehrheit jener Rasse gehörte zu denen, die zur Minderwertigkeit bestimmt waren, wie die neue Disziplin der Eugenik unablässig warnte (s.Kap. 10) – mit den Massen der Schwarzen, der Braunen, vielleicht am meisten der Gelben, jener »gelben Gefahr«, gegen die Kaiser Wilhelm II. den Westen zur gemeinsamen Abwehr aufrief (vgl. Langer 1968, S. 387 und 448; Gollwitzer 1962). Konnten Weltreiche, die so leicht errungen, auf so schmalen Fundamenten errichtet waren und sich auf so absurd einfache Weise beherrschen ließen, auf die Dauer Bestand haben? Kipling, der größte – und vielleicht einzige – Dichter des Imperialismus, begrüßte den großen Augenblick eines demagogischen imperialen Stolzes, den 60. Geburtstag von Königin Victoria 1897, mit einer prophetischen Mahnung an die Unbeständigkeit von Großreichen:

> »In fernen Meeren schmelzen unsre Flotten,
> Die Küstenfeuer fallen bald zusammen:

Seht, all der Pomp vergangener Jahrzehnte
Steht morgen schon wie Ninive in Flammen!
O möge Gott uns eine letzte Frist bemessen,
auf daß wir niemals, niemals mehr vergessen.«
(Kipling o.J., S. 377)

Aber die Unsicherheit ging tiefer. Denn wenn das Kolonialreich (und die Herrschaft der herrschenden Schichten) durch seine Untertanen bedroht war – wenn auch vielleicht noch nicht jetzt, nicht in unmittelbarer Zukunft –, war es dann nicht noch viel anfälliger für die Erosion von innen heraus, durch den Willen zur Macht, die Bereitschaft, den Darwinschen Kampf um das Überleben der Tauglichsten auszutragen? Würden nicht der Reichtum und der Luxus, den die Macht und der Unternehmungsgeist mit sich gebracht hatten, gerade die Fasern der Muskeln schwächen, deren ständige Anspannung erforderlich war, um sie aufrechtzuerhalten? Führte das Kolonialreich nicht zum Parasitentum im Mutterland und schließlich zum Triumph der Barbaren?

Nirgendwo fanden diese Fragen ein stärker von Untergangsstimmung geprägtes Echo als im größten und anfälligsten aller Reiche, nämlich dem, das an Größe und Ruhm alle Reiche der Vergangenheit in den Schatten stellte und sich dennoch an der Schwelle zum Niedergang befand. Aber selbst die hart arbeitenden und tatkräftigen Deutschen sahen den Imperialismus Hand in Hand mit jenem »Rentnerstaat«, der in nichts anderes als den Verfall führen konnte. Hören wir noch einmal J.A. Hobson, der diese Befürchtungen in Worte gefaßt hat. Falls China unter die imperialen Mächte aufgeteilt und von diesen »erschlossen« werden sollte, könnte

»der größere Teil Westeuropas ... ein Bild bieten wie heute schon gewisse Gegenden in Südengland, die Riviera, die Fremdenverkehrszentren und vornehmen Wohnbezirke Italiens und der Schweiz – kleine Kolonien wohlhabender Aristokraten, die aus dem Fernen Osten Dividenden und Pensionen beziehen, dazu eine etwas zahlreichere Gruppe von Akademikern und Kaufleuten sowie ein starker Anhang von persönlichen Bediensteten und Arbeitern im Transportgewerbe und in den Branchen, die mit der Endproduktion leicht verderblicher Güter beschäftigt sind. Alle Hauptindustrien werden hier verschwunden sein, da die wichtigsten Lebensmittel und Industriewaren als Tribute aus Asien und Afrika herbeifließen.« (Hobson 1970, S. 267)

Die Belle Epoque der Bourgeoisie würde sich auf diese Weise selbst entwaffnen. Die bezaubernden, harmlosen Eloi in H.G. Wells Roman *Die Zeitmaschine,* die ein Leben der Spiele unter sonnigem Himmel führen, wären auf Gedeih und Verderb den finsteren Morlocks ausgeliefert, von denen sie abhingen und gegen die sie machtlos waren. Der deutsche Nationalökonom

Schulze-Gaevernitz sah als Möglichkeit voraus, »daß Europa unter Überspannung des politischen Herrschaftsverhältnisses die Arbeit überhaupt – zunächst die landwirtschaftliche und montane, sodann auch die gröbere industrielle Arbeit – auf die farbige Menschheit abschiebt und sich selbst in die Rentnerrolle zurückzieht, womit es vielleicht die wirtschaftliche und ihr folgend die politische Emanzipation der farbigen Rassen vorbereitet« (Schulze-Gaevernitz 1906, S. 317).

Das waren die bösen Träume, die den Schlaf der Belle Epoque störten. In ihnen vermischten sich die imperialen Alpträume mit den Ängsten vor der Demokratie.

Kapitel 4
Die Politik der Demokratie

»All diejenigen, die aufgrund ihres Reichtums, ihrer Bildung, Intelligenz oder Schlauheit geeignet sind, eine Gemeinschaft von Menschen zu führen, und denen eine Möglichkeit dazu geboten wird – mit anderen Worten alle Cliquen in der herrschenden Klasse – müssen sich vor dem allgemeinen Wahlrecht verneigen, sobald es einmal eingeführt ist, und ihm schmeicheln und es hintergehen, wenn die Situation es erfordert.«

Gaetano Mosca (1895/1939, S. 333 f.)

»Die Demokratie befindet sich noch immer auf dem Prüfstand, aber bislang hat sie sich noch nicht blamiert; es stimmt, daß ihre ganze Kraft noch nicht zur Entfaltung gekommen ist, und zwar aus zwei Gründen, der eine von mehr oder weniger dauerhafter, der andere von eher vorläufiger Art. Erstens wird die Macht der Reichen, wie immer diese zahlenmäßig repräsentiert sein mögen, stets unverhältnismäßig groß sein; und zweitens hat die mangelhafte Organisation der erst seit kurzem wahlberechtigten Klassen jede tiefgreifende Änderung der vorherigen Machtverhältnisse verhindert.«

John Maynard Keynes (1904; zit. n. Skidelsky 1983, Bd. 1, S. 156)

»Es ist bezeichnend, daß keiner der modernen säkularen Staaten es versäumt hat, nationale Feiertage einzuführen, die die Möglichkeit zu öffentlichen Versammlungen bieten.«

Edward A. Ross (1897, S. 830)

I

Die in diesem Buch behandelte historische Periode begann mit einem internationalen Anfall von Hysterie bei den europäischen Herrschern und ihren verschreckten Mittelschichten, ausgelöst durch die kurzlebige Pariser Kommune von 1871, auf deren Unterdrückung ein Massaker an der Pariser Bevölkerung in einem Ausmaß erfolgte, das in den zivilisierten Staaten des 19. Jahrhunderts bis dahin für unvorstellbar gehalten worden ist. Selbst nach unseren barbarischen Maßstäben ist die Zahl der damals Getöteten erheblich (vgl. *Die Blütezeit des Kapitals,* Kap. 9). Diese kurze, brutale – und für die damalige Zeit untypische – Entfesselung des Terrors durch die ehrbare Gesellschaft brachte ein grundlegendes Problem der Politik der bürgerlichen Gesellschaft zum Ausdruck: ihre Demokratisierung.

Demokratie, dies hat schon der weise Aristoteles festgestellt, ist die Herrschaft der großen Masse der Bevölkerung – einer damals insgesamt armen Bevölkerung. Die Interessen der Armen und die der Reichen, der Privilegierten und der Unprivilegierten, waren offensichtlich nicht identisch. Das stellte das eigentliche Dilemma des Liberalismus im 19. Jahrhundert dar (vgl. *Die Blütezeit des Kapitals,* Kap. 6, 1). Einerseits war dieser Liberalismus auf eine Verfassung und eine souveräne, gewählte gesetzgebende Versammlung verpflichtet, andererseits umging er beides nach Kräften durch undemokratische Maßnahmen, indem er die Mehrheit der männlichen Staatsbürger – von der Gesamtheit der erwachsenen weiblichen Bevölkerung ganz zu schweigen – vom aktiven und passiven Wahlrecht ausschloß. Bis zu der hier behandelten Epoche bestand sein unerschütterliches Fundament in der von den logischen Franzosen unter Louis Philippe in Frankreich getroffenen Unterscheidung zwischen dem »Land nach dem Gesetz« und dem »wirklichen Land« *(le pays légal* und *le pays réel).* Von dem Augenblick an, als das »wirkliche Land« damit begann, die Mauern des »Landes nach dem Gesetz« oder des »politischen« Landes zu durchbrechen, die durch die Bastionen eines an Eigentum und Bildung gebundenen Wahlrechts und – in den meisten Ländern – durch festverankerte Privilegien des Adels verteidigt wurden, z.B. durch erbliche Sitze in der Ersten Kammer, war die gesellschaftliche Ordnung bedroht.

Denn was würde passieren, wenn die große Masse der Bevölkerung, unwissend und verroht, unfähig, das elegante und wohltätige Prinzip des von Adam Smith postulierten freien Marktes zu begreifen, über das politische Schicksal der Staaten bestimmte? Sie würde höchstwahrscheinlich einen Weg einschlagen, der zu jener sozialen Revolution führte, deren kurzes Wiederaufleben 1871 die gute Gesellschaft so sehr in Angst und Schrecken versetzt hatte. In der alten Form eines Aufstandes schien nun zwar keine Revolution mehr zu drohen, aber lauerte sie nicht insgeheim hinter jeder größeren Erweiterung des Wahlrechts über die Städte von Besitz und Bildung hinaus? Würde dies nicht, wie der spätere Lord Salisbury befürchtete, unweigerlich zum Kommunismus führen?

Dennoch zeichnete sich nach 1870 immer deutlicher ab, daß eine Demokratisierung der Politik in den einzelnen Staaten überhaupt nicht zu vermeiden war. Die Masse drängte unbeirrbar auf die politische Bühne, ob den Herrschern das gefiel oder nicht. Ein mehr oder weniger umfassendes Wahlrecht bis hin zum allgemeinen Männerwahlrecht existierte in den 70er Jahren bereits in Frankreich, Deutschland (jedenfalls für die Wahl der Abgeordneten des Deutschen Reichstags), in der Schweiz und in Dänemark. In England führten die Reform Acts von 1867 und 1883 fast zu einer Vervierfachung der Wahlbevölkerung, d.h. zu einem Anstieg von acht auf 29 Prozent aller Männer über 20 Jahre. Belgien demokratisierte sein Wahlrecht 1894 nach einem Generalstreik für diese Reform (hier stieg der Anteil der Wahlberechtigten von 3,9 auf 37,3 Prozent der erwachsenen männlichen Bevölkerung), während Norwegen die Zahl der Wahlberechtigten 1898 verdoppelte (von 16,6 auf 34,8 Prozent). In Finnland wurde nach der Revolution von 1905 ein besonders demokratisches Wahlrecht (76 Prozent der Erwachsenenbevölkerung) eingeführt; in Schweden verdoppelte sich 1908 der Anteil der Wahlberechtigten und entsprach damit dem in Norwegen; in der österreichischen Hälfte des Habsburgerreiches wurde 1907, in Italien 1913 das allgemeine Wahlrecht für Männer eingeführt. Außerhalb Europas waren die USA, Australien und Neuseeland natürlich bereits demokratisch, während Argentinien 1912 das allgemeine Männerwahlrecht erhielt. Nach späteren Maßstäben war auch diese Demokratisierung noch unvollkommen – in der Regel machten die Wahlberechtigten unter einem allgemeinen Wahlrecht lediglich etwa 30 bis 40 Prozent der erwachsenen Bevölkerung aus –, aber es verdient festgehalten zu werden, daß zu dieser Zeit selbst das Stimmrecht für Frauen bereits mehr als nur ein politisches Schlagwort war. An den Grenzen weißer Siedlerterritorien – in Wyoming (USA), Neuseeland und Südaustralien – war es schon in dem Jahrzehnt nach 1890 und in Finnland und Norwegen 1906 bzw. 1913 verwirklicht worden.

Diese Neuerungen wurden von den jeweiligen Regierungen ohne Enthusiasmus eingeführt, selbst wenn diese aufgrund ihrer ideologischen Überzeugungen auf eine parlamentarische Volksvertretung verpflichtet waren. Übrigens wird dem Leser bereits aufgefallen sein, wie spät selbst Länder wie die skandinavischen, die wir heute als zutiefst und seit langem demokratisch ansehen, eine Erweiterung des Stimmrechts beschlossen haben – ganz zu schweigen von den Niederlanden, die sich noch bis 1918 einer systematischen Demokratisierung widersetzt haben. Manche Politiker fanden sich mit vorbeugenden Erweiterungen des Stimmrechts ab, solange sie nur eher als ihre linken Opponenten die Wähler unter Kontrolle behielten. Das war vermutlich in Frankreich und England der Fall. Unter den Konservativen gab es Zyniker wie Bismarck, der sich auf die traditionelle Loyalität – oder wie Liberale vielleicht gesagt hätten: auf die Unwissenheit und Dummheit – einer Massenwählerschaft verließ und darauf vertraute, daß ein allgemeines Wahlrecht eher die Rechte als die Linke stärken würde. Doch selbst Bismarck zog es vor, in Preußen (das im Deutschen Reich eine Vormachtstellung einnahm) kein Risiko einzugehen und an einem Dreiklassenwahlrecht festzuhalten, das die Rechte übermäßig stark begünstigte. Diese Vorsichtsmaßnahme erwies sich als weise, denn wie sich herausstellte, ließen sich die Massenwähler nicht von oben unter Kontrolle halten. In anderen Ländern unterwarfen sich die Politiker der Agitation und dem Druck der Massen oder dem Kalkül einer Vermeidung innenpolitischer Konflikte. In beiden Fällen befürchteten sie jedoch unabsehbare Folgen dieses »Sprungs ins Dunkel« (Disraeli). Zweifellos beschleunigten die sozialistische Agitation der 90er Jahre und die mittelbaren und unmittelbaren Rückwirkungen der ersten Russischen Revolution den Demokratisierungsprozeß. Aber wie auch immer dieser Prozeß im einzelnen aussehen mochte, zwischen 1880 und 1914 mußten sich die meisten westlichen Staaten in das Unvermeidliche fügen. Die Einführung einer demokratischen Politik ließ sich nicht länger aufschieben. Von nun an bestand das Problem darin, wie man sie am besten manipulieren konnte.

Eine Manipulation im gröbsten Sinne des Wortes war noch einfach. Man konnte z.B. den politischen Aufgabenbereich der nach allgemeinem Wahlrecht gewählten Versammlungen weitgehend einschränken. Das war das Modell Bismarcks, der die verfassungsmäßigen Rechte des Deutschen Reichstags auf ein Minimum beschränkte. In anderen Ländern legten zweite Kammern, wie z.B. das englische Oberhaus, dessen Mitglieder ihre Sitze erbten, oder auch Wahlmännergremien und andere vergleichbare Institutionen den demokratisierten Repräsentativorganen Zügel an. In noch anderen Ländern erhielten sich Elemente des an Besitz und Bildung gebundenen Wahlrechts (z.B. durch zusätzliche Stimmen für Bürger mit höherer Bildung in Belgien, Italien und den Niederlanden sowie besondere Abgeordnetenmandate für britische Universitäten). Japan führte 1890 ein parlamentarisches System mit derartigen Beschränkungen ein. Ein solches »Phantasiewahlrecht« *(fancy franchise)*, wie die Engländer dazu sagten, wurde noch unterstützt durch die nützliche Erfindung des »Gerrymandering« oder, wie die Österreicher es nannten, der »Wahlgeometrie«: die Festlegung der Wahlkreisgrenzen in einer Weise, die bestimmte Parteien begünstigte bzw. benachteiligte. Eingeschüchterte oder auch nur vorsichtige Wähler konnten durch öffentliche Stimmabgabe unter Druck gesetzt werden, vor allem in Gegenden, wo mächtige Großgrundbesitzer oder andere Lokalpatrone den Wahlvorgang überwachten: In Dänemark waren die Wahlen bis 1901 öffentlich, in Preußen bis 1918 und in Ungarn bis in die 30er Jahre unseres Jahrhunderts. Mit dem System der Ämterpatronage ließen sich geschlossene Wählerblöcke schaffen, wie die nordamerikanischen Großstadtbosse sehr wohl wußten; in Europa erwies sich der italienische Liberale Giovanni Giolitti als Meister der Vetternwirtschaft. Das Mindestalter der Wahlberechtigten schwankte zwischen 20 (Schweiz) und 30 Jahren (Dänemark) und wurde häufig geringfügig angehoben, sobald das Stimmrecht erweitert wurde. Daneben bestand noch immer die Möglichkeit der schlichten Sabotage, indem man das Verfahren der Eintragung in Wählerlisten erschwerte. So hat man geschätzt, daß in England 1914 durch solche Manipulationen rund die Hälfte der Arbeiterschaft de facto von den Wahlen ausgeschlossen wurde.

Aber trotz all dieser Schikanen, mit denen die Verwirklichung der Demokratie verzögert werden sollte, ließ sich deren Vormarsch nicht aufhalten. Die westliche Welt, nach 1905 sogar unter Einschluß des zaristischen Rußland, bewegte sich unaufhaltsam auf politische Systeme zu, die auf einer ständig wachsenden Wählerschaft beruhten, in der das einfache Volk den Ton angab.

Die logische Folge derartiger Systeme war die politische Mobilisierung der Massen für und durch Wahlen, um auf diese Weise nationale Regierungen unter Druck zu setzen. Das bedeutete die Organisation von Massenbewegungen und Massenparteien, eine Politik der Massenpropaganda und der erst am Anfang ihrer Entwicklung stehenden Massenmedien – zu jener Zeit in der Hauptsache die gerade aufkommende Regenbogenpresse – sowie weitere Entwicklungen, die die Regierungen und herrschenden Klassen vor große und neuartige Probleme stellten. Zum Unglück für den Historiker verschwinden diese Probleme in Europa von der Bühne der offenen politischen Auseinandersetzung, da die zunehmende Demokratisierung es unmöglich machte, in der Öffentlichkeit wirklich offen darüber zu diskutieren. Welcher Kandidat wollte seinen Wählern schon erzählen, daß er sie für viel zu dumm und unwissend hielt, um zu beurteilen, was in der Politik am besten war, und daß ihre Forderungen ebenso absurd wie für die Zukunft des Landes gefährlich waren? Welcher Staatsmann inmitten einer Schar von Reportern, die jedes seiner Worte noch in die abgelegenste Straßenkneipe verbreiteten, würde sagen, welches seine wirklichen Pläne waren? Die Politiker sahen sich zunehmend genötigt, sich an eine Massenwählerschaft zu richten, vielleicht sogar direkt zu den Massen zu sprechen oder indirekt durch das Sprachrohr der Boulevardpresse (einschließlich der Zeitungen ihrer Gegner). Bismarck hat seine Reden vermutlich nie vor einem anderen als einem ausgewählten Publikum gehalten. Gladstone war 1879 der erste, der in England (und wahrscheinlich in Europa überhaupt) einen Massenwahlkampf führte. Nie wieder sollten die voraussichtlichen Folgen der Demokratie so offen und realistisch diskutiert werden wie in den Debatten um den British Reform Act von 1867 – wenn man einmal von ein paar wenigen politischen Außenseitern absah. Doch ebenso wie sich die politischen Führungspersonen auf rhetorische Formeln zurückzogen, zog sich die ernsthafte politische Diskussion in die Welt der Intellektuellen und des gebildeten Minderheitenpublikums zurück, das sie verfolgte. Das Zeitalter der Demokratisierung war zugleich das Goldene Zeitalter einer neuen politischen Soziologie und ihrer Vertreter: Durkheim und Sorel, Ostrogorski und die Webbs, Mosca, Pareto, Robert Michels und Max Weber (s.S. 343f.).*

Wenn die Regierenden sagen wollten, was sie wirklich dachten, dann mußten sie dies von nun an in der Verborgenheit der Korridore der Macht, der Klubs, der privaten geselligen Abende, der Jagdgesellschaften oder Wochenendparties auf dem Lande tun, wo die Angehörigen der Elite in einer völlig anderen Atmosphäre zusammenkamen als in den Gladiatorenschaukämpfen der Parlamentsdebatten oder öffentlicher Versammlungen. Aus dem Zeitalter der Demokratisierung wurde auf diese Weise das Zeitalter der öffentlichen politischen Heuchelei, oder besser: Doppelzüngigkeit und damit auch das der politischen Satire: von Peter Finley Dunnes *Mr. Dooley's Philosophy,* von ätzenden, witzigen, politisch-satirischen, teils mit Karikaturen illustrierten Wochenschriften wie dem deutschen *Simplicissimus,* der französischen *Assiette au Beurre* oder der kulturkritischen Wochenschrift *Die Fackel* von Karl Kraus. Denn welcher intelligente Beobachter konnte die breite Lücke übersehen, die zwischen politischem Anspruch und politischer Wirklichkeit klaffte und die von Hilaire Belloc in seinem Epigramm *On a General Election* auf den großen Wahlsieg der Liberalen 1906 glossiert wurde:

> »Die korrumpierte Macht, die auf Privilegien beruht
> und zu der Frauen, Sekt und Bridge gehören,
> stürzte, und die Demokratie trat ihre Herrschaft an,
> mitsamt dem Bridge, den Frauen und dem Sekt.«
> (Belloc 1954, S. 151)

Doch wer waren die Massen, die jetzt zu politischem Handeln aufgerufen wurden? Zunächst einmal gab es soziale Klassen und Gruppen, die bislang unter- und außerhalb des politischen Systems gestanden hatten, von denen einige eine eher heterogene Allianz, Koalition oder »Volksfront« bilden konnten. Am meisten gefürchtet war dabei die Arbeiterklasse, die sich jetzt auf einer expliziten Klassenbasis in Parteien und Bewegungen formierte (s.Kap. 5).

* Zu den Werken, die damals erschienen, gehörten: Gaetano Mosca (1858-1941), Elementi di scienza politica (1895; dt. *Die herrschende Klasse);* Sidney und Beatrice Webb (1859-1947 und 1858-1943), *Industrial Democracy* (1897); M. Ostrogorski (1854-1919), *Democracy and the Organization of Political Parties* (1902); Robert Michels (1876-1936), *Zur Soziologie des Parteiwesens in der modernen Demokratie* (1911); Georges Sorel (1847-1922), *Réflexions sur la violence* (1908; dt. *Über die Gewalt).*

Daneben gab es die breite und unklare Koalition der unzufriedenen Zwischenschichten, die unschlüssig waren, wen sie mehr fürchten sollten, die Reichen oder das Proletariat. Das war das alte Kleinbürgertum der Handwerksmeister und kleinen Ladeninhaber, deren Existenz bedroht war durch den Fortschritt der kapitalistischen Wirtschaft, sowie die rasch anwachsende neue untere Mittelschicht aus Angestellten und Beamten; sie warfen in der deutschen Politik während und nach der Großen Depression die »Handwerker-« und die »Mittelstandsfrage« auf. Ihre Welt war durch Größe definiert, in der die »kleinen Leute« gegen die »Großinteressen« standen und allein schon das Wort »klein« wie in »der kleine Mann«, *»le petit commerçant«* oder *»the little man«* zu einem Schlagwort und einem Sammelbegriff wurde. Wieviele radikalsozialistische Blätter gab es allein in Frankreich, die dieses Adjektiv stolz in ihrem Titel führten: *Le Petit Niçois, Le Petit Provençal, La Petite Charente, Le Petit Troyen*! Aber andererseits benötigte das Kleineigentum ebenso sehr den Schutz vor dem Kollektivismus wie die Großvermögen, und die Überlegenheit des Büroangestellten über den Facharbeiter, der doch ein ähnlich hohes Einkommen hatte, mußte unbedingt bewahrt werden, vor allem weil das alteingesessene Kleinbürgertum wenig Neigung verspürte, die Angehörigen der unteren Mittelschichten als ihresgleichen willkommen zu heißen.

Das Kleinbürgertum war außerdem und aus guten Gründen der Tummelplatz der politischen Phrasendrescherei und Demagogie par excellence. In den Ländern mit einer starken Tradition radikaldemokratischen Jakobinertums zählten die »kleinen Leute« eher zur Linken, obgleich deren Rhetorik in Frankreich einen kräftigen Schuß Nationalchauvinismus und ein beträchtliches Potential an Fremdenfeindlichkeit enthielt. In Mitteleuropa war der nationalistische und vor allem antisemitische Charakter der kleinbürgerlichen Rhetorik ungezügelt. Denn die Juden konnten nicht nur mit dem Kapitalismus schlechthin sowie vor allem mit jenen seiner Repräsentanten gleichgesetzt werden, von denen die kleinen Handwerker und Ladenbesitzer bedroht waren – Bankiers, Kaufleute und die Gründer der neuen Waren- und Kaufhausketten –, sondern auch häufig mit gottlosen Sozialisten und allgemeiner mit den Intellektuellen, welche die alten Wahrheiten der Moral und der patriarchalischen Familie untergruben. Seit den 80er Jahren wurde der Antisemitismus zu einem Hauptbestandteil der organisierten politischen Bewegungen der »kleinen Leute« von den westlichen Grenzen Deutschlands nach Osten bis zum Habsburger Reich, nach Rumänien und Rußland hinein. Aber auch in anderen Ländern kann seine Bedeutung kaum überschätzt werden. Wer würde aufgrund der antisemitischen Vorfälle, von denen Frankreich nach 1890 – im Jahrzehnt der Panamaskandale und der Dreyfusaffäre* – erschüttert wurde, vermuten, daß dort zu jener Zeit von den 40 Millionen Einwohnern kaum 60.000 Juden waren (s.S. 200 f., 372).

Außerdem gab es natürlich noch die Bauernschaft, die in vielen Ländern noch immer die Mehrheit der Bevölkerung und in manchen anderen die wirtschaftlich größte Gruppe ausmachte. Obgleich die Klein-und Mittelbauern sich etwa seit 1880 – der Zeit der Großen Depression – zunehmend als wirtschaftliche Interessengruppen organisierten und sich sogar in erstaunlich großer Zahl in so unterschiedlichen Ländern wie den USA und Dänemark, Neuseeland und Frankreich, Belgien und Irland zu Genossenschaften zum gemeinsamen Einkauf, Verkauf und der Weiterverarbeitung landwirtschaftlicher Güter und zur Erlangung günstiger Kredite zusammenschlossen, ließen sich die Bauern nur selten politisch und bei Wahlen als eigene Klasse mobilisieren – sofern man eine derart heterogene Gruppe überhaupt als Klasse bezeichnen kann. Natürlich konnte es sich keine Regierung leisten, die wirtschaftlichen Interessen einer so großen Wählergruppe wie der der Landwirte in Agrarländern zu ignorieren. Doch selbst dort, wo sich die Bauern aktiv an Wahlkämpfen beteiligten, taten sie dies unter Spruchbändern, die keine Agrarforderungen trugen. Dennoch stand außer Zweifel, daß die Macht bestimmter politischer Bewegungen oder Parteien wie der Populisten in den USA der 90er Jahre oder der Sozialrevolutionäre in Rußland (nach 1902) von der Unterstützung durch die Klein- und Mittelbauern abhängig war.

Während sich gesellschaftliche Gruppen als solche politisch zusammentaten, organisierten sich auch einzelne Gruppen von Staatsbürgern, die untereinander durch partikularistische Loyalitäten wie Religion oder Nationalität verbunden waren. Partikularistisch deshalb, weil die politische Organisation von Massen auf konfessioneller Grundlage selbst in Ländern mit nur einer einzigen Religion stets zur Bildung von Blöcken führte, denen andere – konfessionelle oder weltliche – Blöcke entgegenstanden. Und nationalistische Wählermobilisierungen (die wie im Fall der Polen und Iren in den USA mit einer bestimmten Religionszugehörigkeit zusammenfallen konnte) waren fast immer autonomistische Bewegungen in Vielvölkerstaaten. Sie hatten wenig gemein mit dem nationalen Patriotismus, wie er von Regierungen aktiv geschürt wird – und zuweilen ihrer Kontrolle entgleitet –, oder mit politischen

* Hauptmann A. Dreyfus vom französischen Generalstab wurde 1894 zu Unrecht wegen Spionage für das Deutsche Reich verurteilt. Nach einer Kampagne zum Beweis seiner Unschuld, die ganz Frankreich erschütterte und in zwei Lager spaltete, wurde Dreyfus 1899 begnadigt und schließlich 1906 rehabilitiert. Die »Dreyfusaffäre« hatte überall in Europa traumatische Auswirkungen.

Bewegungen zumeist der Rechten, die von sich behaupteten, »die Nation« gegenüber subversiven Minderheiten zu vertreten (s.Kap. 6).

Der Aufstieg politisch-konfessioneller Massenbewegungen als ein generelles Phänomen wurde allerdings durch den extremen Konservatismus jener Gruppe wesentlich behindert, die über die bei weitem größten Möglichkeiten zur Mobilisierung und Organisierung ihrer Gläubigen verfügte, nämlich die römisch-katholische Kirche. Politik, Parteien und Wahlen waren die Bestandteile jenes elenden 19. Jahrhunderts, das Rom seit dem Syllabus von 1864 und dem Vatikanischen Konzil von 1870 zu bannen versucht hatte (vgl. *Die Blütezeit des Kapitals,* Kap. 14, III). Es blieb mit diesem Zeitalter gänzlich unversöhnt, wie die Indizierung jener katholischen Denker bezeugt, die in den beiden Jahrzehnten nach 1890 vorsichtig anregten, sich auf die zeitgenössischen Ideen bis zu einem gewissen Grad einzustellen (Papst Pius X. verdammte noch 1907 jeden »Modernismus«). Was blieb einer katholischen Politik innerhalb dieser teuflischen Welt des Säkularismus anders übrig als die totale Opposition und die besondere Verteidigung der Religionsausübung, der katholischen Konfessionsschulen und anderer kirchlicher Institutionen, die in dieser permanenten Auseinandersetzung zwischen Staat und Kirche verwundbar waren?

Während also die christlichen Parteien – wie die europäische Geschichte nach 1945 zeigen sollte* – über ein enormes politisches Potential verfügten, das sich mit jeder Erweiterung des Wahlrechts zusehends verstärkte, widersetzte sich die Kirche der Bildung von katholischen politischen Parteien, die formal von ihr unterstützt wurden, obgleich sie seit den frühen 90er Jahren einsah, daß es in ihrem Interesse lag, die arbeitenden Klassen von der gottlosen sozialistischen Revolution abzubringen, und daß sie natürlich nicht umhin konnte, sich um ihre wichtigste Anhängerschaft, die Bauern zu kümmern. Doch obgleich der Papst (in seiner Enzyklika *Rerum Novarum* von 1891) das neue Interesse der katholischen Gläubigen an einer Sozialpolitik absegnete, wurden die Vorfahren und Gründungsväter der späteren christlich-demokratischen Parteien von der Kirche mit Mißtrauen und periodisch aufflammender Feindseligkeit betrachtet – nicht nur, weil auch sie, wie der »Modernismus« überhaupt, mit unerwünschten Tendenzen in der Laienwelt einen Kompromiß einzugehen schienen, sondern auch, weil die Kirche nicht so recht wußte, was sie von den Kadern aus den neuen katholischen Mittelschichten in den Städten und auf dem Land halten sollte, die sich im Rahmen der expandierenden Wirtschaft gebildet hatten und in ihr ein Betätigungsfeld

* In Italien, Frankreich, Westdeutschland und Österreich erstanden sie als maßgebliche Regierungsparteien, die sie mit Ausnahme Frankreichs bis heute geblieben sind.

fanden. Als es dem großen Demagogen Karl Lueger (1844-1910) in den 90er Jahren gelang, aus der Christlich-Sozialen Partei die erste bedeutende christliche Massenpartei zu machen, eine stark antisemitisch geprägte Bewegung der unteren Mittelschichten, die in Wien die Mehrheit eroberte, nahm er die Spitzen des österreichischen Klerus gegen sich ein. (Heute trägt die Nachfolgeorganisation, die im unabhängigen Österreich seit 1918 überwiegend die Regierung stellt, die Bezeichnung Österreichische Volkspartei.)

Die Kirche unterstützte also in der Regel konservative oder reaktionäre Parteien der unterschiedlichsten Art, oder sie pflegte in katholischen Nationen innerhalb von Vielvölkerstaaten gute Beziehungen zu den nationalistischen Bewegungen, die nicht vom säkularistischen Virus befallen waren. Wenn es gegen Sozialismus und Revolution ging, unterstützte sie im allgemeinen jede Partei. Deshalb gab es katholische Massenparteien und -bewegungen im eigentlichen Sinne nur im Deutschen Reich (wo sie gegründet wurden, um sich gegen Bismarcks kirchenfeindliche Politik nach 1870 zur Wehr zu setzen), in den Niederlanden (wo alle politischen Organisationen die Form konfessioneller Gruppierungen annahmen, einschließlich der Protestanten und der Nichtreligiösen, die als vertikale Blöcke organisiert waren) und in Belgien (wo die Katholiken und die antiklerikalen Liberalen lange vor der Einführung einer demokratischen Regierungsform bereits ein Zweiparteiensystem etabliert hatten).

Noch seltener waren protestantische Konfessionsparteien, und wo sie existierten, dort verschmolzen in der Regel konfessionelle Forderungen mit anderen Parolen: mit Nationalismus und Liberalismus (wie bei den Waliser Freikirchlern), mit Antinationalismus (wie bei den Ulster-Protestanten, die für eine Union mit England gegen die irische Home Rule stimmten) oder auch nur mit Liberalismus (wie in der britischen Liberalen Partei, wo der Nonkonformismus an Einfluß gewann, als die alten Whig-Aristokraten und die wichtigen Vertreter der Großindustrie in den 80er Jahren zu den Konservativen überliefen*). In Osteuropa waren Religion und Nationalismus politisch überhaupt nicht voneinander zu trennen. Der Zar war nicht nur das Oberhaupt der orthodoxen Kirche, sondern er setzte auch die Orthodoxie gegen die Revolution ein.

Neben der Religion erwies sich der Nationalismus als ein ebenso mächtiges und in der Praxis sogar noch wirksameres Mittel zur Mobilisierung der Massen. Als nach der Demokratisierung des britischen Wahlrechts 1884 Ir-

* Nonkonformismus = die freikirchlichen protestantischen Gruppen außerhalb der anglikanischen Kirche in England und Wales.

land seine Abgeordneten wählte, errang die Irische Nationalpartei alle katholischen Mandate der Insel. Von insgesamt 103 Mitgliedern bildeten 85 eine disziplinierte Phalanx hinter dem (protestantischen) Anführer des irischen Nationalismus, Charles Stewart Parnell (1846-1891). Überall dort, wo ein Nationalbewußtsein seinen politischen Ausdruck suchte, zeigte sich, daß die Polen als Polen stimmten (in Deutschland und Österreich) und die Tschechen als Tschechen. Die Politik der österreichischen Hälfte des Habsburgerreiches wurde durch derartige nationale Spaltungen paralysiert. Nach den Aufständen und Gegenaufständen der Deutschen und Tschechen um 1895 brach der Parlamentarismus sogar vollständig zusammen, weil von da an keine Regierung mehr eine parlamentarische Mehrheit finden konnte. Die Gewährung des allgemeinen Wahlrechts 1907 war nicht nur ein Zurückweichen vor politischem Druck, sondern auch der verzweifelte Versuch, Wählermassen anzusprechen, die möglicherweise für übernationale (katholische oder selbst sozialistische) Parteien und gegen unversöhnliche und sich gegenseitig befehdende nationale Blöcke stimmten.

In ihrer extremen Form – die disziplinierte Massenbewegung samt Partei – blieb die politische Mobilisierung der Massen die Ausnahme. Selbst unter den neuen Arbeiterbewegungen und sozialistischen Parteien war das allumfassende Modell der deutschen Sozialdemokratie keineswegs universell verbreitet (s.Kap. 5). Dennoch ließen sich die einzelnen Elemente, aus denen sich dieses neue Phänomen zusammensetzte, fast überall feststellen. Da waren zunächst einmal die Basisorganisationen. Die idealtypische Massenpartei samt Bewegung bestand aus einem Komplex lokaler Organisationen oder Filialen im Verein mit einem dazugehörigen Ensemble von Organisationen, die speziellen Zwecken dienten und ebenfalls lokale Ableger hatten. So bestand etwa 1914 die irische Nationalbewegung aus der Vereinigten Irischen Liga, die ihren nationalen Rahmen bildete und organisatorisch in jedem Wahlkreis vertreten war. Sie organisierte die Wahlkongresse unter dem Vorsitz des Präsidenten (Vorsitzenden) der Liga, die nicht nur von den eigenen Delegierten besucht wurden, sondern auch von denen der Gewerkschaftsräte (städtische Vereinigungen der einzelnen Gewerkschaften), der Gewerkschaften selbst, der Land and Labour Association, welche die Interessen der Bauern vertrat, der Gaelic Athletic Association, der Unterstützungsvereine auf Gegenseitigkeit wie des Ancient Order of Hibernians (der übrigens die Insel an den Auswandererstrom von Europa nach Nordamerika anschloß) sowie weiterer Organisationen. Das war der Kader der Mobilisierten, das eigentliche Bindeglied zwischen der nationalistischen Führung innerhalb und außerhalb des Parlaments und den Massenwählern, die den äußeren Kreis all derer bildeten, die für die Sache der irischen Autonomie eintraten. Die auf diese Weise organisierten Aktivisten stellten ihrerseits eine beträchtliche Masse dar: 1913 hatte die Liga 130.000 Mitglieder bei einer katholischen Gesamtbevölkerung der Insel von drei Millionen Einwohnern (vgl. Fitzpatrick 1978, S. 127 ff.).

In zweiter Linie waren die neuen Massenbewegungen ideologisch geprägt. Sie waren mehr als schlichte Interessengruppen, die sich für bestimmte Ziele wie etwa die Rettung der Weinbauern einsetzten. Die Zahl solcher ganz spezieller Interessengruppen vervielfachte sich natürlich ebenfalls, da die Logik einer demokratisierten Politik gebot, auch die Einzelinteressen auf nationaler Ebene geltend zu machen. Doch Organisationen wie der deutsche Bund der Landwirte (der 1893 gegründet wurde und ein Jahr später bereits 200.000 Mitglieder hatte) waren nicht an eine Partei gebunden – obwohl der Bund offensichtlich mit den Konservativen sympathisierte und fast vollständig von den Großgrundbesitzern beherrscht wurde. 1898 konnte er sich auf die Unterstützung von 118 (von 397) Reichstagsabgeordneten verlassen, die fünf verschiedenen Parteien angehörten (vgl. Puhle 1975, S. 64). Im Gegensatz zu solchen Gruppen, die – wie mächtig sie auch waren – reine Sonderinteressen vertraten, repräsentierten die neuen Massenbewegungen mit ihrer Partei eine umfassende Weltanschauung. Diese Weltanschauung stellte viel eher als die konkreten politischen Programme für ihre Mitglieder und Anhänger so etwas wie eine »Bürgerreligion« dar. Jean-Jacques Rousseau, Emile Durkheim und andere Theoretiker der neuen Disziplin der Soziologie hätten darin eigentlich den »inneren Zusammenhalt« moderner Gesellschaften sehen müssen – nur ging es in diesem Fall bloß um einen partikularistischen und nicht um einen gesamtgesellschaftlichen Zusammenhalt. Religion, Nationalismus, Demokratie, Sozialismus, die Vorläuferideologien des Faschismus – sie hielten die erstmals mobilisierten Massen zusammen, was immer ihre Bewegungen sonst an materiellen Interessen vertreten mochten.

Paradoxerweise bot die Ideologie der eigenen vergangenen Revolutionen in Frankreich, den USA und dem in dieser Hinsicht noch weit traditionsreicheren England den alten oder neuen Eliten die Möglichkeit, zumindest einen Teil der neuen Mobilisierung der Massen zu kanalisieren, und zwar durch Strategien, wie sie jedem Redner zum Nationalfeiertag der USA am 4. Juli vertraut sind. Der britische Liberalismus, der Erbe der Glorious Revolution der Whigs von 1688, versäumte es nicht, sich gelegentlich auf die Königsmorde von 1649 zu berufen*, und konnte so die Entwicklung einer großen Ar-

* So bezahlte etwa der liberale Premierminister Lord Roseberry eine Statue Oliver Cromwells, die 1899 vor dem Parlamentsgebäude errichtet wurde, aus seiner Privatschatulle.

beiterpartei bis in die Zeit nach 1914 aufhalten. Der republikanische Radikalismus in Frankreich war bemüht, alle möglichen Massenmobilisierungen zu absorbieren und in sich aufzunehmen, indem er gegen seine Feinde das Banner der Republik und der Revolution schwang, was ihm zum Teil auch gelang. Die Schlagworte »Keine Feinde auf der Linken!« und »Einheit aller guten Republikaner!« trugen viel dazu bei, die neue Linke an die Männer der Mitte zu binden, die in der Dritten Republik an der Regierung waren.

In dritter Linie folgt daraus, daß die Mobilisierungen der Massen auf ihre Weise umfassend waren. Sie erschütterten den alten, lokal oder regional beschränkten Rahmen der Politik, indem sie über ihn hinauswuchsen. In jedem Fall ließ die nationale Politik in demokratisierten Ländern reiner Regionalparteien einen geringeren Spielraum, selbst in Staaten mit deutlich ausgeprägten regionalen Unterschieden wie Deutschland und Italien. So äußerte sich in Deutschland etwa der Regionalcharakter Hannovers (das erst 1866 von Preußen annektiert worden war), wo ein starkes antipreußisches Ressentiment herrschte und noch eine tiefe Loyalität gegenüber der alten Welfendynastie bewahrt wurde, lediglich in einem unwesentlich geringeren Stimmenanteil für die verschiedenen nationalen Parteien (85 gegenüber 94-100 Prozent; vgl. Hohorst et al. 1975, S. 177). Der Umstand, daß religiöse oder ethnische Minderheiten oder auch soziale und wirtschaftliche Gruppen gelegentlich auf bestimmte geographische Gebiete beschränkt waren, darf uns nicht zu Fehlschlüssel verleiten. Die neue Massenpolitik ließ sich immer weniger mit der früheren Lokalpolitik vereinbaren, die sich auf Männer von lokaler Macht und lokalem Einfluß stützte, auf die »Notabeln«, wie sie in Frankreich genannt wurden. Noch immer gab es weite Teile Europas und des amerikanischen Kontinents – insbesondere auf der iberischen und der Balkanhalbinsel, in Süditalien und Lateinamerika –, wo die lokalen »Kaziken« oder Patrone dem höchsten Bieter oder auch noch mächtigeren Patronen ganze Stimmblöcke »antragen« konnten. Der »Boss« verschwand nicht einmal aus der demokratischen Politik, nur war es dort zunehmend die Partei, die den politischen Würdenträger zum Notabeln machte oder ihn zumindest vor der Isolation und vor politischer Ohnmacht bewahrte und nicht umgekehrt. Ältere Eliten, die sich einem Wandlungsprozeß unterwarfen, um sich in die Demokratie einzufügen, konnten durchaus unterschiedliche Kombinationen zwischen der Politik lokaler Macht und Einflußnahme sowie demokratischen Verfahren entwickeln. Und tatsächlich waren die letzten Jahrzehnte des 19. und die ersten des 20. Jahrhunderts erfüllt von komplizierten Auseinandersetzungen zwischen den »Honoratioren« (wie sie in Deutschland hießen) alten Stils und den neuen politischen Funktionsträgern, lokalen

Führern oder anderen Schlüsselfiguren, die das lokale Parteivermögen verwalteten.

Die Demokratie, die auf diese Weise an die Stelle einer Politik der Honoratioren trat, ersetzte Patronage und Einfluß nicht durch »das Volk«, sondern durch die Organisation, d.h. die Wahlausschüsse, die Parteihonoratioren, die aktivistischen Minderheiten. Dieses Paradox wurde von realistischen Beobachtern bald bemerkt, die auf die entscheidende Rolle solcher Ausschüsse oder Wahlversammlungen oder auch das »eherne Gesetz der Oligarchie« hinwiesen, das Robert Michels seiner Untersuchung über die deutsche Sozialdemokratische Partei entnehmen zu können glaubte. Michels stellte bei den neuen Massenbewegungen außerdem eine Neigung zur Verehrung von Führerpersönlichkeiten fest, obgleich er diese übertrieb (vgl. Michels 1970, Teil VI, Kap. 2). Denn die Bewunderung, die zweifellos einige Führer nationaler Massenbewegungen umgab und sich in zahlreichen Porträts etwa von Gladstone äußerte, dem großen alten Mann des englischen Liberalismus, oder von Bebel, dem Führer der deutschen Sozialdemokratie, richtete sich während der hier behandelten Epoche eher auf die gemeinsame Sache, die die Anhänger vereinte, als auf den Mann selbst. Außerdem gab es genügend Massenbewegungen ohne charismatische Anführer. Als Charles Stewart Parnell 1891 den Verwicklungen seines Privatlebens und der vereinten Feindschaft der katholischen und der nonkonformistischen Moral zum Opfer fiel, ließen ihn die Iren ohne Zögern fallen – und dennoch weckte kein anderer Führer so viel persönliche Loyalität wie er, und der Parnell-Mythos überlebte den Mann noch lange Zeit.

Kurz, für die Anhänger der Parteien oder Bewegungen waren diese ihre ureigensten Repräsentanten und handelten in ihrem Interesse. So war es für die Organisation ein leichtes, den Platz ihrer Mitglieder und Anhänger einzunehmen, und für die Führer war es ebenfalls einfach, die Organisation zu beherrschen. Organisierte Massenbewegungen waren somit keineswegs Gemeinschaften von Gleichen. Aber ihre Kombination aus Organisation und Massenanhängerschaft verlieh ihnen eine enorme und kaum erwartete Eigenschaft: Sie waren potentielle Staatswesen. Die großen Revolutionen unseres Jahrhunderts sollten alte Regimes, alte Staaten und alte herrschende Klassen durch Massenbewegungen samt zugehörigen Parteien ersetzen, die als Systeme staatlicher Macht institutionalisiert waren. Dieses Potential ist um so beeindruckender, als es den älteren ideologischen Organisationen offenbar fehlte. Im Westen hatten z.B. die christlichen Kirchen weder die Absicht noch auch die Fähigkeit, sich zu einem theokratischen Regiment aufzuschwingen.* Was die siegreichen Kirchen begründeten, zumindest in der christlichen Welt, waren klerikale Regierungen, die von weltlichen Institutionen gelenkt wurden.

II

Obgleich die Demokratisierung Fortschritte machte, hatte sie noch kaum begonnen, die Politik zu verändern. Dennoch stellten ihre zum Teil bereits deutlich sichtbaren Auswirkungen die Regierenden und die Klassen, in deren Interesse sie regierten, vor äußerst schwerwiegende Probleme. In einigen Vielvölkerstaaten meldeten nationalistische Bewegungen ihre Ansprüche an, was das Problem staatlicher Einheit oder überhaupt staatlicher Existenz aufwarf. Vor allem Österreich-Ungarn ist hier zu nennen, aber selbst in Großbritannien erschütterte das Aufkommen eines massenhaften irischen Nationalismus das Gefüge der bestehenden Politik. Es gab das Problem, wie sich die Kontinuität einer im Sinne der herrschenden Eliten vernünftigen Politik wahren ließ, vor allem in wirtschaftlicher Hinsicht. Würde die Demokratie nicht zwangsläufig mit der Wirkungsweise des Kapitalismus in Konflikt geraten, wie die Geschäftswelt befürchtete? Würde sie nicht den Freihandel in England bedrohen, auf den alle Parteien wie auf eine Religion eingeschworen waren? Würde sie nicht die gesunden Finanzen und den Goldstandard in Frage stellen, den Eckpfeiler jeder seriösen Wirtschaftspolitik? Diese letzte Gefahr schien in den USA durch die Massenmobilisierung des Populismus in den 90er Jahren zu drohen, der seine leidenschaftlichsten rhetorischen Blitzstrahlen – um den großen Redner dieser Bewegung, William Jennings Bryan zu zitieren – dagegen schleuderte, daß die »Menschheit an ein Kreuz aus Gold« geschlagen sei. Doch ganz allgemein bestand das eigentliche Problem darin, die Legitimität oder überhaupt das Überleben der damaligen Gesellschaft zu garantieren, sobald diese sich mit sozialrevolutionären Massenbewegungen konfrontiert sah. Diese Drohungen erschienen um so gefahrvoller angesichts der unleugbaren Wirkungslosigkeit von Parlamenten, die sich durch demagogische Wahlkämpfe konstituierten und in unversöhnlichen Parteienstreitigkeiten aufrieben, und angesichts der offensichtlichen Korruption politischer Systeme, die nicht mehr auf unabhängigen, da vermögenden, sondern

* Das jüngste Beispiel für einen derartigen Wandel ist wahrscheinlich die Gründung des Mormonenstaates in Utah nach 1848.

zunehmend auf Männern beruhten, die ihren Aufstieg und Reichtum ihrem politischen Erfolg verdankten.

Beide Phänomene waren unmöglich zu übersehen. In demokratischen Staaten mit einer Gewaltenteilung wie den USA war die Regierung (d.h. die durch den Präsidenten vertretene Exekutive) bis zu einem gewissen Grad vom gewählten Parlament unabhängig, wenn sie auch durch dessen Gegengewicht leicht blockiert werden konnte. Im europäischen Modell eines Repräsentativsystems hingen die Regierungen, sofern sie nicht noch unter dem Schutz einer traditionellen Monarchie standen, theoretisch von gewählten Versammlungen ab. Hier kamen und gingen sie häufig wie Reisegruppen in Hotels, wenn eine parlamentarische Mehrheit nach kurzer Zeit auseinanderbrach und von einer anderen abgelöst wurde. Frankreich, das Mutterland der europäischen Demokratien, hielt vermutlich den Rekord mit 52 Regierungskabinetten in den knapp 39 Jahren zwischen 1875 und dem Ausbruch des Ersten Weltkriegs, und von diesen übten nur elf ihre Amtsgeschäfte ein Jahr oder länger aus. Allerdings tauchten dabei zumeist immer wieder dieselben Namen auf. So kann es kaum wundernehmen, daß die effektive Kontinuität von Regierung und Politik in den Händen der festangestellten, nicht durch Wahl bestimmten und unsichtbaren Amtsträger der Bürokratie lag. Und was die Korruption angeht, so war sie anscheinend ebenso gang und gäbe wie in den ersten Jahrzehnten des 19. Jahrhunderts, als z.B. die britische Regierung die mit Recht so bezeichneten »gewinnträchtigen Ämter unter der Krone« und einträglichen Pfründen unter ihren Verwandten und deren Angehörigen vergeben hatte. Auf jeden Fall war die Korruption nun sichtbarer, wenn z.B. aus eigener Kraft emporgekommene Politiker auf diese oder jene Weise aus ihrer Unterstützung für bestimmte Geschäftsleute Kapital schlugen. Sie war um so offensichtlicher, als die Unbestechlichkeit festangestellter höherer Verwaltungsbeamter und Richter, die jetzt in konstitutionellen Ländern zumeist gegen die zweifache Gefährdung durch Wahlen und Ämterpatronage – mit den USA als wesentlicher Ausnahme* – geschützt waren, nunmehr zumindest in den west- und mitteleuropäischen Ländern allgemein als gesichert angesehen wurde. Politische Korruptionsskandale kamen nicht nur in Ländern vor, in denen Geld in aller Öffentlichkeit seinen Besitzer wechselte wie in Frankreich (der Wilson-Skandal von 1885, der Panamaskandal 1892/93), sondern auch in Ländern, wo dies wesentlich verschämter vor sich ging wie in England (der

* Und selbst hier wurde 1883 eine Beamtenkommission einberufen, um die Grundlagen eines Bundesbeamtentums zu schaffen, das von der politischen Ämterpatronage unabhängig sein sollte. Dennoch spielt die Ämterpatronage in den meisten Ländern bis heute eine wichtigere Rolle, als gemeinhin angenommen wird.

Marconi-Skandal von 1913, in den zwei dieser Selfmade-Politiker verwickelt waren, Lloyd George und Rufus Isaacs, der nachmalige Lordoberrichter und Vizekönig von Indien).* Die Instabilität der parlamentarischen Mehrheiten und die politische Korruption konnten natürlich dort miteinander verknüpft sein, wo Regierungen ihre Mehrheiten in der Hauptsache auf der Grundlage des Stimmenkaufs für politische Begünstigungen bildeten, die fast zwangsläufig einen finanziellen Aspekt hatten. Wie bereits erwähnt, war Giovanni Giolitti in Italien ein Meister dieser Strategie.

Zeitgenossen aus den oberen Rängen der Gesellschaft waren sich der Gefahren einer demokratisierten Politik und ganz generell der zunehmenden Bedeutung »der Massen« schmerzhaft bewußt. Diese Besorgnis wurde nicht nur von Männern geteilt, die im öffentlichen Leben standen wie C. Benoist, dem Herausgeber von *Le Temps* und *La Revue des Deux Mondes* – zweier Bollwerke der herrschenden Meinung –, der 1897 ein Buch mit dem bezeichnenden Titel *L'Organisation du suffrage universel: La crise de l'état moderne* veröffentlicht hatte, oder wie der nachdenkliche Statthalter der Konservativen und spätere Minister Alfred Milner (1854-1925), der 1902 im privaten Kreis das britische Parlament als »diesen Mob in Westminster« bezeichnete (zit. n. Headlam 1931, Bd. 2, S. 291). Der tiefsitzende Pessimismus der bürgerlichen Kultur seit den 80er Jahren (s.S. 283 f., 324 f.) brachte zweifellos großenteils die Empfindung von Führern zum Ausdruck, die sich von ihrem früheren elitären Anhang verlassen sahen – also von jenen Angehörigen der gebildeten und kultivierten Minderheit (d.h. in erster Linie den Nachkommen der Reichen), in deren Reihen jetzt jene eindrangen, »die gerade erst aus ... ihrem Analphabetismus oder Semibarbarentum ... befreit wurden« (Escott 1897, S. 166). Diese Führer sahen sich durch die steigende Flut einer Zivilisation isoliert, die sich nach den Massen richtete.

Die neue politische Situation entwickelte sich nur schrittweise und ungleichmäßig, je nach der besonderen Geschichte der einzelnen Staaten. Das macht einen vergleichenden Überblick über die Politik der 70er und 80er Jahre des 19. Jahrhunderts schwierig, um nicht zu sagen sinnlos. Es war das plötzliche internationale Aufkommen massenhafter Arbeiter- und sozialistischer Bewegungen seit 1880 (s.Kap. 5), das zahlreiche Regierungen und herrschende

* Transaktionen innerhalb der herrschenden Elite, die bei demokratischen Beobachtern und politischen Moralisten Mißfallen erregt hätten, waren nichts Ungewöhnliches. Bei seinem Tod im Jahr 1895 schuldete Lord Randolph Churchill, der Vater von Winston Churchill und ehemaliger Schatzkanzler, dem Bankier Rothschild, dem nachgesagt wurde, von diversen Staatsanleihen zu profitieren, eine Summe von rund £ 60.000. Die Höhe dieser Schuld nach heutigen Maßstäben läßt sich durch den Umstand deutlich machen, daß diese Summe etwa 0,4 Prozent der *gesamten* Einkommensteuer Englands in diesem Jahr ausmachte (vgl. Foster 1981, S. 395).

Klassen in letztlich ähnliche Zwangslagen brachte, obgleich wir rückblickend feststellen können, daß dies nicht die einzigen Massenbewegungen waren, die den Regierungen schlaflose Nächte bereiteten. Ganz allgemein ausgedrückt brach in den meisten europäischen Staaten mit eingeschränkten konstitutionellen Rechten oder einem begrenzten Wahlrecht die politische Vorherrschaft der liberalen Bourgeoisie aus der Jahrhundertmitte (vgl. *Die Blütezeit des Kapitals,* Kap. 6, I und 13, III) im Lauf der Jahre nach 1869 im Gefolge der Großen Depression zusammen: in Belgien 1870, in England 1874, in Italien in den 70er Jahren, in Deutschland und Österreich 1879. Abgesehen von vorübergehenden Episoden erlangte die liberale Bourgeoisie nie wieder die alte Vorherrschaft. Bis 1914 entwickelte sich in Europa kein neues, eindeutiges Muster der politischen Machtverteilung. Soweit fundamentale Herausforderungen in Gestalt von Revolutions- oder Sezessionsbestrebungen von der Parlamentspolitik ferngehalten werden konnten, war es den Staatsmännern möglich, mit parlamentarischen Mehrheiten in welchselnden, aber immer staatskonformen Zusammensetzungen zu jonglieren. Und in den meisten Fällen konnten derartige Herausforderungen auch ferngehalten werden. In Großbritannien brachte lediglich das plötzliche Aufkommen eines festgefügten und militanten Blocks irischer Nationalisten in den 80er Jahren das Unterhaus ins Wanken und kurzfristig das Zusammenspiel der beiden Parteien, die ihren sittsamen Pas-de-deux vollführten, aus dem Gleichgewicht. Aber letztlich beschleunigte es 1886 nur den scharenweisen Übertritt ehemaliger millionenschwerer Adliger der Whigs und liberaler Geschäftsleute in das Lager der Torys, das sich ähnlich wie die Parteien der irischen Konservativen und der Unionisten (die eine autonome irische Republik bekämpften) zunehmend zur vereinten Partei der Großgrundbesitzer und der städtischen Großunternehmer entwickelte.

In anderen Ländern schien die Situation zwar spannungsgeladener, war aber in Wirklichkeit leichter in den Griff zu bekommen. In der restaurierten Monarchie Spaniens (1874) ermöglichte die Spaltung der geschlagenen Gegner des Systems – Republikaner auf der Linken, Karlisten auf der Rechten – Cánovas del Castillo (1828-1897), während der meisten Zeit von 1874 bis 1897 Ministerpräsident, die Politiker und die unpolitischen Wähler auf dem Land zu manipulieren. In Deutschland war es die Schwäche der unversöhnlichen Parteien, die es Bismarck erlaubte, sich in den 80er Jahren schlecht und recht durchzulavieren, und die Mäßigung der angesehenen slawischen Parteien in der Donaumonarchie kam dem eleganten Adligen und Salonlöwen Graf von Taaffe (1833-1893) zugute (Ministerpräsident 1868-1870 und 1879-1893). Die französische Rechte, die sich weigerte, die Republik zu akzeptieren, blieb bei allen

Wahlen in der Minderheit, und die Armee stellte die zivile Obrigkeit nicht in Frage; deshalb überlebte die Republik die vielfachen Krisen, von denen sie erschüttert wurde (1877, 1885-1887, 1892-1893 und während der Dreyfusaffäre 1894-1900). In Italien machte es der Vatikan mit seiner Boykottierung eines säkularistischen und antiklerikalen Staates dem Staatsmann Depretis (1813-1887) leicht, seine Politik der »Entwicklung« zu verwirklichen, d.h. ehemalige Gegner auf seine Regierung zu verpflichten.

Dennoch konnte diese Situation unmöglich von langer Dauer sein. Und wenn Regierungen sich dem Aufstieg von anscheinend unversöhnlich oppositionellen Mächten gegenübersahen, dann bestand ihre erste instinktive Reaktion zumeist in der Anwendung von Zwangsmitteln. Bismarck, der Meister in der Handhabung der Politik eines beschränkten Wahlrechts, mußte sich in den 70er Jahren mit dem organisierten Katholizismus auseinandersetzen, der dem reaktionären Vatikan »jenseits der Alpen« (von daher der Begriff der »Ultramontanen«) Loyalität schuldete, und er eröffnete den antiklerikalen »Kulturkampf«. Angesichts des Aufstiegs der Sozialdemokraten erklärte er 1879 die Partei für ungesetzlich. Da jedoch die Rückkehr zu einem unverblümten Absolutismus unmöglich war – den geächteten Sozialdemokraten wurde immerhin zugestanden, eigene Kandidaten für die Reichstagswahlen aufzustellen –, erlitt er in beiden Fällen eine Niederlage. Früher oder später – im Fall der Sozialdemokratie nach seinem Sturz im Jahr 1889 – mußten die Regierungen mit den neuen Massenbewegungen leben. Der österreichische Kaiser, in dessen Hauptstadt die Christlich-Sozialen angeblich durch Demagogie die Mehrheit errangen, weigerte sich dreimal, deren Führer Karl Lueger als Bürgermeister von Wien zu akzeptieren, bevor er sich 1897 in das Unvermeidliche fügte. 1886 unterdrückte die Regierung in Brüssel mit militärischer Gewalt die Welle von Streiks und Aufständen belgischer Arbeiter – die in Europa mit am schlechtesten bezahlt wurden – und warf alle sozialistischen Anführer ins Gefängnis, ob sie an den Unruhen beteiligt waren oder nicht. Trotzdem gestand sie sieben Jahre später nach einem wirksamen Generalstreik eine Art allgemeines Wahlrecht zu. Italienische Regierungen schossen 1893 sizilianische Bauern und 1898 mailändische Arbeiter nieder. Erst nachdem es in Mailand 50 Tote gegeben hatte, änderten sie ihren Kurs. Ganz allgemein bezeichnen die 90er Jahre, das Jahrzehnt des Aufstiegs des Sozialismus als Massenbewegung, die Wende, mit der ein Zeitalter neuer politischer Strategien seinen Ausgang nahm.

Man mag es überraschend finden, daß damals keine Regierung ernsthaft eine Absage an konstitutionelle und parlamentarische Systeme in Erwägung gezogen hat. Denn *nach* 1918 sollten sich der liberale Konstitutionalismus und die repräsentative Demokratie in der Tat auf breiter Front zurückziehen, wenn sie auch nach 1945 teilweise wiederhergestellt wurden. In unserer Periode war dies nicht der Fall. Selbst im zaristischen Rußland führte die Niederschlagung der Revolution von 1905 nicht zur totalen Abschaffung der Wahlen und des Parlaments (der Duma). Anders als 1849 (vgl. *Die Blütezeit des Kapitals*, Kap. 1) kam es nicht zu einer simplen Rückkehr zur Reaktion, auch wenn Bismarck am Ende seiner Machtperiode mit dem Gedanken spielte, die Verfassung außer Kraft zu setzen oder abzuschaffen. Die bürgerliche Gesellschaft mochte voll Beklommenheit ihrer Zukunft entgegensehen, aber sie war selbstbewußt genug, nicht zuletzt weil die weltweit vorwärtsrollende Wirtschaftswelle einen Pessimismus kaum rechtfertigte. Selbst die politisch Gemäßigten (sofern sie keine unmittelbar entgegenstehenden diplomatischen oder finanziellen Interessen verfolgten) blickten erwartungsvoll einer russischen Revolution entgegen, von der man allgemein annahm, sie werde einen Schandfleck auf der Karte der europäischen Zivilisationen tilgen, und tatsächlich wurde die Revolution von 1905 in Rußland selbst – im Gegensatz zu der vom Oktober 1917 – von den Mittelschichten und Intellektuellen begeistert unterstützt. Sonstige Rebellionen waren unbedeutend. Die Regierungen blieben während der anarchistischen Epidemie politischer Morde in den 90er Jahren bemerkenswert gelassen, der doch immerhin zwei Monarchen, zwei Präsidenten und ein Premierminister zum Opfer fielen*, und nach 1900 machte sich über den Anarchismus außerhalb von Spanien und Teilen Lateinamerikas niemand mehr ernsthafte Gedanken. Beim Ausbruch des Krieges 1914 legte der französische Innenminister nicht einmal Wert darauf, die (hauptsächlich anarchistischen und anarcho-syndikalistischen) Revolutionäre und antimilitaristischen Umstürzler zu verhaften, die als Staatsfeinde galten und von denen die Polizei seit langem eigens zu diesem Zweck eine Liste angefertigt hatte.

So wenig die bürgerliche Gesellschaft sich insgesamt (im Gegensatz zu den Jahrzehnten nach 1917) ernsthaft und unmittelbar bedroht fühlte, so wenig waren ihre im 19. Jahrhundert gepflegten Werte und ihre historischen Erwartungen bislang untergraben worden. Sie hielt an ihrer Überzeugung fest, daß ein zivilisiertes Verhalten, das Prinzip der Rechtsstaatlichkeit und liberale Institutionen ihren jahrhundertelangen Siegeszug auch weiterhin fortsetzen würden. Noch immer gab es allenthalben Barbarei, insbesondere – wie die »feine Gesellschaft« glaubte – in den unteren Schichten und natürlich bei den

* König Umberto von Italien, Kaiserin Elisabeth von Österreich, die Präsidenten Sadi Carnot von Frankreich und McKinley aus den USA und Premierminister Cánovas del Castillo aus Spanien.

inzwischen zum Glück kolonialisierten »unzivilisierten« Völkern. Noch immer gab es selbst in Europa Staaten wie das Zaren- und das Osmanische Reich, in denen die Lichter der Aufklärung nur schwach flackerten oder noch gar nicht angezündet waren. Andererseits zeigten gerade die Skandale, von denen die nationale oder internationale Meinung zutiefst bewegt wurde, wie hoch in der bürgerlichen Welt in Friedenszeiten die Erwartungen an ein »zivilisiertes« Verhalten waren: die Dreyfus-Affäre (die Weigerung, einem einzigen Justizirrtum nachzugehen), die Affäre Ferrer Guardia 1909 (die Hinrichtung eines spanischen Pädagogen, der zu Unrecht beschuldigt wurde, in Barcelona zum Aufstand aufgerufen zu haben), die Zabernaffäre 1913 (20 Demonstranten wurden eine Nacht lang von Offizieren der deutschen Garnison in der elsässischen Stadt Zabern in Arrest genommen). Vom späten 20. Jahrhundert aus können wir nur mit melancholischer Ungläubigkeit auf eine Zeit zurückblicken, in der man noch glaubte, Massaker, wie sie heute fast überall an der Tagesordnung sind, seien das ausschließliche Monopol von Türken und »Primitiven«.

III

Deshalb entschieden sich die herrschenden Klassen für die neuen Strategien, auch wenn sie nach Kräften bemüht waren, die Auswirkungen der Massenmeinung und der Massenwählerschaft auf ihre eigenen und die staatlichen Interessen sowie auf die Gestaltung und Kontinuität der hohen Politik zu beschränken. Ihr Hauptangriff galt der Arbeiterbewegung und den Sozialisten, die um 1890 plötzlich international als eine Massenerscheinung aufkamen (s.Kap. 5). Wie sich herausstellte, ließ sich mit ihnen besser zurechtkommen als mit den nationalistischen Bewegungen, die zur selben Zeit entstanden oder dort, wo sie bereits existierten, in eine neue Phase des militanten Autonomismus oder Separatismus eintraten (s.Kap. 6). Was die Katholiken angeht, so waren sie vergleichsweise leicht zu integrieren, sofern sie sich nicht mit einem autonomistischen Nationalismus identifizierten, da sie sozialkonservativ waren – das galt auch für die seltenen Fälle der christlich-sozialen Parteien wie die von Karl Lueger – und sich im allgemeinen mit der Garantie bestimmter kirchlicher Interessen zufriedengaben.

Die Integration von Arbeiterbewegungen in das institutionalisierte Spiel der Politik war insofern schwierig, als die Arbeitgeber, konfrontiert mit Streiks und Gewerkschaften, sichtlich weniger bereit waren als die Politiker, ihre

Samthandschuhe anzuziehen, statt mit harter Faust durchzugreifen – selbst in den friedlichen skandinavischen Ländern. Die Großunternehmen gebärdeten sich in dieser Hinsicht aufgrund ihrer wachsenden Macht besonders widerspenstig. In den meisten Ländern, vor allem in den USA und Deutschland, standen die Arbeitgeber als Klasse den Gewerkschaften bis 1914 unversöhnlich gegenüber, und selbst in England, wo die letzteren seit langem im Prinzip und häufig auch in der Praxis akzeptiert wurden, kam es in den 90er Jahren zu einer Gegenoffensive der Unternehmer, obgleich Vertreter der Regierung eine Politik des Ausgleichs betrieben und die Führer der Liberalen Partei alles taten, um die Arbeiter zu beschwichtigen und politisch an sich zu binden. Es gab auch politisch überall dort Probleme, wo die neuen Arbeiterparteien auf nationaler Ebene jeden Kompromiß mit dem bürgerlichen Staat und System ablehnten – auf der lokalen Ebene waren sie nur selten so unnachgiebig –, und das taten alle, die der marxistisch dominierten Internationale von 1889 anhingen. (Nichtrevolutionäre oder nichtmarxistische Arbeiterparteien warfen dieses Problem nicht auf.) Doch um die Jahrhundertwende zeigte sich deutlich, daß in sämtlichen sozialistischen Bewegungen ein gemäßigter oder reformistischer Flügel herangewachsen war; selbst bei den Marxisten hatte dieser seinen Ideologen in Eduard Bernstein gefunden, der gesagt hatte, die Bewegung sei alles, das Endziel nichts, und dessen taktlose Forderung nach einer Revision der marxistischen Theorie in der sozialistischen Welt nach 1897 Empörung, Zorn und eine leidenschaftliche Debatte auslöste. In der Zwischenzeit konnte die Politik der Massendemokratie, selbst von den meisten marxistischen Parteien begeistert befürwortet, weil auf diese Weise das Anwachsen ihrer Armeen besonders gut sichtbar wurde, gar nicht anders, als die Parteien ohne großes Aufsehen in das System zu integrieren.

Gewiß war es noch nicht möglich, Sozialisten in eine Regierung aufzunehmen. Man konnte nicht einmal von ihnen erwarten, daß sie »reaktionäre« Politiker und Regierungen tolerierten. Trotzdem hatte eine Strategie, zumindest die gemäßigten Repräsentanten der Arbeiterschaft für ein breiteres Reformbündnis zu gewinnen, das alle Demokraten, Republikaner, Antiklerikalen oder »Männer aus dem Volk« insbesondere gegen die mobilisierten Feinde dieser guten Ziele vereinte, günstige Aussichten auf Erfolg. Systematisch wurde sie in Frankreich seit 1899 von Waldeck-Rousseau (1846-1904) verfolgt, dem Architekten einer Regierung des republikanischen Blocks; gegen die Feinde der Republik, von denen er für alle sichtbar in der Dreyfusaffäre herausgefordert wurde; in Italien von Zanardelli, dessen Regierung von 1903 von der Unterstützung durch die extreme Linke abhing, und später von Giolitti, dem großen Drahtzieher und Vermittler. In England schlossen die Liberalen – nach einigen Schwierigkeiten in den 90er Jahren – 1903 ein Wahlbündnis mit dem jungen Labour Representation Committee, das diesem die Möglichkeit gab, 1906 unter dem Namen Labour Party mit einigen Abgeordneten ins Unterhaus einzuziehen. In anderen Ländern brachte das gemeinsame Interesse an einer Ausweitung des Wahlrechts Sozialisten und andere Demokraten zusammen; so in Dänemark, wo sich 1901 – zum erstenmal in einem europäischen Land – eine Regierung auf die Unterstützung durch eine sozialistische Partei verlassen mußte und konnte.

Der Grund für diese Versöhnungsangebote aus der parlamentarischen Mitte an die extreme Linke war im allgemeinen nicht die Notwendigkeit einer sozialistischen Unterstützung, denn selbst große sozialistische Parteien waren Minderheiten, die man in den meisten Fällen mühelos aus dem parlamentarischen Spiel hätte heraushalten können, wie man dies in Europa nach dem Zweiten Weltkrieg mit kommunistischen Parteien vergleichbarer Größe getan hat. Die deutschen Regierungen stellten die gefürchtetste all dieser Parteien durch eine sogenannte »Sammlungspolitik« kalt, indem sie ihre Mehrheiten aus den garantiert antisozialistischen Konservativen, Katholiken und Liberalen bildeten. Es war vielmehr das Bestreben, alle Möglichkeiten auszuschöpfen, wie sich diese wilden Tiere in den politischen Wäldern bändigen ließen. Die Strategie der sanften Umarmung führte zu unterschiedlichen Ergebnissen, und die Starrköpfigkeit der Unternehmer, die an Zwangsmaßnahmen festhielten und Konfrontationen mit den Massen der Industriearbeiter provozierten, machte es nicht leichter, aber im großen und ganzen funktionierte diese Strategie zumindest insofern, als es ihr gelang, die großen Arbeiterbewegungen in einen gemäßigten und einen unversöhnlichen radikalen Flügel zu spalten sowie den letzteren – im allgemeinen die Minderheit – zu isolieren.

Die Demokratie war freilich um so leichter zu zähmen, je weniger die Massen Grund zur Unzufriedenheit hatten. Deshalb gehörte zur neuen Strategie die Bereitschaft, sozialreformerische und sozialpolitische Programme in Angriff zu nehmen, was die klassische liberale Auffassung von einem Staat untergrub, der sich aller Eingriffe in die Sphäre des privaten Unternehmertums und der individuellen Selbsthilfe enthalten sollte. Den britischen Juristen A.V. Dicey (1835-1922) schauderte vor der Dampfwalze des Kollektivismus, die sich 1870 in Bewegung gesetzt habe und die Landschaft der individuellen Freiheit zu einer zentralisierten und nivellierenden Tyrannei von Schulspeisungen, Krankenkassen und Rentenversicherungen einebne. Und in gewisser Hinsicht hatte er damit recht. Bismarck hatte als kluger Kopf bereits in den 80er Jahren beschlossen, der sozialistischen Agitation durch ein ehrgeiziges Programm zur Sozialversicherung das Wasser abzugraben, und Österreich und die liberalen britischen Regierungen von 1906-1914 (Altersversorgung, Arbeitsämter, Kranken- und Arbeitslosigkeitsversicherung) sowie nach einigem Zögern auch Frankreich (Rentenversicherungen 1911) folgten dem von ihm eingeschlagenen Weg. Merkwürdigerweise lagen die skandinavischen Länder, die heute als Sozialstaaten par exellence gelten, hierin zu jener Zeit weit zurück, und einige andere Länder machten nur förmliche Gebärden in diese Richtung, während die USA eines Carnegie, Rockefeller oder Morgan überhaupt nichts dergleichen unternahmen. In jenem Paradies des freien Unternehmertums blieb sogar die Kinderarbeit vom Bundesgesetz unangetastet, obgleich es 1914 selbst in Italien, Bulgarien und Griechenland Gesetze gab, die sie formal verboten. Eine gesetzliche Unfallversicherung, wie es sie 1905 bereits allgemein gab, war für den US-Kongreß ohne Interesse und wurde von den Gerichten als verfassungswidrig verurteilt. Mit Ausnahme der Versicherungen in Deutschland waren diese sozialpolitischen Programme bis kurz vor Ausbruch des Ersten Weltkriegs bescheiden, aber auch dort trugen sie kaum etwas dazu bei, den Siegeszug der Sozialdemokraten aufzuhalten. Trotzdem war die Marschrichtung vorgegeben, wobei die protestantischen Länder Europas und Australasien die schnelleren Fortschritte machten.

Dicey hatte außerdem recht, als er das zwangsläufig immer stärkere Wachstum des Staatsapparats und dessen zunehmende Bedeutung betonte, nachdem man einmal das Prinzip der Nichteinmischung in die Wirtschaft aufgegeben hatte. Nach unseren heutigen Maßstäben blieb die Beamtenbürokratie bescheiden, obgleich sie in hohem Tempo anwuchs – nirgends mehr als in England, wo sich die Zahl der im öffentlichen Dienst Beschäftigten zwischen 1891 und 1911 verdreifachte. 1914 schwankte ihr Anteil an der Gesamtheit der Erwerbstätigen in Europa zwischen drei Prozent in Frankreich – eine etwas überraschende Tatsache – und maximal 5,5 bis 6 Prozent in Deutschland sowie – eine nicht weniger überraschende Beobachtung – in der Schweiz (vgl. Flora 1983, Kap. 5). Zum Vergleich: In den 70er Jahren unseres Jahrhunderts lag er in den EG-Ländern zwischen 10 und 13 Prozent der erwerbstätigen Bevölkerung.

Aber ließ sich die Loyalität der Massen nicht auch ohne eine teure Sozialpolitik gewinnen, die die Unternehmergewinne schmälerte, von denen die Wirtschaft abhing? Wie wir gesehen haben war man überzeugt, daß der Imperialismus nicht nur diese Sozialreformen gewährleisten würde, sondern daß er außerdem populär sei. Und wie sich noch zeigen sollte, barg ein Krieg, zumindest die Aussicht auf einen erfolgreich geführten Krieg, sogar noch ein größeres demagogisches Potential. Die britische Regierung der Konservativen benutzte den Burenkrieg (1899-1902), um ihre liberalen Gegner bei den »Khaki-Wahlen« von 1900 hinwegzufegen, und der US-amerikanische Imperialismus mobilisierte 1898 die Popularität von Kanonen erfolgreich für einen Krieg gegen Spanien. Überhaupt hatten die herrschenden Eliten der USA unter der Führung Theodore Roosevelts (1858-1919, Präsident 1901-1909) gerade erst den revolvertragenden Cowboy als Symbol des wahren Amerikanismus, der Freiheit und der einheimischen weißen Tradition entdeckt, die gegen die eindringenden Horden von Einwanderern aus den Unterschichten und gegen die unkontrollierbare Großstadt verteidigt werden mußten. Dieses Symbol wurde seither weidlich ausgebeutet.

Das Problem reichte jedoch weiter. Konnte man den Regierungen der Staaten und herrschenden Klassen im Bewußtsein der demokratisch mobilisierten Massen zu einer neuen Legitimität verhelfen? Die Geschichte der hier behandelten Periode weist zahlreiche Versuche auf, eine Antwort auf diese Frage zu finden. Eine Lösung drängte, da die früheren Mechanismen der sozialen Unterordnung allzuoft versagten. So verloren die deutschen Konservativen - im wesentlichen die Partei der Wähler, die loyal zu den Großgrundbesitzern und Adligen standen – zwischen 1881 und 1912 die Hälfte ihrer Wählerschaft, einfach deshalb, weil 71 Prozent ihrer Anhänger in Dörfern mit unter 2000 Einwohnern ansässig waren, deren Anteil an der Gesamtbevölkerung ständig zurückging, und nur fünf Prozent in Großstädten von über 100.000 Einwohnern wohnten, die einen ungebrochenen Zustrom von Landbewohnern erlebten. Die alten Loyalitäten lebten wohl noch auf den Gütern der pommerschen Junker fort, wo die Konservativen bis zu 50 Prozent der Stimmen hielten, aber selbst in Preußen konnten sie nur elf bis zwölf Prozent der Wählerstimmen für sich mobilisieren (berechnet nach Hohorst et al. 1975, S. 179). Die Lage jener anderen Herrenklasse, des liberalen Bürgertums, war sogar noch dramatischer. Sie hatte triumphiert, indem sie den gesellschaftlichen Zusammenhalt der alten Hierarchien und Gemeinschaften zerstörte, Marktbeziehungen gegen mitmenschliche Beziehungen setzte, Gesellschaft gegen Gemeinschaft – und als die Massen die politische Bühne betraten und ihre eigenen Interessen wahrnahmen, bekämpften sie all das, wofür dieser bürgerliche Liberalismus stand. Nirgends wurde dies deutlicher als in Österreich, wo die Liberalen bis zum Ende des Jahrhunderts auf einen kümmerlichen, isolierten Rest wohlhabender deutscher und deutsch-jüdischer Stadtbewohner dezimiert wurden. Der Stadtbezirk von Wien, ihre Hochburg in den 60er Jahren, fiel an Radikaldemokraten, Antisemiten, die neue Christlich-Soziale Partei und schließlich an die Sozialdemokraten. Selbst in Prag, wo dieser bürgerliche Kern von sich behaupten konnte, die Interessen der kleinen und schrumpfenden deutschsprachigen Minderheit aus allen Klassen zu vertreten (etwa 30.000 und um 1900 gerade sieben Prozent der Bevölkerung), konnten sie weder die deutschnationalen (völkischen) Studenten und Kleinbürger noch die Sozialdemokraten oder die politisch indifferenten deutschen Arbeiter und/oder selbst einen gewissen Anteil der Juden bei der Stange halten (vgl. Cohen 1981, S. 92 f.).

Und wie verhielt es sich mit den Staaten selbst, die in der Regel noch immer durch Monarchen repräsentiert wurden und in denen die republikanische wie auch die nationalistische Agitation keineswegs unbedeutend war? Konnte der Anspruch des Staates auf die Loyalität aller seiner Untertanen oder Bürger als Selbstverständlichkeit gelten?

Das war folgerichtig der Zeitpunkt, zu dem Regierungen, Intellektuelle und Männer des Wirtschaftslebens die politische Bedeutung der Irrationalität entdeckten. Die Intellektuellen schrieben, doch die Regierungen handelten. »Jeder, der sich daranmacht, sein politisches Denken auf eine Überprüfung der Wirkungsweise der menschlichen Natur zu gründen, muß als erstes versuchen, seine eigene Neigung zu überwinden, die Verstandeskräfte der Menschheit zu übertreiben« – dies schrieb der britische Politikwissenschaftler Graham Wallas (1908, S. 21) in dem Bewußtsein, daß er zugleich einen Nachruf auf den Liberalismus des 19. Jahrhunderts verfaßte. So wurde das politische Leben zusehends ritualisiert und erfüllt von – unmittelbar kenntlichen wie sublimen – Symbolen und Werbeappellen. Da die althergebrachten, zumeist religiösen Methoden zur Sicherung von Unterwerfung, Gehorsam und Loyalität kaum noch taugten, wurde das inzwischen offen zutagetretende Bedürfnis nach einem Ersatz durch die *Erfindung* von Tradition befriedigt, indem man sich sowohl alter und erprobter als auch neuer Mittel zur Weckung von Emotionen bediente: z.B. der Krone und militärischen Ruhms, imperialen Stolzes und kolonialer Eroberungen (s.Kap. 3).

Teils vollzog sich diese Entwicklung von oben, teils von unten. Die Regierungen und die herrschenden Eliten wußten zweifellos was sie taten, als sie neue Nationalfeiertage einrichteten wie den 14. Juli in Frankreich (1880) oder eine Ritualisierung der Monarchie wie in England betrieben, die seit ihren Anfängen in den 80er Jahren immer hierarchischer und zeremonieller wurde (vgl. Cannadine 1983). So unterschied denn auch der maßgebende Kommentator der britischen Verfassung nach der Wahlrechtsreform von 1867 hellsichtig zwischen den »effizienten« Elementen der Regierungsgeschäfte und den »schmückenden« Elementen, deren Aufgabe es sei, die Massen bei Laune zu halten, während sie regiert wurden.* Die Massen aus Marmor und turmhoch geschichteten Steinquadern, mit denen auf eine Stärkung ihrer Legitimität bedachte Staatsregierungen – insbesondere das junge Deutsche Reich – ihre leeren Räume füllten, wurden von oben verordnet, und ihr Bau mehrte weniger den künstlerischen Ruhm zahlreicher Baumeister und Bildhauer als deren Vermögen. Die britischen Krönungsfeierlichkeiten wurden nunmehr ganz bewußt als politisch-ideologische Unternehmungen inszeniert, um die Aufmerksamkeit der Massen zu fesseln.

Freilich füllten derartige emotional befriedigende Riten und Symbole bloß eine Lücke, die der politische Rationalismus der liberalen Ära gelassen hatte: durch die neuen Notwendigkeiten, sich an die Massen zu wenden, und durch die Veränderung der Massen selbst. In dieser Hinsicht verlief die Erfindung von Traditionen parallel zu den kommerziellen Entdeckungen des Massenmarktes, -schauspiels und der Massenunterhaltung, die in dieselben Jahrzehnte fallen. Die Werbeindustrie, die sich in den USA bereits nach dem Bürgerkrieg Bahn gebrochen hatte, kam jetzt erstmals zu ihrem Recht. Das moderne Plakat wurde in den beiden letzten Jahrzehnten des 19. Jahrhunderts geboren, die Psychologie »der Massen« zu einem beliebten Gesprächsthema bei französischen Professoren wie bei US-amerikanischen Werbegurus. Ein und derselbe gemeinsame sozialpsychologische Rahmen verband das jährlich stattfindende »Königliche Turnier« (eine 1880 eingeführte öffentliche Schaustellung des Ruhms und der dramatischen Taten der britischen Streitkräfte) und die Festbeleuchtung an der Strandpromenade von Blackpool, dem Tummelplatz der neuen proletarischen Urlauber, Königin Viktoria und das Kodak-Girl (ein Produkt der 90er Jahre), die Hohenzollerndenkmäler Kaiser Wilhelms und die Plakate von Toulouse-Lautrec mit Darstellungen berühmter Varietékünstler und -künstlerinnen.

Die von oben ausgehenden Initiativen hatten natürlich immer dann besonderen Erfolg, wenn sie sich spontane und undefinierte einfache Gefühle zunutze machten und diese manipulierten. Der 14. Juli in Frankreich setzte sich als echter Nationalfeiertag durch, da er sowohl die Bindung der unteren Bevölkerung an die Große Revolution als auch das Bedürfnis nach einem institutionalisierten Volksfest ansprach (vgl. Sanson 1976, S. 42). Der Regierung des Deutschen Reiches gelang es trotz gewaltiger Massen an steinernen Quadern und Marmor nicht, Kaiser Wilhelm I. als Vater der Nation durchzuset-

* Die Unterscheidung stammt von Walter Bagehot, *The English Constitution*, erstmals veröffentlicht in der *Fortnightly Review* (1865-67) im Rahmen der Debatte um die zweite Reform Bill, d.h. über die Gewährung des Stimmrechts für Arbeiter.

zen, schlug aber dafür Kapital aus der inoffiziellen nationalen Begeisterung, aus der heraus Hunderte von »Bismarcksäulen« zum Gedenken an den großen Staatsmann nach dessen Tod errichtet wurden, der von Kaiser Wilhelm II. (Regierungszeit 1888-1918) in Ungnaden entlassen worden war. Andererseits wurde der inoffizielle Nationalismus mit dem »Kleindeutschland«, dem er sich so lange widersetzt hatte, durch militärische Macht und Großmachtstreben ausgesöhnt, wie der Triumph des Liedes »Deutschland, Deutschland über alles« als Nationalhymne über gemäßigtere Vorschläge sowie der Sieg der neuen preußisch-deutschen schwarz-weiß-roten Fahne über die ältere schwarz-rot-goldene von 1848 bezeugen – beides Entscheidungen, die in den letzten Jahren des vorigen Jahrhunderts fielen (vgl. John 1976, S. 36-39).

Auf diese Weise führten die politischen Regimes einen stillschweigenden Kampf um die Kontrolle über die Symbole und die Riten der Zugehörigkeit zum »Staatsvolk«, nicht zuletzt auf dem Weg über die Kontrolle des öffentlichen Schulwesens (insbesondere der Grundschulen und der Erziehung im »rechten« Geist) und, wo die Kirchen politisch unzuverlässig waren, durch das Bestreben, die großen Zeremonien von Geburt, Hochzeit und Tod zu kontrollieren. Unter allen derartigen Symbolen waren die vermutlich wirksamsten die Musik, in ihren politischen Formen der Nationalhymne und des Militärmarsches – beide wurden in diesem Zeitalter bei jeder passenden und unpassenden Gelegenheit gespielt* – und vor allem die Nationalflagge. Wo es keine Monarchie mehr gab, konnte die Fahne selbst zur eigentlichen Verkörperung von Staat, Nation und Gesellschaft werden wie in den USA, wo die Praxis der Fahnenverehrung als tägliches Ritual in den Schulen des Landes sich seit dem Ende der 80er Jahre ausbreitete, bis sie schließlich überall geübt wurde (vgl. Davies 1955, S. 218-222).

Glücklich die Regierung, die sich darauf stützen konnte, allgemein anerkannte Symbole einzusetzen wie der britische Monarch, der sogar den alljährlichen Reigen seiner öffentlichen Auftritte bei einem Fest des Proletariats, dem Fußballpokalendspiel begann und auf diese Weise die Konvergenz von öffentlichem Massenritual und Massenschauspiel unterstrich. In dieser Zeit nahmen die öffentlichen Zeremonienräume, z.B. rund um die neuen deutschen Nationaldenkmäler sowie die neuen Sporthallen und Stadien, die ebenfalls als politische Zonen dienen konnten, um ein Vielfaches zu. Ältere Leser erinnern sich vielleicht noch an die Reden Hitlers im Berliner Sportpalast. Glücklich die Regierung, die sich wenigstens mit einer großen Sache in

* Zwischen 1890 und 1910 gab es mehr musikalische Bearbeitungen der britischen Nationalhymne als jemals zuvor oder danach (vgl. Cannadine 1983, S. 130).

Verbindung bringen konnte, die von den Massen unterstützt wurde, wie die Revolution und die Republik in Frankreich und den USA.

Denn die Staaten und Regierungen konkurrierten um Symbole der Zusammengehörigkeit und der emotionalen Loyalität mit den inoffiziellen Massenbewegungen, die ihre eigenen Gegensymbole wie die sozialistische »Internationale« errichten konnten, nachdem die alte Hymne der Revolution, die Marseillaise, vom Staat mit Beschlag belegt worden war (vgl. Dommanget 1971, S. 138). Obgleich die deutschen und österreichischen sozialistischen Parteien im allgemeinen als die Extrembeispiele für solche eigenen Gemeinschaften, Gegengesellschaften und Gegenkulturen angeführt werden (s.Kap. 5), waren sie in Wirklichkeit nur unvollkommene Separatisten, da sie mit der offiziellen Kultur durch ihren Glauben an Bildung (d.h. das staatliche Schulwesen), an Vernunft und Wissenschaft und an die Werte der (bürgerlichen) Geisteswissenschaften – die »klassische« Philologie – verbunden waren. Schließlich waren sie die Erben der Aufklärung. Es waren religiöse und nationale Bewegungen, die mit dem Staat rivalisierten, indem sie konkurrierende Schulsysteme auf sprachlicher oder konfessioneller Grundlage errichteten. Dennoch zeichneten sich alle Massenbewegungen, wie wir im Fall Irland gesehen haben, durch die Tendenz aus, einen Komplex von Verbänden und Gegengemeinschaften mit Loyalitätszentren zu errichten, die dem Staat Konkurrenz machten.

IV

Gelang es den politischen Gemeinwesen und herrschenden Klassen Westeuropas, diese potentiell oder tatsächlich subversiven Massenmobilisierungen in den Griff zu bekommen? In den Jahrzehnten bis 1914 war dies im allgemeinen der Fall – mit Ausnahme Österreichs, jenes Konglomerats aus verschiedenen Nationalitäten, die alle ihre Zukunftsaussichten außerhalb des Landes suchten, jetzt nur noch durch das lange Leben seines alten Kaisers Franz Joseph (Regierungszeit 1848-1916) zusammengehalten, durch die Verwaltung einer skeptischen und rationalistischen Bürokratie sowie dadurch, daß es für einige der nationalen Minderheiten das kleinste Übel darstellte. Im großen und ganzen ließen sie sich in das System integrieren. Für die Mehrzahl der Staaten des bürgerlichen und kapitalistischen Westens – die Situation in anderen Teilen der Welt war, wie wir noch sehen werden (s.Kap. 12), völlig anders – war die Periode von 1875-1914 und ganz besonders die von 1900 bis zum Ausbruch des Ersten Weltkriegs trotz aller Unruhen und Abweichungen von der Normalität eine Zeit der politischen Stabilität.

Bewegungen, die das System ablehnten, wie der Sozialismus, waren in seinem Netz gefangen oder konnten sogar – wenn sie genügend machtlos blieben – als Katalysatoren für den Konsens der Mehrheit dienen. Das war möglicherweise die Funktion der »Reaktion« in der Französischen Republik oder des Antisozialismus im Deutschen Reich: Nichts ließ die Menge enger zusammenrücken als der gemeinsame Feind. Selbst des Nationalismus konnte man gelegentlich Herr werden. Der walisische Nationalismus kam der Stärkung des Liberalismus zugute, seine Galionsfigur Lloyd George wurde sogar Minister der Regierung und oberster demagogischer Bändiger des demokratischen Radikalismus und der Arbeiterschaft, an deren Versöhnung mit dem Staat er wesentlichen Anteil hatte. Nach den spannungsreichen Jahren 1879-1891 war der irische Nationalismus durch die Agrarreform und die politische Abhängigkeit vom britischen Liberalismus anscheinend besänftigt worden. Der Extremismus der Alldeutschen wurde durch den Militarismus und Imperialismus des Deutschen Reiches unter Wilhelm II. mit der »kleindeutschen Lösung« versöhnt. Selbst die Flamen in Belgien blieben nach wie vor innerhalb des Geheges der katholischen Partei, die die Existenz des unitarischen binationalen Staates nicht in Frage stellte. Die unversöhnlichen Elemente der Ultras auf dem linken und rechten Flügel konnten isoliert werden. Die großen sozialistischen Bewegungen verkündeten zwar die unvermeidliche Revolution, aber vorläufig gab es andere Dinge, um die sie sich kümmern mußten. Als 1914 der Krieg ausbrach, schlossen sich die meisten von ihnen in patriotischer Eintracht ihrer Regierung und der herrschenden Klasse an. Die einzige wichtige westeuropäische Ausnahme bestätigte im Grunde nur die Regel. Denn die britische Independent Labour Party, die sich weiterhin dem Krieg widersetzte, tat dies, weil sie die lange pazifistische Tradition des britischen Nonkonformismus und des bürgerlichen Liberalismus teilte – wodurch England zum einzigen Land wurde, in dessen Kabinett im August 1914 liberale Minister aus solchen Motiven ihren Rücktritt erklärten: John Morley, der Gladstone-Biograph, und John Burns, ehemaliger Führer der Arbeiterbewegung.

Die sozialistischen Parteien die den Krieg akzeptierten, taten dies häufig ohne Enthusiasmus und in der Hauptsache deshalb, weil sie befürchteten, von ihren Anhängern verlassen zu werden, die in spontaner Begeisterung zu den Fahnen eilten. In Großbritannien, wo es keine Wehrpflicht gab, meldeten sich zwischen August 1914 und Juni 1915 zwei Millionen Freiwillige zum Heer – ein melancholischer Beweis für den Erfolg einer Politik der integrativen Demokratie. Nur dort, wo der Versuch, auch die Armen der Bevölkerung zu einer Identifizierung mit Nation und Staat zu bewegen, noch kaum ernsthaft begonnen worden war wie in Italien oder wo er wenig erfolgreich sein konnte wie bei den Tschechen, standen die Massen 1914 dem Krieg gleichgültig bis ablehnend gegenüber. Die massenhafte Antikriegsbewegung nahm erst wesentlich später ernsthaft ihren Anfang.

Da die Regierungen mit der politischen Integration erfolgreich waren, mußten sie lediglich der unmittelbaren Herausforderung direkter Aktionen begegnen. Diese Formen der Unruhe nahmen sicherlich zu, vor allem in den letzten Jahren vor Kriegsausbruch. Doch sie bedeuteten eher eine Gefährdung der öffentlichen Ordnung als des Gesellschaftssystems, da in den entscheidenden Ländern der bürgerlichen Gesellschaft keine revolutionäre oder auch nur vorrevolutionäre Situation bestand. Die Aufstände der südfranzösischen Weinbauern, die Meuterei des 17. Regiments, das gegen sie eingesetzt wurde (1907), gewalttätige, fast an einen Generalstreik grenzende Arbeitsniederlegungen in Belfast (1907), Liverpool (1911) und Dublin (1913), ein Generalstreik in Schweden (1908), selbst die »tragische Woche« von Barcelona (1909) waren zu schwach, um die Fundamente der politischen Systeme zu erschüttern. Sie waren allerdings ernst zu nehmen, nicht zuletzt als Symptome der Anfälligkeit komplexer Wirtschaften. 1912 verkündete der britische Premier Asquith trotz der sprichwörtlichen Unerschütterlichkeit des britischen Gentlemans unter Tränen den Rückzug der Regierung vor einem Generalstreik der Grubenarbeiter.

Solche Phänomene dürfen nicht unterschätzt werden. Selbst wenn die Zeitgenossen nicht wußten, was danach kommen würde, hatten sie in diesen letzten Jahren vor dem Krieg häufig das Gefühl, als würde ihre Gesellschaft erzittern wie die Erde bei der Ankündigung eines größeren Erdbebens. Es waren Jahre, in denen drohende Schatten der Gewalt in der Luft über den Ritz-Hotels und den Landsitzen hingen. Sie unterstrichen die Vergänglichkeit und Gebrechlichkeit der politischen Ordnung der Belle Epoque.

Andererseits dürfen wir sie aber auch nicht überbewerten. Soweit es die Kernländer der bürgerlichen Gesellschaft betraf, war es die Lage in Rußland, im Habsburgerreich und auf dem Balkan und nicht in Westeuropa oder auch im Deutschen Reich, die den Bestand der Belle Epoque und ihren Frieden zunichte machte. Die politische Situation in England am Vorabend des Krieges war nicht durch die Revolte der Arbeiter gefährdet, sondern durch die Spaltung in den eigenen Reihen der Herrschenden: durch eine Verfassungskrise, als die ultrakonservativen Mitglieder des Oberhauses sich dem Unterhaus widersetzten, und durch die kollektive Weigerung von Staatsdienern, den Anordnungen einer liberalen Regierung Folge zu leisten, die sich der irischen Home Rule verpflichtet hatte. Zweifellos verdankten sich diese Krisen zu einem Teil der Mobilisierung der Arbeiterklasse, denn das, wogegen sich die Lords ebenso blind wie vergebens zur Wehr setzten, war die intelligente Demagogie eines Lloyd George, die den Zweck verfolgte, »das Volk« im Rahmen des Systems seiner Regierenden zu halten. Und dennoch wurde die letzte und schwerste dieser Krisen ausgelöst durch das politische Eintreten der Liberalen für eine Autonomie der (katholischen) Iren sowie der Konservativen für die bewaffnete Weigerung der extremen Ulsterprotestanten, diese zu akzeptieren. Die parlamentarische Demokratie, das stilisierte Spiel der Politik war – wie wir selbst heute in unseren 80er Jahren beobachten können – machtlos, eine solche Situation unter Kontrolle zu bekommen.

Dennoch entdeckten die herrschenden Klassen in den Jahren von 1880 bis 1914, daß die parlamentarische Demokratie sich entgegen ihren Befürchtungen als durchaus vereinbar mit der politischen und wirtschaftlichen Stabilität kapitalistischer Regimes erwies. Diese Entdeckung war ebenso neu wie das System selbst – zumindest in Europa. Das bedeutete eine Enttäuschung für alle Sozialrevolutionäre. Denn Marx und Engels hatten die demokratische Republik stets zwar als »bürgerlich«, aber dennoch als die Vorstufe zum Sozialismus angesehen, da sie die politische Mobilisierung des Proletariats als Klasse und der unterdrückten Massen unter der Führung des Proletariats ermöglichte und nachgerade förderte. Damit würde sie gegen den eigenen Willen zum schließlichen Sieg des Proletariats im Kampf gegen seine Ausbeuter beitragen. Aber unter den Schülern von Marx und Engels war nach dem Ende jener Epoche nun ein ganz anderer Ton zu vernehmen. »Die demokratische Republik«, schrieb Lenin 1917 in *Staat und Revolution,* »ist die denkbar beste politische Hülle des Kapitalismus, und daher begründet das Kapital, nachdem es ... von dieser besten Hülle Besitz ergriffen hat, seine Macht derart zuverlässig, derart sicher, daß *kein* Wechsel, weder der Personen noch der Institutionen noch der Parteien der bürgerlich-demokratischen Republik diese Macht erschüttern kann« (Lenin, Ausgew. Werke 2, S. 327-330). Wie immer ging es Lenin nicht so sehr um eine allgemeine politische Analyse, sondern um überzeugende Argumente für eine spezifische politische Situation, in diesem Fall gegen die provisorische Regierung des revolutionären Rußland und für eine Machtübernahme der Sowjets. Uns geht es hier jedoch nicht um die Richtigkeit dieser mehr als strittigen Aussage – zumal Lenin nicht auf die unterschiedlichen wirtschaftlichen und gesellschaftlichen Verhältnisse eingeht, die einzelne Staaten vor sozialen Unruhen bewahrt haben, und nicht auf die Institutionen, die dabei behilflich waren. Uns interessiert lediglich die Plausibilität dieses Arguments. Vor 1880 hätte diese Behauptung weder den Anhängern noch den Gegnern des Kapitalismus, sofern sie sich politisch aktiv betätigten, eingeleuchtet. Selbst auf der extremen politischen Linken wäre ein derart abfälliges Urteil über die »demokratische Republik« fast unvorstellbar gewesen. Hinter Lenins Urteil von 1917 stand jedoch die Erfahrung einer seit einer Generation anhaltenden Demokratisierung, insbesondere während der letzten 15 Jahre vor dem Krieg.

Aber war nicht die Stabilität dieser Ehe zwischen der politischen Demokratie und dem schwunghaften Kapitalismus die Illusion eines im Schwinden begriffenen Zeitalters? Was uns im Rückblick an den Jahren von 1880 bis 1914 ins Auge sticht, ist sowohl die Hinfälligkeit als auch der bescheidene Umfang einer solchen Verbindung. Sie war und blieb auf eine Minderheit erfolgreicher und florierender Wirtschaften im Westen beschränkt, allgemein auf Staaten mit einer längeren Tradition konstitutioneller Regierungsformen. Ein demokratischer Optimismus, der Glaube an eine historische Zwangsläufigkeit ließ es so scheinen, als ob der allgemeine Fortschritt der Demokratie nicht aufzuhalten sein würde. Trotzdem sollte sie am Ende nicht das universale Modell für die Zukunft werden. Im Jahr 1919 wurde ganz Europa westlich Rußlands und der Türkei systematisch zu Staaten umgeformt, die dem demokratischen Vorbild folgten. Aber wieviele von ihnen waren 1939 noch übrig geblieben? Mit dem Aufkommen des Faschismus und anderer Diktaturen behaupteten viele, nicht zuletzt die Anhänger Lenins, genau das Gegenteil von dem, was er 1917 geschrieben hatte: Der Kapitalismus muß zwangsläufig die bürgerliche Demokratie aufgeben. Das war ebenso falsch. 1945 feierte abermals die bürgerliche Demokratie ihre Auferstehung aus der Asche eines Weltkrieges, und seitdem ist sie das bevorzugte System kapitalistischer Gesellschaften geblieben, die genügend stark, wirtschaftlich erfolgreich und sozial nicht polarisiert oder gespalten sind, so daß sie sich ein politisch so vorteilhaftes System leisten können. Doch dieses System funktioniert effektiv nur in sehr wenigen der über 150 Staaten, aus denen die Vereinten Nationen des ausgehenden 20. Jahrhunderts bestehen. Der Fortschritt der demokratischen Politik zwischen 1880 und 1914 war weder ein Zeichen ihrer Beständigkeit noch ihres universellen Triumphs.

Kapitel 5
Arbeiter der Welt

»Da lernte ich . . . einen Schuster namens Schröder kennen (später ist er nach Amerika gezogen) . . . Mein Schuster gab mir nun eine Anzahl jener Blätter mit, und ich las darin, zuerst aus Langeweile, dann aber mit steigendem Interesse . . . Da wurde das Arbeiterelend und die Abhängigkeit der Arbeiter von Kapitalisten und Grundbesitzern mit einer Lebendigkeit und Naturtreue geschildert, daß ich ganz verblüfft wurde. Mir fiel's förmlich wie Schuppen von den Augen. Teufel noch einmal, das war ja wahr, was in diesen Blättern stand; mein ganzes bisheriges Leben war Beweis dafür.«

Der deutsche Arbeiter Franz Rehbein
(um 1911; zit. n. Emmerich 1974, Bd. 1, S. 280)

»Sie (die europäischen Arbeiter) sind überzeugt, daß bald große soziale Veränderungen kommen müssen; daß der Vorhang über die menschliche Komödie der Regierung durch die Oberklasse in ihrem Namen und Interesse gefallen ist; daß der Tag der Demokratie bevorsteht und daß die Kämpfe der Schwerarbeiter für ihre eigene Sache den Vorrang vor den Kriegen der Nationen haben werden, denn diese seien nichts anderes als grundlose Schlachten zwischen arbeitenden Männern.«

Samuel Gompers (1909, S. 238 f.)

»Proletarisch gelebt, gestorben und dem Kulturfortschritt entsprechend eingeäschert.«

Motto des österreichischen Arbeiterbestattungsvereins »Die Flamme«
(zit. n. *Mit uns zieht die neue Zeit* . . . 1981, S. 240)

I

Die Mehrheit der seit kurzem berechtigten Wähler war in der Regel arm, lebte in unsicheren Verhältnissen, war unzufrieden oder alles zusammen. Sie wurden zwangsläufig von ihrer wirtschaftlichen und sozialen Lage und den sich daraus ergebenden Problemen, mit einem Wort: von ihrer Klassenlage beherrscht. Und die Klasse, die zahlenmäßig besonders sichtbar zunahm, je mehr die Woge der Industrialisierung den Westen überrollte, deren Gegenwart immer unentrinnbarer wurde und deren Klassenbewußtsein am unmittelbarsten das gesellschaftliche, wirtschaftliche und politische System der modernen Gesellschaften zu bedrohen schien, war das Proletariat. An diese Menschen dachte der junge Winston Churchill (damals Minister und Mitglied der Liberalen), als er das Parlament warnte, falls das Zweiparteiensystem der Konservativen und Liberalen in England zerfallen sollte, werde ein politisches Klassensystem an seine Stelle treten.

Die Zahl der Menschen, die ihren Lebensunterhalt mit manueller Lohnarbeit verdienten, stieg tatsächlich in allen Ländern, die von der Flutwelle des westlichen Kapitalismus überschwemmt oder auch nur genetzt wurden, von den Ranchos in Patagonien und den Salpeterminen in Chile bis zu den eiskalten Goldgruben Nordostsibiriens, dem Schauplatz eines spektakulären Streiks am Vorabend des Ersten Weltkriegs, der blutig niedergeschlagen wurde. Sie waren überall zu finden, wo die modernen Städte Bauarbeiten oder städtische Dienstleistungen und Versorgungen benötigten – Gas, Wasser, Kanalisation usw. –, die im 19. Jahrhundert unerläßlich geworden waren, und wo sich das Netzwerk von Häfen, Eisenbahnschienen und Telegrafendrähten erstreckte, das den wirtschaftlichen Globus umspannte. In allen fünf Kontinenten traf man selbst in entlegensten Gegenden auf Bergwerke. 1914 wurden sogar schon Ölfelder in Nord- und Mittelamerika, Osteuropa, Südostasien und im Nahen Osten in großem Stil ausgebeutet. Was aber noch bezeichnender war, selbst in überwiegend landwirtschaftlich geprägten Ländern wurden die städtischen Märkte mit industriell verarbeiteten Nahrungsmitteln, Getränken, Alkoholika und einfachen Textilien beliefert, die von billigen Arbeitskräften in einer Art Industriebetrieben produziert wurden, und in manchen Ländern – Indien ist hierfür ein Beispiel – entwickelten sich einigermaßen bedeutende Textil- und sogar Eisen- und Stahlindustrien. Dennoch erfuhren die Lohnarbeiter ihr zahlenmäßig spektakulärstes Wachstum und bildeten sie eine anerkannte Arbeiterklasse hauptsächlich in den Ländern mit seit langem vollzogener Industrialisierung sowie in den immer zahlreicheren Ländern, in denen, wie wir gesehen haben, zwischen 1870 und 1914 eine industrielle Revolution einsetzte, d.h. überwiegend in Europa, Nordamerika, Japan sowie in einigen Überseegebieten mit großen Ansiedlungen weißer Auswanderer.

Die Arbeiterklasse wuchs in erster Linie durch Zuwanderungen aus den beiden großen Reservoirs der vorindustriellen Arbeiter, dem Handwerk und der Landwirtschaft, wo nach wie vor die große Mehrheit der Erwerbstätigen ihren Unterhalt fand. Zum Ende des vorigen Jahrhunderts war die Verstädterung wahrscheinlich schneller und auf breiterer Basis fortgeschritten als jemals zuvor, und wichtige Wanderungsströme – z.B. britischer und osteuropäischer Juden – kamen aus Städten, wenn auch gelegentlich sehr kleinen. Mit ihnen gelangten Arbeiter aus einem nichtlandwirtschaftlichen Arbeitssektor in einen anderen. Was demgegenüber die Frauen und Männer angeht, die vom Land wegzogen (was damals als »Landflucht« bezeichnet wurde), so hatten vergleichsweise wenige von ihnen eine Chance, in der Landwirtschaft eine Arbeit zu finden, selbst wenn sie gewollt hätten.

Auf der einen Seite erforderte der modernisierte oder in der Modernisierung begriffene landwirtschaftliche Betrieb des Westens relativ weniger feste Arbeitskräfte als früher, obgleich in großem Umfang Saisonarbeiter angeworben wurden, die häufig von weither kamen und nach der Erntezeit wieder freigesetzt wurden: die »Sachsengänger«, die aus Polen nach Deutschland kamen, die italienischen »Schwalben« in Argentinien*, die auf die anfahrenden Güterzüge aufspringenden Tramps und – schon damals – die Mexikaner in den USA. Jedenfalls bedeutete Fortschritt in der Landwirtschaft den Rückgang landwirtschaftlicher Arbeitskräfte. 1910 wohnten in Neuseeland, das über keine nennenswerte Industrie verfügte und gänzlich von einer extrem effizienten Landwirtschaft lebte, die sich auf Viehzucht und Molkereiprodukte spezialisiert hatte, 54 Prozent der Bevölkerung in Städten, und 40 Prozent (doppelt soviel wie in Europa ohne Rußland) der Erwerbstätigen arbeiteten im teriären Sektor (vgl. Bairoch 1985, S. 385 f.).

Inzwischen gab es in der nicht modernisierten Landwirtschaft in den rückständigen Regionen nicht mehr genügend Land für die Bauern im Wartestand, deren Zahl in den Dörfern ständig zunahm. Zweifellos hatten die meisten von ihnen bei der Auswanderung den Wunsch, ihr Leben nicht als Landarbeiter zu beschließen. Sie wollten in Übersee ihr Glück machen und hofften, innerhalb weniger Jahre so viel zu verdienen, daß sie in irgendeinem sizilianischen, polnischen oder griechischen Dorf als begüterte Männer ein Pachtgut, ein Haus und den Respekt der Nachbarn erwerben konnten. Eine Minderheit kehrte tatsächlich zurück, doch die meisten blieben in der neuen Heimat und füllten die Baustellen, Erzgruben, Stahlwerke und sonstigen Arbeitsstätten der urbanen und industriellen Welt, die harte Arbeit und wenig sonst benötigten. Ihre Töchter und Bräute verdienten ihr Geld als Dienstmädchen.

Gleichzeitig entzog die maschinelle und fabrikmäßig betriebene Produktion jener großen Gruppe von Handarbeitern die Lebensgrundlage, die bis

* Angeblich wollten sie sich deshalb nicht als Erntearbeiter in Deutschland verdingen, weil die Überfahrt von Italien nach Südamerika billiger und weniger umständlich und die Löhne dort höher waren (vgl. Waltershausen 1903, S. 13, 20, 22, 27; für diesen Hinweis danke ich Dirk Hoerder).

zum späten 19. Jahrhundert in handwerklicher Technik die gängigsten Verbrauchsgüter für die Stadtbevölkerung hergestellt hatten – Kleidung, Schuhwerk, Möbel usw. – und deren Angehörige vom stolzen Handwerksmeister bis zu den jämmerlich entlohnten Hilfskräften in der Werkstatt und den in Heimarbeit tätigen Näherinnen reichten. Zwar ging ihre absolute Zahl nicht drastisch zurück, dafür jedoch ihr Anteil an der erwerbstätigen Bevölkerung, und dies trotz eines spektakulären Anstiegs ihrer Produktion. So verringerte sich etwa im Deutschen Reich die Zahl der in der Schuhfabrikation Beschäftigten zwischen 1882 und 1907 nur geringfügig von rund 400.000 auf rund 370.000 , während sich der Verbrauch an Leder zwischen 1890 und 1910 verdoppelte. Der Löwenanteil dieses Produktionszuwachses entfiel fraglos auf die 1500 größeren Schuhfabriken. Deren Zahl hatte sich seit 1882 verdreifacht, und sie beschäftigten sechsmal soviel Arbeiter wie in jenem Jahr. Die Anzahl der Kleinbetriebe mit maximal zehn Arbeitern war um 20 Prozent zurückgegangen. Hier arbeiteten 1907 nur noch 63 Prozent aller in der Schuhproduktion tätigen Arbeiter gegenüber den 93 Prozent im Jahre 1882 (vgl. Schröder 1978, S. 166 f. und 304). In den Ländern mit hohem Industrialisierungstempo stellte demnach der vorindustrielle Produktionssektor ebenfalls eine zwar geringe, aber keineswegs unbedeutende Reserve dar, aus der neue Arbeiter hervorgingen.

Andererseits nahm die Anzahl der Proletarier in den an der Schwelle zur Industrialisierung stehenden Wirtschaften aufgrund des anscheinend grenzenlosen Bedarfs an Arbeitskräften in dieser Periode der wirtschaftlichen Expansion ebenfalls beeindruckend zu. Soweit die Industrie ihr Wachstum noch einer Kombination aus manueller Fertigkeit und Dampfmaschinen verdankte oder wie im Baugewerbe ihre Methoden noch nicht einschneidend umgestellt hatte, bestand eine Nachfrage nach alten handwerklichen Fähigkeiten oder nach Fertigkeiten, die neuen Industrien der maschinellen Herstellung angepaßt werden konnten. Das war insofern bedeutsam, als voll ausgebildete Handwerksgesellen, ein bewährter vorindustrieller Stamm von Lohnarbeitern, häufig die aktivste, qualifizierteste und selbstbewußteste Fraktion des aufkommenden Proletariats früher Industriewirtschaften stellten. Der Führer der deutschen Sozialdemokratischen Partei, August Bebel, war z.B. Drechslermeister, der Führer der spanischen Sozialisten, Iglesias Posse, war Buchdrucker.

Soweit die Industriearbeit keine besonderen Fertigkeiten verlangte, war es möglich, sie von ungeübten Hilfskräften verrichten zu lassen. Und auch die Anzahl dieser Hilfsarbeiter erhöhte sich zusehends. Um zwei offensichtliche Beispiele zu nehmen: Die Bauindustrie, die die Infrastruktur für die Produktion, den Transport und die sich rasch ausdehnenden Riesenstädte errichtete, und der Kohlebergbau, der die Energie für die grundlegende Antriebsform jener Epoche – den Dampf – lieferte, brachten beide ganze Armeen von Arbeitern hervor. Die deutsche Bauindustrie wuchs von etwa einer halben Million im Jahr 1875 auf 1,7 Millionen Arbeiter gut 30 Jahre später oder von 10 auf 16 Prozent der gesamten Erwerbstätigen. 1913 gab es in England nicht weniger als eineinviertel Millionen Grubenarbeiter (1907 waren es in Deutschland 800.000). Auf der anderen Seite wuchs der Grad der Mechanisierung, wurden also manuelle Fertigkeiten und Erfahrungen durch hintereinandergeschaltete spezialisierte Maschinen oder Verfahren ersetzt, die von lediglich angelernten Arbeitern bedient werden konnten. Vor allem in den USA waren Facharbeiter knapp und wurden zudem entsprechende Qualifikationen auch kaum angestrebt. »Das Bedürfnis nach einer fachlichen Ausbildung ist nicht allgemein«, stellte Henry Ford fest (zit. n. Hughes 1973, S. 329).

Gegen Ende des 19. Jahrhunderts gab es kein etabliertes oder auch nur sich entwickelndes Industrieland mehr, in dem diese historisch beispiellosen, anscheinend anonymen und wurzellosen Massen schwer arbeitender Menschen hätten unbemerkt bleiben können: Sie bildeten einen, wie es schien, unaufhaltsam wachsenden Anteil und eines nicht mehr fernen Tages wahrscheinlich sogar die Mehrheit der Bevölkerung. Denn die Differenzierung von Industriewirtschaften, insbesondere durch die Ausdehnung des tertiären Sektors – in Büros, Kaufhäusern und im Dienstleistungsgewerbe allgemein –, hatte gerade erst begonnen, ausgenommen in den USA, wo die Angestellten im tertiären Sektor jetzt schon zahlreicher waren als die unmittelbar in der Produktion tätigen Arbeiter. In anderen Ländern schien eine gegenläufige Entwicklung vorzuherrschen. Städte, die in vorindustrieller Zeit vorwiegend von Menschen bewohnt worden waren, die im tertiären Bereich gearbeitet hatten – denn selbst die Handwerker hatten im allgemeinen auch einen Laden zum Verkauf ihrer Erzeugnisse betrieben –, wurden zu Zentren der Fabrikproduktion. Um die Jahrhundertwende waren etwa zwei Drittel der erwerbstätigen Großstadtbevölkerung (d.h. in Städten mit über 100.000 Einwohnern) in der Industrie beschäftigt (vgl. Bairoch 1977, S. 91).

Zu Beginn des 20. Jahrhunderts waren der Vormarsch der industriellen Armeen und das Fortschreiten der industriellen Spezialisierung tatsächlich beeindruckend. Die typische Industriestadt, im allgemeinen mit einer Einwohnerzahl zwischen 50.000 und 300.000 – natürlich galt noch um die Jahrhundertwende jede Stadt mit über 100.000 Einwohnern als sehr groß – bot zumeist ein eintöniges Bild mit bestenfalls einigen wenigen Schattierungen: Textilfabriken in Roubaix oder Lodz, Dundee oder Lowell, Kohle, Eisen und

Stahl in Essen oder Middlesborough, Rüstungsindustrien und Schiffswerften in Jarrow und Barrow, chemische Fabriken in Ludwigshafen oder Widnes. In ihrer Größenordnung und Monotonie unterschied sie sich deutlich von der neuen Millionenstadt, gleichgültig, ob diese eine Hauptstadt war oder nicht. Obwohl einige der großen Hauptstädte zugleich auch wichtige Industriezentren waren (Berlin, St. Petersburg, Budapest), nahmen sie im allgemeinen im industriellen Muster eines Landes keine zentrale Stellung ein.

Es kam hinzu, daß – trotz ihrer starken Heterogenität – diese Massen zunehmend in großen und komplexen Unternehmen arbeiteten, deren Beschäftigtenzahl zwischen einigen Hundert und vielen Tausend schwankte. Vor allen in den neuen Zentren der Schwerindustrie – bei Krupp in Essen, Vickers in Barrow, Armstrong in Newcastle – zählten die Arbeiter in ihren Fabriken nach Zehntausenden. Dennoch waren diejenigen, die in diesen riesigen Fabrikanlagen arbeiteten, eine Minderheit. Selbst in Deutschland lag die Durchschnittszahl der Beschäftigten in Unternehmen mit über zehn Arbeitern 1913 lediglich bei 23,5 (vgl. Woytinsky 1926, Bd. 2, S. 17), aber sie waren doch eine nicht zu übersehende und potentiell furchteinflößende Minderheit, die düstere Schatten auf die etablierte Ordnung der Politik und der Gesellschaft warf. Was würde nur geschehen, wenn sie sich als Klasse politisch organisierte?

Und genau dies geschah, in europäischem Maßstab, plötzlich und mit außerordentlicher Geschwindigkeit. Wo immer die demokratische Politik und das Wahlrecht es zuließen, traten Massenparteien auf, zumeist durchdrungen von der Ideologie des revolutionären Sozialismus (denn jeder Sozialismus galt per definitonem als revolutionär). Noch 1880 waren sie kaum vorhanden, mit der wichtigen Ausnahme der deutschen Sozialdemokraten, die sich vor kurzem (1875) zur »Sozialistischen Arbeiterpartei Deutschlands« zusammengeschlossen hatten und aufgrund ihres Wählerzustroms ernst zu nehmen waren. Aber schon 1906 galten derartige Massenparteien so sehr als Selbstverständlichkeit, daß ein deutscher Wissenschaftler, Werner Sombart, eine Schrift mit dem Titel *Warum gibt es in den Vereinigten Staaten keinen Sozialismus?* veröffentlichen konnte. Die Existenz großer sozialistischer und Arbeiterparteien war zur Norm geworden, und es war ihr Fehlen, das nunmehr Überraschung auslöste.

Beim Ausbruch des Ersten Weltkrieges gab es sozialistische Massenparteien schließlich auch in den USA, wo ihr Kandidat 1912 knapp eine Million Stimmen erhielt, und in Argentinien, wo die Partei 1914 zehn Prozent der Wählerstimmen auf sich vereinigte, während in Australien eine zugegebenermaßen durchaus unsozialistische Labour Party bereits 1912 die Bundesregierung bildete. In Europa wirkten zu dieser Zeit sozialistische und Arbeiterparteien fast überall, wo die Bedingungen es erlaubten, als mächtige Magneten für die Wähler. Gewiß waren sie in der Minderheit, aber in manchen Ländern wie Deutschland und den skandinavischen repräsentierten sie mit 35 bis 40 Prozent der Wählerstimmen bereits die größten Parteien auf nationaler Ebene – und jede neue Erweiterung des Wahlrechts zeigte, daß die industriellen Massen bereit waren, sich für den Sozialismus zu entscheiden. Und sie begnügten sich nicht allein mit ihrer Stimmabgabe, sondern organisierten sich zu riesigen Heerscharen: Die belgische Arbeiterpartei hatte 1911 in ihrem kleinen Heimatland 276.000 Mitglieder, die große deutsche SPD über eine Million, und die nicht unmittelbar politischen Arbeiterorganisationen, die mit diesen Parteien liiert waren und häufig von diesen gegründet wurden, hatten noch weit mehr Mitglieder: die Gewerkschaften und Genossenschaften.

Nicht alle Arbeiterarmeen waren so zahlreich, festgefügt und diszipliniert wie in Nord- und Mitteleuropa. Aber selbst dort, wo die Arbeiterparteien eher aus einzelnen Gruppen von Aktivisten oder lokalen Militanten bestanden, die bereit waren, sich bei einer Politisierung der Massen an die Spitze der Bewegung zu setzen, mußten die neuen sozialistischen und Arbeiterparteien ernst genommen werden. Sie waren ein wichtiger Faktor der nationalen Politik. So stellte etwa die französische Partei, deren 76.000 Mitglieder 1914 weder geeint waren noch zahlenmäßig ins Gewicht fielen, trotzdem mit 1,4 Millionen Wählerstimmen 103 Abgeordnete. Für die italienische Partei mit einer noch bescheideneren Mitgliederzahl von 50.000 im selben Jahr stimmten fast eine Million Wähler (vgl. Touchard 1977, S. 62; Cortese 1969, S. 549). Kurz, sozialistische und Arbeiterparteien nahmen fast überall mit einer Geschwindigkeit zu, die für die einen Grund zur Beunruhigung und für die anderen zur Freude war. Ihre Führer machten sich mit grandiosen Extrapolationen des bisherigen Wachstumsverlaufs Mut. Das Proletariat war dazu bestimmt – man brauchte ja nur einen Blick auf das industrielle England und in die nationalen Statistiken zu werfen –, zur großen Mehrheit der Bevölkerung zu werden. Das Proletariat schloß sich seinen Parteien an. Es war nur noch eine Frage der Zeit, wollte man den systematisch und statistisch denkenden deutschen Sozialisten glauben, bis diese Parteien die magische Marke von 51 Prozent der Wählerstimmen übersprangen, was in demokratischen Staaten unweigerlich die entscheidende Wende herbeiführen mußte. Oder, wie es in der englischen Fassung der neuen Hymne des internationalen Sozialismus hieß: »The Internationale will be the human race.« Niemals zuvor hatte es ein solches Zeitalter der Hoffnung für diejenigen gegeben, die in Fabriken, Werkstätten und Bergwerken mit ihren Händen Schwerarbeit verrichteten.

II

Dieser bemerkenswerte Aufstieg der Parteien der Arbeiterklasse war auf den ersten Blick ziemlich überraschend. Ihre Stärke lag wesentlich in der elementaren Einfachheit ihres politischen Anliegens. Sie waren die Parteien aller Handarbeiter, die Lohnarbeit verrichteten. Sie vertraten diese Klasse in ihren Kämpfen gegen die Kapitalisten und deren Staaten, und sie verfolgten das Ziel, eine neue Gesellschaft zu schaffen, die mit der Befreiung der Arbeiter durch ihr eigenes Handeln beginnen sollte und schließlich das gesamte menschliche Geschlecht mit Ausnahme einer immer kleiner werdenden Minderheit von Ausbeutern befreien würde. Die Lehre des Marxismus, die als solche zwischen Marx' Tod (1883) und dem Ende des Jahrhunderts formuliert wurde, beherrschte zunehmend die Mehrheit der neuen Parteien, da die Klarheit, mit der sie diese Behauptungen verkündeten, ihnen eine gewaltige politische Durchschlagskraft verlieh. Es genügte zu wissen, daß alle Arbeiter sich diesen Parteien anschließen oder sie unterstützen mußten, denn die Geschichte selbst verbürgte ihren zukünftigen Sieg.

Das setzte allerdings voraus, daß es eine genügend große und homogene Klasse von Arbeitern gab, die sich im marxistischen Bild des »Proletariats« wiedererkannten und von der Richtigkeit der sozialistischen Analyse ihrer Lage und ihrer Aufgaben überzeugt waren, derzufolge sie zuallererst proletarische Parteien bilden und sich auf jeden Fall politisch betätigen mußten. (Nicht alle Revolutionäre stimmten mit diesem Primat der Politik überein, doch für den Augenblick können wir diese antipolitische Minderheit, die im wesentlichen den Ideen des Anarchismus anhing, außer acht lassen.)

Aber so gut wie alle Beobachter der Vorgänge in der Arbeiterklasse stimmten darin überein, daß »das Proletariat« selbst innerhalb einzelner Nationen von einer homogenen Masse weit entfernt war. Vor dem Aufkommen der neuen Parteien hatte man sogar üblicherweise von »den arbeitenden Klassen« in der Mehrzahl und nicht in der Einzahl gesprochen.

Das klassische Proletariat der modernen Industriefabrik war alles andere als identisch mit dem Gros der manuellen Arbeiter, die in kleinen Werkstätten, Dorfhütten, Hinterzimmern in der Stadt oder unter freiem Himmel arbeiteten, mit dem labyrinthartigen Dschungel unterschiedlicher Lohnarbeiten, der die Städte und – auch ohne Berücksichtigung der Landwirtschaft – das Land überwucherte. Die Beschäftigten in den einzelnen Gewerbezweigen, im Handwerk oder in anderen Berufen, häufig extrem lokal gebunden und mit einem geographisch höchst beschränkten Horizont, sahen ihre Lage und ihre Probleme nicht als dieselben an. Was hatten z.B. die ausschließlich männlichen Kesselschmiede und die – in England – hauptsächlich weiblichen Baumwollweber miteinander gemeinsam oder, innerhalb ein und derselben Hafenstadt, die Facharbeiter der Werften mit den Arbeitern in den Docks, den Textilfabriken und auf den Baustellen? Diese Trennlinien verliefen nicht nur vertikal, sondern auch horizontal, zwischen gelernten und ungelernten Arbeitern, zwischen den »achtbaren« Leuten und Berufen (die sich selbst achteten und von anderen geachtet wurden) und dem Rest, zwischen der Arbeiteraristokratie, dem Lumpenproletariat und denen, die dazwischen lagen, oder überhaupt zwischen einzelnen Schichten von Facharbeitern, wo der Schriftsetzer auf den Maurer und dieser auf den Anstreicher herabsah. Außerdem gab es nicht nur Trennlinien, sondern auch Rivalitäten zwischen gleichrangigen Gruppen, die jeweils eine bestimmte Art der Arbeit für sich monopolisieren wollten: Diese wurden noch durch technische Entwicklungen verschärft, die alte Verfahren veränderten, neue ins Leben riefen, frühere Fertigkeiten überflüssig machten und die eindeutigen, überlieferten Festlegungen auflösten, was »von Rechts wegen« zu den Aufgaben etwa eines Schlossers oder Hufschmieds gehörte. Wo die Unternehmer stark und die Arbeiter schwach waren, erlegte die Unternehmensführung durch Maschinen und Anordnungen ihre eigene Arbeitsteilung auf, doch andernorts mochten die Facharbeiter sich an jenen erbittert geführten »Berufsabgrenzungsdebatten« beteiligen, die in den britischen Werften während der 90er Jahre immer wieder aufkamen und zu Streiks führten, so daß häufig auch an diesen Zwistigkeiten unbeteiligte Arbeiter zur Niederlegung ihrer Arbeit gezwungen wurden.

Und zu alledem kamen die noch viel offensichtlicheren Unterschiede der sozialen und geographischen Herkunft, der Nationalität, Sprache, Kultur und Religion, die zutage treten mußten, sobald die Industrie ihre rasch wachsenden Armeen in allen Ecken und Winkeln des eigenen Landes und in diesem Zeitalter der massenhaften internationalen und überseeischen Wanderungen sogar im Ausland rekrutierte. Denn das, was unter dem einen Blickwinkel wie eine Konzentration von Männern und Frauen in einer einzigen »arbeitenden Klasse« aussah, konnte unter einer ganz anderen Perspektive wie eine gigantische Streuung gesellschaftlicher Fragmente wirken, wie eine Diaspora alter und neuer Gemeinschaften. Sofern diese Unterschiede die Arbeiter getrennt hielten, waren sie offensichtlich nützlich für die Arbeitgeber und wurden von diesen sogar noch verstärkt – vor allem in den USA, wo das Proletariat weitgehend aus einer Vielfalt von ausländischen Einwanderern bestand. Selbst eine so militante Organisation wie die Western Federation of Miners in den Rocky

Mountains lief Gefahr, in den Auseinandersetzungen zwischen den fachlich qualifizierten und methodistischen Arbeitern aus Cornwall, die als Spezialisten im Umgang mit hartem Felsgestein überall auf der Erde zu finden waren, wo Erze kommerziell abgebaut wurden, und den weniger qualifizierten katholischen Iren zerrieben zu werden, denen man überall dort begegnete, wo an den Grenzen der englischsprechenden Welt Kraft und Arbeitseinsatz gebraucht wurden.

Welches auch sonst die Unterschiede sein mochten, die innerhalb der arbeitenden Klasse bestanden, es herrschte kein Zweifel, daß sie durch Unterschiede der Nationalität, Religion und Sprache gespalten war. Der klassische Fall Irland hat auf traurige Weise Berühmtheit erlangt. Doch selbst in Deutschland widerstanden katholische Arbeiter den Verlockungen der Sozialdemokratie weit mehr als die protestantischen, und in Böhmen widersetzten sich die tschechischen Arbeiter ihrer Integration in eine gesamtösterreichische Bewegung, die von deutschsprechenden Arbeitern beherrscht wurde. Der leidenschaftliche Internationalismus der Sozialisten – die Arbeiter, so stand es bei Marx, hatten kein Land, nur eine Klasse – war nicht einfach nur deren Idealvorstellung, sondern häufig auch die wesentliche Voraussetzung ihres Wirkens. Wie hätte man sonst die Arbeiter in einer Stadt wie Wien mobilisieren können, wo ein Drittel von ihnen tschechische Einwanderer waren, oder in Budapest, wo die gelernten Fabrikarbeiter Deutsche und die übrigen Slowaken oder Ungarn waren? Das große Industriezentrum Belfast zeigte damals wie heute, was passieren konnte, wenn Arbeiter sich primär als Katholiken oder Protestanten und nicht als Arbeiter oder auch nur als Iren verstanden.

Glücklicherweise war die Berufung auf den Internationalismus oder, was in großen Ländern auf das gleiche hinauslief, den Interregionalismus nicht gänzlich wirkungslos. Unterschiede der Sprache, Nationalität und Religion machten an sich die Bildung eines einheitlichen Klassenbewußtseins nicht unmöglich, vor allem dort nicht, wo nationale Gruppen von Arbeitern nicht miteinander rivalisierten, da jede auf dem Arbeitsmarkt ihre eigene Nische gefunden hatte. Sie beschworen große Schwierigkeiten lediglich dort herauf, wo diese Unterschiede massive Gruppenkonflikte zum Ausdruck brachten oder symbolisierten, die quer zu den Klassengrenzen verliefen oder mit der Einheit aller Arbeiter unvereinbar zu sein schienen. Tschechische Arbeiter standen deutschen Arbeitern nicht als Arbeiter, sondern als Angehörige einer Nation, die die Tschechen als minderwertig behandelte, mißtrauisch gegenüber. Die katholischen irischen Arbeiter in Ulster waren wohl kaum durch Appelle an die Einheit der Arbeiterklasse zu beeindrucken, wenn sie miterleben mußten, wie man zwischen 1870 und 1914 die Katholiken in der Industrie zunehmend von allen qualifizierten Arbeitsstellen ausschloß, die auf diese Weise unter Billigung ihrer Gewerkschaften zu einem faktischen Monopol der protestantischen Arbeiter wurden. Aber selbst dann noch war die Macht der Klassenerfahrung so nachhaltig, daß die alternative Identifikation der Arbeiter mit einer anderen Gruppe in heterogenen Arbeiterklassen – als Polen, Katholiken oder was sonst noch – ihre Identifikation als Klasse zwar abschwächen aber nicht ersetzen konnte. Der einzelne fühlte sich noch immer als Arbeiter, wenn auch in ganz besonderem Sinne als tschechischer, polnischer oder katholischer Arbeiter. Die katholische Kirche sah sich genötigt, freie oder gar katholische Gewerkschaften ins Leben zu rufen oder zumindest zu dulden – zu jener Zeit ohne großen Zulauf – obgleich sie gemeinsame Organisationen von Arbeitgebern und Arbeitnehmern lieber gesehen hätte und vom Klassenkampf nichts wissen wollte. Was eine alternative Identifikation eigentlich ausschloß, war nicht ein Klassenbewußtsein schlechthin, sondern ein *politisches* Klassenbewußtsein. So gab es selbst im konfessionell sektiererischen Ulster eine Gewerkschaftsbewegung und die üblichen Ansätze zur Bildung einer Arbeiterpartei. Doch die Einheit der Arbeiter war nur insofern möglich, als die beiden Fragen, von denen die Existenz und die politische Debatte beherrscht wurden, außerhalb der Diskussion blieben: Religion und die Home Rule für Irland, über die sich katholische und protestantische, »orangene« und »grüne« Arbeiter nicht einigen konnten. Unter diesen Umständen waren zwar Ansätze einer Arbeiterbewegung und Arbeitskämpfe möglich, nicht jedoch der Aufbau einer Partei, die auf einer Identifikation mit der eigenen Klasse beruhte.

Zu diesen Faktoren, die der Ausbildung eines politischen Klassenbewußtseins und einer Organisation der Arbeiter entgegenstanden, kam noch die uneinheitliche Struktur der sich entwickelnden industriellen Wirtschaft selbst hinzu. In dieser Hinsicht nahm England eine absolute Sonderstellung ein, da hier bereits ein starkes außerpolitisches Zusammengehörigkeitsgefühl unter den Arbeitern sowie eine Arbeiterorganisation bestanden. Allein das hohe Alter – und das Altertümliche – der bahnbrechenden Industrialisierung dieses Landes hatten eine ziemlich primitive, weitgehend dezentralisierte Gewerkschaftsbewegung ermöglicht, die in den Grundstoffindustrien des Landes ihre Wurzeln geschlagen hatte. Diese Industriezweige hatten sich aus einer Reihe von Gründen nicht in der Weise weiterentwickelt, daß Arbeitskräfte durch Maschinen ersetzt wurden, sondern durch den kombinierten Einsatz von Handarbeit und Dampfmaschinen. In allen großen Industrien der ehemaligen »Werkstatt der Welt« – in der Baumwollverarbeitung, im Bergbau und

Hüttenwesen, im Maschinen- und im Schiffsbau (der letzten von den Briten beherrschten Industrie) – existierte ein Kern organisierter Arbeiter, zumeist innerhalb von Handwerks- oder Berufssparten, die in der Lage waren, sich zu Massengewerkschaften auszuweiten. Zwischen 1867 und 1875 hatten die Gewerkschaften bereits ihre gesetzliche Anerkennung und so weitgehende Privilegien erkämpft, daß militante Arbeitgeber, konservative Regierungen und Richter bis 1980 vergeblich versuchten, diese wieder einzuschränken oder ganz zurückzunehmen. Diese außergewöhnliche, geradezu einmalige Macht der Arbeiter sollte die britische Industriewirtschaft in den kommenden Jahrzehnten vor wachsende Probleme stellen und brachte auch in der hier behandelten Periode große Schwierigkeiten für Industrielle mit sich, die ihre Produktion auf Maschinen umstellten oder die Arbeiterorganisationen einfach verbieten lassen wollten. Bis 1914 hatten sie damit in den meisten wichtigen Fällen keinen Erfolg, doch für unsere Zwecke genügt es, die Ausnahmestellung Englands auf diesem Gebiet festzuhalten. Politischer Druck konnte dazu beitragen, die Verhandlungsmacht der Arbeiter zu stärken, doch er brauchte im Grunde genommen niemals an deren Stelle zu treten.

In anderen Ländern war die Lage völlig anders. Ganz allgemein ausgedrückt funktionierten effektive Gewerkschaften nur an den Rändern der modernen und hier vor allem der Großindustrie: in Werkstätten, bei Tätigkeiten unter freiem Himmel oder unter Tage oder in kleinen und mittleren Unternehmen. Die Organisation mochte theoretisch auf nationaler Ebene erfolgen, doch in der Praxis war sie extrem lokal beschränkt und dezentralisiert. In Ländern wie Frankreich und Italien waren ihre schlagkräftigen Trupps Verbände kleiner lokaler Gewerkschaften im Umkreis der ortsansässigen Fabriken. Der französische Gewerkschaftsbund CGT benötigte lediglich ein Minimum von *drei* lokalen Gewerkschaften, um eine nationale Gewerkschaft zu bilden (vgl. Leroy 1913, Bd. 1, S. 387). In den großen Produktionsanlagen der modernen Industrie spielten Gewerkschaften kaum eine Rolle. In Deutschland beruhte die Stärke der Sozialdemokratie und ihrer »freien Gewerkschaften« nicht etwa auf den Arbeitern in der Schwerindustrie an Rhein und Ruhr. In den USA wurden die Gewerkschaften nach 1890 in den Großindustrien praktisch völlig ausgeschaltet – sie sollten erst in den 30er Jahren unseres Jahrhunderts wiederkommen –, doch sie überlebten in der Kleinindustrie und in den Fachgewerkschaften des Baugewerbes, geschützt durch die lokale Begrenztheit des Marktes in Großstädten, wo die beschleunigte Anlage neuer Stadtviertel, ganz zu schweigen von der Korruption bei der städtischen Auftragsvergabe, ihnen eine größere Mitgliederzahl sicherte. Die einzige echte Alternative zur lokalen Gewerkschaft aus kleinen Verbänden organisierter Arbeiter war die gelegentliche und selten dauerhafte Mobilisierung der Massen der Werktätigen bei periodisch auftretenden Streiks, aber auch sie blieb überwiegend lokal beschränkt.

Es gab nur einige wenige auffällige Ausnahmen, von denen die Bergarbeiter besonders zu erwähnen sind, weil sie sich so sehr von den Zimmerleuten und Zigarrendrehern, den Maschinenschlossern, Druckern und allen anderen Handwerksgesellen unterscheiden, aus denen normalerweise die Kader der neuen proletarischen Bewegungen gebildet wurden. In dieser oder jener Weise zeigten diese Massen muskulöser Männer, die in der Dunkelheit schufteten, mit ihren Familien vielfach in eigenen Wohnvierteln lebten, die ebenso häßlich und trostlos wie ihre Grubenschächte waren, zusammengehalten durch die Solidarität der Arbeit und der Nachbarschaft und die Härte und Gefahr ihrer schweren Arbeit, eine ausgeprägte Neigung, sich an kollektiven Arbeitskämpfen zu beteiligen; selbst in Frankreich und in den USA bildeten die Zechenarbeiter zumindest periodisch starke Gewerkschaften.* Angesichts der großen Zahl von Bergarbeitern und ihrer starken regionalen Konzentration war ihre potentielle – und in England auch ihre tatsächliche – Rolle innerhalb der nationalen Arbeiterbewegungen nicht unbedeutend.

Zwei weitere, sich teilweise überschneidende Sektoren mit gewerkschaftlicher Aktivität außerhalb der Fachberufe verdienen ebenfalls Beachtung: das Transportwesen und der öffentliche Dienst. Staatsbediensteten war – selbst in Frankreich, der späteren Hochburg der Gewerkschaften des öffentlichen Dienstes – der Eintritt in eine Gewerkschaft untersagt, und damit wurde die gewerkschaftliche Organisation der Eisenbahnarbeiter, die häufig vom Staat besoldet wurden, beträchtlich verzögert. Aber auch bei den privaten Eisenbahngesellschaften erwies sich der Aufbau von Gewerkschaftsorganisationen als schwierig, abgesehen von Eisenbahnnetzen in großen und dünn besiedelten Gegenden, in denen manche der Arbeiter und Angestellten wegen ihrer Unersetzlichkeit einen beträchtlichen strategischen Vorteil hatten, insbesondere die Lokomotivführer und die Begleitmannschaften der Züge. Die Eisenbahngesellschaften waren mit Abstand die größten Unternehmen in der kapitalistischen Wirtschaft, und ihre Beschäftigten konnten nur über das gesamte, praktisch landesweite Schienennetz hinweg gewerkschaftlich organisiert wer-

* So heißt es in einem deutschen Bergarbeiterlied in etwas holprigen Versen:

»Der Bäcker, der backt wohl sein Brot schon allein,
Auch fügt ohne Hilfe der Tischler den Schrein,
Doch der Bergmann auf allen seinen Pfaden
Braucht tapfere, getreue Kameraden.«
(Zit.n. Crew 1980, S. 200)

den. 1890 beschäftigte beispielsweise die London and Northwestern Railway Company 65.000 Arbeiter bei einer Schienenstrecke von 7000 km Länge mit 800 Bahnstationen.

Demgegenüber war der andere wichtige Transportsektor, die Seeschiffahrt, ganz besonders stark in den Seehäfen und deren näherer Umgebung konzentriert, wo wiederum die gesamte Wirtschaft auf ihn ausgerichtet war. Deshalb drohte hier ein Streik etwa der Dockarbeiter sich leicht zu einem allgemeinen Transportarbeiterstreik auszuweiten und dieser wiederum zu einem Generalstreik. Die wirtschaftlich motivierten Generalstreiks, deren Zahl sich in den ersten Jahren des 20. Jahrhunderts vervielfachte (kurze Generalstreiks für eine Demokratisierung des Wahlrechts waren etwas anderes) – und die zu leidenschaftlichen ideologischen Debatten innerhalb der sozialistischen Bewegung führten –, waren deshalb überwiegend Streiks in Hafenstädten: Triest, Genua, Marseilles, Barcelona, Amsterdam. Das waren gigantische Kämpfe, die allerdings noch nicht zu dauerhaften gewerkschaftlichen Massenorganisationen führen konnten, wenn man die Heterogenität der häufig unqualifizierten Arbeiter berücksichtigt. Aber bei all ihren Unterschieden hatten Land- und Seetransport doch ihre große strategische Bedeutung für die einzelnen Volkswirtschaften gemeinsam, die durch ihren Stillstand gelähmt werden konnten. Mit dem Anwachsen der Arbeiterbewegungen würden sich die Regierungen zunehmend dieser drohenden Strangulierung bewußt und erwogen mögliche Gegenmaßnahmen: Die Entscheidung der französischen Regierung, 1910 einen Generalstreik der 150.000 Eisenbahnarbeiter dadurch zu brechen, indem sie diese militärisch dienstverpflichtete, ist hierfür das eindrucksvollste Beispiel (vgl. Chaumel 1948, S. 79).

Aber auch private Unternehmer erkannten die strategisch wichtige Rolle des Transportsektors. Die Gegenoffensive gegen die – von den Streiks der Seeleute und Dockarbeiter ausgelöste – Beitrittswelle zu britischen Transportgewerkschaften in den Jahren 1889/90 begann mit einem Kampf gegen die schottischen Eisenbahnarbeiter und einer Reihe von Kampfmaßnahmen gegen die umfangreiche, aber instabile gewerkschaftliche Organisation in großen Seehäfen. Umgekehrt entwickelte die Gewerkschaftsoffensive am Vorabend des Ersten Weltkriegs ihre eigene strategische Streikmacht, die dreifache Allianz aus Bergarbeitern, Eisenbahnern und dem Verband der Transportarbeiter (d.h. der Hafenarbeiter und -angestellten). Jetzt war der Transportsektor als ein entscheidendes Element im Klassenkampf erkannt worden.

Weniger klar wurde dagegen die Bedeutung einer anderen Branche gesehen, die sich als noch wirkungsvollerer Kampfplatz für Auseinandersetzungen zwischen Arbeitern und Unternehmern herausstellen sollte: die großen und expandierenden Metallindustrien. Denn hier traf die traditionelle Streitmacht der Arbeiterorganisationen, die qualifizierten Facharbeiter, die sich zu unbeugsamen Fachgewerkschaften zusammengeschlossen hatten, auf die moderne großtechnische Fabrik, deren Betreiber das Ziel verfolgten, den größten Teil der Handarbeit von angelernten Kräften verrichten zu lassen, die immer spezialisiertere und kompliziertere Maschinen bedienten. Hier, an der mit großer Geschwindigkeit vorangetriebenen Front des technischen Fortschritts, war der Interessenkonflikt für alle deutlich sichtbar. Ab etwa 1890 nahmen die Spannungen allmählich zu, doch erst nach 1914 traf die Radikalisierung der Arbeiter die großen Rüstungsfabriken überall in ihrer ganzen Schärfe.

Die arbeitenden Klassen waren nach alledem weder homogen, noch ließen sie sich mühelos zu einer einzigen, kohärenten sozialen Gruppe vereinigen (selbst wenn wir einmal das ländliche Proletariat beiseite lassen, das die Arbeiterbewegungen ebenfalls organisieren und politisieren wollten, in der Regel mit mäßigem Erfolg*). Dennoch wurden sie geeint. Aber wie?

III

Eine wirkungsvolle Möglichkeit war die von einer Organisation vertretene und übermittelte Ideologie. Sozialisten und Anarchisten brachten ihr neues Evangelium zu großen Menschenmengen, die bislang fast durchweg mißachtet und vernachlässigt worden waren. Arbeiter waren in dem Maße unbekannte und vergessene Menschen, in dem sie eine neue soziale Gruppe darstellten. In welchem Ausmaß unbekannt, das bezeugt eine Fülle von Schriften von Sozialforschern und Beobachtern aus der Mittelschicht; wie sehr sie in Vergessenheit geraten waren, mag jeder Leser der Briefe Van Goghs, der als Missionar in das belgische Kohlerevier ging, selbst beurteilen. Die Sozialisten waren häufig die ersten, die zu ihnen kamen. Unter günstigen Bedingungen prägten sie den verschiedensten Gruppen unter den Arbeitern – von den Handwerksgesellen, den militanten Speerspitzen der Bewegung, bis hin zu ganzen Werkgemeinschaften von Heimarbeitern oder Bergleuten – eine einzige Identität auf: die des »Proletariers«. 1886 hatten die Häusler und Büdner in

* Mit Ausnahme Italiens, wo der Bund der Landarbeiter der mit Abstand größte Gewerschaftsverband war und zudem derjenige, der den Grundstein für den späteren kommunistischen Einfluß in Mittel- und zum Teil in Süditalien legte. Möglicherweise übte der Anarchismus in Spanien unter den landlosen Landarbeitern zeitweise einen ähnlich großen Einfluß aus.

den Tälern der Umgebung von Lüttich, die seit Generationen in den dortigen Kanonengießereien arbeiteten, mit Politik nichts im Sinn. Sie lebten schlecht und recht dahin, und allenfalls die Männer brachten durch Brieftaubenzucht, Angeln oder den Besuch von Hahnenkämpfen etwas Abwechslung in ihr Dasein. Von dem Tag an, als die »Arbeiterpartei« auf der Bildfläche erschien, liefen sie dieser in Scharen zu. Von nun an stimmten 80 bis 90 Prozent der Bewohner des Val de Vesdre sozialistisch, und selbst die letzten Bollwerke des lokalen Katholizismus wurden durchbrochen. Die Menschen in der Gegend von Lüttich teilten mit einemmal eine Identität und einen Glauben mit den Webern von Gent, obwohl sie nicht einmal deren (flämische) Sprache verstanden, und damit überhaupt mit allen, die dem Ideal einer einzigen, universellen Arbeiterklasse anhingen. Diese Botschaft von der Einheit aller, die arbeiteten und dennoch arm waren, wurde von den Agitatoren und Propagandisten in die abgelegensten Winkel ihrer Länder getragen. Zugleich brachten sie aber auch die *Organisation,* die geordnete kollektive Aktion, ohne die die Arbeiterklasse als Klasse unmöglich existieren konnte, und durch die Organisation bildeten sie jenen Stamm von Sprechern heran, die die Gefühle und Hoffnungen der Männer und Frauen artikulieren konnten, die unfähig waren, dies selbst zu tun. Ohne dieses organisierte Kollektiv waren letztere nur arme Arbeitsleute. Denn die alten, in Redensarten, Sprichwörtern und Liedern aufbewahrten Weisheiten, in denen die Weltanschauung der arbeitenden Armen der vorindustriellen Welt zum Ausdruck kam, genügten nicht mehr. Sie selbst waren eine *neue* gesellschaftliche Wirklichkeit, über die neu nachgedacht werden mußte. Das begann in dem Augenblick, als sie die Botschaft ihrer neuen Sprecher verstanden: Ihr seid eine Klasse, und ihr müßt zeigen, daß ihr dies seid. Deshalb genügte es für die neuen Parteien im Extremfall, einfach ihren Namen zu nennen: »Arbeiterpartei«. Niemand anderes als die Kämpfer der neuen Bewegung brachte den Arbeitern diese Botschaft des Klassenbewußtseins. Sie einte all jene, die bereit waren, diese tiefe Wahrheit jenseits aller Unterschiede, die zwischen ihnen bestehen mochten, anzuerkennen.

Doch die Menschen waren bereit, sie anzuerkennen, da der Graben zwischen den Arbeitern und der übrigen Bevölkerung, einschließlich anderer Gruppen der in bescheidenen Verhältnissen lebenden »kleinen Leute« immer breiter wurde; da die Welt der Arbeiterklasse zunehmend zu einer eigenen, separaten Welt wurde, und nicht zuletzt deshalb, weil der Konflikt zwischen denen, die Löhne zahlten, und denjenigen, die davon leben mußten, eine zunehmend alles übrige beherrschende existentielle Wirklichkeit wurde. Das galt vor allem in solchen Städten, die praktisch von der Industrie und für sie gegründet wurden: z.B. Bochum (1842 noch 4200, 1907 hingegen 120.000 Einwohner, davon 78 Prozent Arbeiter und 0,3 Prozent »Kapitalisten«) oder Middlesbrough (1841 6000, 1911 105.000 Einwohner). In diesen Zentren hauptsächlich des Bergbaus und der Schwerindustrie, die in der zweiten Hälfte des 19. Jahrhunderts wie Pilze aus dem Boden schossen, konnten Männer und Frauen dahinleben, ohne in der Regel jemals einen Angehörigen der nicht lohnarbeitenden Klassen zu Gesicht zu bekommen, der nicht in irgendeiner Weise über ihnen stand (Fabrikeigner, Manager, Vorgesetzter, Lehrer, Priester) – ausgenommen bloß die kleinen Handwerker, Ladenbesitzer und Gastwirte, die den bescheidenen Bedarf der Armen deckten und die, da sie von ihrer Kundschaft abhingen, sich der proletarischen Umgebung anpaßten.* In Bochum gab es neben den üblichen Bäckern, Metzgern und Brauern einige Hundert Näherinnen und 48 Putzmacherinnen, aber nur elf Wäscherinnen, sechs Hut- und Mützenmacher und acht Kürschner – und bezeichnenderweise keinen, der jenes charakteristische Statussymbol der Mittel- und Oberschicht anfertigte, nämlich Handschuhe (vgl. Crew 1980, S. 19, 25, 70).

Aber selbst in der Großstadt mit ihren unterschiedlichen und immer differenzierteren Dienstleistungen und ihrer sozialen Vielfalt sorgte die Spezialisierung der Funktionen, während dieser Zeit ergänzt durch die Stadtplanung und die Erschließung neuer Wohnsiedlungen, für eine Trennung der Klassen, ausgenommen auf so neutralen Territorien wie öffentlichen Grünanlagen, Bahnhöfen und Vergnügungsparks. Das alte Kleine-Leute-Viertel erlebte mit der neuen sozialen Trennung seinen Niedergang. In Lyon wurde 1914 das Viertel La Croix-Rousse, die frühere Hochburg der aufständischen Seidenweber, das bis ins Stadtzentrum hinunterreichte, als Viertel der »kleinen Angestellten« geschildert: »Der Bienenschwarm der Arbeiter hat die Anhöhe und die Hänge, die zu ihr hinaufführen, verlassen« (Lequin 1977, S. 202). Die Arbeiter zogen aus dem alten Stadtteil auf das andere Rhôneufer mit seinen Fabriken. Immer mehr griff die graue Eintönigkeit neuer, vorgelagerter Arbeiterviertel um sich: Wedding und Neukölln in Berlin, Favoriten und Ottakring in Wien, Poplar und West Ham in London – die Gegenstücke zu den rapide sich ausbreitenden eigenen Vierteln und Vorstädten der Angehörigen der unteren und mittleren Mittelschicht.

Alle Arbeiter waren aus guten Gründen mehr oder weniger leicht von der Ungerechtigkeit der Gesellschaftsordnung zu überzeugen, doch der entscheidende Punkt ihrer Erfahrung war ihr Verhältnis zu den Arbeitgebern. Die

* Die Rolle von Schankwirtschaften als Versammlungsorte für Gewerkschaftsmitglieder und sozialistische Parteiangehörige und von Schankwirten als kämpferische Sozialisten ist in mehreren Ländern bekannt.

neue sozialistische Arbeiterbewegung war untrennbar mit der Unzufriedenheit am Arbeitsplatz verbunden. Immer wieder hängt das Aufkommen eines Ortsverbandes einer sozialistischen Partei eng mit einer lokal ausschlaggebenden Gruppe von Arbeitern zusammen, deren Politisierung durch fatale Arbeitsbedingungen ausgelöst wird. In Roanne (Frankreich) bildeten die Weber den Kern des Parti Ouvrier; als sich 1889-1891 die Weber der Region gewerkschaftlich organisierten, waren die Bewohner der ländlichen Kantone plötzlich nicht mehr für die »Reaktion«, sondern für den »Sozialismus«, und der ökonomische Konflikt führte zu politischer Organisation und einer Mobilisierung der Wähler. Wie jedoch das Beispiel der britischen Arbeiter um die Mitte des 19. Jahrhunderts zeigt, gab es keinen notwendigen Zusammenhang zwischen der Bereitschaft zum Streik oder zur gewerkschaftlichen Organisation und der Identifizierung der Klasse der Arbeitgeber (der »Kapitalisten«) als den politischen Hauptgegner. In der Vergangenheit hatte vielmehr eine gemeinsame Front all diejenigen geeint, die etwas arbeiteten und produzierten: Arbeiter, Handwerker, Ladenbesitzer und Bürger. Sie standen gegen die Müßigen und die »Privilegien« – die Anhänger des Fortschritts (eine Koalition, die auch Klassengrenzen übersprang) gegen die Anhänger der »Reaktion«. Dieses Bündnis, zu einem Großteil die Grundlage der früheren historischen und politischen Macht des Liberalismus (vgl. *Die Blütezeit des Kapitals,* Kap. 6, I), geriet jedoch ins Wanken, nicht nur weil die repräsentative Demokratie die unterschiedlichen Interessen der verschiedenen gesellschaftlichen Gruppen bloßlegte (s.S. 118 ff.), sondern auch, weil die Klasse der Arbeitgeber, deren Unternehmen durch Konzentrationsprozesse mehr und mehr zu Großunternehmen und zu Bestandteilen der Großindustrie wurden, sichtbarer in die undifferenzierte Zone von Reichtum, staatlicher Macht und Privilegien integriert wurde. Sie stieg in die »Plutokratie« auf, wie sie von Demagogen in England unter Eduard VII. gern gegeißelt wurde – eine »Plutokratie«, die mit dem berauschenden Einsetzen eines wirtschaftlichen Aufschwungs nach der Großen Depression sich immer sprunghafter öffentlich und in den neuen Medien zur Schau stellte. Mr. Askwith, der ranghöchste Experte der britischen Regierung in Arbeiterfragen, behauptete in einem Memorandum, Zeitungen und das Automobil, in Europa ein Monopol der Reichen, machten den Gegensatz zwischen Reich und Arm unausweichlich (vgl. Pelling 1968, S. 147).

Als jedoch der politische Kampf gegen die »Privilegien« mit dem bislang eigenständigen Kampf um Arbeitsplatz und Arbeitsbedingungen verschmolz, entfernte sich die Welt des Handarbeiters durch das – in manchen Ländern schnelle und auffällige – Anwachsen des tertiären Wirtschaftssektors, in dem Männer und Frauen arbeiteten, ohne sich die Hände schmutzig zu machen, mehr und mehr von den bürgerlichen Welten. Anders als das alte Kleinbürgertum aus kleinen Handwerkern und Ladeninhabern, das man als Übergangszone oder Niemandsland zwischen Arbeiterschaft und Bürgertum betrachten konnte, bewirkten diese neuen (unteren) Mittelschichten eine Trennung zwischen beiden allein schon deshalb, weil gerade die Bescheidenheit ihrer wirtschaftlichen Lage, häufig kaum besser als die der gut bezahlten Facharbeiter, sie dazu bewog, das hervorzuheben, was sie von den Handarbeitern unterschied, sowie das, was sie in ihren Augen mit den sozial höherstehenden Klassen gemeinsam hatten (s.Kap. 7). Sie bildeten eine Schwelle, durch die die unter ihnen stehenden Arbeiter isoliert wurden.

Während die wirtschaftlichen und gesellschaftlichen Entwicklungen auf diese Weise die Bildung eines Klassenbewußtseins aller Handarbeiter begünstigten, zwang ihnen ein dritter Faktor eine Einigung geradezu auf: die nationale Wirtschaft (»Volkswirtschaft«) und der Nationalstaat, die zunehmend miteinander verzahnt wurden. Der Nationalstaat bildete nicht nur den Rahmen für das Leben des Staatsbürgers, legte dessen Randbedingungen fest und bestimmte die konkreten Bedingungen und die geographischen Grenzen des Arbeiterkampfes, sondern seine politischen, gesetzlichen und administrativen Eingriffe gewannen für die Existenz der Arbeiterklasse eine immer zentralere Bedeutung. Die Wirtschaft funktionierte zunehmend als ein Verbundsystem, in dem eine Gewerkschaft jedenfalls nicht länger als ein lockerer Verband aus lokalen Einheiten operieren konnte, die sich in erster Linie allein mit lokalen Zuständen beschäftigten, sondern gezwungen war, zumindest innerhalb der eigenen Industriebranche in nationalem Maßstab zu denken. In Großbritannien beobachten wir das neuartige Phänomen organisierter Arbeitskämpfe auf *nationaler* Ebene erstmals in den Jahren nach 1890, während das Gespenst nationaler Streiks der Transport- und der Bergarbeiter nach 1900 Wirklichkeit wurde. Dem entsprach, daß nunmehr auch in den einzelnen Industriezweigen kollektive Tarifverhandlungen, die bis 1889 unbekannt waren, in nationalem Umfang geführt wurden. 1910 waren sie bereits eine vertraute Erscheinung.

Die Arbeiterführer, die national operierende Industriegewerkschaften anstrebten, hatten erkannt, daß »die Industrie« nicht länger eine theoretische Kategorie der Statistiker und Wirtschaftswissenschaftler war, sondern ein operativer oder strategischer Begriff auf nationaler Ebene, der wirtschaftliche Rahmen eines wie immer lokal begrenzten gewerkschaftlichen Kampfes. So leidenschaftlich die britischen Bergarbeiter auch der Autonomie ihres Reviers oder gar ihrer Zeche verbunden waren – eingedenk der jeweiligen Besonderheit ihrer Probleme und Bräuche in Wales und Northumberland, Fife und

Staffordshire –, so sahen sie sich aus den genannten Gründen dennoch zwischen 1888 und 1908 unaufhaltsam zu einer nationalen Organisation zusammengeschlossen.

Was den Staat angeht, so erzwang gerade die Demokratisierung des Wahlrechts jene Einheit der Klasse, die die Herrschenden eigentlich verhindern wollten. Der Kampf um die Ausdehnung staatsbürgerlicher Rechte nahm für die Arbeiter unweigerlich einen Klassencharakter an, da die entscheidende Frage (zumindest für die Männer) das Stimmrecht der *eigentumslosen* Bürger war. Jede noch so gemäßigte Bindung des aktiven Wahlrechts an Eigentum mußte primär einen Großteil der Arbeiter vom Gang zur Urne ausschließen. Umgekehrt machten sich die neuen sozialistischen Bewegungen in den Ländern, in denen es nicht einmal theoretisch ein allgemeines Wahlrecht gab, unweigerlich zu dessen größtem Befürworter und riefen zu massenhaften Generalstreiks dafür auf oder drohten damit – in Belgien 1893 und später noch zweimal, in Schweden 1902 und in Finnland 1905 –, womit sie ihre Macht zur Mobilisierung der neubekehrten Massen sowohl unter Beweis stellten als auch erhöhten. Selbst entschieden antidemokratische Wahlrechtsreformen konnten ein nationales Klassenbewußtsein verstärken, wenn sie, wie in Rußland nach 1905, die Wahlberechtigten der Arbeiterklasse zu einer besonderen (und unterrepräsentierten) Wählergruppe oder Kuria zusammenfaßten. Doch jede aktive Beteiligung an Wahlen, wie sie für die meisten sozialistischen Parteien typisch war – sehr zum Entsetzen der Anarchisten, die darin eine Ablenkung der Bewegung von der Revolution sahen –, mußte der Arbeiterklasse eine nationale Einheit verleihen, mochte sie sonst auch noch so gespalten sein.

Aber mehr noch: Der Staat selbst einte die Klasse, da in zunehmendem Maße jede soziale Gruppe ihre politischen Ziele verfolgen mußte, indem sie Druck auf die *nationale* Regierung ausübte, zugunsten oder gegen den Erlaß und die Anwendung *nationaler* Gesetze. Keine andere Klasse hatte ein so eindeutiges und andauerndes Bedürfnis nach konkreten staatlichen Maßnahmen auf wirtschaftlichem und sozialem Gebiet, um sie für die Unzulänglichkeiten ihrer kollektiven Handlungsmöglichkeiten, bei denen sie von keiner Seite unterstützt wurden, zu entschädigen; und je zahlreicher das Proletariat in einem Lande war, desto mehr mußten die Politiker wenn auch widerwillig den Forderungen einer so großen und bedrohlichen Wählergruppe Rechnung tragen. In Großbritannien spalteten sich die alten Gewerkschaften aus der Blütezeit der viktorianischen Ära und die neue politische Arbeiterbewegung in den 80er Jahren letztlich an der Frage, ob die Forderung nach einem Achtstundentag *gesetzlich* oder durch Tarifverhandlungen durchgesetzt werden sollte. Ein Gesetz, per definitionem von *nationaler* Gültigkeit, wäre schließlich *allen* Arbeitern zugute gekommen – weshalb die Zweite Internationale, im vollen Bewußtsein der Bedeutung ihrer Forderung, sogar ein internationales Gesetz wollte. Ein Ergebnis der Agitation war schließlich die die Gemüter wohl am tiefsten bewegende Institution zur Behauptung des Internationalismus der Arbeiterklasse, die alljährlichen Kundgebungen zum 1. Mai, die erstmals 1890 stattfanden. (Im Jahr 1917 übersprangen die russischen Arbeiter, die endlich die Freiheit erlangt hatten, diesen Tag zu feiern, sogar ihren eigenen Kalender, um genau am selben Tag zu demonstrieren wie die Arbeiter in der übrigen Welt (vgl. Dommanget 1953, S. 252).* Gleichzeitig verdrängte jedoch das Streben nach einer Einigung der Arbeiterklasse innerhalb jeder Nation fast zwangsläufig die Hoffnungen und theoretischen Beteuerungen eines proletarischen Internationalismus bei allen bis auf eine noble Minderheit von Kämpfern und Aktivisten. Wie das Verhalten der meisten nationalen Arbeiterklassen im August 1914 zeigte, wurden die Grenzen des Klassenbewußtseins, von kurzen Augenblicken der Revolution abgesehen, durch den Staat und die politisch definierte Nation abgesteckt.

IV

Es ist weder möglich noch notwendig, einen Überblick über sämtliche geographischen, ideologischen, nationalen, partikularistischen oder sonstigen Variationen des allgemeinen Themas der Herausbildung der Arbeiterklassen zwischen 1870 und 1914 als klassenbewußte und organisierte gesellschaftliche Gruppen zu geben. Dieser Fortschritt der Organisation als Klasse erfolgte in ungleichmäßigen Sprüngen. Er beschleunigte sich rasch im Verlauf von zwei kurzen Perioden. Der erste große Sprung nach vorn ereignete sich gegen Ende der 80er Jahre in einer Zeit, die gekennzeichnet war durch die erneute Einberufung einer internationalen Arbeiterassoziation (der »Zweiten« im Unterschied zur »Ersten« Internationale unter dem Einfluß von Marx 1864-1872) und durch die Einführung jenes Symbols der Hoffnungen und des Selbstbewußtseins der Arbeiterklasse, des Maifeiertages. Es waren die Jahre, in denen zum erstenmal in verschiedenen Ländern Sozialisten in nennenswerter Zahl

* Bekanntlich hinkte 1917 der russische (julianische) Kalender unserem (gregorianischen) Kalender um 13 Tage hinterher; von daher erklärt sich auch die bekannte Verwirrung im Zusammenhang mit der Oktoberrevolution, die sich nach unserer Zeitrechnung am 7. November ereignete.

in den Parlamenten auftraten, in denen selbst in Deutschland, wo ihre Partei bereits stark war, die Anhängerschaft der SPD sich zwischen 1887 und 1893 mehr als verdoppelte (von 10,1 auf 23,3 Prozent). Die zweite Phase des großen Fortschritts fällt irgendwann in die Zeit zwischen der russischen Revolution von 1905, die vor allem in Mitteleuropa von großem Einfluß war, und 1914. Die massiven Erfolge der sozialistischen und Arbeiterparteien bei den Wählern wurden jetzt begünstigt durch die Ausbreitung eines demokratischen Wahlrechts. Gleichzeitig bewirkten umfangreiche Agitationen bei den Arbeitern eine nachhaltige Stärkung der Gewerkschaften. Während in Einzelaspekten je nach den nationalen Verhältnissen beträchtliche Unterschiede bestanden, lassen sich diese beiden Phasen eines wesentlichen Fortschritts der Arbeiterbewegung mehr oder weniger überall beobachten.

Allerdings darf man die Bildung eines Klassenbewußtseins bei den Arbeitern nicht einfach mit dem Anwachsen von organisierten Arbeiterbewegungen gleichsetzen, auch wenn es dafür vor allem in Mitteleuropa und in manchen speziellen Industrieregionen Beispiele gibt, wo sich die Arbeiter fast vollständig mit ihrer Partei und Bewegung identifiziert hatten. So äußert 1913 ein Beobachter bei der Analyse des Wahlergebnisses im mitteldeutschen Wahlbezirk Naumburg-Merseburg sein Erstaunen darüber, daß lediglich 88 Prozent der Arbeiter für die SPD gestimmt hatten; offensichtlich galt hier die Gleichung »Arbeiter = Sozialdemokrat« als selbstverständlich (vgl. Guttsman 1981, S. 96). Doch dieser Fall war nicht typisch. Zunehmend normal wurde hingegen eine unpolitische Identifikation mit der eigenen Klasse, die bewußte Teilhabe an einer eigenen Welt der Arbeiter, die zwar auch die »Klassenpartei« einschloß, jedoch weit über diese hinausging. Denn diese »kulturelle« Identifikation beruhte auf einer eigenen Lebenserfahrung, einer eigenen Lebensweise, die unabhängig von regionalen Unterschieden der Sprache und des Brauchtums gemeinsamen Formen sozialer Aktivitäten entsprang (z.B. bestimmten Sportarten wie dem Fußball in England etwa seit 1880) oder auch klassenspezifischen und neuartigen Kleidermoden, z.B. dem Tragen der für den Arbeiter typischen Schirmmütze.

Dennoch wäre ohne das gleichzeitige Auftreten »der Bewegung« selbst die unpolitische Äußerung des Klassenbewußtseins weder vollständig noch überhaupt denkbar gewesen, denn der Bewegung war es zu verdanken, daß die vielen »Arbeiterklassen« zu einer einzigen »Arbeiterklasse« zusammengeschmolzen wurden. Umgekehrt waren jedoch die Bewegungen selbst, sofern sie zu Massenbewegungen wurden, erfüllt von dem nicht politisch motivierten, sondern instiktiven Mißtrauen der Arbeiter gegenüber all jenen, die sich bei der Arbeit die Hände nicht schmutzig machten. Dieser überall anzutreffende *ouvriérisme* (wie diese Haltung von den Franzosen bezeichnet wurde) spiegelte die Wirklichkeit der Massenparteien wider, deren Mitglieder überwiegend aus Handarbeitern bestanden. Unter den 61.000 Hamburger SPD-Mitgliedern in den Jahren 1911/12 waren lediglich 36 »Schriftsteller und Journalisten« und nur *zwei* mit einer Universitätsausbildung. 95 Prozent aller Mitglieder gehörten dem Proletariat an, und von den verbleibenden fünf Prozent waren die Hälfte Gastwirte (vgl. ebd., S. 160). Das Mißtrauen gegenüber allen, die nicht mit den Händen arbeiteten, schloß allerdings nicht die Bewunderung für große Lehrer aus einer anderen Gesellschaftsklasse aus (wie Karl Marx selbst) oder für eine Handvoll Sozialisten bürgerlicher Herkunft: Gründungsväter, nationale Führer und Redner (zwei Funktionen, die häufig schwer voneinander zu unterscheiden waren) oder »Theoretiker«. Tatsächlich zogen die sozialistischen Parteien in der ersten Generation hervorragende Männer aus der Mittelschicht an, die eine solche Bewunderung verdienten: Victor Adler in Österreich (1852-1918), Jean Jaurès in Frankreich (1859-1914), Turati in Italien (1857-1932) und Hjalmar Branting in Schweden (1860-1925).

Was war denn nun eigentlich »die Bewegung«, die in Extremfällen praktisch mit der ganzen Klasse zusammenfallen konnte? Zunächst und vor allem bestand sie in den Gewerkschaften. Dazu gehörten außerdem häufig Genossenschaften, hauptsächlich Konsumvereine mit eigenen Läden, gelegentlich (wie in Belgien) als die zentrale Institution der Bewegung.* In Ländern mit sozialistischen Massenparteien konnten zur Bewegung praktisch alle möglichen Arbeitervereine gehören: der Deutsche Bund der Arbeiterchöre mit rund 200.000 Mitgliedern, der Arbeiter-Radfahrerbund »Solidarität« mit rund 130.000 Mitgliedern (jeweils 1910), aber auch die Arbeiter-Briefmarkensammler und Arbeiter-Kaninchenzüchter, auf deren Spuren man gelegentlich auch heute noch in den Vorstädten Wiens stößt. Doch im Grunde genommen waren sie alle »ihrer« politischen Partei entweder untergeordnet, ihr Bestandteil oder eng damit verbunden. Arbeiterbewegungen, die ohne organisierte Klassenparteien auskommen mußten oder wollten, waren fast überall schwach, auch wenn sie eine alte Tradition des utopischen oder anarchistischen Denkens auf der Linken repräsentierten. Sie bestanden in der Regel aus wechselnden Kadern individueller Einzelkämpfer, Missionare, Agitatoren und potentieller Streikführer und nicht aus Massenorganisationen. Mit Aus-

* Während die Konsumvereine und andere Arbeitergenossenschaften eng mit den Arbeiterbewegungen verbunden waren und häufig auch eine Brücke schlugen zwischen den »utopischen« Idealen des Sozialismus vor 1848 und dem neuen Sozialismus, galt dies – mit Ausnahme mancher Teile Italiens – jedoch nicht für den erfolgreichsten Bereich des Genossenschaftswesens, die Kooperation der selbständigen und der Pachtbauern.

nahme der iberischen Welt, deren Entwicklung schon immer gegenüber der der übrigen europäischen Länder zeitverschoben war, wurde der Anarchismus nirgendwo in Europa zur herrschenden Ideologie selbst schwacher Arbeiterbewegungen. Abgesehen von den romanischen Ländern und – wie die Revolution von 1917 zeigte – Rußland spielte der Anarchismus politisch keine Rolle.

Die meisten dieser Arbeiterparteien (mit Australasien als wichtiger Ausnahme) strebten langfristig eine grundlegende Veränderung der Gesellschaft an und nannten sich folglich »sozialistisch«, oder sie hatten in den Augen ihrer Zeitgenossen bereits aktiv mit dieser Veränderung begonnen wie die britische Labour Party. Vor 1914 wollten sie so wenig wie möglich mit der Politik der herrschenden Klasse und noch weniger mit der Regierung zu tun haben, bis die Arbeiter eines Tages ihre eigene Regierung bilden und die große Veränderung in die eigenen Hände nehmen würden. Führer der Arbeiterbewegung, die zu Kompromissen mit Parteien und Regierungen der Mittelschicht geneigt waren, wurden geächtet, sofern sie darüber nicht Stillschweigen bewahrten wie z.B. J.R. MacDonald über die Wahlabsprache mit den Liberalen, die der Labour Party in England 1906 zu einer bedeutenden Vertretung im Parlament verhalf. (Aus verständlichen Gründen war die Einstellung der Parteien zu einer Zusammenarbeit mit kommunalen Regierungen wesentlich positiver.) Wahrscheinlich scharten sich deshalb so viele dieser Parteien um die rote Fahne von Karl Marx, weil dieser überzeugender als jeder andere Theoretiker der Linken drei »Wahrheiten« verkündete, die ebenso einleuchtend wie ermutigend waren: daß keine vorhersehbare Verbesserung innerhalb des gegenwärtigen Systems etwas an der grundlegenden Lage der Arbeiter als Arbeiter ändern werde (ihre »Ausbeutung«), daß das Wesen der kapitalistischen Entwicklung, die er eingehend analysiert hatte, den Umsturz der gegenwärtigen und die Errichtung einer neuen und besseren Gesellschaft unausweichlich mache und daß die Arbeiterklasse, in Klassenparteien organisiert, die Schöpferin und Erbin dieser herrlichen Zukunft sein werde. Marx schuf damit bei den Arbeitern die – der früheren religiösen Heilsgewißheit vergleichbare – Überzeugung, die Wissenschaft habe die historische Zwangsläufigkeit ihres schließlichen Sieges bewiesen. In dieser Hinsicht war der Marxismus so wirkungsvoll, daß selbst die Gegner von Marx innerhalb der Bewegung seine Kapitalismusanalyse weitgehend übernahmen.

So hielten es die Sprecher wie die Ideologen dieser Parteien ebenso wie ihre Gegner für selbstverständlich, daß sie die soziale Revolution wollten oder daß ihre Aktivitäten auf eine solche Revolution hinausliefen. Der Wandel vom Kapitalismus zum Sozialismus, von einer auf Privateigentum und Privatunternehmen gegründeten Gesellschaft zu einer Gesellschaft, die auf »dem gemeinschaftlichen Eigentum der Mittel der Produktion, des Vertriebs und des Warentauschs« (so die Satzung der Labour Party) beruhte, würde das Leben revolutionieren. Indes wurden die genaue Form und der Inhalt der sozialistischen Zukunft erstaunlich wenig erörtert. Vielmehr war das Wesen der Revolution die bestimmende Frage aller Debatten über eine proletarische Politik.

Worum es ging, war mithin nicht der Glaube an eine völlige Umwälzung der Gesellschaft. Viele der Arbeiterführer und Kämpfer waren viel zu sehr mit den unmittelbaren Auseinandersetzungen beschäftigt, um sich für eine ferne und dunkle Zukunft zu interessieren. Man hoffte vielmehr im Rahmen einer linken Tradition, die weit hinter Marx und Bakunin bis 1789 oder gar 1776 zurückreichte, auf die Revolution: auf die Machtübernahme durch schlagartige, gewalttätige Aufstände, die dann schon zu einer grundlegenden gesellschaftlichen Veränderung führen werde. Oder allgemeiner und in einem eher chiliastischen Sinne: Die große Veränderung schien mit Zwangsläufigkeit fest und näher bevorzustehen als es noch in den Zeiten der wirtschaftlichen Depression und der Unzufriedenheit nach 1880 oder auch in den hoffnungsvollen Aufwallungen in den ersten Jahren nach 1890 den Anschein hatte. Zwar hatte selbst schon der alte Kämpe Engels im Rückblick auf das Zeitalter der europäischen Revolutionen, als man etwa alle 20 Jahre mit neuen Barrikaden rechnen konnte und er selbst mit dem Gewehr in der Hand an revolutionären Unternehmungen teilgenommen hatte, warnend darauf hingewiesen, daß die Tage von 1848 ein für allemal dahingegangen waren. Und wie wir gesehen haben, schien etwa seit 1895 der Gedanke an einen unmittelbar bevorstehenden Zusammenbruch des Kapitalismus ziemlich unplausibel. Was also blieb nach alledem für die Armeen des Proletariats zu tun, die zu Millionen unter die rote Fahne geeilt waren?

Auf der Rechten der Bewegung gab es manche, die sich dafür aussprachen, sich auf die unmittelbaren Verbesserungen und Reformen zu konzentrieren, die die Arbeiterklasse den Regierungen und Arbeitgebern abringen konnte, und die fernere Zukunft auf sich zukommen zu lassen. Rebellion und Aufruhr standen sowieso nicht auf der Tagesordnung. Selbst unter diesen Umständen aber gaben nur wenige der nach 1860 geborenen Arbeiterführer die Idee eines neuen Jerusalem auf. Eduard Bernstein (1850-1932) – ein sozialistischer Denker, der sich aus eigener Kraft emporgearbeitet und unvorsichtigerweise nicht nur vorgeschlagen hatte, die Theorien von Karl Marx vor dem Hintergrund eines florierenden Kapitalismus zu revidieren (»Revisionismus«), sondern auch, daß das vermeintliche sozialistische Ziel weniger wichtig sei als die auf dem Weg dorthin errungenen Reformen – wurde auch von denjenigen Arbeiterpolitikern massiv verurteilt, deren Interesse, den Kapitalismus tatsächlich mit Gewalt zu stürzen, zuweilen extrem schwach ausgeprägt war. Die Überzeugung, daß die gegenwärtige Gesellschaft unerträglich sei, war für die Angehörigen der Arbeiterklasse selbst dann nicht zu erschüttern, wenn – wie ein Beobachter eines deutschen sozialistischen Kongresses zu Beginn des 20. Jahrhunderts bemerkte – ihre militanten Vorkämpfer für sie die eine oder andere Verbesserung herausschlagen konnten (s. Hunter 1908, S. 2). Es war das Ideal einer neuen Gesellschaft, das der Arbeiterklasse ihre Hoffnung gab.

Doch wie sollte die neue Gesellschaft zu einer Zeit verwirklicht werden, da der Zusammenbruch des alten Systems nirgends in Sicht war? Kautskys verlegene Beschreibung der großen deutschen Sozialdemokratischen Partei als »eine zwar revolutionäre, aber nicht revolutionmachende Partei« (zit.n. Haupt 1970, S. 141) bringt das Problem auf eine knappe Formel. Konnte es genügen, in der Theorie an der sozialen Revolution festzuhalten wie die SPD, eine unbeirrbare Oppositionshaltung einzunehmen, in periodischen Abständen die wachsende Stärke der Bewegung bei Wahlen zu messen und sich darauf zu verlassen, daß die objektiven Kräfte der Geschichte unvermeidlich triumphieren würden? Offenbar nicht, wenn dies bedeutete – und das war in der Praxis allzu oft der Fall –, daß sich die Bewegung darauf beschränkte, im Rahmen des Systems zu operieren, das sie nicht umstürzen konnte. Hinter einer Fassade der Unnachgiebigkeit, so oder so ähnlich sahen es viele Radikale und Militante, verbargen sich Zugeständnisse, Passivität, die Weigerung, die mobilisierten Arbeiterbataillone zum Handeln aufzurufen, und die Unterdrückung der Kämpfe, die spontan unter den Massen ausbrachen – und das alles im traurigen Namen organisatorischer Disziplin.

Was die einheitliche, aber nach 1905 zunehmende radikale Linke aus Rebellen, Anarchosyndikalisten, intellektuellen Dissidenten und Revolutionären ablehnte, waren also die proletarischen Massenparteien, die für sie zwangsläufig zu reformistischen und bürokratischen Organisationen werden mußten. Die radikale Linke setzte statt dessen auf die direkte proletarische Aktion, mit der der gefährliche Sumpf der Politik umgangen werden sollte und die im Idealfall in einem revolutionären Generalstreik kulminieren würde. Dieser »revolutionäre Syndikalismus«, der im letzten Jahrzehnt vor dem Ersten Weltkrieg seine Blütezeit erlebte, verrät bereits mit seinem Namen die Verbindung aus gestandenen Revolutionären und den Befürwortern dezentralisierter Gewerkschaftsaktionen, die mehr oder weniger auch anarchistischen Ideen anhingen. Vertreten wurde diese Ideologie außerhalb Spaniens hauptsächlich von einigen Hundert oder Tausend proletarischen militanten Gewerkschaftern und einigen Intellektuellen während der zweiten Phase des Wachstums und der Radikalisierung der Bewegung, die mit einer zunehmenden und in allen Industrienationen zu beobachtenden Unruhe unter den Arbeitern und einer beträchtlichen Unsicherheit innerhalb der sozialistischen Parteien darüber zusammenfiel, was sie eigentlich tun konnten oder sollten.

Zwischen 1905 und 1914 war der typische Revolutionär in den westlichen Ländern so etwas wie ein revolutionärer Syndikalist, der paradoxerweise den Marxismus als die Ideologie von Parteien ablehnte, die ihn als Alibi dafür benutzten, keine Revolution machen zu wollen. Das war etwas ungerecht gegenüber dem Andenken von Marx, denn es gehörte zu den Merkwürdigkeiten der westlichen proletarischen Massenparteien, die seine Fahne vor sich her trugen, daß seine Ideen für sie nur eine bescheidene Rolle spielten. Die Grundüberzeugungen ihrer Führer und Vorkämpfer waren häufig von denen der nichtmarxistischen proletarischen Radikalen oder der jakobinischen Linken nicht zu unterscheiden. Sie glaubten alle gleichermaßen an den Kampf der Vernunft gegen Unwissenheit und Aberglauben (d.h. gegen den Klerikalismus); an den Kampf des Fortschritts gegen die finstere Vergangenheit; an Wissenschaft, Bildung, Demokratie und an die säkulare Dreieinigkeit von Freiheit, Gleichheit und Brüderlichkeit. Selbst in Deutschland, wo fast jeder dritte Wähler seine Stimme der Sozialdemokratischen Partei gab, die sich 1891 formal zum Marxismus bekannt hatte, wurde das *Kommunistische Manifest* vor 1905 lediglich in Auflagen von jeweils 2000-3000 Stück gedruckt, und das ideologische Werk mit der größten Ausleihequote in den Arbeiterbüchereien trug den sprechenden Titel *Moses oder Darwin.* * Auch an marxistischen Intellektuellen aus dem eigenen Lande herrschte Mangel. Die führenden »Theoretiker« Deutschlands kamen aus dem Habsburgerreich wie Kautsky und Hilferding, aus Polen wie Rosa Luxemburg oder aus Rußland wie I.L. Helphand (»Parvus«). Denn östlich von Wien und Prag war der Marxismus stark verbreitet, und es gab genügend marxistische Denker. In diesen Ländern hatte der Marxismus seinen revolutionären Impuls noch ungebrochen bewahrt, war der Zusammenhang zwischen Marxismus und Revolution noch offensichtlich, und sei es auch nur, weil die Aussichten auf eine Revolution dort unmittelbar und real waren.

* Möglicherweise noch populärer war der *Pfaffenspiegel* des antiklerikalen Corvin (vgl. Steinberg 1967, S. 139). Der SPD-Parteitag von 1902 stellte fest, daß sich nur antiklerikale Parteiliteratur gut verkaufte. So erschien 1898 das *Kommunistische Manifest* in einer Auflage von 3000, Bebels *Christentum und Sozialismus* dagegen in einer von 10.000 Exemplaren, und von 1901 bis 1904 betrugen die Druckauflagen 7000 bzw. 57.000 Stück.

Und hier lag in der Tat der Schlüssel zur Struktur der sozialistischen und proletarischen Bewegungen. Sie kamen in den Ländern auf, in denen die doppelte Revolution (der Industrie und der politischen Institutionen) bereits stattgefunden hatte. Sie kamen auf in jener Zone West- und Mitteleuropas, in der jeder politisch interessierte Mensch auf die größte aller Revolutionen zurückblickte, die Französische von 1789. Jeder Stadtbewohner, der im Jahr der Schlacht bei Waterloo das Licht der Welt erblickt hatte, konnte im Laufe seines rund 60jährigen Lebens vermutlich wenigstens zwei bis drei Revolutionen aus erster oder zweiter Hand miterleben. Die proletarische und sozialistische Bewegung sah sich als unmittelbare Fortsetzung dieser Tradition. Die Österreichischen Sozialdemokraten feierten den Jahrestag der Märzgefallenen der 48er Revolution, bevor sie den 1. Mai feierten. Dennoch zog sich die soziale Revolution sehr bald aus ihrer ursprünglichen Inkubationszone zurück. Und in mancher Hinsicht beschleunigte gerade das Aufkommen massenhafter, organisierter und vor allem disziplinierter Klassenparteien diesen Rückzug. Die organisierte Massenversammlung, die sorgfältig vorbereitete Massenkundgebung oder -demonstration durch Aufmärsche und der Wahlkampf traten an die Stelle von Aufruhr und Rebellion, statt diese vorzubereiten. Der plötzliche Aufstieg »roter« Parteien in den fortgeschrittenen Ländern der bürgerlichen Gesellschaft war für deren Regierende in der Tat eine beunruhigende Erscheinung, doch nur wenige von ihnen rechneten wirklich damit, daß in ihrer Hauptstadt die Guillotine errichtet werden würde. Sie konnten in diesen Parteien Organe einer radikalen Opposition innerhalb eines Systems sehen, das trotz allem genügend Spielraum für Verbesserungen und Konfliktbeilegungen bot. Es waren Gesellschaften, in denen es trotz aller gegenteiligen Rhetorik noch nicht oder nicht mehr zu großem Blutvergießen kam.

Was die neuen Parteien noch immer zumindest theoretisch am Ziel einer vollständigen Umwälzung der Gesellschaft festhalten ließ und was ihnen die Loyalität der Massen einfacher Arbeiter sicherte, war die Tatsache, daß alle entscheidenden Änderungen zum Besseren primär durch ihr Handeln und ihre Organisation als Klasse zustandekamen. In mancher Hinsicht schloß die Entscheidung für den kollektiven Kampf für eine Änderung der Verhältnisse andere Lösungsmöglichkeiten aus. In den Regionen Italiens, wo arme landlose Landarbeiter sich entschlossen, sich in Gewerkschaften und Genossenschaften zu organisieren, verzichteten sie auf die Alternative einer Massenauswanderung. Je stärker das Gefühl der Gemeinschaft und der Solidarität als Arbeiterklasse war, desto stärker war der soziale Druck, dabeizubleiben, obwohl dies – vor allem bei Gruppen wie den Bergarbeitern – nicht den Ehrgeiz ausschloß, den eigenen Kindern eine Schulbildung zuteil werden zu lassen, die ihnen das Los ihrer Eltern ersparte. Was den sozialistischen Überzeugungen der proletarischen Vorkämpfer und der Zustimmung der Massen zugrundelag, war mehr als alles andere eine Welt der Ausgrenzung, die dem neuen Proletariat aufgezwungen wurde. Wenn sie eine Hoffnung hegten – und ihre organisierten Mitglieder waren in der Tat stolz und hoffnungsvoll –, dann deshalb, weil sie ihre Hoffnungen in die Bewegung setzten. War der »amerikanische Traum« individualistisch, so war der des europäischen Arbeiters in der Hauptsache kollektiv.

War das revolutionär? Ganz sicher nicht im Sinne eines Aufstandes, gemessen am Verhalten der Mehrheit der stärksten aller revolutionären sozialistischen Parteien, der deutschen Sozialdemokratie. Aber in Europa gab es eine langgestreckte, halbkreisförmige Zone der Armut und der Unzufriedenheit, in der die Revolution tatsächlich auf der Tagesordnung stand und – zumindest in einem Teil davon – auch wirklich ausbrach. Sie erstreckte sich von Spanien über weite Teile Italiens und die Balkanhalbinsel bis ins Russische Reich. Während der hier behandelten Epoche verlagerte sich die Revolution von West- nach Osteuropa. Wir kommen auf das Schicksal des revolutionären Gürtels des europäischen Kontinents und der übrigen Welt noch zurück. Hier begnügen wir uns mit der Feststellung, daß der Marxismus im Osten seine ursprünglichen, explosiven Implikationen beibehielt. Nach der Russischen Revolution kehrte er als Ideologie der sozialen Revolution schlechthin, die er für den Großteil des restlichen 20. Jahrhunderts auch bleiben sollte, nach Westeuropa zurück und breitete sich zugleich weiter ostwärts aus. Inzwischen hatte sich die Kluft im Umgang zwischen Sozialisten, die dieselbe theoretische Sprache sprachen, immer mehr vergrößert, fast ohne daß sie sich dessen bewußt wurden – bis sich deren ganzes Ausmaß beim Ausbruch des Ersten Weltkrieges 1914 zeigte, als Lenin, lange Zeit ein Bewunderer der deutschen sozialdemokratischen Theoretiker, entdeckte, daß deren Kopf ein Verräter war.

V

Obwohl die sozialistischen Parteien in den meisten Ländern trotz nationaler und konfessioneller Spaltung anscheinend dabei waren, die Mehrheit der Arbeiterklassen für sich zu mobilisieren, ließ sich nicht bestreiten, daß (ausgenommen in Großbritannien) das Proletariat nicht – die Sozialisten behaupteten zuversichtlich: »noch nicht« – die Mehrheit der Bevölkerung darstellte.

Sobald die sozialistischen Parteien in einem Land eine Massenbasis erobert hatten und keine propagandistischen und agitatorischen Sekten mehr waren, zeigte sich bald, daß sie ihr Interesse nicht ausschließlich der Arbeiterklasse widmen konnten. Die intensive Debatte über »die Agrarfrage«, die Mitte der 90er Jahre unter den Marxisten einsetzte, bringt diese Entdeckung exakt zum Ausdruck. Der »Bauernstand« (d.h. die Kleinbauern) war zum Untergang verurteilt (eine durchaus zutreffende marxistische Behauptung, die sich allerdings erst nach 1950 zu erfüllen begann) – was aber konnte oder sollte der Sozialismus vorläufig jenen 36 oder gar 43 Prozent der Bevölkerung anbieten, die in Deutschland bzw. Frankreich um 1900 von der Landwirtschaft lebten, ganz zu schweigen von den europäischen Ländern, die bislang noch überwiegend landwirtschaftlich strukturiert waren? Die Notwendigkeit, die rein proletarische Ausrichtung der sozialistischen Parteien auszuweiten, ließ sich auf unterschiedliche Weise formulieren und rechtfertigen, von simplen wahlarithmetischen oder revolutionären Überlegungen bis hin zu einer allgemeinen Theorie.* Zu leugnen war sie jedenfalls nicht, da das Proletariat fast überall durch die vereinte Macht anderer Klassen überstimmt, isoliert oder sogar unterdrückt werden konnte.

Doch gerade die Identifikation zwischen Partei und Proletariat erschwerte die Öffnung zu anderen sozialen Schichten. Sie war den politischen Pragmatikern, den Reformisten, den marxistischen »Revisionisten« ein Dorn im Auge, die es vorgezogen hätten, die politische Organisation des Sozialismus aus einer Klassen- zu einer »Volkspartei« zu erweitern. Selbst pragmatische Politiker, die es vorzogen, die reine Lehre einigen wenigen, als »Theoretiker« klassifizierten Genossen zu überlassen, mußten zugeben, daß es die fast existentielle Hinwendung zu den Arbeitern als Arbeiter war, was den Parteien ihre eigentliche Macht verlieh. Aber mehr noch, die speziell auf die Lage des Proletariats zugeschnittenen politischen Forderungen und Parolen – wie Achtstundentag und Vergesellschaftung der Produktionsmittel – ließen andere Schichten gleichgültig oder liefen sogar Gefahr, diese durch die implizite Drohung der Enteignung sich zu Feinden zu machen. Sozialistische Arbeiterparteien waren selten besonders erfolgreich bei dem Versuch, aus dem großen aber separaten Universum der Arbeiterklasse auszubrechen, in dem sich ihre Vorkämpfer und sehr häufig auch ihre Massen selbst im Grunde genommen ziemlich wohlfühlten.

* So formulierte z.B. Karl Kautsky: »Die Sozialdemokratie ist die Partei des seinen Klassenkampf kämpfenden Proletariats; . . . aber . . . sie ist gleichzeitig auch eine Partei der sozialen Entwicklung; sie strebt die Entwicklung des gesamten gesellschaftlichen Körpers über sein jetziges, kapitalistisches Stadium hinaus zu einer höheren Form an.« (Kautsky 1899, S. 317)

Trotzdem reichte die Ausstrahlung dieser Parteien gelegentlich weit über die Arbeiterklassen hinaus, und selbst jene Massenparteien, die sich besonders kompromißlos mit einer Klasse identifizierten, mobilisierten offensichtlich auch Wähler aus anderen Bevölkerungsschichten. So gab es z.B. Länder, in denen der Sozialismus trotz seines fehlenden ideologischen Bezugs zur bäuerlichen Welt weite Regionen auf dem Land eroberte – er gewann dort nicht nur die Unterstützung jener, die man als »ländliches Proletariat« bezeichnen könnte, wie in Teilen Südfrankreichs, Mittelitaliens und der USA, wo sich überraschenderweise die stärkste Hochburg der Sozialistischen Partei bei den bibelgläubigen armen Farmern Oklahomas befand und wo deren Präsidentschaftskandidat 1912 in den 23 am stärksten agrarisch geprägten Wahlbezirken dieses Staates über 25 Prozent der Stimmen erhielt. Nicht weniger bemerkenswert ist der Umstand, daß in der Sozialistischen Partei Italiens kleine Handwerker und Ladeninhaber beträchtlich überrepräsentiert waren.

Dafür gab es zweifellos historische Gründe. Wo eine alte und ausgeprägte politische Tradition der (säkularen) Linken – republikanisch, demokratisch, jakobinisch etc. – bestand, konnte der Sozialismus als deren logische Fortsetzung gelten. In Frankreich, wo diese Tradition unstreitig eine wichtige Rolle spielte, fühlten sich jene volksverbundenen Intellektuellen auf dem Land und die Vorkämpfer für republikanische Werte, die Volksschullehrer, stark vom Sozialismus angezogen, und die bedeutendste Gruppierung der Dritten Republik, der Republikanische Block, zollte den Idealen ihrer Wähler den gebührenden Respekt, als ihre Parteien sich 1901 als Radikale Republikaner und Radikale Sozialisten bezeichneten, ohne radikal oder sozialistisch zu sein. Dennoch bezogen sozialistische Parteien ihre Stärke wie auch ihre politische Zweideutigkeit aus solchen Traditionen nur deshalb, weil sie – wie wir gesehen haben – an ihnen teilhatten, selbst wenn sie ihnen nicht mehr ausreichend erschienen. So gewann sie in den Ländern mit eingeschränktem Wahlrecht durch ihren militanten und wirkungsvollen Kampf für ein demokratisches Wahlsystem die Unterstützung durch andere Demokraten. Als Parteien der am meisten Benachteiligten war es natürlich, daß man in ihnen nunmehr die Bannerträger jenes Kampfes gegen Ungleichheit und »Privilegien« sah, der seit der Amerikanischen und der Französischen Revolution im Zentrum des politischen Radikalismus gestanden hatte; um so mehr, als so viele der früheren Bannerträger sich ebenso wie die liberale Mittelschicht selbst den privilegierten Klassen angeschlossen hatten.

Die sozialistischen Parteien profitierten außerdem und noch offensichtlicher von ihrem Status als vorbehaltlose Opposition gegen die Reichen. Sie standen für eine Klasse, die ausnahmslos in Armut, wenn auch nach zeitgenössischen Maßstäben nicht notwendig in tiefer Armut lebte. Unermüdlich prangerten sie Ausbeutung, Reichtum und dessen wachsende Konzentration an. Jenen Armen, die sich zwar ausgebeutet, aber nicht dem Proletariat zugehörig fühlten, mochte eine solche Partei durchaus zusagen.

Drittens waren sozialistische Parteien fast per definitionem Parteien, die sich jenem Schlüsselbegriff des 19. Jahrhunderts, dem »Fortschritt«, verschrieben hatten. Sie standen vor allem in ihrer marxistischen Form für den unaufhaltsamen Vormarsch der Geschichte in eine bessere Zukunft, deren eigentlicher Inhalt zwar unbestimmt bleiben mochte, die jedoch zweifellos den anhaltenden und sich beschleunigenden Sieg von Vernunft und Bildung, Wissenschaft und Technik mit sich bringen würde. Wenn die spanischen Anarchisten sich ihr Utopia ausmalten, dann gehörten elektrischer Strom und automatische Müllschlucker dazu. Fortschritt, wenn auch nur als Synonym für Hoffnung, war die Sehnsucht derer, die wenig oder gar nichts besaßen, und das neue Rumoren des Zweifels an seiner Wirklichkeit oder Wünschbarkeit in einer Welt der Bürger- und Patrizierkultur vermehrte ihre plebejischen und politisch radikalen Anklänge, zumindest in Europa. Es steht außer Zweifel, daß der Sozialismus bei allen, die an den Fortschritt glaubten, von dessen Prestige profitierten, insbesondere bei denen, die in der Tradition der Aufklärung und des Liberalismus aufgewachsen und von ihr durchdrungen waren.

Ein letzter Vorteil für die sozialistischen Parteien bestand paradoxerweise darin, daß sie sowohl Außenseiter waren als sich auch (zumindest bis zur Revolution) ununterbrochen in der Oppositionsrolle befanden. Als Außenseiter erhielten sie deutlich mehr als den statistisch zu erwartenden Zulauf von Minderheiten, deren Lage in der Gesellschaft in gewissem Maße anormal war, z.B. in manchen europäischen Ländern von den Juden, auch wenn sie wohlhabende Bürger waren, und in Frankreich von den Protestanten. Als Oppositionsparteien, die nicht durch eine Zusammenarbeit mit den herrschenden Klassen kompromittiert waren, konnten sie in Vielvölkerstaaten die Angehörigen unterdrückter Nationen auf sich aufmerksam machen, die der roten Fahne eine deutlich nationalistische Färbung gaben. Das war vor allem, wie wir im folgenden Kapitel sehen werden, im zaristischen Rußland der Fall und betraf ganz besonders die Finnen. Aus diesem Grund wurde die Finnische Sozialistische Partei, die 37 Prozent der Stimmen auf sich vereinigte, sobald das allgemeine Wahlrecht eingeführt wurde, und diesen Anteil 1916 auf 47 Prozent erhöhte, de facto zur nationalen Partei ihres Landes.

Die Unterstützung nominell proletarischer Parteien konnte sich somit auch weit über das eigentliche Proletariat hinaus erstrecken. Wo dies der Fall war, konnten sie unter Umständen nach 1918 leicht zur Regierungsparteien werden. Die Bereitschaft, sich an »bürgerlichen« Regierungen zu beteiligen, bedeutete jedoch die Aufgabe des Status einer Partei von Revolutionären oder Oppositionellen. Vor 1914 war das zwar nicht völlig undenkbar, aber auf jeden Fall konnte man eine entsprechende Absicht nicht vorher öffentlich verkünden. Der erste Sozialist, der in eine »bürgerliche« Regierung eintrat, auch wenn er rechtfertigend die Einheit aller Republikaner gegen die drohende Machtübernahme der Reaktion beschwor, wurde feierlich aus der nationalen und internationalen Bewegung ausgeschlossen. Das war im Jahre 1899; der Mann hieß Alexandre Millerand und brachte es später noch zum französischen Ministerpräsidenten. Bis 1914 war kein ernst zu nehmender sozialistischer Politiker so töricht, diesen Fehler zu wiederholen. (In Frankreich dauerte es sogar bis 1936, bevor die Sozialisten sich an der Regierung beteiligten.) Nach außen blieben die sozialistischen Parteien bis zum Ersten Weltkrieg kompromißlos in der Opposition.

Eine letzte Frage ist allerdings noch offen. Läßt sich die Geschichte der Arbeiterklassen in jener Periode wirklich einfach als Geschichte ihrer (nicht notwendig sozialistischen) Klassenorganisationen oder jenes spezifischen Klassenbewußtseins schreiben, das sich in den Lebensweisen und Verhaltensmustern in der Ghettowelt des Proletariats äußert? Doch nur in dem Maße, in dem sie sich als Angehörige einer solchen Klasse empfanden und verhielten. Ein derartiges Bewußtsein konnte sehr weitverbreitet sein, auch in ganz unerwarteten Ecken und Winkeln, so z.B. bei den ultrareligiösen chassidischen Webern ritueller jüdischer Gebetsschals im hintersten Galizien (Kalomea), die mit Hilfe der jüdischen Sozialisten am Ort gegen ihre Arbeitgeber streikten. Und dennoch verstanden sich sehr viele der Armen und besonders der Notleidenden nicht als »Proletarier«, verhielten sich nicht als solche und betrachteten die Organisationen und Aktionsformen der Bewegung für sich selbst nicht als hilfreich oder relevant. Sie sahen sich als Angehörige der ewigen Kategorie der Armen, der Außenseiter, der Unglücklichen oder der Ausgestoßenen. Waren sie vom Land oder aus einer fremden Gegend in die Großstadt zugewandert, so mochten sie in einem Ghetto leben, das sich vielleicht mit dem Elendsviertel der Arbeiter überschnitt, seine Prägung jedoch mehr durch die Straße erhielt, den Markt, die unzähligen kleinen gesetzlichen und ungesetzlichen Tätigkeiten, mit denen diese armen Familien sich über Wasser hielten und die nur zum geringsten Teil die Bezeichnung Lohnarbeit verdienten. Was für sie zählte, waren nicht Gewerkschaften oder eine Klassenpartei, sondern Nachbarn, die Familie, Patrone, die ihnen einen Gefallen tun oder eine Arbeit vermitteln konnten, während sie im übrigen den Gang zu Ämtern und Behörden eher scheuten; es waren Priester, Menschen aus demselben Ort ihrer alter Heimat, jedermann und alles, das das Überleben in einer neuen und fremden Umgebung ermöglichte. Sofern sie zum alten Pöbel, zum »Lumpenproletariat« der Innenstadt gehörten, machte die Bewunderung der Anarchisten für ihre Unter- und Halbwelt sie nicht proletarischer oder politisch bewußter. Die Welt in Arthur Morrisons *A Child of the Jago* (1896) oder in Aristide Bruants Chanson *Belleville-Ménilmontant* ist höchstens insofern die Welt des Klassenbewußtseins, als das Gefühl der Erbitterung gegen die Reichen in beiden zum Ausdruck kommt. Die ironische, achselzuckende, letztlich bejahende, extrem unpolitische Welt des englischen Chansons*, das in jenen Jahren seine Blütezeit erlebte, steht der der bewußten Arbeiterklasse zwar näher, doch ihre Themen – Schwiegermütter, Ehefrauen, das fehlende Geld für die Miete usw. – waren die einer jeden Gemeinschaft von benachteiligten Großstadtbewohnern des ausgehenden 19. Jahrhunderts.

Wir dürfen diese Welten nicht vergessen. Sie sind auch tatsächlich nicht in Vergessenheit geraten, weil sie paradoxerweise die Künstler jener Zeit stärker anzogen als die achtbare, eintönige und insbesondere provinzielle Welt des klassischen Proletariats. Die Kultur des armen Pöbels, selbst die Welt der traditionellen Ausgestoßenen drang dort in die des Klassenbewußtseins ein, wo beide nebeneinander existierten. Beide erkannten einander an, und wo das Bewußtsein der Arbeiterklasse und ihre Bewegung stark waren wie etwa in Berlin oder im großen Seehafen Hamburg, da paßte auch die vorindustrielle bunte Welt der Armut hin und selbst die Luden, Diebe und Hehler erwiesen der Welt der Arbeiter ihren Respekt. Sie hatten nichts Eigenes zu ihr beizutragen, auch wenn die Anarchisten darüber anders dachten. Ihnen fehlte auf jeden Fall die permanente Kampfbereitschaft und erst recht das Engagement des Aktivisten, doch wie jeder Aktivist wußte, galt dasselbe auch für die große Masse der Arbeiterklasse in jedem Land. Endlos sind die Klagen der Vorkämpfer über diesen Ballast an Passivität und Zweiflertum. Soweit in dieser Periode eine bewußte, kämpferische Arbeiterklasse entstand, wurde das vorindustrielle Lumpenproletariat in deren Einflußbereich gezogen. Und soweit es sich diesem Einfluß entzog, muß es außerhalb der Geschichte bleiben, denn seine Angehörigen haben sie nicht mitgestaltet, sondern waren nur deren Opfer.

* So hieß es etwa in einem Lied von Gus Elen:

»With a ladder and some glasses
You could see the Hackney Marshes
If it wasn't for the houses in between.«

(Auf einer Leiter und mit einer Brille konnte man bis zu den Hackney-Marschen sehen, wenn nur nicht diese Häuser dazwischen gewesen wären.)

Kapitel 6
Mit klingendem Spiel: Nationen und Nationalismus

»Scappa, che arriva la patria!« (»Lauf weg, das Vaterland kommt!«)
Italienische Bäuerin zu ihem Sohn*

»Ihre Sprache hat sich erweitert, weil sie heute lesen. Sie lesen Bücher – oder jedenfalls lernen sie in Büchern lesen ... Das Wort und Idiom der Literatursprache und die durch ihre Orthographie angeregte Aussprache gewinnen die Herrschaft über den lokalen Gebrauch.«
H.G. Wells (1905, S. 273 f.)

»Der Nationalismus ... greift die Demokratie an, vernichtet den Antiklerikalismus, bekämpft den Sozialismus und untergräbt Pazifismus, Humanismus und Internationalismus ... Er erklärt das Programm des Liberalismus für beendet.«
Alfredo Rocco (1914)

I

Der Aufstieg der Arbeiterparteien war *ein* wesentliches Abfallprodukt der Politik der Demokratisierung, der Aufstieg des Nationalismus in der Politik *ein zweites.* An sich war der Nationalismus offensichtlich nichts Neues (vgl. *Europäische Revolutionen* und *Die Blütezeit des Kapitals).* Doch in den Jahrzehnten zwischen 1880 und 1914 machte der Nationalismus einen großen Sprung nach vorn, und seine politischen und ideologischen Inhalte änderten sich. Allein schon seine Begrifflichkeit ist ein Anzeichen für die Bedeutung jener Jahre. Denn das Wort »Nationalismus« selbst tauchte gegen Ende des 19. Jahrhunderts auf, um Gruppen von rechten Ideologen in Frankreich und Italien zu kennzeichnen, die besonders eifrig die nationale Fahne gegen Ausländer, Liberale und Sozialisten und für jene aggressive Expansion ihres eigenen Staates schwangen, die für solche Bewegungen so charakteristisch werden sollte. Es war zugleich die Periode, in der das Lied »Deutschland, Deutschland über

* Den Hinweis auf dieses Zitat des italienischen Autors F. Jovine (1904-1950) verdanke ich Martha Petrusewicz von der Princeton University.

alles« anderen Liedern vorgezogen und zur deutschen Nationalhymne erkoren wurde. Obgleich der Begriff »Nationalismus« zunächst nur eine rechte Spielart des Phänomens beschrieb, erwies er sich als zweckmäßiger als das umständliche »Nationalitätsprinzip«, das etwa seit 1830 zum Vokabular der europäischen Politik gehörte, und deshalb wurde er schließlich für alle Bewegungen gebraucht, für die die nationale Sache in der Politik den höchsten Rang einnahm, also für alle, die das Recht auf Selbstbestimmung, d.h. letzten Endes auf die Bildung eines unabhängigen Staates für eine bestimmte national definierte Gruppe forderten. Denn die Zahl dieser Bewegungen oder zumindest der Führer, die behaupteten, im Namen solcher Gruppen zu sprechen, und deren politische Bedeutung nahm während der uns beschäftigenden Epoche deutlich zu.

Die Grundlage des »Nationalismus« aller Art war stets dieselbe: die Bereitschaft von Menschen, sich gefühlsmäßig mit »ihrer« Nation zu identifizieren und sich politisch als Italiener, Tschechen, Deutsche oder was sonst mobilisieren zu lassen, eine Bereitschaft, die sich politisch nutzbar machen ließ. Die Demokratisierung der Politik und vor allem des Wahlrechts bot vielfältige Möglichkeiten dazu. Wenn Staaten die Massen mit nationalistischen Appellen mobilisierten, sprachen sie von »Patriotismus«, und das Wesen des echten »Rechtsnationalismus«, der in bereits existierenden Nationalstaaten aufkam, bestand im Alleinanspruch der extremen Rechten auf einen Patriotismus, die damit alle anderen als eine Art Verräter brandmarken konnte. Das war ein neuartiges Phänomen, denn während der meisten Zeit des 19. Jahrhunderts hatte man Nationalismus eher mit liberalen und radikalen Bewegungen und mit der Tradition der Französischen Revolution gleichgesetzt. Doch anderswo bestand überhaupt kein notwendiger Zusammenhang zwischen Nationalismus und einer bestimmten Färbung innerhalb des politischen Spektrums. Bei den nationalen Bewegungen, die noch keinen eigenen Staat hatten, begegnen wir Identifikationen mit der Linken oder der Rechten oder auch einer Gleichgültigkeit gegenüber beiden Richtungen. Und es gab tatsächlich, wie wir gesehen haben, keineswegs unbedeutende Bewegungen, die Männer und Frauen mit nationalen Parolen mobilisierten, aber gleichsam eher zufällig, da ihr eigentliches Ziel die soziale Emanzipation war. Denn obwohl in dieser Periode die nationale Identifikation ein wesentlicher Faktor in der Politik der Staaten war oder dazu wurde, wäre es doch andererseits ein Fehlschuß, eine nationale Orientierung der Politik für unvereinbar mit jeder anderen politischen Richtung zu halten. Nationalistische Politiker und ihre Gegner behaupteten natürlich gern, das eine schließe das andere aus, so wie man nicht zwei Hüte gleichzeitig tragen könne. Aber wie die Geschichte und die eigene Beobachtung lehren, trifft das nicht zu. Während jener Zeit war es durchaus möglich, zugleich klassenbewußter marxistischer Revolutionär und irischer Patriot zu sein wie James Connolly, der 1916 hingerichtet wurde, weil er den Osteraufstand in Dublin angeführt hatte. Sofern jedoch die Parteien in den Ländern der Massendemokratie um dieselben Wähler kämpften, mußten diese natürlich Entscheidungen treffen, die sich wechselseitig ausschlossen.

Die neuen Arbeiterbewegungen, die sich an ihre potentielle Wählerschaft auf der Basis einer Identifikation mit deren Klasse wandten, erkannten dies sehr bald, da sie insbesondere in Vielvölkerstaaten gegen Parteien kämpfen mußten, die die Proletarier und potentiellen Sozialisten aufforderten, ihnen ihre Stimme als Tschechen, Polen oder Slowenen zu geben. Von daher erklärt sich ihr besonderes Interesse für »die nationale Frage«, sobald sie wirklich zu Massenbewegungen geworden waren. Daß praktisch jeder bedeutende marxistische Theoretiker, von Karl Kautsky und Rosa Luxemburg über die Austromarxisten bis hin zu Lenin und dem jungen Stalin an den leidenschaftlich geführten Debatten über diese Frage während jener Zeit teilnahmen, verdeutlicht die Dringlichkeit und den zentralen Stellenwert des Problems (vgl. Haupt et al. 1974).

Wo nationale Identifikation zu einer politischen Kraft wurde, bildete sie deshalb eine Art generelles Substrat der Politik. Das macht es so schwierig, ihre vielfältigen Ausdrucksformen zu definieren, selbst wenn sie für sich in Anspruch nahm, ganz besonders nationalistisch oder patriotisch zu sein. Wie wir noch sehen werden, wurde die Identifikation mit der eigenen Nation während der hier behandelten Epoche weit verbreitet, und die Bedeutung der nationalen Ausrichtung der Politik nahm zu. Noch wichtiger war jedoch mit Sicherheit eine Reihe von Veränderungen innerhalb des politischen Nationalismus, die für das 20. Jahrhundert tiefreichende Konsequenzen haben sollten.

Vier dieser Veränderungen sollen hier genannt werden. Die erste ist das Aufkommen von Nationalismus und Patriotismus als einer Ideologie, die von der politischen Rechten aufgegriffen wird. Das fand seinen extremsten Ausdruck zwischen den Kriegen im Faschismus, dessen ideologische Vorläufer hier anzutreffen sind. Die zweite ist die der liberalen Phase der nationalen Bewegungen ganz fremde Annahme, daß eine nationale Selbstbestimmung bis hin zur Bildung unabhängiger, souveräner Staaten nicht nur das Recht einiger Nationen wäre, die ihre wirtschaftliche, politische und kulturelle Lebensfähigkeit unter Beweis stellen könnten, sondern aller Gruppen, die behaupteten, eine »Nation« zu sein. Der Unterschied zwischen der alten und der neuen Annahme zeigt sich deutlich an der Differenz zwischen den zwölf ziemlich umfangreichen Staatsgebilden, die für Giuseppe Mazzini, den großen Propheten des Nationalismus im 19. Jahrhundert, 1857 »das Europa der Nationen« bildeten (vgl. *Die Blütezeit des Kapitals*, Kap. 5, I), und den 26 Staaten – Irland nicht mitgerechnet –, die nach dem Ersten Weltkrieg dem Wilsonschen Prinzip der nationalen Selbstbestimmung entsprungen waren. Die dritte war die zunehmende Überzeugung, »nationale Selbstbestimmung« lasse sich durch keine andere Form der Autonomie verwirklichen als durch volle staatliche Unabhängigkeit. Die meiste Zeit des 19. Jahrhunderts hindurch waren die wenigsten Forderungen nach Autonomie so weit gegangen. Und schließlich war es etwas Neues, eine Nation vor allem über die Zugehörigkeit zur selben Volks- und vor allem Sprachgruppe zu definieren.

Vor 1875 hatte es vornehmlich in der westlichen Hälfte Europas Staaten gegeben, die nach eigenem Selbstverständnis eine »Nation« repräsentierten (z.B. Frankreich, England oder das neue Deutsche Reich), und Staaten, die zwar auf einem anderen politischen Prinzip beruhten, aber nach allgemeiner Ansicht die Mehrzahl ihrer Bewohner aus Gründen repräsentierten, die man als national bezeichnen konnte (das galt etwa für die Zaren, die sich als russische wie auch als orthodoxe Herrscher der Loyalität des großrussischen Volkes sicher sein konnten). Außerhalb des Habsburger- und vielleicht des Osmanenreiches warfen die zahlreichen Nationalitäten innerhalb der bestehenden Staaten keine nennenswerten politischen Probleme auf, noch weniger nach der Proklamierung eines deutschen und eines italienischen Staates. Natürlich gab es die Polen, die zwischen Rußland, Deutschland und Österreich aufgeteilt waren und zu keiner Zeit das Ziel der Wiederherstellung eines unabhängigen Staates aus den Augen verloren. Es gab – im Vereinigten Königreich – die Iren. Es gab versprengte Nationalitätengruppen, die sich aus den unterschiedlichsten Gründen außerhalb der Grenzen des jeweiligen Nationalstaates befanden, dem sie am liebsten zugehört hätten, wenn auch nur wenige von ihnen politische Probleme schufen, z.B. die Einwohner Elsaß-Lothringens, das 1871 von den Deutschen annektiert wurde. (Nizza und Savoyen, 1860 vom späteren Italien an Frankreich abgetreten, ließen darüber keine Anzeichen von Unzufriedenheit erkennen.)

Es besteht kein Zweifel, daß die Zahl der nationalistischen Bewegungen in Europa seit 1870 beträchtlich zunahm, obwohl (oder weil) in den letzten 40 Jahren vor dem Ersten Weltkrieg in Europa tatsächlich weit weniger neue Nationalstaaten geschaffen wurden als in den vier Jahrzehnten vor der Gründung des Deutschen Reiches und obwohl die neuen Staaten nicht sehr bedeutend waren: Bulgarien (1878), Norwegen (1907) und Albanien

(1913).* Es gab jetzt »nationale Bewegungen« nicht nur von Völkern, die man bislang als »geschichtslos« betrachtet hatte (d.h., die nie zuvor einen unabhängigen Staat, eine herrschende Klasse oder eine kulturelle Elite besessen hatten), wie die Finnen und die Slowaken, sondern auch bei Völkern, an die bislang kaum jemand gedacht hatte, der nicht gerade ein Liebhaber volkstümlicher Bräuche war, nämlich bei den Esten und den Mazedoniern. Und in seit langem bestehenden Nationalstaaten begannen nunmehr auch regionale Bevölkerungsteile ein politisches Bewußtsein als »Nationen« zu entwickeln; das war z.B. in Wales der Fall, wo in den 90er Jahren unter der Führung eines einheimischen Anwalts, der später noch viel von sich reden machte, David Lloyd George, eine jungwalisische Bewegung gegründet wurde, und in Spanien, wo 1894 eine Baskische Nationalpartei entstand. Und etwa zur selben Zeit verbreitete Theodor Herzl den Zionismus unter den Juden, für die ein Nationalismus von der Art, wie dieser ihn darstellte, bislang unbekannt und ohne Bedeutung war.

Viele dieser Bewegungen fanden noch wenig Unterstützung bei den Völkern, als deren Sprecher sie auftraten, obgleich Massenauswanderungen jetzt weit mehr Angehörigen rückständiger Gemeinden den wirksamen Anreiz der Nostalgie boten, sich mit dem zu identifizieren, was sie zurückgelassen hatten, und sich geistig für neue politische Ideen zu öffnen. Trotzdem nahm die massenhafte Identifikation mit einer »Nation« zu, und das politische Problem des Nationalismus ließ sich sowohl von den Regierungen als auch von den Parteien, die nicht nostalgisch eingestellt waren, immer schwerer in den Griff bekommen. Wahrscheinlich war die Mehrheit der Beobachter des europäischen Schauplatzes nach 1871 der Überzeugung, daß das »Nationalitätsprinzip« nach der Einigung Deutschland und Italiens und dem österreich-ungarischen Kompromiß weniger Sprengstoff barg als zuvor. Selbst die österreichischen Behörden, die man aufgefordert hatte, bei den Volkszählungen auch eine Frage über die jeweilige Sprachgruppe vorzusehen (eine Empfehlung des internationalen statistischen Kongresses von 1873), lehnten dies nicht rundheraus ab. Sie waren allerdings der Meinung, es brauche noch einige Zeit, bis sich die erhitzten nationalen Gemüter der letzten zehn Jahre wieder abgekühlt hätten, und dies sei aller Voraussicht nach bei der Volkszählung von 1880 der Fall. Eine eklatantere Fehleinschätzung der Lage hätte ihnen kaum unterlaufen können (vgl. Brix 1982, S. 97).

* Zu den zwischen 1830 und 1871 gegründeten oder international anerkannten Staaten gehörten Deutschland, Italien, Belgien, Griechenland, Serbien und Rumänien. Der sogenannte »Kompromiß« von 1867 lief ebenfalls auf die Gewährung einer sehr weitreichenden Autonomie Ungarns durch die Habsburger Monarchie hinaus.

Was sich jedoch als langfristig entscheidend erwies, war weniger das Ausmaß an Unterstützung für die nationale Sache, das man bei diesem oder jenem Volk erreichte, sondern vielmehr die Veränderung der Definition und des Programms des Nationalismus. Wir sind inzwischen so sehr daran gewöhnt, Nationen über ethnische und sprachliche Kriterien zu definieren, daß wir vergessen, daß es sich dabei im Grunde um eine Erfindung des ausgehenden 19. Jahrhunderts handelt. Ohne diese Frage eingehend zu erörtern, mag es genügen daran zu erinnern, daß die Ideologen der irischen Unabhängigkeitsbewegung die Sache der irischen Nation erst einige Zeit nach der Gründung der Gälischen Liga 1893 mit der Verteidigung der gälischen Sprache zusammenbrachten; daß die Basken ihre nationalen Forderungen erst etwa zur selben Zeit mit ihrer Sprache begründeten (und nicht mehr mit ihren historischen *fueros* oder verfassungsmäßigen Privilegien); daß die leidenschaftlichen Debatten darüber, ob die mazedonische Sprache mehr Ähnlichkeiten mit dem Bulgarischen oder mit dem Serbokroatischen aufweise, bei der Klärung der Frage, mit wem die Mazedonier vereinigt werden sollten, erst sehr spät aufkamen. Die zionistischen Juden gingen sogar noch einen Schritt weiter und setzten die jüdische Nation mit dem Hebräischen gleich, einer Sprache, die spätestens seit den Tagen der babylonischen Gefangenschaft von keinem Juden mehr als Umgangssprache gebraucht wurde. Sie war gerade erst (1880) als Sprache für den alltäglichen Gebrauch – im Gegensatz zu einer heiligen und rituellen Sprache oder einer angelernten Lingua franca – von einem Mann erfunden worden, der damit begann, sie mit einem geeigneten Wortschatz auszurüsten, indem er ein hebräisches Wort für »Nationalismus« erfand. Die Beherrschung dieser Sprache diente eher als äußeres Bekenntnis zum Zionismus und weniger als Mittel der Verständigung.

Das heißt nicht, daß die Sprache als nationales Problem bislang unwichtig gewesen wäre. Sie war ein Kriterium der Nationalität unter anderen; und je geringer die Rolle, die sie spielte, desto stärker war im allgemeinen die Identifikation der Massen eines Volkes mit ihrer Gemeinschaft. Die Sprache war kein ideologischer Kampfplatz für jene, die sie lediglich sprachen, und sei es auch nur deshalb, weil eine Kontrolle darüber, in welcher Sprache Mütter mit ihren Kindern, Männer mit ihren Frauen und Nachbarn untereinander redeten, praktisch unmöglich auszuüben war. Die Sprache, die von den meisten Juden tatsächlich gesprochen wurde, das Jiddische, hatte praktisch keine ideologische Konnotation, bis die nichtzionistische Linke sie aufgriff; auch machte es den meisten Juden, die es sprachen, nichts aus, daß viele Behörden (einschließlich denen des Habsburgerreiches) es ablehnten, es überhaupt als eine eigene Sprache zu akzeptieren. Millionen entschieden sich dafür, Angehörige der nordamerikanischen Nation zu werden, die offenbar keine besondere ethnische Grundlage hatte, und lernten Englisch aus Gründen der Notwendigkeit oder Zweckmäßigkeit, ohne in ihr Bemühen, diese Sprache zu sprechen, ein wesentliches Element einer Nationalseele oder einer nationalen Kontinuität hineinzulesen. Ein sprachlicher Nationalismus war die Schöpfung von Menschen, die schrieben und lasen, aber nicht von Leuten, die sprachen. Und die »Nationalsprachen«, in denen sie den eigentlichen Charakter ihrer Nationen auffanden, waren in der Regel Kunstprodukte, da sie aus einer verwirrenden Vielfalt lokaler oder regionaler Dialekte, die nicht-literarische, praktisch gebrauchte Sprachen darstellten, erfaßt, standardisiert, homogenisiert und dem zeitgenössischen und literarischen Gebrauch angepaßt werden mußten. Die bedeutendsten Schriftsprachen alter Nationalstaaten oder alter Kulturräume hatten diese Phase der Bestandsaufnahme und »Begradigung« schon länger hinter sich: Deutsch und Russisch im 18., Französisch und Englisch im 17. Jahrhundert, Italienisch und Kastilisch sogar noch früher. Für die Mehrzahl der Sprachen kleinerer Sprachgruppen war das 19. Jahrhundert die Zeit der großen »Autoritäten«, die das Vokabular und den »richtigen« Gebrauch ihres Idioms festlegten. Für das Katalanische, Baskische und die baltischen Sprachen erfolgte dieser Prozeß um die Jahrhundertwende.

Geschriebene Sprachen hängen eng, wenn auch nicht notwendig mit Territorien und Institutionen zusammen. Der Nationalismus, der sich als Standardversion der nationalen Ideologie und des nationalen Programms durchsetzte, war im wesentlichen territorial, da sein grundlegendes Modell der Territorialstaat der Französischen Revolution oder zumindest jede Institution war, mit der sich eine politische Kontrolle über ein klar umgrenztes Territorium und dessen Bewohner verwirklichen ließ. Auch hier liefert der Zionismus das Extrembeispiel, weil er ein so offensichtlich geborgtes Programm war, das weder irgendwelche Vorläufer in der wirklichen Tradition aufwies, die dem jüdischen Volk seit Jahrtausenden Dauer, Zusammenhalt und eine unzerstörbare Identität verliehen hatte, noch mit dieser organisch zusammenhing. Es verlangte von ihnen, sich ein Territorium anzueignen (das von anderen Menschen bewohnt wurde) – für Herzl war es nicht einmal erforderlich, daß dieses Territorium historisch etwas mit dem Judentum zu tun hatte – sowie eine Sprache, die sie seit Jahrtausenden nicht mehr gesprochen hatten.

Die Gleichsetzung von Nationen mit einem bestimmten Territorium führte zu so gravierenden Problemen in den großen Regionen mit massenhaftem Zustrom von Einwanderern, aber auch in den Regionen ohne Wanderungsbewegungen, daß insbesondere in der Donaumonarchie und der jüdischen Diaspora eine alternative Definition von Nationalität entwickelt wurde. Hier galt sie als etwas, das nicht einem bestimmten Flecken auf der Landkarte innewohnte, dem eine Gruppe von Bewohnern zugeordnet war, sondern das in den Angehörigen aller Gruppen von Männern und Frauen wurzelte, die sich einer Nationalität zugehörig fühlten, wo immer sie auch leben mochten. Als Angehörige dieser Nationalität genossen sie eine »kulturelle Eigenständigkeit«. Die Anhänger dieser beiden verschiedenen Begriffe von Nation führten erbitterte Streitgespräche, vor allem innerhalb der internationalen sozialistischen Bewegung und der Juden (Zionisten gegen Bundisten). Keine der beiden Theorien war wirklich befriedigend, obgleich die territoriale Definition einer Nation ungefährlicher war als die Gruppenzugehörigkeit. In den Worten Pilsudskis, des Führers des seit 1918 unabhängigen Polen: »Der Staat macht die Nation, nicht die Nation den Staat.« (Zit.n. Roos 1966, S. 48)

Soziologisch gesehen hatten die Gegner der territorialen Definition von Nation zweifellos recht. Zwar hingen die Menschen in der Regel zutiefst an einem Stück Land, das sie »Heimat« nannten. Doch dieses »Heimatland« hatte ebensowenig mit dem Territorium der modernen Nation zu tun wie das moderne »Vaterland« mit einem wirklichen Vater. Die »Heimat« war der Ort einer wirklichen Gemeinschaft menschlicher Wesen mit wirklichen sozialen Beziehungen untereinander und eben nicht jene imaginäre Gemeinschaft, die einen mehr oder weniger starken Zusammenhalt zwischen den Angehörigen einer Bevölkerung von zig – heute auch von Hunderten – Millionen herstellt. Das beweist schon der Sprachgebrauch. Im Spanischen wurde erst gegen Ende des 19. Jahrhunderts das Wort *patria* gleichbedeutend mit Spanien. Noch im 18. Jahrhundert bedeutete es einfach den Ort oder die Stadt, wo ein Mensch geboren war (vgl. Garcia 1979). *Paese* im Italienischen (»Land«) und *pueblo* im Spanischen (»Volk«) bezeichnen bis heute sowohl ein Dorf als auch das nationale Territorium und dessen Bewohner.* Nationalismus und Staat übernahmen die Assoziationen von Verwandtschaftsgruppe, Nachbarschaft und Heimatboden und übertrugen sie auf Territorien und Bevölkerungen von einem Umfang und einer Größe, die diese Begriffe auf reine Metaphern reduzierte.

Doch mit dem Niedergang der wirklichen Gemeinschaften, an die die Menschen gewöhnt waren – Dorf und Großfamilie, Gemeinde und *barrío*, Zunft, Bruderschaft oder was auch immer –, einem Niedergang, zu dem es kam, weil diese offensichtlich nicht mehr wie früher die alltäglichen Wechsel-

* Die Stärke der deutschen Fernsehserie »Heimat« lag gerade darin, daß sie die Erfahrung der Akteure in ihrem »kleinen Vaterland« (wie es im Spanischen heißt) – einer Gemeinde im Hunsrück – mit ihrer Erfahrung des »großen Vaterlands« Deutschland verknüpfte.

fälle des Lebens der Menschen umfaßte, empfanden deren Mitglieder das Bedürfnis, etwas anderes an ihre Stelle zu setzen. Diese Leerstelle konnte von der imaginären Gemeinschaft der »Nation« ausgefüllt werden.

Dieser Begriff war zwangsläufig mit jenem charakteristischen Phänomen des 19. Jahrhunderts, dem »Nationalstaat« verbunden. Denn unter politischem Blickwinkel hatte Pilsudski recht. Der Staat machte nicht nur die Nation, er *mußte* sie machen. Die Regierungen erreichten jetzt unmittelbar jeden Bürger auf ihrem Staatsgebiet in seinem Alltagsleben, durch kleine, aber allgegenwärtige Vertreter, vom Briefträger und Polizisten bis zum Lehrer und (in manchen Ländern) zum Eisenbahnschaffner. Sie bedurften der aktiven persönlichen Verpflichtung eines jeden Bürgers und schließlich auch jeder Bürgerin auf den Staat, bedurften also ihres »Patriotismus«. Die Autoritäten in einem zunehmend demokratischen Zeitalter, die sich weder auf die Religion als einer wirkungsvollen Garantin des allgemeinen Gehorsams noch darauf verlassen konnten, daß die sozialen Stände und Schichten sich in traditioneller Weise ihren Oberen spontan unterwerfen würden, suchten dringend einen Weg, um die Untertanen des Staates gegen Subversion und abweichende Meinungen zusammenzuschweißen. »Die Nation« war die neue Bürgerreligion der Staaten. Sie lieferte das Bindemittel, das alle Bürger an den Staat band, sie schuf die Möglichkeit, den Nationalstaat unmittelbar jedem Bürger nahezubringen, und war ein Gegengewicht zu denen, die sich auf eine höhere als die Loyalität zum Staat beriefen – auf die Religion, auf eine Nationalität oder ethnische Gruppe, die nicht mit dem Staat identifiziert wurde, und vielleicht am meisten auf ihre Klasse. In konstitutionellen Staaten gab es einen um so größeren Spielraum für eine Berufung auf höhere Loyalitäten, je mehr die Massen durch eine Ausdehnung des Wahlrechts an der Politik beteiligt wurden.

Darüber hinaus lernten selbst nichtkonstitutionelle Regierungen in dieser Zeit, welches politische Kapital sich daraus schlagen ließ, wenn sie sich gegenüber ihren Untertanen auf die Nation berufen konnten (eine Art Berufung auf die Demokratie ohne deren Risiken). In den 80er Jahren nahm selbst der russische Zar angesichts der revolutionären Agitation zu einer Politik Zuflucht, die man noch in den 30er Jahren vergeblich seinem Großvater nahegelegt hatte: seine Herrschaft nicht nur auf die Prinzipien der Autokratie und Orthodoxie zu gründen, sondern auch auf die Nationalität, d.h. sich an die Russen als Russen zu wenden (vgl. Seton-Watson 1977, S. 85). Natürlich mußten in gewisser Hinsicht praktisch alle Monarchen des 19. Jahrhunderts ein nationales Kostüm anlegen, da kaum einer von ihnen in dem Land, das er regierte, auch geboren war. Die (zumeist) deutschen Fürsten und Fürstinnen, die zu

Herrschern oder Gemahlinnen der Herrscher von England, Griechenland, Rumänien, Rußland, Bulgarien oder irgend einem anderen Land wurden, das ein gekröntes Staatsoberhaupt brauchte, erwiesen dem Nationalitätsprinzip ihre Achtung, indem sie sich zu Briten machten (wie Königin Viktoria) oder zu Griechen (wie Otto von Bayern), auch wenn sie weit mehr mit den übrigen Mitgliedern der internationalen Vereinigung des Hochadels gemeinsam hatten als mit ihren eigenen Untertanen.

Was den staatlichen Nationalismus noch unentbehrlicher werden ließ war der Umstand, daß sowohl die Wirtschaft jenes technischen Zeitalters als auch die Grundprinzipien seiner öffentlichen und privaten Verwaltung eine elementare Bildung der Massen oder wenigstens deren Grundkenntnisse im Lesen und Schreiben unabdingbar machten. Das 19. Jahrhundert war die Ära, in der der mündliche Verkehr zusammenbrach, da sich die Distanz zwischen Obrigkeiten und Untertanen vergrößerte und die Massenauswanderung selbst zwischen Müttern und Söhnen oder zwischen Verlobten eine Reiseentfernung von Tagen oder Wochen mit sich brachte. Unter dem Blickwinkel des Staates hatte die Schule einen weiteren und wesentlichen Vorteil: Sie konnte allen Kindern beibringen, gute Untertanen und Staatsbürger zu sein. Bis zum Triumph des Fernsehens gab es kein anderes Medium weltlicher Propaganda, das es mit dem Schulunterricht hätte aufnehmen können.

Deshalb war unter bildungspolitischem Aspekt die Zeit von 1870 bis 1914 in den meisten europäischen Ländern vor allem das Zeitalter der Volksschule. Selbst in den Ländern, die für ihr gutes Schulwesen bekannt waren, erhöhte sich die Zahl der Volksschullehrer beträchtlich – in Schweden um das Dreifache und in Norwegen kaum weniger. Vergleichsweise rückständige Länder holten auf. In den Niederlanden verdoppelte sich die Zahl der Volksschüler; in Großbritannien (das bis 1870 kein staatliches Schulsystem kannte) verdreifachte sie sich, und in Finnland stieg sie gar um das Dreizehnfache an. Selbst auf der Balkanhalbinsel, wo kaum jemand lesen und schreiben konnte, stieg die Anzahl der Volksschüler um das Vier- und die der Lehrer um knapp das Dreifache. Aber ein nationales, d.h. ein überwiegend vom Staat organisiertes und überwachtes Bildungssystem erforderte eine nationale Unterrichtssprache. Neben den Gerichten und der Verwaltung (vgl. *Die Blütezeit des Kapitals*, Kap. 5) war nunmehr das Schulwesen die dritte Kraft, die die Sprache zur Grundvoraussetzung der Nationalität machte.

Deshalb drängten die Staaten so besonders darauf, eine »Nation«, d.h. einen nationalen Patriotismus und zumindest für bestimmte Zwecke sprachlich und administrativ gleichgeschaltete Bürger zu schaffen. Die Französische Republik machte Bauern zu Franzosen. Das italienische Königreich, das d'Azeglios Parole folgte (vgl. *Die Blütezeit des Kapitals, Kap.* 5, II), bemühte sich nach Kräften, doch mit wechselndem Erfolg, durch Schulen und Militärdienst »Italiener zu machen«, nachdem es »Italien gemacht« hatte. Die USA erhoben die Kenntnis der englischen Sprache zur Bedingung für die amerikanische Staatsbürgerschaft und begannen etwa seit 1890 mit der Einführung einer regelrechten Andacht unter der neuen Bürgerreligion – der einzigen, die unter einer agnostischen Verfassung erlaubt war – in Form einer täglichen rituellen Huldigung der Flagge in jeder US-amerikanischen Schule. Der ungarische Staat bemühte sich, alle seine Einwohner mit den unterschiedlichsten Nationalitäten zu Magyaren zu machen; der russische Staat betrieb die Russifizierung seiner nationalen Minderheiten, indem er versuchte, Russisch als alleinige Unterrichtssprache durchzusetzen. Und selbst dort, wo die nationalen Minderheiten so weit anerkannt waren, daß ihnen das Recht auf Schulunterricht in einer anderen als der offiziellen Behördensprache eingeräumt wurde (wie im Habsburgerreich), genoß die vom Staat propagierte Sprache zwangsläufig einen entscheidenden Vorteil auf den höchsten Ebenen des Systems. Von daher erklärt sich die große Bedeutung des Kampfes nichtstaatlicher Nationalitäten um eine eigene Universität wie in Böhmen, Wales oder Flandern.

Denn der staatliche Nationalismus, ob real oder (wie im Fall der Monarchien) künstlich herbeigeführt, war eine zweischneidige Strategie. Während er einige Untertanen für sich mobilisierte, entfremdete er sich anderen, nämlich all denen, die nicht zu der mit dem Staat identifizierten Nation gehörten oder gehören wollten. Kurz, er trug dazu bei, die von der offiziellen Nationalität ausgeschlossenen Nationalitäten zu kennzeichnen, indem er jene Gemeinschaften aussonderte, die sich aus welchen Gründen auch immer der offiziellen Sprache und Ideologie widersetzten.

II

Aber warum haben sich manche widersetzt und so viele andere nicht? Schließlich brachte es ganz handfeste Vorteile für die Bauern – und noch mehr für deren Kinder – mit sich, wenn sie Franzosen wurden, oder überhaupt für alle, die neben ihrer eigenen Sprache oder Mundart eine wichtige Kultursprache erlernten, welche zugleich ein besseres berufliches Fortkommen sicherte. Im Jahr 1910 waren 70 Prozent der deutschen Einwanderer in den USA, die größtenteils nach 1900 und mit durchschnittlich 41 Dollar in der Tasche angekommen waren*, englisch sprechende amerikanische Bürger geworden, obwohl sie offenbar gar nicht die Absicht gehabt hatten, nicht mehr deutsch zu sprechen und zu empfinden (vgl. *Harvard Encyclopedia* ... 1980, S. 747). Es war durchaus möglich, daß die inoffizielle Sprache mit der offiziellen nicht wirkungsvoll konkurrieren konnte, es sei denn auf der Ebene der Religion, der Dichtung oder des Gemeinschafts- oder Familiengefühls. Auch wenn wir es heute für kaum glaublich halten, aber damals gab es leidenschaftlich national denkende Waliser, die in einem Jahrhundert des Fortschritts für ihre alte keltische Sprache durchaus einen niedrigeren Rang akzeptierten oder die langfristig sogar deren natürliche »Euthanasie«** ins Auge faßten. Tatsächlich gab es viele Menschen, die nicht so sehr aus einer Region auswandern, sondern von einer Klasse in eine andere wechseln wollten, was in vielen Fällen den Wechsel der Nation oder zumindest der Sprache bedeutete. Mitteleuropa erlebte eine wachsende Zahl deutscher Nationalisten mit offensichtlich slawischen Namen und Magyaren, deren Namen wörtliche Übersetzungen deutscher oder Modifikationen slowakischer Namen waren. Die US-amerikanische Nation und die englische Sprache waren nicht die einzigen, die im Zeitalter des Liberalismus und der Mobilität mehr oder weniger alle zur Mitgliedschaft einluden. Und es gab viele, die eine solche Einladung dankbar annahmen, um so mehr, als man von ihnen nicht wirklich erwartete, daß sie damit ihre Herkunft verleugneten. Während des größten Teils des 19. Jahrhunderts war »Assimilation« alles andere als ein häßliches Wort; es war das, was viele Menschen für sich zu erreichen hofften, besonders jene, die in die Mittelschicht aufsteigen wollten.

Warum die Angehörigen bestimmter nationaler Minderheiten sich dennoch nicht »assimilieren« wollten, lag unter anderem offenbar daran, daß ihnen verwehrt wurde, vollwertige Mitglieder der offiziellen Nation zu werden. Der Extremfall ist der der eingeborenen Eliten in den europäischen Kolonien, die ihre sprachliche und kulturelle Bildung von ihren Herren empfangen hatten, so daß sie die Kolonien im Namen der Europäer verwalten konnten, aber nicht als ihnen ebenbürtig behandelt wurden. Hier mußten früher oder später Konflikte ausbrechen, um so mehr, als die westliche Bildung ihnen eine bestimmte Sprache zur Verfügung stellte, mit deren Hilfe sie ihre Forderungen artikulieren konnten. Warum, so schrieb 1913 ein indonesischer Intellektueller (auf Holländisch), sollten die Indonesier den hundertsten Jahrestag der Be-

* Diesen Hinweis verdanke ich Dirk Hoerder.

** Der Begriff wurde tatsächlich von einem Waliser gebraucht, der 1847 vor dem Parlamentsausschuß über das walisische Schulsystem befragt wurde.

freiung der Niederlande von der napoleonischen Herrschaft feiern? Wenn er Holländer wäre, »würde ich keine Unabhängigkeitsfeier in einem Land begehen, dessen Volk die Unabhängigkeit gestohlen worden ist« (zit.n. Anderson 1988, S. 119).

Kolonialvölker waren ein Extremfall, weil von Anfang an feststand, daß angesichts des tiefsitzenden Rassismus der bürgerlichen Gesellschaft keine noch so weitgehende Assimilation aus Menschen mit dunkler Hautfarbe »echte« Engländer, Belgier oder Holländer machen würde, auch wenn sie ebenso viel Geld und adliges Blut und eine ebenso große Vorliebe für Sport hatten wie der europäische Adel – wie dies bei manchem indischen Radscha der Fall war, der seine Bildung in England empfangen hatte. Und doch bestand selbst innerhalb der Zone der weißhäutigen Bevölkerung ein auffallender Widerspruch zwischen dem Angebot einer unbegrenzten Assimilation für alle Männer oder Frauen, die ihre Bereitschaft und Fähigkeit unter Beweis stellten, sich der Staatsnation anzuschließen, und der realen Zurückweisung bestimmter Gruppen. Das war besonders schmerzlich für jene, die aus höchst einleuchtenden Gründen angenommen hatten, mit ihrer Assimilierung lasse sich alles erreichen: die verwestlichten und gebildeten Juden der Mittelschicht. Das war der Grund, warum die Dreyfusaffäre in Frankreich, die Verfolgung eines einzelnen französischen Stabsoffiziers, weil er Jude war, eine so ungewöhnliche Reaktion des Entsetzens auslöste – nicht nur bei den Juden, sondern bei allen Liberalen – und unmittelbar zur Begründung des politischen Zionismus führte.

Das halbe Jahrhundert vor 1914 war eine klassische Epoche der Fremdenfeindlichkeit samt der dazugehörenden nationalistischen Reaktion, denn es war – ganz abgesehen vom weltweiten Kolonialismus – eine Zeit großer Wanderungsbewegungen, einer hohen Mobilität und, vor allem in den Jahrzehnten der Großen Depression, von offenen oder verdeckten sozialen Spannungen. Um nur ein Beispiel zu nennen: 1914 hatten rund 3,6 Millionen Menschen (oder knapp 15 Prozent der Bevölkerung) das Territorium Polens in den Grenzen der Zwischenkriegszeit für immer verlassen, abgesehen von der *alljährlichen* halben Million von Wanderarbeitern (vgl. Bobinska et al. 1975, S. 124 ff.). Die Xenophobie, die sich in den betreffenden Einwandererländern daraus entwickelte, kam allerdings nicht nur von unten. Ihre am wenigsten erwarteten Symptome, in denen sich die Krise des bürgerlichen Liberalismus äußerte, zeigten sich bei den bereits etablierten Mittelschichten, die vermutlich niemals in ihrem Leben Leuten von der Art begegneten, die in die New Yorker Lower East Side zogen oder in den Baracken für die Erntearbeiter in Sachsen hausten. Max Weber, die Zierde der unvoreingenommenen deutschen bürgerlichen Gelehrtenwelt, entwickelte eine so heftige Abneigung gegen die Polen (die, wie er zu Recht anprangerte, von deutschen Gutsbesitzern in Scharen als billige Arbeitskräfte ins Land geholt wurden), daß er sich in den 90er Jahren sogar dem extrem nationalistischen Alldeutschen Verband anschloß (vgl. Mommsen 1974, S. 58). Rassenvorurteile gegen »Slawen, Südländer und Semiten« waren auch unter den in den USA geborenen weißen Mittelschichtprotestanten angelsächsischer Abstammung weit verbreitet. Sie erfanden gerade zu dieser Zeit ihren eigenen heroischen nativistischen Mythos vom weißen, angelsächsischen (und glücklicherweise nicht gewerkschaftlich organisierten) Cowboy der weiten, offenen Prärien, die so ganz anders waren als die gefährlichen Ameisenhaufen der anschwellenden Großstädte.*

Für diese Bourgeoisie war der Zustrom von armen Einwanderern der Inbegriff all jener Probleme, die durch das rapide Anwachsen des städtischen Proletariats aufgeworfen wurden, da sie ja alle Merkmale der einheimischen und fremden »Barbaren« an sich trugen, von denen die Zivilisation, wie die ehrbaren Leute sie verstanden, überflutet zu werden drohte (s.S. 52 f.). Es war in Boston, dem Zentrum der traditionellen weißen, angelsächsischen, protestantischen Bourgeoisie, der Leute von Bildung und Vermögen, wo 1893 die Immigrant Restriction League (Liga zur Beschränkung der Einwanderung) gegründet wurde. Politisch hatte die Ausländerfeindlichkeit der Mittelschichten mit Sicherheit größere Auswirkungen als die der Arbeiter, bei denen sie sich in kulturellen Spannungen zwischen Nachbarn und in der Angst vor einer lohndrückenden Konkurrenz um Arbeitsplätze äußerte – mit einer Ausnahme. Es war allein dem Druck der Arbeiterklasse zu verdanken, wenn Ausländer wirksam vom Arbeitsmarkt ausgeschlossen wurden, denn für die Unternehmer war die Versuchung, billige Arbeitskräfte ins Land zu holen, fast übermächtig. Wo dieser Ausschluß vollständig war wie in Kalifornien und Australien für die nichtweißen Einwanderer zwischen 1880 und 1900, ergaben sich daraus keine nationalen oder lokalen Konflikte, aber wo sich die Diskriminierung gegen eine Gruppe richtete, die bereits im Land ansässig war wie die Afrikaner im von Weißen beherrschten Südafrika oder die Katholiken in Nordirland, war dies natürlich nicht der Fall. Allerdings spielten Ressentiments der Arbeiter gegenüber Fremdgruppen vor 1914 nur eine untergeordnete Rolle. Alles in

* Die drei Angehörigen der Elite des US-amerikanischen Nordostens, die für diesen Mythos verantwortlich waren (mit dem übrigens ausgerechnet jene nationale Gruppe ausgegrenzt wurde, auf die die Kultur und das Vokabular der Cowboys in erster Linie zurückgeht, nämlich die Mexikaner), waren der Schriftsteller Owen Wister (Autor von *The Virginian,* 1902), der Maler Frederick Remington (1861-1909) und der spätere Präsident Theodore Roosevelt (vgl. Taylor et al. 1983, S. 96 ff.).

allem rief die größte internationale Völkerwanderung in der Geschichte selbst in den USA überraschend wenig und in Ländern wie Argentinien oder Brasilien sogar überhaupt keine Propaganda gegen ausländische Arbeiter auf den Plan.

Trotz alledem entdeckten die Massen von Einwanderern in fremden Ländern bei sich häufig nationale Gefühle, unabhängig davon, ob man ihnen dort mit Fremdenfeindlichkeit begegnete oder nicht. Polen und Slowaken wurden sich ihrer selbst nicht nur deshalb als Polen und Slowaken bewußt, weil sie sich nach dem Verlassen ihrer Heimatdörfer nicht mehr wie selbstverständlich als Menschen ansehen konnten, die nicht näher definiert zu werden brauchten; auch nicht nur deshalb, weil der Staat, der ihre neue Heimat werden sollte, ihnen eine neue Definition aufzwang, indem er Menschen, die sich bislang als Sizilianer, Neapolitaner oder auch als gebürtige Luccaner oder Salerner bezeichnet hatten, bei ihrer Ankunft in den USA zu »Italienern« stempelte. Sie brauchten ihre Gemeinschaft zu gegenseitiger Hilfeleistung. Von wem sollte der Einwanderer in ein neues, fremdes, unbekanntes Leben Hilfe erwarten außer von Verwandten und Freunden, von Menschen aus der alten Heimat? (Selbst regionale Umsiedler innerhalb ein und desselben Landes hielten in der Regel zusammen.) Wer konnte ihn überhaupt verstehen, vor allem, wie konnte eine Frau sich verständlich machen, deren Beschränkung auf die häusliche Sphäre andere Sprachkenntnisse als die der Muttersprache noch mehr verhinderte als bei den Männern? Wer konnte aus dieser formlosen Menge von Fremden eine Gemeinschaft machen, wenn nicht vor allen anderen eine Organisation wie die Kirche, die zwar in der Theorie universal, praktisch jedoch national war, da ihre Priester aus demselben Volk stammten wie ihre Gemeinde und slowakische Priester zu den Gläubigen slowakisch reden mußten, gleichgültig, in welcher Sprache sie die Messe zelebrierten? Auf diese Weise wurde »Nationalität« zu einem realen Geflecht aus persönlichen Beziehungen, war sie keine rein imaginäre Gemeinschaft mehr, einfach aus dem Grunde, weil jeder Slowene zu jedem anderen Slowenen, dem er weit weg von der Heimat begegnete, eine potentiell persönliche Beziehung hatte.

Wenn darüber hinaus solche Bevölkerungsteile im Interesse der neuen Gesellschaften, in die sie sich begeben hatten, irgendwie organisiert werden mußten, so konnte dies nur auf eine Weise erfolgen, die eine Kommunikation ermöglichte. Sozialistische und proletarische Bewegungen waren internationalistisch, wie wir gesehen haben, und träumten ebenso wie vor ihnen die Liberalen (vgl. *Die Blütezeit des Kapitals*, Kap. 3, I, IV) von einer Zukunft, in der alle Menschen in einer einzigen Weltsprache miteinander reden würden – ein Traum, der sich bis heute in den kleinen Gruppen des Esperanto-Weltbundes erhalten hat. Mit der Zeit, so hoffte etwa Kautsky noch 1908, würde die Gesamtheit der gebildeten Menschheit zu einer einzigen Sprachgemeinschaft und Nationalität verschmelzen (vgl. Mommsen 1971, S. 18 f.). In der Zwischenzeit bestand jedoch noch das Problem der babylonischen Sprachverwirrung: Die Gewerkschaften in ungarischen Fabriken mußten im Extremfall ihre Streikaufrufe in vier verschiedenen Sprachen erlassen (vgl. *History of the Hungarian Labour Movement* 1983, S. 31 ff.). Sie machten bald die Entdekkung, daß national heterogene Betriebsgruppen bestenfalls dann gut funktionierten, wenn die Mitglieder bereits zweisprachig waren. Internationale Bewegungen der Arbeiter waren per se Zusammenschlüsse verschiedener nationaler oder Sprachgruppen. In den USA entwickelte sich die Demokratische Partei, die faktisch die Massenpartei der Arbeiter wurde, zwangsläufig als »ethnisches« Bündnis.

Je mehr sich die Massenbewegungen der Völker ausweiteten und je schneller sich die Städte und Industrien entwickelten, in denen die entwurzelten Massen aufeinanderprallten, desto breiter wurde bei diesen Massen die Grundlage für ein Nationalbewußtsein. Deshalb war bei den neu aufkommenden Nationalbewegungen häufig die Fremde ihre hauptsächliche Brutstätte. Als der spätere Präsident Masaryk das Abkommen unterzeichnete, mit dem ein Staat der Tschechen und Slowaken geschaffen wurde (die Tschechoslowakei), tat er dies in Pittsburgh, denn die Massenbasis eines organisierten slowakischen Nationalismus existierte in Pennsylvania und nicht in der Slowakei. Was die rückständigen Bergvölker der Karpaten angeht, die in Österreich als Ruthenen bezeichnet werden und zwischen 1918 und 1945 ebenfalls an die Tschechoslowakei angeschlossen werden sollten, so fand ihr Nationalismus keinerlei organisatorischen Ausdruck außer bei denen, die in die USA auswanderten.

Der Schutz und die Hilfe, die sich die Einwanderer gegenseitig gewährten, mag zu dem wachsenden Nationalismus in ihren Völkern beigetragen haben, doch damit allein läßt sich dieser nicht erklären. Sofern er allerdings auf einer zwiespältigen und mehrdeutigen Sehnsucht nach den alten, zurückgelassenen Verhältnissen beruhte, hatte er etwas gemeinsam mit einer Kraft, die dem Nationalismus in der Heimat, vor allem in den kleineren Nationen, zweifellos Nahrung gab. Das war der Neotraditionalismus, eine defensive oder konservative Reaktion gegen die Zerstörung der alten gesellschaftlichen Ordnung durch die fortschreitende Epidemie des Neuen: des Kapitalismus, der Städte und Industrien, ganz zu schweigen vom proletarischen Sozialismus, der ihr folgerichtiges Ergebnis war.

Das traditionalistische Element zeigte sich besonders deutlich in der Unterstützung solcher Bewegungen wie denen des baskischen oder flämischen Nationalismus durch die katholische Kirche oder überhaupt vieler Nationalismen kleiner Völker, die in der Regel alles andere als liberal geprägt waren, weil ihnen die Option auf lebensfähige Nationalstaaten gar nicht offenstand. Die rechten Ideologen, die jetzt wie Pilze aus dem Boden schossen, entwickelten ebenfalls eine Vorliebe für einen in Traditionen verwurzelten kulturellen Regionalismus wie z.B. den provenzalischen *félibrige*. Tatsächlich finden sich die ideologischen Vorläufer der meisten separatistisch-regionalistischen Bewegungen im heutigen Westeuropa (der Bretonen, Waliser, Okzitanier etc.) vor 1914 auf der intellektuellen Rechten. Umgekehrt war bei diesen kleinen Völkern in der Regel ein Nationalismus im Kleinformat nach dem Geschmack weder der Bourgeoisie noch des neuen Proletariats. In Wales untergrub das Aufkommen der Labour Party den jungwalisischen Nationalismus, der kurz davorstand, die Liberale Partei zu übernehmen. Was das neue Industriebürgertum anging, so war zu erwarten, daß es den Markt einer großen Nation oder der gesamten Erde der provinziellen Beschränkung eines kleinen Landes oder einer Region vorzog. Weder in Russisch-Polen noch im Baskenland, zwei in ihrer Industrialisierung überdurchschnittlich weit gediehenen Regionen größerer Staaten, zeigten die einheimischen Kapitalisten eine besondere Begeisterung für die nationale Sache, und die betont an Frankreich orientierte Bourgeoisie von Gent bedeutete für die flämischen Nationalisten eine ständige Provokation. Obgleich dieses mangelnde Interesse nicht allgemein zu beobachten war, reichte es doch aus, um etwa Rosa Luxemburg zu der falschen Annahme zu verleiten, der polnische Nationalismus habe im Bürgertum keine Basis.

Was für die traditionalistischen Nationalisten allerdings noch enttäuschender war: Die traditionsbewußteste Klasse von allen, die der Bauern, zeigte sich am Nationalismus ebenfalls nur schwach interessiert. Die baskisch sprechenden Bauern konnten sich kaum für die Baskische Nationalpartei erwärmen, die 1894 gegründet wurde, um alles Althergebrachte gegen das Eindringen der Spanier und der gottlosen Arbeiter zu verteidigen. Wie die meisten übrigen dieser Bewegungen war sie primär ein Organ der städtischen Mittelschichten (vgl. Heiberg 1975).

In der Tat wurde der Vormarsch des Nationalismus in unserer Periode weitgehend von diesen gesellschaftlichen Mittelschichten getragen. Von daher hatte es viel für sich, wenn die damaligen Sozialisten von einem »kleinbürgerlichen« Nationalismus sprachen. Und seine Verbindung mit diesen Schichten trägt auch zur Erklärung der drei neuartigen Merkmale bei, die wir bereits erwähnt haben: das militante Eintreten für die Pflege einer eigenen Sprache, die Forderung nach einem unabhängigen Staat anstelle einer weniger weitreichenden Autonomie und die Wendung zur politischen Rechten und Ultrarechten.

Für die unteren Mittelschichten, deren Angehörige aus einfachen Verhältnissen kamen, waren berufliches Fortkommen und Nationalsprache untrennbar ineinander verflochten. Von dem Augenblick an, da die Gesellschaft auf den Lese- und Schreibfähigkeiten der Masse beruhte, mußte eine lebende Sprache in gewisser Hinsicht offiziell sein – ein Medium der Bürokratie und des Schulunterrichts –, wenn sie nicht in die Halbwelt der rein mündlichen Kommunikation absinken wollte, wo sie dann gelegentlich durch ein Ausstellungsstück in einem Heimatmuseum eine gewisse Ehrung erfuhr. Ein Bildung der *Massen,* d.h. eine Volksschulbildung war die entscheidende Entwicklung, da diese nur in einer Sprache möglich war, die voraussichtlich vom größten Teil der Bevölkerung verstanden wurde.* Auch hier war der Verwaltungsapparat ein wesentlicher Faktor, weil er zum einen über den offiziellen Rang einer Sprache bestimmte und zum anderen in den meisten Ländern die größte Zahl derjenigen Arbeitsplätze offerierte, zu deren Besetzung Lese- und Schreibkenntnisse erforderlich waren. Von daher rührten die endlosen kleinlichen Streitereien, von denen die Politik im Habsburgerreich seit etwa 1890 heimgesucht wurde und bei denen es darum ging, in welcher Sprache Straßenschilder in Gegenden mit gemischter Bevölkerung abgefaßt oder welcher Nationalität diese oder jene Postbeamten oder Bahnhofsvorsteher zugehören sollten.

Doch nur politische Macht konnte den Rang von weniger bedeutenden Sprachen oder Dialekten erhöhen (die, wie jeder weiß, lediglich jene Sprachen sind, hinter denen keine militärische und polizeiliche Gewalt steht). Von daher erklärt sich das politische Gerangel hinter den Kulissen der damaligen detaillierten Erhebungen über die Sprachkenntnisse der Bevölkerung (insbesondere in Belgien und Österreich 1910), auf deren Ergebnisse sich die Ansprüche auf dieses oder jenes Idiom als Amtssprache gründeten. Und von daher erklärt sich auch wenigstens zum Teil die politische Mobilisierung der Nationalisten für die Sprache genau zu dem Zeitpunkt, als etwa in Belgien die

* Das Verbot, innerhalb der Schule walisisch oder eine andere Regionalsprache bzw. einen Dialekt zu sprechen, das in den Erinnerungen vieler Gelehrter und Intellektueller so traumatische Spuren hinterlassen hat, ging nicht auf einen totalitären Anspruch der herrschenden Staatsnation zurück, sondern fast immer auf die richtige Überzeugung, daß kein angemessener Unterricht möglich war außer in der Staatssprache und daß diejenigen, die einsprachig blieben, als Staatsbürger und in ihren beruflichen Aussichten unweigerlich behindert sein würden.

Zahl der zweisprachigen Flamen deutlich zunahm oder etwa in den rapide anwachsenden Städten des Baskenlandes das Baskische praktisch im Aussterben begriffen war (vgl. Zolberg 1974; Puhle 1982, S. 60-65). Allein durch politischen Druck wurde Belgien offiziell zu einem zweisprachigen Land (1870) und Flämisch zum Pflichtfach in den weiterführenden Schulen Flanderns (1883). Doch nachdem die inoffizielle Sprache einmal ihre offizielle Anerkennung errungen hatte, schuf sie automatisch eine eigene beträchtliche politische Wählerschaft aus Lese- und Schreibkundigen. Unter den 4,8 Millionen Schülern in den Volks- und höheren Schulen der Donaumonarchie von 1912 befanden sich offensichtlich weit mehr potentielle und tatsächliche Nationalisten als unter den 2,2 Millionen von 1874, gar nicht zu reden von den rund 100.000 Lehrern, von denen sie jetzt in verschiedenen, miteinander rivalisierenden Sprachen unterrichtet wurden.

Und trotzdem fühlten sich in vielsprachigen Gesellschaften diejenigen, die ihre Bildung in einer inoffiziellen Sprache genossen hatten und für ihr berufliches Weiterkommen nutzbar machen konnten, wahrscheinlich noch immer unterlegen und benachteiligt. Denn während sie in der Praxis bei der Bewerbung um zweitrangige Arbeitsplätze im Vorteil waren, da sie in der Regel im Gegensatz zu den Snobs der offiziellen Sprachgruppe noch eine zweite Sprache beherrschten, konnten sie mit Recht das Gefühl haben, daß ihnen der Zugang zu Spitzenpositionen versperrt blieb. Von daher wird das Drängen verständlich, auch in weiterführenden Schulen den Unterricht in der inoffiziellen Sprache abzuhalten und schließlich als Krönung eines umfassenden Bildungssystems auch eine eigene Universität einzurichten. In Wales wie in Flandern war die Forderung nach einer solchen Institution aus den genannten Gründen zutiefst und ausschließlich politischer Natur. In Wales stellte die (1893 gegründete) nationale Universität eine Zeitlang sogar die *einzige* nationale Institution eines Volkes dar, dessen kleines Land kein eigenes administratives oder sonstiges Dasein führte, das sich vom Leben in England unterschieden hätte.

Der Ruf nach einer eigenen Sprache war anscheinend immer weniger von dem nach einem unabhängigen staatlichen Territorium zu trennen. So fand z.B. nach 1890 das offizielle Bekenntnis zum Gälischen in den irischen Nationalismus Eingang, obwohl – oder gerade weil – die meisten Iren ganz zufrieden damit waren, lediglich Englisch zu sprechen; und die Zionisten erfanden das Hebräische als Umgangssprache, da keine andere Sprache der Juden sie dazu verpflichtete, einen Territorialstaat zu errichten. Man kann ausgedehnte Betrachtungen über das unterschiedliche Schicksal solcher letztlich politischen Bemühungen um eine Instrumentalisierung der Sprache anstellen:

Manche schlugen fehl (wie die Umstellung von Irisch auf Gälisch) oder gelangen nur halb (wie die Schaffung einer norwegischen Nationalsprache, des »Nynorsk« = Neunorwegisch), während andere ganz von Erfolg gekrönt waren. Bis 1914 fehlte ihnen allerdings im allgemeinen die staatliche Unterstützung. Noch 1916 wurde z.B. Hebräisch als Umgangssprache von nicht mehr als 16.000 Personen gebraucht.

Der Nationalismus hing jedoch auf eine andere Weise mit den Mittelschichten zusammen, wodurch sich für beide Seiten eine Wendung zur politischen Rechten ergab. Eine ausländerfeindliche Haltung war vor allem bei kleinen Geschäftsleuten, selbständigen Handwerkern und einem Teil der Bauern anzutreffen, die sich durch die Entwicklung der Industriewirtschaft insbesondere während der schweren Jahre der Großen Depression bedroht fühlten. Der von außen Zugewanderte verkörperte zunehmend die Zerstörung des Althergebrachten und das kapitalistische System, das zu ihr geführt hatte. So hatte der virulente politische Antisemitismus, der sich seit den 80er Jahren in der westlichen Welt ausbreitete, wenig zu tun mit der tatsächlichen Anzahl der Juden, gegen die er sich richtete. Er wütete ebenso in Frankreich, wo auf 40 Millionen Einwohner 60.000 Juden kamen, in Deutschland mit einer halben Million Juden bei einer Gesamtbevölkerung von 65 Millionen, wie in Wien, wo der jüdische Bevölkerungsanteil 15 Prozent ausmachte. (In Budapest hingegen, wo dieser Anteil bei 25 Prozent lag, spielte er politisch keine Rolle.) Dieser Antisemitismus richtete sich in der Hauptsache gegen die Bankiers, Unternehmer und andere, die mit den verheerenden Auswirkungen des Kapitalismus auf die »kleinen Leute« identifiziert wurden. Die typische Karikatur des Kapitalisten in der Belle Epoque zeigte nicht einfach einen dickbäuchigen Mann im Zylinder mit einer Zigarre in der Hand, sondern einen Mann mit einer jüdischen Nase – da Juden etwa als Eigentümer von Warenhäusern den kleinen Ladeninhabern Konkurrenz machten oder als Bankiers den Bauern und kleinen Handwerkern Kredite gaben oder verweigerten.

Der Antisemitismus war nach einem Ausspruch August Bebels »der Sozialismus der Dummen«. Was jedoch am Aufkommen des politischen Antisemitismus gegen Ende des vorigen Jahrhunderts besonders auffällt, ist nicht so sehr die Gleichsetzung »Jude = Kapitalist«, die in weiten Teilen Ost- und Mitteleuropas nicht einmal unplausibel war, sondern sein Zusammenhang mit einem Nationalismus *von rechts.* Das lag nicht nur am Aufstieg sozialistischer Bewegungen, die die latente oder manifeste Xenophobie ihrer Anhänger systematisch bekämpften, so daß sich in diesen Kreisen eine eingewurzelte Abneigung gegenüber Ausländern und Juden im Gegensatz zu früher nur noch verschämt äußern konnte. Es bezeichnete eine deutliche Wendung der nationalistischen Ideologie in den großen Staaten nach rechts, vor allem in den Jahren nach 1890, als etwa die alten Massenorganisationen den deutschen Nationalismus, die Turnerbünde, sich vom liberalen Gedankengut der 1848er Revolution lossagten und eine aggressive, militaristische und antisemitische Haltung einnahmen. Es war die Zeit, zu der die Fahnen des Patriotismus so sehr zum Bild der politischen Rechten gehörten, daß die Linke ihre Probleme hatte, sie ebenfalls zu ergreifen, selbst dort, wo Patriotismus ebenso eng mit der Revolution und der Sache des Volkes in Verbindung gebracht wurde wie die französische Trikolore. Die Sozialisten befürchteten, durch eine zu starke Betonung des Nationalgedankens zu sehr in die Nähe der extremen Rechten gerückt zu werden. So entdeckte die französische Linke den jakobinischen Patriotismus erst wieder seit der Machtübernahme Hitlers für sich.

Daß die nationale Begeisterung eine politische Rechtswendung vollzog, lag nicht nur daran, daß ihr früherer ideologischer Stallgefährte, der bürgerliche Liberalismus, in der Auflösung begriffen war, sondern auch daran, daß die internationale Lage sich deutlich geändert hatte. Bis in die 70er Jahre hinein – vielleicht sogar bis zum Berliner Kongreß von 1878 – konnte man behaupten, daß der Gewinn des einen Nationalstaates nicht unbedingt für einen anderen einen Verlust bedeutete. Das europäische Staatensystem hatte sich sogar durch die Schaffung zweier großer (Deutschland und Italien) und einiger kleinerer Nationalstaaten auf dem Balkan verändert, ohne daß es zu einem Krieg oder einer unerträglichen Erschütterung des internationalen Systems gekommen wäre. Bis zur Großen Depression lag ein globaler Freihandel im Interesse aller Beteiligten, auch wenn England davon vielleicht etwas mehr profitierte als die übrigen Staaten. Seit den 70er Jahren galt das alles jedoch nicht mehr, und als ein weltweiter Konflikt einmal mehr in den Bereich des Möglichen rückte, gewann zunehmend ein Nationalismus die Oberhand, der in anderen Nationen nur noch bedrohliche Feinde oder Opfer sehen wollte.

Dieser Nationalismus beseelte einerseits die Bewegungen der politischen Rechten, die aus der Krise des Liberalismus entstanden waren, und wurde andererseits von ihnen gefördert. Die Männer, die sich als erste die neuartige Bezeichnung »Nationalisten« gaben, wurden nicht selten sogar durch die Erfahrung der Niederlage ihres Staates in einem Krieg zu politischem Handeln bewogen, so etwa Maurice Barrès (1862-1923) und Paul Deroulède (1846-1914) nach dem Sieg der Deutschen über Frankreich 1870/71 und Enrico Corradini (1865-1931) nach Italiens noch schmählicher Niederlage gegen Äthiopien 1896. Und die von ihnen ins Leben gerufenen Bewegungen, die den Begriff »Nationalismus« in den allgemeinen Sprachgebrauch einführten, wurden bewußt als Gegenmaßnahme gegen die damals an der Macht befindliche Demokratie, d.h. gegen das parlamentarische System gegründet. Die französischen Bewegungen dieser Art blieben unbedeutend; so z.B. die Action Française (gegr. 1898), die sich in einem politisch bedeutungslosen Monarchismus und politischen Schmähreden verlor. Die italienischen verschmolzen nach dem Ersten Weltkrieg mit dem Faschismus. Sie waren charakteristisch für eine neue Form von politischen Bewegungen, die sich auf Chauvinismus, Ausländerfeindlichkeit und zunehmend auf die Idealisierung nationaler Expansion, Eroberung und des eigentlichen Krieges gründeten.

Ein derartiger Nationalismus bot sich besonders gut an, die kollektiven Ressentiments von Menschen zu kanalisieren, die ihrer Unzufriedenheit keinen präzisen Ausdruck verleihen konnten. Es war alles die Schuld der Ausländer. Die Dreyfusaffäre gab dem französischen Antisemitismus eine besondere Schärfe nicht nur deshalb, weil der Angeklagte Jude war (was hatte schließlich ein Artfremder im französischen Generalstab zu suchen?), sondern weil sein angebliches Verbrechen darin bestand, daß er für Deutschland spioniert hatte. Umgekehrt stockte jedem »guten« Deutschen das Blut in den Adern beim bloßen Gedanken daran, daß sein Land durch das Bündnis seiner Feinde systematish »umzingelt« wurde, woran ihn die politischen Führer immer wieder erinnerten. Zweifellos erlag jeder einheimische Bürger, abgesehen von einer Minderheit aus internationalistischen Sozialisten, ein paar Intellektuellen, weltmännischen Geschäftsleuten und den Angehörigen des internationalen Klubs von Adligen und den Angehörigen der königlichen Familien, mehr oder weniger der Wirkung des Chauvinismus. Fast alle, auch viele Sozialisten und Intellektuelle, waren so tief erfüllt vom fundamentalen Rassismus der Zivilisation des 19. Jahrhunderts (vgl. *Die Blütezeit des Kapitals,* Kap. 14, II und S. 253 f. in diesem Buch), daß sie auch mittelbar für die Verlockungen anfällig waren, die aus der Überzeugung von der natürlichen Überlegenheit der eigenen Klasse oder des eigenen Volkes gegenüber allen anderen rührten. Der Imperialismus konnte gar nicht anders, als diese Versuchungen bei den Angehörigen imperialer Staaten noch zu verstärken. Dennoch besteht kaum ein Zweifel, daß jene, die den nationalistischen Fanfaren am bereitwilligsten folgten, irgendwo zwischen den etablierten oberen Schichten der Gesellschaft und den Bauern und Proletariern ganz unten zu suchen waren.

Für diese immer größer werdende Gruppe aus der Mittelschicht hatte der Nationalismus außerdem noch eine umfassendere und weniger instrumentelle Wirkung. Er gab ihren Mitgliedern als den »wahren Verteidigern« der Nation jene kollektive Identität, die ihnen als Klasse oder als Aspiranten auf den von ihnen so begehrten vollen bürgerlichen Status versagt blieb. Patriotismus war die Entschädigung für gesellschaftliche Unterlegenheit. So spiegelt sich etwa in England, wo es keine allgemeine Wehrpflicht gab, in der Zahl der aus der Arbeiterschicht kommenden freiwilligen Rekruten für den imperialistischen Burenkrieg (1899-1902) lediglich die allgemeine wirtschaftliche Lage – sie stieg und fiel parallel zur Arbeitslosenquote. Demgegenüber machte sich jedoch bei den Freiwilligen aus der unteren Mittelschicht und aus Angestellten- und Beamtenberufen deutlich die Wirkung der patriotischen Propaganda bemerkbar. Und in mancher Hinsicht konnte ein Patriotismus in Uniform auch soziale Belohnungen nach sich ziehen. In Deutschland lockte z.B. der potentielle Status des Reserveoffiziers alle männlichen Jugendlichen, die bis zum 16. Lebensjahr eine höhere Schule besucht hatten, auch wenn sie kein Abitur machen wollten. Und wie der Krieg zeigen sollte, konnten es in Großbritannien selbst kleine Büroangestellte und Verkäufer im Dienst der Nation bis zum Offizier und – in der zynisch offenen Ausdrucksweise der britischen Oberschicht – zu einem »Gentleman auf Zeit« bringen.

III

Trotzdem war der Nationalismus zwischen 1870 und 1914 mehr als nur eine Ideologie jener Art, von der sich die enttäuschten alten Mittelschichten oder die antiliberalen (und antisozialistischen) Vorläufer der Faschisten angesprochen fühlten. Denn es steht außer Frage, daß in dieser Periode Regierungen und Parteien oder Bewegungen, die einen nationalen Eindruck erwecken konnten, in der Regel einen zusätzlichen Vorteil genossen, während diejenigen, die das nicht wollten oder konnten, bis zu einem gewissen Grad benachteiligt waren. Es läßt sich keineswegs bestreiten, daß der Kriegsbeginn 1914 in den wichtigsten kriegführenden Ländern zu echten, wenn auch gelegentlich nur kurzlebigen Ausbrüchen einer massenhaften patriotischen Begeisterung führte. Und in Vielvölkerstaaten lieferten die auf übernationaler Ebene organisierten Arbeiterbewegungen ein vergebliches Rückzugsgefecht gegen ihre Auflösung in einzele Bewegungen unterschiedlicher Nationalität. Die proletarische und sozialistische Bewegung des Habsburgerreiches zerfiel auf diese Weise noch vor dem Reich selbst.

Nichtsdestoweniger besteht ein großer Unterschied zwischen einem Nationalismus als Ideologie nationalistischer Bewegungen und chauvinistischer Regierungen und der umfassenderen Anziehungskraft der Nationalität. Dem ersteren genügte die Begründung oder Erweiterung »der Nation«. Sein Programm bestand darin, »dem Ausländer« Widerstand zu leisten, ihn zu vertreiben, zu überwältigen, zu unterwerfen oder zu eliminieren; alles andere war uninteressant. Es genügte, das Iren-, Deutsch- oder Kroatentum des irischen, deutschen oder kroatischen Volkes in einem eigenen, unabhängigen Staat geltend zu machen, dessen ruhmreiche Zukunft zu verkünden und jedes Opfer zur Verwirklichung dieses Ziels zu bringen.

Das war es, was in der Praxis den Kreis seiner Anhänger auf einen Kader leidenschaftlicher Ideologen und Vorkämpfer beschränkte, auf die formlosen Mittelschichten, die nach Zusammenhalt und Selbstrechtfertigung strebten, auf jene Gruppen (wiederum hauptsächlich unter den mühsam um ihre Existenz ringenden »kleinen Leuten«), die die Ursache ihrer ganzen Unzufriedenheit den verdammten Ausländern in die Schuhe schieben konnten – und natürlich auf jene Regierungen, denen eine Ideologie zupaß kam, die den Bürgern einredete, mit Patriotismus sei alles getan.

Doch für die meisten war Nationalismus allein zuwenig. Das zeigte sich paradoxerweise nirgends deutlicher als an den existierenden Bewegungen von Nationalitäten, die noch keine Selbstbestimmung verwirklicht hatten. Die nationalen Bewegungen, die während der hier zur Debatte stehenden Periode eine echte Massenanhängerschaft gewannen – und das war keineswegs bei allen der Fall, auch wenn sie alle danach streben mochten –, waren fast durchweg jene, die ihre Forderung nach Behauptung einer eigenen Nationalität und Sprache mit einem noch mächtigeren Interesse oder einer die Massen noch stärker mobilisierenden Kraft, ob traditionell oder modern, verknüpften. Hierzu gehörte z.B. die Religion. Ohne die katholische Kirche wäre die flämische oder die baskische Nationalbewegung politisch bedeutungslos geblieben, und niemand zweifelte daran, daß der Katholizismus dem Nationalismus der Iren und Polen, deren Herrscher einem anderen Glauben anhingen, seinen Zusammenhalt und die Unterstützung der Massen verlieh. In diesen Jahrzehnten wurde gerade der Nationalismus der irischen Fenier, ursprünglich eine säkulare und ausgesprochen antiklerikale Bewegung, die sich an alle Iren jeglicher Konfession richtete, erst dann zu einer ernst zu nehmenden politischen Macht, als diese es zuließen, daß irischer Nationalismus im wesentlichen mit irischem Katholizismus gleichgesetzt wurde.

Noch erstaunlicher war die von uns bereits festgestellte Tatsache, daß auch jene Parteien, deren ursprüngliches und vordringliches Ziel darin bestanden hatte, eine internationale Klasse zu organisieren, um deren gesellschaftliche Befreiung zu verwirklichen, sich plötzlich auch in der Rolle eines Werkzeugs der nationalen Befreiung befanden. Die Wiederherstellung eines unabhängigen Polen wurde nicht unter der Führung einer der zahlreichen

Parteien des 19. Jahrhunderts erreicht, die ausschließlich den Kampf um Unabhängigkeit auf ihr Panier geschrieben hatten, sondern unter der Führung der Polnischen Sozialistischen Partei, die der Zweiten Internationale angehörte. Der armenische Nationalismus weist dasselbe Muster auf, ebenso der jüdische Territorialnationalismus. Israel verdankt seine Existenz letztlich nicht Herzl oder Weizmann, sondern dem (von den russischen Sozialisten inspirierten) Zionismus der Kibbuzim. Und während einige dieser Parteien innerhalb des internationalen Sozialismus mit Recht kritisiert wurden, weil sie den Nationalismus weit über die soziale Befreiung stellten, läßt sich dies von anderen sozialistischen oder sogar marxistischen Parteien nicht behaupten, die sich dennoch zu ihrer eigenen Überraschung mit einemmal als die Repräsentanten bestimmter Nationen wiederfanden: die Finnische Sozialistische Partei, die Menschewiki in Georgien, der jüdische Bund in weiten Teilen Osteuropas – selbst die streng nichtnationalistischen Bolschewiki in Lettland. Umgekehrt kam den nationalistischen Bewegungen zu Bewußtsein, daß es zweckmäßig war, wenn auch kein bestimmtes soziales Programm zu formulieren, so doch wenigstens einen Bezug zu wirtschaftlichen und sozialen Problemen herzustellen. Es war nicht zufällig das industrialisierte Böhmen – hin- und hergerissen zwischen Tschechen und Deutschen, die beide von den Arbeiterorganisationen angezogen wurden* –, wo Bewegungen aufkamen, die sich ausdrücklich als »Nationalsozialisten« bezeichneten. Die tschechischen Nationalsozialisten wurden schließlich die Partei der unabhängigen Tschechoslowakei und stellten deren letzten Staatspräsidenten (Eduard Benesch). Die deutschen Nationalsozialisten Böhmens inspirierten einen jungen Österreicher, der ihren Namen und ihre Mischung aus einem antisemitischen, übersteigerten Nationalismus und einer diffusen populistischen sozialen Demagogie in das Deutschland der Nachkriegszeit hinüberrettete: Adolf Hitler.

Wirklich populär wurde der Nationalismus demnach zumeist nur dann, wenn er als Cocktail serviert wurde. Seine Beliebtheit verdankte er nicht nur dem eigenen Aroma, sondern vor allem der Beimischung einer oder mehrerer anderer Ingredienzien, die, wie man hoffte, sowohl in geistiger wie in materieller Hinsicht den Geschmack des Publikums treffen würden. Ein derartiger Nationalismus mochte zwar ernstgemeint sein, aber er war weder so militant noch so zielstrebig und mit Sicherheit nicht so reaktionär, wie die chauvinistische Rechte ihn gern gesehen hätte.

* Die Sozialdemokraten vereinigten bei der ersten demokratischen Wahl (1907) 38 Prozent der Stimmen auf sich und stellten damit die stärkste Fraktion.

Paradoxerweise war es gerade das unter dem Druck der verschiedenen Nationalitäten ins Wanken geratene Habsburgerreich, an dem sich die Grenzen des Nationalismus besonders deutlich zeigten. Denn obwohl sich die meisten seiner Bürger zu Beginn des 20. Jahrhunderts zweifellos bewußt waren, dieser oder jener Nationalität anzugehören, gab es nur wenige, die deshalb eine Unterstützung der Habsburger Monarchie abgelehnt hätten. Selbst nach dem Ausbruch des Krieges spielten Fragen der nationalen Unabhängigkeit kaum eine Rolle, und eine ausgeprägte Feindseligkeit gegenüber dem Staat gab es nur bei vier Nationen innerhalb des Vielvölkerstaats (Italiener, Rumänen, Serben und Tschechen), von denen drei sich mit bereits bestehenden Nationalstaaten jenseits der Grenzen identifizieren konnten. Die meisten dieser Nationalitäten hegten zumindest nach außen hin nicht den Wunsch, aus diesem »Gefängnis der Völker«, wie der Staat von Eiferern aus der mittleren und unteren Mittelschicht genannt wurde, auszubrechen. Und als im weiteren Verlauf des Krieges tatsächlich Unzufriedenheit und revolutionäre Gefühle aufkamen, da äußerten sie sich weniger in Bewegungen für eine nationale Unabhängigkeit, sondern vor allem für eine soziale Revolution (vgl. Hanak 1970, S. 58-67).

Was die kriegführenden Länder im Westen Europas anging, so wurde der Patriotismus der Massenarmeen im Verlauf des Krieges zunehmend von Gefühlen der Kriegsmüdigkeit und sozialer Unzufriedenheit überlagert, aber nicht zum Verschwinden gebracht. Der außergewöhnliche Widerhall, den die Russische Revolution von 1917 im Ausland fand, wird nur dann begreiflich, wenn wir uns vor Augen halten, daß jene, die 1914 bewußt, ja sogar begeistert in den Krieg gezogen waren, von einer Idee des Patriotismus bewegt wurden, die sich mit nationalistischen Parolen nur unzureichend beschreiben ließ, weil sie ein Gefühl für das enthielt, was Staatsbürgern zustand. Diese Armeen waren nicht aus Lust am Kämpfen, an der Gewalt und am Heldentum in den Krieg gezogen, sie verfolgten nicht den unbedingten nationalen Egoismus und das Expansionsstreben des Nationalismus der politischen Rechten, und noch weniger trieb sie die Gegnerschaft zu Liberalismus und Demokratie.

Im Gegenteil. Die innenpolitische Propaganda aller kriegführenden Länder mit einer mehr oder weniger verwirklichten Massendemokratie im Jahr 1914 zeigt, daß nicht etwa Ruhm und Eroberungen in den Vordergrund gestellt wurden, sondern daß »wir« die Opfer von Angriffen oder einer Politik der Aggression waren, daß »sie« eine tödliche Bedrohung für die Werte der Freiheit und Zivilisation darstellten, die »wir« verkörperten. Es kam noch hinzu, daß Männer und Frauen nicht erfolgreich für den Krieg mobilisiert werden konnten, solange sie nicht davon überzeugt waren, daß dieser Krieg mehr war als nur eine bewaffnete Auseinandersetzung, daß in gewisser Hinsicht die Welt im Fall »unseres« Sieges eine bessere sein und daß »unser« Land – in den Worten von Lloyd George – »ein Land (sein würde), das seiner Helden würdig war«. Die Regierungen Englands und Frankreichs beanspruchten für sich, Demokratie und Freiheit gegen monarchische Gewalt, Militarismus und Barbarei zu verteidigen (gegen die »Hunnen«), während die deutsche Regierung behauptete, die Werte der Ordnung, des Rechts und der Kultur gegen die russische Autokratie und Barbarei zu verteidigen. Eroberungen und imperiale Machtentfaltung konnten der Bevölkerung bei Kolonialkriegen in Aussicht gestellt werden, aber nicht bei den großen Auseinandersetzungen – auch wenn sie die Gedanken der Außenminister hinter den Kulissen beschäftigten.

Die deutschen, französischen und britischen Massen, die 1914 in den Krieg zogen, taten dies nicht als Krieger oder Abenteurer, sondern als Staatsbürger und Zivilisten. Doch gerade diese Tatsache verdeutlicht sowohl die Notwendigkeit eines Patriotismus für Regierungen in demokratischen Gesellschaften als auch dessen Macht. Denn allein die Überzeugung, daß die Sache des Staates tatsächlich ihre eigene Sache war, konnte die Massen wirkungsvoll mobilisieren, und 1914 *waren* die Briten, Franzosen und Deutschen davon überzeugt. Es brauchte drei Jahre eines noch nie dagewesenen Gemetzels und das Beispiel der Revolution in Rußland, um sie zu der Einsicht zu bekehren, daß sie sich geirrt hatten.

Kapitel 7
Who is who oder die Unsicherheiten der Bourgeoisie

»In seinem denkbar umfassendsten Sinne ... ist das Selbst eines Mannes die Gesamtheit all dessen, was er sein eigen nennen kann, nicht nur sein Körper und seine Seelenkräfte, sondern auch seine Kleidung und sein Haus, seine Frau und seine Kinder, seine Vorfahren und Freunde, sein Ansehen und seine Werke, seine Ländereien und Pferde und seine Jacht und sein Bankkonto.«

William James (1890/1950, S. 291)*

»Mit ungeheurem Eifer beginnen sie Einkäufe zu tätigen ... Sie stürzen sich hinein wie Pferde in eine Rennbahn. Als Klasse sprechen, denken und träumen sie von Besitz.«

H.G. Wells (1909/1981, S. 275)

»Das College wird nach dem Ratschlag und der Empfehlung der teuren Gattin des Stifters gegründet ... um Frauen aus den oberen und den oberen Mittelklassen die bestmögliche Ausbildung zuteil werden zu lassen.«

Aus der Stiftungsurkunde des Holloway College 1883

I

Wir wollen uns jetzt jener gesellschaftlichen Schicht zuwenden, die sich durch den Prozeß der Demokratisierung bedroht sah. Im Jahrhundert der siegreichen Bourgeoisie waren sich die Angehörigen der erfolgreichen Mittelklassen ihrer Zivilisation sicher, im allgemeinen selbstbewußt und steckten in der Regel nicht in finanziellen Schwierigkeiten, doch erst sehr spät im 19. Jahrhundert richteten sie ihr Leben körperlich *behaglich* ein. Bis dahin hatten sie nicht schlecht gelebt, inmitten einer Fülle von Ziergegenständen, eingehüllt in zahlreiche Kleidungsstücke, sie konnten sich alles leisten, was sie als passend für Personen ihres Standes und als unpassend für alle unterhalb desselben ansahen, und verzehrten Speise und Trank in beträchtlichen, wahrscheinlich sogar übermäßigen Mengen. Die Speisen und Getränke waren in

* Ich verdanke diesen Hinweis Sanford Elwitt.

manchen Ländern hervorragend: Der Begriff der *cuisine bourgeoise* in Frankreich bedeutete ein gastronomisches Lob. In anderen Ländern wurden sie zumindest in reichlichen Mengen auf den Tisch gebracht. Eine große Zahl von Hausangestellten entschädigte für die Unbequemlichkeit und Umständlichkeit ihrer Häuser, konnte diese jedoch nicht verbergen. Erst spät im Jahrhundert entwickelte die bürgerliche Gesellschaft einen Lebensstil und die passende materielle Ausstattung, die wirklich auf die Bedürfnisse jener Klasse zugeschnitten waren, die in den Augen aller ihr Rückgrat bildete: Geschäftsleute, die freien Berufe oder die höheren Ränge der Verwaltung und ihre Familien, die nicht unbedingt den Status der Aristokratie oder die materiellen Belohnungen der Schwerreichen anstrebten oder vor Augen hatten, sich jedoch durchaus oberhalb jenes Bereiches bewegten, innerhalb dessen der Erwerb der einen Sache den Verzicht auf eine andere bedeutete.

Das Paradox dieses bürgerlichsten aller Jahrhunderte lag darin, daß sein Lebensstil erst sehr spät »bürgerlich« wurde, daß dieser Wandel sich an seinen Rändern und nicht in seinem Zentrum anbahnte und daß diese Form einer bürgerlichen Lebensweise und eines bürgerlichen Lebensstils nur für eine kurze Zeit Triumphe feierte. Das war vielleicht auch der Grund, warum die Überlebenden die Zeit vor 1914 im Rückblick so oft und sehnsüchtig als Belle Epoque bezeichneten. Wir wollen unseren Überblick über das Schicksal der Mittelschichten in unserer Epoche damit beginnen, dieses Paradox zu untersuchen.

Der neue Lebensstil bestand in dem vorstädtischen Haus mit Garten, das seit langem aufgehört hat, spezifisch »bürgerlich« zu sein, es sei denn als Indikator für ein bestimmtes Aufstiegsstreben. Wie so vieles andere in der bürgerlichen Gesellschaft kam es aus dem klassischen Land des Kapitalismus, aus Großbritannien. Wir entdecken es zuerst in den Gartenstädten, die von Architekten wie Norman Shaw in den Jahren nach 1870 für begüterte, wenn auch nicht übermäßig wohlhabende Familien der Mittelschicht erbaut wurden (Bedford Park). Derartige Siedlungen, die im allgemeinen für wesentlich reichere Schichten gedacht waren als deren britische Gegenstücke, entwickelten sich an den Rändern der mitteleuropäischen Großstädte – das Villenviertel in Wien oder Dahlem und Grunewald in Berlin – und verlagerten sich mit der Zeit auf der gesellschaftlichen Stufenleiter nach unten in die weniger vornehmen Vorstädte der unteren Mittelschicht oder in das planlose Labyrinth der Gartenhäuschen an den Rändern der Großstädte und schließlich durch Bauspekulanten und sozialidealistische Stadtplaner in die Reihenhaussiedlungen, die das dörfliche und kleinstädtische Ambiente bestimmter städtischer Wohnviertel einfangen sollten, die später im 20. Jahrhundert für besser verdienende Arbeiter angelegt wurden. Das ideale Haus der Mittelschichtangehörigen war jetzt nicht mehr Bestandteil einer Großstadtstraße, ein »Stadthaus« oder dessen Ersatz, eine Wohnung in einem großen Gebäude direkt an einer Straße in der Großstadt mit einer palastähnlichen Fassade, sondern ein städtisches oder besser vorstädtisches Landhaus (»Villa«) in einem Miniaturpark oder Garten »im Grünen«. Es sollte sich als ein enorm attraktives Lebensideal erweisen, wenn es sich auch vorläufig in den meisten Großstädten außerhalb Englands nicht verwirklichen ließ.

Die Villa unterschied sich von ihrem ursprünglichen Vorbild, dem Landhaus des höheren und niederen Adels, in einer wesentlichen Hinsicht, einmal abgesehen von ihren geringeren Kosten und (einfacheren) Abmessungen. Sie war eher auf die Bedürfnisse des Privatlebens zugeschnitten und diente nicht dem Streben nach sozialem Rang und der Darstellung einer bestimmten sozialen Rolle. Gerade die Tatsache, daß diese Siedlungen weitgehend von einer einzigen Klasse bewohnt wurden, topographisch isoliert von der übrigen Gesellschaft, machte es leichter, sich ganz den Annehmlichkeiten des Lebens zu widmen. Diese Isolierung entwickelte sich selbst dort, wo sie gar nicht beabsichtigt war: Mit den von sozialidealistischen Stadtplanern entworfenen »Gartenstädten« und »Gartenvorstädten« ging es nicht anders als mit den Vororten, die eigens zu den Zweck gebaut wurden, die Mittelschichten von den Unterschichten abzutrennen. Und dieser Exodus ist seinerseits ein Indikator für einen gewissen Rückzug der Bourgeoisie aus ihrer Rolle als herrschende Klasse. »Boston«, so pflegten um die Jahrhundertwende die reichen Einwohner dieser Stadt ihren Söhnen zu raten, »kann dir außer hohen Steuern und politischer Mißwirtschaft nichts bieten. Wenn du heiratest, such dir eine Vorstadt, wo du dir ein Haus baust, tritt in den Country Club ein und laß dein Leben sich um Club, Heim und Kinder drehen« (Mumford 1979, Bd. 1, S. 577).

Aber das war genau das Gegenteil der Funktion des traditionellen Landhauses oder Châteaus oder auch seines bürgerlichen Rivalen oder Nachahmers, des großkapitalistischen herrschaftlichen Hauses – der Krupp'schen Villa Hügel oder von Bankfield House und Belle Vue der Akroyds und Crossleys, die das rauchgeschwängerte Leben der Textilstadt Halifax beherrschten. Derartige Baulichkeiten waren die äußere Hülle der Macht. Sie sollten die finanziellen Mittel und das Ansehen eines Mitglieds der herrschenden Elite gegenüber anderen Mitgliedern und den unterlegenen Klassen zur Geltung bringen und das Geschäft von Einfluß und Herrschaft organisieren. Während im Landhaus des Herzogs von Omnium Regierungskabinette zusammengestellt wurden, lud John Crossley von Crossley Carpets zu seinem 50. Geburtstag immerhin 49 seiner Kollegen aus dem Stadtrat von Halifax drei Tage lang in sein Haus im Lake District ein und hatte anläßlich der Einweihung der Stadthalle von Halifax den Prince of Wales bei sich zu Gast. In diesen Häusern war das Privatleben untrennbar mit dem öffentlichen Leben samt seinen anerkannten und gleichsam diplomatischen und politischen Funktionen verbunden. Deren Erfordernisse hatten den Vorrang vor den Annehmlichkeiten des eigenen Heims. Man kann sich nicht vorstellen, daß etwa die Akroyds ein großes Treppenhaus mit Szenen aus der klassischen Mythologie an den Wänden, einen bemalten Festsaal, einen Speisesaal, eine Bibliothek und eine Suite von neun Gesellschaftszimmern oder auch einen eigenen Gebäudeflügel für 25 Hausangestellte allein für sich und ihre Familie gebaut hätten (vgl. Girouard 1979, S. 208-212). Der vermögende Gutsbesitzer konnte ebensowenig umhin, seine Macht und seinen Einfluß in seiner Grafschaft auszuüben wie der lokale Fabrikant in Bury oder Zwickau. Solange er in der Stadt lebte, per definitionem ein äußeres Abbild der städtischen Gesellschaftshierarchie, konnte ja selbst der durchschnittliche Angehörige der Bourgeoisie kaum anders, als seinen sozialen Standort durch die Wahl seiner Adresse oder zumindest der Größe seiner Wohnung und der Höhe des bewohnten Stockwerks, die Zahl seiner Dienerschaft und die Äußerlichkeiten der Kleidung und des gesellschaftlichen Umgangs anzuzeigen, wenn nicht zu unterstreichen. Die Familie eines Börsenmaklers unter der Regierung Eduards war, wie sich ein abtrünniger Sohn später in seinem Leben erinnern sollte, den Forsytes unterlegen, weil ihr Haus keinen unmittelbaren Ausblick auf die Kensington Gardens bot, aber andererseits war es nicht so weit entfernt, daß damit ein Statusverlust verbunden gewesen wäre. Zwar lag es nicht mehr innerhalb der Reichweite des gesellschaftlichen Lebens während der »London Season«, doch die Mutter war an normalen Nachmittagen formell »zu sprechen« und organisierte Abendempfänge mit einer »ungarischen Kapelle«, die sie bei Whiteley's Universal Store gemietet hatte, und gab oder besuchte fast täglich Dinner Parties zur vorgeschriebenen Tageszeit in den Monaten Mai und Juni (vgl. Adams 1957, S. 3 f.). Privatleben und öffentliche Zurschaustellung des eigenen gesellschaftlichen Ranges und sozialer Ansprüche ließen sich nicht voneinander trennen.

Die sehr langsam emporkommenden Mittelschichten der vorindustriellen Ära waren aufgrund ihres geringeren, wenn auch geachteten sozialen Standes oder ihrer puritanischen und pietistischen Überzeugungen, ganz zu schweigen von den Imperativen der Kapitalakkumulation, vor solchen Versuchungen bewahrt geblieben. Es war die Goldgrube des um die Mitte des 19. Jahrhunderts einsetzenden kräftigen wirtschaftlichen Wachstums, durch die sie in die Kreise der Erfolgreichen gelangten, die ihnen aber zugleich einen öffentlichen Lebensstil auferlegte, der dem der älteren Eliten nachempfunden war. Gleichzeitig gab es jedoch zu diesem Zeitpunkt des Triumphes vier verschiedene Entwicklungen, welche die Ausbildung eines weniger formalen, ungezwungeneren privaten und persönlichen Lebensstils förderten.

Die erste war die bekannte Demokratisierung der Politik, die den öffentlichen und politischen Einfluß der Bourgeoisie untergrub, wenn man einmal von den wenigen wirklich bedeutenden Großindustriellen und Großkapitalisten absah. In einigen Fällen war die (zumeist liberale) Bourgeoisie de facto gezwungen, sich gänzlich aus einer Politik zurückzuziehen, die von Massenbewegungen oder Wählermassen beherrscht wurde, und die sich weigerten, deren »Einfluß« selbst dann anzuerkennen, wenn er sich nicht unmittelbar gegen sie selbst richtete. Die Kultur im Wien des *Fin de siècle*, so hat man gesagt, war weitgehend die einer bestimmten Klasse und eines Volkes – der mittelständischen Juden –, denen man nicht mehr zugestand, das zu sein, was sie sein wollten, nämlich deutsche Liberale, und die selbst als nichtjüdische liberale Bourgeois nicht viele Anhänger gefunden hätten (das ist ein zentrales Thema von Schorske 1982). Die Kultur der *Buddenbrooks* und ihres Schöpfers Thomas Mann, selbst der Sproß einer Patrizierfamilie in einer alten und stolzen Stadt hanseatischer Kaufleute, ist die einer Bourgeoisie, die sich aus der Politik zurückgezogen hat. Die Cabots und Lowells in Boston waren keinesfalls von der nationalen Politik ausgeschlossen, doch in Boston selbst mußten sie ihren politischen Einfluß an die Iren abtreten. Seit den 90er Jahren zerfiel die paternalistische »Fabrikkultur« Nordenglands, eine Kultur, in der die Arbeiter durchaus Gewerkschafter sein konnten, zugleich aber auch die Geburtstage ihrer Arbeitgeber mitfeierten, denen sie im übrigen auch politisch folgten. Eine der Ursachen dafür, daß es nach 1900 zur Gründung einer Arbeiterpartei kam (Labour Party) lag darin, daß die einflußreichen Männer in den Wahlkreisen der Arbeiter, die Angehörigen der ortsansässigen Bourgeoisie, nicht bereit waren, ihr Recht auf die Nominierung lokaler »Honoratioren«, d.h. von Männern aus ihren Kreisen, als Kandidaten für das Parlament oder den Stadtrat aufzugeben. Sofern das Bürgertum weiterhin politische Macht ausübte, geschah dies von nun an durch die Mobilisierung von Einfluß statt von Wählern.

Die zweite Entwicklung bestand in einer gewissen Lockerung der Verbindungen zwischen der siegreichen Bourgeoisie und den puritanischen Werten, die in der Vergangenheit für die Kapitalakkumulation so nützlich gewesen waren und durch die sich diese Klasse so oft definiert und ihre Distanz zu den müßigen und ausschweifenden Aristokraten einerseits und den faulen und trunksüchtigen Arbeitern andererseits betont hatte. Die alteingesessene Bourgeoisie hatte ihr Geld bereits verdient. Es floß vielleicht nicht mehr aus seiner unmittelbaren Quelle, sondern in Form regelmäßiger Zahlungen an die Besitzer von Papieren, die »Investitionen« darstellten, deren Art möglicherweise selbst dann im Dunkeln blieb, wenn sie nicht in einer entlegenen Region des Erdballs, weitab von den Home Counties in der Umgebung Londons in ein Projekt umgesetzt wurden. Häufig wurde das Geld an Söhne und weibliche Verwandte, die selbst keiner Arbeit nachgingen, vererbt oder durch Schenkung übertragen. Ein Großteil des Bürgertums des ausgehenden 19. Jahrhunderts bestand aus einer »müßiggehenden Klasse« – eine Bezeichnung, die damals von einem nordamerikanischen Soziologen erfunden wurde, Thorstein Veblen, einem Außenseiter in seiner Disziplin und einem Mann von beträchtlicher Originalität, der sogar eine »Theorie« darüber veröffentlichte (Veblen 1958). Und sogar einige von denen, die tatsächlich noch selbst Geld verdienten, mußten dafür nicht viel Zeit aufwenden, jedenfalls dann nicht, wenn sie im (europäischen) Bank- und Finanzwesen oder als Spekulanten tätig waren. In England fanden solche Männer jedenfalls noch viel Zeit für andere Beschäftigungen. Kurz gesagt, Geldausgeben wurde mindestens ebenso wichtig wie Geldverdienen. Zwar mußte das Geld nicht mit derselben Verschwendungssucht wie bei den ganz reichen Leuten ausgegeben werden, von denen es in der Belle Epoque sogar eine ganze Menge gab. Aber auch die weniger Vermögenden lernten, wie sie ihr Geld für Annehmlichkeiten und Vergnügungen unters Volk bringen konnten.

Zum dritten kam es zu einer mehr oder weniger starken Auflösung der Strukturen der bürgerlichen Familie, was sich in einer gewissen Emanzipation der Frauen äußerte (worauf wir im folgenden Kapitel zurückkommen werden), sowie zu einer neuartigen Definition der Altersgruppen zwischen Adoleszenz und Heiratsalter als einer eigenständigen und unabhängigeren Kategorie, der »Jugend«, was sich wiederum nachhaltig auf die Kunst und Literatur auswirkte (s.Kap. 9). Die Begriffe »Jugend« und »Modernität« wurden zuweilen fast austauschbar, und wenn »Modernität« überhaupt etwas bedeutete, dann eine Änderung des Geschmacks, der Wohnungsausstattung und des Stils. Beide Entwicklungen machten sich in der zweiten Hälfte und vor allem in den beiden letzten Jahrzehnten des 19. Jahrhunderts in den etablierten Mittelschichten bemerkbar. Sie beeinflußten nicht nur jene Form des Müßiggangs, die wir als Tourismus und Urlaubsvergnügen kennen – wie die Verfilmung von Thomas Manns *Tod in Venedig* durch Visconti zutreffend zeigt, wurde das Erscheinungsbild der Grandhotels an der Meeresküste oder im Hochgebirge durch ihre weiblichen Gäste geprägt –, sondern sie erweiterten auch beträchtlich die Rolle des bürgerlichen Heims als einer Umgebung für dessen Frauen.

Die vierte und letzte Entwicklung bestand in einer immer größer werdenden Zahl derer, die zum Bürgertum gehörten oder mit allen Kräften danach strebten, ihm zuzugehören, kurz: die »Mittelschicht« als Ganzes. Es war unter anderem eine bestimmte Vorstellung von einem letztlich häuslichen Lebensstil, die alle ihre Mitglieder miteinander verband.

II

Zur selben Zeit schufen die Demokratisierung, der Aufstieg einer selbstbewußten Arbeiterklasse und die rapide zunehmende soziale Mobilität ein neuartiges Problem der sozialen Identität für jene, die dieser oder jener Schicht dieses »Mittelstandes« angehörten oder angehören wollten. Eine Definition der »Bourgeoisie« stößt bekanntlich auf große Schwierigkeiten (vgl. *Die Blütezeit des Kapitals,* Kap. 13, III und IV), und sie wurde auch nicht dadurch erleichtert, daß die Demokratisierung und die aufkommenden Arbeiterbewegungen jene, die der Bourgeoisie angehörten (ein Wort, das in den Ohren der Zeitgenossen zunehmend häßlicher klang), dazu bewog, ihre Existenz als Klasse in der Öffentlichkeit oder die Existenz der Klassen überhaupt zu leugnen. In Frankreich behauptete man allgemein, die Revolution habe die Klassen abgeschafft, in England, daß Klassen in Form von abgeschlossenen Kasten nicht existierten, und in der immer vernehmlicher werdenden Disziplin der Soziologie, daß die Sozialstruktur und die soziale Schichtung für derartige Vereinfachungen zu kompliziert seien. In den USA schien die Gefahr weniger darin zu liegen, daß die Massen sich als die eine Klasse mobilisieren und ihre Ausbeuter als eine andere Klasse identifizieren könnten, sondern daß sie in der Verfolgung ihres verfassungsmäßigen Rechtes auf Gleichheit sich zu Angehörigen der Mittelklasse erklären und auf diese Weise die Vorteile schmälern könnten, die (neben den unbestreitbaren Tatsachen des Reichtums) mit der Zugehörigkeit zu einer Elite verbunden waren. Die Soziologie, als akademische Disziplin ein Produkt der Zeit von 1870 bis 1914, leidet bis auf den heutigen Tag unter endlosen und fruchtlosen Debatten über soziale Klassen und sozialen Status, weil ihre Vertreter die Neigung pflegen, die Bevölkerung immer wieder neu und so zu klassifizieren, wie es ihren eigenen ideologischen Überzeugungen am ehesten entspricht.

Dazu kam, daß mit wachsender sozialer Mobilität und dem Niedergang der traditionellen gesellschaftlichen Rangordnungen, die genau festgelegt hatten, wer einem »mittleren Rang« oder »Stand« der Gesellschaft angehörte und wer nicht, die Grenzen dieser gesellschaftlichen Zwischenschicht (sowie die in ihrem Innern bestehenden Abgrenzungen) immer verschwommener wurden. In Ländern, die an die ältere Klassifikation gewöhnt waren wie Deutschland, wurden jetzt das »Bürgertum« unterteilt in ein auf Eigentum gegründetes »Besitz-« und ein auf akademischer Bildung beruhendes »Bildungsbürgertum«; darunter stand der »Mittelstand«, der seinerseits auf das »Kleinbürgertum« heruntersah. Andere westeuropäische Sprachen bedienten sich einfach der wandelbaren und ungenauen Kategorien »Groß-« und »kleinbürgertum« oder »obere« und »untere« Mittelschicht/-klasse, deren gegenseitige Abgrenzungen noch ungenauer waren. Aber wie sollte man feststellen, wer zu welcher dieser Gruppen gehörte?

Die eigentliche Schwierigkeit lag in der wachsenden Zahl derer, die für sich einen bürgerlichen Status in einer Gesellschaft in Anspruch nahmen, in der letzten Endes die Bourgeoisie die oberste soziale Schicht darstellte. Selbst in den entwickelten kapitalistischen Ländern, wo man den alten grundbesitzenden Adel nicht ausgeschaltet oder seiner rechtlichen Privilegien beraubt hatte (wie im republikanischen Frankreich), war er deutlich in den Hintergrund gedrängt worden. Auch in England, wo er noch in den mitleren Jahrzehnten des 19. Jahrhunderts sowohl seine einflußreiche politische Rolle als auch seinen enormen Reichtum bewahrt hatte, fiel er relativ gesehen zurück. Von den Millionären, die zwischen 1858 und 1879 in England starben, waren noch vier Fünftel (117) Großgrundbesitzer gewesen; in den beiden folgenden Jahrzehnten lag dieser Anteil noch bei gut einem Drittel, und von 1910 bis 1914 lag er noch niedriger (vgl. Rubinstein 1977, S. 102). Vor 1895 stellte die Aristokratie in fast allen britischen Regierungskabinetten die Mehrheit, danach jedoch nie wieder. Adelstitel wurden durchaus nicht verschmäht, selbst nicht in den Ländern, die offiziell gar keinen Raum dafür hatten: Reiche US-Amerikaner, die selbst keine erwerben konnten, kauften sie einfach in Europa, indem sie ihre Töchter mit einer entsprechend hohen Mitgift ausstatteten und an einen Adligen verheirateten. Auf diese Weise wurde die Tochter des Firmengründers von Singers Nähmaschinen zur Prinzession de Polignac. Unabhängig davon räumten selbst altehrwürdige Monarchien ein, daß Geld mittlerweile ein mindestens ebenso nützliches Kriterium für die Zugehörigkeit zum Adel war wie blaues Blut. Kaiser Wilhelm II. »sah es als eine seiner Herrscherpflichten an, den Wünschen von Millionären nach Auszeichnungen – Orden und Adelsbriefen – entgegenzukommen, daran aber die Bedingung gemeinnütziger Spenden und Stiftungen zu knüpfen. Englische Vorbilder mochten ihm dabei vorschweben« (Wilke 1930, S. 232). Die Annahme dieses Beobachters war nur allzu berechtigt. Von den 159 Erhebungen in den Adelsstand, die zwischen 1901 und 1920 in England vorgenommen wurden (unter Auslassung der Titel, die an Angehörige der Streitkräfte verliehen wurden), gingen 66 an Männer aus dem Wirtschaftsleben (davon etwa die Hälfte Industrielle), 34 an Collegeabsolventen (zumeist Anwälte) und lediglich 20 an Großgrundbesitzer (vgl. Guttsman 1963, S. 122-127).

Doch nicht nur die Grenzen der Bourgeoisie gegenüber dem Adel, auch die gegenüber den unter ihr stehenden Bevölkerungsteilen waren verschwommen. Das galt weniger für den »alten« unteren Mittelstand oder das Kleinbürgertum aus selbständigen Handwerkern, kleinen Ladenbesitzern usw. Der Umfang seines Wirkungsbereichs legte ihn unzweideutig auf ein niedrigeres Niveau fest und brachte ihn sogar in einen Gegensatz zur Bourgeoisie. Das Programm der französischen Jakobiner war eine einzige Sequenz von Variationen über das Thema *small is beautiful:* »Das Wort (klein) taucht in den Versammlungen der Radikalen Partei immer wieder auf« (Touchard 1977, S. 128). Ihre Feinde waren *les gros* – Großkapital, Großindustrie, Großbanken und Großkaufleute. Dieselbe Haltung, allerdings mit einer nationalistischen, rechtsradikalen und antisemitischen statt einer linksrepublikanischen Note, konnte man bei ihren deutschen Pendants beobachten, die nach 1870 noch stärker unter der übermächtigen und raschen Industrialisierung zu leiden hatten. Von oben betrachtet, wurden sie nicht nur durch den geringen Umfang ihrer Geschäftstätigkeit, sondern auch durch ihren Beruf am Zugang zu den höheren gesellschaftlichen Rängen gehindert, sofern nicht in Ausnahmefällen ihr Wohlstand die Erinnerung an ihre Herkunft auslöschen konnte. Dennoch machte der einschneidende Wandel des Verteilungssystems insbesondere nach 1880 gewisse Revisionen erforderlich. Zwar klingt das Wort »Krämer« *(grocer)* aus dem Mund der oberen Mittelschichten bis heute etwas verächtlich, doch im England unserer Periode erwarben Männer wie Sir Thomas Lipton (der sein Geld mit Teepäckchen verdiente), Lord Leverhulme (der in Seife machte) und Lord Vestey (Gefrierfleisch) Adelstitel und Motorjachten. Die eigentliche Schwierigkeit entstand jedoch erst mit der gewaltigen Ausdehnung des tertiären Sektors – der Arbeitsplätze für Angestellte und Beamte –, d.h. einer Tätigkeit, die einerseits sowohl eindeutig subaltern als auch Lohnarbeit war (auch wenn man statt Lohn »Gehalt« sagte), andererseits jedoch unzweifelhaft nicht manuell war und auf formellen, wenn auch bescheidenen Bildungsqualifikationen beruhte und die insbesondere von Männern – zuweilen auch Frauen – ausgeübt wurde, von denen es die meisten ausdrücklich ablehnten, sich als Teil der Arbeiterklasse zu betrachten, und sich häufig unter großen materiellen Opfern bemühten, den Lebensstil der feinen Leute aus dem Mittelstand nachzuahmen. Die Ziehung der Grenzlinie zwischen dieser neuen »unteren Mittelschicht« aus kleinen Angestellten und Beamten und den höheren Rängen der akademischen Berufe oder erst recht der wachsenden Zahl leitender Angestellter und Manager in Großunternehmen warf völlig neue Probleme auf.

Abgesehen von diesen neuen unteren Mittelschichten selbst stand außer Frage, daß die Zahl der neu zur Mittelschicht Hinzugekommenen oder der Anwärter auf deren Status inzwischen rapide im Steigen begriffen war, was praktische Abgrenzungs- und Definitionsprobleme aufwarf, noch zusätzlich erschwert durch die Unbestimmtheit der theoretischen Kriterien für eine solche Definition. Was nun eigentlich »den Bourgeois« ausmachte, war stets schwieriger zu bestimmen als das, was in der Theorie zu einem Adligen gehörte (z.B. Abstammung, erblicher Titel, ländlicher Grundbesitz) oder zu einem Angehörigen der Arbeiterklasse (z.B. Lohnverhältnis und manuelle Arbeit). Dennoch waren die Kriterien um die Mitte des 19. Jahrhunderts einigermaßen klar (vgl. *Die Blütezeit des Kapitals,* Kap. 13). Mit Ausnahme der hohen Staatsbeamten, die Gehaltsempfänger waren, wurde von einem Angehörigen der Bourgeoisie erwartet, daß er sein Einkommen aus Wertpapieren oder Aktien bezog und/oder als selbständiger, mit Gewinn arbeitender Unternehmer Arbeiter beschäftigte oder einen »freien« Beruf ausübte, was eine Form der Privatunternehmung darstellte. Bezeichnenderweise wurden damals in den Formularen der britischen Einkommensteuererklärung »Gewinne« und »Honorare« unter derselben Rubrik geführt. Im Zuge der oben genannten Veränderungen eigneten sich diese Kriterien jedoch immer weniger zur Ermittlung der Angehörigen der »echten« Bourgeoisie – in wirtschaftlicher und vor allem gesellschaftlicher Hinsicht – innerhalb der beträchtlichen Masse der »Mittelschichten«, ganz zu schweigen von der weit größeren Menge derer, die diesen Status anstrebten. Sie besaßen nicht alle Kapital; doch das galt auch zumindest zunächst für viele Männer von unzweifelhaft bürgerlichem Rang, die statt dessen eine akademische Ausbildung als Startkapital einbringen konnten (Bildungsbürgertum), und deren Zahl nahm beträchtlich zu. Die Zahl der Ärzte in Frankreich, die zwischen 1866 und 1886 mehr oder weniger konstant bei etwa 12.000 gelegen hatte, war bis 1911 auf 20.000 gestiegen; in England stieg die Zahl der Ärzte zwischen 1881 und 1901 von 15.000 auf 22.000 und die der Architekten von 7000 auf 11.000 – in beiden Ländern war dieser Anstieg wesentlich größer als das Wachstum der erwachsenen Bevölkerung (vgl. Zeldin 1973, Bd. 1, S. 37; Marsh 1958, S. 122). Nicht alle von ihnen waren Unternehmer und Arbeitgeber (wenn man von ihren Hausangestellten absah). Doch wer konnte jenen ranghöchsten Managern einen bürgerlichen Status verweigern, die zwar Gehaltsempfänger waren, aber eine immer wichtigere Rolle in großen Unternehmungen spielten zu einer Zeit, in der – wie der deutsche Nationalökonom Gustav v. Schmoller 1892 bemerkte – »der intime, rein private Charakter der alten kleinen Geschäfte« einfach nicht mehr zu diesen Großbetrieben paßte (zit. n. Ritter und Kocka 1977, S. 169).

Die große Mehrheit all dieser Mittelklassen, zumindest insofern, als die meisten von ihnen das Produkt der Ära der doppelten Revolution waren (vgl. *Europäische Revolutionen*, Einleitung), hatte eines gemeinsam: ihre soziale Mobilität. Wie ein französischer Beobachter in England feststellte, bestanden die »Mittelklassen« »im wesentlichen aus Familien, die in einem gesellschaftlichen Aufstieg begriffen waren«, und die Bourgeoisie aus solchen, die »arriviert« waren – angekommen auf dem Gipfel oder doch einem gesellschaftlich angesehenen Niveau (Descamps 1911, S. 67). Doch solche Momentaufnahmen konnten kaum ein zureichendes Bild von einem Vorgang oder einer Bewegung liefern, die man nur durch ein soziologisches Pendant zu jener gerade erst gemachten Erfindung der bewegten Bilder, d.h. des Films hätte erfassen können. Denn die »neuen Gesellschaftsschichten« hörten ja nicht auf, weiterzuklettern, auch wenn sie irgendwann als »arriviert« anzusehen waren. Und andererseits: Änderte sich mit dieser »Arriviertheit« nicht der Charakter der Bourgeoisie? Konnte man die Zugehörigkeit zu dieser Klasse den Mitgliedern der zweiten und dritten Generation verweigern, die vom Familienvermögen ein Leben in Muße führten und gelegentlich gegen die Werte und Aktivitäten rebellierten, die noch immer das Wesen ihrer Klasse ausmachten?

Diese Fragen waren für die Wirtschaftswissenschaft während der hier behandelten Periode kein Problem. Eine Wirtschaft, die auf gewinnorientierten Privatunternehmen beruhte, wie sie fraglos in den entwickelten Ländern des Westens vorherrschend waren, hatte es nicht nötig, daß ihre Analytiker Betrachtungen darüber anstellten, aus welchen Individuen sich genau eine »Bourgeoisie« zusammensetzte. Rein ökonomisch gesehen war Prinz Henkkel von Donnersmarck, der nach Krupp reichste Mann im Deutschen Reich, ein Kapitalist, da neun Zehntel seines Einkommens aus dem Besitz von Kohlebergwerken, Industrie- und Bankaktien und Beteiligungen an Wohnungsbaugesellschaften stammten, gar nicht zu reden von seinen jährlichen Zinseinnahmen in Höhe von 12 bis 15 Millionen Mark. Auf der anderen Seite ist sein Status als Angehöriger des Erbadels für den Soziologen oder Historiker alles andere als irrelevant. Das Problem, die Bourgeoisie als eine Gruppe von Männern und Frauen ebenso zu definieren wie die Grenzlinie zwischen ihr und den »unteren Mittelschichten«, hatte demnach keine unmittelbaren Konsequenzen für die Analyse der kapitalistischen Entwicklung in dieser Phase (ausgenommen für jene, die überzeugt waren, daß das System auf der persönlichen Motivation einzelner Individuen als Privatunternehmer beruhte*), auch wenn sich in ihm natürlich strukturelle Änderungen der kapitalistischen Wirtschaft widerspiegelten und es ein Licht auf deren Organisationsformen zu werfen vermochte.

III

Die Festlegung erkennbarer Kriterien war nach alledem ein dringendes Bedürfnis der damaligen Angehörigen der Bourgeoisie oder Mittelschicht sowie derer, die ihr in absehbarer Zeit anzugehören hofften, vor allem dann, wenn ihr Geld allein nicht genügte, einen Status zu erwerben, der ihnen selbst und ihren Nachkommen Ansehen und Privilegien sicherte. Drei verschiedene Kriterien der sozialen Zuweisung zu dieser Schicht gewannen während unserer Periode immer mehr an Bedeutung – zumindest in den Ländern, in denen die Antwort auf die Frage »Wer ist wer?« bereits eine allgemeine Unsicherheit hervorrief.** Alle drei mußten zwei Bedingungen erfüllen: Sie mußten eine klare Trennlinie zwischen den Angehörigen der Mittelschichten und den Arbeitern, Bauern und anderen Handarbeitern ziehen, und sie mußten das Bild einer Gesellschaftspyramide mit weitgehend abgeschlossenen Stufen ergeben, ohne einen Aufstieg zwischen diesen ganz auszuschließen. Eines dieser Kriterien waren Lebensstil und Kultur der Mittelschicht, ein zweites das Betreiben von Freizeitaktivitäten und vor allem der neuen Erfindung des Sports, doch das wichtigste Merkmal, an dem sich erkennen ließ, welcher sozialen Schicht der einzelne angehörte, wurde schließlich der Grad der formalen Bildung – und das ist bis heute so geblieben.

Ihr Hauptzweck bestand nicht in ihrer Nützlichkeit, trotz der potentiellen finanziellen Belohnungen, die ein ausgebildeter Intellekt und ein spezialisiertes Wissen in einer Zeit zu erwarten hatten, die mehr und mehr auf Wissenschaft und Technik beruhte, und obwohl sie denjenigen, die sich allein auf

* Es gab tatsächlich einige Theoretiker, die der Meinung waren, die zunehmende Bürokratisierung, die wachsende Unpopularität unternehmerischer Werte und ähnliche Faktoren würden die Rolle des Privatunternehmers und damit auch den Kapitalismus selbst untergraben; zu ihnen gehörten etwa Max Weber und Joseph Schumpeter.

** Die Veröffentlichung von Nachschlagewerken mit den Namen der Persönlichkeiten von nationalem Rang – im Unterschied zu Handbüchern über die Mitglieder königlicher und adliger Familien wie den *Gothaischen Genealogischen Taschenbüchern* – nahm damals ihren Anfang. Wahrscheinlich war der britische *Who's Who* der erste seiner Art.

Talent und Leistung stützen konnten, etwas bessere berufliche Aufstiegschancen eröffnete, vor allem auf dem Gebiet des expandierenden Bildungswesens selbst. Was zählte war der demonstrative Beweis, daß die Heranwachsenden es nicht nötig hatten, sich möglichst bald ihren Lebensunterhalt selbst zu verdienen. Die Inhalte der Bildung waren zweitrangig, und tatsächlich war der berufspraktische Wert von Fächern wie Griechisch und Latein, für die die Schüler britischer *public schools* so viele Stunden büffeln mußten, oder Philosophie, Literatur, Geschichte und Geographie, die um 1890 77 Prozent des Stundenplans an französischen *lycées* ausfüllten, recht unbedeutend. Selbst im praktisch denkenden Preußen waren 1885 auf den klassischen Gymnasien fast dreimal soviele Schüler wie auf den »moderneren« und technisch ausgerichteten Realgymnasien und Oberrealschulen. Darüber hinaus war die Fähigkeit, die Kosten einer derartigen Bildung für die eigenen Nachkommen aufzubringen, selbst ein soziales Kennmal. Ein preußischer Beamter, der seine Buchführung mit deutscher Gründlichkeit betrieb, verwendete im Lauf von 31 Jahren 31 Prozent seines Einkommens auf die Bildung seiner drei Söhne (vgl. Zeldin 1973, Bd. 2, S. 250; Wehler 1973, S. 126; Ritter und Kocka 1977, S. 341 ff.).

Formale Bildung, nach Möglichkeit durch ein Zeugnis abgeschlossen, war bislang für den Aufstieg eines Bourgeois irrelevant, es sei denn für jene akademischen Berufe innerhalb und außerhalb des öffentlichen Dienstes, deren Ausbildung die Hauptaufgabe der Universitäten bildete – neben ihrer Funktion als angenehme Umgebung für die Eskapaden unternehmungslustiger junger Herren in Kneipen und Freudenhäusern, denen die abgehaltenen Examina höchst gleichgültig waren. Während des 19. Jahrhunderts gab es kaum einen Geschäftsmann, der in irgendeinem Fach einen akademischen Abschluß gehabt hätte. Die französische *Ecole polytechnique* jener Zeit war kein besonderer Anziehungspunkt für die bürgerliche Elite. Ein deutscher Bankier, der 1884 einem angehenden Industriellen berufliche Ratschläge erteilte, riet ihm von einer theoretischen und akademischen Ausbildung ab, die für ihn nichts anderes war als ein »Genußmittel für stille Stunden, wie die Zigarre nach dem Mittagbrot«. Er empfahl ihm vielmehr, so bald wie möglich praktisch zu arbeiten, sich »mit einem Geldmenschen zu associieren«, in die USA zu gehen und Erfahrungen zu sammeln und auf diese Weise ein »praktisch geschulte(r) Techniker« zu werden, an denen damals Mangel herrschte. Vom Standpunkt eines Unternehmers aus war dies durchaus vernünftig, obgleich die technischen Kader häufig unzufrieden waren. Deutsche Ingenieure reklamierten damals vehement »eine (ihrer) Bedeutung im täglichen Leben entsprechende gesellschaftliche Stellung« (zit.n. Ritter und Kocka 1977, S. 327 f.).

Eine Schulbildung verschaffte vor allem die Eintrittskarte in die anerkannten mittleren und höheren Regionen der Gesellschaft und bot die Möglichkeit, die Neuankömmlinge mit den verschiedenen Weisen vertraut zu machen, die sie von den unteren Rängen unterscheiden würden. In einigen Ländern mit allgemeiner Wehrpflicht genügte bereits das für diese Form des Zugangs erforderliche Mindestalter beim Schulabgang – etwa 16 Jahre –, um den jungen Männern den Status potentieller Offiziere zuzuschreiben. In den Mittelschichten wurde eine höhere Schulbildung bis zum 18. oder 19. Lebensjahr, an die sich in der Regel ein Universitätsstudium oder eine höhere berufliche Ausbildung anschloß, zunehmend üblich. Zwar waren die absoluten Zahlen der höheren Schüler und Studenten zunächst noch niedrig, obwohl die der Gymnasiasten leicht und die der angehenden Akademiker deutlich anstiegen. Zwischen 1875 und 1912 erhöhte sich in Deutschland die Zahl der Studenten um mehr als das Dreifache, in Frankreich (1875-1910) um gut das Vierfache. Dennoch besuchten in Frankreich noch 1910 weniger als drei Prozent der Altersgruppen zwischen 12 und 19 Jahren eine höhere Schule (insgesamt 77.500), und nur zwei Prozent hielten bis zur Abschlußprüfung durch, die nur von der Hälfte von ihnen bestanden wurde (vgl. Hohorst et al. 1975, S. 161; Mayeur 1973, S. 150; Zeldin 1973, Bd. 2, S. 330; Mayer 1981, S. 262). Das Deutsche Reich, das damals eine Bevölkerung von 65 Millionen Einwohnern aufwies, ging mit rund 120.000 Reserveoffizieren in den Ersten Weltkrieg, das entsprach etwa einem Prozent aller Männer zwischen 20 und 45 Jahren (vgl. Ritter und Kocka 1977, S. 224).

So bescheiden diese Zahlen auch sein mochten, sie lagen dennoch weit über der üblichen Größe der älteren herrschenden Klassen – z.B. den 7000 Personen, denen um 1875 80 Prozent des gesamten in Privathand befindlichen Grundbesitzes in England gehörten, und erst recht über den rund 700 Familien des britischen Adels. Sie waren sicherlich zu groß, als daß sich jene informellen, persönlichen Beziehungsgeflechte hätten ausbilden können, mit deren Hilfe die Bourgeoisie einige Jahrzehnte zuvor in der Lage gewesen war, sich zu organisieren, zum Teil, weil die Wirtschaft stark lokal beschränkt war, zum Teil, weil religiöse und ethnische Minderheiten, die eine besondere Neigung zum Kapitalismus entwickelten (französische Protestanten, Quäker, Unitarier, Griechen, Juden, Armenier), ein Netz aus gegenseitigem Vertrauen, Verwandtschafts- und Geschäftsbeziehungen knüpften, das sich über ganze Länder, Kontinente und Meere hinweg erstreckte.* Selbst in den höch-

* Die Gründe für diese Disponiertheit wurden eingehend erörtert, vor allem von deutschen Gelehrten (z.B. Max Weber und Werner Sombart). Welche Erklärung auch immer dafür vorgebracht wird – das einzige, was alle diese Gruppen miteinander gemeinsam haben, ist ihr selbstbewußter Status einer Minderheit – es bleibt die Tatsache, daß aus den Mitgliedern kleiner Gruppen dieser Art wie etwa der englischen Quäker fast ausnahmslos Bankiers, Kaufleute und Fabrikanten wurden.

sten Regionen der nationalen und internationalen Wirtschaft konnten diese informellen Beziehungen funktionieren, da die Zahl der beteiligten Personen sehr klein war und bestimmte Wirtschaftsbranchen, insbesondere das Bank- und Finanzwesen, sich zunehmend in einigen wenigen Finanzzentren (im allgemeinen zugleich die Hauptstädte der jeweiligen Nationalstaaten) konzentrierten. Um 1900 befanden sich die britischen Banken, die faktisch das weltweite Finanzgeschäft beherrschten, in den Händen von vielleicht 20 Familien, die alle innerhalb eines eng umgrenzten Bezirkes in London wohnten, einander kannten, dieselben Klubs und gesellschaftlichen Zirkel besuchten und untereinander heirateten (vgl. Cassis 1984). Das Rheinisch-Westfälische Kohlen-Syndikat, in dem der größte Teil der deutschen Stahlindustrie zusammengefaßt war, bestand aus 28 Firmen. Der weltweit größte Trust, die United States Steel, wurde bei informellen Gesprächen innerhalb einer kleinen Gruppe von Männern nach Tisch und beim Golfspiel geplant.

Das eigentliche – alte oder neue – Großbürgertum hatte somit keine großen Schwierigkeiten, sich als Elite zu organisieren, da es sich ganz ähnlicher Methoden bedienen konnte, wie sie innerhalb des Adels üblich waren, oder sich wie in England überhaupt dessen Mechanismen zunutze machen konnte. Wo immer sich die Möglichkeit dazu bot, strebte sie zunehmend danach, ihren wirtschaftlichen Erfolg mit der Aufnahme in die Klasse des Adels zu krönen, zumindest der ihrer Töchter und Söhne, und wenn auch das nicht möglich war, pflegten sie wenigstens einen aristokratischen Lebensstil. Es wäre ein Irrtum, darin lediglich ein Zurücktreten von bürgerlichen gegenüber alten aristokratischen Werten zu sehen. Zum einen war die Sozialisation ihrer Nachkommen durch Elite- oder andere Schulen für die traditionellen Aristokratien weniger wichtig als für die Bourgeoisie. Soweit sie das dennoch wurde wie in den britischen *public schools*, führte sie zu einer Angleichung aristokratischer Werte an ein moralisches System, das auf eine bürgerliche Gesellschaft und deren öffentlichen Dienstleistungsapparat zugeschnitten war. Zum anderen wurde der Prüfstein aristokratischer Werte in zunehmendem Maße ein verschwenderischer und kostspieliger Lebensstil, zu dem man vor allem *Geld* benötigte, woher es auch immer kommen mochte. Geld wurde also zum Kriterium für die Zugehörigkeit zur Aristokratie. Der traditionelle Landadlige, der sich einen derartigen Lebensstil und die mit ihm verbundenen Aktivitäten nicht leisten konnte, sah sich in eine entschwindende provinzielle Welt verbannt, loyal, stolz, doch gesellschaftlich eine Randexistenz führend, ähnlich der Personen in Theodor Fontanes *Der Stechlin* (1895), jener großartigen Elegie auf die alten Werte der brandenburgischen Junker. Das Großbürgertum bediente sich der Mechanismen der Aristokratie und anderer Eliten zu seinen eigenen Zwecken.

Die eigentliche Bewährungsprobe der Schulen und Universitäten als den Institutionen zur Vorbereitung auf das Leben in den oberen Gesellschaftsschichten mußten diejenigen bestehen, die auf der gesellschaftlichen Stufenleiter nach oben kletterten, nicht aber diejenigen, die sich bereits oben befanden. Der Sohn eines einer protestantischen Sekte anhängenden Gärtners in Salisbury wurde Cambridge-Absolvent und *dessen* Sohn, nachdem dieser Eton und das King's College besucht hatte, der Nationalökonom John Maynard Keynes – ein so offensichtlicher Angehöriger einer selbstbewußten und gebildeten Elite, daß es uns noch immer schwerfällt, uns das Milieu aus provinziellen baptistischen Bethäusern vorzustellen, in dem seine Mutter aufgewachsen war, und doch am Ende ein stolzes Mitglied seiner Klasse, des »gebildeten Bürgertums«, wie er später einmal sagen sollte (vgl. Skidelsky 1983, Bd. 1, S. 84).

Kein Wunder, daß Schulen und Ausbildungsstätten von der Art, die eine mehr oder weniger sichere Aussicht auf einen bürgerlichen Status bot, sich ausdehnten, um die wachsende Zahl der Söhne und Töchter von Leuten aufzunehmen, die es zwar zu einem Vermögen, aber nicht zu gesellschaftlichem Ansehen gebracht hatten (wie der Großvater von Keynes), oder von Eltern, deren bürgerlicher Status seit jeher auf Bildung beruhte, z.B. der unvermögenden protestantischen Geistlichen und der besser verdienenden freien Berufe, oder schließlich der Massen von weniger »angesehenen« Eltern, die aus ihren Kindern etwas »Besseres« machen wollten. Die höheren Schulen, die entscheidende Durchgangsstation zu den oberen Gesellschaftsschichten, nahmen zu. Die Anzahl ihrer Schüler stieg mindestens um das Doppelte (Belgien, Frankreich, Norwegen, Niederlande) bis zum Fünffachen (Italien). Die Zahl der Studenten an Universitäten, deren Diplom die Mitgliedschaft in der Mittelschicht endgültig sicherte, stieg in den meisten europäischen Ländern zwischen 1870 und 1913 um fast das Dreifache. (In den vorangegangenen Jahrzehnten war sie weitgehend unverändert geblieben.) In den 80er Jahren äußerten deutsche Beobachter sogar ihre Besorgnis darüber, daß die Zahl der zum Studium zugelassenen Studenten die Zahl der später offenen qualifizierten Arbeitsplätze übersteigen könnte.

Das Problem der »oberen Mittelschicht« im engeren Sinne – etwa der 68 »Großindustriellen«, die in Bochum zwischen 1895 und 1907 zu ihren fünf bereits in der höchsten Steuerklasse vertretenen Mitbürgern hinzukamen (vgl. Crew 1980, S. 26) – bestand darin, daß eine derartige allgemeine Ausweitung von Bildungsmöglichkeiten die Exklusivität dieses Statusabzeichens zu sehr entwertete. Gleichzeitig konnte sich jedoch das Großbürgertum nicht formell von denen lösen, die unmittelbar unter ihm standen, da es für Neuankömmlinge offen bleiben mußte – das lag in seinem Wesen begründet – und da es die mittlere und untere Mittelschicht gegen die zunehmend politisierten Arbeiterklassen mobilisieren oder zumindest auf seine Seite ziehen mußte. Deshalb bestanden die nichtsozialistischen Beobachter darauf, daß der »Mittelstand« nicht einfach nur zunehme, sondern einen enormen Umfang aufweise. Der große Gustav von Schmoller, führender Kopf der deutschen Wirtschaftswissenschaftler, schätzte seinen Anteil auf die Hälfte der Bevölkerung, rechnete jedoch nicht nur »mittlere Grundbesitzer und Unternehmer, die meisten höheren Beamten (und) viele Glieder der liberalen Berufe« dazu (den »oberen Mittelstand«), sondern auch »die Kleinbauern, Handwerker, Kleinhändler, die Subalternbeamten, Werkmeister (und) besser bezahlten Arbeiter«, den »unteren Mittelstand« (Schmoller 1997, S. 31).

Dem entspricht auch Sombarts Schätzung von 12,5 Mio. Angehörigen des »Mittelstandes« gegenüber 35 Millionen Arbeitern (Sombart 1903, S. 531 und 534). Das waren im wesentlichen Schätzungen von potentiellen Gegnern des Sozialismus. Eine großzügige Schätzung konnte wohl kaum wesentlich über die 300.000 hinausgehen, die im spätviktorianischen England und in den Jahren unter Eduard VII. die »investierende Öffentlichkeit« ausgemacht haben (Pollard 1985, S. 498 f.). In jedem Fall waren die jeweiligen Mitglieder der eingesessenen Mittelschichten weit davon entfernt, die Angehörigen der unteren Ränge mit offenen Armen zu empfangen, auch wenn diese Schlips und Kragen trugen. Typischer war die Reaktion eines englischen Beobachters, für den die unteren Mittelschichten zusammen mit den Arbeitern zur »Welt der Volksschule« gehörten (Lawson 1908, S. 39; er veranschlagte die »Mittelklasse im eigentlichen Sinne« auf etwa eine halbe Million).

Innerhalb offener Systeme mußten also Zirkel einer informellen, aber wirksamen Exklusivität geschaffen werden. Das war besonders einfach in einem Land wie England, in dem es bis 1870 keine staatlichen Volksschulen gab (und erst 20 Jahre später eine allgemeine Schulpflicht), staatliche höhere Schulen erst seit 1902 und wo Studienplätze in nennenswerter Zahl außerhalb der beiden traditionellen Universitäten Oxford und Cambridge ebenfalls fehlten. Seit den 40er Jahren hatte man für die Angehörigen der Mittelschichten zahlreiche Privatanstalten unter der völlig irreführenden Bezeichnung *public schools* gegründet, und es entstanden die ersten Pflanzstätten (vor allem Eton) für den Nachwuchs des hohen und niederen Adels. Zu Beginn des 20. Jahrhunderts gab es dann – je nach dem angelegten Maßstab für Exklusivität – zwischen 64 und etwa 160 mehr oder weniger teure Privatschulen, die Exklusivität für sich beanspruchten und ihre Schüler bewußt als die Mitglieder einer herrschenden Klasse behandelten (vgl. Honey 1977). Eine ganze Reihe von ähnlichen höheren Privatschulen, vorwiegend im Nordosten der USA, bereiteten ebenfalls die Söhne aus gutem oder wenigstens reichem Hause auf den Besuch privater Eliteuniversitäten vor, die ihnen den letzten Schliff geben würden.

Unter diesen wurden nicht anders als etwa unter deutschen Universitätsstudenten Mitglieder für noch exklusivere private Zirkel geworben, z.B. für die studentischen Corpsverbindungen oder die noch prestigeträchtigeren »Greek Letter fraternities« – Nachfolgeorganisationen der alten englischen Colleges. Die nationalen Bourgeoisien des ausgehenden 19. Jahrhunderts stellten auf diese Weise eine eigenartige Mixtur aus Gesellschaften mit offenen und mit privilegierten Bildungschancen dar: offen, da der Zugang für bemittelte oder auch für mittellose, aber begabte Studenten offen stand (durch Stipendien oder andere Maßnahmen), aber andererseits geschlossen, da niemand in Zweifel zog, daß manche Kreise gleicher waren als andere. Die Exklusivität war eine rein gesellschaftliche. Deutsche Corpsstudenten, bierselig und mit Schmissen im Gesicht, duellierten sich, weil sie damit unter Beweis stellen konnten, daß sie (im Unterschied zu den gesellschaftlich unter ihnen Stehenden) »satisfaktionsfähig«, d.h. Herren und keine Proleten waren. Die subtilen Statusabstufungen zwischen den britischen Privatschulen ergaben sich daraus, welche Schulen von einem bestimmten Institut jeweils für würdig befunden wurden, ihre Zöglinge zu gemeinsamen Sportwettkämpfen antreten zu lassen. Die Gemeinschaft der US-amerikanischen Eliteuniversitäten wurde zumindest im Osten der USA letztlich durch gesellschaftliche Exklusivität im sportlichen Bereich definiert: Nur die Studenten innerhalb dieser »Ivy League« veranstalteten gemeinsame Sportwettkämpfe.

Den Söhnen derjenigen, die auf dem Weg nach oben in das Großbürgertum waren, garantierten diese Sozialisationsmechanismen eine unstreitige Mitgliedschaft. Eine akademische Ausbildung der Töchter war in das Belieben der Väter gestellt und außerhalb liberaler und fortschrittlicher Kreise keineswegs eine Selbstverständlichkeit. Doch auch sie hatte einige deutliche praktische Vorteile. Wie die Institution der »Alten Herren« *(old boys, alumni)* zeigte, die sich etwa seit 1870 sehr schnell entwickelte, bildeten die Produkte eines bestimmten Bildungsklüngels ein Geflecht, das sich nicht nur im nationalen oder gar internationalen Maßstab erstreckte, sondern auch die ältere mit der jüngeren Generation verband. Kurz, sie verlieh einer heterogenen Gruppe immer wieder neu hinzukommender Studenten auf die Dauer einen gesellschaftlichen Zusammenhalt. Auch hier war es zum großen Teil der

Sport, der das soziale Bindemittel lieferte. Auf diese Weise bildete eine Schule, ein britisches College, ein Corps oder eine sonstige Studentenverbindung – in ständigem Kontakt mit ihren Alten Herren und häufig auch von diesen finanziert – so etwas wie eine potentielle Mafia (»Freunde von Freunden«) zu gegenseitiger Hilfeleistung, nicht zuletzt auf geschäftlicher Ebene. Und umgekehrt schuf das Beziehungsgeflecht dieser »erweiterten Familien« von Menschen, deren wirtschaftlicher und sozialer Status von vornherein als gleichrangig unterstellt werden konnte, ein Netz potentieller Kontakte weit jenseits der lokalen oder regionalen verwandtschaftlichen und geschäftlichen Beziehungen. So heißt es in einem Handbuch über US-amerikanische College-Bruderschaften zu den ständig wachsenden Altherrenverbänden: Sie bildeten »Zirkel kultivierter Männer, die sich sonst nie kennengelernt hätten« (Baird 1890, S. 20).

Die praktischen Wirkungsmöglichkeiten solcher Netze in einer Welt nationaler und internationaler Wirtschaftsbeziehungen lassen sich vielleicht an dem Umstand sichtbar machen, daß einer dieser US-amerikanischen Brüderschaften (Delta Kappa Epsilon) 1889 sechs Senatoren, 40 Kongreßabgeordnete, ein Mitglied der Familie Cabot Lodge und Theodore Roosevelt angehörten. Bis 1912 kamen dann noch 18 New Yorker Bankiers (darunter J.P. Morgan), neun bedeutende Männer aus Boston, drei Direktoren der Standard Oil und Männer in ähnlich wichtigen Stellungen im mittleren Westen hinzu. Es war ganz gewiß nicht zum Nachteil eines zukünftigen Unternehmers z.B. aus Peoria, wenn er sich dem rauhen Aufnahmeritual von Delta Kappa Epsilon an einem passenden College der »Ivy League« unterwarf.

Das alles war sowohl von wirtschaftlicher als auch von gesellschaftlicher Bedeutung, je mehr der kapitalistische Konzentrationsprozeß voranschritt, und lokal oder selbst regional beschränkte Industriebetriebe, die keine weiterreichenden Geschäftsbeziehungen hatten, gingen bald ein wie die »Provinzbanken« in England. War jedoch das formelle und informelle Bildungssystem für die etablierte wirtschaftliche und gesellschaftliche Elite lediglich bequem, so war es vor allem für diejenigen, die zu dieser aufsteigen oder die ihren wirtschaftlichen Erfolg durch die Assimilierung ihrer unmittelbaren Nachkommen bestätigt sehen wollten, unverzichtbar. Schulische und universitäre Bildung war die Leiter, auf der die Kinder der weniger bemittelten Angehörigen der Mittelschichten nach oben kletterten; denn selbst in den am meisten leistungsorientierten Bildungssystemen gelangten nur wenige Söhne von echten Bauern und noch weniger von Arbeitern über die untersten Sprossen hinaus.

IV

Die relative Mühelosigkeit, mit der die »oberen Zehntausend« (wie sie mit der Zeit genannt wurden) für sich eine Exklusivität herstellen konnten, löste jedoch nicht das Problem der oberen Hunderttausende, die den unklar abgegrenzten Raum zwischen den Spitzen der Gesellschaft und dem niederen Volk einnahmen, und noch weniger das Problem der weit größeren »unteren Mittelschicht«, die häufig nur um Haaresbreite über den besser bezahlten Facharbeitern stand. Sie gehörten mit Sicherheit zu der von britischen Beobachtern so bezeichneten »Klasse der Dienstbotenhalter« – 29 Prozent der Bevölkerung in einer Provinzstadt wie York. Obgleich die Zahl der Hausbediensteten etwa seit 1880 stagnierte oder sogar zurückging und deshalb mit dem Anwachsen der Mittelschichten nicht Schritt hielt, war es dennoch kaum vorstellbar, den Eintritt in die mittlere oder auch die untere Mittelschicht anzustreben, ohne über eigenes Hauspersonal zu verfügen, es sei denn, man lebte in den USA. Insofern war die Mittelschicht noch immer eine Klasse von Herren (vgl. *Die Blütezeit des Kapitals)* oder genauer von Herrinnen über ein Dienstmädchen. In jedem Fall ließen sie ihren Söhnen und zunehmend auch ihren Töchtern eine höhere Bildung angedeihen. Sofern diese die Männer für den Stand eines Reserveoffiziers (oder den von »Gentlemen auf Zeit« in den britischen Massenheeren von 1914) qualifizierte, kennzeichnete sie diese zugleich als potentielle Herren über andere Männer. Dennoch war eine große und ständig wachsende Zahl von ihnen nicht mehr »unabhängig« im formalen Sinne, sondern sie waren selbst Empfänger von Löhnen aus Arbeitgeberhand, auch wenn man diesen einen klangvolleren Namen gab. Seite an Seite mit der alten Bourgeoisie aus Unternehmern oder den selbständigen freien Berufen und aus Männern, die nur die Befehle Gottes oder des Staates anerkannten, wuchs jetzt der neue Mittelstand aus Gehälter beziehenden Managern, leitenden Angestellten und technischen Fachkräften im Kapitalismus der staatlichen Unternehmen und der hochentwickelten Technik heran: die öffentliche und private Bürokratie, deren Aufstieg von Max Weber so interessiert verfolgt wurde. Neben dem alten Kleinbürgertum aus selbständigen Handwerkern und kleinen Ladeninhabern und diese überschattend reifte das neue Kleinbürgertum heran: die kleinen Verkäufer, Büroangestellten und Beamten. Das waren in der Tat zahlenmäßig sehr breite Schichten, und die allmähliche Verlagerung der wirtschaftlichen Aktivitäten vom primären und sekundären auf den tertiären Sektor ließ ihre weitere Zunahme erwarten. In den USA waren sie um 1900 bereits zahlreicher als die Arbeiterklasse; aber das stellte eine Ausnahmeerscheinung dar.

Diese neuen mittleren und unteren Mittelschichten waren zu zahlreich und häufig als Individuen zu unbedeutend, ihre soziale Umwelt war zu unstrukturiert und anonym (vor allem in der Großstadt), und der Maßstab von Wirtschaft und Politik war zu groß, als daß sie als einzelne oder als Familien in derselben Weise gezählt hätten wie die »obere Mittelschicht« oder das »Großbürgertum«. Das war in der Großstadt zweifellos schon immer so, aber 1871 lebten etwa in Deutschland noch weniger als fünf Prozent der Bevölkerung in Städten von über 100.000 Einwohnern, während dieser Anteil bis 1910 auf 21 Prozent gestiegen war. Die Mittelschichten waren also in wachsendem Maße nicht mehr so sehr als Individuen, die als solche »zählten«, sondern als Träger gemeinsamer Erkennungsmerkmale identifizierbar: der genossenen Schulbildung, der Wohnungen und Häuser, in denen sie lebten, bestimmter Lebensstile und Gewohnheiten. Für die anerkannten Mittelschichten gehörten hierzu in der Regel ein gewisses Einkommen in Verbindung mit einer bestimmten Bildung sowie eine gewisse fühlbare Distanz zu einer Herkunft aus einfachen Verhältnissen, wie sie beispielsweise in der gewohnheitsmäßigen Verwendung der maßgeblichen nationalen Bildungssprache und einem Akzent zum Ausdruck kam, der im gesellschaftlichen Umgang mit Gleichgestellten die Klassenzugehörigkeit anzeigte. Die alten wie die neuen unteren Mittelschichten waren offenbar eine eigene und tieferstehende Gruppe aufgrund ihres »unzureichenden Einkommens, ihrer mittelmäßigen Bildung oder ihrer herkunftsmäßigen Nähe zum einfachen Volk« (Mayeur 1973, S. 81). Das Hauptziel der »neuen« Kleinbürgerschichten bestand darin, sich so deutlich wie nur möglich von den Arbeiterklassen abzuheben – ein Ziel, das in der Regel dazu führte, daß sie politisch zur extremen Rechten tendierten: Ihre Form des Snobismus war eine reaktionäre Einstellung.

Der Hauptteil der »echten«, unbestrittenen Mittelschicht war nicht groß: Zu Beginn des 20. Jahrhunderts hinterließen weniger als vier Prozent der Verstorbenen im Vereinigten Königreich ein Vermögen im Wert von mehr als £ 300 (einschließlich Immobilien und Sachwerten). Doch obwohl ein mehr als ausreichendes Mittelschichteinkommen – etwa £ 700 bis 1000 jährlich – vielleicht das Zehnfache eines guten Verdienstes eines Arbeiters betrug, konnte es sich nicht mit dem Einkommen der wirklich Reichen oder gar der Superreichen messen. Die Lücke war enorm zwischen der etablierten, anerkannten und begüterten oberen Mittelschicht und der »Plutokratie«, wie man diese Schicht inzwischen nannte, die das repräsentierte, was ein spätviktorianischer Beobachter als »die sichtbare Verwischung der herkömmlichen Unterscheidung zwischen dem Geburts- und dem Geldadel« bezeichnete (Escott 1897, S. 202 f.).

Das Wohnen in eigenen Wohngebieten – in der Regel in einem geeigneten Vorort – war eine der Möglichkeiten, diese Massen der Bessergestellten zu einer sozialen Gruppe zusammenzufassen. Höhere Bildung, wie wir gesehen haben, war eine weitere. Beide wurden durch eine Aktivität miteinander verknüpft, die im letzten Viertel des 19. Jahrhunderts fest institutionalisiert wurde, den Sport. Etwa um diese Zeit in England formalisiert, woher er samt dem zugehörigen Vokabular stammte, verbreitete er sich wie ein Lauffeuer auch in anderen Ländern. Anfangs stand seine moderne Form im wesentlichen mit der Mittelschicht in Verbindung und nicht einmal so sehr mit der Oberschicht. Junge Aristokraten konnten sich wie in England an jeder Art der Ertüchtigung versuchen, doch ihre Spezialität waren Körperübungen, die mit dem Reiten, Jagen, Schießen, Fischen, Fechten usw. zusammenhingen. Tatsächlich war in England der Begriff »Sport« ursprünglich solchen Beschäftigungen vorbehalten, während man jene Spiele und athletischen Wettkämpfe, die heute als »Sport« gelten, als »Zeitvertreib« *(pastimes)* bezeichnete. Die Bourgeoisie übernahm wie üblich die noblen Lebensweisen nicht nur, sondern formte sie auch um. Die Aristokraten verlegten sich zudem bezeichnenderweise auf besonders kostspielige Formen des Zeitvertreibs, z.B. das Fahren mit dem gerade erst erfundenen Automobil, das im Europa von 1905 zutreffend als »das Spielzeug von Millionären und Fortbewegungsmittel der vermögenden Klasse« beschrieben wurde (*The English-woman's Year-Book* 1905, S. 171).

Die neuen Sportarten fanden auch Eingang in die arbeitenden Klassen. Manche von ihnen wurden sogar schon vor 1914 begeistert von Arbeitern betrieben – in England gab es vielleicht eine halbe Million Fußballspieler – und fanden massenhaft Zulauf von leidenschaftlich interessierten Zuschauern. Dieser Umstand verhalf dem Sport zu einem indirekten Klassenkriterium, dem Amateurstatus, oder genauer gesagt: der Nichtzulassung oder strikten kastenmäßigen Abschottung gegenüber den »Professionals«.

Ein Amateur konnte sich nur dann im Sport auszeichen, wenn er in der Lage war, weit mehr Zeit darauf zu verwenden, als dies den Angehörigen der Arbeiterklasse möglich war – sofern diese nicht dafür bezahlt wurden. Die Sportarten, die für die Mittelschichten besonders charakteristisch wurden wie Tennis, Rugby, Football (bis heute ein Spiel von Collegestudenten) oder die noch unentwickelten Wintersportarten, widersetzten sich hartnäckig jedem Professionalismus. Das Amateurideal, das den zusätzlichen Vorteil bot, die Mittelschicht und den Adel zu vereinen, wurde in der neugeschaffenen Institution der olympischen Spiele (1896) bewahrt, der Geistesgeburt eines französischen Bewunderers der britischen *public schools,* in deren architektonischem Zentrum ihre Sportplätze standen.

Daß der Sport als ein wichtiges Element in der Herausbildung einer neuen herrschenden Klasse nach dem Vorbild des britischen »Bürger-Gentleman« mit Public School-Bildung angesehen wurde, zeigt sich daran, wie weitgehend es die Schulen waren, von denen er auf dem Kontinent eingeführt wurde. (Die späteren Berufsfußballvereine waren häufiger Betriebsmannschaften britischer Firmen im Ausland.) Daß der Sport auch eine patriotische und sogar militaristische Seite hatte, liegt ebenfalls auf der Hand. Er diente jedoch auch dazu, neue Muster eines mittelständischen Lebensstils und Zusammenhalts hervorzubringen. Das 1873 erfundene Tennisspiel wurde innerhalb kurzer Zeit das typische Spiel der mittelständischen Vororte, in der Hauptsache, weil sich auch Frauen daran beteiligen durften und weil es somit »den Söhnen und Töchtern der breiten Mittelschicht« die Möglichkeit bot, Partner kennenzulernen, die ihnen nicht durch die Familie zugeführt wurden und dennoch einen vergleichbaren sozialen Rang aufwiesen. Kurz, der Tennissport erweiterte den engen Horizont der Mittelschichtfamilie und deren Bekanntenkreis und schuf durch ein Netz untereinander in Verbindung stehender Tennisklubs aus vereinzelten Familienzellen ein gesellschaftliches Universum. »Der Salon im Haus schrumpfte bald zu einem unbedeutenden Flecken zusammen.« (Escott 1897, S. 196) Der Triumph des Tennis wäre undenkbar ohne die Entwicklung der Vorstädte und die zunehmende Emanzipation der Frau aus der Mittelschicht. Der Alpinismus, der neue Radsport (der für ganze Scharen von Arbeitern zum ersten Zuschauersport auf dem Kontinent wurde) und die später aufkommenden Wintersportarten, bei denen das Schlittschuhlaufen den Anfang machte, profitierten ebenfalls wesentlich von der Anziehung zwischen den Geschlechtern (s.S. 257 f., 260 f.).

Eine ähnlich wichtige Funktion hatten die Golfklubs in der (angelsächsischen) männlichen Welt der gehobenen freien Berufe und der erfolgreichen Geschäftsleute. Wir haben bereits ein frühes Beispiel des Trusts erwähnt, der auf einem Golfplatz geplant wurde. Das gesellschaftliche Potential dieses Spiels, das auf ausgedehnten, aufwendig angelegten und gepflegten Plätzen von Mitgliedern von Klubs gespielt wird, die gesellschaftlich und finanziell unwillkommene Außenseiter fernhalten sollen, traf die neuen Mittelschichten wie eine plötzliche Offenbarung. Vor 1889 gab es in ganz Yorkshire (West Riding) nur zwei Golfplätze; zwischen 1890 und 1895 wurden nicht weniger als 29 weitere eröffnet. Die außergewöhnliche Geschwindigkeit, mit der alle Arten des organisierten Sports die bürgerliche Gesellschaft zwischen 1870 und den ersten Jahren des 20. Jahrhunderts eroberten, legt die Vermutung nahe, daß dieser mehr als nur ein gesellschaftliches Bedürfnis nach körperlicher Bewegung im Freien erfüllte. Paradoxerweise entstanden zumindest in Großbritannien gleichzeitig ein Industrieproletariat und eine neue Bourgeoisie oder Mittelschicht als selbstbewußte Gruppen und grenzten sich durch bestimmte Weisen und Stile des gemeinschaftlichen Lebens und kollektiver Aktivitäten voneinander ab. Der Sport als Schöpfung der Mittelschichten, die sich in zwei offensichtlich klassenspezifische Flügel spaltete, bot hierzu eine ganz wesentliche Möglichkeit.

V

Drei wichtige Entwicklungen verliehen demnach den Mittelschichten in den Jahrzehnten vor dem Ersten Weltkrieg ihr gesellschaftliches Gepräge. Am unteren Ende nahm die Zahl derjenigen zu, die eine Zugehörigkeit zu diesen Schichten für sich beanspruchten. Dies waren die Angestellten, die keine Handarbeit verrichteten und sich im Grenzfall von jenen Arbeitern, die ebensoviel verdienten wie sie, allein durch die betonte Förmlichkeit ihrer Arbeitskleidung (das »Stehkragenproletariat« oder im Englischen die *black-coated workers)* und durch einen aufgesetzten mittelständischen Lebensstil unterschieden. Am oberen Ende wurde die Trennlinie zwischen Arbeitgebern, selbständigen Akademikern und Spitzenmanagern, leitenden Angestellten und Beamten zusehends undeutlicher. Sie alle wurden (der Wirklichkeit entsprechend) unter der Rubrik »Klasse I« zusammengefaßt, als bei der britischen Volkszählung von 1911 erstmals der Versuch unternommen wurde, die Bevölkerung nach Klassenzugehörigkeit zu erfassen. Gleichzeitig nahm auch jene bürgerliche Klasse müßiggehender Männer und Frauen zu, die von Erträgen aus zweiter Hand lebten – das Erbe der puritanischen Tradition zeigt sich noch in der Kategorie »unverdientes Einkommen« der britischen Finanzämter. Die Zahl der tatsächlich »verdienenden« Bürger war relativ zurückgegangen, und die verfügbaren Erträge, die unter die Verwandten verteilt wurden, waren jetzt wesentlich größer. Oberhalb von allen standen die Superreichen, die Plutokraten. Schließlich gab es in den USA zu Beginn der 90er Jahre bereits mehr als 4000 Dollarmillionäre.

Den meisten von ihnen zeigten die Vorkriegsjahrzehnte ein freundliches Gesicht, und für die Glücklicheren unter ihnen waren sie geradezu verschwenderisch großzügig. Die neue untere Mittelschicht hatte materiell gesehen sehr wenig davon, denn ihre Einkommen beliefen sich kaum höher als die der Handwerksgesellen, auch wenn ihre Angehörigen statt eines wöchentlich oder täglich ausgezahlten Lohnes ein jährliches Gehalt bezogen, und die Arbeiter mußten nicht so viel dafür ausgeben, »den äußeren Schein zu wahren«. Trotzdem rangierten sie aufgrund ihres Status unstreitig über den handarbeitenden Massen. In England konnten die Männer unter ihnen sich sogar für »Gentlemen« halten, ein Begriff, der ursprünglich dem Landadel vorbehalten war, im Zeitalter des Bürgertums jedoch seinen spezifischen sozialen Gehalt verloren hatte und nunmehr von jedem für sich beansprucht werden konnte, der keine eigentliche Handarbeit verrichtete. (Auf Arbeiter wurde er niemals angewandt.) Die meisten von ihnen waren überzeugt, daß es ihnen besser ging als ihren Eltern, und erhofften für ihre Kinder sogar noch bessere Zeiten. Das änderte allerdings vermutlich wenig an ihrem Gefühl eines hilflosen Grolls gegenüber allen über oder unter ihnen Stehenden, das für diese Klasse ganz besonders charakteristisch ist.

Jene, die zur unzweifelhaften Welt des Bürgertums gehörten, hatten sich wirklich über kaum etwas zu beklagen, denn ein überaus angenehmes, stilvolles Leben stand jedem offen, der über einige Hundert Pfund Sterling im Jahr verfügte, und das war noch weit unterhalb der Schwelle zum großen Geld. Der Nationalökonom Alfred Marshall war der Meinung, ein Professor könne von £ 500 im Jahr ein zuträgliches Leben führen (vgl. Marshall 1890/1920, S. 59) – eine Ansicht, die von seinem Kollegen, dem Vater von John Maynard Keynes, bestätigt wurde, der bei einem Jahreseinkommen (Gehalt und Erträge aus ererbtem Kapital) von £ 1000 noch £ 400 sparen konnte, dazu ein Haus mit Morris-Tapeten, drei Bedienstete und eine Gouvernante unterhalten, zweimal im Jahr Ferien machen – ein Monat in der Schweiz für zwei Personen kostete 1891 £ 68 – und seinen Liebhabereien der Philatelie, der Schmetterlingsjagd, der Logik und natürlich des Golfspiels nachgehen konnte (vgl. Skidelsky 1983, Bd. 1, S. 55 f.). Es bereitete selbstverständlich keine Schwierigkeiten, Mittel und Wege zu finden, das Hundertfache pro Jahr auszugeben, und die Nabobs der Belle Epoque – US-amerikanische Multimillionäre, russische Großherzöge, südafrikanische Goldmagnaten und etliche internationale Finanzleute – suchten einander nach besten Kräften im verschwenderischen Geldausgeben zu übertrumpfen. Aber man mußte kein Industriebaron sein, um einige ganz besondere Annehmlichkeiten des Lebens zu genießen, denn 1896 konnte man beispielsweise ein 101-teiliges Speiseservice, welches das Monogramm seines Eigentümers trug, im Londoner Einzelhandel für weniger als £ 5 erstehen. Das internationale Grandhotel, ein Kind der Eisenbahn um die Jahrhundertmitte, erlebte seinen Höhepunkt in den beiden Jahrzehnten vor 1914. Viele von ihnen tragen bis heute den Namen des berühmtesten ihrer zeitgenössischen Chefs: Cäsar Ritz. Diese Paläste konnten zwar von den Superreichen besucht werden, aber sie waren nicht in erster Linie für sie gebaut, da die Schwerreichen noch immer ihre eigenen palastartigen Etablissements bauen ließen oder mieteten. Gedacht waren sie vielmehr für die »normalen« Reichen und Begüterten. Lord Rosebery speiste im neuen Hotal Cecil, wenn er auch nicht das Stammgericht für sechs Shilling pro Person nahm. Die Preise der Waren und Dienstleistungen für die wirklich Vermögenden bewegten sich in anderen Größenordnungen. So kostete 1909 etwa ein Satz Golfschläger samt Tasche in London anderthalb Pfund, während der Grundpreis für den neuen Mercedes £ 900 betrug. (Lady Wimborne und ihr Sohn besaßen zwei davon, außerdem zwei Daimler, drei Darracqs und zwei Napiers; vgl. Wilsher 1970, S. 81, 96 und 98).

So kann es kaum wundernehmen, daß die Jahre vor 1914 in den Legenden der Bourgeoisie als ein Goldenes Zeitalter fortleben. Die Angehörigen jener müßiggehenden Klasse, die die meiste öffentliche Aufmerksamkeit auf sich lenkte, waren gerade jene, die (wiederum nach Veblen) einen »demonstrativen Konsum« pflegten, um ihren Rang und ihr Vermögen zur Geltung zu bringen, aber weniger gegenüber den niedrigeren sozialen Rängen, die zu tief standen, um Beachtung zu verdienen, als vielmehr gegenüber ihresgleichen. J.P. Morgans Antwort auf die Frage, wieviel der Unterhalt einer Jacht kostete (»Wenn Sie danach fragen müssen, können Sie sich keine leisten«), und John D. Rockefellers ebenso unverbürgter Kommentar zu der Nachricht, J.P. Morgan habe bei seinem Tod 80 Millionen Dollar hinterlassen (»Und wir dachten alle, er wäre reich«), mögen dieses Phänomen verdeutlichen. Es war überall zu beobachten in jenen vergoldeten Jahrzehnten, als Kunsthändler wie Joseph Duveen Milliardäre davon überzeugten, nur eine Sammlung alter Meister könne ihren Rang endgültig besiegeln, als zu jedem erfolgreichen Lebensmittelhändler eine riesige Jacht und zu jedem Schürfspekulanten eine Koppel Rennpferde und ein (vorzugsweise britisches) Landschloß inmitten eines Hochmoors gehörte und als allein schon die Menge und Vielfalt der Nahrungsmittel, die an einem einzigen Wochenende im England der Jahrhundertwende zu den Abfällen wanderte, aber auch die Menge der verzehrten Speisen und Getränke jedes menschliche Vorstellungsvermögen überstiegen.

Der größte Teil der Freizeitbeschäftigungen, die durch Privateinkünfte ermöglicht wurden, bestand jedoch wahrscheinlich in gemeinnützigen Aktivitäten der Frauen, Söhne und Töchter und gelegentlich anderer Mitglieder gutbetuchter Familien. Wie wir sehen werden, war dies ein wichtiges Element in der Emanzipation der Frauen (s.Kap. 8). Virginia Woolf hielt »eine unabhängige Stellung«, d.h. £ 500 jährlich, zu diesem Zweck für unabdingbar, und das großartige Zusammenwirken der beiden Fabier Beatrice und Sidney Webb hatte eine jährliche Rente von £ 1000 zur Grundlage, die der Frau bei der Heirat ausgesetzt wurde. Kampagnen für den Frieden und gegen Alkoholmißbrauch, soziale Maßnahmen für die Armen – es war die Zeit der »sozialen Hilfswerke«, die von Angehörigen der Mittelschicht für Slumbewohner ins Leben gerufen wurden – oder auch die Unterstützung notleidender Künstler und Schriftsteller, alle diese Engagements für eine gute Sache profitierten von unbezahlter Hilfe und finanziellen Zuwendungen. Die Geschichte der Literatur zu Beginn des 20. Jahrhunderts ist voll von Beispielen eines Mäzenatentums: Rilkes Sonette wurden durch die Großzügigkeit eines Onkels und einer Reihe nobler Damen ermöglicht, die Geschichte Stefan Georges und die Gesellschaftskritik von Karl Kraus ebenso wie die Philosophie eines Georg Lukács durch das Familienunternehmen, das es z.B. auch Thomas Mann erlaubte, sich bereits zu einer Zeit ganz der Literatur zu widmen, als diese noch kein einträgliches Gewerbe war. In den Worten E.M. Forsters, eines weiteren Nutznießers privater Einkünfte: »Mit den Dividenden ließ sich's edel denken.« Die edlen Gedanken entstanden innerhalb und außerhalb von Villen und Appartements, die mit Erzeugnissen der Kunstgewerbebewegung eingerichtet waren; deren Anhänger arbeiteten mit den Verfahren spätmittelalterlicher Handwerker für Auftraggeber, die genug Geld hatten und »kultivierten« Familien angehörten, für die – sofern Akzent und Einkommen stimmten – selbst bislang nicht achtbare Berufe »salonfähig« wurden. Zu den merkwürdigeren Entwicklungen der ehemals puritanischen Mittelschicht zählt deren Bereitschaft gegen Ende des 19. Jahrhunderts, ihre Söhne und Töchter einen akademischen Beruf ergreifen zu lassen, was diesen alle Symbole der öffentlichen Anerkennung eintrug. Immerhin war es der Erbe von Beecham's Pills, der spätere Sir Thomas Beecham, der sich entschloß, sein Leben als Dirigent zu verbringen und unter anderem die Werke von Delius (der dem Wollhandel von Bradford entstammte) und Mozart (der nicht auf solche Rosen gebettet war) musikalisch zu leiten.

VI

Aber wie konnte man von einem blühenden Zeitalter des triumphierenden Bürgertums sprechen, wenn breite Teile dieses Bürgertums selbst so wenig an der Schaffung eines Wohlstandes teilhatten und sich so schnell und so weit von der puritanischen Ethik wegbewegten, den Werten von Arbeit und Leistung, der Akkumulation durch Verzicht, Pflichterfüllung und moralische Ernsthaftigkeit, denen sie ihre Identität, ihren Stolz und ihre nimmermüde Energie verdankten? Wie wir im dritten Kapitel gesehen haben, flohen sie vor dem Schreckbild, um nicht zu sagen: der Schande einer Zukunft als Parasiten. Muße, Bildung, Bequemlichkeit, das war alles schön und gut. (Die schändlichen Leute, die durch luxuriöse Verschwendung mit ihrem Reichtum protzten, wurden noch immer von einer bibelkundigen Generation, die den Tanz ums goldene Kalb vor Augen hatte, mit großer Zurückhaltung behandelt.) Aber entzog sich die Klasse, die das 19. Jahrhundert zum ihrigen gemacht hatte, nicht ihrer historischen Bestimmung? Wie war es ihr überhaupt möglich, die Werte ihrer Vergangenheit mit denen ihrer Gegenwart zu verbinden?

Das Problem war in den USA noch kaum zu erkennen, wo der dynamische Unternehmer kein deutliches Unbehagen der Unsicherheit verspürte, obgleich einige sich Sorgen um ihr Bild in der Öffentlichkeit machten. Es waren die alten Familien Neuenglands mit Namen wie James und Adams, deren Söhne die Universität besuchten und in die Politik und die freien Berufe gingen, wo man auf Frauen und Männer traf, die sich in ihrer Gesellschaft nicht mehr wohlfühlten. Das meiste, was man von den US-amerikanischen Kapitalisten sagen kann war, daß einige von ihnen in so atemberaubendem Tempo und in so astronomischen Mengen Geld verdienten, daß sie ganz zwangsläufig mit einer wesentlichen Tatsache konfrontiert wurden: Die bloße Anhäufung von Kapital ist kein ausreichender Lebenszweck für ein Menschenwesen, nicht einmal für einen Angehörigen der Bourgeoisie.* Andererseits gehörten die meisten US-amerikanischen Geschäftsleute nicht zur Klasse des zugegebenermaßen ungewöhnlichen Carnegie, der 350 Millionen Dollar für die verschiedensten guten Zwecke und Menschen ausgab, ohne daß er deshalb sichtbare Abstriche an seinem Lebenswandel in Skibo Castle gemacht hätte, oder Rockefeller, der Carnegies neue Erfindung philanthropischer Stiftungen nachahmte und bis zu seinem Tod 1937 sogar noch größere Summen spendete. Eine Philanthropie in dieser Größenordnung hatten ebenso wie das Sammeln alter Kunstwerke den zusätzlichen Vorteil, daß sie in der Rückschau das öffentliche Bild von Männern, die ihren Arbeitern und wirtschaftlichen Konkurrenten als unbarmherzig und raubgierig im Gedächtnis geblieben waren, in ein etwas milderes Licht tauchte. Der Mehrheit der US-ameri-

* »Das Anhäufen von Reichtum ist eine der schlimmsten Formen der Götzenverehrung – nichts ist entwürdigender als die Anbetung des Geldes ... Weiter fortzufahren, ganz in der Sorge um meine geschäftlichen Angelegenheiten aufzugehen und meine Gedanken einzig darauf zu richten, in kürzester Zeit möglichst viel Geld zu verdienen, würde mich zwangsläufig jenseits aller Hoffnung auf eine dauerhafte Genesung erniedrigen« (Andrew Carnegie; zit.n. Hughes 1973, S. 252).

kanischen Mittelschicht galt der Erwerb von Reichtum oder zumindest einigem Vermögen noch immer als ausreichender Lebenszweck und als genügende Rechtfertigung ihrer Klasse und der Zivilisation überhaupt.

Ebensowenig können wir eine Krise des bürgerlichen Selbstvertrauens in den kleineren westlichen Ländern erkennen, die nun ebenfalls in die Ära der wirtschaftlichen Umgestaltung eintraten – etwa bei den »Stützen der Gesellschaft« in der kleinen norwegischen Provinzstadt an der Küste, über die Henrik Ibsen sein gleichnamiges gefeiertes Stück geschrieben hatte (1877), dessen Titel inzwischen sprichwörtlich geworden ist. Anders als die Kapitalisten in Rußland hatten sie keinen Grund zu der Überzeugung, das gesamte Gewicht und die Moral einer traditionalistischen Gesellschaft, von den Großherzögen bis zu den Muschiks, sei im Vergleich zu ihnen nichtsbedeutend – von den Arbeitern, die von ihnen ausgebeutet wurden, ganz zu schweigen. Im Gegenteil. Dennoch brachte selbst in Rußland, wo wir in der Literatur wie im wirklichen Leben auf überraschende Gestalten treffen wie auf den erfolgreichen Unternehmer, der sich seiner Triumphe schämt (Lopachin in Tschechows *Der Kirschgarten*), und auf den großen Textilindustriellen und Kunstmäzen, der Lenins Bolschewiki finanziert (Sawa Morozow), der schnelle industrielle Fortschritt ein neues Selbstbewußtsein mit sich. Was aus der Februarrevolution von 1917 die Oktoberrevolution gemacht hat, so hat man jedenfalls überzeugend zu zeigen versucht, das war paradoxerweise die in den vorangegangenen 20 Jahren von den russischen Unternehmern gewonnene Überzeugung, daß es »in Rußland keine andere Wirtschaftsordnung geben kann als den Kapitalismus« und daß die russischen Kapitalisten stark genug wären, ihre Arbeiter wieder in Reih und Glied zu zwingen.*

Zweifellos gab es zahlreiche Geschäftsleute und erfolgreiche Vertreter der höheren Berufe in den entwickelten Regionen Europas, die noch immer den Wind der Geschichte in ihren Segeln spürten, obgleich sich immer weniger übersehen ließ, daß zwei der Masten, von denen diese Segel in der Vergangenheit getragen wurden, angeknackst waren: das vom Eigentümer selbst geführte Unternehmen und die auf ihn als männlichen Pascha ausgerichtete Familie. Von der Leitung großer Firmen durch bezahlte Funktionäre oder dem Verlust der Unabhängigkeit ehemals souveräner Unternehmer, deren Betriebe in Kartellen aufgingen, war es ganz sicherlich, wie ein zeitgenössischer

* So hat etwa ein gemäßigter Führer der Industriellen am 3. August 1917 gesagt: »Wir müssen darauf bestehen, . . . daß die gegenwärtige Revolution eine bürgerliche Revolution ist [Zwischenruf: »Sehr richtig!«], daß zum gegenwärtigen Zeitpunkt eine bürgerliche Ordnung unabdingbar ist und wegen ihrer Unabdingbarkeit nur zu einem einzigen völlig logischen Schluß führen muß: Die Personen, die das Land regieren, müssen bürgerlich denken und handeln« (zit.n. Rosenberg 1974, S. 205-212).

deutscher Wirtschaftshistoriker mit spürbarer Erleichterung feststellte, »bis zum Sozialismus ein weiter Weg« (Waltershausen 1923, S. 521). Doch allein schon die Tatsache, daß Privatunternehmertum und Sozialismus in einem Atemzug genannt werden konnten zeigt, wie weit sich die neuen Wirtschaftsstrukturen unserer Periode von der anerkannten Idee des privaten Unternehmertums offenbar entfernt hatten. Und was die Erosion der bürgerlichen Familie anging, nicht zuletzt bedingt durch die Emanzipation ihrer weiblichen Mitglieder, wie konnte diese anders, als das Selbstverständnis einer Klasse zu unterminieren, die so sehr auf der Erhaltung der Familie beruhte (vgl. *Die Blütezeit des Kapitals,* Kap. 13, 11) – eine Klasse, für die gesellschaftliche Achtung dasselbe war wie »Moral« und die so entscheidend vom äußeren Verhalten ihrer Frauen abhängig war?

Was das Problem jedenfalls in Europa so besonders dringlich machte und die klaren Konturen der Bourgeoisie des 19. Jahrhunderts auflöste, war eine Krise dessen, was (mit Ausnahme einiger selbstbewußter pietistischer katholischer Gruppen) lange Zeit hindurch deren gemeinsame Ideologie und Bindung an das System ausgemacht hatte. Denn das Bürgertum hatte nicht nur an Individualismus, Ehrbarkeit und Eigentum geglaubt, sondern auch an Fortschritt, Reformen und einen gemäßigten Liberalismus. In der ewigen politischen Auseinandersetzung innerhalb der oberen Schichten der Gesellschaften des 19. Jahrhunderts zwischen den »Parteien der Bewegung« oder des »Fortschritts« und den »Parteien der Ordnung« hatten die Mittelschichten in ihrer großen Mehrheit eindeutig auf der Seite der Bewegung gestanden, auch wenn sie keineswegs unempfänglich für Ordnung waren. Wie wir jedoch noch sehen werden, befanden sich Fortschritt, Reformen und Liberalismus allesamt in einer Krise. Wissenschaftlicher und technischer Fortschritt blieben natürlich unangefochten. Wirtschaftlicher Fortschritt schien noch immer eine sichere Sache zu sein, zumindest nach den Zweifeln und Stockungen der Großen Depression, obwohl diese organisierte Arbeiterbewegungen hervorgebracht hatte, die in der Regel von gefährlichen subversiven Elementen angeführt wurden. Der politische Fortschritt war, wie wir gesehen haben, im Lichte der Demokratie ein wesentlich problematischerer Begriff. Was die Lage auf dem Gebiet von Kultur und Moral angeht, so erschien sie immer verworrener. Was sollte man mit einem Friedrich Nietzsche (1844-1900) anfangen oder einem Maurice Barrès (1862-1923), die in den Jahren nach 1900 zu den Gurus der Kinder derer avancierten, die ihre geistigen Orientierungen noch aus den Schriften Herbert Spencers (1820-1903) oder Ernest Renans (1820-1892) bezogen hatten?

Die Lage wurde geistig sogar noch verwirrender mit dem Aufstieg Deutschlands – der bürgerlichen Macht und Bedeutung eines Landes, dessen mittelständische Kultur sich noch nie mit den leuchtend klaren Schlichtheiten der rationalistischen Aufklärung des 18. Jahrhunderts hatte anfreunden können, die den Liberalismus Frankreichs und Englands durchdrangen. Deutschland war zweifellos auf den Gebieten der Wissenschaft und Bildung, der Technik und der wirtschaftlichen Entwicklung, der Zivilisation, der Kultur, der Künste und nicht zuletzt der Macht ein Gigant. Alles in allem war es vermutlich der eindruckvollste nationale Aufsteiger des 19. Jahrhunderts. Seine ganze Geschichte gab ein Beispiel für den Fortschritt. Aber war es wirklich liberal? Und selbst soweit es dies tatsächlich war, wo paßte das, was Deutsche des *Fin de siècle* als Liberalismus bezeichneten, zusammen mit den anerkannten Wahrheiten der Jahrhundertmitte? Deutsche Universitäten lehnten es sogar ab, Nationalökonomie in derselben Weise zu lehren, wie dieses Fach mittlerweile allgemein aufgefaßt und unterrichtet wurde (vgl. S. 218 f.). Der große deutsche Soziologe Max Weber stammte aus einer untadelig liberalen Familie, bezeichnete sich ein Leben lang als bürgerlichen Liberalen und war nach deutschen Maßstäben in der Tat in vieler Hinsicht ein Linksliberaler. Zugleich war er jedoch auch ein leidenschaftlicher Anhänger des Militarismus und Imperialismus und fühlte sich – zumindest eine Zeitlang – so sehr vom Nationalismus der Rechten angezogen, daß er sogar Mitglied des Alldeutschen Verbandes wurde. Oder nehmen wir die literarische Familienfehde der Gebrüder Mann: Heinrich*, der geborene Rationalist und frankophile Linke, Thomas, ein leidenschaftlicher Kritiker der westlichen »Zivilisation« und des westlichen Liberalismus, denen er (in bekannter teutonischer Manier) eine in hohem Maße deutsche »Kultur« entgegensetzte. Dennoch zeigen der ganze Lebensweg Thomas Manns und besonders seine Reaktionen auf das Emporkommen und den Triumph Adolf Hitlers, daß seine Wurzeln und sein Herz der liberalen Tradition des 19. Jahrhunderts zugehörten. Welcher der beiden Brüder war der wirkliche »Liberale«? Wo stand der deutsche »Bürger«?

Darüber hinaus wurde auch die bürgerliche Politik selbst immer komplexer und uneinheitlicher, da die Vorherrschaft der liberalen Parteien während der Großen Depression untergraben wurde. Frühere Liberale schwenkten ins Lager der Konservativen ein wie in Großbritannien, der Liberalismus spaltete sich und verfiel wie in Deutschland, oder er verlor seine Anhänger an die Linke *und* die Rechte wie in Belgien und Österreich. Was bedeutete es eigentlich

* Außerhalb Deutschlands zu Unrecht wohl hauptsächlich als Verfasser des Buches bekannt, das dem Film *Der blaue Engel* mit Marlene Dietrich als Vorlage diente.

noch, ein Liberaler zu sein? Mußte man überhaupt ein weltanschaulicher oder politischer Liberaler sein? Schließlich gab es bald nach 1900 genug Länder, in denen der typische Angehörige der Unternehmerschicht oder der höheren Berufe seinen Platz sichtbar rechts von der politischen Mitte hatte. Und darunter gab es die ständig anschwellenden Massen des neuen Mittelstandes mit ihrer ressentimentgeladenen und fast automatischen Anfälligkeit für eine offen antiliberale Rechte.

Zwei Probleme von wachsender Dringlichkeit verstärkten noch diese Aushöhlung alter kollektiver Identitäten: das Phänomen des Nationalismus/Imperialismus (s.Kap. 3 und 6) und der Krieg. Das liberale Bürgertum war sicherlich kein begeisterter Anhänger imperialer Eroberungen, auch wenn (paradoxerweise) seine Intellektuellen für die Art und Weise verantwortlich waren, wie das größte imperiale Besitztum von allen – Indien – verwaltet wurde (vgl. *Europäische Revolutionen*, Kap. 8, IV). Eine imperiale Expansion ließ sich zwar mit dem bürgerlichen Liberalismus in Einklang bringen, aber in der Regel nicht ohne gewisse Mühen. Wer die kolonialen Eroberungen in den höchsten Tönen pries, stand im allgemeinen weiter rechts. Andererseits hatte sich das liberale Bürgertum im Prinzip weder gegen den Nationalismus noch gegen den Krieg gestellt. Seine Angehörigen hatten allerdings »die Nation« (einschließlich der eigenen) als Übergangsstadium in der Entwicklung zu einer wahrhaft weltweiten Gesellschaft und Zivilisation gesehen und standen den Ansprüchen von – in ihren Augen – nicht lebensfähigen oder kleinen Völkern auf nationale Unabhängigkeit skeptisch gegenüber. Und was die Haltung zum Krieg anging, so konnte dieser für sie wohl unter Umständen notwendig werden, aber eigentlich war er zu vermeiden, und nur militaristische Aristokraten oder unzivilisierte Leute konnten sich dafür begeistern. Bismarcks (realitätsgerechte) Bemerkung, die Probleme Deutschlands ließen sich nur »mit Blut und Eisen« lösen, war bewußt dazu gedacht, die bürgerlich-liberale Öffentlichkeit seiner Zeit zu schockieren, und diesen Effekt hatte sie in den 60er Jahren dann auch tatsächlich.

Es liegt auf der Hand, daß im imperialen Zeitalter des sich ausbreitenden Nationalismus und des nahenden Krieges diese Gefühle nicht mehr in Einklang standen mit den politischen Realitäten der Welt. Ein Mann, der in den Jahren nach 1900 nichts anderes sagte als das, was in den 60er oder auch noch in den 80er Jahren als platteste Binsenwahrheit bürgerlicher Erfahrung gegolten hätte, konnte damit bei der Mehrheit seiner Zeitgenossen auf wenig Sympathie rechnen. (Die nach 1900 entstandenen Stücke von G.B. Shaw beziehen einen Teil ihrer komischen Wirkung aus solchen Konfrontationen, so z.B. *Mensch und Übermensch* und *Mesalliance.)* Unter derartigen Umständen durfte man erwarten, daß realistisch denkende mittelständische Liberale entweder die üblichen weitschweifigen Rationalisierungen für ihre Wende vorbrachten oder überhaupt nichts sagten. Und genau dies taten die liberalen Minister der britischen Regierung, als sie das Land in den Krieg manövrierten, während sie aller Welt und vielleicht sogar sich selbst das Gegenteil vorgaukelten. Doch wir finden auch noch etwas anderes.

Während das bürgerliche Europa inmitten eines wachsenden materiellen Wohlstandes seiner Katastrophe entgegentrieb, beobachten wir das eigenartige Phänomen einer Bourgeoisie oder zumindest eines beträchtlichen Teils ihrer Jugend und ihrer Intellektuellen, der sich freiwillig, ja sogar begeistert in den Abgrund stürzte. Jeder hat von den jungen Männern gehört – vor 1914 gibt es weit weniger Hinweise auf eine spätere Kriegsbegeisterung bei den jungen Frauen –, die den Ausbruch des Ersten Weltkriegs herbeisehnten, als hätten sie sich frisch verliebt. »Nun danket alle Gott, der uns diesen Tag geschenkt«, schrieb der ansonsten ganz vernünftige Fabier, Cambridge Apostle und Dichter Rupert Brooke. »Allein der Krieg«, verkündete der italienische Futurist Marinetti, »kann den menschlichen Geist verjüngen, beflügeln und schärfen, den Nerven Frohsinn und Leben geben, uns von der Last der Alltagsbürde befreien, dem Leben Würze und den Armen im Geiste neue Gaben verleihen.« »Im Leben als Soldaten und im Feuer der Geschütze«, begeisterte sich ein französischer Student, ». . . werden wir die höchste Anspannung der französischen Kraft erleben, die in uns liegt« (alle Zitate aus Wohl 1980, S. 89, 169 und 16). Aber auch zahlreiche ältere Intellektuelle begrüßten den Krieg mit Manifesten der Freude und des Stolzes – und manche von ihnen lebten lange genug, um es zu bereuen. Die modische Neigung in den Jahren vor 1914, das Ideal des Friedens, der Vernunft und des Fortschritts zugunsten eines Ideals der Gewalt, der Instinkte und der Explosion zu verwerfen, ist von vielen beobachtet worden. Ein maßgebliches Buch über die britische Geschichte jener Jahre hat für diesen Vorgang die Bezeichnung gefunden: »Der merkwürdige Tod des liberalen England«.

Man könnte diese Diagnose auf ganz Westeuropa ausdehnen. Inmitten des äußeren Wohlstandes ihrer gerade erst zivilisierten Existenz fühlten sich die Mittelschichten Europas dennoch unwohl (das galt allerdings nicht für die Geschäftsleute der Neuen Welt). Sie hatten ihre historische Mission verloren. Die aufrichtigsten und vorbehaltlosesten Loblieder auf die Segnungen der Vernunft, Wissenschaft, Bildung, Aufklärung, Freiheit, Demokratie und des Fortschritts der Menschheit, die allesamt einstmals stolz vom Bürgertum verkörpert wurden, kamen jetzt, wie wir noch sehen werden, von denen, deren geistige Bildung einer früheren Ära angehörte und nicht mit der Zeit

Schritt gehalten hatte. Es war die Arbeiterklasse und nicht die Bourgeoisie, die von Georges Sorel, einem brillanten und rebellischen intellektuellen Exzentriker, 1908 vor den *Illusionen des Fortschritts* (so der Titel seines Buches) gewarnt wurde. Ob sie rückwärts oder vorwärts blickten, die Intellektuellen, die Jungen, die Politiker der bürgerlichen Klassen waren keineswegs überzeugt, daß alles zum besten stand oder gedeihen werde. Dennoch gab es in den Ober- und Mittelschichten Europas eine bedeutende Gruppe, die einen unerschütterlichen Glauben an einen zukünftigen Fortschritt bewahrte. Das war die Gruppe der Frauen.

Kapitel 8
Die neue Frau

Freud meinte, »daß durch das Studium nichts für die Frau gewonnen sei und daß damit auch das Schicksal der Frauen im großen und ganzen nicht gebessert werde. Die Frauen können sich überdies in der Sublimierung der Sexualität nicht mit der Leistung des Mannes messen.«

Protokolle der Wiener Psychoanalytischen Vereinigung, 1907
(zit. n. Nunnberg und Federn 1976, S. 186f.)

»Mit 14 Jahren ist meine Mutter aus der Schule gekommen . . ., (sie) mußte sofort Stellung, irgendwo auf ein Gut . . . Später ging sie als Dienstmädchen nach Hamburg. Ihr Bruder hingegen konnte etwas lernen, er wurde Schlosser. Als er arbeitslos wurde, durfte er sogar noch eine Lehre als Maler machen.«

Grete Appen über ihre 1888 geborene Mutter
(zit. n. Ruppert 1986, S.69)

»Die Wiederherstellung der Selbstachtung der Frau ist das Hauptanliegen der Frauenbewegung. Auch die größten ihrer politischen Siege können keinen höheren Wert als diesen haben – daß sie die Frauen lehren, ihr eigenes Geschlecht nicht herabzuwürdigen.«

Katherine Anthony (1915, S. 231)

I

Es mag auf den ersten Blick absurd erscheinen, die Geschichte der Hälfte der menschlichen Erdenbewohner in jener Periode in den Kontext der Geschichte der westlichen Mittelschichten zu stellen, die selbst innerhalb der Länder des »entwickelten« und des in der Entwicklung begriffenen Kapitalismus nur eine relativ kleine Gruppe bildeten. Dennoch ist dies insofern ein legitimes Vorgehen, als Historiker ihre Aufmerksamkeit auf die Veränderungen und Wandlungen der Lage der Frauen richten, und die augenfälligste Veränderung, die »Frauenemanzipation«, wurde zu dieser Zeit von den mittleren und – in anderer Form – von den zahlenmäßig weniger ins Gewicht fallenden höheren Gesellschaftsschichten vorangetrieben und blieb fast ausschließlich auf diese beschränkt. Sie war mehr als bescheiden zu jener Zeit, trotz der namhaften Frauen, die sich auf Gebieten betätigten und in hervorragender Weise auszeichneten, die bislang ausschließlich Männern vorbehalten waren: Frauengestalten wie Rosa Luxemburg, Madame Curie oder Beatrice Webb. Andererseits war die Emanzipationsbewegung der Frauen stark genug, nicht nur eine Handvoll von Vorkämpferinnen hervorzubringen, sondern – innerhalb des bürgerlichen Milieus – auch eine ganz neuartige Spezies, die »neue Frau«, die männlichen Beobachtern etwa seit 1880 Stoff zu Spekulationen und Debatten geben sollte und in den Theaterstücken »fortschrittlicher« Autoren wie Henrik Ibsen (*Nora* und *Rebekka West)* oder George Bernard Shaw die Heldin bzw. Antiheldin spielte.

An der Lage der großen Mehrheit der Frauen auf der Welt, die in Asien, Afrika, Lateinamerika und den bäuerlichen Gesellschaften Süd- und Osteuropas oder überhaupt in Agrargesellschaften lebten, hatte sich bis dahin kein bißchen geändert. Auch an der Situation der Frauen in den arbeitenden Klassen war kaum eine Änderung auszumachen, mit einer einzigen wichtigen Ausnahme. Etwa seit 1875 setzte eine spürbare Verringerung der Kinderzahl der Frauen in der »entwickelten« Welt ein.

Im großen und ganzen erfuhr dieser Teil der Welt nunmehr sichtbar den sogenannten »demographischen Übergang« von einer Spielart des alten Musters – bei dem grob gesagt hohe Geburtenraten durch hohe Sterblichkeitsraten ausgeglichen wurden – zum vertrauten Muster von heute, bei dem sowohl die Geburten- als auch die Sterberaten niedrig liegen. Aber wie und warum es zu diesem Übergang gekommen ist, darüber zerbrechen sich Bevölkerungshistoriker bis heute den Kopf. Unter historischem Blickwinkel ist der drastische Rückgang der Fruchtbarkeitsziffern in den »entwickelten« Ländern völlig neuartig. Im übrigen ist die Tatsache, daß in den meisten Regionen der Erde Fruchtbarkeit und Sterblichkeit nicht gleichzeitig zurückgehen, die Ursache für die weltweite Bevölkerungsexplosion seit dem Ende des Zweiten Weltkriegs. Zwar ist die Sterblichkeit teils durch Verbesserungen in der Lebenshaltung und teils durch bedeutende medizinische Fortschritte drastisch zurückgegangen, aber in den meisten unterentwickelten Ländern blieb die Geburtenrate anhaltend hoch oder ging erst mit einer Zeitverschiebung von einer Generation zurück.

Im Westen erfolgte die Senkung der Geburten- und der Sterberaten stärker synchron. Beides hatte offensichtlich einen Einfluß auf das Leben und die Empfindungen der Frauen – die auffälligste Entwicklung, die sich auf die Sterblichkeit insgesamt auswirkte, war nämlich der deutliche Rückgang der Säuglingssterblichkeit, der sich ebenfalls in den Jahrzehnten vor 1914 unübersehbar abzeichnete. In Dänemark etwa lag die Säuglingssterblichkeit in dem Jahrzehnt nach 1870 im Durchschnitt bei 140 auf 1000 Lebendgeburten, nach 1910 jedoch nur noch bei 96; in den Niederlanden betrugen die entsprechenden Werte 200 gegenüber knapp über 100. (Zum Vergleich: In Rußland lag die Säuglingssterblichkeit zu Beginn unseres Jahrhunderts noch bei rund 250 auf 1000 Lebendgeburten verglichen mit 260 in den Jahren 1870-1880). In jedem Fall ist die Annahme berechtigt, daß das Gebären und die Aufzucht einer geringeren Zahl von Kindern für die Mütter deutlicher spürbare Folgen hatte als eine gestiegene Lebenserwartung bei einer traditionell großen Anzahl von Kindern.

Zu einer Senkung der Geburtenrate kommt es, wenn sich das Heiratsalter der Frauen erhöht, wenn ein höherer Anteil der Frauen unverheiratet bleibt (immer unter der Annahme einer konstanten Zahl der unehelich Geborenen) oder wenn irgendeine Form der Geburtenkontrolle angewandt wird, was im 19. Jahrhundert in der Regel sexuelle Enthaltsamkeit oder die Praktizierung des Coitus interruptus bedeutete. (In Europa können wir die massenhafte Tötung von Kleinkindern außer acht lassen). In Westeuropa waren alle drei Möglichkeiten verbreitet, besonders aber die beiden ersten. Hier galten seit Jahrhunderten ganz spezielle Heiratsvorschriften. Im Unterschied zu den in außerwestlichen Ländern vorherrschenden Heiratsgewohnheiten, wo die Mädchen jung heirateten und die wenigsten von ihnen unverheiratet blieben, heirateten die Frauen in den westlichen vorindustriellen Gesellschaften in aller Regel spät – manchmal erst mit Ende 20 –, und der Anteil der Junggesellen und unverehelichten Frauen war hoch. Aus diesem Grund lag selbst während der Periode eines rapiden Bevölkerungswachstums im 18. und 19. Jahrhundert die Geburtenrate in den »entwickelten« oder den in der Entwicklung begriffenen Ländern des Westens niedriger, und das während dieser Zeit einsetzende Bevölkerungswachstum – bei allem deutlichen Unterschied zur früheren Bevölkerungsentwicklung – war bescheidener als im 20. Jahrhundert das in den Ländern der Dritten Welt. Davon unabhängig (und trotz eines im Durchschnitt, wenn auch nicht überall steigenden Anteils der verheirateten Frauen und eines sinkenden Heiratsalters) gingen die Geburtenzahlen zurück, was nur den Schluß zuläßt, daß mehr als bisher Geburtenkontrolle praktiziert wurde. Die leidenschaftlichen Debatten über diesen die Gemüter bewegenden Punkt, die in einigen Ländern freier geführt wurden als in anderen, sind weniger bedeutsam als die in Massen und (außerhalb des Schlafzimmers) stillschweigend getroffenen Entscheidungen junger Ehepaare, ihre Familiengröße zu beschränken.

In der Vergangenheit wurden derartige Entscheidungen überwiegend im Rahmen einer Strategie der Erhaltung und Erweiterung familiärer Hilfsquellen getroffen; für eine zum weitaus größten Teil bäuerliche Bevölkerung hieß das, die Übertragung von Grund und Boden von einer Generation auf die nächstfolgende zu sichern. Die beiden herausragendsten Beispiele für Geburtenkontrolle im 19. Jahrhundert – Frankreich nach der Revolution und Irland nach der großen Hungersnot – gingen in erster Linie auf die Entscheidung der Bauern zurück, die Streuung des ländlichen Familienbesitzes durch eine Beschränkung der Zahl der Erben zu verhindern. Die Franzosen entschieden sich für eine Senkung der Kinderzahl; die wesentlich frömmeren Iren entschieden sich für eine Senkung der Elternzahl, und zwar durch eine Anhebung des Heiratsalters in einem im übrigen Europa unerreichten Ausmaß, eine Erhöhung der Zahl der dauerhaft Unverheirateten (vor allem der im religiös motivierten Zölibat lebenden Frauen und Männer) und schließlich natürlich durch die Abwanderung des überschüssigen Nachwuchses nach Übersee. Von daher erklären sich die in einem Jahrhundert des allgemeinen Bevölkerungswachstums seltenen Beispiele einer fast stabilen (Frankreich) und einer sogar rückläufigen Bevölkerung (Irland).

Den neuen Formen einer Kontrolle der Familiengröße lagen vermutlich unterschiedliche Motive zugrunde. In den Städten wurden sie zweifellos ausgelöst durch den Wunsch nach einem höheren Lebensstandard, insbesondere innerhalb der expandierenden unteren Mittelschichten, deren Angehörige sich nicht gleichzeitig eine große Nachkommenschaft und eine Vielfalt von Konsumgütern und Dienstleistungen leisten konnten, die inzwischen angeboten wurden; denn im 19. Jahrhundert war außer den mittellosen Alten niemand ärmer dran als ein Ehepaar mit niedrigem Einkommen und einem Stall voll kleiner Kinder. Daneben spielten aber auch Veränderungen eine Rolle, die zu jener Zeit Kinder zu einer wachsenden Belastung für ihre Eltern machten, da sie während eines immer länger werdenden Zeitraums die Schule besuchten oder eine Ausbildung erhielten und folglich auch wirtschaftlich länger von ihnen abhängig waren. Gesetze gegen die Kinderarbeit und die Konzentration der Arbeitsplätze in den Städten minderten den bescheidenen wirtschaftlichen Wert, den Kinder für ihre Eltern etwa auf Bauernhöfen hatten, wo sie sich nützlich machen konnten.

Gleichzeitig war die verstärkte Geburtenkontrolle ein Indikator für wesentliche kulturelle Veränderungen sowohl in der Einstellung gegenüber den eigenen Kindern als auch im Hinblick darauf, was Frauen und Männer von ihrem Leben erwarteten. Wenn es den Kindern einmal besser gehen sollte als den Eltern – und das war für die meisten Menschen in der vorindustriellen

Ära weder zu erreichen noch überhaupt vorstellbar –, dann mußte man ihnen zu besseren Lebenschancen verhelfen, und kleinere Familien konnten mehr Zeit, Aufmerksamkeit und finanzielle Mittel für das einzelne Kind aufbringen. Und während ein Aspekt einer Welt des Wandels und des Fortschritts darin lag, von einer Generation auf die nächste die Chance des gesellschaftlichen und beruflichen Emporkommens zu eröffnen, konnte sie auf der anderen Seite den Frauen und Männern vor Augen führen, daß sie mit ihrem eigenen Leben nicht zwangsläufig das ihrer Eltern wiederholen mußten. Die Moralisten schüttelten die Köpfe über die Franzosen mit ihren Ein- oder Zweikindfamilien, doch es kann kein Zweifel bestehen, daß diese Welt den verheirateten Frauen und Männern in der Heimlichkeit des ehelichen Schlafzimmers neue Möglichkeiten nahelegte.*

Auf diese Weise läßt sich an einer verstärkten Geburtenkontrolle ablesen, daß bis zu einem gewissen Grad neue Strukturen, Werte und Erwartungen in die Sphäre der arbeitenden Frauen westlicher Gesellschaften Eingang gefunden hatten. Trotzdem waren die meisten von ihnen davon nur am Rande betroffen. Sie befanden sich ja überwiegend »außerhalb« der Wirtschaft, die nach einer herkömmlichen Definition aus denen bestand, die von sich sagten, sie gingen einem Erwerb oder einer »Beschäftigung« nach (und nicht einer häuslichen Arbeit innerhalb der Familie). In den 90er Jahren galten etwa zwei Drittel aller Männer in den »entwickelten« Ländern Europas und den USA als »erwerbstätig«, während rund drei Viertel der Frauen – in den USA 87 Prozent – nicht in diese Kategorie fielen.**

Genauer gesagt, 95 Prozent aller verheirateten Männer zwischen 18 und 60 Jahren waren in dem Jahrzehnt nach 1890 in diesem Sinne »erwerbstätig« (z.B. in Deutschland) gegenüber nur zwölf Prozent aller verheirateten, rund 50 Prozent der unverheirateten und 40 Prozent der verwitweten Frauen.

Vorindustrielle Gesellschaften sind selbst auf dem Land nicht vollkommen stationär. Die Lebensbedingungen ändern sich, und nicht einmal die Existenzform der Frauen bleibt über die Generationen hinweg konstant, obwohl man kaum mit einschneidenden Änderungen im Verlauf von 50 Jahren rechnen muß, es sei denn infolge klimatischer oder politischer Katastrophen

* Das französische Beispiel wurde sogar noch nach 1960 von Sizilianern angeführt, die sich damals zu einer Begrenzung ihrer Kinderzahl entschlossen; zumindest bin ich so von zwei Anthropologen, P. und J. Schneider, unterrichtet worden, die an diesem Thema arbeiten.

** Eine andere Einteilung der Kategorien hätte möglicherweise zu anderen Zahlen geführt. So wies z.B. die österreichische Hälfte der Habsburger Monarchie 47,3 Prozent der Frauen als erwerbstätig aus gegenüber der ökonomisch nicht unähnlichen ungarischen Hälfte, wo dieser Anteil lediglich 25 Prozent betrug. Diese Prozentzahlen beziehen sich auf die Gesamtbevölkerung, einschließlich der Kinder und alten Personen (vgl. *Handwörterbuch der Staatswissenschaften* 1902, »Beruf«, S. 626; »Frauenarbeit«, S. 1202).

oder der Auswirkungen der industriellen Welt. Für die meisten bäuerlichen Frauen außerhalb der »entwickelten« Zone der Welt waren diese Auswirkungen noch immer kaum zu spüren. Was ihr Leben prägte, war die untrennbare Verflochtenheit von Familienaufgaben und Arbeit. Deren Verrichtung erfolgte innerhalb eines einzigen Rahmens, innerhalb dessen die meisten Frauen und Männer den für sie spezifischen Aufgaben nachkamen – ob im »Haushalt« oder in der »Produktion«, wie wir heute sagen würden. Die Bauern brauchten ihre Frauen zur Bewirtschaftung des Hofes wie zum Kochen und als Gebärerin von Kindern; Handwerksmeister und kleine Ladeninhaber brauchten sie zum Führen ihres Betriebs. Es gab zwar einige Berufe, bei denen Männer längere Zeit ohne Frauen zusammenlebten – z.B. als Soldaten oder Seeleute –, aber es gab keine ausschließlich den Frauen vorbehaltenen Beschäftigungen (ausgenommen vielleicht in den Bordellen und den mit ihnen verbundenen Vergnügungsstätten), die nicht in der Regel überwiegend im Rahmen eines Haushalts ausgeübt wurden, denn selbst unverheiratete Frauen und Männer, die als Hausgesinde oder Saisonarbeiter in Lohn und Brot standen, »wohnten am Arbeitsplatz«. Soweit die große Masse der Frauen der Welt nach wie vor unter diesen Verhältnissen lebte, gefesselt durch doppelte Arbeitsbelastung und ihre Unterlegenheit gegenüber den Männern, läßt sich wenig über sie sagen, was nicht schon zu den Zeiten des Konfuzius, Mohammeds oder des Alten Testaments hätte gesagt werden können. Sie befanden sich nicht außerhalb der Geschichte, aber sie befanden sich außerhalb der Geschichte der Gesellschaft des 19. Jahrhunderts.

Tatsächlich gab es eine große und wachsende Zahl arbeitender Frauen, deren Lebensumstände sich durch die wirtschaftliche Revolution – nicht unbedingt zum Besseren – geändert hatten oder im Begriff dazu standen. Der erste Aspekt dieser Revolution bestand in der heute so genannten »Frühindustrialisierung«, dem auffallend starken Wachstum von Heim- und Verlagsindustrien, die für größere Märkte produzierten. Soweit sich die Arbeit in diesem Gewerbe weiterhin in einem Rahmen abspielte, der Haushalt und eine Produktion unter freiem Himmel miteinander verband, änderte sie nichts an der Stellung der Frauen, obgleich bestimmte Zweige des Heimgewerbes speziell ihnen vorbehalten blieben (z.B. Spitzenklöppelei oder Strohflechten) und den auf dem Land lebenden Frauen somit den relativ seltenen Vorteil boten, unabhängig von ihren Männern einen geringen Geldlohn zu verdienen. Was jedoch allgemeiner durch die Hausindustrien erreicht wurde, war eine gewisse Verwischung der Unterschiede zwischen Männer- und Frauenarbeit und vor allem ein Wandel der Familienstruktur und -planung. Jetzt konnten Familien gegründet werden, sobald Braut und Bräutigam das heiratsfähige Alter erreicht hatten; Kinder, eine wertvolle Bereicherung des familiären Arbeitsvermögens, konnten in die Welt gesetzt werden, ohne sich Gedanken darüber zu machen, was als nächstes dem Stück Land passieren würde, von dem ihre Zukunft als Bauern abhing. Die komplexen und traditionellen Mechanismen zur Bewahrung eines intergenerativen Gleichgewichts zwischen der Bevölkerung und den Produktionsmitteln, indem Alter und Wahl der Heiratspartner, Familiengröße und Erbfolge kontrolliert wurden, griffen nicht mehr. Über die Konsequenzen, die sich daraus für das Bevölkerungswachstum ergaben, ist viel gestritten worden, doch hier geht es uns um die unmittelbaren Folgen für die Lebensgeschichte und die Lebensumstände der Frauen.

Wie die Dinge lagen, fielen gegen Ende des 19. Jahrhunderts die Frühindustrien – gleichgültig, ob sie von Frauen oder Männern dominiert waren – der in größerem Maßstab arbeitenden Fabrikproduktion zum Opfer, und dasselbe galt auch für die Handwerksbetriebe in den industrialisierten Ländern (s.S. 149 f.). Insgesamt gesehen spielte die »Heimindustrie«, deren Probleme zunehmend die Sozialforscher und Regierungen beschäftigten, noch immer eine beträchtliche Rolle. In den Jahren nach 1890 waren in Deutschland sieben Prozent aller industriell Beschäftigten in der Heimindustrie tätig, in der Schweiz waren es rund 19 und in Österreich sogar 34 Prozent (vgl. *Handwörterbuch*. . . 1902, »Hausindustrie«, S. 1148ff.). Diese als »Ausbeuterindustrien« bekannten Hausindustrien dehnten sich unter bestimmten Umständen sogar noch aus – wenn neuartige Kleinmaschinen (insbesondere die Nähmaschine) eingesetzt und die Löhne der Arbeiterinnen und Arbeiter unter das sonst übliche Niveau gedrückt werden konnten. Allerdings verloren sie zunehmend ihren Charakter als »Familienindustrie«, da zunehmend nur noch Frauen als Arbeitskräfte eingesetzt wurden und im übrigen die allgemeine Schulpflicht die Kinderarbeit, die bislang als unverzichtbarer Bestandteil dazugehört hatte, unmöglich machte. Mit der Verdrängung der traditionellen »frühindustriellen« Berufe – Weben, Wirken usw. – wurde in den meisten Heimindustrien nicht mehr im Rahmen von Familienunternehmen produziert, und die Tätigkeit verkam zu einer Art unterbezahlter Arbeit, die von Frauen in Bauernhäusern, Dachstuben und Hinterhöfen verrichtet werden konnte.

Immerhin schuf die Hausindustrie für sie die Möglichkeit, bezahlte Arbeit mit der Aufsicht über Haushalt und Kinder zu verbinden. Das war der Grund, warum so viele verheiratete Frauen, die Geld verdienen mußten, aber an Küche und Kinder gefesselt waren, sich zu einer solchen Tätigkeit bereitfanden. Denn die zweite und hauptsächliche Auswirkung der Industrialisierung auf die Lage der Frauen war weit einschneidender: Es kam zu einer Trennung von

Wohnung und Arbeitsplatz. Und dadurch wurden die Frauen weitgehend aus der öffentlich anerkannten Wirtschaft ausgeschlossen – in der den Arbeitenden Löhne gezahlt wurden –, und ihre traditionelle Unterlegenheit unter die Männer wurde durch eine neue wirtschaftliche Abhängigkeit verschlimmert. Die Bauern z.B. konnten ohne Frauen als Bauern kaum existieren. Die Bewirtschaftung eines Bauernhofs erforderte einfach die Mitarbeit einer Frau. Es war absurd, das Familieneinkommen als etwas anzusehen, das von einem Geschlecht allein erwirtschaftet wurde, auch wenn dieses Geschlecht als das herrschende galt. In der neuen Wirtschaft hingegen wurde das Familieneinkommen in der Regel und zunehmend von genau angebbaren Personen erzielt, die zur Arbeit gingen und in regelmäßigen Zeitabständen aus der Fabrik oder dem Büro mit Geld zurückkamen, das an die übrigen Familienmitglieder verteilt wurde; dieses Geld war von ihnen ganz offensichtlich *nicht* unmittelbar verdient worden, auch wenn ihr Beitrag zum Haushalt in anderer Hinsicht ebenso wesentlich war.

Eine derartige Trennung von Haushalt und Arbeitsplatz hatte zwangsläufig eine bestimmte Aufteilung wirtschaftlicher Funktionen zwischen den Geschlechtern zur Folge. Für die Frauen bedeutete sie, daß ihre Rolle als Haushälterin zu ihrer primären Aufgabc wurde. Der Haupternährer der Familie mußte nach Möglichkeit so viel verdienen, daß er damit alle seine Angehörigen versorgen konnte. Seine Einkünfte mußten deshalb im Idealfall auf einem Niveau festgesetzt werden, das so hoch war, daß auch ohne die Mitarbeit weiterer Familienmitglieder der Familienunterhalt gesichert war. Umgekehrt wurde das Einkommen anderer Familienmitglieder im besten Fall als Zubrot angesehen, und das verstärkte wiederum die traditionelle Vorstellung, daß die Arbeit von Frauen (und natürlich erst recht von Kindern) minderwertig sei und schlechter bezahlt werden müsse. Da die besser bezahlten Männer durch die Konkurrenz der geringer entlohnten Frauen eine Senkung ihrer Löhne befürchten mußten, lag es für sie nahe, diese Konkurrenz wenn möglich auszuschalten, womit sie die Frauen tiefer in wirtschaftliche Abhängigkeit oder in Beschäftitigungen mit dauerhaft niedrigen Löhnen drängten.

Unter dem Blickwinkel der Frauen bestand ihre optimale ökonomische Strategie darin, sich von einem Mann abhängig zu machen. Ihre bei weitem beste Chance zur Erzielung eines guten Einkommens lag darin, sich an einen Mann zu binden, der in der Lage war, dieses zu verdienen. Abgesehen von den höheren Sphären der Prostitution, die man kaum leichter erreichen konnte als später den Ruhm eines Filmstars in Hollywood, lag ihre aussichtsreichste Karriere in einem Leben als Ehefrau. Doch die Ehe machte es überaus schwer für sie, ihr Geld außerhalb des Hauses zu verdienen, sofern sie dies gewollt hätte, zum Teil, weil die Hausarbeit und die Fürsorge für Kinder und Ehemann sie an das Haus banden, zum Teil, weil bereits die Annahme, ein guter Ehemann sei per definitionem ein guter Ernährer, den konventionellen Widerstand sowohl von Männern als auch von Frauen gegenüber einer erwerbstätigen Ehefrau verstärkte. Wenn sie nicht (lohn-)arbeiten ging, galt das als sichtbarer Beweis vor der Gesellschaft, daß die Familie nicht am Hungertuch nagte. Alles wirkte zusammen, um die verheiratete Frau in Abhängigkeit zu halten. Gewöhnlich gingen die Frauen so lange zur Arbeit, bis sie heirateten – und dann häufig wieder als Witwe oder wenn sie von ihren Männern verlassen worden waren. Aber zwischen 1890 und 1900 hatten lediglich 12,8 Prozent der verheirateten Frauen in Deutschland eine offizielle Beschäftigung, und in Großbritannien waren es 1911 nur rund zehn Prozent (vgl. Tilly und Scott 1978, S. 124).

Da jedoch sehr viele Männer einfach nicht in der Lage waren, von sich aus ein ausreichendes Familieneinkommen zu sichern, war die bezahlte Arbeit von Frauen und Kindern nur allzu oft für den Familienetat von ausschlaggebender Bedeutung. Solange die Frauen – zumeist junge Mädchen – und Kinder darüber hinaus als Arbeitskräfte billig zu haben und leicht einzuschüchtern waren, förderte die kapitalistische Wirtschaft ihre Beschäftigung nach Kräften. Der Anteil der Frauenarbeit war demnach nicht unerheblich: In Großbritanien waren zwischen 1880 und 1900 immerhin 34 Prozent der Mädchen und Frauen über zehn Jahre »erwerbstätig« (wobei Putzfrauen u.ä. gar nicht mit erfaßt waren) – gegenüber 83 Prozent bei den Männern –, und in der »Industrie« rangierte der Anteil der Frauen von 18 Prozent (in Deutschland) bis 31 Prozent (in Frankreich; vgl. *Handwörterbuch*. . . 1902, »Frauenarbeit«, S. 1205f.). Frauenarbeit in der Industrie war zu Beginn jener Periode noch überwiegend in einigen wenigen typischen »Frauenbranchen« konzentriert, vor allem in der Textil- und Bekleidungs-, zunehmend aber auch in der Lebensmittelindustrie. Die Mehrzahl der Frauen, die ein eigenes Einkommen hatten, war allerdings im Dienstleistungssektor tätig. Die Zahl und der Anteil der Hausbediensteten unterlag merkwürdigerweise großen Schwankungen. In Großbritannien lag der Anteil vermutlich höher als in allen anderen Ländern – wahrscheinlich knapp doppelt so hoch wie in Frankreich oder Deutschland –, doch seit der Jahrhundertwende ging er deutlich zurück.

Alles in allem können wir in der Industrialisierung – im weitesten Sinne des Wortes – des 19. Jahrhunderts einen Prozeß sehen, in dessen Verlauf die Frauen (und unter ihnen ganz besonders die verheirateten) aus der Wirtschaft, wie sie offiziell definiert wurde, hinausgedrängt wurden, da in ihr nur jene als »erwerbstätig« geführt wurden, die ein persönliches Geldeinkommen erzielten: eine Wirtschaft, in der bezahlte Hausbedienstete als »erwerbstätig« galten, Frauen, die unbezahlte Hausarbeit verrichteten, hingegen als »nicht erwerbstätig«. Die Industrialisierung führte in gewissem Sinn zu einer Vermännlichung dessen, was die Wirtschaftswissenschaft als »Arbeitskräfte« anerkannte, genau wie sie in der bürgerlichen Welt, in der das Vorurteil gegenüber arbeitenden Frauen weit größer war und viel umstandsloser zum Tragen kam (vgl. *Die Blütezeit des Kapitals*, Kap. 13, II), zu einer Vermännlichung des Geschäftslebens führte. In vorindustriellen Zeiten waren die Frauen, die selbständig einen Hof bewirtschafteten oder einen Handwerksbetrieb führten, zwar nicht häufig, aber sie wurden anerkannt. Im 19. Jahrhundert wurden sie zunehmend als eine Art Naturwunder bestaunt – ausgenommen auf den niederen gesellschaftlichen Rängen, wo Armut und allgemeiner Mangel es unmöglich machten, die große Zahl von Ladeninhaberinnen und Marktfrauen, der Kneipen- und Pensionswirtinnen, Kleinhändlerinnen und Geldverleiherinnen als ebenso »unnatürlich« anzusehen.

Aber nicht nur die Wirtschaft, auch die Politik wurde vermännlicht. Denn während die Demokratisierung voranschritt und das Wahlrecht – auf lokaler und nationaler Ebene – nach 1870 ausgedehnt wurde (s. S. 114 f.), schloß man die Frauen systematisch davon aus. Damit wurde die Politik im wesentlichen zur Männersache, die von ihnen an Stammtischen, in Kaffeehäusern oder auf Versammlungen diskutiert wurde, während die Frauen auf den privaten und persönlichen Bereich des Lebens verwiesen wurden, für den allein die Natur sie bestimmt hatte (so behauptete man wenigstens). Auch dies war etwas vergleichsweise Neues. Am politischen Verhalten der Massen der vorindustriellen Ära – vom Meinungsdruck innerhalb einer Dorfbevölkerung über Aufstände für die Bewahrung der alten *»moral economy«* bis hin zu Revolutionen und Barrikadenkämpfen – hatten arme Frauen nicht nur ihren Anteil, sondern sie spielten darin auch eine anerkannte Rolle. Es waren die Frauen von Paris, die nach Versailles marschierten, um in der Französischen Revolution gegenüber dem König die Forderung des Volkes nach einer Begrenzung der Lebensmittelpreise zum Ausdruck zu bringen. Im Zeitalter der politischen Parteien und allgemeinen Wahlen wurden sie in den Hintergrund gedrängt. Sofern sie überhaupt einen Einfluß ausübten, geschah dies nur über ihre Männer.

Es lag in der Natur der Sache, daß diese Prozesse sich vor allem auf die Frauen der neuen Schichten auswirkten, die für das 19. Jahrhundert besonders typisch waren: die Mittel- und die Arbeiterschichten. Für die Bäuerinnen, die Töchter und Ehefrauen kleiner Handwerker, Ladeninhaber usw. änderte sich höchstens insofern etwas, als sie oder ihre Männer in die neue Wirtschaft hineingezogen wurden. Verständlicherweise waren die Unterschiede zwischen den Frauen in der neuen Situation einer wirtschaftlichen Abhängigkeit und der alten Situation der Unterlegenheit in der Praxis nicht sehr groß. In beiden Fällen waren die Männer das herrschende Geschlecht und die Frauen Menschen zweiter Klasse: Da sie keinerlei staatsbürgerliche Rechte genossen, können wir sie nicht einmal als Staatsbürger zweiter Klasse bezeichnen. In beiden Fällen mußten die meisten von ihnen arbeiten, ob sie dafür bezahlt wurden oder nicht.

Für die Frauen aus den Mittel- und Arbeiterklassen begann sich die Lage in diesen Jahrzehnten aus ökonomischen Gründen spürbar zu ändern. Zunächst einmal bewirkten strukturelle Verschiebungen und die Entwicklung der Technik eine Änderung und beträchtliche Erweiterung der Möglichkeiten, Frauen als Lohnarbeiterinnen zu beschäftigen. Die augenfälligste Veränderung neben dem Rückgang der Hausbediensteten war das Aufkommen von Berufen, die heute überwiegend von Frauen ausgeübt werden: als Angestellte in Läden und Büros. Die Zahl der Verkäuferinnen in Deutschland stieg von 32 000 im Jahr 1882 (etwa 20 Prozent aller Verkäufer) auf 174.000 im Jahr 1907 (etwa 40 Prozent). In Großbritannien waren 1881 etwa 7000 Frauen im öffentlichen Dienst beschäftigt, 1911 bereits 76.000; die Zahl der weiblichen »kaufmännischen« und »Büroangestellten« war von 6000 auf 146.000 emporgeschnellt – dank der Erfindung der Schreibmaschine (vgl. Hohorst et al. 1975, S. 68, Anm. 8; Abrams 1946, S. 60f.; Marsh 1958, S. 127). Mit dem Ausbau der Grundschulen wuchs der Bedarf an Volksschullehrern, ein (untergeordneter) Beruf, der in einer Reihe von Ländern – den USA und zunehmend Großbritannien – von auffällig vielen Frauen ergriffen wurde. Selbst in Frankreich wurden 1891 erstmals mehr Frauen als Männer für jene schlecht bezahlte und aufopferungsvolle Armee der »schwarzen Husaren der Republik« angeworben (Zeldin 1973, Bd. 2, S. 169), denn Frauen konnten zwar Jungen unterrichten, aber es war undenkbar, Männer den Versuchungen eines Unterrichts vor einer wachsenden Zahl von Schulmädchen auszusetzen. Einige dieser neuen Möglichkeiten kamen den Töchtern von Arbeitern oder sogar Bauern zugute, aber mehr noch denen aus den Mittelklassen und den alten oder neuen unteren Mittelschichten, die insbesondere von Stellen angelockt wurden, die mit einem gewissen gesellschaftlichen Ansehen verbunden waren oder wo man (um den Preis einer Senkung des Lohnniveaus) bereit war, »für ein Taschengeld« zu arbeiten.*

* »Verkäuferinnen und Büroangestellte kommen aus besseren Familien und werden deshalb häufiger von ihren Eltern unterstützt ... In einigen Berufen, z.B. bei den Schreibkräften, Büroangestellten und Verkäuferinnen ... stoßen wir auf das moderne Phänomen des Mädchens, das für ein Taschengeld arbeitet.« (Cadbury et al. 1906, S. 49 und 129)

In den letzten Jahrzehnten des 19. Jahrhunderts zeichnete sich eine Veränderung in der sozialen Stellung und den Erwartungen der Frauen ab, obgleich die stärker ins Auge fallenden Aspekte der Frauenemanzipation sich noch weitgehend auf die Frauen aus den Mittelschichten beschränkten. Dem spektakulärsten unter ihnen, die tatkräftige und teils auch spannungsreiche Kampagne der organisierten »Stimmrechtlerinnen« und Suffragetten für das Frauenwahlrecht, brauchen wir nicht allzuviel Aufmerksamkeit zu schenken. Als unabhängige Frauenbewegung war sie mit Ausnahme ganz weniger Länder (vor allem den USA) kaum von größerer Bedeutung, und selbst dort erreichte sie ihre Ziele erst nach dem Ersten Weltkrieg. In Ländern wie England, wo das Suffragettentum zu einem wichtigen Phänomen wurde, war es ein Maß der öffentlichen Stärke des organisierten Feminismus, aber gerade dadurch machte er auch dessen Hauptschwäche sichtbar, seine primär auf die Mittelschicht beschränkte Anziehungskraft. Die Forderung nach einem Frauenwahlrecht wurde ebenso wie andere Forderungen zur Emanzipation der Frau von den neuen sozialistischen und Arbeiterparteien aus Prinzip nachdrücklich unterstützt; sie schufen zumindest in Europa die bei weitem günstigste Umgebung, innerhalb deren emanzipierte Frauen am öffentlichen Leben teilnehmen konnten. Während sich jedoch diese neue sozialistische Linke (anders als Teile der alten und ausgeprägt männlichen radikaldemokratischen und antiklerikalen Linken) mit dem um das Wahlrecht kämpfenden Feminismus überschnitt und sich gelegentlich sogar zu diesem hingezogen fühlte, konnte ihr andererseits doch nicht entgehen, daß die meisten Frauen aus der Arbeiterklasse unter Unzulänglichkeiten zu leiden hatten, die bedrängender waren als die politische Entrechtung, die mit der Erlangung des Stimmrechts nicht automatisch beseitigt werden würden und die den meisten Suffragetten als Angehörigen der Mittelschicht weit weniger am Herzen lagen.

II

Aus der Rückschau erscheint die Emanzipationsbewegung nur allzu verständlich, und auch ihre wachsende Dynamik seit den 80er Jahren ist auf den ersten Blick nicht sehr überraschend. Ebenso wie die Demokratisierung der Politik enthielt die Ideologie des liberalen Bürgertums implizit ein höheres Maß an Rechten und Möglichkeiten für die Frauen, wie unbequem und ungelegen dies den Patriarchen in ihrem Privatleben auch erscheinen mochte. Die

Wandlungen innerhalb des Bürgertums nach 1880 schufen zwangsläufig einen größeren Spielraum für die Frauen (und vor allem Töchter) dieser Klasse: Viele von ihnen waren finanziell unabhängig, konnten sich dem Müßiggang hingeben und suchten folglich nach einer Betätigung außerhalb der eigenen vier Wände. Nachdem es sich darüber hinaus immer mehr Männer aus dem Bürgertum leisten konnten, sich aus dem Geschäftsleben zurückzuziehen, und viele von ihnen sich dem Kulturleben zuwandten, was die waschechten Geschäftsleute bisher lieber den Frauen der Familie überlassen hatten, mußten sich die Unterschiede zwischen den Geschlechtern notgedrungen abschwächen.

Überdies war ein gewisses Maß an Frauenemanzipation für die Väter der Mittelschicht vermutlich sogar *notwendig*, weil keineswegs alle Mittelschichtfamilien und praktisch keine Familien aus der unteren Mittelschicht finanziell genügend gut gestellt waren, um ihren Töchtern ein komfortables Leben zu sichern, wenn diese weder heiraten noch einem Erwerb nachgehen wollten. Das mag die Begeisterung vieler Männer aus dem mittleren Bürgertum erklären, mit der sie eine höhere Bildung ihrer Töchter im Interesse einer gewissen späteren Unabhängigkeit befürworteten, die ansonsten keine Frauen zu ihren Klubs oder Berufsverbänden zugelassen hätten. Wie auch immer, es besteht jedenfalls kein Grund, an den echten Überzeugungen der liberalen Väter in dieser Hinsicht zu zweifeln.

Der Aufstieg der sozialistischen Parteien und Gewerkschaftsbewegungen als die großen Bewegungen für die Emanzipation der Unprivilegierten ermutigte zweifellos die Frauen, ihre eigene Freiheit anzustreben: Es ist kein Zufall, daß sie ein Viertel der Mitglieder der (kleinen und von Angehörigen der Mittelschicht geprägten) Fabiergesellschaft stellten, die 1883 gegründet wurde. Und wie wir gesehen haben, bot das Aufkommen der Dienstleistungen und anderer tertiärer Berufe den Frauen ein breiteres Spektrum von Berufstätigkeiten, während sie zugleich als Hausfrauen zu einer immer wichtigeren Zielgruppe für die zunehmenden Verbrauchsgüter wurden.

Das offensichtlichste Symptom der auffallenden Veränderung der Lage und der Ambitionen zumindest der Frauen aus den Mittelschichten war die bemerkenswerte Ausdehnung der höheren Schulbildung für Mädchen. In Frankreich blieb die Zahl der Jungengymnasien mit 330-340 während der gesamten hier behandelten Periode weitgehend konstant, während die der Mädchengymnasien von null im Jahr 1880 innerhalb von gut drei Jahrzehnten auf 138 zunahm und die Mädchen mit 33.000 schließlich ein Viertel aller Gymnasiasten stellten. In Großbritannien, wo es bis 1902 keine staatlichen höheren Schulen gab, stieg die Zahl der höheren Schulen für Jungen von 292

(1904/05) auf 397 (1913/14), die der höheren Mädchenschulen hingegen von 99 auf 349.* In Yorkshire lag im Schuljahr 1907/08 die Zahl der Schülerinnen auf höheren Schulen etwa ebenso hoch wie die der Schüler. Möglicherweise interessanter ist jedoch der Umstand, daß 1913/14 die Zahl der Mädchen, die auch noch nach ihrem 16. Lebensjahr auf der höheren Schule verblieben, wesentlich *größer* war als die der Jungen (vgl. Bryant 1979, S. 108).

Nicht alle Länder zeigten einen vergleichbaren Ehrgeiz, wenn es um die formale Bildung von Mädchen aus der Mittel- und unteren Mittelschicht ging. In Schweden verlief diese Entwicklung langsamer als in den übrigen skandinavischen Ländern, in den Niederlanden war sie fast gar nicht, in Belgien und der Schweiz wenig zu beobachten, und in Italien spielte sie überhaupt keine Rolle. Im Gegensatz dazu besuchten in Deutschland 1910 rund eine Viertelmillion Mädchen eine höhere Schule (wesentlich mehr als in Österreich), während in Rußland diese Zahl überraschenderweise bereits 1900 erreicht war. In Schottland erfolgte der Anstieg beträchtlich langsamer als in England und Wales. Die universitäre Ausbildung für Frauen zeigte ein gleichmäßigeres Bild, ausgenommen die äußerst bemerkenswerte Expansion im zaristischen Rußland, wo die Zahl der Studentinnen zwischen 1905 und 1911 von unter 2000 auf 9300 anstieg, und natürlich in den USA, deren Gesamtzahlen (mit 56 000 im Jahr 1910 knapp das Doppelte von 1890) sich mit denen anderer Universitätssysteme schlecht vergleichen lassen. 1914 bewegten sich die Zahlen weiblicher Studierender in Deutschland, Frankreich und Italien zwischen 4500 und 5000, in Österreich lagen sie bei 2700. Dabei ist zu beachten, daß Frauen in Rußland, den USA und der Schweiz seit den 60er Jahren zum Universitätsstudium zugelassen waren, in Österreich jedoch erst seit 1897 und in Deutschland erst seit 1900-1908 (Berlin). Außerhalb der medizinischen Fakultät hatten 1908 erst 108 Frauen ein Diplom an deutschen Universitäten erworben; es war das Jahr, in dem die erste Frau in Deutschland auf einen Universitätslehrstuhl (an der Wirtschaftsakademie in Mannheim) berufen wurde. Bislang haben die Historiker an den nationalen Unterschieden im Prozeß der höheren Bildung von Frauen wenig Interesse gezeigt (vgl. Charnier 1937; Puhle 1981, S. 373).

Auch wenn alle diese Mädchen und jungen Frauen (mit Ausnahme der wenigen, die in die von Männern beherrschten Institutionen der Universität eindrangen) nicht dieselbe oder eine vergleichbar gute Bildung genossen wie

* Die Zahl der gemischten Schulen, die zumeist einen schlechteren Ruf hatten, stieg etwas weniger stark von 184 auf 281 an.

die Jungen derselben Altersstufe, so war doch allein schon die Tatsache, daß eine formale höhere Bildung für Mädchen aus der Mittelschicht nichts Ungewöhnliches mehr und in einigen Ländern in bestimmten Kreisen fast schon die Regel war, bislang ohne Beispiel.

Das zweite, weniger leicht zu quantifizierende Symptom für eine wesentliche Veränderung in der Lage der (jungen) Frauen ist die größere Bewegungsfreiheit, die sie innerhalb der Gesellschaft erwarben, sowohl für sich selbst als Individuen als auch in ihrer Beziehung zu den Männern. Das galt in besonderem Maße für Mädchen aus den »besseren« Familien, die den stärksten konventionellen Zwängen unterworfen waren. Die Praxis gelegentlicher gesellschaftlicher Tanzveranstaltungen auf öffentlichen Plätzen, die regelmäßig für diesen Zweck zur Verfügung gestellt wurden (d.h. weder in den eigenen vier Wänden noch auf festlichen Bällen, die für ganz spezielle Gelegenheiten veranstaltet wurden), bringt diese Lockerung der Konventionen zum Ausdruck. 1914 war die ungehemmtere Jugend in den größeren Städten des Westens bereits vertraut mit sexuell provozierenden rhythmischen Tänzen exotischer Herkunft (der argentinische Tango, die synkopischen Steptänze der US-amerikanischen Schwarzen), die in Nachtklubs oder – noch schockierender – in Hotels zur Zeit des Nachmittagstees oder zwischen den einzelnen Gängen der Mahlzeiten getanzt wurden.

Das implizierte eine Erweiterung der Bewegungsfreiheit nicht nur im gesellschaftlichen, sondern auch im buchstäblichen Sinne. Denn obwohl sich in der Frauenmode die Emanzipation erst nach dem Ersten Weltkrieg auf drastische Weise Ausdruck verschaffte, wurde das Verschwinden der Panzerungen aus Stoff und Fischbeinstäben, in die der weibliche Körper in der Öffentlichkeit eingezwängt war, bereits durch die weiten und fließenden Gewänder vorweggenommen, die von den Modeströmungen des intellektuellen Ästhetizismus in den 80er Jahren, des Jugendstils und der Haute Couture vor 1914 populär gemacht wurden. Und hier gewinnt die Flucht von Frauen der Mittelschicht aus dem schummerigen Kokon der bürgerlichen Innenräume ins Freie eine Bedeutung, weil sie zumindest zu bestimmten Gelegenheiten zugleich eine Flucht aus der bewegungshemmenden Beengtheit von Kleidern und Korsetts (und den nach 1910 an ihre Stelle tretenden neuartigen und flexibleren Büstenhaltern) war. Es ist kein Zufall, wenn Ibsen die Befreiung seiner Heldin damit zum Ausdruck bringt, daß diese ihr norwegisches Haus kräftig durchlüftet. Der Sport ermöglichte jungen Männern und Frauen nicht nur, sich außerhalb der häuslichen und familiären Enge als Partner zu treffen. Frauen wurden – wenn auch in geringer Zahl – Mitglieder in den neuen Wander- und Bergsteigervereinen. Jenes großartige Vehikel der Freiheit, das

Fahrrad, emanzipierte die Frau vergleichsweise mehr als den Mann, als es ihr mit einem Schlag eine Bewegungsfreiheit ermöglichte, die selbst adlige Reiterinnen nicht kannten. Denn die mußten noch immer aufgrund der weiblichen Schicklichkeitsanforderungen im Damensattel sitzen, was für sie mit beträchtlichen körperlichen Risiken verbunden war. Und wie groß war der zusätzliche Freiheitsspielraum, den die Frauen der Mittelschicht durch die sich immer stärker ausbreitende Gewohnheit gewannen, ihren Urlaub in der Sommerfrische zu verbringen – mit Ausnahme des Eislaufens steckte der Wintersport noch in seinen Kinderschuhen –, häufig ohne Begleitung ihrer Ehemänner, die in der Stadt in ihren Büros zurückblieben?* Auf jeden Fall enthüllte nunmehr das allen Verhinderungsversuchen zum Trotz nicht mehr nach Geschlechtern getrennte Schwimmbad zwangsläufig mehr vom menschlichen Körper, als die viktorianische Etikette als vertretbar angesehen hätte.

In welchem Maße diese erhöhte Bewegungsfreiheit für die Frauen der Mittelschicht auch eine größere sexuelle Freizügigkeit bedeutete, ist schwer zu sagen. Sexuelle Liebe unter Unverheirateten beschränkte sich zweifellos noch immer auf eine Minderheit bewußt emanzipierter Mädchen dieser Schicht, die höchstwahrscheinlich auch in politischer und anderer Hinsicht ihre Befreiung zum Ausdruck bringen wollten. Wie sich eine russische Kommunistin später erinnerte, »(durfte) ein progressives Mädchen nun keine Annäherungsversuche mehr abweisen, ohne zu erklären, warum. Die Provinzler begnügten sich mit einfachen Küssen, aber die Studenten aus den Hauptstädten ... ließen sich nicht leicht abweisen: ›Sind Sie so altmodisch, Fräulein?‹ Und wer wollte schon altmodisch sein?« (Meyer-Leviné 1973, S. 8) Es ist unbekannt, wie hoch der Anteil dieser emanzipierten jungen Frauen war, doch sehr wahrscheinlich lag er am höchsten im zaristischen Rußland, war in den Mittelmeerländern** so gut wie nichtexistent und in Nordwesteuropa (einschließlich Großbritannien) sowie den Großstädten des Habsburgerreiches vermutlich beträchtlich.

Ehebruch, aller Wahrscheinlichkeit nach die am meisten verbreitete Form des außerehelichen Sexualverkehrs für Frauen aus der Mittelschicht, hat möglicherweise zusammen mit deren Selbstbewußtsein zugenommen. Es besteht ein großer Unterschied zwischen dem Ehebruch als einem utopischen Traum

* Leser, die sich für die Psychoanalyse Sigmund Freuds interessieren, werden bemerkt haben, welche Rolle der Urlaub für den Heilungsprozeß seiner Patientinnen gespielt hat.

** Das würde auch den überdurchschnittlich hohen Anteil russischer Emigrantinnen in den Fortschritts- und Arbeiterbewegungen in Ländern wie Italien erklären.

von der Befreiung aus einem beengten Leben wie in der klassischen Version der *Madame Bovary* und der relativen Freiheit von Ehemännern und Ehefrauen aus der französischen Mittelschicht, sich im Rahmen der Konventionen eine Geliebte oder einen Geliebten zu halten, wie dies in den Stücken der französischen Boulevardtheater jener Zeit vorgeführt wurde. (Die Autoren waren übrigens in der Mehrzahl Männer). Der außereheliche Geschlechtsverkehr im 19. Jahrhundert läßt sich allerdings ebensowenig wie das übrige Sexualverhalten dieser Zeit quantitativ erfassen. Wir können lediglich mit einiger Bestimmtheit sagen, daß der Ehebruch in adligen und »vornehmen« Kreisen sowie in den großen Städten am weitesten verbreitet war, wo (mit Hilfe diskreter und unpersönlicher Institutionen wie z.B. der Hotels) der Schein leichter gewahrt werden konnte.*

Während der quantitativ arbeitende Historiker hier nicht mehr weiterkommt, ist jedoch die zunehmende Anerkennung der weiblichen Sinnlichkeit in den vehementen Äußerungen von Männern über Frauen während dieser Zeit vom qualitativen Geschichtsforscher unmöglich zu übersehen. Viele dieser Äußerungen sind in literarischer und wissenschaftlicher Sprache verbrämte Versuche, die überlegene aktive und geistige Leistung des Mannes gegenüber der passiven und gleichsam ergänzenden Funktion der Frau in der Beziehung zwischen den Geschlechtern zu behaupten. Ob darin die Angst vor einer Dominanz der Frauen zum Ausdruck kommt wie etwa bei dem schwedischen Dramatiker Strindberg oder dem jungen Österreicher Otto Weininger mit seinem einseitig überzogenen Buch *Geschlecht und Charakter* (1903), das in 22 Jahren 25 Auflagen erlebte, scheint von untergeordneter Bedeutung. Nietzsches vielzitierte Ermahnung an den Mann: »Du gehst zum Weibe? Vergiß die Peitsche nicht!« (*Also sprach Zarathustra*, 1883), war im Grunde genommen nicht »sexistischer« als das Loblied auf die Frauen, das seine Zeitgenossen Weininger und dessen Bewunderer Karl Kraus anstimmten. Ob nun Karl Kraus behauptete: »Durch all das, was dem Weib nicht gegeben ist, bewirkt es, daß der Mann seine Gaben nützt« (zit. n. Kohn 1966, S. 259, Anm. 40), oder der Psychiater Möbius (1907) befand, daß der »der Natur entfremdete Kulturmann« die naturhafte Frau als Gegenpol benötige – die Haltung, die solchen Äußerungen zugrundelag, war ziemlich die gleiche. Allerdings wurde nun in neuer und unüberhörbarer Weise konzediert, daß Frauen als solche mächtige erotische Interessen hätten: »Aber an weiblicher *Lust* nährt sich der männliche Geist.« (Karl Kraus; Hervorh. E. H.) Nirgends sonst

* Diese Beobachtungen beziehen sich ausschließlich auf die Mittel- und Oberschichten. Sie beziehen sich nicht auf das vor- und nacheheliche Sexualverhalten von Frauen aus der bäuerlichen Schicht und der städtischen Arbeiterklassen, die natürlich die Mehrheit aller Frauen darstellten.

als im Wien des Fin de siècle, diesem bemerkenswerten Laboratorium der modernen Psychologie, konnte man einer derart kultivierten und uneingeschränkten Anerkennung der weiblichen Sexualität begegnen. Klimts Porträts von Damen der Wiener Gesellschaft oder von Frauen überhaupt sind Bildnisse von Personen mit einer starken eigenen erotischen Ausstrahlung und nicht nur bloße Darstellungen der sexuellen Wunschbilder von Männern. Es wäre mehr als verwunderlich, wenn sie nicht etwas von der sexuellen Realität der damaligen Mittel- und Oberschichten in der Habsburger Monarchie widerspiegelten.

Das dritte Symptom eines Wandels war die spürbar größere öffentliche Aufmerksamkeit gegenüber Frauen als einer Gruppe mit besonderen individuellen Interessen und Ansprüchen. Zweifellos waren es die Leute mit einer Nase fürs Geschäft, die als erste einen eigenen Absatzmarkt der Frauen witterten – z.B. für die Frauenseiten der neuen Tageszeitungen, die sich an die untere Mittelschicht wandten, und für die Mädchen- und Frauenzeitschriften für die frischgebackenen Schulabgängerinnen –, doch selbst der Markt erkannte die Werbewirksamkeit, die darin lag, Frauen nicht nur als Verbraucherinnen, sondern auch als Erfolgsmenschen anzusprechen. Die große englisch-französische Internationale Ausstellung von 1908 traf die Stimmung der Zeit nicht nur, indem sie die Verkaufsanstrengungen der Aussteller mit Feiern imperialen Gepränges und der Einweihung des ersten nach Angaben des Auftraggebers gebauten Olympiastadions verbanden, sondern auch durch ein im Zentrum plaziertes Palais der Frauenarbeit, das eine Ausstellung über historische Frauenpersönlichkeiten »königlicher, adliger oder einfacher Herkunft« beherbergte, die vor 1900 gestorben waren (sie zeigte Zeichnungen der jungen Queen Victoria, das Manuskript des Buchs *Jane Eyre* von Charlotte Brontë, den von Florence Nightingale im Krimkrieg benutzten Wagen etc.), sowie Beispiele aus den Bereichen Handarbeit, Kunstgewerbe, Buchillustration, Fotografie und Ähnlichem.*

Auch dürfen wir nicht übersehen, daß damals erstmals einzelne Frauen mit besonderen Leistungen bei Wettbewerbsveranstaltungen auftraten, für die einmal mehr der Sport als eindrucksvolles Beispiel dienen kann. Die Einführung von Einzelkämpfen der Damen in Wimbledon sechs Jahre nach der Einführung des Herreneinzels und nach weiteren sechs Jahren auch in die französischen und US-amerikanischen Tennismeisterschaften war in den

* Es ist andererseits typisch für jene Zeit, daß »die Künstlerinnen es zumeist vorzogen, ihre Arbeiten im Palais der schönen Künste auszustellen«, und daß der Women's Industrial Council in der *Times* die unerträglichen Bedingungen anprangerte, unter denen die rund 1000 Frauen, die auf der Ausstellung beschäftigt waren, arbeiten mußten (vgl. Knight 1978, S. 26).

80er Jahren eine revolutionärere Neuerung, als wir heute wahrscheinlich nachvollziehen können. Noch zwei Jahrzehnte vorher wäre es praktisch undenkbar gewesen, daß »anständige« Frauen, selbst wenn sie verheiratet waren, sich auf diese Weise ohne Begleitung von Familienangehörigen oder ihrer Ehemänner in der Öffentlichkeit gezeigt hätten.

III

Aus naheliegenden Gründen ist es einfacher, die bewußte und kämpferische Emanzipationsbewegung zu dokumentieren und von den Frauen zu sprechen, denen es gelang, in die bislang den Männern vorbehaltenen Domänen des Lebens einzudringen. In beiden Fällen handelt es sich um klar erkennbare und allein schon aufgrund ihrer Seltenheit verzeichnete Minderheiten von Frauen aus den Mittel- und Oberschichten westlicher Gesellschaften – über die wir besonders gut informiert sind, weil bereits ihre Bemühungen und manchmal schon ihre bloße Existenz genügten, um Widerstände und Debatten zu provozieren. Die exponierte Stellung dieser Minderheiten lenkt die Aufmerksamkeit von der Grundströmung des historischen Wandels in der gesellschaftlichen Stellung der Frauen ab, der vom Historiker nur indirekt erschlossen werden kann. Aber nicht einmal der bewußten Entwicklung der Emanzipationsbewegung werden wir gerecht, wenn wir uns allein auf deren militante Sprecherinnen beschränken. Denn die Mehrheit derer, die sich dieser Bewegung außerhalb Englands, der USA, vielleicht auch Skandinaviens und der Niederlande anschlossen, tat dies gewiß nicht, weil sie sich mit der Frauen-, sondern weil sie sich mit der Arbeiterbewegung identifizierte, für die die Befreiung der Frau bloß Teil einer allgemeinen Emanzipation war. Dennoch müssen wir auf diese Minderheiten kurz eingehen.

Wie bereits gesagt, waren die rein feministischen Bewegungen zahlenmäßig unbedeutend: In vielen Ländern auf dem Kontinent zählten ihre Organisationen einige Hundert oder bestenfalls ein- bis zweitausend Mitglieder. Diese stammten zumeist aus der Mittelschicht, und ihre Identifikation mit dem Bürgertum, insbesondere mit dem bürgerlichen Liberalismus, verlieh ihnen ihre Stärke und beschränkte sie zugleich. Unterhalb der Ebene des wohlhabenden und gebildeten Bürgertums stießen der Kampf um das Frauenwahlrecht, das Recht auf höhere Bildung, eine eigene Berufstätigkeit, den Zugang zu akademischen Berufen sowie der Kampf um den gesetzlichen Status und die Rechte der Männer (insbesondere das Recht auf Eigentum) in der

Regel auf weniger begeisterte Resonanz als andere politische Forderungen und Ziele. Auch ist daran zu erinnern, daß die relative Freiheit von Mittelschichtfrauen, sich für derartige Forderungen einzusetzen, zumindest in Europa darauf beruhte, daß diese die Belastungen durch die Hausarbeit auf eine weit größere Gruppe von Frauen – ihre Dienstmädchen – abgewälzt hatten.

Die Grenzen der feministischen Bewegungen in den Mittelschichten westlicher Gesellschaften waren jedoch nicht nur wirtschaftlicher und gesellschaftlicher, sondern auch kultureller Art. Die angestrebte Form der Emanzipation, nämlich die gesetzliche und politische Gleichberechtigung gegenüber den Männern sowie das Recht, als Individuen unabhängig vom Geschlecht am Leben in der Gesellschaft teilzuhaben, setzte eine veränderte Struktur des gesellschaftlichen Lebens voraus, die bereits weit entfernt war von dem traditionellen »Platz der Frau«. Um ein extremes Beispiel anzuführen: Emanzipierte Bengalimänner, die ihre Verwestlichung demonstrieren wollten, indem sie ihre Frauen aus der Abgeschlossenheit heraus »in das Empfangszimmer« führten, lösten damit unerwartete Spannungen zwischen sich und den Frauen sowie unter diesen selbst aus, da für diese Frauen völlig unklar war, was sie für den sicheren Verlust ihrer zwar untergeordneten, aber dennoch äußerst realen Autonomie in jenem Bereich des Haushalts eintauschten, der unbestritten der *ihre* war. Ein klar umgrenztes »Reich der Frauen« – ob der einzelnen Frau in ihren innerhäuslichen Beziehungen oder der Frauen insgesamt als Teil einer Gemeinschaft – mag fortschrittlich Denkenden als reiner Vorwand erscheinen, um Frauen in Abhängigkeit zu halten, was es ja unter anderem tatsächlich auch war. Und natürlich galt dies um so mehr, je mehr die traditionellen Gesellschaftsstrukturen in Frage gestellt wurden.

Dennoch gewährte dieses Reich innerhalb seiner Grenzen den Frauen bestimmte individuelle und kollektive Ressourcen, und diese waren nicht ganz unbedeutend: So waren die Frauen etwa die Bewahrerinnen und Gestalterinnen von Sprache, Kultur und sozialen Werten, sie beeinflußten maßgeblich die »öffentliche Meinung«, waren die anerkannten Urheberinnen bestimmter Formen öffentlichen Handelns (z.B. die Verteidigung der *»moral economy«)* und nicht zuletzt diejenigen, die nicht nur gelernt hatten, ihre Männer zu manipulieren, sondern denen man in manchen Dingen und unter bestimmten Umständen nachgeben *mußte,* wollte man nicht gegen allgemein akzeptierte Verhaltensregeln verstoßen. Die Herrschaft von Männern über Frauen war bei aller theoretischen Absolutheit in der kollektiven Praxis ebensowenig uneingeschränkt und willkürlich, wie die Herrschaft von nach göttlichem Recht absoluten Monarchen ein schrankenloser Despotismus war. Mit dieser Feststellung wird keiner bestimmten Form der Herrschaft der Vorzug gegenüber einer anderen gegeben, aber sie kann vielleicht zum Teil erklären, warum viele Frauen, die im Lauf der Generationen aus der Not heraus gelernt hatten, »das System zu melken«, relativ gleichgültig blieben, wenn es um Forderungen aus der liberalen Mittelschicht ging, deren Erfüllung ihnen anscheinend keine derartigen praktischen Vorteile bringen würden. So lag z.B. nicht einmal innerhalb der bürgerlich-liberalen Gesellschaft Frankreichs den Frauen aus der Bourgeoisie und dem Kleinbürgertum viel daran, den Kampf um das Frauenstimmrecht in nennenswerter Zahl zu unterstützen.

Die größte Unterstützung fanden die Frauenbewegungen paradoxerweise *nicht,* weil sie *Frauen*bewegungen, sondern weil sie Teil einer Bewegung für die allgemeine Emanzipation des Menschen waren. Die neuen sozialrevolutionären und sozialistischen Bewegungen waren in ganz besonderer Weise auf die Emanzipation der Frauen verpflichtet – die verbreitetste Darlegung des Sozialismus durch den Führer der deutschen Sozialdemokratie war bezeichnenderweise August Bebels *Die Frau und der Sozialismus.* Tatsächlich boten sozialistische Bewegungen die bei weitem günstigsten allgemein zugänglichen Möglichkeiten für jene Frauen, die nicht im gehobenen Vergnügungsgewerbe tätig waren oder zu den wenigen privilegierten Töchtern aus der Oberschicht gehörten, ihre Persönlichkeit und ihre Begabungen zu entfalten. Aber mehr noch, sie verhießen eine tiefgreifende Veränderung der Gesellschaft, die, wie realistisch denkende Frauen sehr wohl wußten, unabdingbar war, um das seit Jahrhunderten überkommene Muster des Verhältnisses zwischen den Geschlechtern zu ändern. Allerdings mußte für diese Frauen die erhoffte Veränderung nicht unbedingt durch die von den sozialistischen und anarchistischen Bewegungen prophezeite soziale Revolution eintreten.

Insofern bestanden für die Masse der europäischen Frauen die realen politischen Alternativen nicht im Feminismus oder in gemischten politischen Bewegungen, sondern sie mußten sich zwischen – vor allem katholischer – Kirche und Sozialismus entscheiden. Die Kirchen, die im 19. Jahrhundert ein massives Rückzugsgefecht gegen den »Fortschritt« führten (vgl. *Die Blütezeit des Kapitals,* Kap. 6, I), verteidigten jene Rechte, die den Frauen in der traditionellen Gesellschaftsordnung zustanden, und dies um so erbitterter, als sich sowohl die Schar ihrer Gläubigen als auch in vieler Hinsicht ihr eigener »Mitarbeiterstamm« zunehmend aus Frauen zusammensetzte: Zum einen gab es gegen Ende des Jahrhunderts in der Gemeindearbeit weit mehr weibliche Hilfskräfte als zu irgendeiner Zeit seit dem Mittelalter. Und zum anderen ist es kaum ein Zufall, daß die bekanntesten katholischen Heiligen ab der Mitte des 19. Jahrhunderts Frauen waren – die heilige Bernadette von Lourdes und die heilige Theresia vom Kinde Jesu und vom heiligsten Antlitz (»Kleine Theresia«), die beide zu Beginn des 20. Jahrhunderts heiliggesprochen wurden –, und daß die katholische Kirche den Kult um die Jungfrau Maria nachdrücklich förderte. In katholischen Ländern gab die Kirche den Ehefrauen wirksame und übel aufgenommene Waffen gegen ihre Männer in die Hand. Ein Gutteil des Antiklerikalismus der Männer trug deshalb zugleich ausgeprägt frauenfeindliche Züge, so z.B. in Frankreich und Italien. Auf der anderen Seite forderten die Kirchen freilich ihren Tribut, indem sie ihre frommen Anhängerinnen vergatterten, sich in ihre traditionelle Unterordnung zu fügen, und die von den Sozialisten verkündete Frauenemanzipation verurteilten.

Zahlenmäßig war die Fraktion der Frauen, die sich für eine Verteidigung ihres Geschlechts durch Frömmigkeit entschieden, weit stärker als die der Frauen, die den Weg ihrer Befreiung einschlugen. Vor 1905 zog die sozialistische Bewegung lediglich eine Avantgarde außergewöhnlich befähigter Frauen an – erwartungsgemäß hauptsächlich aus den Mittel- und Oberschichten –, fand aber keine weibliche Massenbasis. Im letzten Jahrzehnt des 19. Jahrhunderts waren beispielsweise zu keiner Zeit mehr als 50 Frauen (etwa zwei bis drei Prozent) im zugegebenermaßen nicht sehr großen Parti Ouvrier Français organisiert (vgl. Willard 1965, S. 362). Als sie dann später (z.B. in Deutschland) in größerer Zahl angeworben wurden, handelte es sich zumeist um die Frauen, Töchter oder (wie in Gorkis berühmtem Roman) die Mütter sozialistischer Männer. Aber erst ab etwa 1925 erreichte der Frauenanteil der Sozialdemokratischen Partei Österreichs rund 30 Prozent, und erst etwa 1935 stellten in der britischen Labour Party die Frauen 40 Prozent der Mitglieder (vgl. Cole 1948, S. 480; Evans 1977, S. 162). Der Prozentsatz der gewerkschaftlich organisierten Frauen blieb bis zum Ersten Weltkrieg anhaltend niedrig, d.h. in der Regel unter zehn Prozent.* Da die Frauen in den weitaus meisten Ländern überdies kein Stimmrecht hatten, verfügen wir auch nicht über den zweckmäßigsten Indikator für ihre politischen Sympathien, so daß alle weiteren Mutmaßungen zu diesem Thema sich erübrigen.

Die Mehrzahl der Frauen blieb demnach außerhalb der Emanzipationsbewegung in jeder Form. Doch auch viele von denen, deren Lebenswege und

* Anteile der Frauen an den organisierten Gewerkschaftern 1913:

Land	Prozent
Verein. Königreich	10,5
Deutschland	9,0
Belgien (1923)	8,4
Schweden	5,0
Schweiz	11,0
Finnland	12,3

(Daten nach Woytinsky 1926, Bd. 2)

Meinungen erkennen lassen, daß sie ein vitales Interesse daran hatten, aus dem traditionellen Käfig des »Reichs der Frau« auszubrechen, zeigten wenig Begeisterung für die orthodoxeren Kampagnen der Feministinnen. Die Frühzeit der Frauenemanzipation brachte überragende Frauengestalten hervor, doch einige der größten von ihnen (z.B. Rosa Luxemburg oder Beatrice Webb) sahen keinen Grund, ihre Talente für die Sache nur eines Geschlechts allein einzusetzen. Von nun an war es zweifellos etwas leichter, Anerkennung in der Öffentlichkeit zu finden: Seit 1891 änderte das britische Nachschlagewerk *Men of the Time* seinen Titel in *Men and Women of the Time,* und das öffentliche Eintreten für die Sache der Frauen oder für solche Themen, die allgemein als besonders frauenrelevant angesehen wurden (z.B. das Wohlergehen der Kinder), sorgte an sich schon für eine größere Beachtung in der Öffentlichkeit. Trotz alledem blieb der Weg der Frau in einer männlichen Welt hart und beschwerlich, der Erfolg erforderte außergewöhnliche Begabungen und Anstrengungen, und die Zahl der erfolgreichen Frauen blieb bescheiden.

Der bei weitem größte Teil von ihnen betätigte sich auf Gebieten, die sich mit der traditionellen Vorstellung von Weiblichkeit vereinbaren ließen, wie in den darstellenden Künsten und (vor allem bei verheirateten Frauen der Mittelschicht) in der Schriftstellerei. Von den 1895 in Großbritannien aufgeführten »Frauen der Zeit« hatten sich die meisten als Autorinnen (48) und Bühnenschauspielerinnen (42) einen Namen gemacht (berechnet n. *Men and Women of the Time,* 1895). Die berühmte Colette (1873-1954) in Frankreich war beides zugleich. Vor 1914 hatte bereits eine Frau den Nobelpreis für Literatur gewonnen (die Schwedin Selma Lagerlöf 1909). Nun eröffneten sich auch Möglichkeiten in akademischen Berufen, z.B. im Bildungsbereich mit dem enormen Wachstum der höheren Schulen und universitären Bildungsgänge für Mädchen oder – zumindest in Großbritannien – im neuen Journalismus. Ein Großteil der prominenten britischen Frauen – ein Drittel – fiel im Jahre 1895 unter die Rubrik »Reformerinnen, Philanthropinnen usw.«. Tatsächlich bot die sozialistische und revolutionäre Politik Möglichkeiten wie nirgends sonst – das zeigte sich am Beispiel einer ganzen Reihe von Frauen aus dem zaristischen Rußland, die in mehreren europäischen Ländern tätig wurden (Rosa Luxemburg, Vera Sassulitsch, Alexandra Kollontai, Anna Kulischtschow, Angelika Balabanow, Emma Goldman), aber auch aus anderen Ländern (Beatrice Webb in England und Henrietta Roland-Holst in den Niederlanden).

In dieser Hinsicht unterschied sich die Linke von den Konservativen, denen jedoch in Großbritannien – im Gegensatz zu fast allen übrigen Ländern

– manche adlige Feministin die Treue hielt*, ohne daß sie den Frauen vergleichbare Möglichkeiten geboten hätten, und sie unterschied sich auch von den Liberalen, wo zu jener Zeit ebenfalls im wesentlichen die Männer die Szene beherrschten. Andererseits war die Verleihung des Friedensnobelpreises an Bertha von Suttner (1905) ein Zeichen dafür, daß Frauen es jetzt vergleichsweise leichter hatten, sich in der Öffentlichkeit einen Namen zu machen. Die schwierigste Aufgabe für Frauen war zweifellos, dem tiefeingewurzelten – institutionellen oder informellen – Widerstand der Männer in den organisierten Berufen trotzen zu wollen, auch wenn sie in der Medizin bereits einen kleinen und sich ständig verbreiternden Brückenkopf errichtet hatten: 1881 gab es in England und Wales 20 Ärztinnen, 1901 waren es bereits 212 und zehn Jahre später 447. Daran mag man die außerordentliche Leistung von Marie Sklodkowska-Curie ermessen (abermals eine Frau aus dem zaristischen Rußland), die während dieser Zeit zwei Nobelpreise für Chemie und Physik (1903 und 1908) errang. Diese herausragenden Gestalten sind allerdings kein Maß für den von Frauen geleisteten Beitrag in einer Welt der Männer, der sehr eindrucksvoll war, wenn man die geringe Zahl der beteiligten Frauen berücksichtigt; man denke nur an die Rolle, die eine kleine Schar emanzipierter britischer Frauen bei der Wiederbelebung der Arbeiterbewegung nach 1888 gespielt hat, an Annie Besant und Eleanor Marx und die Wanderpropagandistinnen, die Wesentliches zur Gründung der jungen Independent Labour Party beitrugen (Enid Stacy, Katherine Conway und Caroline Martyn). Während fast alle diese Frauen in der Mehrzahl für das Frauenwahlrecht eintraten und vor allem in Großbritannien und den USA überwiegend die politische Frauenbewegung unterstützten, lag ihr eigentliches Engagement jedoch woanders.

Diejenigen, die sich aktiv für die Frauenrechte einsetzten, taten dies in der Regel in Form von politischer Agitation, da sie Rechte forderten, die ebenso wie das Stimmrecht politische und gesetzliche Änderungen zur Voraussetzung hatten. Von konservativen und konfessionellen Parteien hatten sie kaum etwas zu erwarten, und ihre Beziehung zu liberalen und radikalen Parteien, denen der Feminismus aus den Mittelschichten ideologisch verbunden war, gestaltete sich zuweilen schwierig, insbesondere in Großbritannien, wo es Regierungen der Liberalen waren, die in den Jahren 1906-1914 einer starken Suffragettenbewegung im Weg standen. Gelegentlich (z.B. bei den Tsche-

* Das Verzeichnis des feministischen *Englishwoman's Yearbook* (1905) enthielt die Namen von 158 Frauen mit Adelstitel, darunter 30 Herzoginnen, Marquisen, Vicomtessen und Gräfinnen. Ein Viertel der britischen Herzoginnen stand auf dieser Liste (zum konservativen Feminismus vgl. Halévy 1961, Bd. 6, S. 509).

chen und Finnen) verbündete sich die Frauenbewegung mit oppositionellen nationalen Befreiungsbewegungen. Die kleine Avantgarde fortschrittlicher oder revolutionärer militanter Frauen in der zahlenmäßig starken Arbeiterbewegung, war nicht einfach nur überwiegend mit Männern konfrontiert, sondern obendrein mit Männern, deren Einstellungen gegenüber Frauen traditionsbestimmt waren und die als Gewerkschafter ein Interesse daran hatten, schlecht bezahlte Wettbewerber vom Arbeitsmarkt fernzuhalten – und das waren nun einmal in aller Regel die Frauen. Innerhalb der Arbeiterbewegungen wurden diese Probleme jedoch durch die insbesondere seit 1905 wachsende Zahl von Frauenorganisationen und -ausschüssen abgemildert und teilweise auch gelöst.

Die prominenteste aller politischen Forderungen des Feminismus war die nach dem Frauenstimmrecht. Vor 1914 gab es auf nationaler Ebene nur in Australien, Finnland und Norwegen ein Wahlrecht für Frauen, außerdem in bestimmten Einzelstaaten der USA und mancherorts auch auf kommunaler Ebene. Allerdings war das Frauenwahlrecht kein Streitpunkt, der eine größere Zahl von Frauen mobilisiert oder eine wichtige innenpolitische Rolle gespielt hätte, ausgenommen in den USA und Großbritannien, wo diese Forderung nachdrücklich von Frauen aus der Ober- und Mittelschicht und den politischen Führern und Aktivisten der sozialistischen Bewegung unterstützt wurde. Verstärkt wurde die Agitation durch die zwischen 1906 und 1914 angewandte Taktik der direkten Aktion durch die Women's Social and Political Union (den eigentlichen Suffragetten). Die Frauenwahlrechtsbewegung darf uns allerdings nicht den Blick verstellen für das weitreichende politische Engagement von Frauen für andere Anliegen, ob diese nun unmittelbar ihr Geschlecht betrafen – z.B. die Kampagnen gegen den Mädchenhandel (die in den USA 1910 zum Mann Act führten) – oder allgemeinere Fragen wie Frieden und Antialkoholismus. Während sie im ersteren Fall erfolglos blieben, trugen sie entscheidend z.B. zur 18. Ergänzung der US-Verfassung (Prohibition) bei. Trotzdem fielen außerhalb der USA, Großbritanniens, der Niederlande und Skandinaviens eigenständige politische Aktivitäten von Frauen (mit Ausnahme innerhalb der Arbeiterbewegung) kaum ins Gewicht.

IV

Es gab jedoch noch einen zweiten Strang innerhalb des Feminismus, der die politischen und außerpolitischen Debatten über Frauenfragen durchzog: die sexuelle Befreiung. Das war ein heikles Thema, wie die Verfolgung jener Frauen zeigt, die sich öffentlich für die Geburtenkontrolle einsetzten: Annie Besant wurden aus diesem Grund 1877 die eigenen Kinder ebenso weggenommen wie nach ihr Margaret Sanger und Marie Stopes. Vor allem aber ließ sich dieses Thema schlecht in das Programm einer der bestehenden Bewegungen einpassen. Die vornehme Welt in Prousts großem Romanwerk oder das Paris der unabhängigen und häufig gutbetuchten Lesbierinnen wie Natalie Barney akzeptierten konventionelle wie unkonventionelle sexuelle Freiheiten anstandslos, solange der äußere Anschein gewahrt blieb. Doch wie wir bei Proust nachlesen können, verband sich mit diesem Drang nach sexueller Freizügigkeit keine Forderung nach gesellschaftlichem oder privatem Glück oder nach gesellschaftlicher Veränderung; und abgesehen von einer weit niedriger stehenden Bohème aus Künstlern und Schriftstellern, die sich vom Anarchismus angezogen fühlten, war auch niemand aus diesen Kreisen an einer solchen Veränderung interessiert. Andererseits traten die Sozialrevolutionäre eindeutig für die freie Gattenwahl der Frauen ein – das von Engels und Bebel bewunderte sexuelle Utopia von Fourier war noch nicht gänzlich in Vergessenheit geraten –, und derartige Bewegungen erwiesen sich als Magnet für die Gegner jeglicher Konvention: für Utopisten, Bohémiens und gegenkulturelle Propagandisten aller Art, einschließlich derer, die das Recht für sich in Anspruch nehmen wollten, mit jedermann (und jeder Frau) so zu schlafen, wie es ihnen gefiel. Homosexuelle Männer wie Edward Carpenter und Oscar Wilde, Wortführer einer sexuellen Toleranz wie Havelock Ellis, emanzipierte Frauen unterschiedlicher sexueller Vorlieben wie Annie Besant und Olive Schreiner – sie alle zog es in den Bannkreis der kleinen sozialistischen Bewegung Englands nach 1880. Freie Verbindungen ohne Heiratsurkunde wurden nicht nur akzeptiert, sondern waren in besonders leidenschaftlich antiklerikalen Kreisen praktisch obligatorisch. Wie jedoch Lenins spätere Zusammenstöße mit Genossinnen zeigen, die sich allzusehr mit der sexuellen Frage beschäftigten, gingen die Meinungen darüber auseinander, was »freie Liebe« bedeuten und welchen Stellenwert diese Forderung innerhalb der sozialistischen Bewegung erhalten sollte. Einer der Befürworter eines ungehemmten Auslebens der Triebe, der Psychiater Otto Groß (1877-1920) – ein Krimineller, Drogenabhängiger und früher Schüler Freuds, der in den Intellektuellen- und Künstlerkreisen Heidelbergs verkehrte (nicht zuletzt mit Hilfe seiner Geliebten, der Schwestern Richthofen, die auch die Geliebten bzw. Ehefrauen von Max Weber, D.H. Lawrence und anderer waren) und später in München, Ascona, Berlin und Prag anzutreffen war –, bekannte sich zu Nietzsche und hatte für Marx wenig übrig. Obgleich ihm einige der Bohème-Anarchisten vor 1914 anhingen (während andere ihn als einen Feind jeder Moral bekämpften), die alles befürworteten, was die bestehende Ordnung zerstören konnte, war er ein elitärer Denker, der sich in keine der damaligen politischen Schablonen pressen ließ. Kurzum, als Programm warf die sexuelle Befreiung mehr Probleme auf, als sie Lösungen anbot, und fand außerhalb der avantgardistischen Bohème nur wenig Widerhall.

Eine wichtige Frage, die sie stellte oder auf die sie die Aufmerksamkeit lenkte, war die nach der Rolle der Frau in einer künftigen Gesellschaft, mit gleichen Rechten und Möglichkeiten für beide Geschlechter. Der entscheidende Punkt war hier die Zukunft der Familie, die von der Frau als Mutter abhing. Es war einfach, sich eine Befreiung der Frauen von den Lasten des Haushalts vorzustellen, deren sich ja bereits die weiblichen Angehörigen der Mittel- und Oberschicht (vor allem in Großbritannien) durch die Einstellung von Hausbediensteten und die frühzeitige Unterbringung ihrer männlichen Nachkommen in Internaten entledigt hatten. Die US-amerikanischen Frauen, in deren Land Hausangestellte bereits knapp waren, kamen statt dessen allmählich in den Genuß arbeitssparender technischer Neuerungen im Haushalt. Im *Ladies Home Journal* von 1912 proklamierte Christine Frederick sogar »scientific management« für das Heim (s.S. 64). Seit 1880 begannen sich Gasherde mit mäßiger Geschwindigkeit auszubreiten, während sich in den letzten Jahren vor dem Ersten Weltkrieg Elektroherde etwas schneller durchsetzten. Der Begriff »Staubsauger« taucht erstmals 1903 auf, und elektrische Bügeleisen trafen seit 1909 auf ein zunächst skeptisches Publikum, bevor sie dann in den Jahren zwischen den Kriegen ihren Triumph erlebten. Die ersten Waschküchen wurden mechanisiert, wenn auch zunächst noch nicht in den Privathäusern: Der Wert der Waschmaschinenproduktion in den USA zwischen 1880 und 1910 erhöhte sich um das Fünffache (vgl. zu diesen Entwicklungen Giedion 1979, S. 566f.). Sozialisten und Anarchisten, die ein technisches Utopia mit derselben Begeisterung herbeisehnten, traten für mehr Gemeinschaftseinrichtungen ein, aber auch für Kinderkrippen und die öffentliche Bereitstellung warmer Mahlzeiten (wofür die Schulspeisungen ein frühes Beispiel waren), um Frauen in die Lage zu versetzen, außer ihren mütterlichen Pflichten auch noch einer Erwerbsarbeit nachzugehen. Doch damit ließ sich das Problem nicht gänzlich lösen.

Würde die Frauenemanzipation nicht zur Folge haben, daß die bestehende Kernfamilie durch andere Gruppenformen ersetzt würde? Die Ethnographie, die damals in Blüte stand wie nie zuvor, hatte gezeigt, daß die Kernfamilie bei weitem nicht der historisch einzige Familientyp war – das Werk des finnischen Anthropologen Westermarck *Die Geschichte der menschlichen Ehe* (1891) erlebte bis 1921 fünf Auflagen und wurde ins Französische, Deutsche, Schwedische, Italienische, Spanische und Japanische übersetzt –, und Friedrich Engels zog in seiner Schrift *Der Ursprung der Familie, des Privateigentums und des Staates* (1884) die nötigen revolutionären Schlußfolgerungen. Doch obwohl die utopisch-revolutionäre Linke mit neuen Formen von Lebensgemeinschaften experimentierte, als deren dauerhaftestes Produkt sich das Kibbuz jüdischer Siedler in Palästina erweisen sollte, darf man wohl behaupten, daß die meisten sozialistischen Führer und eine noch größere Mehrheit ihrer Anhänger, ganz zu schweigen von den weniger »Fortschrittlichen«, sich die zukünftige Lebensform zwar als eine gewandelte, aber dennoch im wesentlichen an der Kernfamilie orientierte Familienform vorstellten. Allerdings gingen die Meinungen über jene Frauen auseinander, die ihren Lebenszweck in erster Linie darin sahen, zu heiraten, Kinder großzuziehen und sich um den Haushalt zu kümmern. Obgleich es unter den gemäßigten Sozialisten (z.B. den deutschen »Revisionisten«) manche gab, die weiterhin die Frauen am heimischen Herd sehen wollten, waren linke Theoretiker im allgemeinen überzeugt, daß die Emanzipation der Frauen nur durch Tätigkeiten oder Interessen außerhalb des Hauses zu verwirklichen sei. Aber das Problem, wie sich Mutterschaft und Emanzipation miteinander vereinbaren ließen, blieb praktisch weiterhin bestehen.

Eine große Zahl und vermutlich die Mehrheit der emanzipierten Frauen aus der Mittelschicht, die sich damals für eine Laufbahn in der männlichen Welt entschieden, lösten es durch Kinderlosigkeit, Ehelosigkeit und häufig (wie in Großbritannien) durch sexuelle Enthaltsamkeit. Das war nicht nur ein Reflex der Feindseligkeit gegenüber den Männern, zuweilen unter dem Deckmantel eines weiblichen Überlegenheitsgefühls gegenüber dem anderen Geschlecht, wie es an den Rändern der angelsächsischen Suffragettenbewegung anzutreffen war. Es war auch nicht einfach ein Abfallprodukt der demographischen Tatsache, daß der Frauenüberschuß – er betrug 1911 in Großbritannien 1,3 Millionen – vielen den Weg zu einer Eheschließung versperrte. Die Ehe war tatsächlich noch immer ein Weg, den selbst viele nichtmanuell arbeitenden Frauen erstrebten, die von ihrem Hochzeitstag an ihre Stelle als Lehrerin oder Sekretärin aufgaben, auch wenn dazu gar keine Notwendigkeit bestand. Darin äußerte sich die ganze reale Schwierigkeit, zwei anspruchsvolle

Aufgaben miteinander zu vereinbaren, obwohl dies damals nur möglich war, wenn man über außergewöhnliche Mittel und Unterstützung verfügte. Wo diese fehlten, mußte eine Feministin aus der Arbeiterklasse wie Amalie Ryba-Seidl (1876-1952) ihren lebenslangen Kampf in der Sozialistischen Partei Österreichs fünf Jahre lang (1895-1900) unterbrechen, um ihrem Mann drei Kinder zu gebären (vgl. Maitron und Haupt 1971, S. 285); Bertha Philpotts Newall (1877-1932), eine hervorragende und verkannte Historikerin, war sogar der – nach unseren Maßstäben noch weniger entschuldbaren – Überzeugung, sie müsse ihren Posten als Rektorin des Girton College in Cambridge 1925 aufgeben, weil »ihr Vater sie brauche und sie es daher für richtig halte wegzugehen« (Howarth 1978, S. 45). Doch der Preis für eine solche Selbstverleugnung war hoch, und die Frauen, die sich wie Rosa Luxemburg für eine berufliche Laufbahn entschieden, waren sich darüber im klaren, daß sie diesen Weg teuer erkaufen mußten (vgl. Nettl 1966, Bd. 1, S. 144).

Wie weit hatte sich also nach alledem die Lage der Frauen in dem halben Jahrhundert vor 1914 verändert? Das Problem besteht nicht in der Messung, sondern in der Beurteilung von Veränderungen, die in jeder Hinsicht für eine Vielzahl, wenn nicht die Mehrheit der Frauen in den städtischen und industrialisierten Regionen des Westens nachhaltig und für eine Minderheit von Frauen aus der Mittelschicht dramatisch waren. (Dennoch ist immer wieder daran zu erinnern, daß sie alle zusammen nur einen geringen Prozentsatz der weiblichen Erdbevölkerung ausmachten). Nach den einfachen und elementaren Maßstäben einer Mary Wollstonecraft, die für die Angehörigen beider Geschlechter dieselben Rechte forderte, hatte es einen enormen Fortschritt im Zugang von Frauen zu Tätigkeiten und Berufen gegeben, die bislang als rein männliche Domäne galten, häufig erbittert verteidigt gegen alle vernünftigen Einwände und sogar gegen bürgerliche Konventionen, wenn etwa Gynäkologen behaupteten, Frauen seien besonders ungeeignet, Frauenkrankheiten zu behandeln. Bis 1914 waren erst wenige Frauen durch die Bresche eingedrungen, doch prinzipiell war der Weg nunmehr frei. Entgegen dem äußeren Anschein standen die Frauen kurz vor einem überwältigenden Sieg in einem langen Kampf um gleiche bürgerliche Rechte, symbolisiert durch das Stimmrecht für Frauen. Mochten sie auch vor 1914 noch so erbittert bekämpft worden sein, weniger als zehn Jahre später konnten Frauen sich zum erstenmal in Dänemark, Deutschland, Irland, den Niederlanden, Norwegen, Österreich, Polen, Rußland, Schweden, der Tschechoslowakei, im Vereinigten Königreich und in den USA an Wahlen auf nationaler Ebene beteiligen.* Es liegt auf der Hand, daß dieser bemerkenswerte Wandel den Höhepunkt der Kämpfe vor 1914 darstellte. Was die juristische Gleichheit anging, so fiel die Bilanz hier weniger günstig aus, obwohl man einige der eklatantesten Benachteiligungen von Frauen beseitigt hatte. Im Hinblick auf die Forderung nach gleichem Lohn für gleiche Arbeit hatte es keinen nennenswerten Fortschritt gegeben. Von unbedeutenden Ausnahmen abgesehen, mußten die Frauen sich noch immer damit abfinden, für dieselbe Arbeit wesentlich weniger zu verdienen als die Männer, oder Tätigkeiten auszuüben, die als »Frauenarbeit« galten und eben deshalb schlecht bezahlt wurden.

Man könnte sagen, daß ein Jahrhundert nach Napoleon die Menschenrechte** der Französischen Revolution auch auf die Frauen ausgedehnt wurden. Die Frauen standen kurz vor der Zuerkennung gleicher bürgerlicher Rechte, und ihren Talenten standen berufliche Laufbahnen ebenso offen wie denen der Männer, auch wenn der Zugang zunächst sehr schmal war und ihnen nur widerwillig freigegeben wurde. Im Rückblick erkennt man die Grenzen jener Fortschritte ebenso leicht wie die der ursprünglichen Menschenrechte. Sie wurden begrüßt, doch sie reichten nicht aus, insbesondere nicht für die große Mehrheit der Frauen, die durch Armut und Ehe in Abhängigkeit gehalten wurden.

Doch selbst für diejenigen unter ihnen, bei denen sich der Fortschritt in der Emanzipation nicht mehr übersehen ließ – Frauen aus der alten Mittelschicht (wenn auch vermutlich nicht aus dem alten und neuen Kleinbürgertum oder den unteren Mittelschichten) sowie junge, unverheiratete Frauen im arbeitsfähigen Alter –, bedeutete er ein großes Problem. Wenn Emanzipation das Heraustreten aus der privaten und häufig abgeschlossenen Sphäre von Familie, Haushalt und persönlichen Beziehungen bedeutete, auf die die Frauen so lange beschränkt waren, konnten sie da überhaupt (und wenn ja: wie?) jene Anteile ihrer Weiblichkeit bewahren, die über die Rollen hinausgingen, die ihnen von Männern in einer für Männer gemachten Welt aufgezwungen worden waren? Mit anderen Worten: Wie konnten sich Frauen als Frauen in einer öffentlichen Sphäre behaupten, die vom anderen Geschlecht entworfen und dessen Bedürfnissen angepaßt war?

Wahrscheinlich gibt es keine endgültige Antwort auf diese Frage. Sie stellt sich auf unterschiedliche Weise jeder Generation erneut, die die Stellung der

* Tatsächlich waren in Europa die Frauen lediglich in den romanischen Ländern einschließlich Frankreichs, in Ungarn, den rückständigeren Regionen Ost- und Südosteuropas und in der Schweiz von Wahlen ausgeschlossen.

** Im Englischen (*Rights of Man*) wie im Französischen (*Droits de l'homme*) insofern ein zweideutiger Begriff, als man ihn auch als »Männerrechte« mißverstehen konnte (A. d. Ü.).

Frau in der Gesellschaft ernst nimmt. Jede einzelne Antwort oder jedes Arrangement von Antworten ist möglicherweise nur für die jeweils vorherrschenden historischen Umstände zufriedenstellend. Worin bestand die Antwort der ersten Generationen von städtischen Frauen des Westens, die in die Ära der Emanzipation stolperten? Wir wissen einiges über die Vorhut der politisch aktiven oder kulturell sich artikulierenden, prominenten Vorkämpferinnen, doch nur wenig über die inaktiven und sprachlosen Frauen. Wir wissen lediglich, daß die Frauenmoden, welche die emanzipierten Sektoren des Westens nach dem Ersten Weltkrieg erfaßten und Themen aufgriffen, die schon vor 1914 in den Kreisen der »Fortschrittlichen« vorweggenommen wurden (vor allem bei der Künstlerbohème der Großstädte), zwei ganz verschiedenartige Elemente miteinander verknüpften. Auf der einen Seite übernahm die »Jazzgeneration« der Nachkriegszeit demonstrativ den öffentlichen Gebrauch von Kosmetika, der bislang jenen Frauen vorbehalten blieb, deren ausschließliche Aufgabe es gewesen war, Männern zu gefallen: den Prostituierten und anderen Damen im Vergnügungsgewerbe. Sie enthüllten jetzt ihre Beine, die gemäß den herkömmlichen Vorstellungen über das weibliche Schamgefühl im 19. Jahrhundert vor den lüsternen Augen der Männer verborgen gehalten wurden. Auf der anderen Seite liefen die Moden der Nachkriegszeit darauf hinaus, die sekundären Geschlechtsmerkmale, die Frauen und Männer am sichtbarsten voneinander unterschieden, auf ein Minimum zu reduzieren, indem die traditionell langen Haare immer kürzer geschnitten wurden und der Busen so flach wie möglich erschien. Wie die kurzen Röcke, die weggelassenen Korsetts und die neuentdeckte Bewegungsfreiheit waren dies alles Zeichen der Freiheit bzw. des Verlangens nach Freiheit. Von einer früheren Generation von Vätern, Ehemännern oder anderen traditionellen, patriarchalen Autoritäten wären sie unmöglich toleriert worden. Was ließ sich an ihnen sonst noch ablesen? Möglicherweise, wie im Triumph des »kleinen Schwarzen«, kreiert von Coco Chanel (1883-1971), spiegelten sich in ihnen auch die Bedürfnisse von Frauen, die genötigt waren, Arbeit und ungezwungenes Auftreten in der Öffentlichkeit mit Eleganz zu verbinden. Hier können wir nur spekulieren. Dennoch läßt sich kaum bestreiten, daß die Zeichen der emanzipierten Mode in entgegengesetzte und nicht immer miteinander vereinbare Richtungen wiesen.

Wie so vieles andere in der Welt zwischen den Kriegen wurden die Moden der Frauenemanzipation der Nachkriegsjahre von den Avantgarden vor dem Ersten Weltkrieg vorweggenommen. Genauer gesagt, sie erlebten ihre Blüte in den Bohémienvierteln der Großstädte: Greenwich Village, Montmartre und Montparnasse, Chelsea oder Schwabing. Denn die Ideen der bürgerlichen Gesellschaft, einschließlich ihrer ideologischen Krisen und Widersprüche, fanden ihren charakteristischen, wenn auch häufig verwirrenden und verwirrten Ausdruck in ihrer Kunst.

Kapitel 9
Kunst und Literatur im Wandel

»Selbstverständlich waren sie (die französischen Politiker der Linken) in allem, was Kunst, besonders fremde Kunst betraf, höchst unwissend; aber alle behaupteten mehr oder weniger, etwas davon zu verstehen, und oft liebten sie sie wirklich... Einer schrieb Theaterstücke, ein anderer kratzte auf der Geige und war wütender Wagnerianer. Ein Dritter schmierte Bilder. Und alle sammelten impressionistische Gemälde, lasen dekadente Bücher und setzten ihre Eitelkeit darein, einer überaristokratischen Kunst Geschmack abzugewinnen. . .«

Romain Rolland (1915/1931, S. 153)

»Diese Männer sind es, mit gebildetem Geist, sensiblen Nerven und einer schlechten Verdauung, unter denen wir die Propheten und Schüler des Evangeliums des Pessimismus finden... Dieser ist also keine Weltanschauung, die einen nachhaltigen Einfluß auf die starke, praktisch denkende angelsächsische Rasse ausüben wird, und so können wir nur einige ihrer schwachen Spuren in der Neigung bestimmter, äußerst beschränkter Cliquen des sogenannten Ästhetizismus erkennen, morbide und ichbezogene Ideale in Dichtung und Malerei zu bewundern.«

S. Laing (1885/1896, S. 230f.)

»Die Vergangenheit ist der Zukunft zwangsläufig unterlegen. So wollen wir es auch. Wie könnten wir unserem gefährlichsten Feind irgendwelche Verdienste zuerkennen?... So leugnen wir auch den aufdringlichen Glanz der toten Jahrhunderte und halten es mit der siegreichen Technik, die die Welt fest in ihrem Netz der Geschwindigkeit hält.«

Der Futurist *F. T. Marinetti* (1913/1971, S. 67)

I

Nichts vermag die Identitätskrise, von der die bürgerliche Gesellschaft während jener Periode erfaßt wurde, besser zu verdeutlichen als die Geschichte der Kunst und Literatur zwischen 1870 und 1914. Es war die Zeit, als sowohl die schöpferischen Künste als auch deren Publikum die Orientierung verloren. Die ersteren reagierten auf diese Situation mit einer Flucht vorwärts in Neuerungen und Experimente, die sich zunehmend mit einem Utopismus oder

Pseudotheorien verbanden. Die Kunstbetrachter, die nicht durch die Mode oder einen Snobappeal bekehrt wurden, murmelten verlegen: »Ich verstehe zwar nichts von Kunst, aber ich weiß wenigstens, was mir gefällt«, oder sie zogen sich in die Sphäre der »klassischen« Kunstwerke zurück, deren Großartigkeit durch einen generationenlangen Konsens gewährleistet war. Doch selbst dieser Begriff eines Konsens blieb nicht mehr unangetastet. Seit dem Ende des 16. bis zum 19. Jahrhundert verkörperten etwa hundert antike Skulpturen das, was für alle die höchsten Errungenschaften in der plastischen Kunst darstellte, und ihre Namen und Abbildungen waren jedem gebildeten Menschen des westlichen Kulturkreises geläufig: die Laokoon-Gruppe, der Apollo von Belvedere, der sterbende Fechter, der Wagenlenker von Delphi, die weinende Niobe und viele andere. In den zwei Generationen nach 1900 gerieten sie fast alle in Vergessenheit, ausgenommen vielleicht die Venus von Milo, die nach ihrer Entdeckung zu Beginn des 19. Jahrhunderts durch den Konservatismus der Behörden des Louvre in Paris einen eigenen Platz erhielt und ihre Beliebtheit bis auf den heutigen Tag bewahrt hat.

Außerdem wurde seit dem ausgehenden 19. Jahrhundert das traditionelle Reich der hohen Kultur von einem noch furchtbareren Feind untergraben: den Künsten, die sich an das gemeine Volk wandten und (mit der partiellen Ausnahme der Literatur) durch das Zusammenwirken von Technik und den gerade erst entdeckten Massenmarkt revolutioniert wurden. Das Kino, die außergewöhnlichste Neuerung auf diesem Gebiet, sowie der Jazz und dessen unterschiedliche Nachkommen hatten zwar noch nicht ihren Siegeszug angetreten, waren 1914 jedoch durchaus präsent und bereit, den Globus zu erobern.

Andererseits sollten wir uns jedoch davor hüten, das Auseinanderdriften zwischen Publikum und Künstlern in der hohen oder bürgerlichen Kunst jener Zeit zu übertreiben. In vieler Hinsicht blieb der zwischen ihnen bestehende Konsens erhalten, und die Werke von Leuten, die sich für Neuerer hielten und als solche auf Widerstand stießen, wurden in den Bestand dessen aufgenommen, was beim gebildeten Publikum, aber in verwässerter oder ausgewählter Form auch bei breiteren Bevölkerungsschichten nicht als »gut«, sondern als »allgemeinverständlich« galt. Zum allgemein akzeptierten Repertoire der Konzertsäle im ausgehenden 20. Jahrhundert gehören die Werke von Komponisten aus jener Zeit ebenso wie die »Klassiker« des 18. und 19. Jahrhunderts, die seinen Hauptbestandteil ausmachen: Mahler, Richard Strauss, Debussy und zahlreiche Komponisten von hauptsächlich nationaler Bedeutung (Elgar, Vaughan Williams, Reger oder Sibelius). Das internationale Opernrepertoire weitete sich immer noch aus (Puccini, Strauss, Mascagni, Leoncavallo, Janácek, ganz zu schweigen von Wagner, der seine größten

Triumphe 30 Jahre vor Ausbruch des Ersten Weltkriegs feierte). Tatsächlich stand die große Oper in hoher Blüte und absorbierte sogar die Avantgarde zur Erbauung des vornehmen Publikums in Gestalt des russischen Balletts. Die großen Namen jener Zeit sind bis heute legendär: Caruso, Schaljapin, Melba und Nijinskij. Die Werke der »leichten Muse« oder die volkstümlichen Operetten, Lieder und kurzen Stücke, die im wesentlichen in deren Stil komponiert waren, erlebten ihren Höhepunkt wie in der österreichischen Operette (Franz Lehar, 1870-1948) und der »musikalischen Komödie«. Das Repertoire von Kur-und Tanzorchestern und selbst die funktionale Musik von heute legen noch Zeugnis vom Reiz dieser Musik ab.

Die »ernsthafte« Prosaliteratur jener Zeit hat ihren Platz gefunden und behauptet, wenn auch nicht immer ihre damalige Beliebtheit. Während das Ansehen von Thomas Hardy, Thomas Mann oder Marcel Proust (mit Recht) gestiegen ist – die Mehrzahl ihrer Werke erschien nach 1914, obwohl die Romane Hardys fast alle zwischen 1871 und 1897 veröffentlicht wurden –, waren die Geschicke von Arnold Bennett und H. G. Wells, Romain Rolland und Roger Martin du Gard, Theodore Dreiser und Selma Lagerlöf wechselvoller. Ibsen und Shaw, Tschechow und (in seiner Heimat) Gerhart Hauptmann haben anfängliche Skandale überlebt, und ihre Stücke gehörten schließlich zum Standardrepertoire der Theater. Und was die Revolutionäre unter den bildenden Künstlern gegen Ende des 19. Jahrhunderts angeht, die Impressionisten und Nachimpressionisten, so wurden sie im 20. Jahrhundert als »große Meister« akzeptiert und nicht als Symbole für die Modernität ihrer Bewunderer.

Die eigentliche Trennlinie verläuft durch die Periode selbst. Es ist die experimentelle Avantgarde der letzten Vorkriegsjahre, die außerhalb einer kleinen Gemeinde der »Fortschrittlichen« – Intellektuelle, Künstler und Kritiker und die Modebewußten – zu keiner Zeit beim breiten Publikum eine echte und spontane Aufnahme fand. Sie mochten sich mit dem Gedanken trösten, daß ihnen die Zukunft gehörte, doch für Schönberg sollte die Zukunft überhaupt nicht in der Weise kommen wie etwa für Wagner (obwohl man behaupten kann, daß sie immerhin für Strawinski kam); und für die Kubisten kam sie nicht in derselben Weise wie für Van Gogh. Die Feststellung dieser Tatsache bedeutet kein Urteil über ihre Arbeiten und noch weniger eine Unterschätzung der Talente ihrer Schöpfer, die überaus eindrucksvoll sein konnten. Dennoch läßt sich schwerlich bestreiten, daß Pablo Picasso (1881-1973), ein Mann von außergewöhnlichem Genius und einer enormen Produktivität, in erster Linie als Phänomen bewundert wird und weit weniger (mit Ausnahme einiger Gemälde hauptsächlich aus seiner vorkubistischen Periode) wegen der Nachhaltigkeit des Eindrucks seiner Werke oder auch nur wegen des Vergnügens, das wir bei ihrem Anblick empfinden. Er ist vermutlich der erste Künstler von gleichrangiger Begabung seit der Renaissance, von dem sich dies sagen läßt.

Deshalb ist es wenig sinnvoll, die Künste jener Periode unter dem Aspekt ihrer Errungenschaften abzuhandeln, wie der Historiker dies gern für das frühere 19. Jahrhundert tut. Dennoch ist zu betonen, daß sie eine erstaunliche Blüte erlebten. Allein schon das Wachstum im Hinblick auf Größe und Wohlstand einer städtischen Mittelschicht, die in der Lage war, sich stärker als bisher der Kultur zu widmen, sowie die beträchtliche Ausdehnung alphabetisierter und bildungshungriger unterer Mittelschichten und Teilen der Arbeiterklassen hätten ausgereicht, um eine solche Blüte hervorzurufen. Zwischen 1870 und 1896 stieg die Zahl der Theater im Deutschen Reich um das Dreifache von 200 auf 600 (vgl. Jelavich 1985, S. 102). Es war die Zeit, als in Großbritannien die Promenadenkonzerte begannen (1895) und die neue Medici-Gesellschaft (1908) massenhafte billige Reproduktionen der Werke großer Maler für die Kulturbeflissenen herstellte, als Havelock Ellis, besser bekannt als Sexualforscher, eine preiswerte »Mermaid«-Reihe mit den Stücken elisabethanischer und nachelisabethanischer Theaterautoren herausgab und Buchreihen wie die »World's Classics« und die »Everyman Library« auch Lesern mit schmalem Portemonnaie die internationale Literatur nahebrachten. An der Spitze der Wohlstandspyramide erreichten die Preise für Gemälde alter Meister und andere Symbole des großen Geldes schwindelnde Höhen, da sich US-amerikanische Multimillionäre, die sich von Händlern und den mit diesen zusammenarbeitenden Experten wie Bernard Berenson beraten ließen – für beide ein höchst einträglicher Handel –, gegenseitig überboten. Die gebildeten Schichten unter den Reichen und gelegentlich auch die Schwerreichen in entsprechenden Regionen sowie die finanziell gut ausgestatteten Museen vor allem in Deutschland kauften nicht nur die besten Gemälde der alten, sondern auch der neuen Meister, einschließlich die der extremen Avantgardisten, die ihr wirtschaftliches Überleben weitgehend dem Mäzenatentum einiger weniger Sammler wie der Moskauer Industriellen Morosow und Schtschukin verdankten. Die weniger Gebildeten ließen sich selbst oder häufiger noch ihre Frauen von John Singer Sargent oder Boldini porträtieren und ihre Häuser von Modearchitekten entwerfen.

Es steht demnach außer Zweifel, daß das Kunstpublikum, begüterter, gebildeter und weniger elitär als bisher, begeistert und aufnahmebereit war. Es war schließlich eine Periode, in der kulturelle Aktivitäten, lange Zeit ein Statusmerkmal bei den wohlhabenderen Mittelschichten, konkrete Symbole fanden, um die Bestrebungen und die bescheidenen materiellen Errungenschaften weiterer Schichten zum Ausdruck zu bringen, z.B. das Pianoforte, das, durch Ratenzahlungen erschwinglich, nunmehr in den Empfangszimmern von Geistlichen und den Wohnungen besser bezahlter Arbeiter (zumindest in Großbritannien) und gut betuchter Bauern, die ihre moderne Einstellung unter Beweis stellen wollten, seinen Einzug hielt. Darüber hinaus brachte die Kultur nicht nur individuelle, sondern auch kollektive Ambitionen nirgendwo deutlicher zum Ausdruck als bei den neuen Massenbewegungen der Arbeiter. Zudem symbolisierten die Künste politische Ziele und Errungenschaften in einem Zeitalter der Demokratie, zum materiellen Vorteil der Architekten, die die gigantischen Monumente der nationalen Selbstbeweihräucherung und imperialen Propaganda im neuen Deutschen Reich und im edwardianischen England und Indien entwarfen, und zum Segen für die Bildhauer, die dieses Goldene Zeitalter der »Statuenmanie« (der Begriff wurde geprägt von Agulhon 1978) mit Objekten versorgten, die von gigantischen (wie in Deutschland und den USA) bis zu bescheidenen Büsten und Gedenkstätten lokaler Größen in den ländlichen Gemeinden Frankreichs reichten.

Die Künste lassen sich weder nach der reinen Menge ihrer Hervorbringungen beurteilen, noch ist ihre Leistung eine einfache Funktion von Ausgabebereitschaft und Nachfrage auf dem Markt. Trotzdem ist unbestreitbar, daß zu jener Zeit mehr Menschen als bisher (oder zumindest ein höherer Anteil der Erwerbstätigen) versuchten, ihr Dasein als schöpferische Künstler zu fristen. Man hat behauptet, die zahlreichen Ausbrüche aus dem offiziellen Kunstbetrieb, der die öffentlichen Kunstausstellungen kontrollierte (der New English Arts Club, die offen als »Sezessionen« bezeichneten Künstlergruppen in Berlin und Wien etc., die Nachfolger der französischen Impressionisten-Ausstellungen Anfang der 70er Jahre) seien weitgehend auf den übergroßen Andrang zu den Kunstakademien zurückzuführen, die natürlich in der Regel von den älteren und eingeführten Künstlern dominiert wurden (vgl. Willett 1981, S. 47ff.). Man könnte sogar behaupten, daß es mittlerweile leichter als je zuvor möglich war, seinen Lebensunterhalt mit den eigenen schöpferischen Fähigkeiten zu verdienen, weil die Tageszeitungen und Wochenmagazine (einschließlich der illustrierten Zeitungen) ein enormes Wachstum erfuhren, eine Werbeindustrie auf den Plan trat und Konsumgüter auf den Markt kamen, die von Kunsthandwerkern oder anderen Berufskünstlern entworfen worden waren. Die Werbung schuf mindestens eine neue Form des bildenden Kunstwerks, die in den 90er Jahren zu einer gewissen Blüte gelangte, das Plakat. Dieses Überhandnehmen in den schöpferischen Berufen führte zweifellos zu zahlreichen Auftragsarbeiten, zumindest wurde dies von manchen Literaten und Komponisten so empfunden, die von Symphonien träumten, während sie Operetten oder Schlager schrieben, oder – wie George Gissing – von großen Romanen und Gedichten, während sie am laufenden Band Kritiken und »Essays« oder Feuilletons produzierten. Aber es war bezahlte Arbeit, und es konnte gut bezahlte Arbeit sein: Ehrgeizigen Journalistinnen, wahrscheinlich die größte Gruppe unter den neuen Akademikerinnen, wurde versichert, allein durch die Belieferung der australischen Presse sei ein Jahreseinkommen von £ 150 zu erzielen (vgl. *The Englishwoman's Year-Book* 1905, »Colonial journalism for women«, S. 138).

Es steht ferner fest, daß während unserer Periode die künstlerische Produktivität als solche in hoher Blüte stand und dies innerhalb eines weiteren Bereichs der westlichen Zivilisation als je zuvor. Tatsächlich nahm sie nunmehr einen beispiellosen internationalen Charakter an, wenn wir einmal von der Musik absehen, deren Repertoire, weitgehend deutsch-österreichischer Herkunft, bereits stark internationalisiert war. Die Befruchtung der westlichen bildenden Kunst durch exotische Einflüsse – aus Japan seit den 60er Jahren, aus Afrika seit Beginn des 20. Jahrhunderts – wurde im Zusammenhang mit dem Imperialismus bereits erwähnt (s.S. 106 f.). In der Volkskunst breiteten sich überall in der westlichen Welt Einflüsse aus Spanien, Rußland, Argentinien, Brasilien und vor allem Nordamerika aus. Doch die Kultur im akzeptierten Sinn der Eliten war auch allein schon durch die Leichtigkeit beträchtlich internationalisiert, mit der sich einzelne innerhalb einer breiten kulturellen Zone bewegen konnten. Hier ist weniger an die tatsächliche »Naturalisierung« von Ausländern zu denken, die vom Prestige bestimmter Nationalkulturen angezogen wurden, das Griechen (Moréas), US-Amerikaner (Stuart Merill und Francis Vileé-Griffin) und Engländer (Oscar Wilde) dazu bewog, symbolistische Dichtungen auf französisch zu schreiben; das Polen (Joseph Conrad) und US-Amerikaner (Henry James, Ezra Pound) dazu brachte, sich in England niederzulassen, und dazu führte, daß die Ecole de Paris für Maler weniger Franzosen als Spanier (Picasso, Gris), Italiener (Modigliani), Russen und Litauer (Chagall, Lipschitz, Soutine), Rumänen (Brancusi), Bulgaren (Pascin) und Niederländer (Van Dongen) zu ihren Mitgliedern zählte. In gewissem Sinne war dies lediglich ein Aspekt jener Schar von Intellektuellen, die sich damals über die Großstädte des Erdballs verteilten – als Emigranten, müßige Besucher, Siedler und politische Flüchtlinge oder auf Universitäten und in Laboratorien, um der internationalen Politik und Kultur neue Impulse zu verleihen.*

* Die Rolle solcher Emigranten aus Rußland innerhalb der Politik anderer Länder ist bekannt: Luxemburg, Parvus-Helphand und Radek in Deutschland, Kulischtschow und Balabanow in Italien, Rappoport in Frankreich, Dobrogeanu-Gherea in Rumänien und Emma Goldman in den USA.

Zu denken ist vielmehr an die westlichen Leser, die in den 80er Jahren die russische und skandinavische Literatur (in Übersetzungen) kennenlernten, die Mitteleuropäer, die sich von der britischen Kunstgewerbebewegung inspirieren ließen, oder an das russische Ballett, das vor 1914 die vornehme Welt Europas eroberte. Die hohe Kultur beruhte seit 1880 auf der Kombination von landeseigenen Schöpfungen und Anleihen beim Ausland.

Trotzdem befanden sich die Nationalkulturen, zumindest in ihren weniger konservativen und konventionellen Ausprägungen, in sichtlich guter Verfassung – sofern dies der richtige Ausdruck für manche Künste und schöpferischen Talente ist, die in den beiden Jahrzehnten nach 1880 stolz darauf waren, als »dekadent« zu gelten. Werturteile auf diesem weiten Feld sind bekanntlich schwierig zu fällen, denn das Nationalgefühl neigt dazu, die Verdienste kultureller Leistungen in seiner eigenen Sprache zu übertreiben. Überdies gab es jetzt, wie wir gesehen haben, eine Fülle an Literatur in Sprachen, die von den wenigsten Ausländern verstanden wurden. Für die allermeisten von uns muß die Großartigkeit der Prosadichtung und vor allem der Lyrik im Gälischen, Ungarischen oder Finnischen eine Glaubenssache bleiben, nicht anders als die Größe der Dichtungen Goethes oder Puschkins für alle, die kein Deutsch oder Russisch sprechen. Die Musik hat es da leichter. Jedenfalls gab es keine gültigen Wertmaßstäbe, ausgenommen vielleicht die Zugehörigkeit zu einer anerkannten Avantgarde, um einzelne nationale Persönlichkeiten so aus der Menge ihrer Zeitgenossen herauszuheben, daß sie internationale Beachtung gefunden hätten. War Rubén Darío (1867-1916) ein größerer Dichter als alle seine lateinamerikanischen Zeitgenossen? Es mag durchaus so sein, doch wir wissen lediglich mit Sicherheit, daß dieser Sohn Nicaraguas in der hispanischen Welt als einflußreicher poetischer Neuerer international Beachtung fand. Diese Schwierigkeit bei der Festlegung internationaler Kriterien für literarische Urteile hat die (seit 1897) alljährliche Wahl des Nobelpreisträgers für Literatur zu einer permanent unbefriedigenden Angelegenheit gemacht.

Die kulturelle Blüte kam in den Ländern mit hohem Ansehen und ungebrochenen Leistungen auf dem Gebiet der hohen Kunst möglicherweise weniger zum Vorschein, obgleich sich auch dort die Lebendigkeit der Kulturszene in der französischen Dritten Republik und im Deutschen Reich nach 1880 (im Vergleich zur Jahrhundertmitte) ebenso beobachten läßt wie das Wachstum neuer Blätter auf den Zweigen schöpferischer Künste, die bislang weitgehend kahl geblieben waren: Drama und musikalische Komposition in Großbritannien, Literatur und Malerei in Österreich. Ganz besonders eindrucksvoll ist jedoch das unbestrittene Aufblühen der Künste in kleinen oder randständigen Ländern oder Regionen, die bislang wenig beachtet wurden oder lange nicht mehr von sich reden gemacht hatten: Spanien, Skandinavien oder Böhmen. Das gilt ganz offensichtlich in einer internationalen Mode wie dem Jugendstil (in England, Frankreich und den USA als »Art nouveau«). Dessen Epizentren fanden sich nicht nur in einigen großen Hauptstädten der Kultur (Paris, Wien), sondern auch und vor allem in mehr oder weniger peripheren Städten: Brüssel und Barcelona, Glasgow und Helsingfors (Helsinki). Belgien, Katalonien und Irland sind besonders auffällige Beispiele.

Wahrscheinlich hat es seit dem 17. Jahrhundert keine Zeit mehr gegeben, zu der die übrige Welt in kultureller Hinsicht den südlichen Niederlanden so viel Beachtung schenkte wie in den letzten Jahrzehnten des 19. Jahrhunderts. Denn zu dieser Zeit wurden Maeterlinck und Verhaeren kurzfristig zu großen Namen der europäischen Literatur (der eine von beiden ist heute noch bekannt als der Autor von Débussys *Pelléas et Mélisande),* James Ensor machte sich einen Namen in der Malerei, während der Architekt Horta den Jugendstil kreierte, Van de Velde einen englisch inspirierten »Modernismus« in die deutsche Architektur brachte und Constantin Meunier das internationale Klischee des in Stein gehauenen Proletariers erfand. Was das Katalonien oder vielmehr das Barcelona des *modernisme* angeht, unter dessen Architekten und Malern Gaudi und Picasso nur die weltberühmtesten waren, so darf man wohl behaupten, daß etwa um 1860 höchstens die selbstbewußtesten Katalanen einen solchen kulturellen Ruhm vier Jahrzehnte später erwartet hätten. Ebensowenig hätte zur selben Zeit ein Beobachter der britischen Szene die außergewöhnliche Schaffenskraft von (in der Hauptsache protestantischen) Autoren prophezeit, die in der Generation nach 1880 aus dieser Insel hervorgingen: George Bernard Shaw, Oscar Wilde, der große Dichter W. B. Yeats, John M. Synge, der junge James Joyce und andere, eher lokale Größen.

Es ist allerdings gewiß nicht damit getan, die Geschichte der Künste in unserer Periode einfach als Erfolgsgeschichte zu schreiben, obwohl sie das im Hinblick auf den kommerziellen Ertrag und die Demokratisierung der Kultur sowie – auf einer etwas bescheideneren Ebene als der Shakespeares oder Beethovens – hinsichtlich ihrer breit gestreuten Leistungen zweifellos gewesen ist. Denn selbst wenn wir uns auf die Sphäre der »hohen Kultur« beschränken (die bereits im Begriff stand, von der technischen Entwicklung überrollt zu werden), so wurde diese weder von den Künstlern selbst noch vom Publikum der sogenannten »guten« Literatur, Musik, Malerei usw. als erfolgreich angesehen. Zwar gab es noch immer, vor allem in den Grenzbereichen, in denen sich künstlerisches Schaffen und Technik überschnitten, Ausdrucksformen der Zuversicht und des Triumphs. Jene öffentlichen Paläste des 19. Jahrhunderts, die großen Bahnhofsbauten, wurden nach wie vor als massive Denkmäler der edlen Kunst errichtet: in New York, St. Louis, Antwerpen, Moskau (die ungewöhnliche Kazan-Station), Bombay und Helsinki. Allein schon die technische Leistung, die sich im Eiffelturm und den neuartigen US-amerikanischen Wolkenkratzern äußerte, versetzte auch jene in Staunen, die ihnen jeden ästhetischen Reiz absprachen. Für die aufstrebenden und zunehmend lese- und schreibkundigen Massen war an sich schon die Erreichbarkeit der hohen Kultur, die noch immer als ein Kontinuum von Vergangenheit und Gegenwart, »klassisch« und »modern« gesehen wurde, ein besonderer Triumph. Die (britische) Everyman's Library veröffentlichte die kulturellen Errungenschaften in Büchern, deren Einband an William Morris erinnerte und deren Autoren von Homer bis Ibsen, von Plato bis Darwin reichten.* Und natürlich standen auch die öffentliche Bildhauerei und die Feier von Geschichte und Kultur an den Wänden öffentlicher Gebäude – wie in der Pariser Sorbonne und dem Burgtheater, der Universität und dem Kunsthistorischen Museum in Wien – wie nie zuvor in Blüte. Der beginnende Kampf zwischen italienischem und deutschem Nationalismus in Tirol entbrannte an der Errichtung von Denkmälern für Dante und Walther von der Vogelweide.

II

Trotz alledem läßt das ausgehende 19. Jahrhundert keine weitverbreitete Triumphstimmung und kein kulturelles Selbstbewußtsein erkennen, und die bekannten Anklänge des Begriffs Fin de siècle sind ziemlich irreführenderweise die der »Dekadenz«, auf die so viele aufstrebende und anerkannte Künstler in den beiden Jahrzehnten nach 1880 stolz waren, man denke nur an den jungen Thomas Mann. Allgemeiner ausgedrückt nahmen die »hohen« Künste innerhalb der Gesellschaft eine eher zwiespältige Stellung ein. Auf dem Gebiet der Kultur wie anderswo fielen die Errungenschaften der bürgerlichen Gesellschaft und des historischen Prozesses, die lange Zeit als ein einziger Vormarsch des menschlichen Denkens angesehen wurden, merkwürdig anders aus als erwartet. Der erste große liberale Historiker der deutschen Literatur,

* Unter den anderen Buchreihen, die in England aus dem Bedürfnis nach privater Weiterbildung Kapital schlugen, sind zu erwähnen die Camelot Classics (1886-1891), die über 300 Bände zählende Cassell's National Library (1886-1890 und 1903-1907), Cassel's Red Library (1884-1890), Sir John Lubbock's Hundred Books, erschienen 1891 bei Routledge (dem Verleger der Modern Classics von 1897), Nelson's Classics (1907ff.) und Oxford's World Classics. Die Everyman's Library (seit 1906) verdient Erwähnung, weil sie unter ihren ersten 50 Titeln auch einen wichtigen modernen Klassiker veröffentlichte, Joseph Conrads *Nostromo*, zwischen Macaulays *History of England* und Lockharts *Life of Sir Walter Scott*.

Gervinus, hatte vor 1848 behauptet, die (liberale und nationale) Ordnung der politischen Verhältnisse Deutschlands sei die unerläßliche Vorbedingung für ein erneutes Aufleben der deutschen Literatur (Gervinus 1836-42). Nachdem tatsächlich das neue Deutsche Reich gegründet worden war, sagten die Lehrbücher der Literaturgeschichte zuversichtlich das Bevorstehen dieses Goldenen Zeitalters voraus, doch zum Ende des Jahrhunderts wurden diese optimistischen Prophezeiungen zu Verherrlichungen des klassischen Erbes gegenüber den Werken der zeitgenössischen Autoren umgeschrieben, die als enttäuschend (oder im Fall der »Modernen«) als unerwünscht angesehen wurden. Größeren Geistern als den Durchschnittspädagogen schien bereits klar, daß »der deutsche Geist von 1888 . . . ein Rückschritt gegen den deutschen Geist von 1788« war. So jedenfalls sah es Nietzsche, dem die Kultur als Kampf der sich konsolidierenden Mediokrität »gegen die Herrschaft des Pöbels und der Exzentrischen (beide meist verbündet)« erschien (Nietzsche 1965, Bd. 9, S. 65 und 587).

In der europäischen Auseinandersetzung zwischen Klassikern und Modernen, die zum Ende des 17. Jahrhunderts einsetzte und im Zeitalter der Revolutionen ganz offensichtlich von den Modernen gewonnen wurde, gewannen die Klassiker – jetzt allerdings nicht mehr die des griechischen und römischen Altertums – wieder die Oberhand.

Die Demokratisierung der Kultur durch die Bildung der Massen – oder auch nur durch das zahlenmäßige Anwachsen der bildungshungrigen mittleren und unteren Mittelschichten – genügte an sich schon für die Eliten, sich nach exklusiveren kulturellen Statussymbolen umzusehen. Doch der entscheidende Punkt der Krise der Kunst lag in der zunehmenden Kluft zwischen dem, was zeitgenössisch und dem, was »modern« war.

Anfangs war diese Kluft keineswegs offensichtlich. Nach 1880, als »Moderne« zum Schlagwort wurde und der Begriff »Avantgarde« in seinem modernen Sinn erstmals in die Unterhaltung französischer Schriftsteller und Maler Eingang fand, schien sich der Abstand zwischen dem Publikum und den wagemutigeren Künsten sogar zu verringern. Das lag zum Teil daran, daß vor allem in den Jahrzehnten wirtschaftlicher Depression und sozialer Spannungen »fortschrittliche« Auffassungen von Gesellschaft und Kultur sich auf natürliche Weise zu verbinden schienen, und zum Teil daran, daß – möglicherweise durch die öffentliche Anerkennung emanzipierter (Mittelschicht)-Frauen und Jugendlicher als eine Gruppe und durch die ungehemmtere und stärker an der Freizeit orientierte Phase der bürgerlichen Gesellschaft (s. Kap. 7) – wesentliche Bereiche des

Geschmacks der Mittelschichten deutlich flexibler wurden. Das Bollwerk des etablierten bürgerlichen Publikums, die große Oper, das 1875 durch den volkstümlichen Charakter von Bizets *Carmen* einen Schock hinnehmen mußte, hatte zu Beginn des 20. Jahrhunderts nicht nur Wagner akzeptiert, sondern auch die eigenartige Kombination von Arien und Sozialrealismus *(verismo)* über die niederen Ränge der Gesellschaft (Mascagnis *Cavalleria Rusticana,* 1890; Charpentiers *Louise,* 1900). Es war bereit, einem Komponisten wie Richard Strauss zu Ruhm und Geld zu verhelfen, dessen *Salome* (1905) alles in sich vereinigte, was dazu angetan gewesen wäre, das Bürgertum von 1880 zu schockieren: ein symbolistisches Libretto, das auf einer Arbeit eines militanten und skandalumwitterten Ästheten (Oscar Wilde) beruhte, und einen kompromißlos postwagnerianischen musikalischen Stil. Auf einer anderen und kommerziell bedeutsameren Ebene ließ sich nunmehr auch der Geschmack einer konventionsfeindlichen Minderheit zu Geld machen, wie der Erfolg der Londoner Unternehmen Heals (Möbel) und Liberty (Stoffe) bewies. In Großbritannien verspottete das Epizentrum dieses stilistischen Erdbebens, bereits 1881 das Sprachrohr engstirniger Konventionen – die Operette *Patience* von Gilbert und Sullivan –, eine Figur Oscar Wildes und die neue Vorliebe junger Damen (die »ästhetische«, von Kunstgalerien inspirierte Kleider bevorzugten) für symbolistische Dichter mit Lilien statt für gestandene Dragoneroffiziere. Wenig später lieferten William Morris und das Kunstgewerbe die Vorbilder für die Villen, Landhäuser und Innenräume der begüterten und gebildeten Bourgeoisie (»meine Klasse«, wie der Nationalökonom J. M. Keynes sie später nennen sollte).

Auch die Tatsache, daß sowohl gesellschaftliche als auch kulturelle und ästhetische Neuerungen mit denselben Begriffen beschrieben wurden, unterstreicht diese Konvergenz. Der New English Arts Club (1886), der »Art nouveau« und die *Neue Zeit,* die wichtigste Zeitschrift des internationalen Marxismus, sie alle benutzten dasselbe Adjektiv wie es für die »neue Frau« verwendet wurde. Jugend und frühlingshaftes Wachstum waren die Metaphern für den deutschen Jugendstil, die Künstlerrebellen von Jung-Wien (1890) und die Zeichner der Plakate für die Demonstrationen der Arbeiter zum 1. Mai. Die Zukunft gehörte dem Sozialismus – doch die »Zukunftsmusik« Wagners hatte eine ausgeprägt gesellschaftspolitische Seite, in der selbst politische Revolutionäre der Linken (Bernard Shaw, der österreichische Sozialistenführer Victor Adler oder der frühe russische Marxist Plechanow) sozialistische Elemente zu entdecken glaubten, die den meisten von uns heute entgehen. Die anarchistische (wenn auch weniger die sozialistische) Linke fand sogar ideologische Verdienste in dem großen, aber alles andere als politisch »fortschrittlichen« Genius Nietzsches, der ungeachtet seiner sonstigen Eigenschaften ganz sicherlich »modern« war.*

Es lag zweifellos nahe, daß »fortschrittliche« Ideen eine Vorliebe für künstlerische Stile entwickelten, die vom »Volk« inspiriert waren oder die den Realismus (vgl. *Die Blütezeit des Kapitals*) zum »Naturalismus« weitertrieben und die Unterdrückten und Ausgebeuteten und selbst die Arbeiterfrage zu ihrem Thema machten – und umgekehrt. Während der für gesellschaftliche Probleme sensiblen Großen Depression gab es eine Fülle solcher Arbeiten, zu einem beträchtlichen Teil – z.B. in der Malerei – von Leuten, die kein Manifest einer künstlerischen Rebellion unterzeichnet hatten. Es lag nahe, daß die »Fortschrittlichen« solche Autoren bewunderten, die bürgerliche Konventionen darüber ignorierten, was als »angemessenes« Thema anzusehen sei. Sie bevorzugten die großen russischen Romanautoren, die im Westen zumeist von »Fortschrittlichen« entdeckt und bekanntgemacht wurden, Ibsen (und in Deutschland auch andere skandinavische Dichter wie den jungen Hamsun und – etwas überraschender – Strindberg) und vor allem »naturalistische« Schriftsteller, denen von der wohlanständigen Gesellschaft vorgeworfen wurde, sich zu sehr mit der schmutzigen Kehrseite der Gesellschaft zu beschäftigen, und die sich oftmals, gelegentlich nur vorübergehend, zur demokratischen Linken unterschiedlicher Couleur hingezogen fühlten, so z.B. Emile Zola und Gerhart Hauptmann.

Es wirkte auch keineswegs befremdend, daß Künstler ihr leidenschaftliches Engagement für die leidende Menschheit in einer Weise zum Ausdruck brachten, die über den »Realismus« hinausging, dessen Ideal in einer sachlichen, wissenschaftlichen Wiedergabe der Wirklichkeit bestand: Vincent van Gogh, damals noch weitgehend unbekannt; der Norweger Edvard Munch, ein Sozialist; der Belgier James Ensor, dessen Gemälde »Einzug Christi in Brüssel 1889« auch eine Fahne für die soziale Revolution zeigte; oder die deutsche Frühexpressionistin Käthe Kollwitz, die den Weberaufstand in Erinnerung brachte. Aber auch militante Ästheten und Anhänger des L'Art pour l'art, Jünger der »Dekadenz« und Schulen, die den Massen gegenüber bewußt unverständlich bleiben wollten wie der Symbolismus, bekannten eine Sympathie für den Sozialismus, wie Oscar Wilde und Maurice Maeterlinck, oder zumindest ein Interesse am Anarchismus. Huysmans, Leconte de Lisle und

* R. Hinton Thomas (1984) betont – um nicht zu sagen: überbetont – die Anziehungskraft Nietzsches auf die Befürworter einer individuellen Gedanken- und Handlungsfreiheit. Dessen ungeachtet und trotz Nietzsches Abneigung gegen den Anarchismus – vgl. sein *Jenseits von Gut und Böse* (1965, Bd. 7, S. 114 und 125) – bemerkte ein Beobachter der französischen Anarchistenkreise nach 1900: »On discute (ici) avec fougue Stirner, Nietzsche et surtout Le Dantec.« (Zit. n. Maitron 1975, Bd. 1, S. 421)

Mallarmé waren unter den Abonnenten von *La Révolte* (1894; vgl. Herbert 1961, S. 21). Kurzum, bis zur Jahrhundertwende gab es keine generelle Differenz zwischen einer politischen und einer künstlerischen »Moderne«.

Die von England ausgehende Revolution in der Architektur und den angewandten Künsten illustriert den Zusammenhang zwischen beiden ebenso wie deren letztliche Unvereinbarkeit. Der britische »Modernismus«, der zum Bauhaus führte, ging paradoxerweise auf die Gotik zurück. In der rauchgeschwängerten Werkstatt der Welt, einer Gesellschaft des Egoismus und des ästhetischen Vandalismus, wo die kleinen Handwerker, die überall sonst in Europa eine unübersehbare Rolle spielten, im Qualm der Fabrikschornsteine untergingen, hatte man lange Zeit das Mittelalter der Bauern und Handwerker als das Modell einer Gesellschaft angesehen, das sowohl in sozialer als auch in künstlerischer Hinsicht befriedigender erschien. Angesichts der unumkehrbaren industriellen Revolution wurde es allerdings zwangsläufig mehr und mehr zu einem Modell, das wohl eine Zukunftsvision inspirieren konnte, sich jedoch weder bewahren noch gar wiederherstellen ließ. William Morris (1834-1896) war ein spätromantischer Verfechter mittelalterlicher Handwerksverhältnisse und wurde schließlich zu einem Sozialrevolutionär Marxscher Prägung. Was Morris und die mit seinem Namen verbundene Kunstgewerbebewegung so besonders einflußreich machte, war eher die Ideologie als seine erstaunlichen und vielfältigen Gaben als Formgestalter, Innenarchitekt und Handwerker. Denn diese Bewegung für eine künstlerische Erneuerung war mehr als alles andere bestrebt, die zerbrochenen Bindeglieder zwischen Kunst und schaffendem Arbeiter wiederherzustellen und die Umwelt des Alltagslebens zu verändern – von der Inneneinrichtung über das Haus bis hin zum Dorf, zur Stadt und zur Landschaft – und nicht die selbstgenügsame Sphäre der »schönen Künste« für die Reichen und Müßiggehenden. Die Kunstgewerbebewegung war darum so überaus einflußreich, weil sie ein weit größeres Publikum erreichte als die kleinen Künstler- und Kritikerzirkel und weil sie jene inspirierte, die das Leben der Menschen ändern wollten, ganz zu schweigen von den praktisch Denkenden, die ein Interesse daran hatten, nützliche Bauten zu errichten und zweckmäßige Gegenstände herzustellen, oder die in entsprechenden Bildungsbereichen tätig waren. Diese Bewegung erwies sich auch nicht zuletzt als Magnet für eine Gruppe fortschrittlicher Architekten, die sich der neuen und drängenden Aufgaben der »Stadtplanung« annehmen wollten (der Begriff bürgerte sich nach 1900 ein) und dabei von einer utopischen Vision geleitet wurden, die sich mühelos mit ihrem Beruf verbinden ließ: die »Gartenstadt« von Ebenezer Howard (1898) oder zumindest die »Gartenvorstadt«.

Mit der Kunstgewerbebewegung wurde somit eine künstlerische Ideologie mehr als nur eine Mode unter Künstlern und Kunstkennern, da ihre Verpflichtung auf gesellschaftliche Veränderung sie mit der Welt öffentlicher Institutionen und reformerischer Behörden in Verbindung brachte, die ihre Ideen in die öffentliche Realität von Kunstschulen und neugestalteten oder erweiterten Städten und Gemeinden übersetzen konnten. Und sie verband die Männer und auch die immer zahlreicher werdenden Frauen, die sich ihr angeschlossen hatten, mit produktiven Tätigkeiten, da ihr Ziel ganz wesentlich darin bestand, »angewandte Kunst« zu produzieren – Kunst, die im Alltagsleben Verwendung finden konnte. Das lebendigste Denkmal für William Morris ist eine ganze Reihe herrlicher Tapeten- und Stoffmuster, die noch bis in unser eigenes Jahrzehnt hinein erhältlich waren.

Den Höhepunkt dieser gesellschaftlich-ästhetischen Verbindung zwischen Handwerk, Architektur und Reform bildete jener Stil, der – weitgehend, durch das britische Beispiel und dessen Protagonisten – in den letzten Jahren vor 1900 unter verschiedenen Bezeichnungen, von denen »Art nouveau« (in Deutschland »Jugendstil«) die wohl bekannteste ist, in ganz Europa verbreitet wurde. Er war bewußt revolutionär, antihistoristisch, antiakademisch und, wie seine Verfechter unermüdlich betonten, »zeitgenössisch«. Er verknüpfte die nicht mehr hinwegzudenkende moderne Technik – seine berühmtesten Monumente waren die Stationen der städtischen Verkehrsmittel in Paris und Wien – mit der kunsthandwerklichen Verbindung von Schmuck und Zweckmäßigkeit; dieser Hang zum Ornamentalen war so ausgeprägt, daß wir heute bei diesem Stil vor allem an eine Fülle ineinandergeschlungener und geschwungener Linien, an stilisierte Blumenmuster oder weibliche Umrisse denken.

Pflanzen und Frauen waren die Metaphern für Natur, Jugend, Wachstum und Bewegung, wie sie für jene Zeit so kennzeichnend waren. Und in der Tat standen selbst außerhalb Großbritanniens Künstler und Architekten, die in diesem Stil arbeiteten, mit dem Sozialismus und der Arbeiterklasse in Verbindung – wie Berlage, der ein Gewerkschaftshaus in Amsterdam baute, und Horta, der das »Maison du Peuple« in Brüssel entwarf. Im wesentlichen feierte der Jugendstil seine Triumphe auf dem Gebiet der Inneneinrichtung (Möbel, Tapeten- und Teppichmuster usw.) und zahlloser kleiner Haushaltsgegenstände, von den teuren Luxusartikeln von Tiffany, Lalique und den Wiener Werkstätten bis zu den Tischlampen und dem Eßbesteck, deren in Massenfertigung hergestellte Imitationen bei den ärmeren Familien der Vorstädte ihren Absatz fanden. Es war der erste »moderne« Stil, der sich überall durchsetzte.*

Doch der Jugendstil hatte auch seine eigenen Schwächen, die mit erklären können, warum er zumindest aus der hohen Kulturszene so schnell wieder verschwand. Es waren jene inneren Widersprüche, von denen die Avantgarde schließlich in die Isolation getrieben wurde. Auf jeden Fall waren die Spannungen zwischen dem Elitedenken und den volksnahen Bestrebungen der »Fortschrittskultur«, d.h. zwischen der Hoffnung auf eine allgemeine Erneuerung und dem Pessimismus der gebildeten Mittelschichten angesichts einer »Massengesellschaft« nur vorübergehend überdeckt worden. Seit Mitte der 90er Jahre, als deutlich wurde, daß die breite Woge des Sozialismus keine Revolution nach sich ziehen würde, sondern organisierte Massenbewegungen, die sich in hoffnungsvollen, aber alltäglichen Aktivitäten erschöpften, gingen von ihnen für die Künstler und Ästheten immer weniger Impulse aus. Der Wiener Karl Kraus, der sich ursprünglich zur Sozialdemokratie hingezogen fühlte, wandte sich zu Beginn des 20. Jahrhunderts wieder von ihr ab. Wahlkämpfe konnten ihm keine Begeisterung entlocken, und die Kulturpolitik der Bewegung mußte auf den konventionellen Geschmack ihrer proletarischen Kämpfer Rücksicht nehmen und war außerdem genügend damit beschäftigt, die Ausbreitung billiger Abenteuer- und Liebesromane und anderer »Schundliteratur« einzudämmen, gegen die die Sozialisten (vor allem in den skandinavischen Ländern) einen erbitterten Feldzug führten (vgl. Dogliani 1983, S. 147). Der Traum von einer Kunst für die einfache Bevölkerung stieß sich an einer Wirklichkeit eines hauptsächlich der Ober- und Mittelschicht entstammenden Publikums für die »fortschrittliche« Kunst, wenn man einmal absah von einigen wenigen Persönlichkeiten, deren Themenwahl sie für die klassenkämpferischen Arbeiter politisch akzeptabel erscheinen ließ. Im Gegensatz zu denen von 1880-1895 fühlten sich die Avantgarden nach 1900 nicht zu einer radikalen Politik hingezogen. Sie waren apolitisch oder tendierten in manchen Schulen – wie der der italienischen Futuristen – sogar nach rechts. Erst der Krieg und die Oktoberrevolution sowie die Endzeitstimmung, die auf beide folgte, sollten die Revolution in der Kunst und die in der Gesellschaft wieder miteinander verschmelzen lassen, so daß Kubismus und »Konstruktivismus«, die vor 1914 keine Verbindung zu revolutionären Ideen gehabt hatten, nachträglich mit einem roten Schein verklärt wurden. Der alte Marxist Plechanow beklagte 1912/13, »daß die Mehrzahl der jetzigen Künstler auf dem

* Während der Niederschrift dieser Zeilen rührt der Autor seinen Tee mit einem Löffel »Made in Corea« um, dessen Design unverkennbar vom Jugendstil geprägt ist.

bürgerlichen Standpunkt steht und völlig unzugänglich ist für die großen Freiheitsideale unserer Zeit« (Plechanow 1955, S. 295). Und in Frankreich konnte man beobachten, daß die Avantgarde der Maler ganz in ihren technischen Debatten befangen war und sich von anderen intellektuellen und sozialen Bewegungen fernhielt (vgl. Holl 1912, S. 14f.). Wer hätte eine solche Entwicklung 1890 vorausgeahnt?

III

Es bestanden freilich noch grundsätzlichere Widersprüche unter den avantgardistischen Künstlern. Sie betrafen das Wesen der beiden Dinge, die mit der Parole der Wiener Sezession gefordert wurden (»Der Zeit ihre Kunst, der Kunst ihre Freiheit!«), oder von »Modernität« und »Wirklichkeit«. Die »Natur« war noch immer der Gegenstand der bildenden Künste. Noch 1911 weigerte sich jener Maler, der später als Verkünder der reinen Abstraktion galt, Wassily Kandinsky (1866-1944), jede Verbindung zu ihr abzubrechen, da auf diese Weise lediglich Werke geschaffen würden, »die . . ., grob gesagt, einer Krawatte, einem Teppich gleichen würden« (Kandinsky 1905, S. 97f.). Wie wir jedoch sehen werden, spiegelte die Kunst lediglich eine neue und fundamentale Unsicherheit im Hinblick auf die Frage, was »Natur« überhaupt sei (s. Kap. 10). Sie stand vor einem dreifachen Problem. Wenn man einmal ihre objektive und beschreibbare Wirklichkeit konzedierte – einen Baum, ein Gesicht, ein Ereignis –, wie konnte dann eine Beschreibung die Realität erfassen? Die Schwierigkeiten, Realität in einem »wissenschaftlichen« oder objektiven Sinne zu »realisieren«, hatten z.B. schon die Impressionisten über die visuelle Sprache der herkömmlichen gegenständlichen Malweise hinausgeführt (vgl. *Die Blütezeit des Kapitals*, Kap. 15, IV), wenn sie damit auch nicht, wie sich zeigen sollte, das Begriffsvermögen von Laien überstiegen. Dieselben Probleme führten deren Nachfolger abermals ein beträchtliches Stück weiter bis zum Pointillismus eines Seurat (1859-1891) und zur Suche nach der Grundstruktur im Gegensatz zum äußeren Schein der visuellen Wirklichkeit, die der Kubismus unter Berufung auf Cézanne (1839-1906) in bestimmten dreidimensionalen geometrischen Formen zu entdecken glaubte.

Zweitens bestand ein Dualismus zwischen »Natur« und »Phantasie« oder Kunst als Medium von Beschreibungen und Ideen, Gefühlen und Werten. Die Schwierigkeit lag nicht darin, sich für eine der beiden Alternativen zu entscheiden, da selbst unter den ultrapositivistischen »Realisten« oder »Naturalisten« nur ganz wenige sich als emotionslose menschliche Kameraobjektive sahen. Sie lag vielmehr in der Krise der Werte des 19. Jahrhunderts, wie sie in der wirkmächtigen Vision Nietzsches aufgezeigt wurde, und damit in der Krise der herkömmlichen – bildlichen oder symbolischen – Sprache zur Übersetzung von Ideen und Werten in die Kunst. Die Fülle an offiziellen Standbildern und Gebäuden im traditionellen Stil, welche die westliche Welt zwischen 1880 und 1914 überschwemmten, von der Freiheitsstatue (1886) bis zum Viktor-Emmanuel-Denkmal (1912), repräsentierte eine sterbende und nach 1918 endgültig tote Vergangenheit. Doch in der Suche nach anderen und häufig exotischen Stilen, die sich von den alten Ägyptern über die Japaner bis zu den pazifischen Inseln und den afrikanischen Skulpturen erstreckte, äußerte sich nicht nur die Unzufriedenheit mit dem Alten, sondern auch die Ungewißheit über das Neue. In mancher Hinsicht war der Jugendstil aus ebendiesem Grunde die Erfindung einer neuen Tradition, die sich nur nicht richtig entfalten wollte.

Drittens gab es das Problem, wie sich Realität und Subjektivität miteinander verbinden ließen. Denn die Krise des »Positivismus«, auf den ich im folgenden Kapitel eingehender zu sprechen komme, bestand zum Teil in der nachdrücklich vertretenen Erkenntnis, daß die »Wirklichkeit« nicht einfach »da war« und entdeckt werden konnte, sondern etwas war, das überhaupt erst durch den Denkapparat des Beobachters wahrgenommen, geformt und sogar konstruiert wurde. Nach der »schwachen« Version dieser Auffassung war die Realität zwar objektiv da, wurde jedoch ausschließlich durch die Bewußtseinszustände des Individuums erfaßt, das sich von ihr einen Begriff machte und sie rekonstruierte, wie in Prousts Sicht der französischen Gesellschaft als dem Nebenprodukt der langen Reise eines einzigen Menschen zur Erkundung seines Gedächtnisses. In der »starken« Version blieb von der Wirklichkeit nichts mehr übrig als das Ich ihres Schöpfers und dessen Emanation in Worten, Klängen oder Bildern. Unter diesen Bedingungen hatte die Kunst besondere Schwierigkeiten, sich mitzuteilen. So neigte sie zwangsläufig zu einem reinem Subjektivismus an der Grenze zum Solipsismus, und verständnislose Kritiker wollten auch nichts anderes in ihr sehen.

Die avantgardistische Kunst hatte natürlich etwas anderes mitzuteilen als die Gemütsverfassung des Künstlers oder seine technischen Übungen. Die »Modernität«, die sie zum Ausdruck bringen wollte, enthielt freilich einen Widerspruch, der sich für Morris und dessen Art nouveau verhängnisvoll auswirkte. In der gesellschaftlichen Erneuerung der Kunst nach Ruskin und Morris gab es keinen wirklichen Platz für die Maschine, das Herzstück jener Phase des Kapitalismus, die – um eine Wendung Walter Benjamins aufzunehmen – das »Zeitalter der technischen Reproduzierbarkeit« von Kunstwerken darstellte. Die Avantgarden des ausgehenden 19. Jahrhunderts versuchten in der Tat, die Kunst der neuen Ära zu schaffen, indem sie die Methoden der alten erweiterten, deren Formen des Diskurses sie noch immer teilten. Der »Naturalismus« dehnte den Bereich der Literatur als Abbild der »Wirklichkeit« aus, indem er deren Themen erweiterte und sich insbesondere des Lebens der Armen und der Sexualität annahm. Die akzeptierte Sprache der Symbolik und Allegorie wurde modifiziert oder angepaßt, um neue Ideen und Bestrebungen zum Ausdruck zu bringen, nicht nur in der neuen Morrisschen Ikonographie der sozialistischen Bewegungen, sondern auch in der anderen großen avantgardistischen Schule des »Symbolismus«. Jugendstil und Art Nouveau waren der Höhepunkt dieses Versuchs, das Neue in einer Abwandlung der Sprache für das Alte auszudrücken.

Doch wie sollte sie gerade das zum Ausdruck bringen, was die Kunstgewerbebewegung ablehnte – die Gesellschaft der Maschine und der modernen Naturwissenschaft? Führte nicht gerade die Massenproduktion der Zweige, Blumen und weiblichen Formen, der Motive kunsthandwerklicher Ornamente und Ideale, die sich aus der kommerziellen Verwertung des Jugendstils als Mode ergab, den Morrisschen Traum von einer Wiederbelebung des Handwerks ad absurdum? Oder wie Van de Velde sich fragte, ursprünglich selbst ein Anhänger von Morris und der Ideen des Art Nouveau: Paßten Empfindsamkeit, Schwärmerei und Romantik überhaupt noch zum modernen Menschen, der in der neuen Rationalität des Maschinenzeitalters lebte? Mußte die Kunst nicht eine neue menschliche Rationalität ausdrücken, in der sich die Rationalität der technisierten Wirtschaft spiegelte? Bestand nicht ein Widerspruch zwischen dem einfachen, zweckmäßigen Funktionalismus der alten Handwerkskunst und der Freude des Handwerkers an Verzierungen, aus der sich dann der ornamentale Dschungel des Jugendstils entwickelte? Der Architekt Adolf Loos (1870-1933), der ebenfalls viele Anregungen von Morris und dem Kunstgewerbe empfangen hatte, erklärte das Ornament zum Verbrechen. Bezeichnenderweise waren es die Architekten – auch solche, die sich ursprünglich Morris oder auch dem Art Nouveau verbunden gefühlt hatten wie Berlage in Holland, Sullivan in den USA, Wagner in Österreich, Mackintosh in Schottland, Auguste Perret in Frankreich, Behrens in Deutschland und selbst Horta in Belgien –, die sich jetzt der neuen Utopie des Funktionalismus zuwandten, zur Reinheit von Linie, Form und Material zurückkehrten, die nicht durch schmückendes Beiwerk verdeckt, dafür jedoch einer Technik angepaßt waren, die mit der Arbeit von Maurern und Zimmerleuten nichts mehr zu tun hatte. Wie hatte es einer von ihnen, nämlich Muthesius – auch er zunächst ein begeisterter Anhänger des britischen »volkstümlichen Stils« –, im Jahr 1902 ausgedrückt: »Das Ergebnis der Maschine kann nur die ungeschmückte Sachform sein.« (Zit. n. Romein 1978, S. 572) Wir befinden uns bereits in der Welt des Bauhauses und von Le Corbusier.

Bei den Architekten, die jetzt mit dem Entwurf von Gebäuden beschäftigt waren, bei deren Bau alte Handwerkstraditionen keine Rolle mehr spielten und deren Verzierungen angewandte Verschönerungen waren, konnte man einen solchen rationalen Purismus verstehen; freilich gaben sie damit das großartige Ideal einer völligen Vereinigung von Konstruktion und Dekoration, von Bildhauerei, Malerei und angewandter Kunst auf, das Morris aus seiner Bewunderung gotischer Kathedralen abgeleitet hatte, eine Art visuelles Äquivalent zu Wagners musikalischem »Gesamtkunstwerk«. Diese Einheit wurde von der Kunst, die im Jugendstil gipfelte, noch immer angestrebt. Bei allem Verständnis für den Reiz der Strenge in der neuen Architektur sollte man allerdings nicht übersehen, daß es überhaupt keinen überzeugenden Grund gibt, warum die Verwendung einer revolutionären Technik in der Baukunst *zwangsläufig* einen gänzlich schmucklosen Funktionalismus zur Folge haben muß (insbesondere, wenn daraus wie so oft eine antifunktionalistische Ästhetik wurde), oder warum alles, nur nicht die Maschinen, ein möglichst maschinenähnliches Aussehen haben sollte.

Es wäre demnach genauso möglich und sogar noch folgerichtiger gewesen, den Triumph der revolutionären Technik ebenso begeistert im Rahmen der herkömmlichen Architektur zu begrüßen, wie man dies durch die großen Bahnhofsbauten des 19. Jahrhunderts getan hatte. Der Weg zur »Moderne« in der Architektur war alles andere als eine Einbahnstraße. Was sich darin ausdrückte, war in erster Linie die gefühlsmäßige Überzeugung, daß die konventionelle Sprache der bildenden Künste, die sich auf historische Überlieferung gründete, für die moderne Welt irgendwie unangemessen oder unpassend war. Genauer gesagt, die modernen Architekten waren überzeugt, eine solche Sprache könne die neue Welt, die aus dem 19. Jahrhundert hervorgegangen war, nicht nur unmöglich zum Ausdruck bringen, sondern werde sie im Gegenteil unklarer erscheinen lassen. Die gleichsam ins Riesenhafte angewachsene Maschine zerbrach die Fassade der schönen Künste, hinter der sie bislang verborgen geblieben war. Und sie waren überzeugt, daß die alte Sprache auch nicht die Krise des menschlichen Denkens und der menschlichen Werte erfassen könne, die von diesem Jahrhundert der Revolutionen ausgebrütet worden war und mit der es sich jetzt auseinandersetzen mußte.

Die Avantgarde machte den Traditionalisten und Modernisten des Fin de siècle gewissermaßen denselben Vorwurf, den Marx den Revolutionären von

1789-1848 in seinem *Achtzehnten Brumaire* ... gemacht hatte: »(Sie) beschwören ängstlich die Geister der Vergangenheit zu ihren Diensten herauf, entlehnen ihnen Namen, Schlachtparole, Kostüm, um in dieser altehrwürdigen Verkleidung und mit dieser erborgten Sprache die neue Weltgeschichtsszene aufzuführen.« (MEW 8, S. 115) Nur hatten sie noch keine neue Sprache oder wußten nicht, worin diese bestehen sollte. Denn in welcher Sprache sollte man die neue Welt ausdrücken, vor allem da (abgesehen von der Technik) ihr einzig sichtbarer Aspekt die Auflösung der alten Welt war? Das war das Dilemma der »Moderne« zu Beginn des 20. Jahrhunderts.

Was die avantgardistischen Künstler vorwärtstrieb, war deshalb keine Vision der Zukunft, sondern eine verkehrte Vision der Vergangenheit. Häufig genug, wie in der Architektur und Musik, waren sie Virtuosen in den aus der Tradition abgeleiteten Stilen, von denen sie sich – wie der Ultra-Wagnerianer Schönberg – erst abwandten, als sie überzeugt waren, daß diese Stile keine weiteren Veränderungen mehr zuließen. Die Architekten gaben die Ornamentik auf, nachdem der Jugendstil sie bis ins Extrem getrieben hatte, die Komponisten die Tonalität, nachdem die Musik in der postwagnerianischen Chromatik ertrank. Die Maler schlugen sich seit längerem mit dem Problem herum, daß die herkömmlichen Kunstmittel nicht mehr ausreichten, um die äußere Wirklichkeit und die eigenen Gefühle darzustellen, aber – mit Ausnahme der ganz wenigen radikalen »Abstrakten« vor dem Ersten Weltkrieg (vor allem innerhalb der russischen Avantgarde) – sie konnten sich nur schwer von der Vorstellung lösen, daß sie *irgendetwas* malen mußten. Die Avantgarde schwärmte in verschiedene Richtungen aus, doch im großen und ganzen votierte sie entweder für das, was Beobachtern wie Max Raphael (1913) als das Übergewicht von Farbe und Form über den Inhalt erschien, oder für die bewußte Suche nach ungegenständlichen Inhalten in Gestalt von Gefühlen (»Expressionismus«) oder für verschiedene Weisen, die herkömmlichen Elemente der gegenständlichen Wirklichkeit zu demontieren, um sie in unterschiedlichen Formen der Ordnung oder Unordnung wieder zusammenzusetzen (Kubismus).

Nur die Schriftsteller und Dichter, gefesselt durch ihre Abhängigkeit von Wörtern mit bekannten Bedeutungen und Klängen, taten sich bislang schwer mit einer entsprechenden Revolution der formalen Ausdrucksmittel, obgleich einige von ihnen erste Versuche in diese Richtung unternahmen. Experimente mit der Aufgabe konventioneller Formen der literarischen Komposition (z.B. Endreim und Metrum) waren weder neu noch besonders anspruchsvoll. Die Dichter dehnten, verdrehten und manipulierten den Inhalt, d.h. das, was sich mit gewöhnlichen Worten sagen ließ. Zum Glück entwikkelte sich die Dichtung des frühen 20. Jahrhunderts nicht im Gegensatz zum Symbolismus des ausgehenden 19. Jahrhunderts, sondern als dessen Weiterführung, und brachte Dichter hervor wie Rilke (1875-1926), Apollinaire (1880-1918), George (1868-1933), Yeats (1865-1939), Blok (1880-1921) und die großen Spanier.

Spätestens seit Nietzsche zweifelten die Zeitgenossen nicht mehr daran, daß sich in der Krise der Kunst die Krise der Gesellschaft – der bürgerlich-liberalen Gesellschaft des 19. Jahrhunderts – ausdrückte, die auf die eine oder andere Weise im Begriff stand, ihre eigene Existenzgrundlagen zu zerstören, ihre Wert-, Normen- und Denksysteme, denen sie ihren inneren Zusammenhalt und ihre Ordnung verdankte. Spätere Historiker haben diese Krise in der Kunst allgemein und in Einzelfällen, etwa dem Wien des Fin de siècle, näher untersucht. Hier genügt es, zwei Aspekte daran festzuhalten. Zum einen ereignete sich der sichtbare Bruch zwischen dem Fin de siècle und den Avantgarden des 20. Jahrhunderts irgendwann zwischen 1900 und 1910. Die Liebhaber von Daten können zwischen mehreren wählen, und das Jahr 1907 (Geburt des Kubismus) eignet sich als Anhaltspunkt so gut wie jedes andere Datum. In den letzten Jahren vor dem Ausbruch des Ersten Weltkriegs finden wir bereits so gut wie alles, was für die verschiedenen »Modernen« nach 1918 kennzeichnend ist. Und zum anderen hatte die Avantgarde von jetzt an Wege eingeschlagen, auf denen ihr das Gros des Publikums weder folgen konnte noch wollte. Richard Strauss, der sich als Künstler von der Tonalität losgesagt hatte, gelangte nach dem Mißerfolg seiner *Elektra* (1909) als Komponist für die gewinnorientierten großen Opernhäuser zu dem Schluß, daß das Publikum ihm seine weitere Gefolgschaft versagen werde, und kehrte (mit großem Erfolg) zur verständlicheren Sprache des *Rosenkavalier* (1911) zurück.

Auf diese Weise öffnete sich eine breite Kluft zwischen der großen Mehrheit des Kunstpublikums mit »kultiviertem« Geschmack und den verschiedenen kleinen Minderheiten, die ihren Status als abtrünnige, antibürgerliche Rebellen behaupteten, indem sie künstlerischen Stilen anhingen, die von der Mehrheit als unverständlich und anstößig empfunden wurden. Nur drei große Brücken führten über diese Kluft. Die erste war das Mäzenatentum einer kleinen Schar derjenigen, die sowohl aufgeklärt als auch begütert waren wie der deutsche Industrielle Walter Rathenau, oder von Kunsthändlern wie Kahnweiler, die das wirtschaftliche Potential dieses zwar kleinen, aber finanziell ertragreichen Marktes erkannten. Die zweite war ein bestimmter Teil innerhalb der vornehmen High society, der sich mehr denn je für immer neue, aber garantiert unbürgerliche, am liebsten exotische und schockierende Stile begeisterte. Die dritte war paradoxerweise die Geschäftswelt. Ohne die Scheuklappen ästhetischer Vorurteile war die Industrie in der Lage, die revolutionäre Technik im Bauhandwerk und das Wirtschaftliche eines funktionalen Stils zu würdigen – das hatte sie schon immer getan –, und den Geschäftsleuten entging nicht, daß sich die Techniken der Avantgarde für die Werbung nutzbar machen ließen. Die Maßstäbe der »Modernisten« waren für die industrielle Formgebung und die mechanisierte Massenproduktion von großem praktischem Wert. Nach 1918 waren geschäftliches Mäzenatentum und industrielles Design die wichtigsten Instanzen zur Assimilierung jener Stile, die ursprünglich mit der Avantgarde der hohen Kultur in Verbindung gebracht wurden. Vor 1914 blieb diese jedoch auf isolierte Enklaven beschränkt.

Es wäre deshalb irreführend, der »modernistischen« Avantgarde vor 1914 zuviel Beachtung zu schenken, es sei denn als den Vorläufern späterer Entwicklungen. Die meisten Zeitgenossen selbst unter den Hochgebildeten hatten vermutlich noch nie etwas von Picasso oder Schönberg gehört, während die Neuerer des letzten Viertels des 19. Jahrhunderts bereits in den Bestand des kulturellen Reisegepäcks der gebildeten Mittelschichten eingegangen waren. Die neuen Revolutionäre standen in Verbindung miteinander, mit Diskussionszirkeln der abtrünnigen Jungen in den Cafés der entsprechenden Stadtviertel, mit den Kritikern und Verfassern von Manifesten für die neuen »Ismen« (Kubismus, Futurismus, Modernismus), mit kleinen Zeitschriften und einer kleinen Zahl von Agenten und Sammlern mit künstlerischem Gespür und einem Sinn für neue Arbeiten und deren Schöpfer: ein Diaghilew, eine Alma Schindler, die sich noch vor 1914 von Gustav Mahler zu Kokoschka, Gropius und (eine weniger erfolgreiche Kulturinvestition) zu dem Expressionisten Franz Werfel fortentwickelt hatte. Sie wurden von einer kleinen Gruppe innerhalb der vornehmen Welt gewürdigt, mehr nicht.

Trotzdem markieren die Avantgarden der letzten Jahre vor dem Ersten Weltkrieg einen fundamentalen Bruch in der Geschichte der schönen Künste seit der Renaissance. Was sie indessen *nicht* erreichten, das war die eigentliche – von ihnen angestrebte – Kulturrevolution des 20. Jahrhunderts, die zur gleichen Zeit als Nebenprodukt der Demokratisierung der Gesellschaft stattfand, vermittelt durch jene Unternehmer, die sich für einen gänzlich unbürgerlichen Markt interessierten. Die niederen Künste standen im Begriff, die Welt zu erobern, sowohl durch die Kunstgewerbebewegung als auch durch revolutionierende technische Entwicklungen. Diese Eroberung stellt die eindrucksvollste Entwicklung in der Kultur des 20. Jahrhunderts dar.

Ihre frühen Phasen lassen sich nicht immer leicht zurückverfolgen. Zu irgendeinem Zeitpunkt im späten 19. Jahrhundert erzeugte die Massenabwanderung in die rapide anwachsenden großen Städte sowohl einen lukrativen Markt für volkstümliche Schauspiele und Vergnügungen als auch die auf solche Unterhaltung spezialisierten Stadtviertel, von denen auch Künstler und Bohémiens angezogen wurden: Montmartre oder Schwabing. Im Verlauf dieser Entwicklung wurden die traditionellen Formen der Volksvergnügung modifiziert, verändert und professionalisiert und brachten eigenständige Versionen einer schöpferischen Volkskunst hervor.

Der Welt der hohen Kultur oder vielmehr deren Bohème am Rande konnte natürlich die Welt der volkstümlichen Schaustücke, die in diesen Vergnügungsvierteln der Großstädte heranwuchs, nicht entgehen. Die abenteuerlustige Jugend, die Avantgarde oder Künstlerbohème, die sexuell Freizügigen, die plebejischen Elemente in der Oberschicht, die schon immer die Neigungen von Boxern, Jockeis und Tänzern oder Tänzerinnen unterstützt hatten, fühlten sich in diesem anrüchigen Milieu durchaus wohl. In Paris wurden diese den unteren Schichten entstammenden Naturen in den Kabaretts und Variétés vom Montmartre hauptsächlich für ein Publikum zurechtgemodelt, das aus sozial Höherstehenden, Touristen und Intellektuellen bestand, und in den Plakaten und Lithographien des größten Bürgers dieses Viertels, des aristokratischen Malers Toulouse-Lautrec verewigt. Auch in Mitteleuropa zeigten sich erste Anzeichen für eine avantgardistische bürgerliche Halbwelt, während in Großbritannien die »Music hall«, zu der sich seit den 80er Jahren intellektuelle Ästheten hingezogen fühlten, unmittelbarer ein volkstümliches Publikum ansprach. Diese Vorliebe war gerechtfertigt. Nicht mehr lange, und das Kinematographentheater sollte eine Person, die der Welt der Vergnügungsstätten der englischen Armen entstammte, zum weltweit gefeiertsten Künstler der ersten Hälfte des 20. Jahrhunderts verwandeln: Charlie Chaplin (1889-1977).

Auf einem wesentlich bescheideneren Niveau der volkstümlichen oder von den Armen angebotenen Unterhaltung – Kneipe, Tanzsaal, Tingeltangel und Bordell – tauchte gegen Ende des Jahrhunderts ein internationales Spektrum musikalischer Neuerungen auf, das sich zum Teil durch den Tourismus und das Medium der Musikbühne über Ländergrenzen und Ozeane hinweg ausbreitete, in der Hauptsache freilich durch die neue Mode öffentlicher Gesellschaftstänze. Einige von ihnen, wie die neapolitanische *canzone,* damals auf ihrem Höhepunkt, blieben lokal beschränkt. Andere konnten sich stärker ausbreiten, so der andalusische Flamenco, der seit den 80er Jahren von volksnahen spanischen Intellektuellen begeistert aufgenommen wurde, oder der Tango, ein Produkt des Dirnenviertels von Buenos Aires, der die feine Gesellschaft Europas vor 1914 erreicht hatte. Keiner dieser exotischen und plebejischen Schöpfungen war jedoch eine triumphalere und weltumspannendere Zukunft beschieden als dem musikalischen Stil der nordamerikanischen Schwarzen, der – auch hier wiederum über die Bühne, eine kommerzialisierte Volksmusik und Gesellschaftstänze – am Vorabend des Ersten Weltkriegs den Ozean überquert hatte. Sie alle mischten sich mit den Künsten der plebejischen Halbwelt der Großstädte, gelegentlich verstärkt durch deklassierte Bohémiens und enthusiastisch begrüßt von Aficionados aus der Oberschicht. Sie waren das urbane Gegenstück zur Volkskunst, die jetzt die Grundlage für eine kommerzialisierte Unterhaltungsindustrie abgab, obgleich die Art und Weise ihrer Entstehung nichts mit der Art und Weise ihrer Ausbeutung zu tun hatte. Doch mehr als alles andere waren dies im Grunde genommen Künste, die der bürgerlichen Kultur – ob als »hohe« Kunst oder als leichte Unterhaltung der Mittelschichten – nichts Wesentliches verdankten. Im Gegenteil, sie standen im Begriff, die bürgerliche Kultur von unten zu verändern.

Die wirkliche Kunst der technischen Revolution, die auf dem Massenmarkt beruhte, entwickelte sich inzwischen mit einer Schnelligkeit, für die es in der Vergangenheit kein Beispiel gab. Zwei dieser technisch-wirtschaftlichen Medien waren bislang noch von untergeordneter Bedeutung: die mechanische Schallaufzeichnung und -wiedergabe und die Presse. Die Auswirkungen des Phonographen waren durch die Kosten der dazu benötigten Apparate eingeschränkt, so daß nur wenige Begüterte sich solche Geräte leisten konnten. Der Einfluß der Presse wurde dadurch beschränkt, daß diese sich noch immer auf das altmodische gedruckte Wort stützte. Zwar wurde ihr Inhalt zu kleinen und in sich abgeschlossenen Berichten zum Nutzen einer Leserschaft aufbereitet, die über weniger Bildung verfügte und weniger konzentrationsfähig war als die gediegenen Eliten der Mittelschicht, die *The Times*, das *Journal des Débats* oder die *Neue Freie Presse* lasen, aber das war auch alles. Ihre rein äußerlichen Neuerungen – fette Schlagzeilen, ein verändertes Seitenlayout, die Mischung von Text und Bildern und vor allem die Displaywerbung – waren zweifellos revolutionär, wie die Kubisten anerkannten, indem sie ihren Collagen auch Zeitungsausschnitte einverleibten; doch vermutlich die einzig wirklich innovatorischen Kommunikationsformen, die von der Presse wiederbelebt wurden, waren Cartoons und vielleicht noch die Vorläufer der heutigen Comics, die die Presse von volkstümlichen

Plakaten und Flugblättern übernahm und aus technischen Gründen vereinfachte.* Die Massenpresse, die bereits nach 1890 Auflagen von mehr als einer Million erreichte, veränderte zwar die äußere Aufmachung der Zeitung, aber nicht deren Inhalt oder deren Assoziationen – vielleicht weil die Gründer von Zeitungen zumeist gebildet und mit Sicherheit reich und deshalb empfänglich für die Werte der bürgerlichen Kultur waren. Ansonsten gab es an Zeitungen und Zeitschriften nichts prinzipiell Neues.

Dem gegenüber war das Kino, das (am Ende auch über das Fernsehen und Videogerät) sämtliche Künste des 20. Jahrhunderts beherrschen und verändern sollte, in seiner Technik, seiner Produktionsweise und in seiner Art der Realitätswiedergabe etwas ganz und gar Neuartiges. Hier war in der Tat die erste Kunstform, die es nirgendwo anders geben konnte als in der Industriegesellschaft des 20. Jahrhunderts und die in den früheren Künsten keinerlei Parallele oder Vorläuferin hatte – nicht einmal in der bewegungslosen Fotografie, in der man wenig mehr sehen konnte als eine Alternative zur Zeichnung oder zum Gemälde (vgl. *Die Blütezeit des Kapitals*, Kap. 15, IV). Zum ersten Mal in der Geschichte hatte sich die visuelle Wiedergabe von Bewegung von der unmittelbaren, lebensechten Darstellung losgelöst. Und zum ersten Mal in der Geschichte waren Handlung, Drama oder Schauspiel von den durch Zeit, Raum und die physische Natur des Beobachters auferlegten Beschränkungen befreit, ganz zu schweigen von den bisherigen Grenzen der Bühnenillusion. Die Bewegung der Kamera, die Variabilität ihrer Brennweite, die unbegrenzten Möglichkeiten der Trickfotografie und ganz besonders die Möglichkeit, den Filmstreifen, auf dem alles festgehalten war, in passende Stücke zu schneiden und diese beliebig wieder zusammenzusetzen, wurden sehr schnell erkannt und von Filmemachern genutzt, die in den wenigsten Fällen ein Interesse an den avantgardistischen Künsten oder ein Verständnis für diese hatten. Dennoch gibt es keine Kunst, die die Erfordernisse und den unbeabsichtigten Triumph eines extrem traditionslosen künstlerischen Modernismus schlagender repräsentieren könnte als das Kino.

Tatsächlich war der Triumph des Kinos im Hinblick auf seine Schnelligkeit und sein Ausmaß ganz außergewöhnlich und ohne jedes Beispiel. Filmaufnahmen wurden technisch erst um 1890 möglich. Obwohl die Franzosen die eigentlichen Pioniere waren, die solche »Laufbilder« vorführten, wurden die ersten Kurzfilme als Jahrmarkt- oder Varieténeuheiten in den Jahren 1895/96

* Die Rolle der Länder mit einer starken demokratischen und volkstümlichen Presse ohne ein breites mittelständisches Publikum für die Entwicklung der modernen politischen Karikatur ist hier festzuhalten. Zur Bedeutung Australiens vor 1914 in diesem Zusammenhang vgl. Hobsbawm 1982, S. 3.

fast gleichzeitig in Paris, Berlin, London, Brüssel und New York gezeigt (vgl. Bächlin 1945, S. 214, Anm. 14). Kaum ein Dutzend Jahre später gab es 26 Millionen US-Amerikaner (etwa 20 Prozent der Gesamtbevölkerung), die *Woche für Woche* ins Kino gingen, zumeist in die 8000-10.000 *nickleodeons* (Kino- oder Varietétheater mit einem Eintrittspreis von fünf Cent; vgl. Balio 1985, S. 86). Und in Europa gab es zu dieser Zeit selbst im rückständigen Italien fast 500 Kinos in den Großstädten, 40 davon allein in Mailand (vgl. Brunetta 1979, S. 44). Bis 1914 war das US-amerikanische Filmpublikum bereits auf knapp 50 Millionen angewachsen (vgl. Balio 1985, S. 98). Filme waren jetzt das große Geschäft. 1912 hatte Carl Laemmle (für Mary Pickford) das Filmstarsystem erfunden. Und die Filmindustrie begann sich an einem Ort niederzulassen, der auf dem besten Wege war, zu ihrer Weltmetropole zu werden – auf einem Hügelgelände am Rande von Los Angeles.

Diese enorme Leistung verdankte sich in erster Linie dem Umstand, daß sich die Filmpioniere für nichts anderes interessierten als für eine gewinnträchtige Unterhaltung des Massenpublikums. Sie zogen in diese Industrie als kleine Jahrmarktschausteller ein wie etwa der erste Filmmagnat, der Franzose Charles Pathé (1863-1957) – obwohl gerade er für die europäischen Filmunternehmer nicht typisch war. Häufiger waren sie wie in den USA arme, aber tatkräftige eingewanderte jüdische Handlungsreisende, die genauso bereitwillig Kleidung, Handschuhe, Pelze, Eisenwaren oder Fleisch verkauft hätten, wenn diese Tätigkeit ebenso gewinnversprechend gewesen wäre. Sie wandten sich der Filmproduktion zu, um zugkräftige Nummern zu bieten. Ihr Publikum suchten sie zielsicher unter den am wenigsten Gebildeten, am wenigsten Intellektuellen, am wenigsten Kultivierten und am wenigsten Anspruchsvollen, die die billigen Varietétheater füllten, in denen Carl Laemmle (Universal Films), Louis B. Mayer (Metro-Goldwyn-Mayer), die Warner Brothers und William Fox (Fox Films) um 1905 ihre Karriere begannen. In *The Nation* (1913) begrüßte die populistische Demokratie US-Amerikas diesen durch das niedrige Eintrittsgeld von fünf Cent ermöglichten Triumph der niederen Schichten, während die europäische Sozialdemokratie, der es darum zu tun war, den Arbeitern die höheren Dinge des Lebens nahezubringen, Filme als Zerstreuung des Lumpenproletariats auf der Flucht in eine Phantasiewelt ablehnte (vgl. ebd., S. 87; *Mit uns zieht die neue Zeit*..., 1981, S. 185). Somit entwickelte sich der Film gemäß den Rezepten für einen garantierten Applaus, wie sie sich seit den Tagen der alten Römer immer wieder bewährt hatten.

Es kam noch dazu, daß der Film einen unvorhergesehenen, aber absolut entscheidenden Vorteil genoß. Da er bis zum Ende der 20er Jahre nur Bilder und keine gesprochenen Wörter wiedergeben konnte, war er zur Geräuschlosigkeit verurteilt, die nur durch die Klänge der musikalischen Begleitung unterbrochen wurde, was wiederum die beruflichen Möglichkeiten zweitklassiger Musiker verbesserte. Von den Zwängen des babylonischen Turmes befreit, entwickelten die Filme aus diesem Grund eine Universalsprache, so daß es möglich wurde, unabhängig von der jeweiligen Landessprache mit ihnen den Weltmarkt zu erobern.

Es steht außer Zweifel, daß die revolutionären Neuerungen des Films als einer Kunst, die in den USA praktisch allesamt bis 1914 entwickelt worden waren, auf dessen Notwendigkeit zurückgingen, ein potentiell universelles Publikum ausschließlich durch das – technisch manipulierbare – Auge anzusprechen; aber auch, daß Neuerungen, welche die Avantgarde der hohen Kultur in ihrem Wagemut weit hinter sich ließen, von den Massen bereitwillig akzeptiert wurden, weil dies eine Kunst war, die alles veränderte, nur nicht ihren Inhalt. Was das Publikum in den Kinos zu sehen bekam und liebte, war nichts anderes als das, was die Zuschauer schon immer verblüfft, erregt, amüsiert und bewegt hatte, seit es überhaupt ein Vergnügungsgewerbe gab. Paradoxerweise war dies der Punkt, an dem die hohe Kultur ihren einzigen bedeutenden Beitrag zur US-amerikanischen Filmindustrie leistete, die 1914 davor stand, den Weltmarkt zu erobern und völlig zu beherrschen.

Denn während US-amerikanische Filmproduzenten dabei waren, mit Hilfe der Fünfcentstücke von Einwanderern und Arbeitern zu Millionären zu werden, träumten andere Theater- und Varieteunternehmer (ganz zu schweigen von einigen der Betreiber von Billigkinos) davon, die größere Kaufkraft und »Klasse« des besseren Familienpublikums anzuzapfen, ganz besonders das Haushaltsgeld der »neuen Frau« und ihrer Kinder in den USA. (Bislang bestand das Publikum der Billigkinos zu 75 Prozent aus männlichen Erwachsenen). Um diese Zuschauer anzulocken, brauchte man aufwendige und prestigeträchtige Drehbuchvorlagen (»Filmklassiker«), und dieses Risiko wollten die Produzenten von Billigfilmen in den USA nicht eingehen. Aber solche Filme konnte man von der ebenfalls bahnbrechenden französischen Filmindustrie beziehen, die nach wie vor ein Drittel der Weltproduktion beherrschte, oder aus anderen europäischen Ländern importieren. Denn in Europa war das traditionelle Theater mit seinem festen Mittelschichtpublikum die natürliche Quelle einer anspruchsvolleren Kinounterhaltung, und wenn Bühnenbearbeitungen biblischer Geschichten und weltlicher Klassiker (Zola, Dumas, Daudet, Hugo) erfolgreich waren, warum nicht auch Filmbearbeitungen? Importe von aufwendigen Kostümfilmen mit berühmten Schauspielerinnen wie Sarah Bernhardt oder von prächtigen Ausstattungsfilmen, auf die sich die Italiener spezialisiert hatten, erwiesen sich in den letzten Jahren vor dem Ersten

Weltkrieg als kommerziell erfolgreich. Angeregt durch die dramatische Wendung vom Aktualitätenkino zu Geschichten und Komödien, die sich anscheinend zwischen 1905 und 1909 bemerkbar machte, wurden die US-amerikanischen Produzenten ermutigt, ihre eigenen Kinoromane und -epen herzustellen. Und dies bot wiederum ansonsten uninteressanten minderen literarischen Talenten aus der gediegenen US-amerikanischen Mittelschicht wie D. W. Griffith die Möglichkeit, den Film zu einer wichtigen und eigenständigen Kunstform zu machen.

Hollywood beruhte auf der Verbindung zwischen der Volkstümlichkeit der Billigproduktionen und dem kulturell und moralisch anspruchsvollen Schauspiel und Gefühl, wie sie von der ebenfalls großen Zahl von US-Amerikanern aus der Mittelschicht erwartet wurden. Seine Stärke und seine Schwäche lagen gerade in seiner bewußten Beschränkung auf den kommerziellen Erfolg auf dem Massenmarkt. Die Stärke war vor allem wirtschaftlicher Art. Das europäische Kino entschied sich nicht ohne einigen Widerstand bei volkstümlichen Filmproduzenten* für das gebildete Publikum auf Kosten der Ungebildeten. Wer hätte sonst die berühmten deutschen UFA-Filme der 20er Jahre drehen sollen? Inzwischen konnte die Filmindustrie in den USA einen Massenmarkt voll ausnutzen, hinter dem eine Bevölkerung stand, die auf dem Papier lediglich um ein Drittel größer war als die des Deutschen Reiches. Das erlaubte ihr, nicht nur kostendeckend zu produzieren, sondern auch im eigenen Land riesige Gewinne zu erwirtschaften und auf diese Weise auch die übrige Welt zu erobern, indem sie ihre Produkte zu Schleuderpreisen anbot. Der Erste Weltkrieg sollte diesen entscheidenden Vorteil noch vergrößern und die Stellung der US-amerikanischen Filmbranche unangreifbar machen. Die unbegrenzten Mittel versetzten Hollywood außerdem in die Lage, Talente aus aller Welt anzuwerben, die nach dem Krieg vor allem aus Mitteleuropa kamen. Nicht immer wurden diese ihren Fähigkeiten entsprechend eingesetzt.

Die Schwächen Hollywoods waren nicht weniger offensichtlich. Diese Filmmetropole schuf ein außergewöhnliches Medium mit außergewöhnlichen Möglichkeiten, dessen künstlerische Botschaft allerdings zumindest bis zu den 30er Jahren fast unbedeutend war. Die Zahl der US-amerikanischen Stummfilme, die noch in der Erinnerung lebendig sind oder an die sich wenigstens Gebildete noch erinnern können, ist sehr gering – mit Ausnahme

* »Unsere Industrie, die ihren Fortschritt dem Anklang verdankt, den sie bei der breiten Masse findet, benötigt die Unterstützung aller gesellschaftlichen Schichten. Sie darf sich nicht allein an die Wohlhabenden wenden, die es sich leisten können, für eine Kinokarte fast ebensoviel auszugeben wie für ein Theaterbillett.« (*Vita Cinematografica* 1914; zit. n. Brunetta 1979, S. 56)

der Filmkomödien. Angesichts der enormen Geschwindigkeit, mit der Filme produziert wurden, machen sie einen verschwindend kleinen Anteil der Gesamtproduktion aus. Unter ideologischem Aspekt war die Botschaft allerdings alles andere als unbedeutend oder unwirksam. Wenn sich heute auch kaum noch jemand an die meisten B-Produktionen erinnern kann, so gingen die von ihnen vertretenen Werte doch in die hohe US-Politik des späten 20. Jahrhunderts ein.

Trotz dieser Mängel revolutionierte die industrialisierte Massenunterhaltung die Künste des 20. Jahrhunderts, und sie tat dies getrennt und unabhängig von der Avantgarde. Denn bis 1914 spielte die künstlerische Avantgarde im Filmsektor keine Rolle, und offenbar interessierte sie sich auch nicht dafür, mit Ausnahme eines einzigen russischstämmigen Kubisten in Paris, von dem es heißt, er habe sich 1913 mit der Möglichkeit einer abstrakten Filmsequenz beschäftigt (vgl. Chigrini 1960, S. 626). Die Avantgarde nahm dieses Medium erst in der Mitte des Krieges ernst, als es schon fast bis zur Reife gediehen war. Vor 1914 war die typische Form einer avantgardistischen Unterhaltung eine Aufführung des russischen Balletts, für das der große Impresario Diaghilew die revolutionärsten und ausgefallensten Komponisten und Maler gewann. Doch das russische Ballett wandte sich ebenso hemmungslos an eine Elite wohlhabender oder vornehmer Kultursnobs wie die US-amerikanischen Filmproduzenten das Publikum aus der Unterschicht ansprechen wollten.

So entwickelte sich die »moderne«, die wirklich »zeitgenössische« Kunst dieses Jahrhunderts völlig unerwartet, unbeachtet von den Hütern der Kulturwerte und in dem Tempo, das einer echten Kulturrevolution angemessen ist. Doch sie war nicht länger – und konnte es auch nicht sein – die Kunst der bürgerlichen Welt und des Jahrhunderts der Bourgeoisie, ausgenommen in einer entscheidenden Hinsicht: Sie war zutiefst kapitalistisch. War sie überhaupt »Kultur« im bürgerlichen Verständnis des Wortes? Die meisten gebildeten Menschen hätten diese Frage 1914 fast sicher verneint. Und dennoch erwies sich dieses neue und revolutionäre Medium der Massen als wesentlich stärker als die Kultur der Eliten, deren Suche nach einer neuen Weise der Abbildung von Wirklichkeit in den meisten Darstellungen der Kunst des 20. Jahrhunderts einen breiten Raum einnimmt.

Nur wenige Gestalten repräsentieren die alte Tradition in ihrer konventionellen und ihrer revolutionären Spielart vollkommener als zwei Komponisten aus dem Wien der Vorkriegszeit: Erich Wolfgang Korngold, ein Wunderknabe in der durchschnittlichen Musikszene, der sich schon früh an Symphonien, Opern und alles andere wagte, und Arnold Schönberg. Der erstere beschloß sein Leben als höchst erfolgreicher Komponist von Filmmusik für

Hollywood und als Musikdirektor bei Warner Brothers. Der letztere, der die klassische Musik des 19. Jahrhunderts revolutioniert hatte, verbrachte den Rest seines Lebens in derselben Stadt, noch immer ohne Publikum, dafür jedoch bewundert und unterstützt von anpassungsfähigeren und finanziell weit besser gestellten Musikern, die ihr Geld beim Film verdienten, indem sie darauf verzichteten, jene Kenntnisse anzuwenden, die sie bei ihm erworben hatten.

Die Künste des 20. Jahrhunderts wurden also revolutioniert, wenn auch nicht durch jene, die sich genau dies zum Ziel gesetzt hatten. In dieser Hinsicht unterschieden sie sich auffallend von den Naturwissenschaften.

Kapitel 10
Erschütterte Gewissheiten: die Wissenschaften

»Aus was setzt sich das stoffliche Universum zusammen? Aus Äther, Materie und Energie.«

S. Laing (1885/1896, S. 51)

»Es besteht allgemein Einigkeit darüber, daß es in den vergangenen 15 Jahren einen großen Fortschritt in unserem Wissen über die fundamentalen Gesetze der Vererbung gegeben hat. Man darf sogar so weit gehen zu behaupten, daß während dieser Zeit auf diesem Gebiet mehr Erkenntnisse gewonnen wurden als in allen Jahrhunderten davor.«

Raymond Pearl (1915, S. 159)

»Raum und Zeit gehören für die Relativitätsphysik nicht mehr zu den Wesensbestandteilen der Welt, und man weiß heute, daß sie Konstruktionen sind.«

Bertrand Russell (1914/1952, S. 109)*

Es gibt Perioden, in denen die gesamte Art und Weise, wie der Mensch sich sein Bild vom Universum macht und dieses zu begreifen sucht, innerhalb einer ziemlich kurzen Zeitspanne verworfen und radikal verändert wird, und zu ihnen zählen auch die Jahrzehnte vor dem Ersten Weltkrieg. Diese Veränderung wurde bisher nur von einer relativ kleinen Anzahl Männer und Frauen in einigen wenigen Ländern verstanden oder auch nur zur Kenntnis genommen; das gilt selbst innerhalb jener geistigen oder schöpferischen Bereiche, die von ihr betroffen waren. Und keineswegs alle diese Bereiche erlebten eine derartige Veränderung oder wurden in derselben Weise transformiert. Eine eingehendere Untersuchung hätte zu unterscheiden zwischen Forschungsbereichen, in denen ein stetiger Fortschritt statt eines radikalen Wandels verzeichnet wurde (wie in der Medizin), und Disziplinen, in denen eine Revolution stattfand (wie in der Physik); zwischen alten Wissenschaften, die revolutioniert wurden, und Wissenschaften, die an sich schon etwas Neues darstell-

* Diese Passage ist in der deutschen Ausgabe von 1926 nicht enthalten (A. d. Ü.).

ten, da sie in unserer Periode entstanden (wie die Genetik); zwischen wissenschaftlichen Theorien, die dazu bestimmt waren, zur Grundlage eines neuen Konsensus oder einer Orthodoxie zu werden, und anderen, die an den Rändern ihrer Disziplin bleiben sollten (wie die Psychoanalyse). Sie hätte außerdem zu unterscheiden zwischen überkommenen Theorien, die zwar in Frage gestellt, aber in einer mehr oder weniger modifizierten Form erfolgreich neubegründet wurden (wie der Darwinismus), und anderen Bestandteilen des geistigen Erbes der Mitte des 19. Jahrhunderts, die nur noch in überholten Lehrbüchern bewahrt wurden (wie die Physik Lord Kelvins). Und sie müßte sicherlich einen Unterschied machen zwischen den Natur- und den Sozialwissenschaften, die sich ganz wie die traditionellen Geisteswissenschaften von den ersteren immer weiter entfernt und auf diese Weise eine immer breitere Kluft erzeugt haben, in der die große Masse dessen, was das 19. Jahrhundert als »Philosophie« angesehen hatte, zu verschwinden schien. Auch wenn wir diese pauschale Feststellung in dieser oder jener Hinsicht einschränken, behält sie ihre Gültigkeit. Die geistige Landschaft, in der sich allmählich mit den Namen Planck, Einstein und Freud verbundene Gipfelpunkte abzeichneten, von Namen wie Schönberg oder Picasso nicht zu reden, unterschied sich eindeutig und grundlegend von der, wie sie etwa 1870 von intelligenten Beobachtern wahrgenommen wurde.

Die Veränderung erfolgte in zweierlei Hinsicht. Auf der geistigen Ebene bedeutete sie das Ende einer Sicht des Universums mit den Augen des Architekten oder Ingenieurs: ein noch unvollendetes Gebäude, das jedoch in absehbarer Zeit fertiggestellt sein würde; ein Gebäude, das auf »Tatsachen« gründete, durch einen festen Rahmen aus Ursachen mit entsprechenden Wirkungen und aus »Naturgesetzen« zusammengehalten und mit den zuverlässigen Werkzeugen der Vernunft und der wissenschaftlichen Verfahren errichtet wurde; eine Konstruktion des Geistes zwar, in der sich jedoch in zunehmend genauer Annäherung die objektiven Gegebenheiten des Kosmos ausdrückten. Im Denken der siegreichen bürgerlichen Welt war der gigantische statische Mechanismus des Universums, wie er vom 17. Jahrhundert übernommen und seitdem durch Übertragung auf andere Bereiche erweitert worden war, nicht nur auf Dauer und Prognostizierbarkeit, sondern auch auf Veränderung angelegt – auf eine Evolution (die umstandslos mit säkularem »Fortschritt« zumindest in menschlichen Angelegenheiten gleichgesetzt werden konnte). Es war dieses Modell vom Universum, das jetzt in sich zusammenfiel.

Dieser Zusammenbruch hatte allerdings einen wesentlichen psychologischen Aspekt. Die geistige Durchdringung der bürgerlichen Welt verbannte die alten Kräfte der Religion aus der Analyse eines Universums, an dem das Übernatürliche und das Wunderbare keinen Anteil haben konnten, und ließen wenig analytischen Raum für Gefühle, ausgenommen als Produkte der Naturgesetze. Trotzdem schien das dergestalt konstruierte Universum mit geringfügigen Ausnahmen sowohl vereinbar mit der intuitiven Erfassung der materiellen Welt durch den Menschen (der »sinnlichen Erfahrung«) als auch mit den intuitiven oder zumindest altehrwürdigen Vorstellungen von der Wirkungsweise des menschlichen logischen Denkens. So war es immer noch möglich, sich von der Physik und der Chemie ein mechanistisches Bild zu machen (das »Billardkugel-Atom«).* Doch bei der erneuten Konstruktion des Universums zeigte sich mehr und mehr die Notwendigkeit, Intuition und »gesunden Menschenverstand« über Bord zu werfen. Die »Natur« wurde gewissermaßen immer weniger »natürlich« und stattdessen immer unbegreiflicher. Obwohl wir heute alle von und mit einer Technik leben, die auf der neuen wissenschaftlichen Revolution beruht, ist es in einer Welt, deren äußeres Erscheinungsbild durch sie verändert wurde und in der sich Begriffe und Vokabular der wissenschaftlichen Revolution im Diskurs gebildeter Laien niederschlagen, alles andere als klar, wie weit diese Revolution in die gemeinsamen Denkprozesse des Laienpublikums selbst heute Eingang gefunden haben. Man könnte sagen, daß diese Revolution eher existentiell und nicht intellektuell absorbiert worden ist.

Der Prozeß der Abtrennung der Intuition von der Wissenschaft läßt sich vielleicht am extremen Beispiel der Mathematik verdeutlichen. Etwa um die Mitte des 19. Jahrhunderts begann der Fortschritt des mathematischen Denkens nicht nur Resultate hervorzubringen, die zur wirklichen Welt in Widerspruch standen, wie sie von der sinnlichen Wahrnehmung erfahren wurde, z.B. die nicht-euklidsche Geometrie (das hatte sie schon früher getan; vgl. *Europäische Revolutionen),* sondern auch Resultate, die selbst für Mathematiker schockierend waren, so daß sie wie der große Georg Cantor nur noch sagen konnten: »Je vois, mais je ne crois pas.« (Zit. n. Boyer 1968, S. 82) Es begann die von Bourbaki so bezeichnete »Pathologie der Mathematik« (Bourbaki 1960, S. 27). In der Geometrie, einem der beiden dynamischen Forschungsgebiete der Mathematik des 19. Jahrhunderts, werden die unterschiedlichsten, scheinbar undenkbaren Phänomene entdeckt, z.B. Kurven ohne Tangenten. Doch die dramatischste und »unmöglichste« Entwicklung war vielleicht die Erforschung unendlicher Größen durch Cantor, wodurch eine Welt geschaffen

* Das »unteilbare« Atom, das bald in noch kleinere Partikel aufgespalten werden sollte, trat zufälligerweise gerade damals als Grundbaustein der physikalischen Wissenschaften wieder auf den Plan, nachdem es eine Zeitlang ein unbeachtetes Dasein geführt hatte.

wurde, in der die intuitiven Begriffe »größer« und »kleiner« keine Geltung mehr hatten und die Regeln der Arithmetik nicht mehr zu den erwarteten Ergebnissen führten. Es war ein erregender Fortschritt, die Situation eines mathematischen »Paradieses«, um eine Wendung Hilberts zu gebrauchen, aus dem die Avantgarde der Mathematiker sich nicht mehr vertreiben lassen wollte.

Ein Lösungsweg – der anschließend von der Mehrheit der Mathematiker eingeschlagen wurde – bestand darin, die Mathematik von jedem Bezug zur realen Welt zu emanzipieren und aus ihr eine Weiterentwicklung von Postulaten, genauer gesagt von beliebigen Postulaten zu machen, die nur präzise genug definiert sein und untereinander ein widerspruchsfreies System bilden mußten. Von nun an fußte die Mathematik auf der rigorosen Ausschaltung des Glaubens an irgendetwas anderes als an die Regeln eines Spiels. Bertrand Russell zufolge – selbst maßgeblich an der Revolutionierung der Grundlagen der Mathematik beteiligt, die jetzt vielleicht zum erstenmal in deren Geschichte in den Bühnenmittelpunkt gerückt wurden – war die Mathematik jene Disziplin, in der niemand wußte, von was er sprach oder ob das, was er sagte, die Wahrheit war (vgl. Boyer 1968, S. 649). Ihre Grundlagen wurden neuformuliert, indem jeder Rückgriff auf die Intuition rigoros ausgeschlossen wurde.

Das stellte die Mathematiker vor enorme psychologische und zum Teil auch denkerische Schwierigkeiten. Der Bezug der Mathematik zur Realität ließ sich nicht bestreiten, auch wenn er für die mathematischen Formalisten irrelevant war. Im 20. Jahrhundert hat selbst die »reinste« Mathematik immer wieder bestimmte Entsprechungen in der Wirklichkeit entdeckt und sogar dazu gedient, diese Welt zu erklären oder sie durch die Technik zu beherrschen. G. H. Hardy, ein reiner Mathematiker, der sich auf Zahlentheorie spezialisiert hatte – und nebenbei der Autor einer brillanten Autobiographie –, ein Mann, der stolz versicherte, nichts von alledem, was er getan habe, sei von praktischem Nutzen, hatte immerhin ein Theorem aufgestellt, das der modernen Populationsgenetik zugrundeliegt (das sogenannte Hardy-Weinberg-Gesetz). Welcher Art war die Beziehung zwischen dem mathematischen Spiel und dem Aufbau der wirklichen Welt, die ihm entsprach? Für die Mathematiker als Mathematiker mochte das keine Rolle spielen, doch offenbar haben selbst zahlreiche Formalisten wie der große Hilbert (1862-1943) an eine objektive mathematische Wahrheit geglaubt, d.h., es war keineswegs irrelevant, was Mathematiker von der »Natur« der mathematischen Gebilde dachten, mit denen sie arbeiteten, oder von der »Wahrheit« ihrer Theoreme. Eine ganze Schule von »Intuitionisten«, vorweggenommen von Henri Poincaré

(1854-1912) und seit 1907 angeführt von dem Niederländer L. E. J. Brouwer (1882-1966), verwarf entschieden jeden Formalismus, wenn nötig um den Preis, selbst jene Triumphe mathematischen Denkens aufzugeben, deren buchstäblich unglaubliche Resultate zu einer Reformulierung der Grundlagen der Mathematik geführt hatten, und ganz besonders Cantors eigene Arbeiten über die Mengenlehre, die dieser gegen den leidenschaftlichen Widerspruch mancher Gegner in den Jahren nach 1870 veröffentlicht hatte. Die durch diesen Kampf in den eisigen Höhen des reinen Denkens entbundenen Leidenschaften sind ein Hinweis darauf, wie tief die geistige und seelische Krise reichte, die durch die Auflösung der alten Bezüge der Mathematik zur realen Welt ausgelöst wurde.

Außerdem war die Revision der Grundlagen der Mathematik an sich schon alles andere als unproblematisch, denn bereits der Versuch, sie auf strenge Definitionen und Widerspruchsfreiheit aufzubauen (was wiederum die Entwicklung der mathematischen Logik anregte), stieß auf Schwierigkeiten, die die Mathematik zwischen 1900 und 1930 in die »große Krise der Fundamente« stürzten (Bourbaki 1960, S. 43). Der radikale Ausschluß jeder Intuition war selbst nur möglich durch eine gewisse Einengung des mathematischen Horizonts. Hinter diesem lagen die Antinomien, die jetzt von Mathematikern und mathematischen Logikern entdeckt wurden – Bertrand Russell hatte einige von ihnen zu Beginn des 20. Jahrhunderts formuliert – und die gravierendsten Probleme aufwarfen.* Schließlich (1931) bewies der österreichische Mathematiker Kurt Gödel, daß es für bestimmte grundlegende Zwecke überhaupt nicht möglich war, Widersprüche auszuschließen: Es ist unmöglich, durch eine endliche Kette von Beweisschritten, die nicht zu Widersprüchen führen, die Widerspruchsfreiheit der Axiome der Arithmetik zu beweisen. Damals hatten sich die Mathematiker jedoch schon daran gewöhnt, mit den Ungewißheiten ihrer Disziplin zu leben. Die Generationen der beiden Jahrzehnte nach 1890 hatten sich damit noch lange nicht abgefunden.

Die Krise in der Mathematik konnte von den meisten ignoriert werden. Eine weit größere Zahl von Wissenschaftlern und schließlich auch die meisten gebildeten Menschen wurden in die Krise des auf Galilei und Newton zurückgehenden physikalischen Weltbildes hineingezogen, deren Anfänge sich eini-

* Ein einfaches Beispiel (von Berry und Russell) ist die Aussage: »Die Menge der ganzen Zahlen, die sich mit weniger als 16 Wörtern definieren lassen, ist endlich.« Es ist unmöglich, widerspruchsfrei eine ganze Zahl als »die kleinste ganze Zahl, die sich nicht mit weniger als 16 Wörtern definieren läßt« zu definieren, da die zweite Definition nur aus 14, also weniger als 16 Wörtern besteht. Die fundamentalste dieser Antinomien ist »Russels Antinomie«, die die Frage aufwirft, ob die Menge aller Mengen, die sich nicht selbst enthalten, sich selbst enthält. Das liegt auf derselben Ebene wie das berühmte Paradox des griechischen Philosophen Zeno, der die Frage gestellt hatte, ob man einem Kreter glauben könne, der behauptet, »alle Kreter sind Lügner«.

germaßen genau bis zum Jahr 1895 zurückverfolgen lassen und an deren Ende das newtonische von Einsteins Universum der Relativität verdrängt wurde. Sie stieß bei den Physikern auf weniger Widerstand als die mathematische Revolution bei den Mathematikern, vermutlich deshalb, weil noch nicht deutlich geworden war, daß sie eine Herausforderung der traditionellen Glaubensartikel über Gewißheit und die Naturgesetze bedeutete. Das kam erst in den 20er Jahren. Andererseits stieß sie auf beträchtlichen Widerstand beim Laienpublikum. Noch 1913 konnte ein gelehrter und keineswegs dummer deutscher Verfasser einer vierbändigen Geschichte der Naturwissenschaften (in der freilich weder Planck – höchstens als Erkenntnistheoretiker – noch Einstein, J. J. Thomson oder eine Reihe anderer Namen erwähnt wurden, die man heute nicht mehr übergehen könnte) bestreiten, daß sich in den Naturwissenschaften eine Revolution ereignet hatte: »Es zeugt von einer tendenziösen Darstellung der Wissenschaften, wenn es so geschildert wird, als ob ihre Grundlagen ins Wanken geraten seien und unsere Zeit von neuem aufbauen müsse.« (Dannemann 1913, Bd. 4, S. 433) Bekanntlich liegt die moderne Physik den meisten Laien und selbst den Lesern der vielfach brillanten und nach dem Ersten Weltkrieg immer häufiger werdenden allgemeinverständlichen Darstellungen bis heute ebenso fern, wie die höheren Sphären der Scholastik der Mehrzahl der christlichen Gläubigen im Europa des 14. Jahrhunderts unzugänglich blieben. Linke Ideologen verwarfen die Relativitätstheorie, weil sie mit ihrem Bild der Wissenschaft unvereinbar war, und Kritiker auf der Rechten taten sie als jüdisch ab. Kurzum, von nun an war die Naturwissenschaft etwas, das einerseits nur noch von wenigen verstanden und andererseits von vielen abgelehnt wurde, denen zugleich immer deutlicher zu Bewußtsein kam, wie sehr sie eigentlich von ihr abhingen.

Der Schock für die Erfahrung, den gesunden Alltagsverstand und die hergebrachten Vorstellungen vom Universum läßt sich vielleicht am besten durch das Problem des »Lichtäthers« veranschaulichen, das heute fast ebenso in Vergessenheit geraten ist wie das des Phlogiston, mit dem man im 18. Jahrhundert den Verbrennungsvorgang vor der Revolution in der Chemie zu erklären gesucht hatte. Es gab keine Beweise für den Äther, ein elastisches, festes, nicht komprimierbares und reibungsloses Etwas, von dem man annahm, es fülle das Universum aus, und doch mußte er einfach existieren in einem Weltbild, das im wesentlichen mechanistisch war und jede sogenannte »Fernwirkung« ausschloß, hauptsächlich deshalb, weil die Physik des 19. Jahrhunderts überwiegend mit Wellen zu tun hatte, angefangen mit den Lichtwellen (deren tatsächliche Geschwindigkeit jetzt erstmals ermittelt wurde) und verstärkt durch den Fortschritt in der Erforschung des Elektromagnetismus, der seit Maxwell auch Lichtwellen mit einzuschließen schien. Aber in einem mechanistisch gedachten physikalischen Universum mußten Wellen etwas sein, das sich wie Meereswellen im Wasser in einem *Medium* fortpflanzte. Da die Wellenbewegung für das physikalische Weltbild immer bedeutsamer wurde, »wurde der Äther in diesem Jahrhundert entdeckt und zwar insofern, als alle bekannten Hinweise auf seine Existenz in dieser Epoche gesammelt wurden« (Smith Williams 1900, S. 231). Kurz, er wurde erfunden, weil, wie alle die »maßgeblichen Physiker« glaubten – mit nur ganz seltenen Abweichlern wie Heinrich Hertz (1857-1894), dem Entdecker der Radiowellen, und Ernst Mach (1836-1916), am bekanntesten geworden durch seine Wissenschaftstheorie –, »wir ohne ihn nichts vom Licht, von Strahlungswärme, von Elektrizität oder Magnetismus wüßten; ohne ihn gäbe es wahrscheinlich nichts dergleichen wie die Schwerkraft« (ebd., S. 230f.). Ein mechanistisches Weltbild erforderte nun einmal, daß diese Kraft durch ein stoffliches Medium übertragen wurde.

Wenn es jedoch tatsächlich einen Äther gab, dann mußte er mechanische Eigenschaften haben, gleichgültig, ob diese mit Hilfe der neuen elektromagnetischen Begriffe nachgewiesen wurden oder nicht. Aber damit waren beträchtliche Schwierigkeiten verbunden, da die Physik (seit Faraday und Maxwell) mit zwei begrifflichen Modellen arbeitete, die sich nicht ohne weiteres miteinander verbinden ließen und tatsächlich sogar auseinanderstrebten: die Physik der diskreten Teilchen (der »Materie«) und die der kontinuierlichen Medien (der »Felder«). Es schien am einfachsten anzunehmen – die Theorie wurde von H. A. Lorentz (1853-1928) entwickelt, einem jener hervorragenden holländischen Naturwissenschaftler, die die hier dargestellte Periode ähnlich wie das 17. Jahrhundert zu einem Goldenen Zeitalter der holländischen Wissenschaft machten –, daß sich der Äther in bezug zur bewegten Materie in Ruhelage befand. Diese Annahme ließ sich nunmehr überprüfen, und die beiden US-Amerikaner A. A. Michelson (1852-1931) und E. W. Morley (1838-1923) unternahmen 1887 den entsprechenden Versuch in einem berühmten und einfallsreichen Experiment, das freilich zu einem Ergebnis führte, das zutiefst unerklärlich schien: so unerklärlich und so unvereinbar mit den tiefverwurzelten Überzeugungen der Physiker, daß es noch bis in die 20er Jahre unseres Jahrhunderts mit aller erdenklichen Sorgfalt mehrfach wiederholt wurde – stets mit demselben Ergebnis.

Mit welcher Geschwindigkeit bewegte sich die Erde durch den unbewegten Äther? Ein Lichtstrahl wurde in zwei Einzelstrahlen aufgespalten, die anschließend im rechten Winkel zueinander eine bestimmte, für beide gleich große Strecke zurücklegten, durch einen Spiegel zurückgeworfen wurden und schließlich an ihrem Ausgangspunkt wieder zusammentrafen. Wenn die Erde sich in Richtung des einen der beiden Lichtstrahlen durch den Äther bewegte, mußte die Bewegung der Versuchsanordnung während der Bewegung der Lichtstrahlen dazu führen, daß diese unterschiedlich lange Strecken zurücklegten. Diese Differenz hätte man beobachten müssen, aber es trat keine auf. Offenbar bewegte sich der Äther, woraus immer er bestehen mochte, mit derselben Geschwindigkeit wie die Erde oder wie irgendetwas anderes, das gemessen wurde. Allem Anschein nach hatte er entweder überhaupt keine physikalischen Eigenschaften, oder es gab einfach keine Möglichkeit, sich eine materielle Vorstellung von ihm zu machen. Die Alternative bestand darin, das althergebrachte wissenschaftliche Bild vom Universum über Bord zu werfen.

Leser, die mit der Geschichte der Naturwissenschaften vertraut sind, wird es nicht überraschen zu erfahren, daß Lorentz die Theorie den Tatsachen vorzog und deshalb versuchte, den Michelson-Morley-Versuch wegzuerklären und damit den Äther zu retten, damals noch »der Dreh- und Angelpunkt der modernen Physik« (ebd., S. 236), indem er sich zu einem theoretischen Kraftakt aufschwang, der aus ihm einen »Johannes der Täufer der Relativität« machte (Gillispie 1960, S. 507). Angenommen, man könnte Raum und Zeit ein wenig auseinanderziehen, so daß ein Körper in Richtung seiner Bewegung kürzer wird als im Ruhestand oder quer zur Bewegungsrichtung: Unter diesen Umständen wäre es möglich, daß die Kontraktion der Versuchsanlage von Michelson und Morley die Beobachtung der Bewegungslosigkeit des Äthers verhinderte. Eine solche Annahme, so führte man damals ins Feld, komme Einsteins spezieller Relativitätstheorie (1905) sehr nahe, doch der Punkt bei Lorentz und seiner Generation war der, daß sie das Ei der traditionellen Physik bei dem verzweifelten Versuch, es unversehrt zu erhalten, zerbrachen, während Einstein, zur Zeit des Michelson-Morley-Experiments noch ein Kind, bereit war, dieses Ei einfach fallenzulassen. Es gab keine absolute Bewegung. Es gab keinen Äther, und falls es dennoch einen gab, dann war er für die Physiker nicht von Relevanz. So oder so war die alte Ordnung in der Physik zum Untergang verurteilt.

Zwei Schlußfolgerungen lassen sich aus dieser lehrreichen Episode ziehen. Die erste entspricht dem rationalistischen Ideal, das die Wissenschaft und ihre Historiker vom 19. Jahrhundert übernommen haben, und lautet, daß Tatsachen stärker sind als Theorien. Angesichts der Entwicklungen auf dem Gebiet des Elektromagnetismus, der Entdeckung neuer Formen von Strahlung – Radiowellen (Hertz, 1883), Röntgenstrahlen (Röntgen, 1895) und Radioaktivität (Becquerel, 1896) –, angesichts der Notwendigkeit, die orthodoxe

Theorie zu immer kurioseren Gebilden zu verbiegen und angesichts des Michelson-Morley-Versuchs würde die Theorie über kurz oder lang grundlegend geändert werden müssen, um mit den Tatsachen übereinzustimmen. Es ist kein Wunder, daß dies nicht plötzlich geschah, aber es geschah bald genug: Die Revolutionierung der Physik fällt ziemlich genau in das Jahrzehnt zwischen 1895 und 1905.

Die andere Schlußfolgerung ist das genaue Gegenteil. Die Vorstellung vom physikalischen Universum, die zwischen 1895 und 1905 zertrümmert wurde, hatte sich nicht auf »Tatsachen« gegründet, sondern auf apriorische Annahmen, die sich ihrerseits zum Teil auf ein mechanistisches Modell aus dem 17. Jahrhundert und zum Teil auf noch weiter zurückgehende Intuitionen der sinnlichen Erfahrung und Logik stützten. Nirgendwo stieß die Anwendung der Relativität in der Physik auf größere innere Schwierigkeiten als in der klassischen Mechanik, wo die Relativität seit Galilei als etwas Selbstverständliches galt. Von zwei Systemen, innerhalb deren jeweils die Gesetze Newtons gelten (z.B. zwei Eisenbahnzüge), kann die Physik lediglich sagen, daß sie sich relativ zueinander bewegen, aber nicht, daß sich eines der beiden Systeme in einem absoluten Sinne »in Ruhelage« befindet. Man hatte den Äther erfunden, weil das anerkannte mechanistische Modell des Universums etwas Ähnliches notwendig machte und weil es intuitiv unvorstellbar schien, daß es *irgendwo* in einem bestimmten Sinne keinen Unterschied zwischen absoluter Bewegung und absoluter Ruhelage gab. Nachdem er einmal erfunden war, schloß der Äther die Ausdehnung der Relativität auf die Elektrodynamik oder auf die Gesetze der Physik allgemein aus. Was die eigentliche Revolution in der Physik ausmachte, war also nicht so sehr die Entdeckung neuer Tatsachen, obgleich es dazu ebenfalls kam, sondern das Widerstreben von Physikern, ihre Paradigmen zu überprüfen. Wie so oft, waren es nicht die klugen Köpfe, die bereitwillig zugeben konnten, daß der Kaiser gar nichts anhatte: Sie verbrachten ihre Zeit lieber damit, neue Theorien auszudenken, um zu erklären, warum diese Kleider sowohl prächtig als auch unsichtbar waren.

Nun sind beide Schlußfolgerungen zwar korrekt, doch die zweite ist für den Historiker wesentlich nützlicher als die erste. Denn die erste erklärt eigentlich nicht zureichend, auf welche Weise die Revolution in der Physik zustandekam. Alte Paradigmen sind in der Regel kein Hindernis und waren es auch damals nicht für den Fortschritt in der Forschung oder für die Formulierung von Theorien, die sowohl den Fakten nicht widersprechen als auch geistig fruchtbar sind. Sie führen lediglich zu Resultaten, die sich in der Rückschau (wie im Fall des Äthers) als überflüssige und unnötig komplizierte Theorien erweisen. Andererseits zeigten die Revolutionäre in der Physik – in der Hauptsache auf dem Gebiet jener »theoretischen Physik«, die damals noch kaum als eigenständiges Forschungsfeld anerkannt war, angesiedelt irgendwo zwischen der Mathematik und der experimentellen Physik – einfach kein besonderes Interesse, Widersprüche zwischen beobachteten Daten und der Theorie aufzuklären. Sie gingen ihre eigenen Wege, manchmal angetrieben von rein philosophischen oder gar metaphysischen Neigungen wie Max Planck mit seiner Suche nach »dem Absoluten«, die ihn zur Physik führte – gegen den Rat seiner Lehrer, die überzeugt waren, daß es in dieser Wissenschaft kaum noch etwas Neues zu entdecken gab –, und in Teilgebiete, die anderen uninteressant erschienen (vgl. Planck 1949). In der kurzen autobiographischen Skizze, die Max Planck in seinen späten Jahren verfaßt hat, dessen (1900 verkündete) Quantentheorie den ersten öffentlichen Durchbruch der neuen Physik markierte, liest sich nichts überraschender als das Gefühl der Isolation, des Mißverstandenseins, fast des Versagens, das ihn anscheinend zeitlebens nie ganz verlassen hat. Schließlich gibt es nur wenige Physiker, denen im eigenen Land und international mehr Ehrungen zuteil wurden als ihm zu seinen Lebzeiten. Dieses Gefühl ging zweifellos zu einem Großteil auf jene 25 Jahre seit seiner Dissertation 1875 zurück, in denen der junge Planck vergeblich versuchte, die von ihm bewunderten älteren Kollegen – von denen er einige schließlich doch noch bekehren sollte – dazu zu bewegen, die Arbeiten, die er ihnen vorlegte, nachzuvollziehen, darauf zu antworten oder sie überhaupt zur Kenntnis zu nehmen: Arbeiten, an deren Folgerichtigkeit seiner Meinung nach kein Zweifel möglich war. Wir blicken zurück und sehen Wissenschaftler, die wichtige ungelöste Probleme in ihrem Gebiet erkennen und sich daranmachen, sie zu lösen, wobei einige den richtigen Weg verfolgen und die Mehrheit in die Irre geht. In Wirklichkeit jedoch, das wissen wir von den Wissenschaftshistorikern und spätestens seit Thomas Kuhn (1962), verlaufen wissenschaftliche Revolutionen nach einem anderen Muster.

Wie erklärt sich dann der Wandel in Mathematik und Physik zu jener Zeit? Für den Historiker ist das die entscheidende Frage. Außerdem geht es für den Historiker, der sich nicht ausschließlich auf die spezialisierten Debatten zwischen den Theoretikern konzentriert, nicht einfach um den Wandel im wissenschaftlichen Bild vom Universum, sondern um das Verhältnis dieses Wandels zu allem anderen, was sich während dieser Periode ereignete. Die Prozesse des Geistes verlaufen nicht autonom. Wie immer die Beziehungen zwischen der Wissenschaft und der Gesellschaft, in der sie eingebettet ist, beschaffen sind und wie die jeweils vorherrschenden historischen Konstellationen aussehen, es existiert eine solche Beziehung. Die Probleme, die von den Wissenschaftlern erkannt werden, die Methoden, mit denen sie arbeiten, die

Theorieformen, die sie im allgemeinen für ausreichend und im Einzelfall für angemessen halten, die Ideen und Modelle, mit denen sie an der Lösung arbeiten, sind die von Männern und Frauen, deren Leben selbst in der Gegenwart nur zum Teil auf das Laboratorium oder die Forschung beschränkt ist.

Einige dieser Beziehungen sind simpel bis zur Trivialität. Ein wesentlicher Grund für die Entwicklung der Bakteriologie und Immunologie war eine Funktion des Imperialismus, wenn man einmal annimmt, daß imperiale Mächte ein starkes Interesse an der erfolgreichen Bekämpfung von Tropenkrankheiten wie Malaria und Gelbfieber hatten, die die Aktivitäten des weißen Mannes in den Kolonien hemmten (vgl. Bernal 1967, S. 570). So führt eine direkte Linie von Joseph Chamberlain zu (Sir) Ronald Ross, Nobelpreisträger für Medizin 1902. Auch der Nationalismus spielte eine keineswegs unbedeutende Rolle. Wassermann, dessen Syphilistest den Anstoß zur Entwicklung der Serologie gab, wurde 1906 von deutschen Behörden bedrängt, die darauf bedacht waren, den unzulässigen Vorsprung der Franzosen auf dem Gebiet der Syphilisforschung aufzuholen (vgl. Fleck 1935, S. 74f.). Während es unklug wäre, solche direkten Verbindungen zwischen Wissenschaft und Gesellschaft außer acht zu lassen, ob in Form einer Förderung und Druckausübung durch Politik oder Industrie oder in der weniger trivialen Form wissenschaftlicher Arbeit, die durch den praktischen Fortschritt der Industrie oder deren technische Anforderungen angeregt wird oder daraus hervorgeht: Diese Beziehungen lassen sich unter einem solchen Blickwinkel allein nicht zureichend analysieren, schon gar nicht in der Zeit 1873-1914. Auf der anderen Seite waren die Beziehungen zwischen einer Wissenschaft und ihrer praktischen Anwendung alles andere als eng, wenn wir einmal von Chemie und Medizin absehen. So gab es im Deutschen Reich zwischen 1880 und 1900 einige Länder, die die praktischen Konsequenzen der Wissenschaft ernster nahmen – die Technischen Hochschulen beklagten sich, daß ihre Mathematiker sich nicht darauf beschränkten, die Mathematik zu unterrichten, die von Ingenieuren benötigt wurde, und 1897 brach zwischen den Professoren der Ingenieurwissenschaften und den Mathematikern eine offene Fehde aus. Die überwiegende Mehrheit der deutschen Ingenieure wurde zwar durch den US-amerikanischen Fortschritt angeregt, in den 90er Jahren technische Laboratorien einzurichten, stand jedoch nicht in Tuchfühlung mit der modernen Wissenschaft. Die Industrie wiederum beklagte, daß die Universitäten kein Interesse für ihre Probleme hätten, und betrieb ihre eigene Forschung – obwohl sie sich selbst damit Zeit ließ. Krupp (der seinem Sohn erst 1882 erlaubte, eine Technische Hochschule zu besuchen) zeigte bis Mitte der 90er Jahre kein Interesse an Physik, wohl aber an Chemie (vgl. Treue und Mauel 1976, Bd. 1, S. 271-274 und

348-356). Kurz, Universitäten, Technische Hochschulen, Industrie und Regierung waren noch weit davon entfernt, ihre Interessen und Bemühungen aufeinander abzustimmen. Zwar entstanden von der Regierung finanzierte Forschungsinstitute, aber sie waren noch nicht sehr weit gediehen: Die Kaiser-Wilhelm-Gesellschaft (heute Max-Planck-Gesellschaft), die Grundlagenforschung finanzierte und koordinierte, wurde erst 1911 gegründet, obwohl sie privat finanzierte Vorläufer hatte. Und während zwar einige Regierungen zweifellos damit begannen, Forschungsvorhaben in Auftrag zu geben und sogar einforderten, die sie für wichtig hielten, so können wir doch noch nicht davon sprechen, daß der Staat oder auch die Industrie als entscheidender Auftraggeber für Grundlagenforschung aufgetreten wären, vielleicht mit der alleinigen Ausnahme der Bell Laboratories. Die einzige Wissenschaft außerhalb der Medizin, in der damals reine Forschung und deren praktische Anwendungen in zweckmäßiger Weise verbunden gewesen wären, war ausgerechnet die Chemie, in der zu dieser Zeit keine fundamentalen oder revolutionären Veränderungen vor sich gingen.

Diese Umwälzungen in der Wissenschaft wären unmöglich gewesen ohne bestimmte technische Entwicklungen im industriellen Sektor, z.B. die kommerzielle Erzeugung von elektrischem Strom oder der Bau einsatzfähiger Vakuumpumpen oder genauer Meßinstrumente. Doch ein notwendiger ist nicht immer auch ein zureichender Grund, und wir müssen weiter nach einer Erklärung suchen. Können wir die Krise der traditionellen Wissenschaft verstehen, wenn wir die gesellschaftlichen und politischen Interessen von Wissenschaftlern untersuchen?

Solche Interessen herrschten offensichtlich in den Sozialwissenschaften vor, und auch in den Naturwissenschaften, die für die Gesellschaft und deren Probleme unmittelbar relevant waren, hatten sie häufig einen wesentlichen Anteil. In der uns interessierenden Periode war das unstreitig in jenen Bereichen der Biologie der Fall, die den gesellschaftlichen Menschen unmittelbar berührten, sowie in denen, die mit dem Begriff der »Evolution« und dem zunehmend politisch aufgeladenen Namen von Charles Darwin in Verbindung gebracht werden konnten. In beiden Fällen spielten Ideologien eine große Rolle. In der Form des Rassismus, dessen zentrale Bedeutung im 19. Jahrhundert gar nicht hoch genug veranschlagt werden kann, war die Biologie für eine dem Anspruch nach egalitäre bürgerliche Ideologie unentbehrlich, da sie die Schuld an der offensichtlichen Ungleichheit unter den Menschen von der Gesellschaft auf die »Natur« schob (vgl. *Die Blütezeit des Kapitals,* Kap. 14, II). Die Armen waren arm, weil sie von Geburt minderwertig waren. Deshalb war die Biologie nicht nur potentiell die Wissenschaft der politischen Rechten, sondern die Wissenschaft derer, die jeder Wissenschaft, Vernunft oder dem Fortschritt mißtrauten. Kaum ein Denker stand den Wahrheiten des 19. Jahrhunderts, einschließlich der Wissenschaft, skeptischer gegenüber als der Philosoph Nietzsche. Dennoch lassen sich seine eigenen Schriften und insbesondere sein anspruchsvollstes Werk, »Der Wille zur Macht« (1965, Bd. 9, z.B. S. 607ff.), als eine Abwandlung des Sozialdarwinismus lesen, als Diskurs in der Sprache der »natürlichen Zuchtwahl«, in diesem Fall der Selektion mit dem Ziel, eine neue Rasse hervorzubringen, den »Übermenschen«, der die menschlich Unterlegenen in derselben Weise beherrscht, wie der Mensch in der Natur die seelenlose Kreatur beherrscht und ausbeutet. Und der Zusammenhang zwischen Biologie und Ideologie ist ganz besonders evident in dem Wechselspiel zwischen der »Eugenik« und der neuen Wissenschaft der »Genetik«, die praktisch um 1900 aufkam und wenig später (1905) von William Bateson ihren heutigen Namen erhielt.

Die Eugenik, ein Programm zur Anwendung der selektiven Zuchtverfahren, wie sie seit Jahrhunderten in der Landwirtschaft bekannt waren, ging der Genetik lange voraus. Der Name kam 1883 auf. Es war im wesentlichen eine politische Bewegung, fast ausschließlich beschränkt auf Angehörige des Bürgertums oder der Mittelschichten, die vom Staat ein Programm zur Verbesserung der genetischen Ausstattung der menschlichen Rasse forderte. Extreme Eugeniker waren überzeugt, die Lage des Menschen und der Gesellschaft lasse sich *allein* auf diese Weise verbessern – indem man sich auf wertvolle menschliche Rassen beschränkte oder diese förderte (die im allgemeinen mit dem Bürgertum oder mit den Rassen gleichgesetzt wurden, die die richtige Hautfarbe hatten, wie die »nordische«) und unerwünschte Rassen ausmerzte (die im allgemeinen mit den Armen, den Kolonialvölkern oder den unbeliebten Fremden identifiziert wurden). Gemäßigtere Eugeniker ließen einen gewissen Raum für Sozialreformen sowie allgemeine Veränderungen im Hinblick auf Bildung und Milieu. Während die Eugenik später zu einer faschistischen und rassistischen Pseudowissenschaft verkam, die unter Hitler in einen geplanten Völkermord ausartete, war sie vor 1914 keineswegs ausschließlich innerhalb bestimmter politischer Richtungen der Mittelschicht anzutreffen, so wenig wie die gängigen Rassentheorien, deren Bestandteil sie war. Motive der Eugenik kehrten in den Ländern, in denen die Bewegung Mode war*, in der ideologischen Debatte der Liberalen ebenso wieder wie bei Sozialreformern, Fabiern und einigen anderen Gruppierungen der Linken, obgleich in der Auseinandersetzung über die Rolle der Vererbung gegenüber Umweltein-

* Die Bewegung für eine Geburtenkontrolle bediente sich weitgehend eugenischer Argumente.

flüssen (»*nature*« gegenüber »*nurture*«, wie Karl Pearson es formulierte), die Linke sich nicht *völlig* auf die Seite der Erbtheoretiker schlagen konnte. Von daher erklärt sich im übrigen der ausgeprägte Mangel an Begeisterung für die Eugenik bei den Medizinern jener Zeit. Denn die großen medizinischen Triumphe jener Epoche betrafen Unwelteinflüsse und wurden durch die neuartige Behandlung bakterieller Krankheiten (die seit Pasteur und Koch zur neuen Wissenschaft der Bakteriologie geführt hat) und öffentliche Hygienemaßnahmen errungen. Ärzte und Sozialreformer waren wenig geneigt, der Behauptung von Pearson zuzustimmen, daß »£ 1.500.000, die man dafür ausgeben würde, gesunde Eltern zu fördern, mehr bewirken könnten als der Bau eines Sanatoriums in jeder Stadt«, um die Tuberkulose zu bekämpfen (zit. n. Webster 1981, S. 225). Damit sollten sie rechtbehalten.

Was der Eugenik einen »wissenschaftlichen« Anstrich verlieh, war das Aufkommen der Genetik als Wissenschaft nach 1900, deren Ergebnisse scheinbar nur den einen Schluß zuließen, Umwelteinflüsse auf die Vererbung von Eigenschaften seien absolut ausgeschlossen, und die meisten oder alle Merkmale seien von einem einzigen Gen bestimmt, d.h., es sei eine selektive Züchtung von Menschen auf der Grundlage der Mendelschen Gesetze möglich. Man kann sicher nicht behaupten, die Genetik sei aus eugenischen Interessen hervorgegangen, obgleich es Fälle von Wissenschaftlern gab, die sich zu diesem Gebiet »als *Folge* eines vorausgegangenen Interesses an Rassenkultur« hingezogen fühlten, vor allem Sir Francis Galton und Karl Pearson (ebd., S. 221). Auf der anderen Seite bestanden in den Jahren 1900-1914 zwischen Genetik und Eugenik nachweislich enge Verbindungen, und sowohl in Großbritannien als auch in den USA waren führende Genetiker der Bewegung verbunden, auch wenn vor 1914 zumindest in Deutschland und den USA die Grenzlinie zwischen Wissenschaft und rassistischer Pseudowissenschaft alles andere als deutlich war.* Dadurch wurden seriöse Genetiker zwischen den Kriegen bewogen, aus den Organisationen engagierter Eugeniker auszutreten. Jedenfalls liegt das »politische« Element in der Genetik auf der Hand. Der spätere Nobelpreisträger H. J. Muller erklärte 1918: »Ich habe mich nie für Genetik als eine reine Abstraktion interessiert, sondern immer wegen ihrer grundlegenden Bedeutung für den Menschen – seine Eigenschaften und Möglichkeiten der Fortentwicklung.« (Zit. n. Ludmerer 1972, S. 37)

* Dies geht z.B. aus der Bezeichnung der Deutschen Gesellschaft für Rassenhygiene und ihrer Zeitschrift *Archiv für Rassen- und Gesellschaftsbiologie* (seit 1905) oder G. F. Schwalbes *Zeitschrift für Morphologie und Anthropologie, Erb- und Rassenbiologie* (seit 1899) hervor (vgl. Sutter 1950, S. 24f.).

Während die Entwicklung der Erblehre im Kontext der drängenden Beschäftigung mit sozialen Problemen zu sehen ist, denen die Eugeniker mit biologischen – manchmal als Alternative zu sozialistischen – Lösungen beikommen wollten, hatte die Entwicklung der Evolutionstheorie, in die sie sich nahtlos einfügte, ebenfalls einen politischen Aspekt. Die Entwicklung der »Soziobiologie« in den letzten Jahren hat erneut die Aufmerksamkeit auf diesen Punkt gelenkt. Das war seit den Anfängen der Theorie der »natürlichen Zuchtwahl« evident, deren zentrales Modell, der »Kampf ums Dasein«, primär aus den Sozialwissenschaften abgeleitet war (Malthus). Beobachter stellten um die Jahrhundertwende eine »Krise des Darwinismus« fest, die zu den unterschiedlichsten Spekulationen führte – den sogenannten »Vitalismus«, den »Neo-Lamarckismus« (wie er 1901 bezeichnet wurde) und andere. Diese Krise ging nicht nur auf wissenschaftliche Zweifel an den Formulierungen des Darwinismus zurück, der in den 80er Jahren eine Art biologisches Dogma geworden war, sondern auch auf Zweifel an seinen allgemeineren Folgerungen. Die augenfällige Begeisterung der Sozialdemokraten für den Darwinismus sorgte an sich schon dafür, daß dieser nicht nur auf rein wissenschaftlicher Ebene diskutiert wurde. Während jedoch der vorherrschende ideologische Darwinismus in Europa in ihm eine Bestätigung der Marxschen Auffassung sah, derzufolge Evolutionsprozesse in Natur und Gesellschaft sich unabhängig vom Willen und Bewußtsein der Menschen vollziehen – und jeder Sozialist wußte, wohin sie schließlich führen würden –, betonte in den USA der »Sozialdarwinismus« den freien Wettbewerb als das Grundgesetz der Natur und den Triumph der Tüchtigsten (der erfolgreichen Geschäftsleute) über die Untüchtigen (die Armen). Das Überleben der Tüchtigsten zeigte sich auch in der Eroberung unterlegener Rassen und Menschen oder in Kriegen gegen rivalisierende Staaten (wie der deutsche General Bernhardi in seinem 1912 erschienenen Buch *Deutschland und der nächste Krieg* behauptete) und wurde dadurch überhaupt erst ermöglicht.

Derartige gesellschaftspolitische Themen fanden auch Eingang in die Debatten der Wissenschaftler selbst. So waren die Anfangsjahre der Genetik durch eine anhaltende und erbittert geführte Auseinandersetzung zwischen den Mendelianern (besonders einflußreich in den USA und unter den Experimentalbiologen) und den sogenannten Biometrikern (etwas stärker in Großbritannien und bei den mathematisch fortschrittlichen Statistikern vertreten). Im Jahr 1900 wurden Mendels Forschungsarbeiten über die Vererbungsgesetze gleichzeitig und unabhängig voneinander in drei Ländern wiederentdeckt und sollten – gegen den Widerstand der Biometriker – das Fundament der modernen Erblehre bilden, obgleich man eingewandt hat, daß die Biologen der Jahrhundertwende in die alten Berichte über die Zucht von Erbsen eine Theorie der genetischen Determiniertheit hineingelesen hätten, die Mendel 1865 in seinem Klostergarten gar nicht vorgeschwebt habe. Wissenschaftshistoriker haben für diese Debatte eine Reihe von Gründen angeführt, und unter diesen gibt es einige mit deutlich politischem Aspekt.

Die wesentliche Neuerung, die zusammen mit der Mendelschen Vererbungslehre einen deutlich modifizierten »Darwinismus« wieder in dessen Stellung einer wissenschaftlich anerkannten Theorie der biologischen Evolution einsetzte, war die Einführung unvorhergesehener und unstetiger genetischer »Sprünge«, spontan auftretender Spielarten oder Naturlaunen, in der Regel nicht lebensfähig, aber gelegentlich mit einem potentiellen evolutionären Vorteil ausgestattet, auf die das Gesetz der natürlichen Zuchtwahl einwirkte. Sie wurden von Hugo de Vries, einem der drei Wiederentdecker der in Vergessenheit geratenen Mendelschen Arbeiten, als »Mutationen« bezeichnet. De Vries selbst war beeinflußt vom größten britischen Mendelianer und Erfinder des Begriffs »Genetik«, William Bateson, der seine Untersuchungen über Variationen (1894) »unter Berücksichtigung der Diskontinuität im Ursprung der Arten« durchgeführt hatte. Aber Kontinuität und Diskontinuität waren nicht nur ein Thema für die Pflanzenzucht. Das Haupt der biometrischen Schule, Karl Pearson, verwarf das Konzept der Diskontinuität, noch bevor er sich überhaupt für Biologie interessierte, da »keine große soziale Neuordnung, die einer bestimmten Gruppe der Gemeinschaft einen dauerhaften Vorteil verschafft, jemals durch eine Revolution zustandekommt . . . Der menschliche Fortschritt macht ebenso wie die Natur keine Sprünge.« (Zit. n. Webster 1981, S. 266)

Bateson, sein großer Gegenspieler, war alles andere als ein Revolutionär. Doch wenn etwas über die Ansichten dieser merkwürdigen Persönlichkeit außer Zweifel steht, dann sind es seine Abneigung gegenüber der bestehenden Gesellschaft (außerhalb der Universität Cambridge, die er mit Ausnahme einer Zulassung von Frauen zum Studium vor jeglicher Reform bewahren wollte), sein Haß auf den Industriekapitalismus und alles »filzige Krämerdenken« und seine Sehnsucht nach einer organischen feudalen Vergangenheit. Kurz, für Pearson wie für Bateson war die Variabilität der Arten ebenso eine ideologische wie eine wissenschaftliche Frage. Es ist sinnlos und im allgemeinen sogar unmöglich, bestimmte wissenschaftliche Theorien mit bestimmten politischen Einstellungen gleichzusetzen, am wenigsten auf Gebieten wie dem der »Evolution«, das sich für ganz unterschiedliche ideologische Metaphern anbietet. Fast ebenso sinnlos ist es, sie unter dem Aspekt der Zugehörigkeit ihrer Praktiker zu einer bestimmten gesellschaftlichen Schicht zu analysieren, die in jener Periode praktisch ausnahmslos und fast per definitionem der akademischen Mittelschicht zugehörten. Dennoch sind in solchen Disziplinen wie der Biologie Politik, Ideologie und Wissenschaft nicht voneinander zu trennen, denn ihre Verbindungen sind zu offensichtlich.

Trotz der Tatsache, daß theoretische Physiker und selbst Mathematiker zugleich auch menschliche Wesen sind, lassen sich vergleichbare Verbindungen bei ihnen nicht feststellen. Zwar kann man versuchen, in ihre Debatten bewußte oder unbewußte politische Einflüsse hineinzulesen, aber es wird nicht viel dabei herauskommen. Der Imperialismus und das Aufkommen der Arbeiterbewegung mögen zu einem Verständnis der Entwicklungen in der Biologie, aber kaum in der symbolischen Logik oder der Quantentheorie beitragen. Die Ereignisse in der Welt außerhalb ihrer Studierzimmer zwischen 1875 und 1914 hatten nicht den umwälzenden, unmittelbaren Einfluß auf ihre Bemühungen wie nach 1914 oder wie um 1800. Revolutionen in der Welt des Geistes während dieser Periode lassen sich kaum in direkter Analogie aus der Revolution in der umgebenden Welt ableiten. Und dennoch ist jeder Historiker verblüfft über die Tatsache, daß der revolutionäre Wandel des wissenschaftlichen Weltbildes in diesen Jahren Bestandteil einer umfassenderen und dramatischeren Absage an überkommene und häufig altbewährte Werte, Wahrheiten und Weisen der Weltbetrachtung und der begrifflichen Erfassung des Universums ist. Es mag reiner Zufall oder ein willkürliches Herausgreifen sein, daß Plancks Quantentheorie, die Wiederentdeckung der Arbeiten Mendels, Husserls *Logische Untersuchungen,* Freuds *Traumdeutung* und Cézannes *Stilleben mit Zwiebeln* allesamt auf das Jahr 1900 datiert werden können – es wäre ebenso möglich, das neue Jahrhundert mit Ostwalds *Grundlinien der anorganischen Chemie,* Puccinis *Tosca,* Colettes erstem Roman der Claudine-Serie und Rostands *L'Aiglon* beginnen zu lassen –, doch das zeitliche Zusammentreffen dramatischer Neuerungen auf den unterschiedlichsten Gebieten bleibt auffällig.

Eine Erklärung für diesen Umbruch ist bereits versucht worden. Er war insofern negativ und nicht positiv, als er etwas, das bislang zu Recht oder Unrecht als eine kohärente, potentiell umfassende wissenschaftliche Vorstellung von einer Welt galt, in der Vernunft und Intuition miteinander nicht unvereinbar waren, von seinem Platz verdrängte, ohne etwas Gleichwertiges an dessen Stelle zu setzen. Wie wir gesehen haben, waren die Theoretiker selbst verwirrt und orientierungslos. Weder Planck noch Einstein zeigten sich bereit, das rationale, kausalgesetzliche, deterministische Universum aufzugeben, das sie mit ihren Arbeiten so gründlich zerstören sollten. Planck stand dem Neopositivismus Ernst Machs ebenso feindlich gegenüber wie Lenin. Mach wiederum, der immerhin zu den wenigen frühen Zweiflern am physikalischen Weltbild der Naturwissenschaft gegen Ende des 19. Jahrhunderts gehörte, begegnete auch der Relativitätstheorie mit derselben Skepsis. Die kleine Welt der Mathematik war – wie wir gesehen haben – über die Frage zerstritten, ob die mathematische Wahrheit mehr als nur formal sei. Wie Brouwer meinte, waren wenigstens die natürlichen Zahlen und die Zeit »wirklich«. Tatsächlich sahen sich die Theoretiker mit Widersprüchen konfrontiert, die sie nicht lösen konnten, denn selbst die Antinomien, an denen sich die symbolischen Logiker die Zähne ausbissen, wurden nicht zufriedenstellend beseitigt – nicht einmal, wie Russell zugeben mußte, durch die monumentalen *Principia Mathematica*, an denen er zusammen mit Whitehead von 1910-1913 gearbeitet hatte. Die unproblematischste Lösung war der Rückzug auf jenen Neopositivismus, der im 20. Jahrhundert einer anerkannten Wissenschaftstheorie noch am meisten entsprach. Die neopositivistische Strömung, die gegen Ende des 19. Jahrhunderts aufkam, mit Autoren wie Duhem, Mach, Pearson und dem Chemiker Ostwald, ist nicht zu verwechseln mit dem Positivismus, der vor der neuen wissenschaftlichen Revolution in den Natur- und Sozialwissenschaften dominierte. Jener Positivismus glaubte, er könne das kohärente Weltbild, das bald in Frage gestellt werden sollte, auf wahre Theorien gründen, die sich ihrerseits auf die überprüfte und systematisierte Erfahrung der (im Idealfall experimentellen) Naturwissenschaften stützten, d.h. auf die »Tatsachen« der Natur, wie sie mit wissenschaftlichen Methoden festgestellt wurden. Diese »positiven« Wissenschaften im Unterschied zur undisziplinierten Spekulation der Theologie und Metaphysik würden das feste Fundament für das Rechtssystem, die Politik, Moral und Religion bilden – kurz für die Art und Weise, wie menschliche Wesen in der Gesellschaft zusammenlebten und ihre Hoffnungen auf die Zukunft artikulierten.

Außerhalb der Wissenschaft stehende Kritiker wie Husserl haben bemerkt, daß »die Ausschließlichkeit, mit der die gesamte Weltsicht des modernen Menschen in der zweiten Hälfte des 19. Jahrhunderts sich von den positiven Wissenschaften bestimmen und von dem ›Wohlstand‹, den sie hervorbrachten, blenden ließen, eine gleichgültige Abwendung von den Fragen bedeutete, die für eine echte Menschlichkeit ausschlaggebend sind« (Salomon 1973, S. XIV). Die Neopositivisten beschäftigten sich vorwiegend mit den begrifflichen Mängeln der positiven Wissenschaften selbst. Konfrontiert mit wissenschaftlichen Theorien, in denen man jetzt, da sich ihre Unzulänglichkeit gezeigt hatte, auch eine »Vergewaltigung der Sprache und eine Überdehung von Definitionen« (Gillispie 1960, S. 499) sehen konnte, und mit anschaulichen Modellen (wie das Billardkugel-Atom), die sich als unzureichend erwiesen hatten, entschieden sie sich für zwei verschiedene, miteinander zusammenhängende Wege, die aus den Schwierigkeiten herausführen sollten. Einerseits schlugen sie eine Rekonstruktion der Wissenschaft auf einer strikt empiristischen und phänomenalistischen Basis und andererseits eine rigorose Formalisierung und Axiomatisierung der Grundlagen der Wissenschaft vor. Damit wären Spekulationen über die Beziehungen zwischen der »wirklichen Welt« im Unterschied zur inneren Widerspruchsfreiheit und Zweckmäßigkeit von Aussagen ausgeschlossen, ohne daß sich an den praktischen Vorgehensweisen der Wissenschaft selbst etwas änderte. Wissenschaftliche Theorien, so hatte Henri Poincaré bündig dekretiert, waren »weder wahr noch falsch«, sondern lediglich zweckmäßig.

Man hat gesagt, das Aufkommen des Neopositivismus gegen Ende des Jahrhunderts habe der Revolution in der Naturwissenschaft den Weg gebahnt, weil er es ermöglichte, physikalische Ideen zu ändern, ohne sich um die bisherigen Vorstellungen vom Universum, vom Kausalitätsprinzip und den Naturgesetzen zu kümmern. Bei aller Bewunderung, die Einstein für Mach empfand, wird damit doch den Wissenschaftstheoretikern – selbst denen, die den Wissenschaftlern raten, nicht auf die Philosophie zu hören – zuviel Verdienst eingeräumt und die damals aufkommende generelle Krise der anerkannten Ideen des 19. Jahrhunderts unterschätzt, von der der neopositivistische Agnostizismus und das Umdenken in Mathematik und Physik nur einige Aspekte waren. Denn wenn wir diesen Umbruch überhaupt in seinem historischen Kontext sehen wollen, dann müssen wir ihn als Bestandteil dieser allgemeinen Krise sehen. Und wenn wir die vielfachen Aspekte dieser Krise, von der praktisch alle Bereiche einer geistigen Aktivität in unterschiedlichem Maße erfaßt wurden, auf einen gemeinsamen Nenner bringen wollen, dann den, daß sie alle nach 1870 mit den unerwarteten, nicht vorhergesagten und häufig unbegreiflichen Resultaten des Fortschritts konfrontiert waren, genauer gesagt mit den Widersprüchen, die er hervorbrachte.

Um ein Bild zu gebrauchen, das dem zukunftsfrohen Maschinenzeitalter entspricht, so erwartete man von den von Menschenhand verlegten Schienensträngen, daß sie zu Zielbahnhöfen führten, die die Reisenden möglicherweise erst kennenlernen würden, wenn sie dort angelangt waren, an deren Existenz und allgemeiner Beschaffenheit sie jedoch keinerlei Zweifel hegten. In ganz derselben Weise hegten Jules Vernes Reisende zum Mond keinen Zweifel an der Existenz dieses Trabanten oder an dem, was sie bei ihrer Ankunft an Bekanntem vorfinden und was sie bei näherer Inspektion der Mondoberfläche noch an Unbekanntem entdecken würden. Durch Extrapolation konnte man prophezeien, daß das 20. Jahrhundert eine verbesserte und noch strahlendere Version des 19. Jahrhunderts in dessen Mitte werden würde.* Und dennoch, wenn die Reisenden aus den Fenstern des Zuges blickten, in dem die gesamte Menschheit sich unaufhaltsam vorwärts in die Zukunft bewegte, und die unerwartete, rätselhafte und verwirrende Landschaft betrachteten, konnten sie da noch sicher sein, daß der Zug tatsächlich zu dem Ziel unterwegs war, das auf ihrer Fahrkarte stand? Saßen sie etwa im falschen Zug? Schlimmer noch, saßen sie vielleicht im richtigen Zug, nur daß dieser sie in eine Richtung entführte, die keiner wollte und die keinem behagte? Und wenn ja, wie war es zu dieser alptraumartigen Situation gekommen?

Die Geistesgeschichte der Jahrzehnte nach 1875 kennt eine Fülle von Beispielen für Erwartungen, die nicht nur enttäuscht wurden – »wie schön war doch die Republik, als wir noch den Kaiser hatten«, kommentierte scherzhaft ein ernüchterter Franzose –, sondern sich irgendwie geradezu in ihr Gegenteil verkehrten. Wir sind diesem beunruhigenden Gefühl eines Umschwungs bei den politischen Ideologen und Praktikern jener Epoche begegnet (s. Kap. 4). Wir haben es auf dem Gebiet der Kultur beobachtet, wo es seit den 80er Jahren eine kleine, aber gut verkäufliche Gattung bürgerlicher Schriften über den Verfall und Untergang der modernen Zivilisation hervorbrachte. Das zweibändige Werk *Entartung* (1893) des späteren Zionisten Max Nordau ist hierfür ein gutes und entsprechend hysterisches Beispiel. Nietzsche, der wortgewaltige und mahnende Prophet einer bevorstehenden Katastrophe, über die er sich nicht näher ausließ, brachte besser als jeder andere die Krise der Zukunftserwartungen zum Ausdruck. Allein schon seine literarische Darstellungsform, eine Abfolge poetischer und prophetischer Aphorismen, die visionäre Eingebungen oder undiskutierte Wahrheiten enthielten, wirkte wie ein Widerspruch zum rationalistischen, systematisierenden Diskurs der Philosophie, den er für sich in Anspruch nahm. Seit 1890 wuchs die Zahl seiner begeisterten Anhänger aus der Mittelschicht unaufhaltsam.

Für Nietzsche waren Dekadenz, Pessimismus und Nihilismus der Avantgarde der 80er Jahre mehr als nur eine Mode. Sie waren »die zu Ende gedachte Logik unsrer großen Werte und Ideale« (1965, Bd. 9, S. 4). Aus der Praxis der Naturwissenschaft folgte für ihn »eine Selbstzerstörung, eine Wendung gegen sich, eine Antiwissenschaftlichkeit«. Die Konsequenzen der politischen und volkswirtschaftlichen Denkweisen des 19. Jahrhunderts waren für ihn nihilistisch (ebd., S. 8). Die Kultur jener Ära wurde von ihren eigenen Kulturpro-

* Vielleicht mit der einen Ausnahme, daß der Zweite Hauptsatz der Thermodynamik langfristig den Wärmetod des Universums vorhersagte und damit einen echt viktorianischen Grund zu einer pessimistischen Haltung gab.

dukten bedroht. Die Demokratie erzeugte den Sozialismus, die verhängnisvolle Überwältigung des Genies durch die Mittelmäßigkeit, der Stärke durch die Schwachheit – ein Ton, der in einer prosaischeren und positivistischeren Klangfarbe auch von den Eugenikern angeschlagen wurde. Kam es in diesem Fall nicht darauf an, alle diese Werte und Ideale und das Ideensystem, dem sie zugehörten, neu zu durchdenken, da sowieso eine »Umwertung aller Werte« stattfand? Derartige Überlegungen griffen zunehmend um sich, je mehr das alte Jahrhundert sich seinem Ende näherte. Die einzige ernst zu nehmende Ideologie, die weiterhin fest dem Glauben des 19. Jahrhunderts an Wissenschaft, Vernunft und Fortschritt huldigte, war der Marxismus, den keine Ernüchterung über die Gegenwart quälte, da er dem kommenden Triumph ebenjener »Massen« entgegensah, deren Aufstieg den Denkern aus der Mittelschicht so viel Unbehagen bereitete.

Die Entwicklungen in der Wissenschaft, die das bisher gültige Modell der Welterklärung zerstörten, waren selbst Bestandteil dieses allgemeinen Prozesses der Enttäuschung und Verkehrung von Erwartungen in ihr Gegenteil, der sich zu jener Zeit überall dort beobachten ließ, wo Männer und Frauen als öffentliche wie Privatpersonen die Gegenwart mit ihren eigenen Erwartungen oder denen der Elterngeneration verglichen. Dürfen wir vermuten, daß in einer derartigen Atmosphäre denkende Menschen eher bereit sind als zu anderen Zeiten, die anerkannten Denkweisen in Frage zu stellen und das bislang Undenkbare zu denken oder zumindest als Hypothese zu diskutieren? Im Unterschied zum beginnenden 19. Jahrhundert fanden die Revolutionen, die sich in gewisser Hinsicht in den Hervorbringungen des Geistes niederschlugen, nicht wirklich statt, sondern wurden erst noch erwartet. Sie folgten implizit aus der Krise einer bürgerlichen Welt, die sich einfach nicht mehr in ihren hergebrachten Kategorien verstehen ließ. Die Welt mit neuen Augen zu betrachten, den eigenen Blickwinkel zu ändern, war nicht nur der einfachere Weg. Es war etwas, das die meisten Menschen auf dieser oder jene Weise in ihrem Leben zwangsläufig einmal tun mußten.

Dieses Gefühl einer geistigen Krise kam genaugenommen nur bei einer Minderheit auf. Bei den naturwissenschaftlich Gebildeten, so steht zu vermuten, beschränkte es sich auf den kleinen Kreis derjenigen, die unmittelbar vom Zusammenbruch der Weltdeutung des 19. Jahrhunderts betroffen waren, und keineswegs alle von ihnen empfanden ihn besonders heftig. Die Zahl der Betroffenen war gering, denn selbst in den Ländern, die eine drastische Ausweitung der naturwissenschaftlichen Bildung zu verzeichnen hatten – wie Deutschland, wo die Zahl der Studenten in naturwissenschaftlichen Fächern von 1880 bis 1910 um das Achtfache stieg –, zählten sie noch nach Tausenden statt nach Zehntausenden.* Und die meisten von ihnen gingen in die Industrie oder in den Schuldienst, wo sie sich kaum Gedanken über den Zusammenbruch des etablierten physikalischen Weltbildes machen mußten. (Ein Drittel der naturwissenschaftlichen Studienabgänger in England von 1907 bis 1910 wählte den Beruf des Volksschullehrers; vgl. Roderick 1967, S. 48). Die Chemiker, die bei weitem größte Gruppe der Akademiker mit naturwissenschaftlichem Abschluß, standen noch immer lediglich am Rande der neuen wissenschaftlichen Revolution. Diejenigen, die das geistige Erdbeben unmittelbar zu spüren bekamen, waren die Mathematiker und Physiker, deren Zahl noch nicht einmal besonders stark anwuchs. 1910 zählten die Deutsche und die Britische Physikalische Gesellschaft zusammen nur etwa 700 gegenüber mehr als zehnmal so vielen Mitgliedern in den Gelehrtengesellschaften beider Länder im Fach Chemie (vgl. Pfetsch 1974, S. 340ff.).

Darüber hinaus bildeten die Vertreter der modernen Wissenschaft selbst bei großzügigster Auslegung dieses Begriffs eine geographisch stark begrenzte Gemeinde. Die Verteilung der neugestifteten Nobelpreise zeigt, daß ihre größten Errungenschaften sich nach wie vor auf die traditionelle Region des wissenschaftlichen Fortschritts konzentrierten, auf Mittel- und Nordwesteuropa. Von den ersten 76 Nobelpreisträgern** kamen 86 Prozent aus Deutschland, Großbritannien, Frankreich, Skandinavien, den Niederlanden, Österreich-Ungarn und der Schweiz. Nur drei stammten aus Mittelmeerländern, zwei aus Rußland und drei aus der rasch anwachsenden, aber noch immer zweitrangigen wissenschaftlichen Gemeinde der USA. Die übrigen außereuropäischen Mathematiker und Naturwissenschaftler erwarben ihren Ruhm – gelegentlich einen ganz außerordentlichen wie der neuseeländische Physiker Ernest Rutherford – hauptsächlich durch ihre Arbeit in England. Die wissenschaftliche Gemeinde war sogar noch konzentrierter, als selbst aus diesen Zahlen hervorgeht. Über 60 Prozent aller Nobelpreisträger kamen aus deutschen, englischen und französischen Wissenschaftszentren.

Aber auch die westlichen Intellektuellen, die nach Alternativen zum bürgerlichen Liberalismus des 19. Jahrhunderts suchten, die gebildete Jugend des Bürgertums, die Nietzsche und den Irrationalismus begrüßte, waren Minder-

* Nach Schätzungen von J. D. Bernal (1967, S. 453) »gab es 1896 vielleicht 50 000 Menschen in der ganzen Welt, die die gesamte Tradition der Wissenschaft weiterführten«, von denen höchstens 15 000 in der Forschung tätig waren. Die Zahlen nahmen rasch zu: Von 1901 bis 1915 gab es allein in den USA rund 74 000 Diplome in den Naturwissenschaften und 2577 Doktorgrade in den Natur- und Ingenieurwissenschaften (vgl. hierzu Stigler 1957, S. 5f.).

** Es wurden alle bis 1925 verliehenen Preise berücksichtigt, weil manche Wissenschaftler, die bereits vor 1914 Hervorragendes geleistet hatten, erst etliche Jahre nach Beendigung des Ersten Weltkriegs mit dem Nobelpreis geehrt wurden.

heiten. Die Zahl ihrer Wortführer betrug ein paar Dutzend, ihr Publikum fanden sie im wesentlichen bei den neuen Akademikergenerationen, die außerhalb der USA eine unbedeutende Bildungselite darstellten. 1913 gab es in Belgien und den Niederlanden mit einer Gesamtbevölkerung von 13 bis 14 Millionen nur 14.000 Studenten, in Skandinavien (ohne Finnland) 11.400 bei einer Bevölkerung von elf Millionen, und selbst im bildungsbeflissenen Deutschland mit 77 Millionen Einwohnern lag die Zahl der Studenten nur bei 77.000 (vgl. Ben David 1963/64). Wenn Journalisten von der »Generation von 1914« sprachen, dann meinten sie damit im allgemeinen einen Tisch in einem Café voll junger Männer, die für das Geflecht ihrer Freunde sprachen, die sie bei ihrem Eintritt in die Ecole Normale Supérieure gewonnen hatten, oder einige selbsternannte Anführer dieser oder jener intellektuellen Mode an den Universitäten von Cambridge oder Heidelberg.

Das darf uns allerdings nicht dazu verleiten, die Wirkung der neuen Ideen zu unterschätzen, denn Zahlen sagen nichts aus über geistigen Einfluß. Die Gesamtzahl aller Männer, die zwischen 1890 und 1914 an der Universität Cambridge in den exklusiven Diskussionszirkel der sogenannten »Apostles« berufen wurden, betrug nur 37, doch zu ihnen gehörten die Philosophen Bertrand Russell, G. E. Moore und Ludwig Wittgenstein, der spätere Nationalökonom J. M. Keynes, der Mathematiker G. H. Hardy sowie einige Persönlichkeiten, die sich in der englischen Literatur einen gewissen Namen gemacht hatten (vgl. Levy 1981, S. 309ff.). In russischen Intellektuellenkreisen war die Auswirkung der Revolution in der Physik und Philosophie 1908 bereits so sehr spürbar, daß Lenin sich veranlaßt sah, ein ganzes Buch gegen Ernst Mach zu schreiben (*Materialismus und Empiriokritizismus),* dessen politischen Einfluß auf die Bolschewisten er als ebenso nachhaltig wie schädlich beurteilte. Was immer wir sonst von Lenins Urteil über die Wissenschaft halten mögen, seine Einschätzung der politischen Verhältnisse war in hohem Maße realistisch. Außerdem würde es in einer Welt, die (wie der Satiriker und Pressefeind Karl Kraus gesagt hatte) durch die modernen Medien geformt war, nicht mehr lange dauern, bis entstellte und vulgarisierte Vorstellungen von den geistigen Veränderungen auch einem größeren Publikum ins Bewußtsein drangen. 1914 war der Name Einstein noch weitgegend unbekannt, doch am Ende des Ersten Weltkriegs war der Begriff »Relativität« bereits Gegenstand beklommener Witze in mitteleuropäischen Kabaretts. Innerhalb der wenigen Kriegsjahre war Einstein trotz der völligen Unverständlichkeit seiner Theorie für die meisten Laien zu dem seit Darwin vermutlich einzigen Naturwissenschaftler geworden, dessen Name und Bild dem gebildeten Laienpublikum auf der ganzen Welt geläufig waren.

Kapitel 11
Vernunft und Gesellschaft

»Sie glaubten an die Vernunft, so wie die Katholiken an die Heilige Jungfrau glaubten.«

Romain Rolland (1915/1931, S. 279)

»Beim Neurotiker sehen wir den Aggressionstrieb in Hemmung, durch das Klassenbewußtsein wird er befreit, und Marx zeigt, auf welche Weise er im kulturellen Sinn befriedigt werden kann: nämlich durch das Erfassen der wahren Ursachen der Unterdrückung und Ausbeutung und durch eine zweckmäßige Organisation.«

Alfred Adler (1909; zit. n. Nunberg und Federn 1976, Bd. 2, S. 160)

»Frei von dem veralteten Glauben, daß die Gesamtheit der Kulturerscheinungen sich als Produkt oder als Funktion ‚materieller' Interessenkonstellationen *deduzieren* lasse, glauben wir unsererseits doch, daß die Analyse der sozialen *Erscheinungen und Kulturvorgänge* unter dem speziellen Gesichtspunkte ihrer ökonomischen Bedingtheit und Tragweite ein wissenschaftliches Prinzip von schöpferischer Fruchtbarkeit war und, bei umsichtiger Anwendung und Freiheit von dogmatischer Befangenheit, auch in aller absehbarer Zeit noch bleiben wird.«

Max Weber (1904/1968, S. 166)

Es gab aber auch noch eine andere Möglichkeit, der geistigen Krise zu begegnen, die hier erwähnt werden sollte. Angesichts des damals noch Undenkbaren konnte man auch Vernunft und Wissenschaft überhaupt verwerfen. Es ist schwierig, die Stärke dieser Reaktion gegen den Intellekt in den letzten Jahren des alten Jahrhunderts zu messen oder auch nur im Rückblick eine Einschätzung dieser Stärke zu versuchen. Viele ihrer vernehmlicheren Wortführer gehörten der Unter- oder Halbwelt der Intelligenz an und sind heute vergessen. Wir neigen dazu, das modische Interesse an Okkultismus, Nekromantie, Magie, Parapsychologie (mit der sich einige führende britische Intellektuelle beschäftigten) und unterschiedlichen Versionen östlicher Mystik und Religiosität außer acht zu lassen, das sich damals an den Rändern der westlichen Kultur ausbreitete. Das Unbekannte und Unbegreifliche erlebte eine Renaissance wie seit den Tagen der Frühromantik nicht mehr (vgl. *Europäische Revolutio-*

nen, Kap. 14, II). Nebenbei bemerkt vollzog die modische Beschäftigung mit derartigen Themen, die ursprünglich überwiegend auf der Seite der autodidaktischen Linken auftrat, jetzt eine deutliche Wendung zur politischen Rechten. Denn die unseriösen Disziplinen waren nicht mehr wie früher Pseudowissenschaften wie Phrenologie, Homöopathie, Spiritismus und andere Formen der Parapsychologie, die von denen bevorzugt wurden, die dem herkömmlichen Lehrbetrieb skeptisch gegenüberstanden, sondern eine *Absage* an die Wissenschaft und ihre Methoden. Während jedoch diese Formen des Obskurantismus den einen oder anderen wichtigen Beitrag zur avantgardistischen Kunst leisteten (z.B. über den Maler Kandinsky und den Dichter W. B. Yeats), war ihr Einfluß auf die Naturwissenschaft unbedeutend.

Aber auch beim allgemeinen Publikum blieben sie ohne große Resonanz. Denn die große Masse der Gebildeten und insbesondere der jungen Schulabgänger standen die alten geistigen Wahrheiten nicht zur Diskussion. Im Gegenteil, sie wurden in triumphaler Weise von Männern und Frauen bestätigt, für die der »Fortschritt« noch immer seine Verheißungen einzulösen schien. Die bedeutendste geistige Entwicklung der Jahrzehnte nach 1875 war die enorme Ausweitung der Bildung der Massen, der Autodidakten und eines Lesepublikums in der breiten Bevölkerung. Selbständige Bildung und Weiterbildung waren sogar eine der wichtigsten Aufgaben der neuen Arbeiterbewegungen und stellten für viele ihrer aktiven Mitglieder einen der Hauptanziehungspunkte dar. Und was die Massen der bildungshungrigen Laien in sich aufnahmen und begrüßten, sofern sie politisch der demokratischen oder sozialistischen Linken zugehörten, waren die rationalen Gewißheiten der Naturwissenschaft des 19. Jahrhunderts, Feind jeglichen Aberglaubens und aller Privilegien, der herrschende Geist in Bildung und Aufklärung, Beweis und Garantie für den Fortschritt und die Emanzipation der unteren Klassen. Was den Marxismus gegenüber anderen Sozialismen so attraktiv machte, war gerade der Umstand, daß er sich als »wissenschaftlicher Sozialismus« verstand. Darwin und Gutenberg, der Erfinder der Druckerpresse, wurden von Radikalen und Sozialdemokraten ebenso verehrt wie Tom Paine und Karl Marx. Galileis Ausspruch: »Und sie bewegt sich doch!« wurde in sozialistischen Reden immer wieder zitiert, um damit auf den zwangsläufigen Triumph der Sache der Arbeiter anzuspielen.

Die Massen waren in Bewegung, und sie erwarben Bildung. Zwischen 1875 und dem Krieg stieg die Zahl der Volksschullehrer in Ländern mit einem guten Schulsystem wie Frankreich um ein Drittel; wo es bislang wenig Schulen gegeben hatte, wie in England oder Finnland, erhöhte sich diese Zahl um das Sieben- bis Dreizehnfache; die Zahl der Lehrer auf höheren Schulen konnte um das Vier- bis Fünffache steigen (Norwegen, Italien). Die bloße Tatsache, daß die Massen in Bewegung waren und Bildung erwarben, schob die Front der alten Wissenschaft vorwärts, obwohl ihre Nachschubbasis reif war für eine Neuorganisation. Für die Lehrer, zumindest in den romanischen Ländern, bedeutete naturwissenschaftlicher Unterricht, den Schülern den Geist der Enzyklopädisten, des Fortschritts und des Rationalismus einzuimpfen; er mußte ihnen beibringen, was ein französisches Handbuch (1898) als »Befreiung des Geistes« bezeichnete (zit. n. Vincent 1980, S. 332, Anm. 779), was mühelos gleichgesetzt werden konnte mit »Freidenkertum« oder Befreiung von Kirche und Gott. Wenn es für diese Frauen und Männer eine Krise gab, dann war es keine der Philosophie oder der Naturwissenschaft, sondern eine Krise der Welt jener, die von ihren Privilegien und der Ausbeutung und dem Aberglauben der Massen lebten. Und in der Welt jenseits von westlicher Demokratie und Sozialismus bedeutete Wissenschaft Macht und Fortschritt noch in einem weniger übertragenen Sinn. Sie bedeutete die Ideologie der Modernisierung, die den rückständigen und abergläubischen ländlichen Massen von den *científicos* aufgezwungen wurde, aufgeklärten politischen Eliten aus der Oberschicht, die vom Positivismus beflügelt wurden – wie im Brasilien der Alten Republik und dem Mexiko unter Porfirio Díaz. Sie bedeutete das Geheimnis der westlichen Technik. Sie bedeutete den Sozialdarwinismus, mit dem sich die US-amerikanischen Multimillionäre legitimierten.

Der schlagendste Beweis für diese Verbreitung des schlichten Evangeliums der Wissenschaft und Vernunft war das dramatische Zurückweichen der traditionellen Religion, zumindest in den europäischen Kernländern der bürgerlichen Gesellschaft. Das heißt nicht, daß eine Mehrheit der menschlichen Gattung im Begriff stand, zu »Freidenkern« zu werden (um den damaligen Begriff zu gebrauchen). Die große Mehrheit der Menschenwesen einschließlich fast aller Frauen blieb einem Glauben an die Gottheiten oder Geister ihrer Religion oder Dorfgemeinschaft und deren Riten verpflichtet. Wie wir gesehen haben (S. 263 f.), fanden als Folge dieser Entwicklung zunehmend Frauen Eingang in die Institutionen der christlichen Kirchen. Wenn man bedenkt, daß alle großen Religionen ein Mißtrauen gegenüber Frauen hegten, immer wieder deren Unterlegenheit hervorhoben und sie zum Teil, wie die Juden, von jeder formellen religiösen Andacht ausschlossen, dann schien die weibliche Loyalität zu den Gottheiten rational denkenden Männern unbegreiflich und überraschend und wurde häufig als ein weiterer Beweis für die Minderwertigkeit ihres Geschlechts angesehen. So verschworen sich Gottheiten und Atheisten gegen sie, obgleich dies den Anhängern des Freidenkertums, die theoretisch für die Gleichberechtigung der Geschlechter eintraten, die Schamröte ins Gesicht treiben mußte.

Überdies blieb für den größten Teil der nichtweißen Welt die Religion nach wie vor die einzige Sprache, in der man über den Kosmos, Natur, Gesellschaft und Politik sprechen konnte, und sie formulierte und sanktionierte zugleich das, was die Menschen dachten und taten. Es war die Religion, die Männer und Frauen für Zwecke mobilisierte, für die den Angehörigen des westlichen Kulturkreises weltliche Begriffe zur Verfügung standen, welche sich aber trotzdem nicht völlig in eine weltliche Sprache übersetzen ließen. Britische Politiker hätten Mahatma Gandhi vielleicht gern auf einen reinen antiimperialistischen Agitator reduziert, der sich der Religion bediente, um die abergläubischen Massen aufzurütteln, doch für den Mahatma war ein heiligmäßiges und spirituelles Leben mehr als nur ein politisches Instrument zur Erringung der Unabhängigkeit. Worin immer ihre Bedeutung lag, die Religion war ideologisch allgegenwärtig. Die jungen Bengaliterroristen nach 1900 – die Pflanzstätte dessen, was später der indische Marxismus werden sollte – wurden ursprünglich durch einen Bengali-Asketen (Ramakrischna) und dessen Nachfolger Swami Vivekananda angeregt (dessen Vedanta-Lehre wahrscheinlich in einer verwässerten kalifornischen Version am bekanntesten wurde), deren Schriften sie, wohl nicht ganz zu Unrecht, als Aufrufe zu einer Erhebung des Landes verstanden, das jetzt einer fremden Macht unterworfen war, die jedoch eigentlich dazu bestimmt waren, der Menschheit einen universellen Glauben zu geben.* Man hat gesagt: »Nicht durch eine säkulare Politik, sondern durch religiöse Gesellschaften begannen die gebildeten Inder erstmals, in nationalem Maßstab zu denken und sich zu organisieren.« (Seal 1971, S. 249) Sowohl die Übernahme westlichen Gedankenguts (durch Gruppen wie den Brahmasamadsch; vgl. *Europäische Revolutionen,* Kap. 12, II) als auch die Ablehnung alles Westlichen durch nativistische Mittelschichten (durch den 1875 ins Leben gerufenen Arjasamadsch) erfolgten in dieser Form, ganz zu schweigen von der Theosophischen Gesellschaft, auf deren Verbindungen zur indischen Nationalbewegung ich noch zu sprechen komme.

Und wenn in Ländern wie Indien die emanzipierten, gebildeten Schichten, die die Moderne begrüßten, dabei feststellten, daß ihre Ideologien untrennbar mit Religion verbunden waren (oder, falls sie sich dennoch von ihr trennen ließen, diese Tatsache sorgfältig verbergen mußten), dann wird offen-

* »O Indien, . . . wie solltest du kraft deiner erhabenen Feigheit jene Freiheit erringen, deren allein die Tapferen und Heldenmütigen würdig sind? . . . O du Mutter der Stärke, nimm mir meine Schwäche, nimm mir meine Zaghaftigkeit und mache einen Mann aus mir!« (Vivekananda, zit. n. *Sedition Committee. . .,* 1918, S. 17f.)

sichtlich, daß die Anziehungskraft einer rein weltlichen ideologischen Sprache für die Massen gering und eine rein säkulare Ideologie für sie unverständlich war. Wo sie aufbegehrten, geschah dies in der Regel unter den Fahnen ihrer Gottheiten, wie nach dem Ersten Weltkrieg gegen die Briten nach dem Sturz des türkischen Sultans, der von Amts wegen Khalif oder Oberhaupt aller Moslemgläubigen war, oder wie in Mexiko gegen die Revolution und für den Christkönig. Kurzum, bei weltweiter Betrachtung wäre es absurd, die Macht der Religion 1914 geringer einzuschätzen als 1870 oder selbst 1780.

In den bürgerlichen Kernländern hingegen, wenn auch vielleicht nicht in den USA, befand sich die traditionelle Religion in einem beispiellosen Tempo auf dem Rückmarsch. Das war bis zu einem gewissen Grade eine fast unausweichliche Folge der Verstädterung, denn es konnte als praktisch gesichert gelten, daß unter sonst gleichen Umständen die Stadt weniger zur Frömmigkeit anhielt als das Land und die Großstadt wiederum weniger als die Kleinstadt. Und trotz der Abwanderung der frommen Landbevölkerung in die Großstädte ging dort die Religiosität zurück, da diese sich den irreligiösen oder skeptischen eingesessenen Städtern assimilierte. In Marseille besuchte 1840 noch die halbe Stadtbevölkerung den Sonntagsgottesdienst, 1907 waren es nur noch sieben Prozent (vgl. Googridge 1969, S. 131). In den katholischen Ländern, auf die 45 Prozent der europäischen Bevölkerung entfielen, wich der religiöse Glauben während der uns beschäftigenden Epoche besonders schnell zurück: vor der gemeinsamen Offensive (um eine Klage der französischen Kirche anzuführen) des Rationalismus der Mittelschichten und des Sozialismus der Lehrer*, aber ganz besonders vor dem vereinten Ansturm emanzipatorischer Ideale und politischer Kalküle, die den Kampf gegen die Kirche zu einem entscheidenden Streitpunkt in der Politik machten. Das Wort »antiklerikal« taucht erstmals in Frankreich in den 50er Jahren auf, und der Antiklerikalismus wurde seit Mitte des 19. Jahrhunderts zu einem zentralen Programmpunkt der französischen Mitte und der Linken, als die Freimaurerei der antiklerikalen Aufsicht unterstellt wurde (vgl. Fliche und Martin 1964, S. 130).

Die bedeutende Rolle des Antiklerikalismus in der Politik der katholischen Länder hat zwei wesentliche Ursachen: Die katholische Kirche hatte sich für eine totale Ablehnung der Ideen der Vernunft und des Fortschritts entschieden und wurde deshalb zwangsläufig auf eine Stufe mit der politischen Rechten gestellt, und der Kampf gegen Aberglauben und Obskurantismus trieb das liberale Bürgertum auf die Seite der Arbeiterklasse, statt die Kapitalisten vom Proletariat zu trennen. Gewiefte Politiker konnten sich diese

* »La bourgeoisie adhère an rationnalisme, l'instituteur an socialisme.« (Le Bras 1955/56, Bd. 1, S. 151)

Tatsache bei ihren Appellen an die Einheit aller aufrechten Menschen zunutze machen: Frankreich überwand die Dreyfusaffäre durch eine derart geeinte Front und trennte innerhalb kurzer Zeit die Kirche vom Staat.

Eines der Nebenprodukte dieses Kampfes, der 1905 zur Trennung von Kirche und Staat in Frankreich führte, war eine spürbare Beschleunigung der militanten Dechristianisierung. 1899 blieben in der Diözese Limoges nur 2,5 Prozent der Kinder ungetauft; 1904, als die Bewegung ihren Höhepunkt erreicht hatte, waren es 34 Prozent. Doch selbst dort, wo die Auseinandersetzung zwischen Kirche und Staat nicht im Mittelpunkt des politischen Interesses stand, hatte die Organisation der massenhaften Arbeiterbewegungen oder der Eintritt des kleinen Mannes (Frauen hingen wesentlich loyaler an ihrem Glauben) in das politische Leben dieselbe Wirkung. In der Poebene Norditaliens mit ihrer traditionell frommen Bevölkerung mehrten sich gegen Ende des Jahrhunderts die Klagen über den Rückgang der Religion. (In Mantua gingen 1885 bereits zwei Drittel der Gläubigen nicht zur Osterkommunion). Die italienischen Arbeiter, die vor 1914 zu den lothringischen Stahlwerken abwanderten, waren bereits gottlos (vgl. Bonnet et al. 1962, S. 63ff.). In der spanischen (genauer gesagt der katalanischen) Diözese von Barcelona und Vich fiel der Anteil der Kinder, die innerhalb einer Woche nach der Geburt getauft wurden, zwischen 1900 und 1910 um die Hälfte (vgl. Duocastella 1965, S. 256; Leoni 1952, S. 117). Kurz, für die meisten Länder Europas gingen Fortschritt und Säkularisierung Hand in Hand. Und beide stürmten desto schneller voran, je mehr die Kirchen ihres offiziellen Ranges beraubt wurden, der ihnen die Vorteile eines Monopols verschafft hatte. Die Universitäten Oxford und Cambridge, die bis 1871 Nichtanglikaner ausgeschlossen oder diskriminiert hatten, waren bald keine Zufluchtstätten für anglikanische Geistliche mehr. Während in Oxford 1891 die meisten Collegevorsteher noch immer dem geistlichen Stand angehörten, war dies bei keinem der Professoren mehr der Fall (vgl. Halévy 1961, Bd. 5, S. 171).

Natürlich gab es auch kleinere Gegenströmungen: Anglikaner aus der Oberschicht, die zum Katholizismus konvertierten; Ästheten des Fin de siècle, die von dessen farbenprächtigem Zeremoniell angezogen wurden; extreme Irrationalisten, für die allein schon die intellektuelle Absurdität des traditionellen Glaubens dessen Überlegenheit über die reine Vernunft bewies; sowie Reaktionäre, die das große Bollwerk der alten Tradition und Hierarchie unterstützten, auch wenn sie selbst gar nicht daran glaubten, wie Charles Maurras, der geistige Führer der royalistischen und ultrakatholischen *Action Française* in Frankreich. Es gab sogar manche überzeugte Gläubige unter Gelehrten, Wissenschaftlern und Philosophen, deren Glaube sich dann auch in ihren Schriften niederschlug.

Kurz, auf der Ebene der geistigen Auseinandersetzung stand die westliche Religion nie so unter Druck wie zu Beginn unsereres Jahrhunderts, und auf der politischen befand sie sich gänzlich auf dem Rückzug in jene konfessionellen Gehege, die gegen alle Angriffe von außen verbarrikadiert waren. Der natürliche Nutznießer dieses Zusammenspiels von Demokratisierung und Säkularisierung war die politische und ideologische Linke, und gerade hier stand der alte bürgerliche Glauben an Wissenschaft, Vernunft und Fortschritt in Blüte.

Der imposanteste Erbe der (politisch und ideologisch abgewandelten) alten Gewißheiten war der Marxismus, die Sammlung theoretischer Erkenntnisse und praktischer Lehren, die nach dem Tod von Karl Marx aus seinen und Friedrich Engels' Schriften hauptsächlich innerhalb der deutschen Sozialdemokratie herausgegeben wurden. In vieler Hinsicht war der Marxismus in der Version Karl Kautskys (1854-1938), der das marxistische Lehrgebäude zu einer Orthodoxie gemacht hatte, der letzte Triumph der positivistischen naturwissenschaftlichen Fortschrittsgläubigkeit des 19. Jahrhunderts. Er war materialistisch, deterministisch und evolutionistisch und setzte entschlossen die »Gesetze der Geschichte« mit den »Gesetzen der Wissenschaft« gleich. Kautsky selbst sah in der Geschichtstheorie von Marx zunächst »nichts anderes als die Anwendung des Darwinismus auf die gesellschaftliche Entwicklung« und vertrat 1880 die Meinung, der Darwinismus in der Sozialwissenschaft lehre, daß »der Übergang von einer alten zu einer neuen Weltsicht sich unaufhaltsam vollzieht« (Salvadori 1979, S. 23f.). Für eine Theorie, die sich so fest mit der Wissenschaft verband, stand der Marxismus allerdings den dramatischen Neuerungen in der Naturwissenschaft und Philosophie seiner Zeit ziemlich mißtrauisch gegenüber, vielleicht weil sie mit einer Schwächung der materialistischen (d.h. freigeistigen und deterministischen) Gewißheiten, die eine so starke Anziehungskraft ausübten, einherzugehen schienen. Nur in den austromarxistischen Kreisen des intellektuellen Wien, wo so viele Neuerungen zusammenkamen, blieb der Marxismus mit diesen Entwicklungen in Berührung, und die revolutionären russischen Intellektuellen, für die mindestens dasselbe hätte gelten können, wurden daran nur durch ihre marxistischen Vordenker gehindert, die besonders hartnäckig an der materialistischen Philosophie festhielten.*

* So übernahm beispielsweise Sigmund Freud die Wohnung des österreichischen sozialdemokratischen Führers Victor Adler in der Berggasse, wo Alfred Adler (kein Verwandter), ein engagierter Sozialdemokrat unter den Psychoanalytikern, 1909 einen Vortrag über »Die Psychologie des Marxismus« hielt. Victor Adlers Sohn Friedrich war inzwischen Naturwissenschaftler und ein Bewunderer von Ernst Mach. Und die Schwester Otto Bauers, eines weiteren prominenten Sozialisten, spielt unter anderem Namen in Freuds Fallbeispielen eine besondere Rolle (vgl. Glaser 1981, passim).

Die Naturwissenschaftler jener Zeit hatten deshalb beruflich wenig Anlaß, sich für Marx und Engels zu interessieren. Kautsky veröffentlichte nicht einmal Engels' *Dialektik der Natur* und folge damit dem Rat des einzigen Physikers von akademischem Rang in der Partei. Dieser war es im übrigen, auf den die sogenannte »Lex Arons« zugeschnitten war, mit der der Deutsche Reichstag 1898 mehrheitlich die Berufung von Sozialdemokraten auf Universitätslehrstühle verhinderte (vgl. Rjasanow 1971, Bd. 2, S. 140).

Karl Marx indessen hatte ungeachtet seines persönlichen Interesses am Fortschritt der Naturwissenschaften im 19. Jahrhundert seine Zeit und seine geistige Energie zum größten Teil den Sozialwissenschaften gewidmet. Und hier wie in der Geschichtswissenschaft war die Wirkung seiner Ideen beträchtlich.

Ihr Einfluß machte sich sowohl mittel- als auch unmittelbar bemerkbar. In Italien, Osteuropa und vor allem im Zarenreich – Regionen, die von einer Sozialrevolution oder vom Zerfall bedroht waren – fand Marx sehr bald Anhänger unter den Intellektuellen und Gelehrten. In diesen Ländern oder Regionen waren ab etwa 1890 praktisch alle jüngeren Intellektuellen an den Universitäten in der einen oder anderen Form Revolutionäre oder Sozialisten, und die meisten betrachteten sich als Marxisten. In Westeuropa waren nur wenige Intellektuelle überzeugte Anhänger von Marx – und das trotz der wohlorganisierten Arbeiterbewegungen, die einer marxistisch beeinflußten Sozialdemokratie anhingen (mit der kuriosen Ausnahme der Niederlande, wo gerade erst die industrielle Revolution einsetzte). Die Sozialdemokratische Partei Deutschlands importierte ihre marxistischen Theoretiker aus dem Habsburger- (Kautsky, Hilferding) und aus dem Zarenreich (Rosa Luxemburg, Parvus). Hier wirkte der Marxismus hauptsächlich durch Leute, die von seiner geistigen wie auch politischen Herausforderung so stark beeindruckt waren, daß sie seine Theorie einer Kritik unterzogen oder auf die von ihm gestellten geistigen Fragen nach alternativen, nichtsozialistischen Antworten suchten. Bei den Ex- oder Post-Marxisten wie dem großen italienischen Philosophen Benedetto Croce (1866-1952), die gegen Ende des Jahrhunderts auf den Plan traten, dominierte eindeutig das politische Element. In Großbritannien, wo sich die Arbeiterbewegung nicht auf Marx berief, kümmerten sich auch die Gelehrten nicht um seine Theorie. In Östereich mit einer starken marxistischen Arbeiterbewegung hingegen nahmen sich hervorragende Gelehrte wie Eugen von Böhm-Bawerk (1851-1914) die Zeit, neben ihren Pflichten als Universitätslehrer und Kabinettsminister die marxistische Theorie zu widerlegen.*

* E. v. Böhm-Bawerks Buch *Zum Abschluß des Marxschen Systems* (1896) blieb lange Zeit die stärkste orthodoxe Kritik an Marx. Böhm-Bawerk bekleidete während der uns interessierenden Periode dreimal einen Ministerposten im österreichischen Kabinett.

Die Wirkung von Marx auf die Sozialwissenschaften macht die Schwierigkeiten deutlich, deren Entwicklung während dieser Zeit mit der der Naturwissenschaften zu vergleichen. Erstere haben es nun einmal in der Hauptsache mit den Verhaltensweisen und Problemen menschlicher Wesen zu tun, die alles andere als neutrale und leidenschaftslose Beobachter ihrer eigenen Angelegenheiten sind. Zwar spielt, wie wir gesehen haben, auch in den Naturwissenschaften die Ideologie eine desto größere Rolle, je mehr diese sich von der unbelebten zur belebten Materie bewegen – also ganz besonders innerhalb der Biologie, in der es unmittelbar um den Menschen geht. Aber die Sozial- und Geisteswissenschaften betätigen sich ausschließlich und per definitionem in jener brisanten Zone, in der alle Theorien unmittelbar politische Auswirkungen haben und wo der Einfluß der Ideologie, der Politik und der Situation, in der sich Wissenschaftler und Gelehrte befinden, alles andere zurückdrängt. Es war in jener Periode durchaus möglich, zugleich ein renommierter Astronom und revolutionärer Marxist zu sein wie A. Pannekoek (1873-1960), dessen Kollegen zweifellos seine politische Einstellung für seine Astronomie als ebenso irrelevant erachteten wie Pannekoeks Genossen seine Astronomie für den Klassenkampf. Wäre er Soziologe gewesen, dann wäre niemand auf den Gedanken gekommen, seine politische Richtung und seine Theorien hätten nichts miteinander zu tun. Häufig genug haben die Sozialwissenschaften gerade aus diesem Grund dasselbe Feld immer wieder neu umgepflügt oder sich im Kreis bewegt. Anders als die Naturwissenschaften verfügten sie über keinen allgemein anerkannten Bestand gewachsener Erkenntnisse und Theorien, kein strukturiertes Forschungsfeld, wo sich der Fortschritt aus einer Anpassung der Theorie an neue Entdeckungen ergeben hätte. Und im Verlauf der hier behandelten Periode wurde der Graben zwischen den beiden Zweigen der »Wissenschaft« noch breiter.

Das war in gewisser Hinsicht etwas Neues. In der Blütezeit des liberalen Fortschrittsglaubens hatte es den Anschein, als teilten die meisten Sozialwissenschaften – Ethnographie/Anthropologie, Philologie/Sprachwissenschaft, Soziologie und einige bedeutende volkswirtschaftliche Schulen – mit den Naturwissenschaften einen fundamentalen Forschungs- und Theorierahmen: den Evolutionismus (vgl. *Die Blütezeit des Kapitals,* Kap. 14, II). Im Zentrum der Sozialwissenschaften stand die Untersuchung des Aufstiegs des Menschen von einem Urzustand bis zur Gegenwart sowie das rationale Verständnis dieser Gegenwart. Dieser Prozeß wurde gemeinhin als Fortschritt der Menschheit durch verschiedene »Stadien« aufgefaßt, obgleich an ihren Rändern immer wieder Überreste aus früheren Stadien, lebenden Fossilien vergleichbar, zurückblieben. Das Studium der menschlichen Gesellschaft war eine positive Wissenschaft wie jede andere evolutionäre Disziplin von der Geologie bis zur Biologie. So war es für Walter Bagehot alles andere als fragwürdig, seiner Untersuchung über die Bedingungen des Fortschritts den Titel zu geben *Physics and Politics, Or Thoughts on the application of the principles of ›natural selection‹ and ›inheritance‹ to political society* (1872; Titel der dt. Ausg. von 1874: *Der Ursprung der Nationen. Über den Einfluß der natürlichen Zuchtwahl und der Vererbung auf die Bildung politischer Gemeinwesen)* und die Zweitausgabe in den 80er Jahren in einer wissenschaftlichen Buchreihe erscheinen zu lassen, in der ansonsten noch Bücher über »Die Erhaltung der Energie«, »Spektralanalytische Untersuchungen«, »Das Studium der Soziologie«, »Allgemeine Physiologie der Muskel- und Nervenstränge« und »Geld und die Mechanismen des Tausches« veröffentlicht wurden.

Dieser Evolutionismus entsprach indessen weder den neuen Modeströmungen in der Philosophie und im Neopositivismus, noch sagte er denen zu, bei denen sich erste Zweifel an einem Fortschritt regten, der in die falsche Richtung zu führen schien, und damit auch an »historischen Gesetzen«, die ihn zu etwas offenbar Unabänderlichem machten. Geschichte und Naturwissenschaft, die in der Theorie der Evolution so triumphal miteinander vereint waren, gingen nunmehr getrennte Wege. Die deutschen Universitätshistoriker lehnten generelle »historische Gesetze« ab und vertraten ein geisteswissenschaftliches Konzept, innerhalb dessen sie sich vorwiegend mit dem Einmaligen und Unwiederholbaren beschäftigten und sich einer »subjektiv-psychologischen Betrachtungsweise« befleißigten, die durch eine »ungeheure Kluft ... (vom) groben Objektivismus der Marxisten« getrennt war (Hintze 1897, S. 62). Und so dauerte es nicht lange, bis sich die schweren Geschütze der Theorie, die in den 90er Jahren in der altehrwürdigen *Historischen Zeitschrift* aufgefahren wurden – anfangs noch zur Bekämpfung jener Historiker, die sich allzusehr zur Sozial- oder einer anderen Wissenschaft hingezogen fühlten –, in der Hauptsache gegen die Sozialdemokraten richteten (vgl. insbesondere die Polemik von G. v. Below 1898).

Andererseits kehrten auch jene Sozial- und Geisteswissenschaften, die eine strenge oder mathematische Beweisführung oder die experimentellen Methoden der Naturwissenschaften für sich in Anspruch nehmen wollten, der geschichtlichen Evolution zum Teil erleichtert den Rücken. Das galt auch für die Psychoanalyse, von der ein kluger Historiker bemerkt hat, Freud habe damit »seinen liberalen Zeitgenossen eine ahistorische Theorie von Mensch und Gesellschaft (geschenkt), die eine aus den Fugen und aus der Kontrolle geratene politische Welt leichter zu ertragen erlaubte« (Schorske 1982, S. 190). Ebenso richtete sich der in den 80er Jahren unter deutschen Nationalökonomen erbittert ausgetragene »Methodenstreit« gegen die Geschichte. Die überlegene Seite (unter Führung von Carl Menger, ebenfalls ein Wiener Liberaler) trat nicht nur für eine bestimmte wissenschaftliche Methode ein – eine deduktive gegenüber einer induktiven Beweisführung –, sondern auch für eine bewußte Verengung des bislang weit gefaßten Blickwinkels der nationalökonomischen Wissenschaft. Historisch orientierte Volkswirtschaftler wurden entweder wie Marx in die Rumpelkammer der Außenseiter und Agitatoren verbannt oder wie die »historische Schule«, die damals noch in Deutschland dominierte, aufgefordert, sich anders zu bezeichnen, z.B. als Wirtschaftshistoriker oder Soziologen, und die echte Theorie den Analytikern der neoklassischen Gleichgewichtszustände zu überlassen. Das bedeutete, daß Fragen der historischen Dynamik, der wirtschaftlichen Entwicklung und insbesondere der wirtschaftlichen Schwankungen und Krisen aus den Feldern der neuen akademischen Orthodoxie ausgeschlossen wurden. Damit wurde die Ökonomie die einzige Sozialwissenschaft jener Zeit, die vom Problem des nichtrationalen menschlichen Verhaltens unbehelligt blieb, da sie per definitionem alle Transaktionen aus ihrem Gegenstandsbereich ausschloß, die sich nicht in mindestens einer Hinsicht als rational darstellen ließen.

In ähnlicher Weise schien jetzt auch die Sprachwissenschaft, (zusammen mit der Nationalökonomie) die erste und hoffnungsvollste der Sozialwissenschaften, ihr Interesse an einem Modell der sprachlichen Evolution zu verlieren, das ihre größte Leistung ausgemacht hatte. Fernand de Saussure (1857-1913), der posthum sämtliche strukturalistischen Moden nach dem Zweiten Weltkrieg inspirierte, konzentrierte sich statt dessen auf die abstrakte und statische Struktur der Kommunikation, bei der Worte ein mögliches Medium unter anderen darstellten. Die Vertreter der Sozial- und Geisteswissenschaften paßten sich nach Möglichkeit den experimentellen Wissenschaftlern an, besonders deutlich sichtbar an einer Forschungsrichtung in der Psychologie, die sich ins Laboratorium zurückzog, um dort ihre Studien über Wahrnehmung und Lernen und experimentell induzierte Verhaltensänderungen durchzuführen. Daraus ging die russisch-amerikanische Theorie des »Behaviorismus« hervor (I. Pawlow, 1849-1936; J. B. Watson, 1878-1958), die man kaum als brauchbaren Wegweiser zum menschlichen Denken und Fühlen bezeichnen kann. Denn die Komplexitäten der menschlichen Gesellschaften oder auch nur das normale Leben der menschlichen Individuen und deren Beziehungen untereinander widersetzten sich dem Reduktionismus auch noch so illustrer Laborpositivisten, und Langzeituntersuchungen über Verhaltensänderungen ließen sich experimentell nicht durchführen. Die folgenreichste praktische Konsequenz der experimentellen Psychologie, das Testen der menschlichen Intelligenz (erstmals von Binet 1905 in Frankreich erprobt), hatte es deshalb leichter, die Grenzen der geistigen Entwicklung einer Person durch einen scheinbar unveränderlichen »IQ« zu bestimmen, als Fragen nach dem Wesen dieser Entwicklung oder danach zu beantworten, in welcher Weise sie sich vollzog oder in welche Richtung sie möglicherweise führte.

Die positivistischen oder »strengen« Sozialwissenschaften nahmen zwar zu und brachten Universitätsfakultäten und akademische Stellen hervor, aber kaum etwas, das sich mit den Überraschungen und Erschütterungen vergleichen ließe, wie wir sie in den Naturwissenschaften jener Zeit beobachtet haben. Dort, wo sie überhaupt eine Änderung erfuhren, hatten deren Pioniere ihr Werk schon zu einem früheren Zeitpunkt vollbracht. Die neue Ökonomie des Grenznutzens und des nationalökonomischen Gleichgewichts ging auf W. S. Jevons (1835-1882), Léon Walras (1834-1910) und Carl Menger (1835-1882) zurück, die ihre Arbeiten zwischen 1860 und 1880 veröffentlicht hatten; die Experimentalpsychologie, deren erste eigene Zeitschrift 1904 von dem Russen Bechterew herausgegeben wurde, verdankte ihr Entstehen der deutschen Schule von Wilhelm Wundt, die sich in den 60er Jahren etabliert hatte. Unter den Sprachwissenschaftlern war der revolutionäre de Saussure außerhalb Lausannes noch immer weitgehend unbekannt, da sein Ruf sich auf Vorlesungsnotizen gründete, die erst nach seinem Tod veröffentlicht wurden.

Die dramatischeren und umstritteneren Entwicklungen in den Sozial-und Geisteswissenschaften standen in engem Zusammenhang mit der geistigen Krise der bürgerlichen Welt des Fin de siècle. Wie wir gesehen haben, nahm diese zwei verschiedene Formen an. Im Zeitalter der Massen mußten offenbar Gesellschaft und Politik und insbesondere die Probleme des gesellschaftlichen Gefüges und Zusammenhalts oder (auf der politischen Ebene) der staatsbürgerlichen Loyalität und der Legitimität des Staates neu durchdacht werden. Wenn die kapitalistische Wirtschaft im Westen von größeren geistigen Erschütterungen verschont blieb, so war dies möglicherweise dem Umstand zuzuschreiben, daß sie nicht – oder allenfalls vorübergehend – mit ebenso gravierenden Problemen zu kämpfen hatte. Die neu aufkommenden Zweifel über die im 19. Jahrhundert entwickelten Annahmen im Hinblick auf die menschliche Rationalität und die natürliche Ordnung der Dinge waren allgemeinerer Art.

Die Krise der Vernunft zeigte sich besonders deutlich in der Psychologie, zumindest dort, wo diese sich bemühte, außerhalb der experimentellen Situation das menschliche Denken und Fühlen insgesamt zu erforschen. Was blieb noch von dem gediegenen Bürger, der rationale Zwecke verfolgte, indem er seine individuellen Nutzenfunktionen optimierte, wenn sein Verhalten ähnlich wie das der Tiere auf einem Bündel von »Trieben« oder »Instinkten« beruhte (MacDougall 1908), wenn das rationale Denken nichts als ein den Wellen und Strömungen des Unbewußten preisgegebenes Boot war (Freud) oder wenn das rationale Bewußtsein nur einen Sonderfall des Bewußtseins darstellte, »während in seiner Umgebung, von ihm nur durch eine hauchdünne Wand getrennt, gänzlich andersartige mögliche Bewußtseinsformen angeordnet sind« (James 1902/1963, S. 388)? Derartige Beobachtungen waren natürlich jedem Leser großer Literatur, jedem Kunstliebhaber und jedem reifen Erwachsenen, der sich mit sich selbst beschäftigte, vertraut. Trotzdem gingen sie erst jetzt und nicht schon früher in den Bestand jener Disziplin ein, die für sich die wissenschaftliche Erforschung der menschlichen Seele in Anspruch nahm. Sie paßten nicht in die Psychologie des Versuchslabors oder der Testreihen, und die beiden Zweige der menschlichen Seelenkunde existierten schlecht und recht nebeneinander. Der revolutionärste Neuerer auf diesem Gebiet, Sigmund Freud, schuf sogar eine eigene Disziplin, die Psychoanalyse, die sich von der übrigen Psychologie lossagte und deren Ansprüche auf den Rang einer Wissenschaft und auf einen therapeutischen Wert seitdem in traditionellen Wissenschaftskreisen immer wieder auf Skepsis gestoßen sind. Auf der anderen Seite übte sie auf eine Minderheit von emanzipierten intellektuellen Laien (Männer wie Frauen) sowie auf einige Geistes- und Sozialwissenschaftler (Weber, Sombart) innerhalb kurzer Zeit einen beträchtlichen Einfluß aus. Auf etwas verschwommene Weise fand die Freudsche Terminologie nach 1918 Eingang in die Umgangssprache gebildeter Laien, zumindest innerhalb des deutschen und angelsächsischen Kulturkreises. Neben Einstein ist Freud vermutlich der einzige Naturwissenschaftler (als den er sich immer gesehen hat), dessen Name dem Mann auf der Straße allgemein geläufig ist. Das hatte zweifellos etwas mit der Zweckmäßigkeit einer Theorie zu tun, die es Männern und Frauen erlaubte, die Schuld an ihrem Handeln einer Instanz zuzuschreiben, der sie quasi ausgeliefert waren, etwa ihrem Unbewußten, aber mehr noch mit der Tatsache, daß man in Freud (zutreffend) den Zerstörer von Sexualtabus und (unzutreffend) den Vorkämpfer für die Befreiung von jeder sexuellen Unterdrückung sehen konnte. Denn die Sexualität, ein Thema, das in jener Periode der öffentlichen Diskussion und Untersuchung zugänglich gemacht und auch in der Literatur relativ freizügig behandelt wurde (denken wir nur an Marcel Proust in Frankreich, Arthur Schnitzler in Österreich und Frank Wedekind in Deutschland*), stand im Mittelpunkt

* Proust im Hinblick auf die männliche und weibliche Homosexualität, Schnitzler – ein Mediziner – auf den freieren Umgang mit gelegentlichen Seitensprüngen (*Der Reigen*, geschrieben 1896/97) und Wedekind (*Frühlings Erwachen*, 1891) hinsichtlich der Sexualität von heranwachsenden Jugendlichen.

der Freudschen Theorie. Selbstverständlich war Freud weder der einzige noch der erste Autor, der sich diesem Thema eingehend gewidmet hat. Er gehörte eigentlich nicht zu der wachsenden Zahl von Sexualforschern, die nach dem Erscheinen der *Psychopathia sexualis* (1886) von Richard Krafft-Ebing, dem Erfinder des Begriffs »Masochismus«, auf den Plan traten. Anders als Krafft-Ebing waren die meisten von ihnen Reformer, denen es darum ging, die Toleranz der Öffentlichkeit gegenüber verschiedenen Formen unkonventioneller (»abnormer«) sexueller Neigungen zu gewinnen und die Anhänger solcher Neigungen zu informieren und von ihren Schuldgefühlen zu befreien: z.B. Havelock Ellis (1859-1939) oder Magnus Hirschfeld (1868-1935).* Im Unterschied zu den neuen Sexualwissenschaftlern wandte Freud sich weniger an ein Publikum, das sich besonders mit sexuellen Problemen beschäftigte, sondern an alle lesenden Männer und Frauen, die sich genügend weit von den alten christlich-jüdischen Tabus befreit hatten, um etwas zu akzeptieren, das sie seit langem vermutet hatten, nämlich die große Macht, Allgegenwart und Vielgestaltigkeit des Geschlechtstriebs.

Ob freudianisch oder nicht, ob als Individual- oder als Sozialpsychologie: Die Wissenschaft von der menschlichen Seele beschäftigte sich damals nicht damit, wie der Mensch dachte, sondern wie wenig seine Fähigkeit zu denken sein Verhalten beeinflußte. Mit diesem Ansatz entsprach sie in zwei wesentlichen Punkten dem Zeitalter der Politik und Wirtschaft der Massen – einerseits mit der bewußt antidemokratischen »Massenpsychologie« von Le Bon (1841-1931), Tarde (1843-1904) und Trotter (1872-1939), nach deren Meinung die Teilnehmer einer Massenveranstaltung oder eines Massenauflaufs durchweg jedes rationale Verhalten aufgeben, und andererseits durch die Werbeindustrie, deren Begeisterung für die Psychologie berüchtigt war und die seit langem erkannt hatte, daß Seife nicht mit rationalen Argumenten zu verkaufen war. Die ersten Veröffentlichungen über die Psychologie der Werbung erschienen noch vor 1909. Die Psychologie, die sich überwiegend individualpsychologischen Problemen widmete, brauchte sich freilich nicht mit den Problemen einer Gesellschaft im Wandel herumzuschlagen. Das übernahm eine inzwischen veränderte Soziologie.

Die Soziologie war vermutlich das unabhängigste Produkt der Sozialwissenschaften in jener Periode oder, genauer, der bedeutsamste Versuch, sich von den historischen Veränderungen, die auch das Thema dieses Buches bilden, einen Begriff zu machen. Denn die grundlegenden Probleme, mit denen

* Ellis begann 1897 mit der Veröffentlichung seiner *Studies in the Psychology of Sex*; im selben Jahr erschien erstmals das *Jahrbuch für sexuelle Zwischenstufen* von Magnus Hirschfeld.

sich ihre angesehensten Vertreter beschäftigten, waren politischer Natur. Welcher Art waren die inneren Bindungskräfte von Gesellschaften, die nicht mehr wie bisher durch Gewohnheit und den traditionellen Glauben an eine kosmische Ordnung, in der Regel sanktioniert durch eine Religion, die in der Vergangenheit Herrschaft und gesellschaftliche Unterordnung gerechtfertigt hatte, zusammengehalten wurden? Wie funktionierten Gesellschaften unter solchen Bedingungen als politische Systeme? Kurz, konnte eine Gesellschaft mit den unvorhergesehenen und verwirrenden Folgen der Demokratisierung und Massenkultur fertigwerden, allgemeiner ausgedrückt mit den Konsequenzen einer Entwicklung der bürgerlichen Gesellschaft, an deren Ende eine Gesellschaft anderer Art zu stehen schien? Diese Fragestellungen sind es, die die Männer, die heute als die Gründungsväter der Soziologie gelten, von den meisten der heute vergessenen positivistischen Evolutionisten in der Nachfolge von Comte und Spencer (vgl. *Die Blütezeit des Kapitals,* Kap. 14, II) unterscheiden, die bislang dieses Fachgebiet vertreten hatten.

Die neue Soziologie war keine anerkannte oder gar genau definierte akademische Disziplin; nicht einmal in den Jahrzehnten danach gelang es ihr, international Einigkeit über ihren exakten Gegenstand zu erzielen. In jener Zeit entwickelte sich bestenfalls so etwas wie ein akademisches »Feld« in einigen europäischen Ländern im Umkreis einiger Männer, Zeitschriften, Gesellschaften und von ein oder zwei Universitätslehrstühlen. Hier sind vor allem Emile Durkheim (1858-1917) in Frankreich und Max Weber (1864-1920) in Deutschland zu nennen. Nur in den USA gab es eine nennenswerte Zahl von Soziologen, die diese Bezeichnung führten. Tatsächlich war ein Großteil dessen, was heute als Soziologie firmieren würde, die Arbeit von Männern, die sich nach wie vor als etwas anderes betrachteten – Thorstein Veblen (1857-1929) als Nationalökonom, Ernst Troeltsch (1865-1923) als Theologe, Vilfredo Pareto (1848-1923) als Nationalökonom, Gaetano Mosca (1858-1941) als Politikwissenschaftler und selbst Benedetto Croce als Philosoph. Was diesem Feld eine gewisse Einheitlichkeit verschaffte, war der Versuch, eine Gesellschaft zu verstehen, die von den Theorien des politischen und wirtschaftlichen Liberalismus nicht oder nicht mehr zureichend erfaßt werden konnte. Anders jedoch als die soziologische Modeströmungen späterer Jahre galt das Hauptinteresse der Soziologie damals weniger der Frage, wie sich eine Gesellschaft verändern oder gar revolutionieren ließ, sondern wie man dem Wandel Einhalt gebieten konnte. Von daher erklärt sich auch ihr zwiespältiges Verhältnis zu Karl Marx, der heute häufig in einem Atemzug mit Weber und Durkheim als Gründungsvater der Soziologie genannt wird, dessen Schüler sich freilich nicht immer mit diesem Etikett anfreunden konnten. Wie es ein zeitgenössischer deutscher Gelehrter ausdrückte: »Marx hat, ganz abgesehen von seinen praktischen Folgerungen, auch wissenschaftlich die Knoten geschürzt, die wir zu lösen uns bemühen müssen.« (Gothein 1900, S. 212)

Einige Vertreter der neuen Soziologie widmeten sich besonders der Frage nach den tatsächlichen Wirkungsmechanismen von Gesellschaften im Gegensatz zu den von der liberalen Gesellschaftstheorie unterstellten Prinzipien. Von daher erklärt sich auch die Fülle an Veröffentlichungen auf dem Gebiet der heute so bezeichneten »politischen Soziologie«, die sich weitgehend auf die Erfahrung der neuen demokratischen Politik mit Massenwahlrecht, der Massenbewegungen oder beides stützte (Mosca, Pareto, Michels, S. und B. Webb). Manche fragten danach, welche Kräfte in der Gesellschaft ihrer Auflösung durch die sich widerstreitenden Interessen von Klassen und Gruppen in ihrem Innern sowie der Tendenz liberaler Gesellschaften entgegenwirken, sich zu einer ungeordneten Ansammlung orientierungsloser und entwurzelter Individuen zu entwickeln, d.h. einen Zustand der »Anomie« herbeizuführen. Damit hängt auch die intensive Beschäftigung führender und fast durchweg agnostischer oder atheistischer Denker wie Weber und Durkheim mit dem Phänomen der Religion sowie die Überzeugung zusammen, daß alle Gesellschaften entweder eine Religion oder deren funktionales Äquivalent benötigten, um ihr Gefüge nicht zu zerstören, und daß alle Elemente der modernen Religionen bereits in den Riten der australischen Aborigines enthalten seien, in denen man damals zumeist die Überreste aus der Anfangszeit der Menschheit sah (vgl. *Die Blütezeit des Kapitals,* Kap. 14, II). Andererseits galten die primitiven und barbarischen Stämme, die dank der imperialistischen Politik nunmehr von Anthropologen aus nächster Nähe untersucht werden konnten oder gar mußten – »Feldarbeit« ist seit den Anfängen des 20. Jahrhunderts zu einem festen Bestandteil der Sozialanthropologie geworden –, jetzt nicht mehr primär als Anschauungsbeispiele für Evolutionsphasen der Vergangenheit, sondern als gut funktionierende soziale Systeme.

Doch wie immer das Gefüge und der Zusammenhalt von Gesellschaften beschaffen sein mochten, die neue Soziologie konnte das Problem der historischen Entwicklung der Menschheit nicht umgehen. So bildete die soziale Evolution nach wie vor das Herzstück der Anthropologie, und für Männer wie Max Weber blieb die Frage, woher die bürgerliche Gesellschaft gekommen war und wohin sie sich entwickelte, ebenso entscheidend wie für die Marxisten – und aus gleichgearteten Gründen. Denn Weber, Durkheim und Pareto – alle drei Liberale mit mehr oder weniger starken Vorbehalten – hatten ein besonders starkes Interesse an der neuen sozialistischen Bewegung und machten es sich zur Aufgabe, Marx oder vielmehr seine »materialistische

Geschichtsauffassung« zu widerlegen, indem sie ein allgemeineres Modell der gesellschaftlichen Entwicklung entwarfen. Sie waren sozusagen entschlossen, unmarxistische Antworten auf marxistische Fragen zu finden. Das gilt am wenigsten für Durkheim, denn in Frankreich hatte Marx höchstens insofern Einfluß, als der alte jakobinische Revolutionsgeist der Pariser Kommunarden durch ihn eine rötliche Färbung erhielt. In Italien akzeptierte Pareto (der heute noch am meisten als brillanter mathematischer Nationalökonom im Gedächtnis ist) zwar die Realität des Klassenkampfs, zog daraus jedoch den Schluß, dieser werde nicht zum Sturz aller herrschenden Klassen führen, sondern lediglich eine herrschende Elite durch eine andere ersetzen. In Deutschland hatte man Weber als den »bürgerlichen Marx« bezeichnet, weil er so viele Fragen von Marx übernahm, aber dessen Antwort (die Methode des »historischen Materialismus«) auf den Kopf stellte.

Was die Entwicklung der Soziologie in unserer Periode vorantrieb und bestimmte, war demnach die Empfindung einer Krise in den Angelegenheiten der bürgerlichen Gesellschaft, das Gefühl, etwas tun zu müssen, um ihre Zersetzung oder Transformation in andere und zweifellos weniger wünschbare Gesellschaftsformen zu verhindern. Hat sie die Sozialwissenschaften revolutioniert oder sogar ein ausreichendes Fundament für die allgemeine Wissenschaft von der Gesellschaft geschaffen, das ihre Pioniere errichten wollten? Die Meinungen darüber gehen auseinander, doch in der Mehrzahl sind sie wahrscheinlich eher skeptisch. Eine zweite Frage läßt sich allerdings bestimmter beantworten. Hat die Soziologie einen Weg gefunden, um den Prozeß der Revolution und der Auflösung der Gesellschaft zu verhindern, den sie eigentlich aufhalten oder umkehren wollte?

Das gelang ihr nicht, denn mit jedem Jahr rückten die Gefahr einer Revolution und die Drohung eines Krieges näher zusammen.

Kapitel 12
Auf dem Weg zur Revolution

»Hast du jemals von der Sinn Fein in Irland gehört? . . . Es ist eine äußerst interessante Bewegung, und sie hat viel Ähnlichkeit mit der sogenannten Extremistenbewegung in Indien. Ihre Politik besteht darin, nicht um Gefälligkeiten zu bitten, sondern ihre Ansprüche gewaltsam durchzusetzen.«

Jawaharlal Nehru (mit 18 Jahren) an seinen Vater
(1907; zit. n. Norman 1965, Bd. 1, S.12)

»In Rußland gehören sowohl der Souverän als auch das Volk der slawischen Rasse an, aber einfach deshalb, weil die Bevölkerung das Gift der Autokratie nicht ertragen kann, ist sie bereit, Millionen von Menschenleben für ihre Freiheit zu opfern . . . Wenn ich dagegen mein eigenes Land ansehe, kann ich meine Gefühle kaum beherrschen. Denn hier besteht nicht nur dieselbe diktatorische Herrschaft wie in Rußland, sondern unser Land wird überdies seit 200 Jahren von fremden Barbaren mit Füßen getreten.«

Ein chinesischer Revolutionär
(etwa 1903/04; zit. n. Clabaugh Wright 1968, S. 118)

»Ihr steht nicht allein, Arbeiter und Bauern ganz Rußlands! Und wenn es euch gelingt, die Tyrannen des Rußlands der Leibeigenschaft, der Polizei, der Gutsbesitzer und des Zaren zu stürzen, zu schlagen und zu vernichten, dann wird euer Sieg das Signal sein zum Kampf gegen die Tyrannei des Kapitals in der ganzen Welt, zum Kampf für die volle, nicht nur politische, sondern auch ökonomische Befreiung der Werktätigen, zum Kampf für die Erlösung der Menschheit vom Elend und für die Verwirklichung des Sozialismus.«

W. I. Lenin (1905; *Werke,* Bd. 9, S. 437)

I

Wir haben bisher den Nachsommer des Kapitalismus im 19. Jahrhundert als eine Periode der sozialen und politischen Stabilität behandelt: eine Zeit von Regierungen, die sich nicht gerade noch an der Macht halten konnten, sondern Triumphe feierten. Und wenn wir uns einzig auf die Länder des »entwikkelten« Kapitalismus beschränken würden, dann wäre das sogar ziemlich einleuchtend. Wirtschaftlich gesehen lichteten sich die düsteren Wolken der Großen Depression und gaben den Blick frei auf die strahlend helle Expansion und den Aufschwung der Jahre nach 1900. Politische Systeme, die noch nicht genau wußten, wie sie der sozialen Agitation der 80er Jahre begegnen sollten, dem plötzlichen Aufkommen von Massenparteien der Arbeiter, die eine Revolution anstrebten, oder der massenhaften Mobilisierung von Bürgern gegen den Staat aus anderen Motiven, fanden anscheinend flexible Möglichkeiten, einige dieser Bewegungen einzudämmen und einzubinden und andere zu isolieren. Die rund 15 Jahre zwischen 1899 und 1914 waren eine Belle Epoque nicht nur deshalb, weil es wirtschaftlich bergauf ging und das Leben für Leute mit Geld überaus reizvoll und für die Reichen einfach glücklich war, sondern auch, weil die Herrscher der meisten westlichen Länder sich zwar Sorgen um die Zukunft machten, aber von der Gegenwart nichts Ernsthaftes zu befürchten hatten. Ihre Gesellschaften und Regierungsapparate schienen im großen und ganzen gut lenkbar zu sein.

Andererseits gab es weite Gebiete in der Welt, wo dies offensichtlich nicht der Fall war. In diesen Regionen stellten die Jahre von 1880 bis 1914 eine Ära einer ständig möglichen, unmittelbar bevorstehenden oder auch real stattfindenden Revolution dar. Selbst für die wenigen dieser Länder, die später in den Weltkrieg hineingezogen wurden, war das Jahr 1914 nicht der scheinbar plötzliche Bruch zwischen einer Zeit der Ruhe, Stabilität und Ordnung und einer Ära der Zerrüttung. In einigen von ihnen – z.B. im Osmanischen Reich – war der Weltkrieg selbst nur eine Episode in einer Reihe von Militärkonflikten, die schon etliche Jahre früher begonnen hatten. In anderen – möglicherweise Rußland und ganz sicher Österreich-Ungarn – war der Weltkrieg als solcher weitgehend die Folge der Unlösbarkeit der innenpolitischen Probleme. Für eine weitere Gruppe von Ländern – China, Iran und Mexiko – spielte der Weltkrieg überhaupt keine nennenswerte Rolle. Kurz, für jenes riesige Gebiet des Erdballs, das nach einer kritischen Bemerkung Lenins (*Werke,* Bd. 15, S. 176) aus dem Jahr 1908 den »Zündstoff in der Weltpolitik« darstellte, war der Gedanke, ohne das unvorhergesehene und vermeidbare Dazwischentreten der Katastrophe von 1914 hätten Stabilität, wirtschaftlicher Aufschwung und liberaler Fortschritt wie bisher angehalten, selbst bei oberflächlicher Würdigung völlig unhaltbar – im Gegenteil. Nach 1917 zeigte sich deutlich, daß die stabilen und wirtschaftlich blühenden Länder der westlichen bürgerlichen Gesellschaften selbst auf die eine oder andere Weise in die weltweiten revolutionären Unruhen hineingezogen würden, die an der Peripherie des einen, vielfach in sich verflochtenen Weltsystems, das diese Gesellschaft geschaffen hatte, ihren Anfang nahmen.

Das bürgerliche Jahrhundert destabilisierte seine Peripherie in der Hauptsache auf zweierlei Weise: indem es die alten Strukturen ihrer Wirtschaften und das Gleichgewicht ihrer Gesellschaften untergrub und die Lebensfähigkeit der eingesessenen Regierungen und Institutionen zerstörte. Die erste der damit verbundenen Wirkungen reichte tiefer und war brisanter. Sie erklärt den Unterschied zwischen der Russischen und Chinesischen Revolution einerseits und der Persischen und Türkischen Revolution andererseits im Hinblick auf deren historische Wirkung. Die zweite war dafür schneller sichtbar. Denn mit Ausnahme Mexikos bestand die globale politische Erdbebenzone von 1900-1914 hauptsächlich aus dem großen geographischen Gürtel der alten Großreiche – deren historische Anfänge zum Teil weit in die Nebel des Altertums zurückreichten –, der sich von China im Osten bis zum Habsburgerreich und vielleicht bis Marokko im Westen erstreckte.

Nach den Maßstäben der westlichen bürgerlichen Nationalstaaten und Weltreiche waren diese archaischen politischen Strukturen morsch, überholt und – wie die vielen zeitgenössischen Anhänger des Sozialdarwinismus argumentiert hätten – zum Untergang verurteilt. Ihr Zusammenbruch und Zerfall waren der Ausgangspunkt der Revolutionen von 1900-1914 und in Europa die unmittelbare Vorbedingung sowohl des kommenden Weltkrieges als auch der Russischen Revolution. Die Großreiche, die während jener Jahre zerfielen, zählten zu den ältesten politischen Kräften in der Geschichte. China war trotz gelegentlicher Erschütterungen und Eroberungen von außen zumindest 2000 Jahre lang ein Großreich und der Mittelpunkt der Zivilisation gewesen. Die großen Prüfungsveranstaltungen für die kaiserlichen Beamten, bei denen die Verwalter des Reiches und zugleich Angehörigen der Gelehrten-Gentry ausgewählt wurden, waren seit mehr als 2000 Jahren, von gelegentlichen Unterbrechungen abgesehen, alljährlich abgehalten worden. Als sie 1905 aufgegeben wurden, konnte das Ende des Reiches nicht mehr fern sein. (Tatsächlich waren es nur noch sechs Jahre bis dahin.) Persien war während eines ebenso langen Zeitraums ein großes Reich und kulturelles Zentrum gewesen, obgleich es hier wesentlich stärkere Schwankungen gegeben hatte. Es hatte seine großen Widersacher, das römische und das byzantinische Imperium überlebt und sich von Eroberungen durch Alexander den Großen, die Mohammedaner, Mongolen und Türken erholt. Das Osmanische Reich, obwohl historisch wesentlich jünger, war der letzte in dieser Abfolge nomadischer Eroberer, die seit den Tagen Attilas des Hunnenkönigs von Mittelasien aus aufgebrochen waren, um die östlichen und westlichen Reiche niederzuringen und zu beherrschen: Avaren, Mongolen und verschiedene Turkvölker. Mit seiner Hauptstadt Konstantinopel, dem früheren Byzanz, der Stadt der Caesaren (Tsarigrad), war dieses Reich der unmittelbare Erbe des Römischen Reiches, dessen westliche Hälfte im fünften nachchristlichen Jahrhundert zerfallen war, dessen östliche Hälfte jedoch ein weiteres Jahrtausend überdauerte, bevor sie von den Türken erobert wurde. Obgleich das Osmanische Reich seit dem Ende des 17. Jahrhunderts immer weiter zurückgedrängt worden war, war es noch immer ein riesiges Staatsgebiet, das an drei Kontinenten einen Anteil hatte. Außerdem wurde der Sultan, sein absoluter Herrscher, von der Mehrheit der Muslime auf der Welt als ihr Khalif angesehen, als Oberhaupt ihrer Religion und in dieser Funktion als Nachfolger des Propheten Mohammed und seiner siegreichen Schüler aus dem siebten Jahrhundert. Die sechs Jahre, innerhalb deren sich die Umwandlung dieser drei Reiche in konstitutionelle Monarchien oder Republiken nach westlichem, bürgerlichen Vorbild vollzog, bezeichnen offensichtlich das Ende einer bedeutsamen Phase der Weltgeschichte.

Das russische Zarenreich und Österreich-Ungarn, die beiden großen und wankenden Vielvölkerstaaten in Europa, die ebenfalls bald zusammenbrechen sollten, ließen sich höchstens insofern miteinander vergleichen, als beide nach demselben politischen Muster beherrscht wurden – sie wurden quasi wie Familienbesitz verwaltet –, das mehr und mehr wie ein vorgeschichtlicher Überrest wirkte, der sich bis ins 19. Jahrhundert hinein erhalten hatte. Außerdem nahmen die Herrscher beider Reiche für sich den Titel des Caesar (Zar, Kaiser) in Anspruch, der erstere durch barbarische Vorfahren aus dem Mittelalter unter Berufung auf das Römische Reich im Osten, während der letztere seinen Anspruch auf ähnliche Vorfahren stützte, mit denen die Erinnerung an das Weströmische Reich wiederbelebt wurde. Als Kaiserreiche und europäische Mächte waren beide in Wirklichkeit vergleichsweise jüngeren Datums. Außerdem lagen sie im Gegensatz zu den alten Reichen in Europa an den Grenzen zwischen den wirtschaftlich entwickelten und den rückständigen Zonen und waren damit von Anfang an in die wirtschaftlich »fortschrittliche« Welt wenigstens zum Teil und als »Großmächte« in das politische System Europas vollständig integriert – eines Kontinents, dessen Definition schon immer eine politische gewesen ist.* Von daher erklären sich im übrigen auch die gewaltigen Rückwirkungen der Russischen Revolution und – auf andere Weise – des Zusammenbruchs des Habsburgerreiches auf die politische Szene Europas und der übrigen Welt, verglichen mit den relativ geringfügigen oder rein regional beschränkten Nachwirkungen etwa der Chinesischen, Mexikanischen oder Iranischen Revolution.

* Es gibt kein geographisches Merkmal, das eine eindeutige Abgrenzung der westlichen Verlängerung der asiatischen Landmasse, die wir als Europa bezeichnen, gegenüber dem übrigen Asien ermöglichen würde.

Das Problem der überalterten Reiche Europas lag darin, daß sie gleichzeitig beiden Lagern angehörten: dem fortschrittlichen und dem rückständigen, dem starken und dem schwachen, den Wölfen und den Schafen. Die alten Reiche dagegen waren allein bei den Opfern zu finden. Sie gingen unausweichlich dem Zusammenbruch, der Eroberung oder Abhängigkeit entgegen, sofern es ihnen nicht irgendwie gelang, von den westlichen Imperialisten das zu übernehmen, was diese so furchtbar machte. Ende des 19. Jahrhunderts war daran nicht mehr zu rütteln, und die meisten der größeren Staaten und Herrscher der alten Welt der Großreiche versuchten in unterschiedlich starkem Maße, jene Lehren zu ziehen, die sich für sie aus der Begegnung mit dem Westen ergaben, aber nur Japan konnte diese schwierige Aufgabe erfolgreich bewältigen und war um die Jahrhundertwende zum Wolf unter Wölfen geworden.

II

Ohne den Druck der imperialistischen Expansion ist es unwahrscheinlich, daß es im alten, aber im 19. Jahrhundert ziemlich hinfälligen Persischen Reich zu einer Revolution gekommen wäre, so wenig wie in dem westlichsten der islamischen Königreiche, Marokko, wo die Regierung des Sultans (der Maghzen) mit mäßigem Erfolg bemüht war, ihr Verwaltungsgebiet zu erweitern und die anarchische und furchterregende Welt der einander befehdenden Berberstämme einer wirksamen Kontrolle zu unterwerfen. (Wobei noch sehr die Frage ist, ob die Ereignisse von 1907/08 in Marokko auch nur annähernd die Bezeichnung einer Revolution verdienen.) Persien sah sich einer zweifachen Bedrängnis – durch Rußland und Großbritannien – ausgesetzt, der es verzweifelt zu entrinnen suchte, indem es Berater und Helfer aus anderen westlichen Staaten ins Land holte – aus Belgien (das das Vorbild für die persische Verfassung abgab), den USA und nach 1914 auch aus Deutschland –, die freilich kein wirkliches Gegengewicht bilden konnten. In der iranischen Politik waren seit jeher die drei Kräfte wirksam, deren Vereinigung 1979 zu einer noch größeren Revolution führen sollte: die emanzipierten und verwestlichten Intellektuellen mit einem ausgeprägten Sinn für die Schwäche und die sozialen Ungerechtigkeiten ihres Landes, die Basarhändler, die den wirtschaftlichen Wettbewerb aus dem Ausland schmerzhaft zu spüren bekamen, und die muslimische Geistlichkeit, die den schiitischen Zweig des Islam vertrat, eine Art persische Nationalreligion, mit der sich die traditionsbestimmten Massen mobilisieren ließen. Diese Geistlichen hatten wiederum erkannt, daß sich westliche Einflüsse mit dem Koran nicht vereinbaren ließen. Das Bündnis aus Radikalen, *Basaris* und Mullahs hatte seine Stärke schon 1890/92 unter Beweis gestellt, als die Gewährung eines kaiserlichen Tabakmonopols an einen britischen Geschäftsmann zurückgenommen werden mußte, nachdem es zu Unruhen, Aufständen und einem bemerkenswert erfolgreichen landesweiten Boykott gegen den Verkauf und Genuß von Tabak gekommen war, dem sich sogar die Frauen des Schahs angeschlossen hatten. Der Russisch-Japanische Krieg von 1904/05 und die erste Russische Revolution schalteten vorübergehend einen der Peiniger Persiens aus und gaben den persischen Revolutionären neuen Mut und ein Programm. Denn die Macht, die einen europäischen Kaiser besiegt hatte, war nicht nur eine asiatische, sondern obendrein eine konstitutionelle Monarchie. Eine Verfassung konnte demnach nicht nur (von emanzipierten Radikalen) als die klar verständliche Forderung einer westlichen Revolution angesehen werden, sondern auch (von breiteren Teilen der öffentlichen Meinung) als eine Art »Geheimnis der Stärke«. In der Tat konnten ein massenhafter Aufbruch von Ayatollahs zur heiligen Stadt Ghom und eine massenhafte Flucht von Basarhändlern in die britische Botschaft, die übrigens das gesamte Geschäftsleben Teherans zum Erliegen brachte, 1906 eine gewählte Versammlung und eine Verfassung erreichen. Das 1907 zwischen Rußland und Großbritannien geschlossene Abkommen, Persien friedlich untereinander aufzuteilen, ließ dem Land praktisch kaum eine Chance. De facto endete die erste Revolutionsphase 1911, obgleich Persien nominell bis zur Revolution von 1979 mehr oder weniger unter der Verfassung von 1906/07 regiert wurde (vgl. Keddie 1983). Auf der anderen Seite rettete vermutlich die Tatsache, daß keine andere imperialistische Macht in der Lage war, Großbritannien und Rußland herauszufordern, die Existenz Persiens als Staat sowie die Monarchie, die kaum über eine eigene Macht verfügte, abgesehen von einer Kosakenbrigade, deren Befehlshaber sich nach dem Krieg zum Begründer der letzten kaiserlichen Dynastie – der Pahlewis – aufschwang (1921-1979).

In dieser Hinsicht hatte Marokko weniger Glück. Mit seiner Lage an einem strategisch besonders wichtigen Punkt auf der Erdkarte, der Nordwestecke Afrikas, bot dieses Land sich Frankreich, England, Deutschland, Spanien und allen anderen Ländern in schiffbarer Entfernung als willkommene Beute an. Die innere Schwäche der Monarchie machte es besonders anfällig für ausländische Bestrebungen, und die internationalen Krisen, die aus den Streitigkeiten zwischen den einzelnen Raubstaaten aufkamen – vor allem 1906 und 1911 –, hatten einen maßgeblichen Anteil an der Entstehung des Ersten Weltkriegs. Frankreich und Spanien teilten Marokko unter sich auf, wobei den internationalen (d.h. britischen) Interessen durch den Freihafen von Tanger Rechnung getragen wurde. Während Marokko so seine Unabhängigkeit verlor, hatte die nunmehr fehlende Kontrolle des Sultans über die kriegerischen Berberstämme allerdings zur Folge, daß sich die französische und mehr noch die spanische militärische Eroberung des Territoriums äußerst schwierig und langwierig gestaltete.

III

Die inneren Krisen des großen Chinesischen und des Osmanischen Reiches waren sowohl älter als auch grundsätzlicher. Das Chinesische Reich wurde seit der Mitte des 19. Jahrhunderts von einer tiefgreifenden sozialen Krise erschüttert (vgl. *Die Blütezeit des Kapitals,* Kap. 7, III). Es war der revolutionären Bedrohung durch die Taiping nur um den Preis Herr geworden, die zentrale Verwaltungsmacht des Reiches praktisch zu liquidieren und dieses auf Gnade oder Ungnade den Fremden auszuliefern, die exterritoriale Enklaven gebildet und sich praktisch der kaiserlichen Haupteinnahmequelle, der chinesischen Zollverwaltung bemächtigt hatten. Das geschwächte Reich unter der Kaiserinwitwe Tse-hi (1835-1908), die im eigenen Land gefürchteter war als außerhalb, schien dazu bestimmt, unter dem vereinten Ansturm des Imperialismus unterzugehen. Rußland drang in die Mandschurei ein, aus der es von seinem Rivalen Japan wieder vertrieben wurde, das nach einem siegreichen Krieg 1894/95 Taiwan und Korea von China abtrennte und Anstalten traf, sich weitere Gebiete anzueignen. Inzwischen hatten die Briten ihre Kolonie in Hongkong ausgebaut und Tibet praktisch unterworfen, das sie als Schutzgebiet ihres indischen Reiches betrachteten; Deutschland sicherte sich Stützpunkte in Nordchina; die Franzosen übten einen gewissen Einfluß in der Umgebung ihres hinterindischen Reiches aus (das sie ihrerseits von China abgetrennt hatten) und dehnten ihre Position nach Süden aus; und selbst die schwachen Portugiesen erreichten, daß ihnen Macao abgetreten wurde (1887). Schon standen die Wölfe bereit, im Rudel über ihre Beute herzufallen, wie sie dies 1900 bereits getan hatten, als Großbritannien, Frankreich, Rußland, Italien, Deutschland, die USA und Japan unter dem Vorwand, den sogenannten Boxeraufstand niederzuschlagen, gemeinsam Peking besetzten und plünderten, aber sie konnten sich nicht über die Aufteilung des riesigen Kadavers einigen. Dies um so weniger, als eine der jüngeren imperialistischen Mächte, die Vereinigten Staaten, inzwischen immer stärker im westpazifischen Raum vertreten, dem seit langem ihr Interesse galt, auf der »offenen Tür« zu China bestanden, d.h. auf demselben Recht auf Beute wie die älteren imperialistischen Staaten. Wie in Marokko trugen auch diese Streitigkeiten über den verwesenden Leichnam des Chinesischen Reiches zum Ausbruch des Ersten Weltkrieges bei. Vorläufig bewahrten sie einerseits die nominelle Unabhängigkeit Chinas und bewirkten andererseits den endgültigen Zusammenbruch des ältesten überkommenen politischen Gemeinwesens auf der Erde.

In China existierten drei Hauptkräfte des Widerstandes. Die erste, das kaiserliche Establishment aus Hofbediensteten und der konfuzianischen hohen Verwaltungsbürokratie, hatte klar genug erkannt, daß nur eine Modernisierung nach westlichem (oder vielleicht genauer nach dem vom Westen inspirierten japanischen) Modell China retten konnte. Doch das hätte die Zerstörung gerade jenes moralischen und politischen Systems bedeutet, für das sie standen. Eine von Konservativen angeführte Reform hätte selbst dann fehlschlagen müssen, wenn sie nicht durch Hofintrigen und Uneinigkeit behindert, durch technische Unwissenheit geschwächt und nicht immer wieder nach ein paar Jahren durch Übergriffe ausländischer Mächte zunichtegemacht worden wäre. Die zweite Kraft, die alte und mächtige Tradition der Volksaufstände und Geheimgesellschaften, die den Geist des Widerstandes in sich trugen, hatte von ihrer Stärke nichts eingebüßt. Trotz der Niederlage der Taiping wirkte sogar alles zusammen, um sie noch stärker zu machen, als Ende der 70er Jahre in Nordchina zwischen neun und dreizehn Millionen Menschen den Hungertod starben und die Dämme des Gelben Flusses brachen, worin sich das Versagen einer Regierung zeigte, deren Pflicht es gewesen wäre, die Bevölkerung zu schützen. Der sogenannte Boxeraufstand von 1900 war tatsächlich eine Massenbewegung, an deren Spitze die Organisation »Fäustkämpfer für Gerechtigkeit und Einheit« stand: ein Sprößling der großen und traditionsreichen buddhistischen Geheimgesellschaft, die unter dem Namen Weißer Lotos bekannt war. Aus naheliegenden Gründen war die Stoßrichtung dieser Aufstände allerdings extrem fremdenfeindlich und antimodern. Sie wandten sich gegen alle Ausländer, Christen und Maschinen. Wohl konnten sie einer chinesischen Revolution einen Teil ihrer Kraft verleihen, aber sie konnten ihr weder ein Programm noch eine Perspektive geben.

Nur in Südchina, wo Geschäft und Handel schon immer bedeutend waren und der Imperialismus des Auslands die Grundlage für die Entfaltung eines eingesessenen Bürgertums gelegt hatte, gab es ein wenn auch vorläufig schmales und instabiles Fundament für eine Reform. Die lokalen herrschenden Gruppen setzten sich bereits in aller Stille von der Mandschu-Dynastie ab, und nur hier schlossen sich die alten oppositionellen Geheimgesellschaften einem wie auch immer modernen und konkreten Programm zur Erneuerung Chinas an oder entwickelten sogar selbst ein entsprechendes Interesse. Die Beziehungen zwischen den Geheimgesellschaften und der jungen südlichen Bewegung von republikanischen Revolutionären, aus denen Sun Yatsen (1866-1925) als wichtigster geistiger Impulsgeber der ersten Phase der Revolution hervorging, waren der Gegenstand vieler Debatten und blieben zum Teil auch im Dunkeln, doch kann kein Zweifel daran bestehen, daß sie eng und von wesentlicher Bedeutung waren. (Chinesische Republikaner in Japan, das ihnen als Agitationsbasis diente, bildeten sogar für ihre eigenen Zwecke eine spezielle Loge der Triaden in Yokohama; vgl. Lust 1970, S. 370). Beide Gruppen teilten eine tiefsitzende Opposition zur Mandschu-Dynastie – die Triaden waren noch der Wiederherstellung der alten Ming-Dynastie (1368-1644) verpflichtet –, den Haß gegen den Imperialismus, der in der Rhetorik der traditionellen Xenophobie oder des modernen Nationalismus zum Ausdruck gebracht werden konnte, wie er der westlichen revolutionären Ideologie entlehnt war, sowie ein Konzept der Sozialrevolution, das die Republikaner aus der Tonart der alten, antidynastischen Aufstände in die der modernen westlichen Revolution transponierten. Sun Yat-sens berühmte »drei Prinzipien«: Nationalismus, Republikanismus und Sozialismus (genauer: Bodenreform) mögen in Begriffen formuliert worden sein, die aus dem Westen stammen, insbesondere von John Stuart Mill, doch selbst jene Chinesen, die nicht über seine westliche Bildung verfügten (er war Missionsschüler und unternahm später als praktischer Arzt zahlreiche Reisen), konnten in ihnen die logischen Erweiterungen vertrauter mandschufeindlicher Gedanken sehen. Und für die wenigen republikanischen Intellektuellen der Städte waren die Geheimgesellschaften wesentlich, um die städtischen und vor allem die ländlichen Massen zu erreichen. Vermutlich waren sie außerdem behilflich, die Unterstützung der chinesischen Auswanderer im Ausland zu organisieren, die von der Bewegung Sun Yat-sens zum ersten Mal für nationale Zwecke politisch mobilisiert wurden.

Trotz alledem waren die Geheimgesellschaften (wie später auch die Kommunisten feststellen sollten) wohl kaum das beste Fundament für ein neues China, und die mehr oder weniger verwestlichten radikalen Intellektuellen von der Südküste waren bis jetzt noch nicht zahlenmäßig stark, einflußreich oder organisiert genug, um die Macht zu übernehmen. Aber auch die liberalen Modelle des Westens, von denen sie sich beflügeln ließen, waren nicht die richtigen Rezepte für die Regierung des Reiches. Das Reich erlag 1911 dem Ansturm einer (süd- und zentralchinesischen) Revolte, in der sich Elemente einer Militärerhebung, eines republikanischen Aufruhrs, des Loyalitätsverlusts bei der Gentry und eines Aufstandes der Bevölkerung oder der Geheimgesellschaften vermischten. Vorläufig trat jedoch kein neues Regime an seine Stelle, sondern ein Haufen instabiler und wechselnder regionaler Machtstrukturen, hauptsächlich unter der militärischen Kontrolle der sogenannten »War Lords«. Fast 40 Jahre lang sollte danach in China keine neue Nationalregierung erstehen – bis zum Triumph der Kommunistischen Partei 1949.

IV

Das Osmanische Reich war seit langem baufällig, obgleich es im Gegensatz zu allen anderen alten Reichen eine genügend starke Militärmacht geblieben war, um selbst den Armeen von Großmächten das Leben schwer zu machen. Seit dem Ende des 17. Jahrhunderts waren seine nördlichen Grenzen durch das Vordringen des Russischen und des Habsburgerreiches auf der Balkanhalbinsel und in Transkaukasien immer weiter zurückgeschoben worden. Die christlichen Untertanenvölker auf dem Balkan wurden immer unruhiger und hatten mit der Ermutigung und Unterstützung durch rivalisierende Großmächte bereits einen Großteil des Balkans zu einer Ansammlung mehr oder weniger unabhängiger Staaten gemacht, die ständig an dem verbleibenden osmanischen Territorium herumnagten. Die Mehrzahl der abgelegeneren Regionen des Reiches in Nordafrika und im Nahen Osten unterstanden seit langem keiner wirksamen osmanischen Herrschaft mehr. Sie gingen jetzt zunehmend, wenn auch nicht ganz offiziell, in die Hände der britischen und französischen Imperialisten über. Um 1900 war unverkennbar, daß alle Gebiete von den Westgrenzen Ägyptens und des Sudans bis zum Persischen Golf unter britische Herrschaft oder britischen Einfluß kommen würden – mit Ausnahme des syrischen Territoriums, das sich nördlich des Libanon erstreckte und auf das die Franzosen Ansprüche erhoben, und des größten Teils der arabischen Halbinsel. Da dort noch keine Ölvorkommen oder andere Bodenschätze entdeckt worden waren, mochten sich die lokalen Stammeshäuptlinge und die islamischen Erweckungsbewegungen beduinischer Prediger darum streiten. 1914 hatte sich die Türkei faktisch ganz aus Europa zurückgezogen, war völlig aus Afrika verschwunden und hielt nur noch im Nahen Osten ein schwaches Reich aufrecht, das den Ersten Weltkrieg schon nicht mehr überdauerte. Anders als Persien und China stand der Türkei jedoch nach dem Zusammenbruch des Reiches eine unmittelbare potentielle Alternative zur Verfügung: ein großer Block einer ethnisch und sprachlich türkischen, dem Islam anhängenden Bevölkerung in Kleinasien, die die Grundlage für eine Art »Nationalstaat« nach dem bewährten abendländischen Modell des 19. Jahrhunderts bilden konnte.

Das war wohl kaum der ursprüngliche Gedanke der verwestlichten Offiziere und Beamten – ergänzt durch Angehörige der neuen säkularen akademischen Berufe, etwa der Juristen und Journalisten* –, die das Reich durch eine Revolution wiedererwecken wollten, da die vom Reich selbst halbherzig unternommenen Versuche, sich zu modernisieren (zuletzt noch in den 70er Jahren), im Sand verlaufen waren. Das Komitee »Einheit und Fortschritt«, besser bekannt als Jungtürken (nach 1890 gegründet), das 1908 in den Nachwehen der ersten Russischen Revolution die Macht übernahm, wollte einen gesamtosmanischen Patriotismus begründen, der alle ethnischen, sprachlichen und religiösen Spaltungen überwand und sich auf die säkularen Wahrheiten der (französischen) Aufklärung des 18. Jahrhunderts gründete. Die von ihnen hauptsächlich vertretene Version der Aufklärung war vom Positivismus Auguste Comtes geleitet, der einen leidenschaftlichen Glauben an die Wissenschaft und an die Unausweichlichkeit einer Modernisierung mit dem westlichen Pendant zur Religion, einem nichtdemokratischen Fortschritt (»Ordnung und Fortschritt« lautete das positivistische Schlagwort) und einer geplanten angewandten Sozialwissenschaft von oben verband. Aus naheliegenden Gründen fand diese Ideologie ihre Anhänger unter kleinen, in der Modernisierung begriffenen Eliten, die in rückständigen, traditionsgeleiteten Gesellschaften an der Macht waren und versuchten, diese allein mit Gewalt ins 20. Jahrhundert zu zerren. Vermutlich war sie niemals wieder so einflußreich wie im letzten Teil des 19. Jahrhunderts in außereuropäischen Ländern.

In dieser wie in anderer Hinsicht schlug die Türkische Revolution von 1908 fehl. Stattdessen beschleunigte sie nur den Zusammenbruch dessen, was vom Türkischen Reich noch übriggeblieben war, während sie dem Staat eine klassische liberale Verfassung mit Mehrparteiensystem und allem anderen aufbürdete, das für bürgerliche Länder zugeschnitten war, in denen die Regierungen eigentlich gar nicht richtig regieren sollten, da die Staatsangelegenheiten am besten von der unsichtbaren Hand einer dynamischen und sich selbst regulierenden kapitalistischen Wirtschaft geregelt würden. Daß die Regierung der Jungtürken auch das wirtschaftliche und militärische Bündnis mit dem

* Das islamische Gesetz sah keinen besonderen juristischen Beruf vor. Zwischen 1875 und 1900 verdreifachte sich die Zahl der Lese- und Schreibkundigen, so daß sich der Zeitschriftenmarkt ausdehnte.

Deutschen Reich fortsetzte, wodurch die Türkei im Ersten Weltkrieg auf die Seite der Verlierer geriet, sollte sich für sie als verhängnisvoll erweisen.

Auf diese Weise nahm die Modernisierung in der Türkei statt eines liberal-parlamentarischen einen militärdiktatorischen Weg, und an die Stelle der Hoffnung auf eine weltlich-imperiale politische Loyalität trat die Realität eines rein türkischen Nationalismus. Nachdem sich die unterschiedlichen Gruppenloyalitäten nicht mehr ignorieren und nichttürkische Gemeinwesen nicht mehr beherrschen ließen, sollte die Türkei sich nach 1915 für eine ethnisch einheitliche Nation entscheiden, was zugleich die gewaltsame Assimilierung aller Griechen, Armenier, Kurden und anderer bedeutete, die nicht in Scharen aus dem Land vertrieben oder niedergemetzelt wurden. Ein ethnisch-sprachlich begründeter türkischer Nationalismus erlaubte sogar imperiale Träume auf einer westlichen nationalistischen Basis, denn weite Teile von West- und Mittelasien, vorwiegend in Rußland, waren von Menschen bewohnt, die in einer Turksprache miteinander verkehrten, und es war zweifellos eine Bestimmung der Türkei, sie in einer umfassenderen »Pan-Turanischen« Union zu sammeln. Unter den Jungtürken verlagerte sich das Schwergewicht von den am Westen orientierten und übernationalen Modernisierern zu den ebenfalls verwestlichten, aber stark ethnisch oder gar rassistisch eingestellten Neuerern wie dem türkischen Nationaldichter und -ideologen Zia Gökalp (1876-1924). Die eigentliche Türkische Revolution, die mit der endgültigen Abschaffung des Reiches selbst begann, fand nach 1918 unter diesen Vorzeichen statt. Doch ihr Inhalt war bereits in den Zielen der Jungtürken vorgegeben.

Im Unterschied zu Persien und China liquidierte also die Türkei nicht nur eine alte Regierungsform, sondern machte sich bald daran, eine neue zu errichten. Die Türkische Revolution setzte die vermutlich erste der heutigen modernisierenden Regierungen der Dritten Welt ein: leidenschaftlich verpflichtet auf Fortschritt und Aufklärung gegen die Tradition, auf »Entwicklung« und eine Art Populismus, unbeeinträchtigt von liberalen Debatten. Aus Mangel an einer revolutionären bürgerlichen oder überhaupt einer revolutionären Klasse übernahmen die Intellektuellen und vor allem nach dem Krieg die Militärs die Macht. Ihr Anführer, Kemal Atatürk, ein tüchtiger und erfolgreicher General, führte das Modernisierungsprogramm der Jungtürken kompromißlos durch: Es wurde eine Republik ausgerufen, der Islam als Staatsreligion abgeschafft, die arabische Schrift durch die lateinische ersetzt, die Frauen durften keine Schleier mehr tragen und wurden in die Schule geschickt, und die türkischen Männer wurden notfalls mit Militärgewalt gezwungen, den Fez abzulegen und Melonen oder andere westliche Kopfbedeckungen zu tragen. Die Schwäche der Türkischen Revolution, abzulesen an ihrer Wirtschaft, lag in ihrem Unvermögen, sich bei der großen Masse der auf dem Land lebenden Türken durchzusetzen oder die Struktur der Agrargesellschaft zu ändern. Dennoch waren die historischen Implikationen dieser Revolution bemerkenswert, auch wenn sie von Historikern zuwenig Beachtung gefunden hat, deren Interesse an den Jahren vor 1914 sich auf die unmittelbaren Konsequenzen der Türkischen Revolution – den Zusammenbruch des Reiches und ihr Anteil am Ausbruch des Ersten Weltkriegs – und nach 1917 auf die wesentlich bedeutendere Russische Revolution beschränkt. Aus verständlichen Gründen haben diese Ereignisse die damaligen Entwicklungen in der Türkei überstrahlt.

V

Eine noch weitgehender ignorierte Revolution jener Zeit begann 1910 in Mexiko. Außerhalb der USA fand sie wenig Beachtung im Ausland, zum Teil, weil Mittelamerika auf diplomatischer Ebene als ausschließlicher Hinterhof Washingtons angesehen wurde (»Armes Mexiko«, hatte sein gestürzter Diktator ausgerufen, »so weit weg von Gott und so nahe bei den USA!«), und zum Teil, weil die Folgen der Revolution anfangs völlig unklar waren. Auf den ersten Blick gab es keinen sichtbaren Unterschied zwischen dieser und den 114 übrigen gewalttätigen Regierungswechseln im Lateinamerika des 19. Jahrhunderts, die noch immer den größten Anteil aller bisher als »Revolutionen« bekannten Ereignisse ausmachen (vgl. Lieuwen 1961, S. 21). Und als die mexikanische Revolution in das Stadium einer bedeutenden sozialen Erhebung eingetreten war, die erste ihrer Art in einem Bauernland der Dritten Welt, wurde sie von den Ereignissen in Rußland in den Schatten gestellt.

Und doch war diese Revolution höchst bedeutsam, da sie unmittelbar aus den Widersprüchen innerhalb der Welt der Großreiche geboren wurde und weil sie die erste der großen Revolutionen in den mittelbar oder unmittelbar beherrschten Ländern der Dritten Welt war, an der die arbeitenden Massen einen entscheidenden Anteil hatten. Denn obwohl sich in den alten und neuen Kolonialreichen der Metropolen antiimperialistische und später so bezeichnete koloniale Befreiungsbewegungen entwickelten, schienen sie bislang die imperiale Herrschaft noch nicht ernsthaft zu bedrohen.

Im großen und ganzen wurden die Kolonialreiche nach wie vor so mühelos beherrscht, wie sie erworben worden waren – ausgenommen jene von kriegerischen Stämmen bewohnten Gebirgsgegenden wie Afghanistan, Marokko und Äthiopien, die noch immer fremde Eroberer zurückschlagen konnten. »Eingeborenenaufstände« wurden ohne viel Federlesens, dafür jedoch gelegentlich – wie im Fall des Hereroaufstandes in Deutsch-Südwestafrika (dem heutigen Namibia) – mit außerordentlicher Brutalität niedergeschlagen. Anfänge antikolonialistischer oder autonomistischer Bewegungen zeigten sich zwar auch in den sozial und politisch komplexeren der kolonisierten Länder, erreichten jedoch zumeist nicht jenes Bündnis zwischen der gebildeten und verwestlichten Minderheit und den fremdenfeindlichen Verteidigern alter Traditionen, das sie (wie in Persien) zu einem ernst zu nehmenden politischen Faktor gemacht hätte. Beide mißtrauten einander verständlicherweise, wovon jeweils die Kolonialmacht profitierte. Im französisch besetzten Algerien ging der Widerstand von der muslimischen Geistlichkeit (Ulema) aus, die sich bereits organisierte, während die westlichen *évolués* sich bemühten, zu Franzosen der republikanischen Linken zu werden. Im Protektorat Tunesien ging der Keim der Revolution von den am Westen orientierten Gebildeten aus, die sich bereits zu einer Partei zusammengeschlossen hatten, eine Verfassung (die Destur) forderten und den unmittelbaren Vorläufer der Neo-Destur-Partei bildeten, deren Führer Habib Bourguiba 1954 zum Staatsoberhaupt des unabhängigen Tunesien gewählt wurde.

Von den großen Kolonialmächten hatte nur die älteste und größte, Großbritannien, ernsthafte Vorahnungen, daß ihr keine Dauer beschieden war (s.S. 109 f.). Es fand sich mit der praktischen Unabhängigkeit der weißen Siedlerkolonien ab (seit 1907 die *dominions),* da dagegen ohnehin nichts zu machen war. So mußten hier auch keine großen Probleme befürchtet werden, nicht einmal in Südafrika, wo die Buren, deren Territorium vor kurzem nach ihrer Niederlage in einem schwierigen Krieg annektiert worden war, offenbar durch eine großzügige Friedensregelung der Liberalen und durch die gemeinsame Frontstellung mit den Briten gegen die nichtweiße Mehrheit versöhnt wurden. Die andere »weiße« Kolonie Großbritanniens, Irland, war – bis auf den heutigen Tag – ein ständiges Ärgernis, obgleich gerade nach 1890, bedingt durch politische Streitigkeiten der Iren untereinander und eine äußerst wirksame Kombination aus Unterdrückung und weitreichender Bodenreform, die explosive Unruhe der Jahre der »Irish Land league« und Charles Stewart Parnells sich etwas gelegt hatte. Die Probleme der britischen Parlamentspolitik führten dazu, daß die irische Frage nach 1910 wieder zur Sprache kam, doch die irischen Aufständischen fanden so geringe und unzuverlässige Unterstützung, daß ihre Strategie sich darin erschöpfte, durch einen von vornherein hoffnungslosen Aufstand, dessen Unterdrückung ihnen die Solidarität der Bevölkerung gewinnen sollte, Märtyrer zu schaffen. Genau dies geschah nach dem Osteraufstand von 1916, einem kleinen Putsch einer Handvoll völlig isolierter bewaffneter Radikaler. Wie so oft hatte auch hier der Krieg die Baufälligkeit politischer Gebäude enthüllt, die bislang als festgefügt galten.

Überall sonst schien die britische Herrschaft keiner unmittelbaren Bedrohung ausgesetzt zu sein. Und dennoch konnte man beobachten, wie sich sowohl im ältesten als auch in einem der jüngsten Einflußgebiete Englands echte koloniale Freiheitsbewegungen entwickelten. Ägypten hatte sich selbst nach der Niederschlagung des von Arabi Pascha geführten Aufstandes der jungen Soldaten 1882 niemals mit der Besetzung durch Großbritannien abgefunden. Sein Herrscher, der Khedive, und die lokale herrschende Klasse der Großgrundbesitzer, deren Wirtschaft seit langem an den Weltmarkt angeschlossen war, nahmen die Verwaltung durch den britischen »Prokonsul« Lord Cromer mit sichtbarer Zurückhaltung auf. Die autonomistische Bewegung/Partei/Organisation, die später unter der Bezeichnung Wafd bekannt wurde, nahm bereits Konturen an. Die britische Kontrolle wurde mit fester Hand ausgeübt – sie dauerte bis 1952 an –, aber die öffentliche Stimmung gegen eine direkte Kolonialherrschaft war so stark, daß sie nach dem Ersten Weltkrieg (1922) durch eine weniger direkte Herrschaftsform ersetzt wurde, was eine gewisse Ägyptisierung der Verwaltung zur Folge hatte. Die irische Teilunabhängigkeit und die ägyptische Teilautonomie, beide 1921/22 errungen, markierten die ersten Rückzugsbewegungen der Weltreiche.

Die Befreiungsbewegung in Indien war weit bedrohlicher. Auf diesem Subkontinent mit fast 300 Millionen Einwohnern hegten eine einflußreiche Bourgeoisie – ein Handels-, Finanz-, Industrie- und Bildungsbürgertum – und ein bedeutender Kader von gebildeten Beamten, die das Land für Großbritannien verwalteten, einen wachsenden Groll wegen der wirtschaftlichen Ausplünderung, politischen Machtlosigkeit und gesellschaftlichen Inferiorität ihres Landes. Man braucht nur in E. M. Forsters Roman *Auf der Suche nach Indien* zu lesen, um den Grund zu verstehen. Eine autonomistische Bewegung war bereits entstanden. In ihrer obersten Organisation, dem (1885 gegründeten) Indischen Nationalkongreß, der später die Partei der nationalen Befreiung werden sollte, spiegelten sich anfangs sowohl diese Unzufriedenheit der Mittelschichten als auch der Versuch intelligenter britischer Verwaltungsbeamter wie Allan Octavian Hume (auf den die Gründung der Organisation letztlich zurückging), der Agitation die Spitze zu nehmen, indem man Protesten angesehener Bürger mehr Beachtung schenkte. Anfang des 20. Jahrhunderts begann der Kongreß sich jedoch der britischen Vormundschaft zu entziehen, zum Teil aufgrund des Einflusses der scheinbar unpolitischen theosophischen Ideologie. Als Bewunderer der östlichen Mystik neigten die Anhänger dieser Philosophie dazu, mit Indien zu sympathisieren, und einige von ihnen wie die ehemalige Kirchengegnerin und Radikalsozialistin Annie Besant hatten keine Schwierigkeiten, sich zu Wortführern des indischen Nationalismus zu bekehren. Gebildete Inder und auch Ceylonesen fühlten sich natürlich von einer westlichen Anerkennung ihrer eigenen Kulturwerte angenehm berührt. Aber der Kongreß – der übrigens streng weltlich und am Westen orientiert war – blieb trotz seines wachsenden Einflusses eine Eliteorganisation. Andererseits bestand im Westen Indiens bereits eine Bewegung, die sich zum Ziel gesetzt hatte, die ungebildeten Massen durch den Appell an die traditionelle Religion zu mobilisieren. Bal Ganghadar Tilak (1856-1920) verteidigte die heiligen Kühe des Hinduismus gegen die fremde Bedrohung mit einem gewissen Erfolg bei der niederen Bevölkerung.

Darüber hinaus gab es zu Anfang des 20. Jahrhunderts zwei weitere, noch wirkungsvollere Pflanzstätten für die Agitation der niederen Bevölkerung in Indien. Die indischen Auswanderer in Südafrika hatten damit begonnen, sich kollektiv gegen den dort herrschenden Rassismus zu organisieren, und der oberste Sprecher ihrer erfolgreichen Bewegung des passiven oder gewaltlosen Widerstandes der Massen war, wie wir bereits wissen, der junge Gudscharati-Anwalt, der nach seiner Rückkehr nach Indien 1915 zur treibenden Kraft bei der Mobilisierung der indischen Massen für die Sache der nationalen Unabhängigkeit werden sollte: Mahatma Gandhi (s.S. 103 f.). Er war es, der die in der Politik der Dritte-Welt-Länder so enorm wirkungsvolle Rolle des modernen Politikers als Heiliger erfand. Gleichzeitig entstand eine radikalere Variante der Befreiungspolitik in Bengalen mit seiner hochentwickelten Landeskultur, seiner umfangreichen Hindu-Mittelschicht, seiner noch größeren Masse gebildeter und in bescheidenen Stellungen beschäftigten unteren Mittelschicht und seinen Intellektuellen. Der britische Plan, von dieser riesigen Provinz einen überwiegend von Muslimen bewohnten Teil abzutrennen, heizte 1906/07 die antibritische Agitation auf breiter Basis an. (Die Teilung wurde wieder rückgängig gemacht.) Die nationalistische Bewegung der Bengali, die von Anfang an links vom Kongreß stand und von diesem nie gänzlich integriert werden konnte, verband – in dieser Phase – einen religiös-ideologischen Appell an den Hinduismus mit einer bewußten Nachahmung vergleichbarer westlicher Revolutionsbewegungen wie die der Iren und der russischen Narodniki. Sie brachte die erste ernst zu nehmende Terrorbewegung in Indien hervor – kurz vor Kriegsausbruch gab es noch weitere in Nordindien, die sich aus heimgekehrten Pandschabi-Auswanderern aus den USA rekrutierten (der »Ghadr-Partei«) –, und 1905 stellte sie für die Polizei bereits ein gravierendes Problem dar. Aus dieser Terrorbewegung gingen während des Krieges die ersten Kommunisten hervor, so z.B. M. N. Roy (1887-1954). Zwar konnte sich die britische Herrschaft über Indien weiterhin behaupten, aber für intelligente Verwaltungsbeamte war bereits abzusehen, daß eine Übertragung bestimmter Vollmachten an das indische Volk, die über kurz oder lang zu einem Mindestmaß an Autonomie führen würde, unvermeidbar war (zu dieser Übergangsphase vgl. Roy 1964, Kap. 3). Tatsächlich wurde bereits während des Krieges in London erstmals ein entsprechender Vorschlag unterbreitet.

Am leichtesten war der weltweite Imperialismus in der Grauzone der informellen Herrschaftsbeziehungen zu den abhängigen Ländern zu treffen, eine Herrschaftsform, die nach dem Zweiten Weltkrieg als »Neokolonialismus« bezeichnet wurde. Mexiko z.B. war zweifellos von seinem großen Nachbarn wirtschaftlich wie politisch abhängig, aber nominell war es ein unabhängiger, souveräner Staat mit seinen eigenen Institutionen und politischen Entscheidungen. Es war eher ein Staat wie Persien und keine Kolonie wie Indien. Überdies war ein solcher Wirtschaftsimperialismus für die einheimischen herrschenden Klassen nicht unwillkommen, da er eine potentielle Antriebskraft zur Modernisierung ihres Landes darstellte. Überall in Lateinamerika träumten die Grundbesitzer, Kaufleute, Unternehmer und Intellektuellen, aus denen sich die lokalen herrschenden Gruppen und Eliten rekrutierten, von der Verwirklichung dieses Fortschritts, der ihren – wie ihnen durchaus bewußt war – rückständigen, schwachen, mißachteten und am Rande der westlichen Zivilisation, der sie sich ganz und gar zugehörig fühlten, dahinvegetierenden Ländern die Chance bieten würde, ihrer historischen Bestimmung gerecht zu werden. Fortschritt war gleichbedeutend mit Großbritannien, Frankreich und – das zeigte sich immer deutlicher – den USA. Die herrschenden Klassen Mexikos, insbesondere im Norden, wo der Einfluß der benachbarten US-Wirtschaft sich sehr stark bemerkbar machte, hatten nichts dagegen, sich dem Weltmarkt und damit der Welt des Fortschritts und der Wissenschaft anzuschließen, auch wenn sie die ungehobelten Manieren der Gringos in Wirtschaft und Politik verachteten. Nach der Revolution waren es dann auch die Mitglieder der »Sonora-Mafia«, die Bosse der ökonomisch fortschrittlichsten landwirtschaftlichen Mittelschicht jenes nördlichsten mexikanischen Staates, die als ausschlaggebende politische Gruppe des Landes auf der Bühne erschienen. Andererseits bestand das Haupthindernis für eine Modernisierung in der großen Masse der ländlichen Bevölkerung: unbeweglich und seßhaft, Indianer, Schwarze und Mischlinge, gefangen in Unwissenheit, Traditionen und Aberglauben. Es gab Augenblicke, in denen die Herrscher und Intellektuellen Lateinamerikas gleich denen Japans an ihrem Volk verzweifelten. Unter dem Einfluß des universellen Rassismus der bürgerlichen Welt (*Die Blütezeit des Kapitals,* Kap. 14, II) träumten sie von einer biologischen Veränderung ihrer Bevölkerungen, damit diese für den Fortschritt empfänglich würden: durch die Masseneinwanderung von Menschen europäischer Herkunft in Brasilien und im Südzipfel Südamerikas und durch möglichst zahlreiche Mischehen mit Weißen in Japan.

Die mexikanischen Regierungen waren wenig begeistert vom massenhaften Zustrom weißer Einwanderer, die in den meisten Fällen US-Amerikaner waren, und ihr Unabhängigkeitskampf gegen Spanien hatte seine Legitimation bereits in einem Rückgriff auf eine eigene und überwiegend fiktive präkolumbianische Vergangenheit gesucht, die mit den Azteken in Verbindung gebracht wurde. Aus diesem Grund überließen die mexikanischen Modernisierer das Träumen von biologischen Veredelungen den anderen und setzten ihr Vertrauen unmittelbar in Gewinne, Wissenschaft und Fortschritt, vermittelt durch Auslandsinvestitionen und die Philosophie Auguste Comtes. Die Gruppe der sogenannten *científicos* nahm sich zielstrebig dieser Aufgaben an. Ihr unangefochtener Führer und das politische Oberhaupt des Landes seit den 70er Jahren, d.h. während der gesamten Periode seit der großen Brandungswelle der imperialistischen Weltwirtschaft, war Präsident Porfirio Díaz (1830-1915). Und die wirtschaftliche Entwicklung Mexikos unter seiner Präsidentschaft war in der Tat beeindruckend, ganz zu schweigen von dem Reichtum, den einige Mexikaner dabei anhäuften, vor allem jene, die in der Lage waren, rivalisierende Gruppen europäischer Unternehmer (wie den britischen Erdölmagnaten und Baugroßunternehmer Weetman Pearson) gegeneinander und gegen die ständig weiter vordringenden US-Amerikaner auszuspielen.

Damals wie heute war die Stabilität der Regierungen zwischen dem Rio Grande und Panama vom Wohlwollen Washingtons abhängig, das entschieden imperialistisch eingestellt war und die Auffassung vertrat, »daß Mexiko von jetzt an nichts anderes mehr ist als ein Anhängsel der US-amerikanischen Wirtschaft« (Katz 1981, S. 22). Die Versuche von Díaz, seinem Land die Unabhängigkeit zu erhalten, indem er die Europäer gegen die nordamerikanische Hauptstadt ausspielte, machte ihn nördlich der Landesgrenze äußerst unbeliebt. Für eine Militärintervention, wie sie von den USA zu jener Zeit besonders gern gegenüber den übrigen mittelamerikanischen Staaten praktiziert wurde, war das Land einfach zu groß, aber 1910 wollte Washington seine Gönner und Förderer (wie die Standard Oil, die heftige Aversionen gegen den britischen Einfluß in Mexiko hatte, das bereits zu den großen Ölförderländern gehörte) nicht länger von einer Beteiligung am Sturz des mexikanischen Präsidenten abhalten. Es steht außer Zweifel, daß die mexikanischen Revolutionäre von der dadurch bedingten Ruhe an der Nordgrenze wesentlich profitierten, und Díaz war noch ganz besonders verwundbar, weil er nach der Eroberung der Macht als Militärführer zugelassen hatte, daß die Armee verkümmerte, da er verständlicherweise annahm, ein Putsch der Armee sei für ihn gefährlicher als ein Volksaufstand. Es war sein Pech, daß er plötzlich einer bewaffneten Revolution des Volkes gegenüberstand, die von seiner Armee – im Gegensatz zu den bewaffneten Kräften der meisten lateinamerikanischen Staaten – nicht niedergeschlagen werden konnte.

Daß es überhaupt dazu kam, hing ausgerechnet mit den erstaunlichen wirtschaftlichen Entwicklungen zusammen, zu denen es während seiner erfolgreichen Präsidentschaft gekommen war. Das Regime hatte die geschäftstüchtigen Großgrundbesitzer *(hacendados)* gefördert, um so mehr, als der weltweite Wirtschaftsaufschwung und der enorme Ausbau des Eisenbahnnetzes aus früher unzugänglichen Landstrichen potentielle Schatzkammern gemacht hatte. Die freien Dorfgemeinschaften hauptsächlich in der Mitte und im Süden des Landes, die unter dem königlichen spanischen Gesetz unangetastet blieben und während der ersten Generationen der Unabhängigkeit vermutlich gestärkt wurden, sahen sich drei Jahrzehnte lang systematisch ihres Bodens beraubt. Sie bildeten den Kern der Agrarrevolution, die ihren Anführer und Sprecher in Emiliano Zapata (1879-1919) fand. Zufällig lagen zwei der Gebiete, in denen die Bevölkerung besonders unruhig war und leicht mobilisiert werden konnte, die Bundesstaaten Morelos und Guerrero, nicht allzu weit von der Hauptstadt entfernt, so daß die Unruhen sich auch auf die nationale Politik auswirkten.

Die zweite rebellische Region lag im Norden und hatte sich innerhalb kurzer Zeit (insbesondere nach der Niederlage der Apachen 1885) aus einem indianischen Grenzland zu einem wirtschaftlich dynamischen Grenzgebiet entwickelt, das in einer Art abhängiger Symbiose mit den Nachbarregionen der USA existierte. Dort hatte sich sehr viel Unzufriedenheit angestaut – bei ehemaligen Dorfgemeinschaften von Grenzern, die gegen die Indianer gekämpft hatten und jetzt ihres Landes beraubt waren, Yaki-Indianern, die den Schmerz über die Niederlage keineswegs verwunden hatten, bei der neuen und wachsenden Mittelschicht und der beträchtlichen Zahl ungebundener und selbstbewußter Männer mit eigenen Pferden und Feuerwaffen, die man in Gegenden mit verlassenen Ranchos und aufgegebenen Bergwerken antreffen konnte. Pancho Villa, Bandit, Viehdieb und schließlich Revolutionsgeneral, war hierfür ein typisches Beispiel. Daneben gab es auch Gruppen von mächtigen und reichen Latifundienbesitzern wie die Maderos – vielleicht die reichste Familie in Mexiko –, die mit der Zentralregierung oder deren Verbündeten unter den lokalen *hacendados* um die Herrschaft über ihre Bundesstaaten rivalisierten.

Viele dieser potentiellen Oppositionsgruppen waren in Wirklichkeit Nutznießer der Ära unter Díaz mit ihren umfangreichen Investitionen aus dem Ausland und ihrem Wirtschaftswachstum. Was sie zu Regimegegnern machte, oder anders ausgedrückt: was eine gewöhnliche politische Auseinandersetzung um die Wiederwahl oder die mögliche Abwahl des Präsidenten Díaz zu einer Revolution machte, war sicherlich die wachsende Eingliederung der mexikanischen Wirtschaft in die Welt- oder auch die US-Wirtschaft. Wie die Dinge lagen, hatte die wirtschaftliche Flaute der USA von 1907/08 verheerende Auswirkungen auf Mexiko: unmittelbar im Zusammenbruch der eigenen mexikanischen Märkte und dem finanziellen Druck auf mexikanische Unternehmungen und mittelbar in der Flut mittelloser mexikanischer Hilfsarbeiter, die in ihre Heimat zurückkehrten, nachdem sie in den USA entlassen worden waren. Moderne und altbekannte Krise fielen zusammen: ein zyklischer Abschwung einerseits und andererseits Mißernten, die die Lebensmittel so verteuerten, daß sie für die Armen unerschwinglich wurden.

Alle diese Umstände mußten zusammenkommen, um den Ausgang der Wahlen zu einem Erdrutsch zu machen. Díaz hatte im Vorgefühl seines sicheren Sieges der Opposition erlaubt, öffentliche Wahlpropaganda zu betreiben, und gewann tatsächlich mühelos gegen seinen stärksten Herausforderer Francisco Madero, doch aus dem üblichen Aufstand des unterlegenen Kandidaten wurde zu jedermanns Überraschung ein sozialer und politischer Aufruhr in den nördlichen Grenzgebieten und den rebellischen ländlichen Regionen in der Mitte des Landes, die von der Regierung nicht mehr unter Kontrolle zu bringen waren. Díaz wurde von Madero gestürzt (1911), der jedoch bald danach einem Mordanschlag zum Opfer fiel. Die USA sahen sich unter den rivalisierenden Generälen und Politikern vergeblich nach einem geeigneten Kandidaten um, der genügend lenkbar oder korrupt und gleichzeitig in der Lage gewesen wäre, eine stabile Regierung zustande zu bringen. Im Süden enteignete Zapata die Großgrundbesitzer und verteilte das Land an seine bäuerlichen Anhänger, und Villa tat dasselbe im Norden, wenn er seine Revolutionsarmee bezahlen mußte – mit der Begründung, als Sohn der Armen nehme er nur, was ihm sowieso gehöre. 1914 hatte niemand auch nur die leiseste Ahnung, wie es mit Mexiko weitergehen würde, aber es konnte keinerlei Zweifel darüber geben, daß das Land von einer Sozialrevolution erschüttert wurde. Es sollte bis zum Ende der 30er Jahre dauern, bis sich die Umrisse eines nachrevolutionären Mexiko deutlicher abzeichneten.

VI

Manche Historiker vertreten die Auffassung, daß Rußland, dessen Wirtschaft sich gegen Ende des 19. Jahrhunderts von allen anderen Ländern wohl am schnellsten entwickelte, diesen Weg weiterverfolgt und sich zu einer aufwärtsstrebenden liberalen Gesellschaft entwickelt hätte, wäre es darin nicht von einer Revolution aufgehalten worden, die ohne den Ersten Weltkrieg vermeidbar gewesen wäre. Keine andere Prognose wäre bei den damaligen Zeitgenossen auf größeres Kopfschütteln gestoßen als diese. Wenn es einen Staat gab, in dem die Revolution nicht nur herbeigesehnt, sondern sogar für unvermeidlich gehalten wurde, dann war es der des Zarenreiches. Riesig, schwerfällig und ineffizient, wirtschaftlich und technisch rückständig, mit einer Bevölkerung von 126 Millionen Einwohnern (1897), von denen 80 Prozent Bauern waren und ein Prozent Erbadlige, war es auf eine Weise organisiert, daß alle gebildeten Europäer des ausgehenden 19. Jahrhunderts darin eindeutig einen Anachronismus, eine bürokratisierte Autokratie sahen. Allein schon diese Tatsache machte die Revolution zur *einzig* möglichen Methode zur Änderung der staatlichen Politik, sofern man nicht das Ohr des Zaren gewinnen und die Staatsmaschinerie von oben in Gang setzen konnte: Der erste Weg war für viele nicht gangbar und implizierte auch nicht notwendig den zweiten. Da fast alle die Notwendigkeit einer wie immer zustandekommenden Änderung sahen, mußte sich von den – für westliche Augen – gemäßigten Konservativen bis hin zu den extremen Linken praktisch jeder zum Revolutionär erklären. Die einzige Frage war nur, was jeder geändert haben wollte.

Die Regierungen des Zaren waren sich seit dem Krimkrieg (1854-1856) darüber im klaren, daß Rußlands Rang als bedeutende Großmacht sich nicht länger ausschließlich auf seine territoriale Ausdehnung, seine zahlreiche Bevölkerung und damit auf seine starken, aber primitiven Militärkräfte gründen ließ. Das Land mußte modernisiert werden. Mit der Abschaffung der Leibeigenschaft 1861 – Rußland war neben Rumänien das letzte Bollwerk der mit leibeigenen Bauern betriebenen Landwirtschaft in Europa – sollte die russische Landwirtschaft auf den Stand des 19. Jahrhunderts angehoben werden, aber sie führte weder zu einem zufriedengestellten Kleinbauerntum (vgl. *Die Blütezeit des Kapitals,* Kap. 10, II) noch zu einem modernisierten Agrarsektor. Der durchschnittliche Getreideertrag im europäischen Rußland (1898-1902) lag bei knapp 22 Scheffel/ha, verglichen mit etwa 34 Scheffel in den USA und 86 in Großbritannien (vgl. Seton-Watson 1967, S. 507). Dennoch machte die Erschließung riesiger Gebiete des Landes für den Getreideanbau Rußland zu einem der größten Getreideexportländer der Welt. Die Nettoernte aller Getreidesorten zwischen 1865 und 1905 stieg um 160 Prozent, während die Exporte sich um das Fünf- bis Sechsfache erhöhten, allerdings um den Preis, daß die russischen Bauern noch abhängiger vom Weltmarktpreis für Getreide wurden, der (für Weizen) während der weltweiten landwirtschaftlichen Flaute fast um die Hälfte zurückging (vgl. Lyashchenko 1949, S. 453,468 und 520).

Da die knapp 100 Millionen Bauern sich als Gesamtheit außerhalb ihrer Dörfer kein Gehör verschaffen konnten und diese in der Regel auch nicht verließen, war es einfach, ihre Unzufriedenheit zu ignorieren, obgleich die Hungersnot von 1891 eine gewisse Aufmerksamkeit fand. Aber diese Unzufriedenheit verschärfte sich nicht nur durch Armut, Landhunger, hohe Steuern und niedrige Getreidepreise, sondern verfügte auch über bedeutsame Formen einer potentiellen Organisation durch die kollektiven Dorfgemeinschaften, deren Stellung als offiziell anerkannte Institutionen paradoxerweise durch die Befreiung der Leibeigenen und außerdem in den 80er Jahren gestärkt worden war, als einige Bürokraten in ihr eine unschätzbare Bastion der traditionalistischen Loyalität gegen die Sozialrevolutionäre sahen. Andere wiederum drängten aus dem ideologisch genau entgegengesetzten Grund eines Wirtschaftsliberalismus auf deren baldige Auflösung durch die Privatisierung ihres Gemeineigentums. Über eine ähnliche Streitfrage waren auch die Revolutionäre gespalten. Die Narodniki (vgl. *Die Blütezeit des Kapitals,* Kap. 9) oder Populisten – die freilich von Marx selbst nur unbestimmt und zögernd Unterstützung erhielten – hofften, eine revolutionierte Kommune der Kleinbauern könne das Fundament einer unmittelbaren sozialistischen Umgestaltung Rußlands sein, bei der die Schrecken der kapitalistischen Entwicklung umgangen werden könnten; die russischen Marxisten hielten dies nicht mehr für möglich, da sich die Kommune bereits in eine ländliche Bourgeoisie und ein ebensolches Proletariat spaltete, die einander feindlich gegenüberstanden. Ihnen hätte eine solche Entwicklung mehr zugesagt, da sie ihre Hoffnung in die Fabrikarbeiter setzten. Beide Seiten in beiden Debatten bezeugen die Bedeutung der bäuerlichen Kommunen, die in 50 Provinzen des europäischen Teils von Rußland über 80 Prozent des Bodens in Gemeindepacht verfügten, der in regelmäßigen Abständen per Gemeindebeschluß immer wieder neuverteilt werden mußte. Tatsächlich war die Kommune in den stärker kommerzialisierten Regionen des Südens in der Auflösung begriffen, wenn auch langsamer als die Marxisten glaubten: Im Norden und in Mittelrußland blieb sie fast überall unangetastet. Wo sie stark blieb, war sie eine Körperschaft, die den gemeinsamen Willen des Dorfes für eine Revolution ebenso zum Ausdruck brachte wie unter anderen Umständen für den Zaren und das Heilige

Rußland. Wo sie untergraben wurde, schlossen sich die meisten Dorfbewohner zusammen, um sie vehement zu verteidigen. Zum Glück für die Revolution hatte sich der von den Marxisten prophezeite »Klassenkampf im Dorf« noch nicht so weit entwickelt, daß er die Bildung einer Massenbewegung *aller* Bauern, der reicheren wie der armen, gegen Landadel und Staat hätte gefährden können.

Ganz unabhängig vom jeweiligen politischen Standort waren sich fast alle Personen im öffentlichen Leben Rußlands, Legale und Illegale darin einig, daß die zaristische Regierung die Bodenreform falsch angepackt und die Bauern vernachlässigt hatte. Tatsächlich schürte sie noch deren Unzufriedenheit zu einer Zeit, als diese bereits virulent wurde, indem sie der ländlichen Bevölkerung Mittel entzog, um in den 90er Jahren einen massiven, staatlich geförderten Industrialisierungsfeldzug zu führen. Denn das Land stellte den Löwenanteil der russischen Steuereinnahmen, und hohe Steuern waren im Verein mit hohen Schutzzöllen und umfangreichen Kapitalimporten entscheidend für das Vorhaben, die Macht des Zarenreiches durch wirtschaftliche Modernisierungsmaßnahmen zu stärken. Die durch eine Mischung von Staats- und Privatkapitalismus erreichten Ergebnisse waren spektakulär. Zwischen 1890 und 1904 verdoppelte sich die Länge des Eisenbahnnetzes (zum Teil durch den Bau der Transsibirischen Eisenbahn), und die Produktion von Kohle, Eisen und Stahl stieg allein in den letzten fünf Jahren des 19. Jahrhunderts um das Doppelte (vgl. ebd., S. 528f.). Doch die Kehrseite der Medaille war die, daß Rußland sich gleichzeitig einem rapide anwachsenden Industrieproletariat gegenübersah, das sich in ungewöhnlich großen Fabrikanlagen in einigen wenigen großen Zentren zusammenballte, und damit auch den Anfängen einer Arbeiterbewegung, die natürlich die soziale Revolution auf ihre Fahnen geschrieben hatte.

Eine dritte Folge der beschleunigten Industrialisierung war das plötzliche Nachhinken der Entwicklung in Gebieten an den westlichen und südlichen Ausläufern des Reiches, die nicht zu Großrußland gehörten – wie in Polen, der Ukraine und Aserbaidschan (Ölindustrie). Die sozialen und nationalen Spannungen verschärften sich, besonders als die zaristische Regierung versuchte, ihre politische Macht zu festigen, indem sie seit den 80er Jahren in der Schulpolitik eine systematische Russifizierung betrieb. Wie wir gesehen haben, ließ sich die Verknüpfung von sozialen und nationalen Ressentiments an der Tatsache ablesen, daß bei vielen, vielleicht den meisten der politisch mobilisierten Minderheitsvölkern des Zarenreiches Varianten der neuen sozialdemokratischen (marxistischen) Bewegung de facto zur »Nationalpartei« wurden (s.S. 204f.). Daß ein Georgier (Stalin) zum Beherrscher eines revolutionierten Rußland aufstieg, war historisch weniger zufällig als die Tatsache, daß ein Korse (Napoleon) Herrscher über ein revolutioniertes Frankreich wurde.

Alle europäischen Liberalen seit 1830 waren vertraut und sympathisierten mit der sich auf den Landadel stützenden nationalen Befreiungsbewegung in Polen gegen die zaristische Regierung, die den bei weitem größten Teil dieses geteilten Landes besetzt hielt, obwohl sich nach dem niedergeschlagenen Aufstand von 1863 der revolutionäre Nationalismus kaum sichtbar äußerte.* Etwa seit 1870 gewöhnten sie sich außerdem an den neuartigen Gedanken und unterstützten ihn auch, daß mitten im Reich des »Herrschers aller Reußen« eine Revolution bevorstand, weil einerseits der Zarismus selbst Anzeichen einer inneren und äußeren Schwäche an den Tag legte und andererseits eine nicht zu übersehende revolutionäre Bewegung auf den Plan trat, die sich ursprünglich fast ausschließlich aus der sogenannten »Intelligentsia« rekrutierte: den Söhnen und – in beispiellos hoher Zahl – Töchtern des höheren und niederen Adels, der Mittelschicht und anderer gebildeter Kreise einschließlich – und erstmals – eines beträchtlichen Anteils von Juden. Die erste Generation dieser Revolutionäre bestand hauptsächlich aus den Narodniki oder Populisten (vgl. *Die Blütezeit des Kapitals,* Kap. 9), die sich an die Bauern wandten, ohne daß diese ihnen Beachtung geschenkt hätten. Wesentlich erfolgreicher waren ihre kleinen terroristischen Zellen, besonders spektakulär im Jahr 1881, als sie den Zaren Alexander II. bei einem Attentat ermordeten. Zwar konnte der Terrorismus den Zarismus nicht entscheidend schwächen, aber dafür verhalf er der russischen Revolutionsbewegung zu hohem Ansehen im Ausland und trug (mit Ausnahme bei der extremen Rechten) zur Bildung einer praktisch einheitlichen Meinung bei, daß in Rußland eine Revolution ebenso notwendig wie unvermeidlich sei.

Die Narodniki wurden nach 1881 vernichtet oder zerstreut, erstanden allerdings zu Beginn des 20. Jahrhunderts wieder in Gestalt einer »Sozialrevolutionären Partei« – und diesmal waren die Bauern bereit, ihnen Gehör zu schenken. Sie wurden zur stärksten ländlichen Partei der Linken, aktivierten allerdings auch wieder ihren terroristischen Flügel, der zu dieser Zeit vom russischen Geheimdienst infiltriert war.** Wie alle anderen, die in Rußland eine

* Die von Rußland annektierten Gebiete bildeten den Kern Polens. Die polnischen Nationalisten leisteten – aus der schwächeren Position einer Minderheit – auch in dem von Deutschland annektierten Teil Widerstand, während sie in dem von Österreich besetzten Gebiet einen einigermaßen tragfähigen Kompromiß mit der Habsburger Monarchie erreichten, die auf die Unterstützung der Polen angewiesen war, um zwischen ihren zerstrittenen Nationalitäten ein politisches Gleichgewicht herzustellen.

** Ihr Anführer, der Polizeiagent Asew (1869-1918), stand vor der schwierigen Aufgabe, genügend viele hochgestellte Persönlichkeiten umzubringen, um seinen Genossen Eindruck zu machen, und eine ausreichend große Zahl von ihnen zu verraten, um die Polizei zufriedenzustellen, ohne auf einer der beiden Seiten Verdacht zu erregen.

Revolution dieser oder jener Art erwarteten, hatten sie sich intensiv mit entsprechenden Theorien aus dem Westen und natürlich auch mit dem einflußreichsten und dank der Ersten Internationale prominentesten Theoretiker der Sozialrevolution, Karl Marx, beschäftigt. In Rußland waren selbst Leute, die in anderen Ländern zu den Liberalen gezählt hätten, vor 1900 Marxisten, da die westlichen liberalen Modelle weder sozial noch politisch überzeugten und der Marxismus immerhin eine Phase der kapitalistischen Entwicklung auf dem Weg zur Machtübernahme des Proletariats prophezeite.

So kann es kaum wundernehmen, wenn die revolutionären Bewegungen, die auf den Ruinen des Populismus der 70er Jahre des 19. Jahrhunderts gediehen, marxistisch waren, auch wenn sie erst kurz vor der Jahrhundertwende organisatorisch zu einer russischen sozialdemokratischen Partei zusammengefaßt wurden – genauer gesagt zu einem Konglomerat rivalisierender, gelegentlich auch untereinander kooperierender sozialdemokratischer Organisationen unter den weiten Fittichen der Internationalen. Zu diesem Zeitpunkt hatte die Idee einer auf das Industrieproletariat gestützten politischen Partei eine gewisse reale Grundlage, obwohl sich die stärkste Massenunterstützung für die Sozialdemokratie vermutlich noch bei den von Armut geplagten und proletarisierten Handwerkern und Heimarbeitern im Norden des Zarenreiches fand, wo auch der Jüdische Bund (1897) sein Bollwerk hatte. Wir haben uns daran gewöhnt, das Schicksal jener besonderen Gruppe unter den marxistischen Revolutionären zu verfolgen, die am Ende die Oberhand gewann, nämlich der unter der Führung von Lenin (W. I. Uljanow, 1870-1924), dessen Bruder wegen seiner Beteiligung an der Ermordung des Zaren hingerichtet worden war. So wichtig diese auch war, nicht zuletzt wegen Lenins außergewöhnlicher Begabung, revolutionäre Theorie mit politischer Praxis zu verbinden, so müssen doch drei Dinge im Auge behalten werden. Die Bolschewiki* vertraten lediglich eine von mehreren Strömungen innerhalb und außerhalb der russischen Sozialdemokratie (die sich ihrerseits wieder von anderen national gefärbten sozialistischen Parteien des Reiches unterschied). Zu einer eigenen Partei wurden sie genaugenommen erst 1912, zu einer Zeit, als sie aller Wahrscheinlichkeit nach die mehrheitliche Kraft innerhalb der organisierten Arbeiterklasse wurden. Und drittens war für die Sozialisten im Ausland und wahrscheinlich auch für die gewöhnlichen russischen Arbeiter die Unterscheidung zwischen verschiedenen Arten von Sozialisten nicht nachvollziehbar oder erschien zumindest sekundär, da sie als Feinde des Zarismus alle die-

* So benannt nach einer vorübergehenden Mehrheit der Anhänger Lenins auf dem ersten regulären Parteitag der Russischen Sozialdemokratischen Partei 1903; russ. *bolsche* = mehr, *mensche* = weniger.

selbe Sympathie und Unterstützung verdienten. Der Hauptunterschied zwischen den Bolschewiki und den übrigen bestand darin, daß Lenins Anhänger besser organisiert, effizienter und zuverlässiger waren (vgl. Futrell 1963, passim).

Daß die soziale und politische Unruhe zunahm und gefährlich wurde, blieb den zaristischen Regierungen nicht verborgen, obwohl es unter den Bauern in den ersten Jahrzehnten nach ihrer Befreiung weitgehend ruhig blieb. Der Zarismus unternahm nichts gegen den weitverbreiteten Antisemitismus – gelegentlich förderte er ihn sogar noch –, der in der Bevölkerung zahlreiche Anhänger hatte, wie sich an der Pogromwelle nach 1881 zeigte. Diese Haltung war weniger stark bei den Großrussen als in der Ukraine und den Ländern des Baltikums zu beobachten, wo der jüdische Bevölkerungsanteil besonders hoch war. Die Juden, die sich zunehmend Übergriffen und Diskriminierungen ausgesetzt sahen, fühlten sich mehr und mehr von revolutionären Bewegungen angezogen. Andererseits spielte das Regime, das sich der drohenden Gefahr einer Arbeiterbewegung bewußt war, mit Arbeitergesetzen und organisierte für kurze Zeit zu Beginn des 20. Jahrhunderts Gegengewerkschaften unter polizeilicher Aufsicht, die sogar zu richtigen Gewerkschaften wurden. Es war das Massaker an einer von dieser Seite organisierten Demonstration, das den Ausbruch der Revolution von 1905 beschleunigte. Seit 1900 zeigte sich freilich immer deutlicher, daß die soziale Unzufriedenheit von Tag zu Tag zunahm. Seit 1902 lebten die seit längerem unterbliebenen Bauernaufstände wieder auf, während etwa zur selben Zeit die Arbeiter den Generalstreik in Rostow am Don, Odessa und Baku organisierten (1902/03).

Instabile Regierungen tun gut daran, außenpolitischen Abenteuern aus dem Weg zu gehen. Das zaristische Rußland hingegen suchte sie nachgerade als eine (wenngleich schwerfällige) Großmacht, die darauf bestand, die ihr zukommende Rolle bei den imperialen Eroberungen zu spielen. Das von ihr ausersehene Territorium war der Ferne Osten – die Transsibirische Eisenbahn diente hauptsächlich dem Zweck, ihn zu durchdringen. Dort prallten russischer und japanischer Expansionismus aufeinander, jeweils auf Kosten Chinas. Wie üblich bei derartigen imperialistischen Episoden machten obskure und in der Hoffnung auf lukrative Gewinne abgeschlossene Geschäfte zwielichtiger Unternehmer das Bild komplizierter. Da bislang nur der unglückliche Koloß des chinesischen Reiches gegen Japan einen Krieg geführt hatte, war das Russische Reich die erste Macht im 20. Jahrhundert, die diesen furchtbaren Staat unterschätzte. Der Russisch-japanische Krieg von 1904/05, in dessen Verlauf immerhin 84.000 Japaner getötet und 143.000 verwundet wurden (vgl. Anderson 1972, S. 266), bedeutete für Rußland eine alsbaldige und demütigende Katastrophe, die die Schwäche des Zarismus in ein grelles Licht rückte. Selbst die mittelständischen Liberalen, die seit 1900 dabei waren, sich als politische Opposition zu organisieren, riskierten öffentliche Demonstrationen. Angesichts der steigenden Revolutionsflut beschleunigte der Zar die Friedensverhandlungen, doch bevor diese zu einem Abschluß gekommen waren, brach im Januar 1905 die Revolution aus.

Die Revolution von 1905 war in den Worten Lenins eine »bürgerliche Revolution mit proletarischen Mitteln«. »Proletarische Mittel« ist vielleicht zu vereinfacht ausgedrückt, obgleich es Massenstreiks der Arbeiter in der Hauptstadt und Sympathiestreiks in den meisten Industriestädten des Reiches waren, die diesen Rückzug der Regierung auslösten und später noch einmal den Druck ausübten, der am 17. Oktober zur Gewährung einer rudimentären Verfassung führte. Außerdem waren es die Arbeiter, die sich zweifellos auf der Grundlage ihrer Erfahrungen mit der alten Gemeindeverfassung zu Räten (Sowjets) zusammenschlossen, unter denen der am 13. Oktober eingesetzte St. Petersburger Rat der Arbeiterbeauftragten nicht nur die Funktion einer Art Arbeiterparlament übernahm, sondern wahrscheinlich für kurze Zeit auch die einer höchst wirksamen effektiven Obrigkeit in der Hauptstadt des Landes. Die sozialistischen Parteien erkannten bald die Bedeutung solcher Versammlungen, und einige von ihnen spielten dort auch eine prominente Rolle, wie der junge L. D. Trotzki (1879-1940) in St. Petersburg.* Denn so wichtig die Unterstützung der Arbeiter aufgrund ihrer Massierung in der Hauptstadt und anderen politisch sensiblen Zentren auch war, es war – wie 1917 – der Ausbruch von Bauernaufständen in großem Umfang in der Region der Steppenschwarzerden, dem Wolgabecken und Teilen der Ukraine sowie das Wanken der bewaffneten Streitkräfte, dramatisch zugespitzt durch die Meuterei des Schlachtschiffs *Potemkin,* das dem zaristischen Widerstand das Rückgrat brach. Die gleichzeitige Mobilisierung des revolutionären Widerstands bei den nationalen Minderheiten war ebenso bedeutsam.

Der »bürgerliche« Charakter der Revolution wurde zu Recht als solcher erkannt. Nicht nur, daß die Mittelschichten in ihrer überwältigenden Mehrheit dafür waren und die meisten Studenten (anders als 1917) bereitstanden für sie zu kämpfen, sondern es herrschte auch weitgehend Einmütigkeit bei Liberalen wie Marxisten darüber, daß die Revolution im Fall ihres Erfolgs *kein anderes* Resultat haben konnte als die Einführung eines bürgerlich-parlamentarischen Systems nach westlichem Vorbild mit den charakteristischen bürgerli-

* Die meisten übrigen allgemein bekannten Sozialisten befanden sich im Exil und konnten nicht rechtzeitig genug nach Rußland zurückkehren, um wirkungsvoll in das Geschehen einzugreifen.

chen und politischen Freiheitsrechten, innerhalb dessen die späteren Phasen des Marxschen Klassenkampfs durchgemacht würden. Kurz, es bestand die einhellige Überzeugung, daß der Aufbau des Sozialismus nicht auf der unmittelbaren revolutionären Tagesordnung stand, allein schon deshalb, weil Rußland zu rückständig war. Es war weder wirtschaftlich noch gesellschaftlich reif für den Sozialismus.

In diesem Punkt waren sich alle einig, bis auf die Sozialrevolutionäre, die noch immer von einer zunehmend ferneren Zukunft träumten, in der Bauerngemeinden zu sozialistischen Einheiten umgewandelt wurden – eine Vision, die paradoxerweise allein in den palästinensischen Kibbuzim verwirklicht wurde, den Gebilden der vermutlich am wenigsten typischen Muschiks der Erde, von sozialistisch-nationalistischen städtischen Juden, die nach dem Scheitern der Revolution von 1905 aus Rußland in das Heilige Land auswanderten.

Aber Lenin sah auch genau wie die zaristische Regierung, daß das liberale – oder jedes andere – Bürgertum in Rußland numerisch und politisch viel zu schwach war, um dem Zarismus die Macht zu entreißen, so wie auch die russischen privatkapitalistischen Unternehmen zu schwach waren, um das Land ohne Investoren aus dem Ausland und staatliche Initiative zu modernisieren. Selbst auf dem Höhepunkt der Revolution machte die Obrigkeit nur bescheidene politische Zugeständnisse, weit entfernt von einer bürgerlich-liberalen Verfassung – kaum mehr als ein indirekt gewähltes Parlament (die Duma) mit beschränkter Kontrolle über die Finanzen und ohne jede Mitsprache bei der Regierungsbildung und den »Grundrechten«; und 1907, als die revolutionäre Unruhe abgeklungen war und die manipulierte Einteilung der Wahlkreise noch immer nicht zu einer genügend harmlosen Duma führte, wurde der größte Teil der Verfassung außer Kraft gesetzt. Eine Rückkehr zur Autokratie gab es zwar nicht, aber in der Praxis hatte sich der Zarismus wieder durchgesetzt.

Er konnte allerdings gestürzt werden, wie die Ereignisse 1905 gezeigt hatten. Das Neue an Lenins Position im Unterschied zu der seiner hauptsächlichen Rivalen, der Menschewiki, lag in seiner Erkenntnis, daß angesichts der Schwäche oder des Fehlens des Bürgertums die bürgerliche Revolution gleichsam ohne das Bürgertum gemacht werden mußte. Sie würde durch die Arbeiterklasse zustandekommen, organisiert und geführt von der disziplinierten Vorhut aus Berufsrevolutionären (Lenins großem Beitrag zur Politik des 20. Jahrhunderts) und gestützt auf die landlosen Kleinbauern, deren politisches Gewicht in Rußland den Ausschlag gab und deren politisches Potential sich jetzt gezeigt hatte. Das blieb in groben Zügen die Position Lenins bis

1917. Die Idee, daß die Arbeiter ohne eine starke Bourgeoisie selbst die Macht übernehmen und unmittelbar zur nächsten Phase der sozialen Revolution übergehen mußten (»permanente Revolution«), war tatsächlich während der Revolution für kurze Zeit in Umlauf gesetzt worden – und sei es auch nur zu dem Zweck, eine proletarische Revolution im Westen auszulösen, weil man überzeugt war, ohne diese habe ein sozialistisches Regime in Rußland auf die Dauer kaum eine Chance. Lenin prüfte diese Möglichkeit, verwarf sie jedoch noch immer als unrealisierbar.

Die leninistische Strategie setzte darauf, daß die Arbeiterklasse weiterhin anwuchs, daß die Bauern auch in Zukunft eine revolutionäre Kraft blieben – und natürlich darauf, daß sie die Kräfte der nationalen Befreiung, die als Feinde des Zarismus revolutionäre Aktivposten waren, mobilisieren, als Bündnispartner gewinnen oder mindestens neutralisieren konnte. (Das war auch der Grund, warum Lenin auf dem Recht auf nationale Selbstbestimmung bis hin zur Lostrennung von Rußland bestand, obwohl die Bolschewiki als eine einzige allrussische und gleichsam anationale Partei organisiert waren.) Das Proletariat wurde tatsächlich immer größer, da Rußland in den letzten Jahren vor dem Krieg in eine weitere ausgreifende Industrialisierungsphase eintrat; und die jungen Menschen, die vom Land in die Fabriken von Moskau und St. Petersburg strömten, folgten eher den radikalen Bolschewiki als den gemäßigteren Menschewiki, ganz zu schweigen von den Bewohnern der elenden Arbeitslager in der Provinz mit all dem Qualm und Dreck der Kohle-, Eisen- und Textilindustrien im Donezbecken, im Ural und in Iwanowo, die schon früher zum Bolschewismus geneigt hatten. Nach einigen Jahren der Demoralisierung als Folge der niedergeschlagenen Revolution von 1905 erhob sich 1912 eine neue riesige Welle des proletarischen Aufruhrs, noch verstärkt durch die Niedermetzelung von 200 streikenden Arbeitern in den fernen sibirischen Goldfeldern (in britischem Besitz) an der Lena.

Würden die Bauern jedoch ihre revolutionäre Gesinnung beibehalten? Die Reaktion der zaristischen Regierung auf die Ereignisse von 1905 bestand darin, unter der Aufsicht des fähigen und entschlossenen Ministers Stolypin einen zahlenmäßig starken und konservativen Bauernstand zu schaffen und gleichzeitig die landwirtschaftliche Produktivität zu steigern, und zwar mit Methoden, die letztlich einer massenhaften Bauernvertreibung gleichkamen. Das bäuerliche Gemeineigentum sollte systematisch an eine Klasse wirtschaftlich denkender und unternehmerischer Großbauern, der sogenannten »Kulaken«, aufgeteilt werden. Wenn Stolypin mit seiner Förderung der »Starken und Vernünftigen« Erfolg hatte, dann würde es tatsächlich zu der von Lenin prophezeiten gesellschaftlichen Polarisierung zwischen Dorfreichen und landlosen Armen, zur Ausbildung einer Klassengesellschaft auf dem Land kommen; aber angesichts dieser plötzlich nahegerückten Möglichkeit erkannte er auch mit dem für ihn typischen und unbestechlichen Auge für politische Realitäten, daß dies die Revolution nicht befördern würde. Die Frage, ob die Reformgesetzgebung Stolypins langfristig die von ihr angestrebten politischen Ziele erreicht hätte, muß offen bleiben. Sie wurde in weiten Teilen der stärker kommerzialisierten südlichen Provinzen, vor allem in der Ukraine weitgehend befolgt, in anderen Regionen hingegen weit weniger (vgl. Schanin 1972). Da Stolypin jedoch 1911 aus der Regierung des Zaren ausscheiden mußte und bald darauf ermordet wurde und da dem Reich nach 1906 nur noch acht Friedensjahre blieben, ist diese Frage höchstens von akademischem Interesse.

Außer Zweifel steht jedenfalls, daß die Revolution von 1905 weder eine potentielle »bürgerliche« Alternative zum Zarismus aufgezeigt noch dem Zarismus eine längere Atempause gegeben hat. In den Jahren 1912-1914 gärte im ganzen Land erneut der soziale Aufruhr. Lenin war davon überzeugt, daß wiederum eine revolutionäre Situation heranreifte. Im Sommer 1914 stand ihr nur noch eines im Weg: die Stärke und die feste Loyalität der Bürokratie, Polizei und Armee des Zaren, welchletztere – anders als 1904/05 – weder demoralisiert noch anderwärts gebunden war (vgl. die bahnbrechenden Artikel von Haimson 1964 und 1965); daneben vielleicht noch die Intellektuellen der Mittelschichten, die – durch die Niederlage von 1905 entmutigt – überwiegend dem politischen Radikalismus abgeschworen und sich dem Irrationalismus und der kulturellen Avantgarde zugewandt hatten.

Wie in so vielen anderen europäischen Staaten nahm der ausbrechende Krieg der aufgestauten sozialen und politischen Unzufriedenheit ihren Stachel. Bald nach seinem Ende wurde offenbar, daß das Schicksal des Zarismus besiegelt war. 1917 stürzte er endgültig.

Bis 1914 hatte die Revolution alle alten Reiche des Erdballs von den Grenzen des Deutschen Reiches bis zu den chinesischen Meeren ins Wanken gebracht. Wie die Mexikanische Revolution, die ägyptischen Unruhen und die indische Nationalbewegung zeigten, hatte sie auch begonnen, die neuen formellen und informellen imperialistischen Reiche zu untergraben. Andererseits war ihr Ausgang noch nirgendwo in Sicht, und die Gefährlichkeit der Feuer, die überall zwischen Lenins »Zündstoff in der Weltpolitik« emporflakkerten, konnte leicht unterschätzt werden. Noch war nicht vorauszusehen, daß die Russische Revolution ein kommunistisches Regime – das erste in der Geschichte – hervorbringen und in derselben Weise zum zentralen Ereignis in der Weltpolitik des 20. Jahrhunderts werden würde, wie die Französische Revolution das zentrale Ereignis des 19. Jahrhunderts war.

Dennoch zeichnete sich bereits ab, daß von allen Eruptionen in der riesigen sozialen Erdbebenzone des Globus eine Revolution in Rußland die bei weitem stärksten internationalen Rückwirkungen haben würde, denn selbst die unvollendete und vorübergehende Erschütterung von 1905/06 zeitigte dramatische und unmittelbare Folgen. Mit größter Wahrscheinlichkeit löste sie die Persische und die Türkische Revolution aus, beschleunigte vermutlich die Chinesische Revolution, und indem sie den österreichischen Kaiser bewog, das allgemeine Wahlrecht einzuführen, beeinflußte sie die ohnedies schwierige Politik des Habsburgerreiches und machte dessen politische Lage noch instabiler. Denn Rußland war eine »Großmacht«, einer der fünf Eckpfeiler des eurozentrischen internationalen Systems und, wenn man nur die Stammterritorien berücksichtigte, das im Hinblick auf seine Bevölkerung und seine Bodenschätze reichste Land. Eine Sozialrevolution in einem solchen Land mußte ebenso besonders weitreichende Auswirkungen über den ganzen Erdball hinweg haben, wie die Französische Revolution unter den zahlreichen Revolutionen des ausgehenden 18. Jahrhunderts international die bei weitem größte Bedeutung aufwies.

Doch die potentiellen Nachwirkungen einer russischen Revolution würden sogar noch weiter reichen als die von 1789. Allein schon die geographische Ausdehnung und die zahlreichen Nationalitäten eines Reiches, das sich vom Pazifik bis zu den Grenzen Deutschlands spannte, bedeuteten, daß sein Zusammenbruch weit mehr Länder in zwei Kontinenten in Mitleidenschaft ziehen würde als der eines randständigeren oder isolierteren Staates in Europa oder Asien. Und der entscheidende Umstand, daß Rußland sich zwischen der Welt der Eroberer und der der Opfer erstreckte, zwischen den entwickelten und den rückständigen Ländern, würde eine Revolution auf beiden Seiten in weitem Umkreis widerhallen lassen. Das Zarenreich war ein bedeutendes Industrieland und gleichzeitig ein Agrarstaat mit mittelalterlicher Produktionsweise; eine imperialistische Macht und eine Teilkolonie; eine Gesellschaft, deren geistige und kulturelle Leistungen den fortschrittlichsten Kultur- und Geistesprodukten des Westens in nichts nachstanden, und deren Bauernsoldaten 1904/05 die moderne Ausrüstung ihrer japanischen Gefangenen einfach nicht fassen konnten. Kurzum, eine russische Revolution würde sich vermutlich ebenso auf westliche Arbeiterorganisationen wie auf östliche Revolutionäre, auf Deutschland wie auf China gleichermaßen auswirken.

Das zaristische Rußland war der Inbegriff sämtlicher Widersprüche des Erdballs im imperialen Zeitalter. Alles, was es brauchte, um sie in einer einzigen, gleichzeitigen Eruption hervorbrechen zu lassen, war jener Weltkrieg, mit dem Europa zunehmend rechnete, ohne ihn verhindern zu können.

Kapitel 13
Vom Frieden zum Krieg

»Im Lauf der Debatte vom 27. März 1900 hatte ich ... betont, daß ich unter Weltpolitik lediglich die Pflege und Entwicklung der uns durch die Ausdehnung unserer Industrie, unseres Handels und unserer Schiffahrt erwachsenen Aufgaben verstehe. Das Anschwellen der deutschen überseeischen Interessen könnten wir nicht hemmen. Unseren Handel, unsere Industrie, die Arbeitskraft, Regsamkeit und Intelligenz unseres Volks könnten wir nicht kappen. Wir dächten nicht daran, aggressive Expansionspolitik zu treiben. Wir wollten nur die schwerwiegenden Interessen schützen, die wir durch die natürliche Entwicklung der Dinge in allen Weltteilen erworben hätten.«

Der deutsche Kanzler *Bernhard von Bülow* (1900/1930, Bd. 1, S. 415f.)

»Es ist keineswegs ausgemacht, daß eine Mutter ihren Sohn verlieren wird, wenn er an die Front geht; das Kohlebergwerk und der Rangierbahnhof sind in Wirklichkeit gefährlicher als das Biwak.«

George Bernard Shaw (1902/1972, S. 260)

»Wir werden den Krieg verherrlichen – die einzige Hygiene der Welt –, den Militarismus und Patriotismus, die zerstörerische Gebärde der Freiheitsbringer, schöne Ideen, die es wert sind, daß man für sie stirbt, und die Verachtung für die Frau.«

F. T. Marinetti (1909/1971, S. 42)

I

Das Leben der Europäer war seit August 1914 durchdrungen vom Weltkrieg. Zum Zeitpunkt der Niederschrift dieses Buches haben die meisten der über 70jährigen Bewohner dieses Kontinents im Verlauf ihres Lebens mindestens zum Teil zwei Kriege mitgemacht; alle über 50jährigen, ausgenommen die Schweden, Schweizer, Portugiesen und die Iren aus der Republik Irland, haben mindestens einen Weltkrieg zum Teil miterlebt. Selbst die nach 1945 Geborenen – seither schweigen die Kanonen in Europa – haben kaum ein Jahr erlebt, in dem nicht irgendwo »draußen« in der Welt ein Krieg tobte, und haben zeitlebens im drohenden Schatten eines dritten, atomaren Weltkonflikts gelebt, der, wie praktisch alle Regierungen ihnen versicherten, allein durch ein unablässiges Wettrüsten zur Gewährleistung der gegenseitigen Vernichtung verhindert wurde. Wie können wir eine derartige Epoche als Zeit des Friedens bezeichnen – auch wenn eine weltweite Katastrophe bislang ebenso lange vermieden wurde, wie die europäischen Mächte zwischen 1871 und 1914 einen großen Krieg vermieden haben? Der große Philosoph Thomas Hobbes hat festgestellt: »Der Krieg zeigt sich nämlich nicht nur in der Schlacht oder in kriegerischen Auseinandersetzungen. Es kann vielmehr eine ganze Zeitspanne, in der die Absicht, Gewalt anzuwenden, unverhüllt ist, ebenso Krieg sein.« (Hobbes 1965, S. 99) Wer wollte bestreiten, daß dies die Lage in der Welt seit 1945 ist?

Vor 1914 war dies allerdings nicht der Fall: Der Frieden war im Leben der damaligen Europäer der Normalfall. Seit 1815 hatte es keinen Krieg mehr gegeben, an dem alle europäischen Mächte beteiligt waren. Seit 1871 hatte keine europäische Macht ihren Soldaten mehr den Befehl gegeben, auf die Soldaten einer anderen europäischen Macht zu schießen. Die Großmächte suchten ihre Opfer unter den Schwachen und in der außereuropäischen Welt, obgleich sie gelegentlich den Widerstand ihrer Gegner falsch einschätzten: Die Buren machten den Briten weit mehr zu schaffen, als diese erwartet hatten, und die Japaner begründeten ihren Rang als Großmacht, indem sie Rußland 1904/05 mit erstaunlich geringem Aufwand (wenn auch großen Verlusten) eine regelrechte Niederlage beibrachten. Auf dem Boden des nächstgelegenen und größten potentiellen Opfers, des seit langem verfallenden Osmanischen Reiches, war der Krieg sogar eine ständig gegebene Möglichkeit, da seine Untertanenvölker sich als unabhängige Staaten behaupten oder vergrößern wollten und einander schließlich bekämpften und dabei die Großmächte in ihre Konflikte hineinzogen. Der Balkan war als Pulverfaß Europas bekannt, und genau dort wurde später die weltweite Explosion ausgelöst. Doch die »Orientfrage« war ein bekannter Punkt auf der Tagesordnung der internationalen Diplomatie, und während sie ein Jahrhundert lang zu einer ununterbrochenen Folge internationaler Krisen und sogar zu einem ernsten internationalen Krieg (dem Krimkrieg) geführt hatte, war sie doch niemals gänzlich jeder Kontrolle entglitten. Anders als der Nahe Osten seit 1945 gehörte der Balkan für die meisten Europäer, die nicht dort lebten, in das Reich der Abenteuergeschichten wie die des deutschen Jugendschriftstellers Karl May oder das der Operette. Das Bild der Balkankriege um die Jahrhundertwende war das der Komödie *Helden* von G. B. Shaw (die bezeichnenderweise 1908 von einem Wiener Komponisten vertont wurde und später den Titel *Der Pralinésoldat* erhielt).

Natürlich wurde die Möglichkeit eines allgemeinen europäischen Krieges in Erwägung gezogen und beschäftigte nicht nur Regierungen und ihre Generalstäbe, sondern auch eine breitere Öffentlichkeit. Seit den frühen 70er Jahren brachten Romane und Zukunftsspekulationen vor allem in Großbritannien und Frankreich im allgemeinen unrealistische Umrisse eines künftigen Krieges hervor. In den 80er Jahren analysierte bereits Friedrich Engels die Chancen eines Weltkriegs, während der Philosoph Nietzsche überspannt, aber prophetisch die zunehmende Militarisierung Europas begrüßte und einen Krieg prophezeite, bei dem »der Barbar in jedem von uns bejaht (ist), auch das wilde Tier« (Nietzsche 1965, Bd. 9, S. 92). In den Jahren nach 1890 waren die Befürchtungen im Hinblick auf einen Krieg so groß, daß Weltfriedenskongresse einberufen wurden – der 21. sollte im September 1914 in Wien stattfinden –, 1897 der Friedensnobelpreis gestiftet wurde und 1899 die erste der Haager Friedenskonferenzen stattfand. Nach 1900 rückte ein Krieg in sichtbare Nähe, und nach 1910 rechnete so mancher fest mit seinem baldigen Ausbruch.

Und dennoch wurde der Kriegsausbruch nicht wirklich *erwartet.* Selbst in den letzten verzweifelten Tagen der internationalen Julikrise 1914 wollten die Staatsmänner trotz ihrer verhängnisvollen Schritte eigentlich nicht glauben, daß sie damit einen Weltkrieg auslösten. Irgendeine Lösung würde sich schon finden lassen, wie so oft in der Vergangenheit. Aber auch die Kriegsgegner konnten sich nicht vorstellen, daß die seit langem von ihnen prophezeite Katastrophe endlich vor der Tür stand. Noch in den letzten Julitagen, *nachdem* Österreich Serbien bereits den Krieg erklärt hatte, kamen die Führer des internationalen Sozialismus zusammen, zutiefst besorgt, aber noch immer überzeugt, daß ein allgemeiner Krieg unmöglich war, daß ein friedlicher Ausweg aus der Krise gefunden würde. »Ich persönlich glaube nicht, daß es einen allgemeinen Krieg geben wird«, sagte Victor Adler, der Führer der österreichischen Sozialdemokraten, am 29. Juli (zit. n. Haupt 1972, S. 220). Nicht einmal diejenigen, die schließlich das Werk der Zerstörung in Gang setzten, taten es, weil sie es so wollten, sondern weil sie nicht anders konnten. Kaiser Wilhelm z.B. fragte seine Generäle in letzter Minute, ob sich der Krieg nicht doch noch auf Osteuropa beschränken lasse, wenn man darauf verzichte, Frankreich und Rußland anzugreifen; und er erhielt zur Antwort, leider sei gerade dieser Weg nicht gangbar. Diejenigen, die das Mahlwerk des Krieges gebaut hatten und in Bewegung setzten, sahen fast mit ungläubigem Staunen zu, wie die Räder anfingen, sich zu drehen. Für alle, die nach 1914 geboren wurden, ist es schwer, sich vorzustellen, wie tief die Überzeugung, daß ein Weltkrieg nicht »wirklich« kommen würde, in der Gesellschaft vor der Sintflut verankert war.

Für die Mehrzahl der westlichen Staaten und während der meisten Zeit von 1871 bis 1914 war ein europäischer Krieg nach alledem eine historische Erinnerung oder ein Gedankenspiel für eine nicht näher definierte Zukunft. Die hauptsächliche Aufgabe der Armee in ihrer jeweiligen Gesellschaft während dieser Periode war ziviler Art. Die allgemeine Wehrpflicht war mittlerweile bei allen ernst zu nehmenden Mächten die Regel, ausgenommen Großbritannien und die USA, auch wenn tatsächlich längst nicht alle jungen Männer eingezogen wurden; und mit dem Aufkommen sozialistischer Massenbewegungen waren Generäle und Politiker – irrigerweise, wie sich zeigen sollte – gelegentlich unsicher, ob es geraten war, potentiell revolutionären Proletariern Waffen in die Hand zu geben. Für die gewöhnlichen Wehrpflichtigen, die das Militärleben eher von seiner autoritären als von seiner ruhmreichen Seite kennenlernten, wurde die Einberufung zum Militär zu einem Übergangsritus, der den Wechsel vom Jugend- ins Mannesalter markierte, gefolgt von zwei bis drei Jahren Drill und harter Arbeit, die sich leichter ertragen ließen, weil die Uniform auf junge Frauen noch immer wie ein Magnet wirkte. Für die festbestallten Unteroffiziere war der Dienst in der Armee eine Arbeit wie jede andere. Für die Offiziere war er ein Kinderspiel, das von Erwachsenen gespielt wurde, das Symbol ihrer Überlegenheit über jeden Zivilisten, ihrer männlichen Großartigkeit und ihres gesellschaftlichen Ranges. Für die Generäle war er wie stets der Tummelplatz jener politischen Intrigen und beruflichen Eifersüchteleien, die in keinen der Memoiren von Militärführern fehlen dürfen.

Für die Regierungen und die herrschenden Klassen waren die Armeen nicht nur Einsatzkräfte gegen innere und äußere Feinde, sondern auch ein Mittel zur Sicherung der Loyalität, sogar der aktiven Begeisterung von Bürgern mit beunruhigenden Sympathien für Massenbewegungen, welche die gesellschaftliche und politische Ordnung untergruben. Neben der Volksschule war der Militärdienst vielleicht der wirksamste Mechanismus, der dem Staat zu Gebote stand, um das richtige staatsbürgerliche Verhalten einzubleuen und nicht zuletzt aus dem Bewohner eines Dorfes einen (patriotischen) Bürger einer Nation zu machen. Schule und Militär brachten den Italienern bei, die offizielle »Nationalsprache« wenn schon nicht zu sprechen, so doch zu verstehen, und die Armee machte Spaghetti, bislang ein regionales Gericht des verarmten Südens, zu einer in ganz Italien verbreiteten Institution. Was die zivile Bürgerschaft anging, so wurde das farbenprächtige Straßentheater von Militäraufzügen zu ihrem Vergnügen, ihrer Begeisterung und ihrer nationalen Identifikation vervielfacht: Paraden, Zeremonien, Fahnen und Blasmusik. Für die nichtmilitärischen Europäer zwischen 1871 und 1914 war die vertrauteste Seite der Armee vermutlich die allgegenwärtige Militärkapelle, die aus den öffentlichen Parkanlagen und öffentlichen Veranstaltungen nicht mehr wegzudenken war.

Selbstverständlich nahmen die Soldaten, seltener die Marinematrosen, von Zeit zu Zeit auch ihre eigentlichen Aufgaben wahr. In Zeiten sozialer Unruhen und Krisen konnten sie gegen Aufruhr und Proteste eingesetzt werden. Regierungen, insbesondere jene, die auf die öffentliche Meinung und ihre Wähler achten mußten, vermieden es im allgemeinen, die Soldaten einer Situation auszusetzen, in der sie möglicherweise auf ihre Mitbürger schießen mußten: Die politischen Folgen eines solchen Vorgehens waren meistens verhängnisvoll und dies umso mehr, wenn die Soldaten sich weigerten, wie sich 1917 in Petrograd zeigen sollte. Dennoch wurde häufig genug Militär eingesetzt, und die Zahl der inländischen Opfer von militärischer Repression war während unserer Periode keineswegs gering, nicht einmal in den mittel- und westeuropäischen Staaten, in denen keine Revolution auszubrechen drohte, etwa in Belgien oder den Niederlanden. In Ländern wie Italien konnte sie sogar sehr hoch sein.

Für die Soldaten war die Unterdrückung von Unruhen im eigenen Land ein harmloses Geschäft, aber die von Zeit zu Zeit geführten Kriege, vor allem in den Kolonien, bargen größere Gefahren, wenngleich eher gesundheitlicher als militärischer Art. Von den 274.000 US-Soldaten, die im Spanisch-Amerikanischen Krieg von 1898 eingesetzt wurden, fielen lediglich 379 im Kampf, und 1600 wurden verwundet, aber über 5000 starben an einer Tropenkrankheit. Es war kein Zufall, wenn Regierungen nur allzu bereitwillig die medizinische Forschung unterstützten, die in unserer Epoche weitgehend Gelbfieber, Malaria und andere Plagen der Kolonien unter Kontrolle bekam, die noch heute unter der Bezeichnung »das Grab des weißen Mannes« bekannt sind. Frankreich verlor zwischen 1871 und 1908 im Kolonialdienst jährlich durchschnittlich acht Offiziere, unter Berücksichtigung der einzigen Zone mit schweren Zusammenstößen, Tonkin, wo fast die Hälfte der in diesen 37 Jahren getöteten Offiziere fiel (vgl. Bodart 1916, S. 153ff.). Man darf die schweren Folgen solcher Feldzüge nicht unterschätzen, um so mehr, als die Verluste unter den Opfern ungleich höher waren. Selbst für die Aggressorländer konnten derartige Kriege weit mehr sein als nur ein Jagdausflug. Großbritannien schickte 1899-1902 450.000 Mann nach Südafrika, von denen 29.000 getötet wurden oder an ihren Verwundungen starben, während 16.000 einer Krankheit zum Opfer fielen. Der gesamte Feldzug kostete £ 220 Millionen, und solche Summen waren durchaus enorm. Trotz alledem war der Beruf des Soldaten in den westlichen Ländern im großen und ganzen beträchtlich gefahrloser als der bestimmter Gruppen ziviler Arbeiter, etwa im Transportgewerbe (insbesondere in der Schiffahrt) und im Grubenbau. In den letzten drei Jahren der langen Friedensjahrzehnte wurden im Jahresdurchschnitt 1430 britische

Kohlenbergarbeiter getötet und 165.000 (oder über zehn Prozent aller Arbeitskräfte) verletzt. Und die Unfallquote mit tödlichem Ausgang lag in Großbritannien zwar höher als in Belgien oder Österreich, aber etwas niedriger als in Frankreich, rund 30 Prozent unter der deutschen und betrug kaum mehr als ein Drittel der Quote in den USA (vgl. Jevons 1915, S. 367f. und 374). Die größten Gefahren für Leib und Leben drohten jedenfalls nicht den Männern in Militäruniform.

Wenn wir also einmal vom Burenkrieg absehen, dann war das Leben eines Gefreiten oder Matrosen in der Armee oder Marine einer westlichen Großmacht ziemlich friedlich. Ganz anders lagen die Dinge bei den Armeen des zaristischen Rußland, das in den 70er Jahren verlustreiche Kriege gegen die Osmanen führte und 1904/05 im Krieg gegen Japan eine schwere Niederlage erlitt, und bei den japanischen Soldaten, die China und Rußland besiegten. Die damalige Ruhe beim Heer ist noch in den gänzlich kampflosen Erinnerungen und Abenteuern jenes unsterblichen Exmitglieds des berühmten 91. Regiments der k. u. k. Armee Österreich-Ungarns, des braven Soldaten Schwejk zu spüren (der von seinem Autor 1911 erfunden wurde). Natürlich bereiteten sich die Generalstäbe pflichtgemäß auf den Krieg vor. Wie gewöhnlich beschränkten sich diese Vorbereitungen in der Regel auf eine verbesserte Version des letzten größeren Krieges, den die Kommandanten an der Generalstabsakademie selbst miterlebt hatten oder aus den Erfahrungen anderer kannten. Die Briten als größte Seemacht richteten sich auf eine geringe Beteiligung an einem Landkrieg ein, obgleich den Generälen, die in den letzten Jahren vor Kriegsausbruch mit ihren französischen Verbündeten das gemeinsame Vorgehen planten, zunehmend klar wurde, daß ihnen weit größere Anstrengungen bevorstehen würden. Insgesamt gesehen waren es freilich Zivilisten und nicht die Militärs, die eine furchtbare Veränderung der Kriegführung aufgrund der Fortschritte in der Militärtechnik prophezeiten, die von den Generälen – und auch von manchen der technisch interessierteren Admirale – nur allmählich begriffen wurden. Friedrich Engels, der sich seit langem auf diesem Gebiet gut auskannte, hat immer wieder die Aufmerksamkeit auf die Borniertheit der militärischen Führer gelenkt, aber es war ein jüdischer Finanzmakler, Iwan Bloch, von dem 1898 in St. Petersburg ein sechsbändiges prophetisches Werk *Der Krieg* erschien, das schon damals den langwierigen Stellungskrieg mit seinen riesigen Kosten an Material und Menschenleben vorhersagte, der die kriegführenden Parteien erschöpfen oder in deren Ländern die soziale Revolution auslösen würde. Obwohl das Werk innerhalb kurzer Zeit in zahlreiche Fremdsprachen übersetzt wurde, wirkte es sich kaum auf die Militärplanung aus.

Während nur ganz wenige zivile Beobachter den katastrophalen Charakter eines zukünftigen Krieges erfaßten, warfen sich ahnungslose Regierungen begeistert in ein allgemeines Wettrennen um jene Waffen und Rüstungsgüter, deren technische Neuartigkeit die Katastrophe besiegeln sollte. Die Technik des Tötens, die bereits während des Industrialisierungsprozesses um die Jahrhundertmitte weiterentwickelt worden war (vgl. *Die Blütezeit des Kapitals,* Kap. 4, II), machte in den Jahren nach 1880 dramatische Fortschritte, nicht nur durch eine praktische Revolution im Hinblick auf die Feuergeschwindigkeit und -kraft von Handfeuerwaffen und Artillerie, sondern auch durch den Bau von Kriegsschiffen mit beträchtlich effizienteren Dampfturbinen, stärkerer Panzerung und einer wesentlich größeren Bestückung mit Kanonen. Übrigens wurde mit der Erfindung des elektrischen Stuhls (1890) gleichzeitig auch die Technik der Tötung von Zivilpersonen verändert, obwohl die Henker außerhalb der USA den alten und bewährten Methoden des Erhängens und Köpfens treu blieben.

Eine naheliegende Folge dieser Entwicklungen bestand darin, daß die Kosten der Kriegsvorbereitungen sich drastisch erhöhten, vor allem weil die Staaten bestrebt waren, allen anderen voraus zu sein oder zumindest nicht hinter sie zurückzufallen. Dieses Wettrüsten begann zunächst langsam in den späten 80er Jahren und beschleunigte sich stark zu Beginn des 20. Jahrhunderts, ganz besonders in den letzten Jahren vor dem Krieg. Die britischen Militärausgaben blieben zwischen 1870 und 1890 konstant, sowohl in Prozenten des Staatshaushalts als auch pro Kopf der Bevölkerung. Danach stiegen sie jedoch von £ 32 Millionen (1887) über £ 44,1 Millionen (1898/99) bis auf über £ 77 Millionen (1913/14). Und natürlich war es die Marine, jener hochtechnisierte Teil der Streitkräfte, der dem Raketensektor der modernen Kriegführung entsprach, die die spektakulärsten Zuwachsraten zu verzeichnen hatte. 1885 kostete sie den Staat £ 11 Millionen – etwa dieselbe Größenordnung wie 1860, 1913/14 dagegen mehr als das Vierfache dieser Summe. Im selben Zeitraum erhöhten sich die Ausgaben für die deutsche Kriegsmarine sogar noch stärker: von 90 Millionen Reichsmark jährlich um die Mitte der 90er Jahre auf knapp 400 Millionen am Vorabend des Krieges (vgl. Asworth 1969, S. 491).

Diese enormen Rüstungsausgaben konnten nur durch erhöhte Steuern und/oder eine höhere Selbstverschuldung finanziert werden, die ihrerseits die Inflation anheizte. Eine ebenso offensichtliche und dennoch häufig übersehene Folge bestand darin, daß sie den Tod für dieses oder jenes Vaterland zunehmend zu einem Abfallprodukt der Großindustrie machten. Alfred Nobel und Andrew Carnegie – zwei Kapitalisten, die genau wußten, wodurch sie in der Sprengstoff- bzw. Stahlherstellung zu Millionären geworden waren –

versuchten dies dadurch wiedergutzumachen, daß sie einen Teil ihres Reichtums für die Sache des Friedens stifteten. In diesem Punkt waren sie untypisch. Die Symbiose von Krieg und Kriegsproduktion veränderte zwangsläufig die Beziehungen zwischen den einzelnen Regierungen und der Industrie, denn wie Friedrich Engels 1892 in einem Brief feststellte: »Von dem Augenblick an, da die Kriegführung ein Zweig der grande industrie wurde ..., ist die grande industrie eine politische Notwendigkeit geworden.« (MEW 38, S. 467) Umgekehrt wurde der Staat für bestimmte Industriezweige lebenswichtig, denn wer sonst hätte die Rüstungsgüter abnehmen sollen? Die von ihnen produzierten Güter waren nicht den Marktgesetzen unterworfen, sondern verdankten ihre Nachfrage der unaufhörlichen Konkurrenz der Regierungen um ausreichende Mengen der höchstentwickelten, d.h. wirksamsten Waffen. Dazu kam noch, daß die Regierungen weniger an der tatsächlichen Produktion von Kriegsgerät interessiert waren als an einer ausreichenden Kapazität, dieses im Ernstfall in den benötigten Mengen produzieren zu können; sie mußten also dafür sorgen, daß die Kapazität ihrer kriegswichtigen Industrie stets höher lag als sie in Friedenszeiten tatsächlich benötigt wurde.

In dieser oder jener Weise waren die Staaten demnach genötigt, die Existenz mächtiger nationaler Rüstungsindustrien zu garantieren, einen Großteil ihrer technischen Entwicklungskosten zu tragen und dafür zu sorgen, daß sie dauerhaft Gewinne erzielten. Mit anderen Worten, sie mußten diese Branchen vor den Stürmen schützen, von denen die normalen Schiffe des kapitalistischen Unternehmertums bedroht waren, die die unberechenbaren Meere des freien Marktes und der freien Konkurrenz befuhren. Natürlich hätten sie die Produktion von Kriegsgerät auch in die eigene Hand nehmen können, wie sie dies vielfach bereits getan hatten. Aber zu jener Zeit zogen sie – zumindest der liberale britische Staat – es vor, mit Privatunternehmen ins Geschäft zu kommen. Zwischen 1880 und 1890 entfielen mehr als ein Drittel der Lieferverträge für die Streitkräfte auf private Rüstungsbetriebe, ein Jahrzehnt später waren es 46 Prozent, und von 1900 bis 1910 waren es 60 Prozent; die Regierung erklärte sich übrigens bereit, eine Abnahmegarantie in Höhe von zwei Dritteln zu übernehmen (vgl. Trebilcock 1969, S. 480). So überrascht es nicht, daß die Rüstungsfirmen zu den Giganten der Industrie gehörten oder zu ihnen aufrückten: Kriegsvorbereitungen und kapitalistischer Konzentrationsprozeß gingen Hand in Hand. In Deutschland beschäftigte Krupp, der Kanonenkönig, 1873 noch 16.000 Arbeitnehmer, um 1890 waren es bereits 24.000, um die Jahrhundertwende 45.000 und 1912, als die 50.000 seiner berühmten Kanonen das Werk verließ, knapp 70.000. In Großbritannien beschäftigten Armstrong und Whitworth 1906 in ihren Hauptfirmen in Newcastle 12.000 Arbeiter und Angestellte, 1914 waren es 20.000 – über 40 Prozent aller Metallarbeiter im Ballungsraum Tyneside –, ohne die anderen Arbeiter in den 1.500 kleineren Firmen, die von Armstrongs Zulieferaufträgen lebten. Auch sie fuhren satte Gewinne ein.

Ähnlich wie der moderne »militärisch-industrielle Komplex« der USA wären diese riesigen Industrieansammlungen nichts gewesen ohne das Wettrüsten der Regierungen. Deshalb liegt es vielleicht nahe, diese »Todeskrämer« (die Bezeichnung wurde unter den Friedenskämpfern populär) für den »Krieg aus Stahl und Gold« verantwortlich zu machen, wie ein britischer Journalist ihn bezeichnet hat. Lag es denn nicht im Interesse der Rüstungsindustrie, das Tempo des Wettrüstens noch zu forcieren, nötigenfalls durch die Erfindung nationaler militärischer Schwachstellen gegenüber den Gegnern, die sich durch einträgliche Lieferverträge beheben ließen? Ein deutsches Unternehmen, das sich auf die Herstellung von Maschinengewehren spezialisiert hatte, konnte in der französischen Tageszeitung *Le Figaro* eine Meldung lancieren, derzufolge die französische Regierung beabsichtigte, die Zahl ihrer MGs zu verdoppeln. Daraufhin bestellte die deutsche Regierung zwischen 1908 und 1910 Maschinengewehre im Wert von 40 Millionen Reichsmark, so daß die Firma ihre Dividende von 20 auf 32 Prozent erhöhen konnte (vgl. Romein 1978, S. 124). Eine britische Werft behauptete, die englische Regierung habe das deutsche Flottenbauprogramm weit unterschätzt, worauf diese die Zahl der geplanten Schlachtschiffe verdoppelte, an denen die Werft £ 250.000 pro Stück verdiente. Schillernde Persönlichkeiten wie der Grieche Basil Zaharoff, der die Firma Vickers vertrat (und später wegen seiner Dienste für die Alliierten im Ersten Weltkrieg geadelt wurde), sorgten dafür, daß die Waffenindustrie der Großmächte ihre weniger wichtigen oder auch überholten Erzeugnisse an Staaten im Vorderen Orient oder Lateinamerika verkaufen konnten, die an derartigen Schießeisen immer Bedarf hatten. Kurz, der moderne internationale Handel mit Tötungsmaschinen war in vollem Gange.

Und trotzdem können wir den Weltkrieg nicht durch eine Verschwörung von Rüstungsproduzenten erklären, obgleich die Militärtechniker sich zweifellos nach Kräften bemühten, Generäle und Admirale, die sich besser mit Militärparaden als mit der Technik auskannten, davon zu überzeugen, daß sie ohne die neuesten Waffen oder Schlachtschiffe auf verlorenem Posten stehen würden. Gewiß machte die Anhäufung von Waffen, die in den letzten fünf Jahren vor Kriegsausbruch furchterregende Dimensionen annahm, die Lage noch explosiver. Und zweifellos kam zumindest im Sommer 1914 der Augenblick, als die schwerfällige Maschinerie zur Mobilmachung der todbringenden Heere nicht mehr angehalten werden konnte. Aber was Europa in den Krieg trieb, war nicht das Wettrüsten an sich, sondern die internationale Lage.

II

Die Debatte über die Ursprünge des Ersten Weltkriegs ist seit dem August 1914 nicht mehr zur Ruhe gekommen. Vermutlich ist mehr Tinte geflossen, sind mehr Bäume zu Papier verarbeitet worden, wurden mehr Schreibkräfte eingesetzt, um diese Frage zu beantworten, als für jede andere in der Geschichte – vermutlich selbst diejenige nach den Gründen für den Ausbruch der Französischen Revolution. Mit dem Wechsel der Generationen und den Veränderungen der nationalen und internationalen Politik wurde die Debatte immer wieder neu entfacht. Kaum hatte Europa sich in die Katastrophe gestürzt, da begannen sich die kriegführenden Mächte bereits zu fragen, warum die internationale Diplomatie sie nicht verhindert hatte, und sich gegenseitig die Schuld am Krieg zuzuschieben. Die Kriegsgegner begannen sofort mit ihren eigenen Analysen. Die Russische Revolution von 1917, die die Geheimdokumente des Zarismus veröffentlichte, erklärte den Imperialismus insgesamt dafür verantwortlich. Die siegreichen Alliierten machten die These von der deutschen »Kriegsschuld« zum Eckpfeiler der Versailler Friedensvereinbarungen von 1919 und beschworen eine Flut von Dokumenten und historischen Abhandlungen herauf, die für und – in der Mehrzahl – gegen diese These sprachen. Der Zweite Weltkrieg belebte die Debatte erneut, die etliche Jahre später abermals aufflammte, als in der Bundesrepublik Deutschland Fritz Fischers *Griff nach der Weltmacht* wiederaufgelegt wurde – ein 1961 erschienenes Buch, das mit den patriotischen Dogmen der Konservativen und Nationalsozialisten aufräumen wollte, indem es die Kriegsverantwortung Deutschlands hervorhob. In den Auseinandersetzungen über die Gefahren für den Weltfrieden, die verständlicherweise seit Hiroschima und Nagasaki bis heute andauern, sucht man zwangsläufig immer wieder nach möglichen Parallelen zwischen den Ursprüngen der beiden Weltkriege und den gegenwärtigen internationalen Entwicklungen. Während Propagandisten als Vergleich gern die Jahre vor dem Zweiten Weltkrieg heranziehen (»München«), sind Historiker zunehmend durch die Ähnlichkeiten zwischen den letzten Jahren vor dem Ersten Weltkrieg und unseren 80er Jahren beunruhigt. Die Ursprünge des Ersten Weltkriegs werden auf diese Weise einmal mehr zu einer Frage von brennendem und unmittelbarem Interesse. Unter solchen Umständen gerät jeder Historiker, der sich mit jener Periode beschäftigt und deshalb auch eine Erklärung für den Ausbruch des Ersten Weltkriegs versucht, in tiefes und turbulentes Fahrwasser.

Immerhin können wir die Aufgabe wenigstens dadurch vereinfachen, daß wir alle Fragen eliminieren, die der Historiker nicht zu beantworten braucht. Als erste ist hier die nach der »Kriegsschuld« zu nennen, die eine Frage des moralischen und politischen Urteils ist, die Geschichtsschreibung jedoch nur am Rande berührt. Wenn wir uns dafür interessieren, warum ein Jahrhundert des Friedens in Europa von einer Epoche der Weltkriege abgelöst wurde, dann trägt die Suche nach dem Schuldigen zu einer Antwort ebensowenig bei wie die Antwort auf die Frage, ob Wilhelm der Eroberer einen rechtmäßigen Grund für seinen Einfall in England hatte, das Problem lösen kann, warum Krieger aus Skandinavien im zehnten und elften Jahrhundert zahlreiche Gebiete in Europa erobert haben.

Natürlich können häufig einzelne Akteure für den Ausbruch von Kriegen verantwortlich gemacht werden. Kaum jemand wird ernsthaft bestreiten, daß in den 30er Jahren unseres Jahrhunderts die Haltung Deutschlands im wesentlichen aggressiv und expansionistisch und die seiner Gegner überwiegend defensiver Natur war. Und niemand wird bestreiten, daß die imperialen Expansionskriege wie z.B. der Spanisch-Amerikanische Krieg von 1898 und der Burenkrieg von 1899-1902 von den USA und Großbritannien und nicht von den Opfern provoziert wurden. Außerdem weiß jeder, daß alle Staatsregierungen im 19. Jahrhundert, wie sehr sie auch auf ihr Ansehen in der Öffentlichkeit bedacht waren, den Krieg als normale Möglichkeit in der internationalen Politik betrachteten und es für gerechtfertigt hielten, unter Umständen militärisch die Initiative zu ergreifen. Damals wurden die Kriegsminister noch nicht verharmlosend als Verteidigungsminister bezeichnet.

Trotzdem steht völlig außer Frage, daß keine Regierung einer Großmacht vor 1914 einen allgemeinen europäischen Krieg wollte oder auch nur (wie z.B. 1866 und 1870) einen begrenzten Militärkonflikt mit einer anderen europäischen Großmacht. Das zeigt sich überzeugend an dem Umstand, daß dort, wo die politischen Ambitionen der Großmächte direkt aufeinanderstießen, nämlich in der überseeischen Zone kolonialer Eroberungen und Aufteilungen, ihre zahlreichen Zwistigkeiten grundsätzlich durch eine friedliche Vereinbarung geschlichtet wurden. Selbst die schwersten dieser Krisen, um Marokko in den Jahren 1906 und 1911, wurden entschärft. Am Vorabend des Ersten Weltkriegs warfen Kolonialkonflikte offenbar keine unlösbaren Probleme für die verschiedenen rivalisierenden Mächte auf – ein Umstand, der völlig unberechtigt als Beweis dafür angeführt wurde, für den Ausbruch des Krieges hätten die imperialistischen Rivalitäten überhaupt keine Rolle gespielt.

Natürlich waren die Mächte alles andere als friedfertig oder gar pazifistisch. Sie bereiteten sich auf einen europäischen Krieg vor – manchmal zu unrecht* –, obwohl ihre Außenminister mit allen Kräften versuchten, etwas zu verhindern, was sie einmütig als Katastrophe ansahen. Keine Regierung verfolgte in dem Jahrzehnt vor 1914 Ziele, die sich wie die Hitlers in den 30er Jahren nur durch einen Krieg oder eine konstante Kriegsdrohung hätten erreichen lassen. Selbst Deutschland, dessen Stabschef vergeblich für einen Präventivschlag gegen Frankreich eintrat, während dessen Verbündeter Rußland 1904/05 zunächst durch den Krieg und später durch die Niederlage und die Revolution gebunden war, nutzte die einmalige Gelegenheit einer vorübergehenden französischen Schwäche und Isolation lediglich dazu, seine imperialistischen Ansprüche auf Marokko geltend zu machen – eine schlichtungsfähige Streitfrage, über die niemand einen größeren Krieg vom Zaun brechen wollte. Keine noch so ehrgeizige, leichtfertige oder verantwortungslose Regierung einer bedeutenden Macht wollte einen großen Krieg. Der alte Kaiser Franz Joseph, der 1914 seinen hilflosen Untertanen den Ausbruch eines solchen Krieges verkündete, meinte es völlig ehrlich, als er sagte: »Ich hab es nicht gewollt«, obwohl es seine Regierung war, die ihn letztlich provoziert hatte.

Äußerstenfalls läßt sich vielleicht sagen, daß an einem bestimmten Punkt während des allmählichen Zusteuerns auf den Abgrund der Krieg so unvermeidlich schien, daß einige Regierungen es für das Beste hielten, den vorteilhaftesten oder am wenigsten ungünstigen Augenblick zur Eröffnung der Feindseligkeiten zu ergreifen. Man hat behauptet, das Deutsche Reich habe seit 1912 nach einer solchen Situation Ausschau gehalten, aber wesentlich früher hätte es dies kaum tun können. Zweifellos wußte Österreich während der letzten Krise von 1914, beschleunigt durch die an sich irrelevante Ermordung eines österreichischen Erzherzogs durch einen studentischen Terroristen in einer Provinzstadt im innersten Balkan, daß es einen Weltkrieg riskierte, wenn es Serbien schikanierte, und Deutschland, das seinem Verbündeten volle Rückendeckung gab, machte diesen Krieg so gut wie sicher. »Die Waage neigt sich gegen uns«, sagte der österreichische Kriegsminister am 7. Juli. War es nicht besser, den Kampf aufzunehmen, bevor sie sich noch weiter neigte? Deutschland argumentierte auf derselben Linie. Nur in diesem beschränkten

* Admiral Raeder behauptete sogar, 1914 habe die deutsche Kriegsmarineleitung keinen Plan für den Krieg gegen Großbritannien gehabt (vgl. Raeder 1959, S. 135 und 260).

Sinne hat die Frage nach der »Kriegsschuld« eine Bedeutung. Wie die Ereignisse jedoch zeigen sollten, hatten im Sommer 1914 anders als in früheren Krisen alle Großmächte den Frieden abgeschrieben – selbst die Briten, von denen die Deutschen fast erwarteten, daß sie neutral blieben, weil sich damit für sie die Chancen erhöhten, sowohl Frankreich als auch Rußland zu besiegen. Keine der Großmächte hätte dem Frieden den Gnadenstoß versetzt, nicht einmal 1914, wären sie nicht davon überzeugt gewesen, daß seine Wunden bereits tödlich waren.

Das Problem beim Aufspüren der Ursachen des Ersten Weltkriegs besteht also nicht darin, »den Angreifer« ausfindig zu machen. Es liegt vielmehr in der Natur einer sich zusehends verschlechternden internationalen Lage, die zunehmend der Kontrolle der Regierungen entglitt. Nach und nach bildeten sich in Europa zwei einander gegenüberstehende Blöcke der Großmächte heraus. Derartige Blöcke in Friedenszeiten waren etwas gänzlich Neues. Sie gingen in der Hauptsache darauf zurück, daß auf der europäischen Szene ein geeintes Deutsches Reich auftauchte, das zwischen 1864 und 1871 mit den Mitteln der Diplomatie und des Krieges auf Kosten anderer gegründet worden war (vgl. *Die Blütezeit des Kapitals,* Kap. 4) und sich gegen den größten Verlierer bei diesem Geschäft, Frankreich, durch Friedensbündnisse zu schützen versuchte, die mit der Zeit Gegenbündnisse provozierten. Gerade der deutsche Kanzler Bismarck, nach 1871 20 Jahre lang unangefochtener Weltmeister im multilateralen diplomatischen Schachspiel, widmete sich ausschließlich und erfolgreich der Aufgabe, den Frieden zwischen den Mächten zu erhalten. Ein System von Machtblöcken wurde erst dann zu einer Gefahr für den Frieden, als die einander gegenüberstehenden Bündnisse auf eine dauerhafte Basis gestellt wurden und als sich vor allem die Zwistigkeiten zwischen ihnen zu Konflikten ausweiteten, die sich nicht mehr beilegen ließen. Das war nach 1900 der Fall, aber die entscheidende Frage dabei ist die nach dem Warum.

Hierbei ist zunächst zu bedenken, daß ein wesentlicher Unterschied bestand zwischen den internationalen Spannungen, die zum Ersten Weltkrieg führten, und denen, die der Gefahr eines dritten Weltkriegs zugrundeliegen, den die politischen Führer unserer 80er Jahre noch immer zu vermeiden hofften. Seit 1945 hat es niemals den leisesten Zweifel an den beiden Hauptkontrahenten in einem solchen Krieg gegeben: die USA und die Sowjetunion. Doch um 1880 war die Frontstellung von 1914 in vieler Hinsicht offen. Natürlich standen einige potentielle Bündnispartner und Gegner schon fest. Deutschland und Frankreich würden allein schon deshalb auf verschiedenen Seiten stehen, weil Deutschland nach seinem Sieg 1871 größere Gebiete (Elsaß-Lothringen) von Frankreich annektiert hatte. Auch die Dauerhaftigkeit des

Bündnisses zwischen Deutschland und Österreich-Ungarn, das Bismarck nach 1866 geschmiedet hatte, ließ sich unschwer prognostizieren, denn für das innenpolitische Gleichgewicht des neuen Deutschen Reiches war es von wesentlicher Bedeutung, daß der Vielvölkerstaat der Donaumonarchie erhalten blieb. Seine Auflösung in nationale Bruchstücke würde, wie Bismarck wohl wußte, nicht nur zum Zusammenbruch des Staatensystems in Mittel- und Osteuropa führen, sondern auch das Fundament von »Kleindeutschland« unter der Vorherrschaft Preußens zerstören. Tatsächlich trat nach dem Ersten Weltkrieg genau diese Entwicklung ein. Das dauerhafteste diplomatische Bündnis zwischen 1871 und 1914 war der Dreibund von 1882, eigentlich ein deutsch-österreichisches Bündnis, da der dritte Partner – Italien – sich im Lauf der Zeit absetzte und 1915 schließlich ins gegnerische Lager überlief.

Darüber hinaus war offensichtlich, daß Österreich, aufgrund seiner Probleme als Vielvölkerstaat in die turbulenten Ereignisse auf dem Balkan verwickelt, ganz besonders seit der Einverleibung von Bosnien-Herzegowina 1878 in dieser Region Rußland zum Gegner hatte.* Obgleich Bismarck sein Bestes tat, um enge Beziehungen zu Rußland zu unterhalten, war abzusehen, daß Deutschland früher oder später gezwungen sein würde, sich zwischen Wien und St. Petersburg zu entscheiden, und daß die Wahl zwangsläufig auf Wien fallen mußte. Nachdem Deutschland die russische Option Ende der 80er Jahre tatsächlich aufgegeben hatte, lag es in der Logik der Sache, daß Rußland und Frankreich einander näherkamen, und so geschah es denn auch 1891. Schon nach 1880 hatte Friedrich Engels ein solches Bündnis kommen sehen, das natürlich gegen Deutschland gerichtet war. Somit standen nach 1890 in Europa zwei Machtgruppen einander gegenüber.

Das belastete zwar die internationalen Beziehungen, aber es führte nicht notwendig zu einem allgemeinen Krieg in Europa, allein deshalb nicht, weil der Zankapfel zwischen Frankreich und Deutschland (Elsaß-Lothringen) für Österreich ohne Interesse war und weil der Grund des Konflikts zwischen Österreich und Rußland (der wachsende russische Einfluß auf dem Balkan) Deutschland gleichgültig blieb. Einem Wort Bismarcks zufolge war der Balkan nicht die Knochen auch nur eines einzigen pommerschen Grenadiers wert. Frankreich hatte eigentlich keinen Zwist mit Österreich, so wenig wie Rußland mit Deutschland. Und schließlich wurden die Probleme zwischen

* Die südslawischen Völker unterstanden zum Teil der österreichischen Hälfte des Habsburgerreiches (Slowenen, Dalmatier, Kroaten), zum Teil der ungarischen Hälfte (Kroaten, ein Teil der Serben), zum Teil der gemeinsamen Reichsverwaltung (Bosnien-Herzegowina); die übrigen lebten in kleinen, unabhängigen Königreichen (Serbien, Bulgarien und das Duodezfürstentum Montenegro) und unter der Türkenherrschaft (Makedonien).

Frankreich und Deutschland trotz ihrer anhaltenden Dauer von den meisten Franzosen nicht als ausreichender Anlaß für einen Krieg angesehen, und die Konflikte zwischen Österreich und Rußland, die – wie sich 1914 zeigte – potentiell gravierender waren, traten nur mit Unterbrechungen auf. Drei Entwicklungen waren es am Ende, die aus dem Bündnissystem eine Zeitbombe machen sollten: eine Situation ständiger internationaler Veränderungen, die durch neu auftretende Probleme der Großmächte von außen wie von innen destabilisiert wurde, die Logik der gemeinsamen Militärplanung, die eine Zementierung der bestehenden Blöcke bewirkte, und der Anschluß der fünften Großmacht – Großbritannien – an einen der beiden Blöcke. (Niemand stieß sich besonders am Wankelmut Italiens, das nur aus internationaler Höflichkeit als »Großmacht« bezeichnet wurde.) Zwischen 1903 und 1907 schloß sich Großbritannien zu jedermanns und seiner eigenen Überraschung dem antideutschen Lager an. Der Ursprung des Ersten Weltkrieges läßt sich am besten verstehen, wenn man die Entstehung dieses neu aufgetretenen englisch-deutschen Gegensatzes zurückverfolgt.

Die sogenannte »Tripelentente« kam für Englands Gegner wie für seine Verbündeten gleichermaßen überraschend. In der Vergangenheit hatte es weder aus Tradition noch aus irgendwelchen dauerhaften Gründen Reibungen mit Preußen gegeben – und dasselbe galt anscheinend auch von dem Superpreußen, das jetzt den Namen des Deutschen Reiches trug. Andererseits war Großbritannien in fast jedem europäischen Krieg, der seit 1688 stattgefunden hatte, schon fast automatisch als Gegner Frankreichs aufgetreten. Das hatte sich zwar spätestens zu dem Zeitpunkt geändert, als Frankreich nicht mehr stark genug war, den Kontinent zu beherrschen, aber dennoch nahmen die Spannungen zwischen den beiden Mächten allein schon aus dem Grunde sichtbar zu, weil beide als imperialistische Mächte um dieselben Gebiete und Einflußsphären miteinander rivalisierten. Das galt etwa im Hinblick auf Ägypten, das von beiden begehrt, aber (zusammen mit dem von Frankreich finanzierten Suezkanal) von den Engländern übernommen wurde. Während der Faschodakrise von 1898 sah es so aus, als käme es zum Blutvergießen, als britische und französische Kolonialsoldaten sich im Hinterland des Sudan gegenüberstanden. Bei der Aufteilung Afrikas gingen häufig die Gewinne des einen auf Kosten des anderen. Und was Rußland betraf, so waren das britische Empire und das Zarenreich seit langem Gegner auf dem Balkan und in der sogenannten »Orientfrage« sowie in den ungenau definierten, aber erbittert umstrittenen Regionen Zentral- und Westasiens, die zwischen Indien und den Ländern des Zaren lagen: Afghanistan, Iran und die am Persischen Golf gelegenen Regionen. Die Aussicht auf die Russen in Konstantinopel – und damit auch im Mittelmeer – und auf eine russische Expansion nach Indien war für die britischen Außenminister ein fortwährender Alptraum. Die beiden Länder hatten sogar in dem einzigen europäischen Krieg während des 19. Jahrhunderts, an dem England sich beteiligt hatte (dem Krimkrieg), gegeneinander gekämpft, und noch in den 70er Jahren schien ein Krieg zwischen den beiden Mächten ernsthaft im Bereich des Möglichen zu liegen.

Angesichts des fest eingewurzelten Systems der britischen Diplomatie mußte ein Krieg gegen Deutschland als extrem unwahrscheinlich gelten. Ein *dauerhaftes* Bündnis mit einer der Kontinentalmächte schien mit der Aufrechterhaltung jenes Mächtegleichgewichts nicht vereinbar, das das Hauptziel der britischen Außenpolitik darstellte. Ein Bündnis mit Frankreich war unwahrscheinlich, mit Rußland gar unvorstellbar. Dennoch wurde das Undenkbare Wirklichkeit: England schloß ein Dauerbündnis mit Frankreich und Rußland gegen Deutschland, bereinigte alle Differenzen mit Rußland und stimmte sogar einer Besetzung Konstantinopels durch die Russen zu – ein Angeobt, das mit der Russischen Revolution von 1917 gegenstandlos wurde. Wie und warum kam es zu dieser bemerkenswerten Kehrtwendung?

Die Antwort ist in dem Umstand zu suchen, daß sowohl die Mitspieler als auch die Regeln des traditionellen Spiels der internationalen Diplomatie ausgetauscht bzw. verändert wurden. Vor allem wurde das Spielfeld selbst wesentlich vergrößert. Die Machtrivalitäten, die sich früher (mit Ausnahme Englands) weitgehend auf Europa und die angrenzenden Gebiete beschränkt hatten, wurden jetzt weltweit und mit imperialem Anspruch ausgetragen – unter Ausschluß des größten Teils von Mittel- und Südamerika, das seit Washingtons Monroe-Doktrin allein der imperialen Expansion der USA vorbehalten blieb. Die internationalen Streitigkeiten, die jetzt zu schlichten waren, sofern sie nicht zu Kriegen ausarten sollten, betrafen jetzt gleichermaßen Westafrika und den Kongo in den 80er Jahren, China gegen Ende des Jahrhunderts und den Maghreb (1906 und 1911) wie den zerfallenden Rumpf des Osmanischen Reiches und brachen weit eher auf als Konflikte über irgendwelche Fragen in Europa außerhalb der Balkanländer. Außerdem gab es jetzt neue Mitspieler: die USA, die sich zwar noch immer vor einer Verwicklung in Europa hüteten, dafür jedoch im Pazifik eine expansionistische Politik betrieben, und Japan. Überhaupt war Großbritanniens Bündnis mit Japan (1902) der erste Schritt zur Tripelentente, da die Existenz dieser neuen Macht, die bald unter Beweis stellen sollte, daß sie sogar das Zarenreich im Krieg besiegen konnte, die Bedrohung Englands durch Rußland verringerte und dadurch die britische Position stärkte. Damit ermöglichte Japan die Entschärfung verschiedener alter russisch-britischer Meinungsverschiedenheiten.

Diese Globalisierung des internationalen Machtspiels veränderte automatisch die Lage jenes Landes, das bislang die einzige Großmacht mit wirklich weltweiten politischen Zielen gewesen war. Es ist wohl kaum übertrieben zu sagen, daß während des größten Teils des 19. Jahrhunderts die Aufgabe Europas in den diplomatischen Überlegungen der Briten darin bestand, sich ruhig zu verhalten, so daß England seine hauptsächlich wirtschaftlichen Aktivitäten in der übrigen Welt ungestört fortsetzen konnte. Das war das Wesentliche an der charakteristischen Verbindung eines europäischen Mächtegleichgewichts mit der weltweiten Pax Britannica, die von der einzigen weltweit operierenden Flotte garantiert wurde, die sämtliche Weltmeere und Wasserstraßen kontrollierte. Um die Mitte des 19. Jahrhunderts waren alle anderen Flotten der Erde zusammengenommen kaum größer als die britische Flotte für sich allein. Das hatte sich bis zur Jahrhundertwende geändert.

Zum zweiten wurde das internationale Spiel mit dem Aufkommen einer weltweiten industriekapitalistischen Wirtschaft um ganz andere Einsätze gespielt. Das hieß nicht, um eine Abwandlung von Clausewitz' berühmter Wendung zu gebrauchen, daß der Krieg von nun an lediglich die Fortsetzung der wirtschaftlichen Konkurrenz mit anderen Mitteln bedeutete. Das war eine Auffassung, von der sich die Geschichtsdeterministen jener Zeit schon allein deshalb verlocken ließen, da sie zahlreiche Beispiele für eine wirtschaftliche Expansion mit Hilfe von Maschinengewehren und Kanonenbooten vor Augen hatten. Dennoch war dies eine grobe Vereinfachung. Auch wenn die kapitalistische Entwicklung und der Imperialismus wesentlich zu dem weltweiten Konflikt beigetragen haben, in den die Großmächte unkontrolliert hineingeschlittert sind, berechtigt dies nicht zu der Behauptung, viele Kapitalisten seien bewußte Kriegstreiber gewesen. Jede unparteiische Untersuchung der Wirtschaftspresse, der Privat- und Geschäftskorrespondenz von Geschäftsleuten, ihrer öffentlichen Erklärungen als Wortführer von Bankwesen, Handel und Industrie beweist schlüssig, daß für die Mehrheit der Geschäftsleute ein internationaler Frieden ihren Interessen am besten diente. Der Krieg selbst war nur insofern akzeptabel, als er den normalen Gang der Geschäfte nicht beeinträchtigte, und der junge Nationalökonom Keynes (noch nicht der radikale Reformer seines Fachs) hatte gegen den Krieg außer der Tatsache, daß seine Freunde darin umkamen, hauptsächlich einzuwenden, daß er eine Wirtschaftspolitik auf der Basis ungestörter Geschäftsabläufe unmöglich machte. Natürlich gab es auch aggressive Wirtschaftsexpansionisten, doch der liberale Journalist Norman Angell sprach zweifellos für die Mehrheit der Führungskräfte in Handel und Industrie, wenn er den Glauben, ein Krieg nütze dem Kapital, als *The Great Illusion* bezeichnete – so der Titel seines 1912 erschienenen Buches.

Weshalb hätten denn die Kapitalisten – oder die Industriellen, vielleicht mit Ausnahme der Rüstungsproduzenten – ein Interesse daran haben sollen, den internationalen Frieden zu stören, das wesentliche Fundament ihres Wohlergehens und ihrer Expansion, da das geamte Gefüge der freien internationalen geschäftlichen und finanziellen Transaktionen darauf beruhte? Offensichtlich hatten diejenigen, die aus dem internationalen Wettbewerb ihren Vorteil zogen, keinen Grund zur Klage. So wenig die Freiheit des Eindringens in die Weltmärkte für das Japan von heute mit Nachteilen verbunden ist, so sehr konnte die deutsche Industrie vor 1914 mit ihr zufrieden sein. Diejenigen, die dabei das Nachsehen hatten, forderten natürlich häufig von ihren Regierungen wirtschaftliche Protektionsmaßnahmen, aber das war noch lange nicht dasselbe wie die Forderung nach einem Krieg. Außerdem widersetzte sich selbst der größte der potentiellen Verlierer, Großbritannien, solchen Forderungen und sah seine Wirtschaftsinteressen in der überwiegenden Mehrheit durch einen Frieden gewahrt – trotz der ständigen Furcht vor der deutschen Konkurrenz, die sich in den 90er Jahren unüberhörbar Ausdruck verschaffte, und trotz der Durchdringung des britischen Inlandsmarktes mit deutschen und US-amerikanischen Waren. Im Hinblick auf die angloamerikanischen Beziehungen können wir sogar noch weiter gehen. Wenn allein schon eine wirtschaftliche Konkurrenz zum Krieg führte, dann hätte die Rivalität zwischen den USA und Großbritannien folgerichtig den Boden für einen Militärkonflikt bereitet – wovon in der Zwischenkriegszeit immer noch einige Marxisten überzeugt waren. Trotzdem gab der britische Generalstab ausgerechnet in den Jahren nach 1900 seine Pläne für den höchst unwahrscheinlichen Eventualfall eines angloamerikanischen Krieges auf. Von da an war diese Möglichkeit vollkommen ausgeschlossen.

Und dennoch drängte die Entwicklung des Weltkapitalismus die Welt unvermeidlich in die Richtung einer Rivalität der Staaten untereinander, einer imperialistischen Expansion, von Konflikten und Kriegen. David Landes hat für die Periode nach 1870 festgestellt:

»Der Übergang vom Monopol zum Wettbewerb war wohl *der* Einzelfaktor, der die Atmosphäre der deutschen Industrie und des europäischen Handels am nachhaltigsten beeinflußte. Das Wirtschaftswachstum wurde nunmehr zum ökonomischen Kampf. Dieser trennte die Starken von den Schwachen, entmutigte die einen und stärkte die anderen. Es begünstigte auch die neuen Nationen auf Kosten der alten. Der Optimismus über eine Zukunft mit unbegrenzten Fortschritten wich allmählich der Ungewißheit und einem Gefühl der Agonie in der klassischen Bedeutung des Wortes. Hierdurch und nicht zuletzt auch durch die immer heftiger werdenden politischen Rivalitäten verschärften sich die zwei Formen des Wettbewerbs, die schließlich in der Welle des Landhungers und in der Jagd nach ›Einflußsphären‹, die man als den Neo-Imperialismus bezeichnet hat, aufgingen.« (Landes 1973, S. 316)

Die wirtschaftliche Welt war offensichtlich nicht mehr wie in der Mitte des 19. Jahrhunderts ein Sonnensystem, das sich um einen einzigen Stern – Großbritannien – drehte. Auch wenn die Finanz-und Handelstransaktionen aller Länder noch immer und sogar in verstärktem Maße über London abgewickelt wurden, war England doch nicht mehr die »Werkstatt der Welt«, nicht einmal mehr ihr wichtigster Importmarkt. Im Gegenteil, sein relativer Niedergang blieb keinem verborgen. Jetzt standen mehrere nationale Industriewirtschaften miteinander im Wettbewerb. Unter diesen Bedingungen wurde die wirtschaftliche Konkurrenz unentwirrbar mit den politischen und selbst den militärischen Aktionen der Staaten verflochten. Das Wiedererstehen des Protektionismus während der Großen Depression war die erste Folge dieser Zusammenführung. Aus der Sicht des Kapitals konnte politische Unterstützung von nun an bedeutsam sein, um ausländische Mitbewerber auf dem Binnenmarkt auszuschalten, möglicherweise aber auch auf den Auslandsmärkten, wo die Unternehmen nationaler Industriewirtschaften gegeneinander konkurrierten. Aus der Sicht des Staates war die Wirtschaft hinfort sowohl die eigentliche Basis der internationalen Machtstellung als auch deren Kriterium. Es war unmöglich geworden, sich eine »Großmacht« vorzustellen, die nicht zugleich auch eine »Großwirtschaft« war – ein Wandel, der sich am Aufstieg der USA und der relativen Schwächung des Zarenreiches ablesen ließ.

Aber mußten diese Verschiebungen der wirtschaftlichen Macht, die automatisch die politischen und militärischen Machtverhältnisse veränderten, nicht zwangsläufig eine Neuverteilung der Rollen auf der internationalen Bühne zur Folge haben? Das war offenbar eine weitverbreitete Ansicht in Deutschland, dessen atemberaubendes industrielles Wachstum ihm ein unvergleichlich höheres internationales Gewicht verlieh, als Preußen je gehabt hatte. Es ist kaum ein Zufall, daß bei den deutschen Nationalisten in den Jahren nach 1890 das alte vaterländische Lied von der »Wacht am Rhein«, das sich unmittelbar gegen Frankreich richtete, innerhalb kurzer Zeit von den weit umfassenderen Ambitionen verdrängt wurde, die in dem Lied »Deutschland, Deutschland über alles« zum Ausdruck kamen, das praktisch, wenn auch noch nicht offiziell, zur deutschen Nationalhymne wurde.

Was diese Gleichsetzung von wirtschaftlicher und politisch-militärischer Macht so gefährlich machte, war nicht nur die Konkurrenz zwischen den Nationen um Weltmärkte und Rohstoffe und um die Kontrolle über Regionen wie die Balkanländer und der Nahe Osten, wo wirtschaftliche und strategische Interessen sich häufig überschnitten. Bereits einige Zeit vor 1914 war die Erdöldiplomatie ein wesentlicher Faktor im Vorderen Orient, wo England und Frankreich, die westlichen (wenn auch noch nicht die US-amerikanischen) Ölgesellschaften und ein armenischer Mittelsmann, Calouste Gulbenkian, der sich einen Anteil von fünf Prozent sicherte, die Oberhand gewannen. Andererseits machte die deutsche wirtschaftliche und strategische Durchdringung des Osmanischen Reiches den Briten zu schaffen und brachte die Türkei im Ersten Weltkrieg an die Seite Deutschlands. Doch das Neuartige an dieser Situation bestand darin, daß angesichts der Verflechtung von Wirtschaft und Politik selbst die friedliche Aufteilung umstrittener Gebiete in »Einflußzonen« die internationale Rivalität nicht unter Kontrolle halten konnte. Der Schlüssel zu ihrer Steuerbarkeit – wie Bismarck, der diese Kunst mit unerreichter Meisterschaft von 1871 bis 1889 ausübte, sehr wohl wußte – war die bewußte Beschränkung in den eigenen Zielen. Solange die Staaten in der Lage waren, ihre diplomatischen Ziele präzise zu definieren – eine bestimmte Verschiebung der Grenzen, eine dynastische Heirat, eine definierbare »Kompensation« für das Entgegenkommen andcrer Staaten –, waren diese berechenbar, und es konnten Einigungen erzielt werden. Beides schloß natürlich einen kontrollierten militärischen Konflikt nicht aus, wie Bismarck selbst zwischen 1862 und 1871 bewiesen hatte.

Nun lag aber die charakteristische Eigenart der kapitalistischen Akkumulation gerade darin, daß sie keine Grenzen kannte. Die »natürlichen Grenzen« der Standard Oil, der Deutschen Bank oder der De Beers Diamond Corporation befanden sich am Ende des Universums oder zumindest dort, wo deren Expansionskapazitäten erschöpft waren. Es war diese Seite der neuen Formen der Weltpolitik, die die Strukturen der traditionellen Weltpolitik aus den Angeln hob. Während Gleichgewicht und Stabilität weiterhin das Grundprinzip der europäischen Mächte in ihren Beziehungen untereinander blieben, zögerten selbst die friedliebendsten unter ihnen nicht, außerhalb Europas gegen die Schwachen Krieg zu führen. Natürlich waren sie darauf bedacht, ihre Kolonialkonflikte unter Kontrolle zu halten. Doch obwohl sie sich davor hüteten, einen *casus belli* für einen größeren Krieg zu schaffen, beschleunigten sie zweifellos die Bildung der internationalen und schließlich kriegführenden Blöcke: Der spätere englisch-französisch-russische Block begann als englisch-französische »Entente cordiale« von 1904, im wesentlichen ein imperialistischer Handel, bei dem die Franzosen ihre Ansprüche auf Ägypten aufgaben, um von den Engländern in ihren Ansprüchen auf Marokko unterstützt zu werden – ein Opfer, auf das zufälligerweise auch Deutschland sein begehrliches Auge geworfen hatte. Schließlich befanden sich alle größeren Mächte auf einem expansionistischen Eroberungszug. Selbst England, mit seiner im wesentlichen defensiven Haltung, da es vollauf damit beschäftigt war, seine bislang unangefochtene Weltherrschaft gegen die neuen Eindringlinge zu behaupten, griff die südafrikanischen Burenstaaten an und erwog bedenkenlos, sich mit Deutschland die Kolonien eines anderen europäischen Staates – Portugal – zu teilen. In diesem erdumspannenden Meer waren alle Staaten Haie, und jeder Staatsmann war sich dessen bewußt.

Was die Welt jedoch zu einem noch gefährlicheren Ort machte, war die stillschweigende Gleichsetzung von unbegrenztem Wirtschaftswachstum und politischer Macht, die allgemein akzeptiert wurde. So forderte der deutsche Kaiser nach 1890 für seinen Staat »einen Platz an der Sonne«. Bismarck hätte ebensoviel verlangen können – und hatte für das neue Deutschland sogar einen mächtigeren Platz in der Welt errungen, als dies Preußen je gelungen war. Doch während Bismarck das Ausmaß seiner Ambitionen immer genau angeben konnte und stets auf die Berechenbarkeit seiner Ansprüche achtete, wurde diese Wendung für Wilhelm II. eine hohle Phrase ohne konkreten Inhalt. Sie brachte lediglich einen Grundsatz der Verhältnismäßigkeit zum Ausdruck: je leistungsfähiger die Wirtschaft eines Landes, je größer seine Bevölkerung, desto höher auch sein internationaler Rang als Nationalstaat. Für die Stellung, zu der es sich berechtigt fühlte, gab es keine theoretischen Grenzen. Jahre später hieß es dann: »Heute gehört uns Deutschland und morgen die ganze Welt.« Eine derart uneingeschränkte Dynamik konnte ihren Ausdruck in einer politischen, kulturellen oder nationalistischen Rhetorik finden, doch der eigentliche gemeinsame Nenner dabei war das Expansionsgebot einer vollentwickelten kapitalistischen Wirtschaft, deren Eckdaten zusehends in die Höhe schnellten. Ohne diesen Hintergrund wären solche Ansprüche so bedeutungslos gewesen wie etwa die Überzeugung polnischer Intellektueller im 19. Jahrhundert, ihr (zu dieser Zeit gar nicht existierendes) Land habe eine messianische Sendung in der Welt zu erfüllen.

Konkret gesagt bestand die Gefahr nicht darin, daß Deutschland expressis verbis forderte, Englands Platz als Weltmacht einzunehmen, obgleich die nationalistische Agitation in Deutschland bereitwillig eine antibritische Tonart anschlug. Sie bestand vielmehr darin, daß es zu einer Weltmacht einer starken Flotte bedurfte und Deutschland aus diesem Grund den Bau von Schlachtschiffen beschloß (1897). Diese Kriegsflotte bot zudem den innenpolitischen Vorteil, daß sie nicht die alten deutschen Staaten repräsentierte, sondern ausschließlich das neue, geeinte Deutschland mit einem Offizierskorps, in dem nicht die preußischen Junker oder andere aristokratische Kriegertraditionen den Ton angaben, sondern die neuen Mittelschichten, d.h. die neue Nation. Admiral Tirpitz selbst, der Wortführer des Flottenbauprogramms, hatte bestritten, er plane eine Flotte, die in der Lage sei, die britische zu vernichten. Sie müsse lediglich bedrohlich genug sein, um England zu zwingen, die weltweiten und vor allem kolonialen Ansprüche Deutschlands anzuerkennen. Und im übrigen, war es denn nicht mehr als recht und billig, daß ein Land von der Bedeutung Deutschlands auch über eine entsprechend starke Flotte verfügte?

Für die Briten hingegen war der Bau einer deutschen Seestreitkraft mehr als lediglich eine weitere Belastung ihrer ohnedies weltweit überstrapazierten Flotte, die sich gegenüber den vereinten Flotten ihrer alten und neuen Rivalen in der Minderzahl befand (auch wenn eine solche Vereinigung in der Praxis höchst unwahrscheinlich war). Selbst das bescheidenste strategische Ziel, nämlich stärker zu sein als die beiden nächstgrößten Flotten zusammen, war nun gefährdet. Zudem lagen die Stützpunkte der deutschen Seestreitkräfte ausnahmslos an der Nordsee, gegenüber der britischen Küste. Sie konnte gar kein anderes Ziel verfolgen als den Konflikt mit den englischen Schiffen. Für Großbritannien war Deutschland im wesentlichen eine Landmacht, und einflußreiche Geopolitiker wie Sir Halford Mackinder (1904) hoben immer wieder hervor, daß Territorialmächte gegenüber einer Insel von mittlerer Größe ohnedies begünstigt seien. Die dem Deutschen Reich zugebilligten maritimen Interessen waren lediglich von beiläufigem Rang, während das britische Empire weitgehend von seinen Seeverbindungen abhing und (mit Ausnahme Indiens) die Kontinente bereits den Armeen der Territorialmächte überlassen hatte. Selbst wenn die deutsche Schlachtflotte absolut nichts unternahm, mußte sie zwangsläufig britische Schiffe binden und auf diese Weise die britische Seeherrschaft über Gewässer erschweren oder gar unmöglich machen, die von England als lebenswichtig angesehen wurden: etwa das Mittelmeer, den Indischen Ozean und die Wasserstraßen im Atlantik. Was für Deutschland ein Symbol seines internationalen Ranges und undefinierter globaler Ansprüche war, war für das britische Empire eine Sache auf Leben und Tod. Großbritannien konnte sehr wohl im Jahre 1901 amerikanische Gewässer einem freundlich gesonnenen Land wie den USA überlassen, weil dieses Land zu jener Zeit rein regionale Interessen vertrat, die jedenfalls mit den britischen nicht unvereinbar waren. Aber die deutsche Flotte war selbst als regional begrenztes Instrument, das sie auf die Dauer gar nicht bleiben wollte, eine Bedrohung sowohl für die britischen Inseln als auch für die Weltmachtstellung des Empire. England war darauf aus, den Status quo so weit wie möglich zu erhalten, während Deutschland ihn ändern wollte – zwangsläufig, wenn auch nicht beabsichtigt, auf Kosten Englands. Unter diesen Umständen und angesichts der wirtschaftlichen Rivalität zwischen den Industrien der beiden Länder war es nicht überraschend, daß Großbritannien nun das Deutsche Reich für seinen wahrscheinlichsten und den gefährlichsten seiner potentiellen Gegner hielt. Es war nur naheliegend, daß es sich daraufhin enger an Frankreich und – nachdem die russische Bedrohung durch Japan verringert worden war – Rußland anschloß, um so mehr, als die russische Niederlage zum erstenmal seit Menschengedenken jenes Gleichgewicht der Kräfte auf dem europäischen Kontinent zerstört hatte, das die britischen Außenminister lange Zeit hindurch als selbstverständlich unterstellt hatten. Damit war Deutschland zur bei weitem stärksten Militärmacht in Europa geworden, so wie es industriell bereits mit Abstand die Spitzenposition einnahm. Das war der Hintergrund der Tripelentente zwischen England, Frankreich und Rußland.

Die Aufspaltung Europas in die beiden feindlichen Blöcke nahm fast ein Vierteljahrhundert in Anspruch, von der Bildung des Dreibundes (1882) bis zur endgültigen Ratifizierung der Tripelentente (1907). Wir brauchen ihre Entwicklung und auch die folgenden Ereignisse nicht in allen verwickelten Einzelheiten zu verfolgen. Sie zeigen lediglich, daß während der imperialistischen Epoche internationale Spannungen weltweit und endemisch auftraten, und daß niemand – am allerwenigsten die Briten – eigentlich wußte, in welche Richtung die Strömungen ihrer eigenen Interessen, Befürchtungen und Ambitionen sowie der anderen Mächte sie entführen würden. Immer wieder schlugen Versuche fehl, das Blocksystem aufzubrechen oder durch Annäherungen zwischen den Gegnern einen Ausgleich zu schaffen: zwischen England und Deutschland, Deutschland und Rußland, Deutschland und Frankreich, Rußland und Österreich. Die Blöcke wurden durch unflexible militärstrategische Planungen noch unbeweglicher, und der Kontinent trieb in einer Abfolge internationaler Krisen, die nach 1905 zunehmend durch eine riskante Politik der Drohgebärden »bereinigt« wurden, manövrierunfähig auf einen Krieg zu.

Denn seit 1905 häufte die Destabilisierung der internationalen Lage als Folge der neuen Welle von Revolutionen an den Rändern der ausgereiften »bürgerlichen« Gesellschaften neues entzündbares Material auf eine Welt, die ohnedies im Begriff stand, in Flammen aufzugehen. Da war die Russische Revolution von 1905, die vorübergehend das Zarenreich lahmlegte, was wiederum Deutschland ermutigte, seine Ansprüche auf Marokko geltend zu machen und Frankreich zu drohen. Auf der Algeciras-Konferenz (Januar 1906) wurde Berlin durch die britische Unterstützung für Frankreich zum Rückzug gezwungen, zum Teil, weil ein großer Krieg wegen eines reinen Kolonialzwistes politisch auf wenig Gegenliebe stieß, und zum Teil, weil die deutsche Marine sich für einen Krieg gegen die britische Flotte noch viel zu schwach fühlte. Zwei Jahre später zerstörte die Türkische Revolution das sorgfältig konstruierte Vertragswerk für ein internationales Gleichgewicht im seit jeher explosiven Nahen Osten. Österreich nutzte die Gunst der Stunde zur Annexion von Bosnien-Herzegowina (wo es bislang lediglich Verwaltungsfunktionen ausgeübt hatte) und beschleunigte damit eine Krise mit Rußland, die nur durch die Drohung Deutschlands, Österreich militärischen Beistand zu leisten, beigelegt wurde. Die dritte große internationale Krise um Marokko 1911 hatte zugegebenermaßen nichts mit Revolution, dafür jedoch viel mit Imperialismus zu tun – und mit den zwielichtigen Operationen von Geschäftsleuten, die ihre vielfältigen Möglichkeiten wahrnahmen. Deutschland entsandte das Kanonenboot »Panther«, das sich anschickte, den Hafen von Agadir im Süden Marokkos einzunehmen (»Panthersprung nach Agadir«), um von den Franzosen eine »Kompensation« für deren bevorstehende Übernahme Marokkos als »Protektorat« zu erlangen. England jedoch, das den Anschein erweckte, es sei zum Krieg an der Seite Frankreichs entschlossen, zwang Wilhelm II. zum Rückzug.

Die Agadirkrise zeigte, daß nunmehr fast jede Konfrontation zweier Großmächte diese an den Rand eines Krieges brachte. Als der Zerfall des Türkischen Reiches anhielt, als Italien 1911 in Libyen einfiel und das Land besetzte und als Serbien, Bulgarien und Griechenland sich 1912 daran machten, die Türken von der Balkanhalbinsel zu vertreiben, blieben alle großen Mächte untätig, weil sie es entweder mit Italien als potentiellem Bündnispartner nicht verderben wollten, das zu diesem Zeitpunkt keinem festen Bündnis mehr angehörte, oder weil sie befürchteten, von den Balkanstaaten in eine unkontrollierbare Lage hineingezogen zu werden. Das Jahr 1914 zeigte, wie gut die Mächte daran taten. In ihrer Unbeweglichkeit verharrend sahen sie mit an, wie die Türkei fast völlig aus Europa vertrieben wurde und wie ein zweiter Krieg zwischen den siegreichen Zwergstaaten auf dem Balkan 1913 völlig neue Grenzen zur Folge hatte. Das äußerste, was sie erreichen konnten, war die Schaffung eines unabhängigen Staates in Albanien (1913) – unter, wie üblich, einem deutschen Fürsten (obgleich jene Albaner, denen dieser Punkt nicht gleichgültig war, einen aus der Art geschlagenen englischen Aristokraten vorgezogen hätten, der später die Abenteuerromane John Buchans inspirierte). Die nächste Balkankrise wurde am 28. Juni 1914 heraufbeschworen, als der österreichische Thronfolger, Erzherzog Franz Ferdinand, der bosnischen Hauptstadt Sarajewo einen Besuch abstattete.

Noch explosiver wurde die Lage dadurch, daß genau zu dieser Zeit die innenpolitischen Verhältnisse der großen Mächte deren Außenpolitik in eine Gefahrenzone bugsierten. Wie wir gesehen haben (s.S. 143, 376), begannen die politischen Mechanismen für eine stabile Staatsführung z.B. in England und Frankreich hörbar zu knirschen. Es erwies sich als immer schwieriger, die Mobilisierungen und Gegenmobilisierungen von Untertanen, die sich zu demokratischen Bürgern entwickelten, zu steuern oder gar zu absorbieren und zu integrieren. Und in den nichtdemokratischen Ländern sah es noch schlechter aus. War es denn so falsch zu behaupten, »daß die Hauptursache des tragischen Zusammenbruchs Europas im Juli 1914 sowohl in der Unfähigkeit der demokratischen Kräfte in Mittel- und Osteuropa lag, die militaristischen Elemente in ihrer Gesellschaft unter Kontrolle zu bekommen, als auch in der der Herrscher, statt auf ihre loyalen demokratischen Untertanen auf ihre verantwortungslosen Militärs zu hören« (Watt 1967, Bd. 1, S. 220)? Und was am schlimmsten war: Lag es für die Länder mit unlösbaren innenpolitischen Schwierigkeiten nicht nahe, das Risiko auf sich zu nehmen, diese durch einen militärischen Triumph über eine fremde Macht zu bewältigen, besonders wenn ihre militärischen Ratgeber ihnen sagten, da der Krieg so oder so kommen werde, sei es am besten, jetzt loszuschlagen?

Diese Vermutung trifft wahrscheinlich für Italien zu, auch wenn die italienische Abenteuerpolitik für sich allein keinen Weltkrieg auslösen konnte. Stimmt sie auch für Deutschland? Die Historiker sind sich bis heute uneinig über den Einfluß der Innenpolitik Deutschlands auf seine Außenpolitik. Festzustehen scheint, daß hier (wie in den Ländern aller anderen Mächte) die rechtskonservative Agitation unter den unteren Bevölkerungsschichten das Wettrüsten – vor allem zur See – förderte und erleichterte. Man hat behauptet, die Unruhe unter den Arbeitern und der enorme Stimmengewinn der Sozialdemokraten bei jeder neuen Wahl habe die herrschenden Eliten in ihrer Überlegung bestärkt, die inneren Konflikte durch äußere Erfolge zu entschärfen. Zweifelsfrei gab es viele Konservative, die wie der Herzog von Ratibor glaubten, man brauche einen Krieg, um die alte Ordnung wiederherzustellen (vgl. Lennox 1924, S. 352 und 355). Doch das läuft vermutlich nur darauf hinaus, daß die Zivilpolitiker den Argumenten ihrer kriegslüsternen Generäle weniger skeptisch gegenüberstanden als gemeinhin. War es in Rußland der Fall? Ja – insofern, als der Zarismus, der nach 1905 mit geringfügigen Zugeständnissen im Hinblick auf eine politische Liberalisierung wiederhergestellt worden war, seine erfolgversprechendste Strategie zu seiner Wiederbelebung und Stärkung vermutlich in einem Appell an den großrussischen Nationalismus und den Ruhm der militärischen Stärke sah. Und wenn es die unerschütterliche und begeisterte Loyalität der Streitkräfte nicht gegeben hätte, dann wäre die Situation von 1913/1914 näher an einer Revolution gewesen als zu jedem anderen Zeitpunkt zwischen 1905 und 1917. Trotzdem wollte auch Rußland 1914 mit Sicherheit keinen Krieg. Allerdings war es dank einer seit mehreren Jahren anhaltenden Aufrüstung, die von deutschen Generälen gefürchtet wurde, 1914 in der Lage, einen Krieg in Erwägung zu ziehen, was es einige Jahre früher fraglos nicht gekonnt hätte.

Eine Macht gab es indessen, die gar nicht anders konnte als ihre Existenz auf das Kriegsspiel zu setzen, weil sie andernfalls zum Untergang verurteilt schien: das seit Mitte der 90er Jahre durch zunehmend unkontrollierbare innere Probleme aufgeriebene Österreich-Ungarn, von denen die der Südslawen aus drei Gründen die hartnäckigsten und gefährlichsten waren. Erstens waren diese nicht nur rebellisch wie auch andere politisch organisierte Nationalitäten in diesem Vielvölkerstaat, die miteinander um bestimmte Vorteile rivalisierten, sondern sie unterstanden auch noch gleichzeitig der in Fragen der Amtssprache flexiblen Regierung in Wien sowie der in Budapest, die eine kompromißlose Madjarisierungspolitik betrieb. Die südslawische Agitation in Ungarn schwappte nach Österreich hinüber und belastete zudem die schon immer schwierigen Beziehungen der beiden Hälften des Reiches untereinander. Zweitens ließ sich das Problem der österreichischen Slawen nicht von der Balkanpolitik trennen und war seit 1878 durch die Besetzung Bosniens mit dieser noch enger verflochten. Außerdem existierte bereits ein unabhängiger südslawischer Staat Serbien (ganz zu schweigen von Montenegro, einem homerischen kleinen Bergstaat mit marodierenden Ziegenhirten, Revolverhelden und Fürstbischöfen, die noch der Blutrache anhingen und Heldenepen dichteten), der südslawische Regimegegner in der Donaumonarchie in Versuchung führen konnte. Und drittens zog der Zusammenbruch des Osmanischen Reiches zwangsläufig den Sturz des Habsburgerreiches nach sich, sofern es diesem nicht gelang, unmißverständlich unter Beweis zu stellen, daß es noch immer eine Großmacht auf dem Balkan war, der besser niemand ins Handwerk pfuschte.

Bis zu seinem letzten Atemzug wollte es Gavrili Princip, der Mörder Erzherzog Ferdinands, nicht glauben, daß sein winziges Streichholz eine ganze Welt in Flammen gesetzt hatte. Die letzte Krise 1914 war so völlig unerwartet, so traumatisch und im Rückblick so bestürzend, weil sie letztlich einen Vorfall in der österreichischen Politik darstellte, der es nach Ansicht Wiens erforderlich machte, »Serbien eine Lektion zu erteilen«. Die internationale Lage schien ruhig. Kein Außenministerium rechnete im Juni 1914 mit Problemen, und seit Jahrzehnten waren immer wieder politische Würdenträger ermordet worden. Grundsätzlich verübelte es einer Großmacht niemand, wenn sie ein kleines und aufsässiges Nachbarland ordentlich unter Druck setzte. Seither sind an die 5000 Bücher geschrieben worden, die das scheinbar Unerklärliche erklären wollen: Wie es kam, daß Europa sich innerhalb von gut fünf Wochen nach Sarajewo im Krieg befand.* Die unmittelbare Antwort darauf erscheint heute ebenso eindeutig wie trivial: Deutschland beschloß, Österreich volle Rückendeckung zuzusagen, mit anderen Worten: die Situation nicht zu entschärfen. Der Rest folgte zwangsläufig. Denn 1914 führte *jede* Konfrontation zwischen den Blöcken, bei der jeweils vom Gegner erwartet wurde, daß er klein beigab, an den Rand eines Krieges. Ab einem bestimmten Punkt der unflexiblen Mobilmachung in den einzelnen Ländern, ohne die eine Drohgebärde nicht »glaubwürdig« gewesen wäre, ließ sich diese nicht mehr rückgängig machen. Von da an ging die »Abschreckung« nur noch in Zerstörung über. 1914 konnte *jeder* noch so zufällige Vorfall – selbst die Handlung eines wenig erfolgreichen studentischen Terroristen in einem vergessenen Winkel dieses Kontinents – zu einer derartigen Konfrontation führen, sofern eine der in das System der beiden Blöcke eingebundene Macht beschloß, ihn ernst zu nehmen. Auf diese Weise kam es zum Krieg, und unter vergleichbaren Umständen kann es eines Tages wieder dazu kommen.

Kurz, in den letzten Jahren vor dem Ausbruch des Krieges überlagerten sich innenpolitische und internationale Krisen. Das abermals von einer sozialen Revolution bedrohte Rußland, das von der Auflösung eines politisch nicht mehr regierbaren Vielvölkerstaates bedrohte Österreich und auch das polarisierte und deshalb immobile Deutsche Reich – sie alle neigten ihrem Militär und dessen Lösungsvorschlägen zu. Selbst Frankreich, einig in seiner Abneigung, mehr Steuern zu zahlen und auf diese Weise eine massive Aufrüstung zu finanzieren (es erwies sich als einfacher, die allgemeine Wehrpflicht wie früher auf drei Jahre zu verlängern), wählte 1913 einen Präsidenten, der Revanche gegenüber Deutschland forderte und mit dem Säbel rasselte, womit er den Generälen aus dem Herzen sprach, die nunmehr mit mörderischem Gottvertrauen ihre Defensivstrategie für die Aussicht aufgeben wollten, eine Offensive über den Rhein vorzutragen. Die Briten zogen Schlachtschiffe einer Heeresverstärkung vor: Die Flotte war schon immer populär, und den Liberalen als den Beschützern des Handels kamen nationale Ruhmestaten nicht ungelegen. Im Gegensatz zu Heeresreformen waren waffenstarrende Schiffe politisch attraktiv. Selbst unter den Politikern waren sich die wenigsten dar-

* Außer Spanien, den Niederlanden, der Schweiz und den skandinavischen Ländern waren am Ende alle europäischen Staaten sowie Japan und die USA in den Krieg verwickelt.

über im klaren, daß die Pläne eines gemeinsamen Krieges mit Frankreich ein Massenheer und schließlich eine allgemeine Wehrpflicht bedeuteten, und tatsächlich faßten sie ernsthaft nichts anderes ins Auge als einen überwiegenden See- und Handelskrieg. Obgleich jedoch die britische Regierung bis zum letzten Augenblick friedlich blieb – oder sich zumindest weigerte, aus Angst vor einer Spaltung der am Kabinett beteiligten Liberalen Stellung zu beziehen –, so kam für sie doch nicht in Betracht, sich aus dem Krieg herauszuhalten. Zum Glück verschaffte der deutsche Einmarsch in Belgien, seit langem durch den Schlieffenplan vorbereitet, London einen moralischen Deckmantel für die folgenden diplomatischen und militärischen Notwendigkeiten.

Aber wie würden die Massen der Europäer auf einen Krieg reagieren, der nichts anderes sein konnte als ein Krieg der Massen, da alle kriegführenden Mächte mit Ausnahme Englands sich daran machten, ihn mit riesigen Armeen von Wehrpflichtigen zu führen? Im August 1914, noch bevor auch nur ein Schuß gefallen war, standen einander 19, potentiell sogar 50 Millionen Bewaffnete gegenüber (vgl. Cook und Paxon 1978, S. 188). Welche Haltung würden diese Massen einnehmen, wenn sie zu den Fahnen gerufen würden, und welche Wirkung würde der Krieg auf die Zivilbevölkerung haben, vor allem wenn, wie einige Militärs scharfsinnig vermuteten – obwohl sie es in ihren Planungen kaum berücksichtigten –, der Krieg nicht innerhalb kurzer Zeit beendet war? Die Briten sahen dieses Problem besonders deutlich, weil sie sich ausschließlich auf Freiwillige zur Verstärkung ihres kleinen Berufsheeres aus 20 Divisionen verließen (verglichen mit 74 französischen, 94 deutschen und 108 russischen Divisionen), weil ihre arbeitenden Klassen sich in der Hauptsache von Lebensmitteln ernährten, die aus dem Ausland mit Schiffen eingeführt wurden, so daß das Land von einer Blockade empfindlich getroffen werden konnte, und weil die Regierung sich in den letzten Vorkriegsjahren sozialen Spannungen und Agitationen in der Bevölkerung gegenübersah, wie es sie seit Menschengedenken nicht mehr gegeben hatte, und mit einer explosiven Lage in Irland fertigwerden mußte. »Die Atmosphäre des Krieges«, meinte der liberale Minister John Morley, »kann der Ordnung in einem demokratischen System, das sich der Stimmung von 1848 nähert, nicht zuträglich sein.« (Zit. n. Stone 1983, S. 331)* Doch die innenpolitische Atmosphäre der übrigen Mächte mußte die Regierungen ebenfalls beunruhigen. Es wäre

* Paradoxerweise brachte ausgerechnet die Furcht vor den möglichen Auswirkungen einer Aushungerung der britischen Arbeiterklasse die Strategen der Marine auf den Gedanken, Deutschland durch eine Blockade zu schwächen, die dessen Bevölkerung dem Hunger preisgeben würde. Ein solcher Versuch wurde tatsächlich während des Krieges mit beträchtlichem Erfolg unternommen (ausführlich hierzu Offner 1985).

ein Irrtum zu glauben, 1914 hätten die Regierungen ihr Heil in einem Krieg gesucht, um ihre sozialen Spannungen im Innern zu mildern. Sie rechneten bestenfalls darauf, daß der Patriotismus den Willen zum Widerstand und die Verweigerung der Kooperation denkbar gering halten würde.

In diesem Punkt irrten sie sich nicht. Die liberale, humanitäre und religiöse Opposition gegen den Krieg war in der Praxis schon immer schwach gewesen, obwohl keine Regierung (möglicherweise mit Ausnahme der britischen) bereit war, eine Verweigerung des Kriegsdienstes aus Gewissensgründen anzuerkennen. Die organisierten sozialistischen und Arbeiterbewegungen waren im großen und ganzen erbitterte Gegner von Militarismus und Krieg, und die Internationale Arbeiterassoziation verpflichtete sich 1907 sogar auf einen internationalen Generalstreik gegen den Krieg, doch nüchtern denkende Politiker nahmen dies nicht allzu ernst, obgleich ein fanatischer Nationalist wenige Tage vor Ausbruch des Krieges den großen Führer der französischen Sozialisten und Redner Jean Jaurès ermordete, der verzweifelt versucht hatte, den Frieden zu retten. Die wichtigsten sozialistischen Parteien waren gegen einen solchen Streik, nur wenige hielten ihn für realisierbar, aber Jaurès hatte richtig erkannt: »Wenn der Krieg erst einmal ausgebrochen ist, können wir keine weiteren Schritte mehr unternehmen.« (Zit. n. Haupt 1972, S. 175) Wie wir gesehen haben, brauchte sich der französische Innenminister nicht damit aufzuhalten, die gefährlichen Kriegsgegner verhaften zu lassen, über die von der Polizei eigens zu diesem Zweck eine Liste geführt worden war. Es erwies sich, daß vorläufig kein nationales Dissidententum zu befürchten war – mit anderen Worten: Der Ruf der Regierungen zu den Fahnen stieß auf keinen nennenswerten Widerstand.

Dennoch irrten sich die Regierungen in einer wesentlichen Hinsicht. Ebenso wie die Gegner des Krieges waren sie völlig überrascht von der außergewöhnlichen Welle der patriotischen Begeisterung, mit der sich ihre Völker offenbar in eine kriegerische Auseinandersetzung stürzten, in deren Verlauf wenigstens 20 Millionen von ihnen getötet und verwundet werden sollten, ohne die unzähligen Millionen von Geburtenausfällen und zusätzlichen Opfern unter der Zivilbevölkerung durch Krankheiten und Hunger. Die französischen Behörden hatten mit bis zu 13 Prozent Deserteuren gerechnet; tatsächlich entzogen sich 1914 lediglich 1,5 Prozent ihrer Einberufung. In Großbritannien, wo die politische Opposition gegen den Krieg am stärksten und in der Tradition der Liberalen wie der Labour Party und der Sozialisten tief verwurzelt war, meldeten sich allein in den ersten acht Wochen 750.000 Freiwillige und eine weitere Million in den folgenden acht Monaten (vgl. Ferro 1969, S. 23). Wie erwartet, dachten die Deutschen nicht einmal im Traum daran, sich Befehlen zu widersetzen. »Denn wenn nach dem Kriege soundsoviele Tausende von unseren braven Parteigenossen sagen, wir haben das Kreuz für Tapferkeit erhalten, dann soll noch einer sagen, wir hätten keine Vaterlandsliebe!« Das schrieb ein aktiver deutscher Sozialdemokrat, dem man 1914 gerade das Eiserne Kreuz verliehen hatte (zit. n. Emmerich 1974, Bd. 2, S. 104). In Österreich wurden nicht nur die herrschenden Bevölkerungsteile von einer kurzen Welle des Patriotismus erschüttert. Der österreichische Führer der Sozialisten, Victor Adler, räumte ein: »Selbst bei den Nationalitäten erscheint der Krieg als eine Art Erlösung, eine Hoffnung, daß etwas anderes kommen wird.« (Zit. n. Haupt 1972, S. 253f.) Und auch in Rußland, wo man mit einer Million Deserteuren gerechnet hatte, folgten bis auf ein paar Tausend alle 15 Millionen dem Einberufungsbefehl. Die Massen folgten den Fahnen ihrer Staaten und verließen jene Führer, die sich dem Krieg widersetzten. Von diesen waren tatsächlich nur sehr wenige übriggeblieben, zumindest in der Öffentlichkeit. 1914 waren die Völker Europas zumindest für kurze Zeit leichten Herzens bereit, zu schlachten und sich schlachten zu lassen. Nach dem Ersten Weltkrieg sollten sie das in dieser unbekümmerten Weise nie wieder tun.

Sie waren vielleicht vom Zeitpunkt, aber nicht mehr von der Tatsache des Krieges überrascht, den Europa erwartet hatte, so wie Menschen sich auf ein Unwetter einstellen, das sie kommen sehen. In gewisser Hinsicht wurde sein Ausbruch vielfach als Erleichterung und Erlösung empfunden, insbesondere von den jungen Angehörigen der Mittelschichten – von den Männern weit stärker als von den Frauen –, weniger von den Arbeitern und am wenigsten von den Bauern. Gleich einem heftigen Unwetter zerstörte er die überaus festen Erwartungen und reinigte die Luft. Er bedeutete das Ende der Oberflächlichkeiten und Frivolitäten der bürgerlichen Gesellschaft, der stumpfsinnigen Kontinuität der Verbesserungen im Lauf des 19. Jahrhunderts, der Ruhe und der friedlichen Ordnung – jener liberale Utopie für das 20. Jahrhundert, die von Nietzsche prophetisch denunziert worden war. Nachdem das Publikum lange Zeit hatte warten müssen, öffnete sich schließlich der Vorhang auf ein großes und erregendes historisches Drama, in dem die Zuschauer sich als Akteure wiederfanden. Der Krieg – das hieß Entscheidung.

Wurde er als die Überschreitung einer historischen Grenze erkannt – als eines dieser seltenen Daten zur Kennzeichnung der Periodisierung der menschlichen Zivilisation, die mehr sind als pädagogische Bequemlichkeiten? Wahrscheinlich ja, trotz der allgemeinen Erwartung einer kurzen Dauer des Krieges, einer alsbaldigen Rückkehr zum gewöhnlichen Leben und zu der im nachhinein mit dem Jahr 1913 gleichgesetzten »Normalität«, von der so viele der überlieferten Meinungen von 1914 erfüllt sind. Selbst die Illusionen der patriotischen und militaristischen jungen Männer, die sich in den Krieg wie in ein belebendes Element gestürzt hatten, hatten einen radikalen Wandel impliziert. Das Gefühl vom Krieg als einem Epochenende war vielleicht am stärksten in der Welt der Politik, obgleich nur wenige so hellsichtig wie der Nietzsche der 80er Jahre das »Zeitalter ungeheurer Kriege, Umstürze, Explosionen« erkannten (Nietzsche 1965, Bd. 9, S. 94), das jetzt begonnen hatte. Für die Sozialisten war der Krieg eine unmittelbare und doppelte Katastrophe, da eine Bewegung, die sich dem Internationalismus und dem Frieden verschrieben hatte, plötzlich in einen Zustand der Ohnmacht verfiel und die Woge der nationalen Einheit und des Patriotismus unter den herrschenden Klassen der kriegführenden Länder alle Parteien und selbst das klassenbewußte Proletariat ergriff. Nur Lenin und seine Mitstreiter interpretierten den Krieg auf ihre Weise: als Ausgangspunkt möglicher Hoffnungen. Und unter den Staatsmännern der alten Regierungen gab es wenigstens einen, der erkannt hatte, daß nichts mehr so war wie vorher. »In Europa gehen die Lichter aus«, sagte Edward Grey, als er zusah, wie die Lampen in Whitehall an dem Abend abgedreht wurden, an dem England und Deutschland in den Krieg zogen. »Wir werden es nicht mehr erleben, wenn sie wieder angehen.«

Seit August 1914 haben wir in jener Welt ungeheurer Kriege, Umstürze und Explosionen gelebt, die Nietzsche so prophetisch angekündigt hatte. Das ist es, was das Zeitalter vor 1914 mit dem nachträglichen Schleier der Nostalgie umgeben hat, einem schwach golden schimmernden Zeitalter der Ordnung und des Friedens, der unproblematischen Zukunftsaussichten. Solche Rückprojektionen imaginärer guter alter Tage gehören zur Geschichte der letzten und nicht der ersten Jahrzehnte des 20. Jahrhunderts. Die Geschichtsschreiber jener Tage, bevor die Lichter ausgingen, beschäftigen sich nicht mit ihnen. Ihre Hauptaufgabe, die sich auch wie ein roter Faden durch dieses ganze Buch hindurchzieht, muß darin bestehen, zu verstehen und zu zeigen, wie dieses Zeitalter des Friedens, der zuversichtlichen bürgerlichen Zivilisation, des wachsenden Wohlstandes und der westlichen Imperien unabänderlich den Keim des Zeitalters des Krieges, der Revolution und der Krise in sich trug, der ihm ein Ende gemacht hat.

Nachspiel

»Wirklich, ich lebe in finsteren Zeiten!
Das arglose Wort ist töricht. Eine glatte Stirn
Deutet auf Unempfindlichkeit hin. Der Lachende
Hat die furchtbare Nachricht
Nur noch nicht empfangen.«

Bertolt Brecht (1937/1967, S. 722)

»Die vergangenen Jahrzehnte wurden zum ersten Mal als ein langes, beinahe Goldenes Zeitalter einer ununterbrochenen, anhaltenden Vorwärtsbewegung wahrgenommen. Gerade so, wie wir nach Hegel eine Ära erst dann zu verstehen beginnen, wenn über sie der Vorhang gefallen ist (›Die Eule der Minerva beginnt ihren Flug erst mit der einbrechenden Dämmerung‹), so sind wir anscheinend erst dann in der Lage, ihre positiven Seiten ganz zu würdigen, wenn wir in die ihr folgende eintreten, deren Schwierigkeiten wir nunmehr dadurch unterstreichen möchten, daß wir diese neue Zeit in einem starken Kontrast zu ihrer Vorgängerin malen.«

Albert O. Hirschman (1986, S. 4)

I

Wenn das Wort »Katastrophe« bei den Angehörigen der europäischen Mittelschichten vor 1913 erwähnt wurde, dann mit hoher Wahrscheinlichkeit im Zusammenhang mit einem der wenigen traumatischen Ereignisse, von denen Frauen und Männer wie sie selbst im Verlauf eines langen und im allgemeinen geruhsamen Lebens betroffen waren: etwa der Brand des Carl-Theaters in Wien 1881 während einer Aufführung von *Hoffmanns Erzählungen*, der an die 1500 Menschenleben forderte, oder der Untergang der *Titanic* mit einer vergleichbar hohen Zahl von Opfern. Die weit größeren Katastrophen, von denen die Massen der Armen heimgesucht wurden – wie das Erdbeben von Messina 1908, das weit verheerender war und schneller in Vergessenheit geriet als die schwächeren Erdstöße von San Francisco (1905) –, und die ständigen Gefahren für Leib und Leben und die menschliche Gesundheit, von denen die arbeitenden Klassen seit jeher bedroht waren, finden bis heute weniger das Interesse der Öffentlichkeit.

Für die Zeit nach 1914 darf man wohl mit Bestimmtheit sagen, daß das Wort nunmehr an andere und größere Unglücke erinnerte – selbst bei denen, die ihnen in ihrem persönlichen Leben am wenigsten ausgesetzt waren. Zwar erwiesen sich die Jahre des Ersten Weltkriegs nicht als *Die letzten Tage der Menschheit*, wie Karl Kraus sein anklägerisches Mammutstück genannt hat, doch keinem, der vor und nach 1914-1918 als Erwachsener in Europa oder in zunehmend größeren Regionen außerhalb Europas gelebt hatte, konnte entgehen, daß die Zeiten sich tiefgreifend verändert hatten.

Die augenfälligste und unmittelbarste Veränderung bestand darin, daß die Weltgeschichte von nun an in einer Abfolge seismischer Erschütterungen und menschlicher Katastrophen zu verlaufen schien. Nie zuvor erschien das Muster des Fortschritts oder des kontinuierlichen Wandels weniger überzeugend als im Leben derer, die zwei Weltkriege miterlebten, zwei globale Wellen von Revolutionen im Gefolge eines jeden von ihnen, eine Periode der massenhaften und zum Teil revolutionären weltweiten Entkolonialisierung, zwei Wellen einer massenhaften Vertreibung von Völkern, die in einem Genozid kulminierten, und mindestens eine so schwere Wirtschaftskrise, daß ernsthafte Zweifel am Fortbestand jener Teile des Kapitalismus aufkamen, in denen die Revolution noch nicht gesiegt hatte – Erschütterungen, von denen selbst Kontinente und Länder betroffen waren, die sich weitab von der Zone des Krieges und der politischen Umwälzungen in Europa befanden. Jemand, der beispielsweise 1900 geboren wurde, hätte all dies aus eigener Anschauung oder über die Massenmedien miterlebt, die unmittelbar darüber berichteten, noch bevor er sein Rentenalter erreicht hatte. Und damit war die Serie der Erschütterungen natürlich noch lange nicht zu Ende.

Vor 1914 waren die einzigen Mengen außerhalb der Astronomie, die man nach Millionen zählte, die Bevölkerungen der Länder und die Daten von Produktion, Handel und Gewerbe. Seit 1914 haben wir uns daran gewöhnt, auch die Zahlen der Opfer in solchen Größenordnungen zu zählen: die Zahl der Todesopfer auch von lokal begrenzten Kriegen (Spanien, Korea, Vietnam) – die der größeren Kriege werden in zig Millionen gemessen –, die Anzahl derer, die zur Auswanderung oder ins Exil gezwungen werden (Griechen, Deutsche, Flüchtlinge im indischen Subkontinent, Kulaken), selbst die Anzahl der bei einem Genozid Umgekommenen (Armenier, Juden), ganz zu schweigen von denen, die Hungersnöten und Epidemien zum Opfer fielen. Da so große Zahlen von Menschen sich nicht mit letzter Genauigkeit verzeichnen lassen oder das menschliche Vorstellungsvermögen übersteigen, sind sie heftig umstritten. Aber in diesen Debatten geht es um Differenzen von *Millionen*. Auch lassen sich diese astronomisch hohen Zahlen nicht gänzlich mit dem Hinweis auf das enorme Wachstum der Weltbevölkerung in unserem Jahrhundert erklären oder gar rechtfertigen. Die meisten Opfer gab es sowieso in den Regionen, deren Bevölkerung weniger schnell anwuchs.

Hekatomben in dieser Größenordnung überstiegen das Vorstellungsvermögen der Menschen des 19. Jahrhunderts bei weitem, und wo sie auftraten, da fanden sie in der Welt der Rückständigkeit oder Barbarei, außerhalb des Bereichs von Fortschritt und »moderner Zivilisation« statt und waren zweifellos dazu verurteilt, mit der Zeit dem universellen, wenn auch ungleichmäßigen Fortschritt zu weichen. Die Kongo- und Amazonasgreuel, nach heutigen Maßstäben gemessen noch bescheiden in ihrem Ausmaß, schockierten das imperiale Zeitalter schon allein deshalb so sehr – man denke etwa an Joseph Conrads *Das Herz der Finsternis* –, weil sie als Rückfälle zivilisierter Menschen in den Zustand ungezähmter Wildheit erschienen. Der heutige Stand der Dinge, an den wir uns gewöhnt haben, bei dem die Folter wieder zu einer Verhörmethode der Polizei in Ländern geworden ist, die sich auf ihren zivilisierten Ruf etwas zugute halten, hätte damals nicht nur die politische Meinung abgestoßen, sondern wäre völlig zu Recht als ein Rückfall in die Barbarei angesehen worden, der jeder beobachtbaren historischen Entwicklungstendenz seit der Mitte des 18. Jahrhunderts zuwiderlief.

Nach 1914 wurden Massenkatastrophen und zunehmend die Methoden der Barbarei zu einem festen und erwarteten Bestandteil der zivilisierten Welt und zwar so sehr, daß dahinter die anhaltenden und erstaunlichen Fortschritte der Technik und der menschlichen Produktionsfähigkeit und selbst die unbestreitbaren Verbesserungen in der menschlichen Gesellschaftsorganisation in vielen Teilen der Welt verschwanden, bis es während des gewaltigen Booms der Weltwirtschaft im letzten Viertel des 20. Jahrhunderts unmöglich wurde, sie länger zu übersehen. Unter dem Aspekt der materiellen Verbesserung des Schicksals der Menschheit, ganz zu schweigen von der menschlichen Naturerkenntnis und Naturbeherrschung, sind die Gründe für eine Betrachtung der Geschichte des 20. Jahrhunderts als Fortschritt sogar noch weit überzeugender als bei der des 19. Jahrhunderts. Denn obwohl Millionen von Europäern vorzeitig sterben oder aus ihrer Heimat fliehen mußten, nahmen die Überlebenden an Zahl, Körpergröße, Gesundheit und Lebenserwartung zu. Und die meisten von ihnen lebten besser. Dennoch liegen die Gründe dafür, daß wir in der Geschichte keinen Fortschritt mehr sehen wollen, auf der Hand. Denn auch wenn sich der Fortschritt im 20. Jahrhundert kaum bestreiten läßt, so verheißen die Prognosen doch keinen ungebrochenen Aufstieg, sondern eher die Möglichkeit oder gar Wahrscheinlichkeit einer Katastrophe: einen weiteren und tödlicheren Weltkrieg, ein ökologisches Desaster, eine Technik, deren Triumphe unseren Planeten möglicherweise für den Menschen unbewohnbar machen, oder sonst einen der Alpträume, wie sie gegenwärtig heraufbeschworen werden. Die Erfahrungen unseres Jahrhunderts haben uns gelehrt, in der Erwartung der Apokalypse zu leben.

Doch für die gebildeten und wohlhabenden Angehörigen der bürgerlichen Welt, die dieses Zeitalter der Katastrophen und gesellschaftlichen Erschütterungen miterlebt haben, schien es vor allem keine zufällige Katastrophe zu sein wie ein weltweiter Hurrikan, der gleichgültig alles zerstörte, was seinen Weg kreuzte. Sie schien sich vielmehr gezielt gegen ihre gesellschaftliche, politische und moralische Ordnung zu richten. Ihr wahrscheinliches Resultat, dem der bürgerliche Liberalismus ohnmächtig entgegensah, war die soziale Revolution der Massen. In Europa brachte der Krieg nicht nur den Zusammenbruch oder eine kritische Lage für jeden Staat und jede Regierung östlich des Rheins und des westlichen Alpenrandes, sondern auch das erste Regime, das sich entschlossen und systematisch ausdrückte, aus diesem Zusammenbruch den weltweiten Sturz des Kapitalismus, die Vernichtung seiner Bourgeoisie und die Errichtung einer sozialistischen Gesellschaft zu machen. Es war das bolschewistische Regime, das in Rußland durch den Sturz des Zarismus an die Macht kam. Wie wir gesehen haben, gab es in den meisten Teilen der entwickelten Welt bereits Massenbewegungen des Proletariats, die sich der Theorie nach diesem Ziel verschrieben hatten, obwohl die Politiker in Ländern mit einem parlamentarischen System zu dem Schluß gekommen waren, daß sie keine Bedrohung des Status quo darstellten. Doch das Zusammentreffen von Krieg, Zusammenbruch und Russischer Revolution ließ die Gefahr unmittelbar bedrohlich und beinahe überwältigend erscheinen.

Die Gefahr des »Bolschewismus« beherrscht nicht nur die Geschichte der Jahre, die unmittelbar auf die Russische Revolution von 1917 folgten, sondern die gesamte Geschichte der Welt seit diesem Datum. Sie hat selbst den internationalen Konflikten den Anschein eines Bürger- und ideologischen Krieges verliehen. Im ausgehenden 20. Jahrhundert beherrscht sie noch immer die Sprache der Konfrontation der Supermächte, zumindest auf der einen Seite, auch wenn selbst ein flüchtiger Blick auf die Welt unseres Jahrzehnts zeigt, daß sie einfach nicht dem Bild einer einzigen globalen Revolution entspricht, die kurz davor steht, die sogenannten »entwickelten Marktwirtschaften« zu erobern – und noch weniger dem einer Revolution, die von einem einzigen Zentrum aus gesteuert wird und auf die Errichtung eines einzigen monolithischen sozialistischen Systems abzielt, das nicht willens oder in der Lage ist, mit dem Kapitalismus zu koexistieren. Die Geschichte der Welt seit dem Ersten Weltkrieg gewann ihre Konturen im Schatten eines – imaginären oder wirklichen – Lenin, so wie die Geschichte der westlichen Welt im 19. Jahrhundert ihre Konturen im Schatten der Französischen Revolution annahm. In beiden Fällen trat sie schließlich aus diesem Schatten heraus, allerdings nicht ganz. So wie die Politiker noch 1914 darüber spekulierten, ob die Stimmung der Vorkriegsjahre an 1848 erinnerte, so weckt in den 80er Jahren unseres Jahrhunderts jeder Sturz einer Regierung irgendwo im Westen oder in der Dritten Welt Hoffnungen oder Befürchtungen im Hinblick auf eine »marxistische Macht«.

Die Welt wurde nicht sozialistisch, auch wenn dies in den Jahren von 1917 bis 1920 für möglich und langfristig sogar für unvermeidlich gehalten wurde, nicht nur von Lenin, sondern für kurze Zeit auch von denen, die eine bürgerliche Regierung vertraten oder anführten. Einige Monate lang schienen sich selbst europäische Kapitalisten oder zumindest ihre geistigen Wortführer und Verwalter mit einem gnädigen Tod abzufinden, da sie mit ansehen mußten, wie die sozialistischen Arbeiterbewegungen seit 1914 immer stärker wurden und in einigen Ländern wie in Österreich und Deutschland sogar die einzigen organisierten und potentiell staatserhaltenden Kräfte bildeten, die nach dem Zusammenbruch der alten Regimes erhalten geblieben waren. Alles wurde akzeptiert, wenn es nur den Bolschewismus verhinderte, auch eine freiwillige Abdankung. Die (hauptsächlich während des Jahres 1919 geführten) ausgiebigen Debatten darüber, wieviel von der Wirtschaft sozialisiert werden sollte, in welcher Form und wieviele Zugeständnisse man der neuen Macht des Proletariats machen sollte, waren nicht nur taktische Manöver, um Zeit zu gewinnen. Sie wurden lediglich nachträglich als solche gedeutet, als sich zeigte, daß die Zeitspanne einer – tatsächlichen oder eingebildeten – Bedrohung des Systems so kurz war, daß letzten Endes überhaupt keine drastischen Maßnahmen erforderlich waren.

In der Rückschau können wir feststellen, daß die Besorgnis übertrieben war. Der Augenblick einer potentiellen Weltrevolution hinterließ nichts als ein einziges kommunistisches Regime in einem außerordentlich geschwächten und rückständigen Land, dessen Vermögen hauptsächlich in seinem riesigen Territorium und den Ressourcen bestand, die es schließlich zu einer politischen Supermacht gemacht haben. Er hinterließ außerdem das beträchtliche Potential einer antiimperialistischen, für eine Modernisierung kämpfenden Bauernrevolution, damals in erster Linie in Asien, die ihre Gemeinsamkeiten mit der Russischen Revolution erkannte, sowie jene Teile der inzwischen gespaltenen sozialistischen und Arbeiterbewegungen der Vorkriegszeit, die sich auf die Seite Lenins schlugen. In Industrieländern stellten diese kommunistischen Bewegungen bis zum Zweiten Weltkrieg im allgemeinen eine

Minderheit der Arbeiterbewegungen dar. Wie die Zukunft erweisen sollte, waren Ökonomie und Gesellschaft der »entwickelten Marktwirtschaften« erstaunlich widerstandsfähig. Wären sie es nicht gewesen, dann wären sie wohl kaum ohne eine soziale Revolution aus einer gut 30 Jahre währenden Periode historischer Stürme hervorgegangen, die für weniger seetüchtige Schiffe den sicheren Untergang bedeutet hätten. Das 20. Jahrhundert war erfüllt von sozialen Revolutionen, und vor der Jahrhundertwende mag es durchaus noch weitere geben, aber die entwickelten Industriegesellschaften waren gegen sie besser gefeit als alle anderen, sofern bei ihnen die Revolution nicht im Gefolge eines militärischen Fehlschlags oder einer Niederlage ausbrach.

Die Revolution ließ also die Hauptbastionen des Weltkapitalismus weiterbestehen, obwohl eine Zeitlang selbst deren Verteidiger befürchteten, sie seien ins Wanken geraten. Die alte Ordnung wehrte die Herausforderung ab. Doch sie tat dies – und *mußte* es tun –, indem sie sich zu etwas völlig anderem mauserte als das, was sie vor 1914 gewesen war. Denn nach 1914 war der bürgerliche Liberalismus gegenüber der »Weltkrise«, so der namhafte liberale Historiker Elie Halévy, mit seinem Latein völlig am Ende. Er konnte abdanken oder warten, bis er hinweggefegt wurde. Er konnte sich aber auch an so etwas wie die nichtbolschewistischen, nichtrevolutionären, »reformistischen« sozialdemokratischen Parteien anpassen, die zu dieser Zeit in Westeuropa als die eigentlichen Garanten der gesellschaftlichen und politischen Kontinuität nach 1917 auf den Plan traten und infolgedessen aus Oppositionsparteien zu potentiellen oder tatsächlichen Regierungsparteien wurden. Kurz, der bürgerliche Liberalismus konnte verschwinden oder sich unkenntlich machen, aber in seiner alten Form konnte er nicht überleben.

Giovanni Giolitti (1842-1928) aus Italien (s.S. 117, 129, 134 f.) ist ein Beispiel für das erstere Schicksal. Wie wir gesehen haben, hatte er die italienische Politik zu Beginn des 20. Jahrhunderts überaus erfolgreich »gemanagt«: Er hatte die Arbeiter für sich gewonnen und gezähmt, Stimmen gekauft, Ränke geschmiedet und Zugeständnisse gemacht und war allen Konfrontationen aus dem Weg gegangen. In der gesellschaftlich revolutionären Nachkriegssituation seines Landes schlug diese Taktik fehl. Die Stabilität der bürgerlichen Gesellschaft wurde mit Hilfe bewaffneter Banden von »Nationalisten« und Faschisten aus dem Mittelstand wiederhergestellt, die buchstäblich den Klassenkampf gegen eine Arbeiterbewegung führten, die unfähig war, selbst eine Revolution zu machen. Die (liberalen) Politiker unterstützten sie in der vergeblichen Hoffnung, sie in ihr System integrieren zu können. Nachdem die Faschisten 1922 die Regierungsgewalt übernommen hatten, wurden Demokratie, Parlament, Parteien und die alten liberalen Politiker eliminiert. Der Fall

Italien war nur einer von vielen. Zwischen 1920 und 1939 verschwanden parlamentarisch-demokratische Systeme praktisch ganz aus den meisten – nichtkommunistischen wie kommunistischen – europäischen Staaten.* Diese Tatsache spricht für sich selbst. Eine ganze Generation hindurch schien der Liberalismus in Europa zum Untergang verurteilt.

John Maynard Keynes, der in diesem Buch ebenfalls bereits erwähnt wurde (s. S. 224, 233), ist ein Beispiel für die zweite Alternative des Liberalismus und ein um so interessanteres, als dieser zeitlebens ein Anhänger der britischen Liberalen und ein klassenbewußtes Mitglied des »Bildungsbürgertums« war. Als junger Nationalökonom war Keynes ein fast lupenreiner orthodoxer Liberaler. Er hegte zu Recht die Überzeugung, daß der Erste Weltkrieg sowohl sinnlos als auch mit einer liberalen Wirtschaft – ganz zu schweigen von der bürgerlichen Zivilisation – unvereinbar war. Als fachlicher Berater der Kriegsregierungen nach 1914 trat er für eine möglichst geringfügige Beeinträchtigung des normalen Wirtschaftsablaufs ein. Außerdem war er ganz folgerichtig der Meinung, der große (liberale) Kriegsführer Lloyd George führe Großbritannien in den wirtschaftlichen Ruin, weil dieser alles dem einen Ziel eines militärischen Sieges unterordnete.** Er war entsetzt, aber nicht überrascht, mit anzusehen, wie große Teile Europas und der europäischen Zivilisation in militärischen Niederlagen und Revolutionen zusammenbrach. Abermals zutreffend gelangte er zu dem Schluß, daß ein unverantwortlicher, unter rein politischen Aspekten abgefaßter und von den Siegermächten oktroyierter Friedensvertrag die letzten verbliebenen Möglichkeiten gefährdete, den Fortbestand des deutschen und damit des europäischen Kapitalismus auf liberaler Basis zu sichern. Nachdem jedoch die Belle Epoque, die er mit seinen Freunden von Cambridge und Bloomsbury so sehr genossen hatte, ein für allemal dahingegangen war, widmete Keynes hinfort alle seine außerordentlichen Geisteskräfte, seinen Einfallsreichtum und seine Begabung für Stil und Propaganda der Aufgabe, einen Weg zur Rettung des Kapitalismus vor sich selbst zu finden.

Dementsprechend revolutionierte er die Nationalökonomie, jene Sozialwissenschaft, die während des imperialen Zeitalters der Marktwirtschaft am meisten verbunden war und das Gefühl einer Krise, das in den anderen So-

* 1939 verdienten von den 27 Staaten Europas nur noch Großbritannien, der Freistaat Irland, Frankreich, Belgien, die Schweiz, die Niederlande und die vier skandinavischen Staaten (Finnland gerade noch) die Bezeichnung einer parlamentarischen Demokratie. Bis auf England, Südirland, Schweden und die Schweiz verschwanden auch sie für kurze Zeit, weil sie entweder besetzt wurden oder sich mit dem faschistischen Deutschland verbündet hatten.

** Seine Einstellung zu Englands Teilnahme am Zweiten Weltkrieg gegen das faschistische Deutschland war natürlich eine wesentlich andere.

zialwissenschaften so evident war (vgl. S. 338 f.), nicht gekannt hatte. Eine Krise, zunächst politischer, dann wirtschaftlicher Art war der Ausgangspunkt der Revision der liberalen Dogmen durch Keynes. Er wurde zum Befürworter einer vom Staat geführten und kontrollierten Wirtschaft, wie sie trotz Keynes' offensichtlichem Bekenntnis zum Kapitalismus vor 1914 von jedem Finanzministerium in jeder entwickelten Industriewirtschaft als Vorstufe zum Sozialismus betrachtet worden wäre.

Keynes verdient deshalb eine besondere Erwähnung, weil seine Theorie auf die geistig und politisch einflußreichste Art und Weise zum Ausdruck brachte, daß die kapitalistische Gesellschaft nur überleben konnte, wenn die kapitalistischen Staaten einen Großteil ihrer Wirtschaften steuerten, verwalteten und sogar planten und nötigenfalls zu gemischtwirtschaftlichen Systemen machten. Dieses Rezept fand nach 1944 starken Widerhall bei reformistischen, sozialdemokratischen und radikaldemokratischen Ideologen und Regierungen, die es begeistert aufgriffen, sofern sie nicht wie in Skandinavien derartige Vorstellungen bereits selbst entwickelt hatten. Denn die Lektion, daß der liberale Kapitalismus der Vorkriegsjahrzehnte tot war, wurde fast überall in der Epoche der beiden Weltkriege und der Weltwirtschaftskrise selbst von denen begriffen, die sich weigerten, ihm ein neues theoretisches Etikett anzuhängen. Seit den frühen 30er Jahren waren die geistigen Wortführer einer reinen Marktwirtschaft 40 Jahre lang eine isolierte Minderheit, einmal abgesehen von vielen Geschäftsleuten, deren Horizont es ihnen schon immer schwergemacht hat, das wohlverstandene Interesse ihres Systems insgesamt zu sehen – in dem Maße jedenfalls, als sie ihr Hauptaugenmerk auf die Interessen ihres jeweiligen Unternehmens oder ihrer Branche richten.

Diese Lektion war unumgänglich, weil während der Weltwirtschaftskrise der 30er Jahre die Alternative nicht in einer vom Markt angeregten Erholung, sondern einem völligen Zusammenbruch bestand. Es war nicht, wie viele Revolutionäre hoffnungsfroh glaubten, die »entscheidende Krise« des Kapitalismus, dafür jedoch wahrscheinlich die einzige wirklich systemgefährdende Wirtschaftskrise in der bisherigen Geschichte eines Wirtschaftssystems, das im wesentlichen durch zyklische Schwankungen funktioniert.

Somit waren die Jahre zwischen dem Ausbruch des Ersten und den Nachwehen des Zweiten Weltkriegs eine Zeit außergewöhnlicher Krisen und Erschütterungen. Sie lassen sich am zutreffendsten als die Periode verstehen, in der das weltweite Muster des imperialen Zeitalters unter der Wucht der Explosionen in sich zusammenfiel, die es in den langen Jahren des Friedens und des wirtschaftlichen Wohlstandes in aller Stille vorbereitet hatte. Was da zusammenbrach, war klar: das liberale Weltsystem und die bürgerliche Gesellschaft des 19. Jahrhunderts als das Vorbild, dem quasi jede »Zivilisation« gleich welcher Art nacheiferte. Und es war schließlich die Ära des Faschismus. Welche Konturen die Zukunft annehmen würde, blieb bis zur Mitte des 20. Jahrhunderts unklar, und selbst dann waren die neuen Entwicklungen, auch wenn sie vorhersehbar waren, so verschieden von dem, an das sich die Menschen in den Jahrzehnten der Erschütterungen gewöhnt hatten, daß es fast eine Generation brauchte, bis sich erkennen ließ, was eigentlich vor sich ging.

II

Die Periode, die auf dieses Zeitalter des Zusammenbruchs und Übergangs folgte und bis heute anhält, ist wahrscheinlich im Hinblick auf die sozialen Umwälzungen, von denen die einfache Bevölkerung der Erde betroffen wird – die zahlenmäßig in einem Tempo anwächst, das selbst in der vorangegangenen Geschichte der in der Industrialisierung begriffenen Welt nicht erreicht wurde –, die revolutionärste, die je von den Menschen erlebt wurde. Zum ersten Mal seit der Steinzeit bestand die Weltbevölkerung nicht länger überwiegend aus Menschen, die von Ackerbau und Viehzucht lebten. In allen Teilen der Erde mit der (vorläufigen) Ausnahme Mittel- und Südafrikas und des südlichen Quadranten Asiens waren die Bauern nunmehr eine Minderheit, in den entwickelten Ländern sogar eine winzige Minderheit. Das Ganze vollzog sich innerhalb einer einzigen Generation. In der Folge wurde die Welt – und nicht nur die Gruppe der alten »entwickelten« Länder – städtisch, während die wirtschaftliche Entwicklung einschließlich des Hauptteils der Industrialisierung in einer Form internationalisiert oder global umverteilt wurde, wie sie vor 1914 undenkbar gewesen wäre. Die heutige Technik ist dank des Verbrennungsmotors, des Transistors, des Taschenrechners, des allgegenwärtigen Flugzeugs, ganz zu schweigen vom bescheidenen Fahrrad, in die entferntesten Winkel des Planeten vorgedrungen, die dem Handel in einer Weise offenstehen, wie es sich selbst 1939 nur wenige hätten vorstellen können. Die Sozialstrukturen, einschließlich der der traditionellen Familie und des Haushalts, wurden zumindest in den entwickelten Gesellschaften des westlichen Kapitalismus in ihren Grundfesten erschüttert. Heute können wir in der Rückschau erkennen, wie sehr vieles von dem, was zum Funktionieren der bürgerlichen Gesellschaft des 19. Jahrhunderts beigetragen hat, tatsächlich einer Vergangenheit entstammte, die von ihren eigenen Entwicklungsprozessen zerstört werden sollte. All das vollzog sich nach historischen Maßstäben innerhalb einer unglaublich kurzen Periode – die alle Frauen und Männer miterlebt haben, die im Zweiten Weltkrieg geboren wurden – als Produkt des nachhaltigsten und außergewöhnlichsten Booms der weltwirtschaftlichen Expansion, den es je gegeben hat. Ein Jahrhundert nach dem *Kommunistischen Manifest* von Marx und Engels sind dessen Prophezeiungen über die wirtschaftlichen und gesellschaftlichen Auswirkungen des Kapitalismus offenbar Wirklichkeit geworden – nicht jedoch der Sturz des Kapitalismus durch das Proletariat, auch wenn ein Drittel der Menschheit unter einem marxistischen Regierungssystem lebt.

Diese Periode ist eindeutig dadurch bestimmt, daß die bürgerliche Gesellschaft des 19. Jahrhunderts mit allen Begleiterscheinungen nunmehr einer Vergangenheit angehört, die keinen unmittelbaren Einfluß auf die Gegenwart mehr hat, obgleich natürlich sowohl das 19. als auch das späte 20. Jahrhundert derselben langen Periode der tiefgreifenden Umwandlung der Menschheit – und der Natur – zuzurechnen sind, die im letzten Viertel des 18. Jahrhunderts erkennbar revolutionär wurde. Den Historikern wird der merkwürdige Zufall nicht entgangen sein, daß der Superboom des 20. Jahrhunderts exakt einhundert Jahre nach dem großen Aufschwung des 19. Jahrhunderts auftrat (1850-1873; 1950-1973), und folglich begann die Periode weltwirtschaftlicher Schwierigkeiten seit 1973 exakt hundert Jahre später als die Große Depression, die am Anfang der hier behandelten Periode steht. Dennoch existiert zwischen diesen Fakten kein Zusammenhang, es sei denn, jemand entdeckte einen zyklischen Mechanismus in der Bewegung der Wirtschaft, der eine so exakte chronologische Wiederholung bewirkt hat, und das ist mehr als unwahrscheinlich. Die meisten von uns brauchen nicht auf die 80er Jahre des 19. Jahrhunderts zurückzugreifen und wollen das auch gar nicht, um zu erklären, mit welchen Problemen die Welt der 80er oder 90er Jahre unseres Jahrhunderts zu kämpfen hat.

Trotzdem wird die Welt des ausgehenden 20. Jahrhunderts noch immer vom bürgerlichen Jahrhundert geformt, insbesondere vom imperialen Zeitalter, das den Gegenstand dieses Buches bildet, und zwar in einem ganz wörtlichen Sinne. So wurden beispielsweise die weltweiten Finanzabkommen, die den internationalen Rahmen für den globalen Wirtschaftsaufschwung der zweieinhalb Jahrzehnte nach 1950 schufen, Mitte der 40er Jahre von Männern ausgehandelt, die 1914 erwachsene Menschen und in ganz besonderer Weise geprägt waren von der 25jährigen Erfahrung der Auflösung des imperialen Zeitalters. Die letzten bedeutenden Staatsmänner oder nationalen Führer, die 1914 erwachsene Männer waren, starben in den 70er Jahren (z.B. Mao, Tito,

Franco oder de Gaulle). Noch bedeutsamer ist jedoch, daß die Welt von heute von der historischen Landschaft geformt wurde, wenn man so sagen will, die das imperiale Zeitalter und dessen Zerfall hinterlassen hat.

Der offensichtlichste Posten dieser Hinterlassenschaft ist die Teilung der Welt in sozialistische Länder (oder solche, die sich so bezeichnen) und alle anderen. Wenn der Schatten von Karl Marx heute über einem Drittel der Erdbevölkerung liegt, dann aufgrund der Entwicklungen, die wir in den Kapiteln 3, 5 und 12 zu skizzieren versucht haben. Welche Prognosen man auch immer über die Zukunft der Landmasse, die sich von den chinesischen Meeren bis nach Mitteldeutschland erstreckt, sowie einiger Gebiete in Afrika und Lateinamerika gewagt hätte, eines steht außer Frage: Regimes, die behaupteten, sie würden die Prophezeiungen von Marx verwirklichen, hätten nach diesen Prognosen unmöglich auf den Plan treten können, bevor es sozialistische Massenbewegungen der Arbeiter gab, deren Beispiel und Ideologie wiederum die revolutionären Bewegungen rückständiger und abhängiger oder kolonialisierter Regionen beflügelten.

Ein ebenso offensichtlicher Bestandteil dieses Erbes ist allein schon die Globalisierung der politischen Struktur der Welt. Wenn die Vereinten Nationen im ausgehenden 20. Jahrhundert ein beträchtliches zahlenmäßiges Übergewicht von Staaten aufweisen, die der heute so bezeichneten »Dritten Welt« angehören (und im übrigen kein gutes Verhältnis zu den »westlichen« Mächten haben), so liegt das daran, daß sie fast alle die Überreste der Aufteilung der Welt unter den imperialistischen Mächte gegen Ende des 19. Jahrhunderts sind. So hat die Dekolonisation des französischen Kolonialreiches etwa 20 neue Staaten hervorgebracht und die des britischen Empire noch weit mehr; und zumindest in Afrika (das zum Zeitpunkt der Niederschrift dieses Buches aus über 50 nominell unabhängigen und souveränen Territorien bestand) weisen alle noch immer dieselben Grenzlinien auf, die sich aus Eroberungen und Absprachen zwischen den imperialistischen Staaten ergeben haben. Auch hier war ohne die Entwicklungen jener Epoche kaum damit zu rechnen, daß sie zum Ende unseres Jahrhunderts in der großen Mehrzahl die Angelegenheiten ihrer gebildeten Schichten und ihrer Regierungen in englischer und französischer Sprache abwickeln würden.

Ein etwas weniger offensichtliches Erbe aus jener Zeit ist die Tatsache, daß alle diese Staaten als »Nationen« beschrieben werden müssen und sich auch selbst als solche bezeichnen. Das hatte zum einen den Grund, daß – wie ich zu zeigen versucht habe – die Ideologie der »Nation« und des »Nationalismus«, ein Produkt des Europa im 19. Jahrhundert, sich als Ideologie der kolonialen Befreiung anbot und als solche von Angehörigen westlich erzogener

Eliten von Kolonialvölkern importiert wurde. Es lag aber auch daran, daß der Begriff des »Nationalstaats« in dieser Zeit für Gruppen *jeder Größe* akzeptabel wurde, die sich selbst so definieren wollten, und nicht nur für Völker ab einer bestimmten Größe, wie es für die Vorkämpfer des »Nationalitätenprinzips« um die Mitte des 19. Jahrhunderts noch selbstverständlich war (vgl. Kap. 6). Denn die meisten der Staaten, die seit dem Ende des vorigen Jahrhunderts auf den Plan getreten sind (und denen seit Präsident Wilson der Rang von »Nationen« zuerkannt wurde), verfügten nur über ein Staatsgebiet und/oder eine Bevölkerung von bescheidener und seit dem Einsetzen der Dekolonisation sogar häufig von winziger Größe.* In dem Maße, in dem der Nationalismus auch in die Regionen außerhalb der alten, »entwickelten« Welt eingedrungen ist oder die Politik außereuropäischer Länder den Nationalismus in sich aufgenommen hat, ist das Erbe des imperialen Zeitalters noch immer gegenwärtig.

Ebenso gegenwärtig ist es in dem Wandel der traditionellen westlichen Familienverhältnisse und ganz besonders in der Emanzipation der Frauen. Diese Veränderungen erfolgten seit der Mitte unseres Jahrhunderts zweifellos in weit größerem Maßstab als jemals zuvor, aber »die neue Frau« trat als bedeutsames Phänomen zum ersten Mal im imperialen Zeitalter in Erschcinung, und damals wurden auch erstmals politische und soziale Massenbewegungen, die sich unter anderem der Emanzipation der Frauen verschrieben hatten, zu einer starken politischen Kraft, insbesondere die sozialistischen und die Arbeiterbewegungen. Die Frauenbewegungen im Westen mögen in den 60er Jahren unseres Jahrhunderts in eine neue und dynamischere Phase eingetreten sein, möglicherweise weitgehend als Resultat der zunehmenden Berufstätigkeit lediger und ganz besonders verheirateter Frauen, aber es war eine Phase innerhalb einer umfassenderen historischen Entwicklung, die praktisch in der hier behandelten Epoche eingesetzt hat.

Wie aus diesem Buch ebenfalls hervorgeht, erlebte das imperiale Zeitalter die Geburt der meisten Phänomene, die bis heute für die moderne urbane Gesellschaft und ihre Massenkultur charakteristisch sind, von den international am stärksten verbreiteten Formen des Zuschauersports bis zur Presse und zum Film. Selbst in technischer Hinsicht stellen die modernen Medien keine fundamentalen Neuerungen dar, sondern Entwicklungen, durch die jene beiden grundlegenden Erfindungen des imperialen Zeitalters, die mechanische Schallwiedergabe und die »laufenden« Bilder, einem weit größeren Publikum

* Zwölf afrikanische Staaten wiesen zu Beginn unseres Jahrzehnts eine Bevölkerung von unter 600.000, zwei sogar eine Bevölkerung von unter 100.000 Einwohnern auf.

zugänglich gemacht wurden. Die Ära eines Jacques Offenbach weist mit unserer heutigen Zeit im Vergleich zur Ära der jungen Fox, Zukor, Goldwyn und »His Master's Voice« kaum einen Zusammenhang auf.

III

Es macht wenig Mühe, weitere Aspekte aufzufinden, unter denen unser Leben noch immer durch das 19. Jahrhundert allgemein oder das imperiale Zeitalter im besonderen geformt wird oder Entwicklungen fortsetzt, die dort ihren Ursprung hatten. Zweifellos könnte jeder einzelne Leser die Aufzählung selbst fortsetzen. Aber sind das die hauptsächlichen Gedanken, die uns kommen, wenn wir auf diese Zeit zurückblicken? Denn es ist nach wie vor schwierig, wenn nicht unmöglich, dieses Jahrhundert, das eine Weltgeschichte schuf, weil es die moderne kapitalistische Weltwirtschaft ins Leben rief, leidenschaftslos zu betrachten. Für die Europäer ist es besonders emotionsgeladen, weil dieses Jahrhundert mehr als jedes andere die europäische Ära in der Weltgeschichte war, und für die Briten ist es einmalig, weil Großbritannien nicht nur wirtschaftlich sein Zentrum bildete. Für Nordamerikaner war es das Jahrhundert, mit dem die USA aufhörten, ein Teil der Peripherie Europas zu sein. Für die übrigen Völker der Welt war es das Zeitalter, in dem alle vergangene Geschichte, wie lang und bedeutend sie auch sein mochte, zu einem notwendigen Stillstand kam. Was ihnen seit 1914 widerfuhr oder was sie seit diesem Datum getan haben, ist implizit bereits in dem enthalten, was zwischen der ersten industriellen Revolution und 1914 mit ihnen geschah.

Es war ein Jahrhundert, das die Welt veränderte – nicht mehr, als unser eigenes Jahrhundert dies getan hat, aber insofern auffälliger, als ein derart umwälzender und anhaltender Wandel damals etwas Neues war. In der Rückschau werden wir gewahr, wie dieses Jahrhundert des Bürgertums und der Revolution sich plötzlich ganz in unser Blickfeld hebt und sich gleich Nelsons Flotte auf den Einsatz vorbereitet, dieser auch noch in dem vergleichbar, was wir nicht zu sehen bekommen: in den mit Gewalt an Bord verschleppten Besatzungen – kleinwüchsig, arm, ausgepeitscht, trunksüchtig und sich von verdorbenem Zwieback ernährend. Rückblickend können wir erkennen, daß jene, die es gestalteten, und zunehmend auch die wachsenden Massen, die im »entwickelten« Westen daran teilhatten, ein Bewußtsein davon hatten, daß ihr Jahrhundert zu außergewöhnlichen Leistungen bestimmt war, und überzeugt waren, es sei ausersehen, alle großen Menschheitsprobleme zu lösen und alle Hindernisse auf dem Weg zu ihrer Lösung beiseite zu räumen.

In keinem anderen Jahrhundert richteten Männer und Frauen der Praxis so hochgespannte, so utopische Erwartungen an das Leben auf dieser Erde: ein universaler Friede, eine universale Kultur mittels einer einzigen Weltsprache, eine Wissenschaft, die den fundamentalsten Fragen des Universums nicht nur nachging, sondern sie auch beantwortete, die Emanzipation der Frauen von all ihrer vergangenen Geschichte, die Emanzipation der ganzen Menschheit durch die Emanzipation der Arbeiter, die sexuelle Befreiung, eine Gesellschaft des Reichtums, eine Welt, in der jeder nach seinen Fähigkeiten seinen Beitrag leistete und nach seinen Bedürfnissen versorgt wurde. Das waren nicht nur die Träume von Revolutionären. Ein Utopia durch den Fortschritt war in grundlegender Weise Bestandteil des Jahrhunderts selbst. Oscar Wilde meinte es ernst, als er sagte, eine Weltkarte, auf der Utopia nicht verzeichnet sei, tauge nichts. Er sprach ebenso für Cobden, den Anhänger des Freihandels, wie für Fourier, den Sozialisten, für Präsident Grant wie für Marx (der nicht etwa utopische Ziele, sondern lediglich utopische Pläne verwarf), für Saint-Simon, dessen Utopie des »Industrialismus« weder dem Kapitalismus noch dem Sozialismus zugeordnet werden kann, da beide sie für sich in Anspruch nehmen können. Doch das Neuartige an den für das 19. Jahrhundert besonders typischen Utopien lag darin, daß in ihnen die Geschichte *nicht* zu einem Stillstand kam.

Das Bürgertum erwartete ein Zeitalter unablässiger Verbesserungen in materieller, geistiger und moralischer Hinsicht durch den liberalen Fortschritt; die Proletarier oder deren Wortführer erwarteten dasselbe durch eine Revolution, aber *beide* hegten diese Erwartung. Und beide hofften darauf nicht aufgrund eines historischen Automatismus, sondern aufgrund angestrengter Bemühungen und Kämpfe. Die Künstler, welche die kulturellen Bestrebungen des bürgerlichen Jahrhunderts am tiefsten zum Ausdruck brachten und gleichsam die Stimmen waren, die dessen Ideale artikulierten, waren Menschen wie Beethoven, der als das Genie galt, das nach langen Kämpfen den Sieg erringt, dessen Musik die finsteren Mächte des Schicksals überwand, dessen neunte Symphonie mit ihrem Chorfinale in einem Triumph des befreiten menschlichen Geistes gipfelte.

Im imperialen Zeitalter ließen sich zwar auch Stimmen vernehmen – und sie waren tiefgründig und in den bürgerlichen Klassen sehr einflußreich –, die mit einem anderen Ausgang rechneten. Aber im großen und ganzen schien diese Epoche für die Menschen im Westen doch den Verheißungen des Jahrhunderts näher als jede andere zu kommen: der liberalen Verheißung durch materielle Verbesserung, Bildung und Kultur; der revolutionären Verheißung durch das Aufkommen, die massierte Kraft und den unvermeidlich bevorstehenden Triumph der neuen sozialistischen und Arbeiterbewegungen. Für manche dagegen, das hat dieses Buch zu zeigen versucht, war das imperiale Zeitalter eine Epoche wachsender Beklommenheit und Furcht. Für die meisten Frauen und Männer in der durch das Bürgertum veränderten Welt war es jedoch zweifellos ein Zeitalter der Hoffnung.

Diese Hoffnung ist es, auf die wir nunmehr zurückblicken können. Wir können sie noch immer teilen, allerdings nicht mehr ohne Zweifel und Unsicherheit. Wir haben zu viele Verheißungen einer Utopie miterlebt, die verwirklicht wurden, ohne die erwarteten Ergebnisse zu zeitigen. Leben wir nicht in einem Zeitalter, in dem in den fortgeschrittensten Ländern moderne Verkehrsverbindungen, Transportmittel und Energiequellen den Unterschied zwischen Stadt und Land aufgehoben haben, was früher einmal nur in einer Gesellschaft für möglich gehalten wurde, die praktisch alle ihre Probleme gelöst hatte? Für die unsrigen trifft das jedoch offensichtlich nicht zu. Das 20. Jahrhundert hat zu viele Augenblicke der Befreiung und der gesellschaftlichen Euphorie erlebt, um ein besonderes Vertrauen in deren Beständigkeit zu setzen. Es gibt noch Grund zur Hoffnung, denn Menschen sind hoffende Lebewesen. Es gibt sogar Grund zu großen Hoffnungen, denn entgegen dem äußeren Anschein und manchen Vorurteilen sind die tatsächlichen Leistungen des 20. Jahrhunderts im Hinblick auf einen materiellen und geistigen – wenn auch nicht auf einen moralischen und kulturellen – Fortschritt äußerst eindrucksvoll und überhaupt nicht zu bestreiten.

Gibt es noch immer Grund zur größten aller Hoffnungen, auf die der Schaffung einer Welt, in der freie Männer und Frauen, befreit von Furcht und materieller Not gemeinsam das gute Leben in einer guten Gesellschaft leben können? Warum nicht? Das 19. Jahrhundert hat uns gelehrt, daß der Wunsch nach der vollkommenen Gesellschaft sich nicht durch einen festgelegten Lebensplan nach Art der Mormonen, der Anhänger Owens oder irgendwelcher anderer Gruppen befriedigen läßt; und wir dürfen vermuten, daß wir selbst dann, wenn ein derartiger neuer Plan die Form der Zukunft sein sollte, heute noch nicht wissen oder herausfinden können, worin er bestehen würde. Der Sinn der Suche nach einer vollkommenen Gesellschaft besteht nicht darin, die Geschichte zum Stillstand zu bringen, sondern darin, ihre unbekannten und unerkennbaren Möglichkeiten für alle Männer und Frauen zu erschließen. In diesem Sinne ist der Weg nach Utopia zum Glück für das Menschengeschlecht nicht versperrt.

Aber wie wir wissen, kann er durchaus versperrt werden: durch weltweite Zerstörung, eine Rückkehr zur Barbarei, durch die Auflösung der Hoffnungen und Werte, die das 19. Jahrhundert erstrebt hat. Das 20. Jahrhundert hat uns gezeigt, daß diese Dinge möglich sind. Die Geschichte, die herrschende Gottheit über beide Jahrhunderte, gibt uns nicht mehr, wie Männer und Frauen einmal geglaubt haben, die feste Garantie, daß die Menschheit sich auf dem Weg ins gelobte Land befindet, worin immer dies genau bestehen mag, und schon gar nicht, daß sie es eines Tages erreichen wird. Es kann auch ganz anders kommen. Wir wissen es, weil wir in der Welt leben, die vom 19. Jahrhundert geschaffen wurde, und wir wissen, daß aus all seinen noch so gigantischen Erfolgen nicht das geworden ist, was die Menschen sich damals von ihnen versprochen oder erträumt haben.

Aber auch wenn wir heute nicht mehr daran glauben können, daß die Geschichte uns das gewünschte Ergebnis verbürgt, so können wir andererseits doch sicher sein, daß sie uns auch nicht das falsche garantiert. Sie bietet uns Entscheidungsmöglichkeiten an, ohne daß wir etwas über die Wahrscheinlichkeit der künftig zu treffenden Entscheidungen sagen könnten. Die Anhaltspunkte dafür, daß die Welt im 21. Jahrhundert besser sein wird als heute, sind keineswegs gering. Wenn es der Welt gelingt, sich nicht selbst zu zerstören, ist die Wahrscheinlichkeit dafür sogar sehr hoch. Aber eine Sicherheit gibt es auch hier nicht. Das einzig Sichere, was wir über die Zukunft sagen können, ist, daß sie selbst diejenigen überraschen wird, die am weitesten in sie hineinsehen konnten.

Tabellen

Tabelle 1

Staaten und Bevölkerungen 1880–1914 (in Mio. Einwohnern)

		1880	1914
C/K	*Vereinigtes Königreich	35,3	45,0
R	*Frankreich	37,6	40,0
C	*Deutschland	45,2	68,0
C	*Rußland	97,7	161,0 (1910)
C/K	*Österreich-Ungarn	37,6	51,0
K	Italien	28,5	36,0
K	Spanien	16,7	20,5
K, 1908 R	Portugal	4,2	5,25
K	Schweden	4,6	5,5
K	Norwegen	1,9	2,5
K	Dänemark	2,0	2,75
K	Niederlande	4,0	6,5
K	Belgien	5,5	7,5
K	Schweiz	2,8	3,5
K	Griechenland	1,6	4,75
K	Rumänien	5,3	7,5
K	Serbien	1,7	4,5
K	Bulgarien	2,0	4,5
K	Montenegro	--	0,2
K	Albanien	0	0,8
C	Finnland (in Rußland)	2,0	2,9
R	USA	50,2	92,0 (1910)
C	Japan	ca. 36	53,0
C	Osmanisches Reich	ca. 21	ca. 20
C	China	ca. 420	ca. 450

Sonstige Staaten und ihre Bevölkerungen nach Größenklassen:

über 10 Mio.	Brasilien, Mexiko
5 bis 10 Mio.	Afghanistan, Argentinien, Persien
2 bis 5 Mio.	Chile, Kolumbien, Peru, Siam, Venezuela
unter 2 Mio.	Bolivien, Costa Rica, Dominikan. Republik, Ecuador, El Salvador, Guatemala, Haiti, Honduras, Kuba, Nicaragua, Panama, Paraguay, Uruguay

C = Kaiserreich, K = Königreich, R = Republik, * = die europäischen Großmächte

Tabelle 2

Urbanisierung in Europa 1800–1890

Region/Land	Zahl der Städte (über 10000 E.)			Anteil der Stadt- an der Gesamtbevölkerung (in Prozent)		
	1800	1850	1890	1800	1850	1890
Europa	364	878	1709	10,0	16,7	29,0
Nord- und Westeuropa[1]	105	246	543	14,9	26,1	43,4
Mitteleuropa[2]	135	306	629	7,1	12,5	26,8
Südeuropa[3]	113	292	404	12,9	18,6	22,2
Osteuropa[4]	11	34	133	4,2	7,5	18,0
England/Wales	44	148	356	20,3	40,8	61,9
Belgien	20	26	61	18,9	20,5	34,5
Frankreich	78	165	232	8,8	14,5	25,9
Deutschland	53	133	382	5,5	10,8	28,2
Österreich-Ungarn	8	17	101	5,2	6,7	18,1
Italien	74	183	215	14,6	20,3	21,2
Polen	3	17	32	2,4	9,3	14,6

1 Skandinavien, Vereinigtes Königreich, Niederlande, Belgien
2 Deutschland, Frankreich, Schweiz
3 Italien, Spanien, Portugal
4 Österreich-Ungarn, Polen

Quelle: de Vries 1984, Tab. 3.8

Tabelle 3

Auswanderung aus europäischen Ländern 1871–1911 (in Mio. Personen)

Jahre	Gesamt	Großbrit./ Irland	Spanien/ Portugal	Deutschland/ Österreich	Sonstige
1871–80	3,1	1,85	0,15	0,75	0,35
1881–90	7,0	3,25	0,75	1,8	1,2
1891–1900	6,2	2,15	1,0	1,25	1,8
1901–11	11,3	3,15	1,4	2,6	4,15
	27,6	10,4	3,3	6,4	7,5

Einwanderung in überseeische Länder 1871–1911 (in Mio. Personen)

Jahre	Gesamt	USA	Kanada	Argentinien/ Brasilien	Australien/ Neuseeland	Sonstige
1871–80	4,0	2,8	0,2	0,5	0,2	0,3
1881–90	7,5	5,2	0,4	1,1	0,3	0,2
1891–1900	6,4	3,7	0,2	1,8	0,45	0,25
1900–11	14,9	8,8	1,1	2,45	1,6	0,95
	32,8	20,5	1,9	6,15	2,5	1,7

Quelle: Daten nach Saunders 1936. Die Differenz zwischen der Gesamtzaahl der Auswanderer (27,6 Mio.) und der Einwanderer (32,8 Mio.) ist ein Hinweis auf die Unzuverlässigkeit derartiger Berechnungen.

Tabelle 4

Analphabetismus

		Analphabetismusgrad	
1850	niedrig unter 30%	mittel 30–50%	hoch über 50%
	Dänemark Schweden Norwegen Finnland Island Deutschland Schweiz Niederlande Schottland USA (weiße Bevölkerung)	Österreich Böhmen und Mähren Frankreich England Irland Belgien Australien	Ungarn Italien Portugal Spanien Rumänien Balkanländer Griechenland Polen Rußland (USA (nichtweiße Bev.) übrige Welt
1913	niedrig unter 10%	mittel 10–30%	hoch über 30%
	(wie oben, außerdem:) Frankreich England Irland Belgien Österreich Australien Neuseeland	Norditalien Slowenien	Ungarn Mittel- und Süditalien Portugal Spanien Rumänien Balkanländer Griechenland Polen Rußland USA (nichtweiße Bev.) übrige Welt

Tabelle 5

Universitäten (geschätzte Zahlen)

	1875	1913
Nordamerika	360	500
Lateinamerika	30	40
Europa	110	150
Asien	5	20
Afrika	0	5
Australasien	2	5

Modernität

Verbreitung von Zeitungen in verschiedenen Regionen der Welt um 1880

Quelle: Berechnet nach Mulhall 1880, S. 91

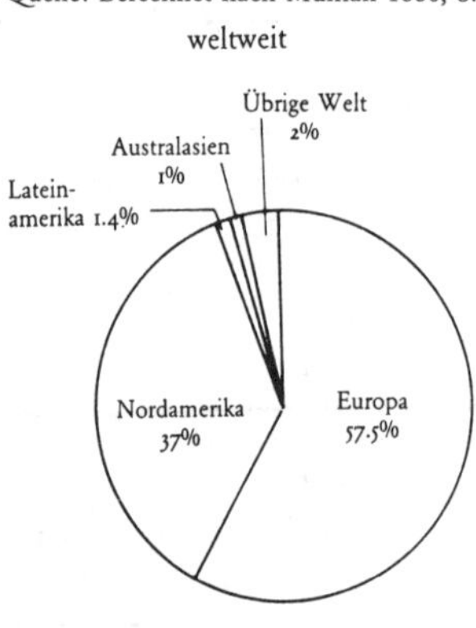

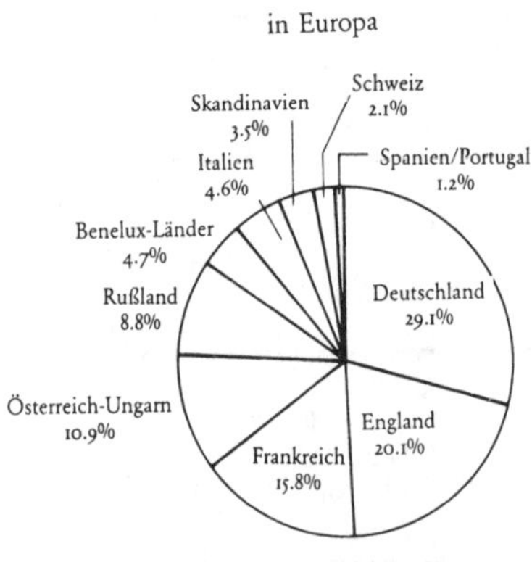

Telefonanschlüsse (weltweit) 1912

Quelle: Weltwirtschaftliches Archiv, 1913, I/II, S. 143

insgesamt	12453
USA	8362
Europa	3239

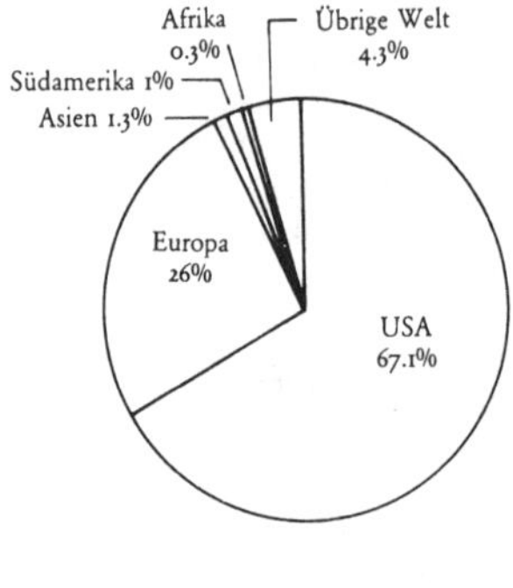

Tabelle 6

Ausbreitung von Telefonanschlüssen in ausgewählten Städten (Anschlüsse je 100 Einwohner)

	1895	Rang	1911	Rang
Stockholm	4,1	1	19,9	2
Christiania (Oslo)	3,0	2	6,9	8
Los Angeles	2,0	3	24,0	1
Berlin	1,6	4	5,3	9
Hamburg	1,5	5	4,7	10
Kopenhagen	1,2	6	7,0	7
Boston	1,0	7	9,2	4
Chicago	0,8	8	11,0	3
Paris	0,7	9	2,7	12
New York	0,6	10	8,3	6
Wien	0,5	11	2,3	13
Philadelphia	0,3	12	8,6	5
London	0,2	13	2,8	11
St. Petersburg	0,2	14	2,2	14

Quelle: Weltwirtschaftliches Archiv, 1913, I/II, S. 143

Tabelle 7

Flächenanteil unabhängiger Länder in den einzelnen Kontinenten 1913 (in Prozent)

Nordamerika	32,0
Mittel-/Südamerika	92,5
Afrika	3,4
Asien	70,0 (ohne Russisch-Asien)
	43,2 (mit Russisch-Asien)
Ozeanien	--
Europa	99,0

Quelle: Berechnet nach Völkerbund, *International Statistics Yearbook,* 1926

Tabelle 8

Britische Auslandsinvestitionen (in Prozent)

	1860–70	1911–13
Brit. Empire	36,0	46,0
Lateinamerika	10,5	22,0
USA	27,0	19,0
Europa	25,0	6,0
Sonstige	3,5	7,0

Quelle: C. Feinstein, zit. n. Barratt Brown, 1963, S. 110

Tabelle 9

Weltproduktion der wichtigsten tropischen Erzeugnisse 1880–1910 (in 1000 t)

	1880	1900	1910
Bananen	30	300	1800
Kakao	60	102	227
Kaffee	550	970	1090
Kautschuk	11	53	87
Baumwollfaser	950	1200	1770
Jute	600	1220	1560
Ölsaaten	--	--	2700
Rohrzucker	1850	3340	6320
Tee	175	290	360

Quelle: Bairoch, 1975, S. 15

Tabelle 10

Weltproduktion und Welthandel 1781–1971 (1913 = 100)

Jahr	Produktion	Handel	
1781–90	1,8	2,2	(1780)
1840	7,4	5,4	
1870	19,5	23,8	
1880	26,9	38,0	(1881–5)
1890	41,1	48,0	(1891–5)
1900	58,7	67,0	(1901–5)
1913	100,0	100,0	
1929	153,3	113,0	(1930)
1948	274,0	103,0	
1971	950,0	520,0	

Quelle:Rostow, 1978, Anh. A und B

Tabelle 11

Stärke der Seestreitkräfte (Zahl der Schlachtschiffe)

Land	1900	1914
Großbritannien	49	64
Deutschland	14	40
Frankreich	23	28
Österreich-Ungarn	6	16
Rußland	16	23

Tabelle 12

Schiffstonnage aller Schiffe über 100 t (in 1000 t)

	1881	1913
weltweit	18325	46970
Großbritannien	7010	18696
USA	2370	5429
Norwegen	1460	2458
Deutschland	1150	5082
Kanada	1140	1735*
Italien	1070	1522
Frankreich	840	2201
Rußland	740	974
Schweden	470	1047
Spanien	450	841
Niederlande	420	1310
Griechenland	330	723
Österreich-Ungarn	290	1011
Dänemark	230	762

* Britische Dominions

Quelle: Mulhall, 1882; Völkerbund, *International Statistics Yearbook* 1913, Tab. 76

Das Wettrüsten

Militärausgaben der Großmächte (Deutschland, Österreich-Ungarn, Großbritannien, Rußland, Italien und Frankreich) 1880–1914 (in £ Mio.)

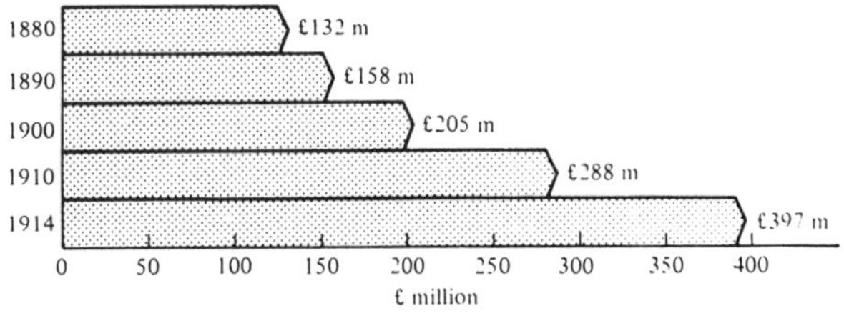

Quelle: *The Times Atlas of World History*, London 1978, S. 250

Tabelle 13

Stärke der Landstreitkräfte (in 1000)

Land	1879		1913	
	Friedens-stärke	Kriegs-stärke	Friedens-stärke	Kriegs-stärke
Großbritannien	136	ca. 600	160	700
Indien	200	--	249	
Österreich-Ungarn	267	772	800	3000
Frankreich	503	1000	1200	3500
Deutschland	419	1300	2200	3800
Rußland	766	1213	1400	4400

KARTEN

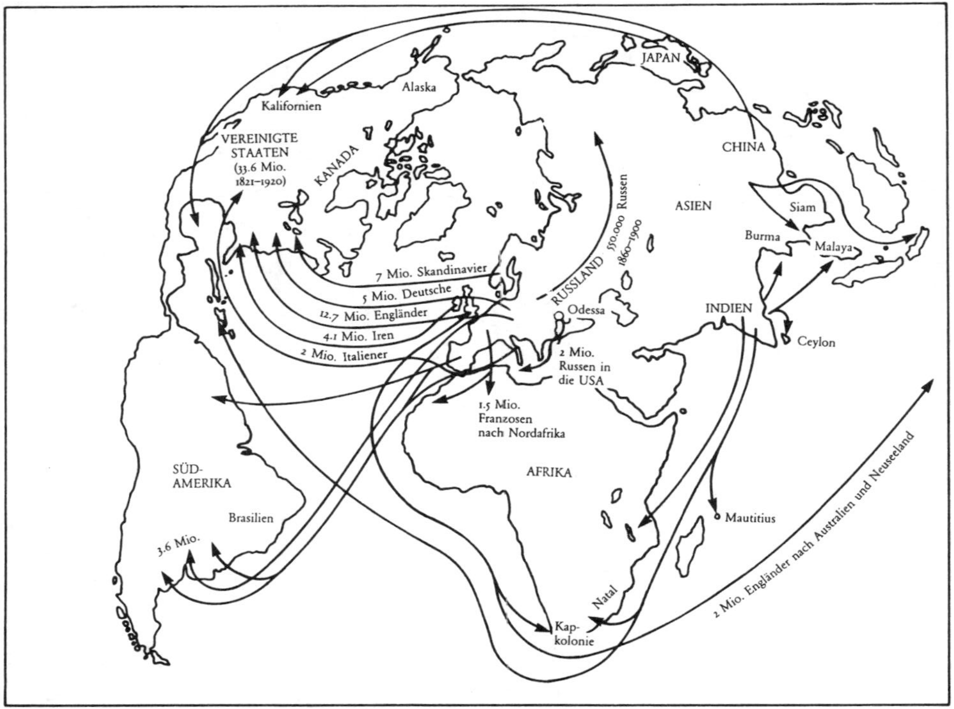

Karte 1. Internationale Wanderungsbewegungen 1820–1910

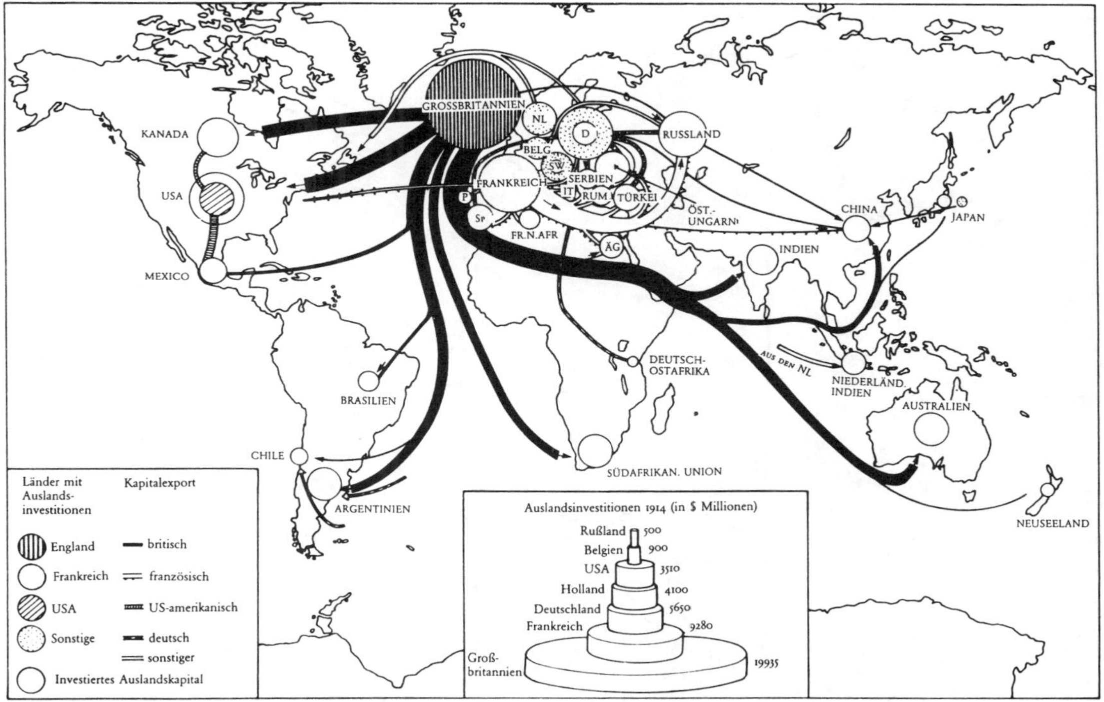

Karte 2. Kapitalströme 1875–1914

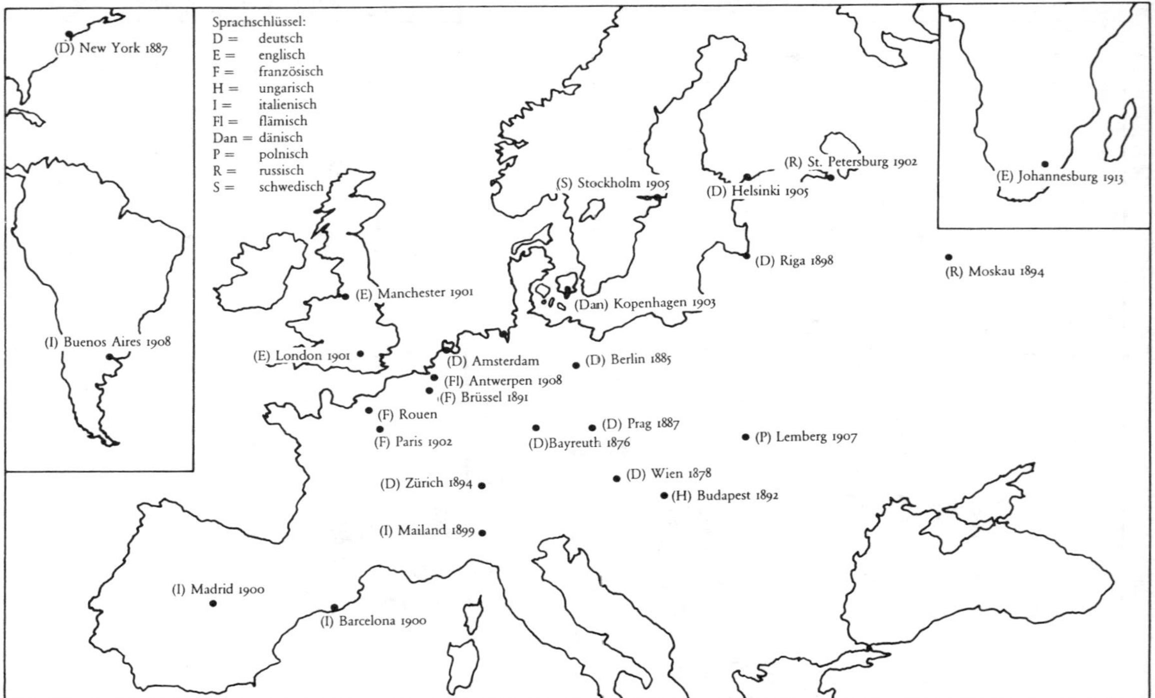

Karte 3. Oper und Nationalismus: Aufführungen von Wagners Siegfried 1875–1914

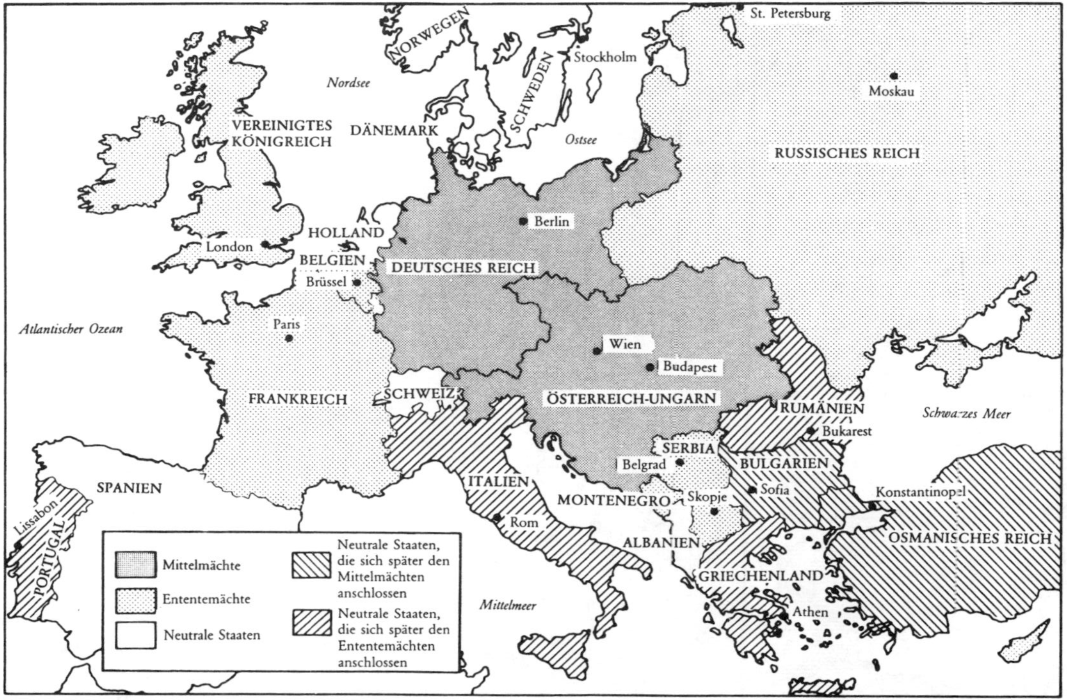

Karte 4. Europa 1914

Karte 5. Die aufgeteilte Welt: Kolonialreiche 1914

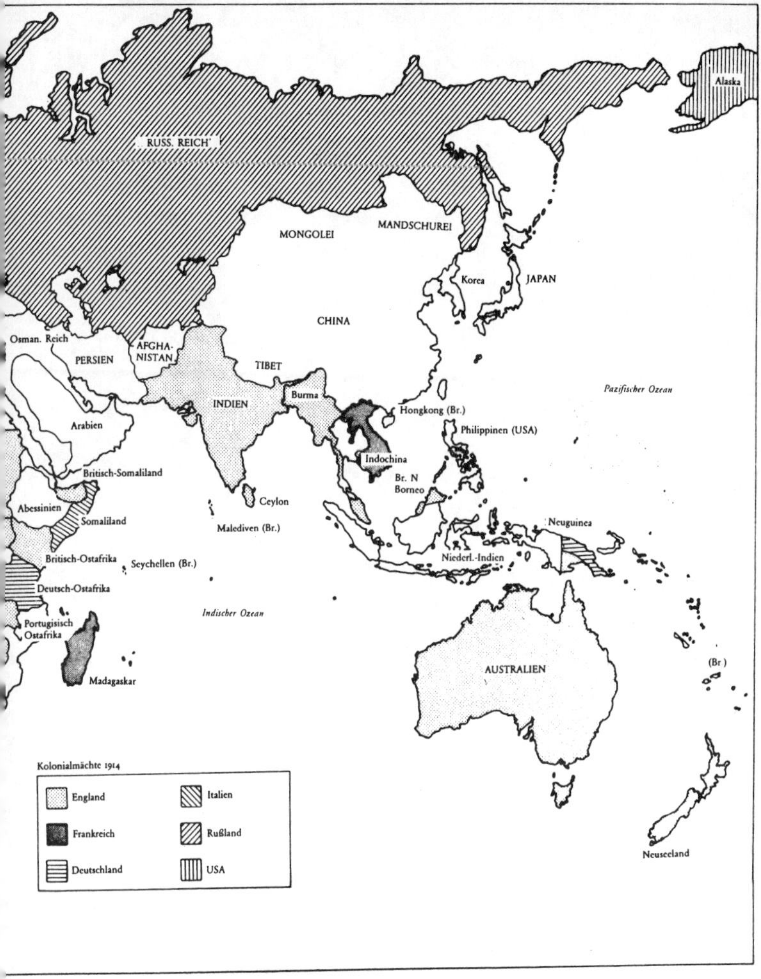
RUSS. REICH
Alaska
MONGOLEI
MANDSCHUREI
Korea
JAPAN
CHINA
Osman. Reich
PERSIEN
AFGHA-
NISTAN
TIBET
INDIEN
Burma
Pazifischer Ozean
Hongkong (Br.)
Philippinen (USA)
Arabien
Indochina
Britisch-Somaliland
Br. N
Borneo
Ceylon
Abessinien
Somaliland
Malediven (Br.)
Neuguinea
Britisch-Ostafrika
Seychellen (Br.)
Niederl.-Indien
Deutsch-Ostafrika
Indischer Ozean
Portugisisch
Ostafrika
(Br.)
AUSTRALIEN
Madagaskar
Kolonialmächte 1914
England
Italien
Frankreich
Rußland
Deutschland
USA
Neuseeland

Literatur

Abrams, Mark, *The Condition of the British People* 1911–1945, London 1946

Adams, W.S., *Edwardian Portraits,* London 1957

Agulhon, M., »La statuomanie el l'historie«, *Ethnologie Française* 3–4 (1978)

Anderson, Benedict, *Die Erfindung der Nation. Zur Karriere eines folgenreichen Konzepts,* Frankfurt/New York 1988

Anderson, M.S., *The Ascendancy of Europe* 1815–1914, London 1972

Anthony, K., *Feminism in Germany and Scandinavia,* New York 1915

Ashworth, W., »Economic Aspects of Late Victorian Naval Administration«, *Economic History Review,* 22 (1969)

Bächlin, Peter, *Der Film als Ware,* Basel 1945

Bagehot, Walter, *Der Ursprung der Nationen. Über den Einfluß der natürlichen Zuchtwahl und der Vererbung auf die Bildung politischer Gemeinwesen,* Leipzig 1874

Baird, Raimond, W., *American College Fraternities: a descriptive analysis of the Society System of the Colleges of the United States with a detailed account of each fraternity,* New York 1890

Bairoch, P. et al., *The Working Population and Its Structure,* Brüssel 1968

Bairoch, P., »Geographical Structure and Trade Balance of European Foreign Trade form 1800 to 1970«, *Fournal of European Economic History,* 3 (1974)

Bairoch, P., *The Economic Development of the Third World Since 1900,* London 1975

Bairoch, P., *Commerce extérieure et développement éconnomique de l'Europe au XIXe siècle,* Paris und Den Haag 1976

Bairoch, P., »Città/Campagna«, in: *Enciclopedia Einaudi,* Bd. 3, Turin 1977

Bairoch P., »Les grandes tendances des disparités économiques nationales depuis la Révolution Industrielle« in: *Seventh International Economic History Congress, Edinburgh 1978: Four »A« Themes,* Edinburgh 1978, S. 175–186

Bairoch, P., *De Jéricho à Mexico: Villes et économie dans l'histoire,* Paris 1985

Balio, T. (Hg.), *The American Film Industry,* Madison, Wis. 1985

Barraclough, G., *An Introduction to Contemporary History,* London 1964

Barratt Brown, Michael, *After Imperialism,* London *1963*

Barratt Brown, Michael, *The Economics of Imperialism,* Harmondsworth *1974*

Beer, Max, »Der neue englische Imperialismus«, *Neue Zeit, 16, (1898)*

Belloc, Hilaire, *The Modern Traveller,* London *1898*

Belloc, Hilaire, *Sonnets and Verse,* London *1954*

Below, G. v., »Die neue historische Methode«, *Historische Zeitschrift,* 81 (1898), S. 193–273

Ben-David, Joseph, »Professions in the Class Systems of Present-Day Societies«, *Current Sociology,* 12 (1963/64), S. 262–269

Benedict, Burton et al., *The Anthropology of World's Fairs: San Francisco's Panama Pacific International Exposition of 1915,* London und Berkeley 1983

Benoist, C., *L'Organisation du suffrage universel: La crise de L'état moderne,* Paris 1987
Bernal, J.D., *Die Wissenschaft in der Geschichte,* Berlin Ost 1967
Blank, D.M. und Stigler, George J., *The Demand and Supply of Scientific Personnel,* New York 1957
Bobinska, C. und Pilch, Andrzej (Hg.) *Employment-seeking Emigrations of the Poles World-Wide XIX and XXC,* Krakau 1975
Bodard, Gaston, *Losses of Life in Modern Wars,* Oxford 1916
Bodley, J.E.C., *The Coronation of Edward VII: A Chapter of European and Imperial History,* London 1903
Böhm-Bawerk, E. v. *Zum Abschluß des Marxschen Systems,* Berlin 1896
Bonnet, S., Santini C. and Barthélemy, H., »Apartenance politique et attitude réligieuse dans l'immigrationn italienne en Lorraine sidérurgique«, *Archives de Sociologie des Réligions* 13 (1962)
Bourbaki, *Élements d'histoire des mathématiques,* Paris 1960
Boyer, Carl, *A History of Mathematics,* New York 1968
Brecht, Bertolt, »An die Nachgeborenen«, in: *Gesammelte Werke,* Bd. 9, Frankfurt 1967
Brix, E., *Die Umgangsprachen in Altösterreich zwischen Agitation und Assimilation: Die Sprachenstatistik in den zisleithanischen Volkszählungen 1880–1910,* Wien, Köln und Graz.
Brooke, Rupert, ›Peace‹ in *Collected Poems of Rupert Brooke,* London 1915
Brunetta, G.P., *Storia del cinema italiano 1895–1945,* Rom 1979
Bryant, Margaret, *The Unexpected Revolution,* London 1979
Bülow, Fürst von, *Denkwürdigkeiten,* Berlin 1930

Cadbury, E., Matheson, M.C. und Shann, G., *Women's Work and Wages,* London 1906
Cain, P.J. und Hopkins, A.G., »The Political Economy of British Expansion Overseas, 1750–1914«, *Economic History Review,* 33 (1980), S. 463–490
Cambridge Modern History, Bd. 1, Cambridge 1902
Cannadine, David, »The Context, Performance and Meaning of Ritual: The British Monarchy and the »Invention of Tradition«, 1820–1977, in: Hobsbawn, E.J. und Ranger, T. (Hg.), *The Invention of Tradition,* Cambridge 1983, S. 101–164
Cassis, Y., *Les Banquiers de la City à l'époque Edouardienne 1890–1914,* Genf 1984
Charnier, Edmée, *L'Évolution intellectuelle féminine,* Paris 1937
Chaumel, Guy, *Histoire des cheminots et de leurs syndicats,* Paris 1948
Chiarini, Luigi, »Cinematography«, in: *Encyclopedia of World Art,* New York/London/Toronto 1960, Bd. 3
Cipolla, Carlo, *Literacy and Development in the West,* Harmondsworth 1969
Clabaugh Wright, Mary (Hg.), *China in Revolution: The First Phase* 1900–1915, New Haven 1968
Cohen, Gary B., *The Politics of Ethnic Survival: Germans in Prague 1861–1914,* Princeton 1981
Cole, G.D.H., *History of the Labour Party from 1914,* London 1948
Cook, Chris und Paxon, John, *European Political Facts 1848–1918,* London 1978
Cortesi, Luigi, *Il Socialismo Italiano tra riforme e rivoluzione: Dibatti congressuali del Psi 1892–1921,* Bari 1969
Crew, D., *Bochum: Sozialgeschichte einer Indusriestadt,* Berlin/Wien 1980

Dannemann, *Die Naturwissenschaft in ihrer Entwicklung und ihrem Zusammenhang,* Leipzig/Berlin 1913
Davies, Wallace Evan, *Patriotism on Parade,* Cambridge, Mass. 1955

Descamps, Paul, *L'Education dans les écoles Angraises,* Paris 1911
Dicey, A.V., *Law and Public Opinion in te Nineteenth Century,* Lonon 1905
Dogliani, Patrizia, *La ›Scuola delle Reclute‹*, Turin 1983
Dommanget, Maurice, *Historie du Premier Mai,* Paris 1953
Dommanget, Maurice, *Eugéne Pottier, membre de la Commune et chantre de l'Internationale,* Paris 1971
Duisberg, Karl, *Abhandlungen, Verträge und Reden 1882–1921,* Leipzig 1923
Duocastella, R., »Géographie de la pratique réligieuse en Espagne«, *Social Compass, 12 (1965)*
Dunne, Finaly Peter, *Mr. Dooley's Philosophy,* New York 1900
Dunne, Finaly Peter, *Mr. Dooley Says,* New York 1910

Emmerich, W. (Hg), *Proletarische Lebensläufe,* Reinbek 1974
Encyclopedia of Missions, New York und London 1904
Encyclopedia Italiana, »Nazionalismo«
The Englishwoman's Year-Book, London 1905
Escott, T.H.S., *Social Transformations of the Victorian Age,* London 1897
Evans, Richard I., *The Feminists,* London 1977

Fay, C.R., *Cooperation at Home and Abroad* (1908), London 1948
Ferro, Marc, *La Grande Guerre 1914–1918,* Paris 1969
Fischer, Fritz, *Griff nach der Weltmacht. Die Kriegszielpolitik des kaiserlichen Deutschlands 1914/1918,* Düsseldorf 1961
Fitzpatrick, David, »The Geography of Irish Nationalism«, *Past & Present, 18* (Feb. 1978)
Fleck, Ludwig, *Entstehung und Entwicklung einer wissenschaftlichen Tatsache,* Basel 1935
Fliche, A. und Martin, V., *Historie de l'Église. Le pontificat de Pie IX,* Paris 1964
Flint, J.E., »Britain and the Partition of West Africa«, in J.E. Flint und G. Williams (Hg.), *Perspectives of Empire,* London 1973
Flora, Peter, *State, Economy and Society in Western Europe 1815–1975: A Data Handbook,* 1, Frankfurt, London und Chicago 1983
Floud, Roderick, »Wirtschaftliche und soziale Einflüsse auf die Körpergrößen von Europäern seit 1750«, *Jahrbuch für Wirtschaftsgeschichte,* Berlin-Ost 1985, II, S. 93–118
Foster, R. F., *Lord Randolph Churchill, a Political Life,* Oxford 1981
Futrell, Michael, *Northern Underground: Episodes of Russian Revolutionary Transport and Communication Through Scandinavia and Finland,* London 1963

Gandhi, M.K., *Collected Works,* Bd. 1: 1884–96, New Delhi 1958
Garcia i Sevilla, Lluis, »Llengua, nació i estat al diccionario de la reial academia espanyola«, *L'Avenç,* Barcelona (16. Mai 1979), S. 50–53
Gervinus, Georg Gottfried, *Geschichte der poetischen Nationalliteratur der Deutschen,* 5 Bde., Leipzig 1836–1842
Giedion, Sigfried, *Die Herrschaft der Mechanisierung,* Frankfurt 1979
Gillispie, C.C., *The Edge of Objectivity,* Princeton 1960
Girouard, Mark, *The Victorian Country House,* New Haven und London 1979
Glaser, Ernst, *Im Umfeld des Austromarxismus,* Wien 1981
Göhre, Paul (Hg.), *Das Leben eines Landarbeiters,* München 1911
Gollwitzer, H., *Die gelbe Gefahr: Geschichte eines Schlagworts. Studien zum imperialistischen Denken,* Göttingen 1962
Gompers, Samuel, *Labor in Europe and America,* New York und London 1910

Goodridge, R.M., »Nineteenth Century Urbanisation and Religion: Bristol and Marseille, 1830–1880«, *Sociological Yearbook of Religion in Britain,* London 1969
Gothein, E. »Gesellschaft und Gesellschaftswissenschaft«, in *Handwörterbuch der Staatswissenschaften,* Jena 1900, Bd. 4
Gretton, R.H., *A Modern History of the English People,* Bd. 2: 1899–1910, London 1913
Guttsman, W.L., *The British Political Elite,* London 1963
Guttsman, W.L., *The German Social-Democratic Party 1875–1933,* London 1981

Halévy, E., *A History of the English People in the Century,* o.O. 1961
Haimson, L., »Problems of Social Stability in Urban Russia 1905–17«, *Slavia Review,* 23 (1964), S. 619–642; 24 (1965), S. 1–22
Hanak, Peter, »Die Volksmeinung während den letzten Kriegsjahren in Österreich-Ungarn«, in R.G. Plaschka und K.H. Mack (Hg.), *Die Auflösung des Habsburgerreiches: Zusammenbruch und Neuorientierung im Donauraum,* Wien 1970
Handwörterbuch der Staatswissenschaften, Jena 1902
Hanson II, John R., *Trade in Transition: Exports from the Third World 1840–1900,* New York, 1980
Harvard Encyclopedia of American Ethnic Groups, Cambridge, Mass. 1980
Haupt, Georges, *Programm und Wirklichkeit: Die internationale Sozialdemokratie vor 1914,* Neuwied 1970
Haupt, Georges, *Socialism and the Great War: The Collapse of the Second International,* Oxford 1972
Haupt, Georges, Lowy, Michel und Weill, Claudie, *Les Marxistes et la question nationale 1848–1914: études et textes,* Paris 1974
Headlam, C. (Hg.), *The Milner Papers,* London 1931
Headrick, D.R., *Tools of Empire,* New York 1981
Heiberg, Marianne, »Insiders/Outsiders; Basque Nationalism«, *Archives Européennes de Sociologie,* 16 (1975), S. 169–193
Helphard (Parvus), J., »Die Handelskrisen und die Gewerkschaften«, Neuabdruck in: *Die langen Wellen der Konjunktur. Beiträge zur marxistischen Konjunktur- und Krisentheorie von Parvus, Karl Kautsky, Leo Trotzki und Ernest Mandel,* Berlin 1972
Herbert, Eugenia W., *Artists and Social Reform: France and Belgium 1885–1898,* New Haven 1961
Hilgerdt, Folke, *Industrialization and Foreign Trade,* Genf 1945
Hilferding, Rudolf, *Das Finanzkapital* (1909), Wien 1923
Hinton, Thomas R., *Nietzsche in German Politics and Society 1890–1918,* Manchester 1984
Hintze, Otto, »Über individualistische und kollektivistische Geschichtsauffassung«, *Historische Zeitschrift,* 78 (1897)
Hirschman, Albert O., *The Political Economy of Latin Development: Seven Exercises in Retrospection* (Center for US-Mexican Studies, University of California), San Diego 1986
Historical Statistics of the United States, From Colonial Times to 1957, Washington 1960
History of the Hungarian Labour Movement. Guide to the Permanent Exhibition of the Museum of the Hungarian Labour Movement, Budapest 1983
Hobbes, T., *Leviathan,* Reinbek 1965
Hobsbawn, E.J., »La diffusione del Marxismo, 1890–1905«, *Studi Storici, XV (1974); Storia del Marxismo, II: Il marxismo nell'età della seconda Internazionale* (Turin 1979), Artikel von F. Andreucci und E.J. Hobsbawn
Hobsbawn, E.J., »Einleitung«, in: *Communist Cartoons,* London 1982

Hobsbawn, E.J. und Ranger, T. (Hg.), *The Invention of Tradition,* Cambridge 1983
Hobson, J.A., *Der Imperialismus,* Köln 1970
Hohorst, G., Kocka, J. und Ritter, G.A., *Sozialgeschichtliches Arbeitsbuch: Materialien zur Statistik des Kaiserreichs 1870–1914,* München 1975
Holl, J.C., *La Jeune Peinture contemporaine,* Paris 1912
Honey, John R. de S., *Tom Brown's Universe: The Development of the Victorian Public School,* London 1977
Howarth, T.E.B., *Cambridge Between Two Wars,* London 1978
Hughes, Jonathan, *The Vital Few: American Economic Progress and its Protagonists,* London/Oxford/New York 1973
Hunter, Robert, *Socialists at Work,* New York 1908
Hynes, W.G., *The Economics of Empire: Britain, Africa and the New Imperialism, 1870–1895,* London 1979

James, William, *The Principles of Psychology,* New York 1950
James, William, *The Varieties of Religions Experience (1902),* New York 1963
Jelavich, Peter, *Munich and Theatrical Modernism: Politics, Playwriting and Performance 1890–1914,* Cambridge, Mass. 1985
Jevons, Stanley H., *The British Coal Trade,* London 1915
John, Hans-Georg, *Politik und Turnen: Die deutsche Turnerschaft als internationale Bewegung im deutschen Kaiserreich von 1870–1914,* Ahrensberg bei Hamburg 1976
Johnston, Sir Harry, *A History of the Colonization of Africa by Alien Races (1913),* Cambridge 1930

Kandinsky, W., *Über das Geistige in der Kunst,* München 1905
Katz, Friedrich, *The Secret War in Mexico: The United States and the Mexican Revolution,* Chicago/London 1981
Kautsky, Karl, *Die Agrarfrage,* Stuttgart 1899
Keddie, Nikki R., »Iranian Revolutions in Comparative Perspective«, *American Historical Review,* 88 (1983)
Kiernan, V.G., *European Empires from Conquest to Collapse,* London 1982
Kindleberger, C.P., »Group Behavoir and International Trade«, *Journal of Political Economy,* 59, (Feb. 1951)
Kipling, Rudyard, *R. Kipling's Verse, Inclusive Edition 1885–1918,* London o.J.
Knight, Donald R., *Great White City, Shepherds Bush, London: 70th Anniversary, 1908–1978,* New Barnet 1978
Kohn, Caroline, *Karl Kraus,* Stuttgart 1966

Laing, S., *Modern Science and Modern Thought* (1885), London 1896
Landes, David, *Der entfesselte Prometheus,* Köln 1973
Landes, D., *Revolution in Time,* Harvard 1983
Langer, W.L., *The Diplomacy of Imperialism, 1890–1902,* New York 1968
Lawson, W. R., *John Bull and His School: A Book for Parents, Ratepayers and Men of Business,* Edinburgh und London 1908
Le Bras, Gabriel, *Études de sociologie réligieuse,* Paris 1955/56
Lenin, V.I., »Der erste Sieg der Revolution«, in: *Werke,* Berlin Ost [4]1966, Bd. 9, S. 430–437
Lenin, V.I., »Zündstoff in der Weltpolitik«, in: *Werke,* Berlin Ost [3]1968, Bd. 15, S. 176–183
Lenin, V.I., »Der Imperialismus als höchstes Stadium des Kapitalismus« (1917), in: *Ausgewählte Werke,* Berlin Ost 1970, Bd., 1, S. 763–873

Lenin, V.I., »Staat und Revolution« (1917), in: *Ausgewählte Werke,* Berlin Ost 1970, Bd. 2, S. 315–420
Lennox, L.A.G. (Hg.), *The Diary of Lord Bertie of Thame 1914–1918,* London 1924
Leoni, A., *Sociologia e geografia religiosa di una Diocesi: saggio sulla pratica religiosa nella Diocesi di Mantova,* Rom 1952
Lequin, Yves, *Les Ouvriers de la région lyonnaise,* Bd. 1: *La Formation de la classe ouvrière régionale,* Lyon 1977
Leroy, Maxime, *La Coutûme ouvrière,* Paris 1913
Lesourd, J.A. und Gérard, Cl., *Nouvelle Histoire Économique I: Le XIXe Siècle,* Paris 1976
Levy, Paul, *Moore: G.E. Moore and the Cambridge Apostels,* Oxford 1981
Lewis, Arthur W., *Growth and Fluctuations 1870–1913,* London 1978
Lieuwen, Edwin, *Arms and Politics in Latin America,* London/New York 1961
Ludmerer, Kenneth M., *Genetics and American Society: A Historical Appraisal,* Baltimore 1972
Lust, John, »Les sociétés secrètes, les mouvements populaires et la révolution de 1911«, in: J. Chesneaux et al. (Hg.), *Mouvements populaires et sociétés secrètes en Chine aux XIXe et XXe siècles,* Paris 1970
Lyashchenko, P.I., *History of the Russian National Economy,* New York 1949

MacDougall, William, *An Introduction to Social Psychology,* London 1908
Mach, Ernst, in *Neue Österreichische Biographie,* Wien 1923
Macrosty, H.W., *The Trust Movement in British Industry,* London 1907
Maitron, Jean, *Le Mouvement anarchiste en France,* Paris 1975
Maitron, Jean and Haupt, Georges (Hg.), *Dictionnaire biographique du mouvement ouvrier international: L'Autriche,* Paris 1971
Marinetti, F.T., *Selected Writings,* hsg. v. R.W. Flint, New York 1971
Marsh, D.C., *The Changing Social structure of England and Wales 1871–1961,* London 1958
Marshall, Alfred, *Principles of Economics* (1890), London 1970
Marshall, Alfred, *Official Papers,* London 1926
Marx, Karl, *Der achtzehnte Brumaire des Louis Bonaparte,* in: Marx-Engels-Werke, Berlin Ost 1969, Bd. 8
Maschke, E., »German Cartels from 1873–1914« in F. Crouzet, W.H. Chaloner and W.M. Stern (Hg.), *Essays in European Economic History,* London 1969
Mathias, P., *Retailing Revolution,* London 1967
Mayer, Arno, *The Persistence of the Old Regime: Europe to the Great War,* New York 1981
Mayeur, J.J., *Les Débuts de la IIIe République 1871–1898,* Paris 1973
Mayr, Georg v., *Statistik und Gesellschaftslehre, Bd. 2: Bevölkerungsstatistik, Teil 2,* Tübingen 1924
Meyer-Leviné, Rosa, *Leviné,* München 1972
Michels, Robert, *Zur Soziologie des Parteiwesens in der modernen Demokratie,* Stuttgart 1970
Mill, John Stuart, *Über Freiheit,* Frankfurt 1969
Mill, John Stuart, »Zivilisation«, in: *Vermischte Schriften, Ges. Werke* Bd. 10, Leipzig 1874
Mit uns zieht die neue Zeit: Arbeiterkultur in Österreich 1918–1934. Eine Ausstellung der Österreichischen Gesellschaft für Kulturpolitik und des Meidlinger Kulturkreises, 23. Januar – 30. August 1981, Wien
Mommsen, Wolfgang J., *Max Weber und die deutsche Politik 1890–1920,* Tübingen 1974
Mommsen, Hans, *Nationalitätenfrage und Arbeiterbewegung,* Schriften aus dem Karl-Marx-Haus, Trier 1971

Mosca, Gaetano, *Elementi di scienza politica* (1895), am. Ausg. *The Ruling Class*, New York 1939
Mulhall, M.G., *The Progress of the World Since the Beginning of the Nineteenth Century*, London 1880 (Neuausgabe 1971)
Mulhall, M.G., *Dictionary of Statistics*, London 1892
Mumford, Lewis, *Die Stadt. Geschichte und Ausblick*, München 1979

Nettl, J.P., *Rosa Luxemburg*, Köln/Berlin 1967
Neumann-Spallart, F.X. v., *Übersichten der Weltwirtschaft, Jg. 1881/82*, Stuttgart 1884
Nietzsche, F., *Der Wille zur Macht*, in: *Sämtliche Werke*, Stuttgart 1965, Bd. 9
Nietzsche, F., *Jenseits von Gut und Böse*, in: *Sämtliche Werke*, Stuttgart 1967, Bd. 7
Nora, Pierre (Hg.), *Les lieux de la mémoire*, Bd. I: *La République*, Paris 1984
Norman, D. (Hg.), *Nehru, The First Sixty Years*, New York 1965
Nunberg, H. und Federn, E. (Hg.), *Protokolle der Wiener Psychoanalytischen Vereinigung*, Bd. 1: *1906–1907*, Frankfurt 1976

Offner, A., »The Working Classes, British Naval Plans and the Coming of the Great War«, *Past & Present*, 107 (Mai 1985)

Pearl, Raymond, *Modes of Research in Genetics*, New York 1915
Pelling, H., *Popular Politics and Society in Late Victorian Britain*, London 1968
Pfetsch, Frank R., *Zur Entwicklung der Wissenschaftspolitik in Deutschland 1750–1914*, Berlin 1974
Planck, Max, *Wissenschaftliche Selbstbiographie*, Leipzig 1948
Platt, D.C.M., *Finance, Trade and Politics: British Foreign Policy 1815–1914*, Oxford 1968
Plechanow, G.W., *Kunst und Literatur*, Berlin Ost 1955
Ploetz, A. und Lentz, F., *Deutsche Gesellschaft für Rassenhygiene* (1905)
Pollard, Sidney, *Peaceful Conquest: The Industrialization of Europe 1760–1970*, Oxford 1981
Pollard, Sidney, »Capital Exports 1870–1914: Harmful or Beneficial?«, *Economic History Review*, 38 (1985)
Puhle, H.-J., *Politische Agrarbewegungen in kapitalistischen Industriegesellschaften*, Göttingen 1975
Puhle, H.-J., »Warum gibt es so wenig Historikerinnen?«, *Geschichte und Gesellschaft*, 7 (1981)
Puhle, H.-J., »Baskischer Nationalismus im spanischen Kontext«, in: H.A. Winkler (Hg.), *Nationalismus in der Welt von heute*, Göttingen 1982

Raeder, Erich, *Struggle for the Sea*, London 1959
Raphael, Max, *Von Monet zu Picasso. Grundzüge einer Ästhetik und Entwicklung der modernen Malerei* (1913), Frankfurt/New York 1985
Reform Bill, *Parliamentary Debates*, 15 July 1867
Review, 23 (1964), (1965), »Problem of Social Stability in Urban Russia 1905–17«
Ritter, G.A. und Kocka J. (Hg.), *Deutsche Sozialgeschichte. Dokumente und Skizzen, Band 2: 1870–1914*, München 1977
Rjasanow (Hg.), *Marx-Engels-Archiv*, Reprint Erlangen 1971
Rocco, Alfredo, *What Is Nationalism and What Do the Nationalists Want?*, Rom 1914
Roderick, G.W., *The Emergence of a Scientific Society*, London und New York 1967
Rolland, Romain, *Johann Christof in Paris*, Frankfurt 1931
Romein, Jan, *The Watershed of Two Eras*, Middletown, Conn. 1978

Roos, H., *A History of Modern Poland*, London 1966
Ross, Edward A., »Social Control VII: Assemblage«, *American Journal of Sociology*, 2 (1896/97)
Rosenberg, W., *Liberals in the Russian Revolution*, Princeton 1974
Rostow, W.W., *The World Economy: History and Prospect*, London 1978
Roy, M.N., *Memoirs*, Bombay/New Delhi/Calcutta/Madras/London/New York 1964
Rubinstein, W.D., »Wealth, Elites and the Class Structure of Modern Britain«, *Past & Present*, *76* (Aug. 1977)
Ruppers, W. (Hg.), *Die Arbeiter: Lebensformen, Alltag und Kultur*, München 1986
Russell, Bertrand, *Our Knowledge of the External World as a Field for Scientific Method in Philosophy* (1914), London 1952

Salomon, J.J., *Science and Politics*, London 1973
Salvadori, Massimo, *Karl Kautsky and the Socialist Revolution*, London 1979
Sanson, Rosemonde, *Les 14 Juillet: fête et consience nationale, 1789–1975*, Paris 1976
Saunders, Carr A.U., *World Population*, London 1936
Schmoller, G.v., *Was verstehen wir unter dem Mittelstande? Hat er im 19. Jahrhundert zu- oder abgenommen?*, Göttingen 1897
Schorske, Carl E., *Wien – Geist und Gesellschaft im Fin de Siècle*, Frankfurt 1982
Schröder, W.H., *Arbeitergeschichte und Arbeiterbewegung: Industriearbeit und Organisationsverhalten im 19. und frühen 20. Jahrhundert*, Frankfurt/New York 1978
Schulze-Gaevernitz, H.G. v., *Britischer Imperialismus und englischer Freihandel zu Beginn des 20. Jahrhunderts*, Leipzig 1906
Seal, Anil, *The Emergence of Indian Nationalism*, Cambridge 1975
Sedition Comittee 1918: Report, Calcutta 1918
Semmel, B., *Imperialism and Social Reform: English Social-Imperial Thought 1895–1914*, London 1960
Seton-Watson, Hugh, *The Russian Empire 1801–1917*, Oxford 1967
Seton-Watson, Hugh, *Nations and States*, London 1977
Shanin, T., *The Awkward Class*, Oxford 1972
Shaw, G. Bernard, *Collected Letters, 1898–1910*, London 1972
Skidelsky, Robert, *John Maynard Keynes*, London 1983
Smith Williams, Henry, *The Story of Nineteenth Century Science*, London/New York 1900
Sombart, Werner, *Die deutsche Volkswirtschaft im 19. Jahrhundert und im Anfang des 20. Jahrhunderts*, Berlin 1903
Sombart, Werner, *Warum gibt es in den Vereinigten Staaten keinen Sozialismus?*, Tübingen 1906
Southworth, C., *The French Colonial Venture*, London 1931
Steinberg, H.J., *Sozialismus und deutsche Sozialdemokratie. Zur Ideologie der Partei vor dem ersten Weltkrieg*, Hannover 1967
Stigler, George J., *The Demand and Supply of Scientific Personnel*, New York 1957
Stone, Norman, *Europe Transformed 1878–1918*, London 1983
Sutter, J., *L'Eugénique: Problèmes-Méthodes-Résultats*, Paris 1950

Taylor, Lonn und Maar, Ingrid, *The American Cowboy*, Washington 1983
Tilly, Louise und Scott, Joan W., *Women, Work and Family*, New York 1978
Touchard, Jean, *La gauche en France depuis 1900*, Paris 1977
Trebilcock, Clive, »Spinn-off in British Economic History: Armaments and Industry, 1760–1914,«, *Economic History Review*, 22 (1969)

Treue, W., und Mauel K. (Hg.), *Naturwissenschaft, Technik und Wirtschaft im 19. Jahrhundert,* Göttingen 1976
Tuchman, Barbara, *Der stolze Turm. Ein Portrait der Welt vor dem Ersten Weltkrieg 1890–1914,* München 1983

Veblen, Thorstein, *Theorie der feinen Leute. Eine ökonomische Untersuchung der Institutionen* (1899), Köln/Berlin 1958
Vincent, Guy, *L'Ecole primaire française: Etude sociologique,* Lyon 1980
de Vries, Jan, *European Urbanisation 1500–1800,* London 1984

Wallas, Graham, *Human Nature in Politics,* London 1908
v. Waltershausen, A. Sartorius, *Die italienischen Wanderarbeiter,* Leipzig 1903
v. Waltershausen, A. Sartorius, *Deutsche Wirtschaftsgeschichte 1815–1914,* Jena 1923
Watt, D.C., *A History of the World in the Twentieth Century,* London 1967
Webb, H.L., *The Development of the Telephone in Europe,* London 1911
Weber, Max, *Gesammelte Aufsätze zur Wissenschaftslehre,* Tübingen 1968
Webster, C. (Hg.), *Biology, Medicine and Society 1840–1940,* Cambridge 1981
Wehler, H.-U., *Das deutsche Kaiserreich 1871–1918,* Göttingen 1973
Weintraub, Rodelle (Hg.), *Bernard Shaw and Women,* Pennsylvania State Univesity 1977
Wells, D.A., *Recent Economic Changes,* New York 1889
Wells, D.A., *Die Zeitmaschine* (1895), Zürich 1974
Wells, D.A., *Ausblicke auf die Folgen des technischen und wissenschaftlichen Fortschritts für Leben und Denken des Menschen,* Minden 1905
Wells, D.A., *Tono-Bungay,* Wien/Hamburg 1981
v. Wilke, Adolf, *Alt-Berliner Erinnerungen,* Berlin 1930
Willard, Claude, *Les Guesdistes,* Paris 1965
Williams, Henry Smith, *The Story of Nineteenth-Century Science* (London und New York, 1900)
Williams, William Appleman, *Die Tragödie der amerikanischen Diplomatie,* Frankfurt 1973
Willett, John, »Breaking Away«, *New York Review of Books,* 28. Mai 1981
Wilsher, P., *The Pound in Your Pocket 1870–1970,* London 1970
Wohl, Robert, *The Generation of 1914,* London 1980
Woytinsky, W., *Die Welt in Zahlen,* Berlin 1926

Zeldin, Theodore, *France, 1848–1945,* Oxford 1973
Zolberg, A., »The Making of Flemings and Walloons: Belgium 1830–1914«, *Journal of Interdisciplinary History, 5 (1974),* S. 179–235

Register

Sachregister

Ländernamen sind nur dann ins Register aufgenommen worden, wenn die betreffenden Staaten nicht bloß beiläufig erwähnt oder mit aufgeführt wurden.

Personenregister

Europäische Geschichte

Herausgegeben von Wolfgang Benz

Gerold Ambrosius
Wirtschaftsraum Europa
Vom Ende der Nationalökonomien
Band 60148

Jerzy W. Borejsza
Schulen des Hasses
Faschistische Systeme in Europa
Band 60160

Claude Carozzi
Weltuntergang und Seelenheil
Apokalyptische Visionen im Mittelalter
Band 60113

Christophe Charle
Vordenker der Moderne
Die Intellektuellen im 19. Jahrhundert
Band 60151

Werner Dahlheim
An der Wiege Europas
Städtische Freiheit im antiken Rom
Band 60105

Richard van Dülmen
Die Entdeckung des Individuums
1500-1800
Band 60122

Jerzy Holzer
Der Kommunismus in Europa
Politische Bewegung und Herrschaftssystem
Band 60161

Victor Karady
Gewalterfahrung und Utopie
Juden in der europäischen Moderne
Band 60159

Ulrich Linse
Geisterseher und Wunderwirker
Heilssuche im Industriezeitalter
Band 60164

Fischer Taschenbuch Verlag

fi 1701 / 7 b

Europäische Geschichte

Herausgegeben von Wolfgang Benz

Günther Lottes
Stadtwelten
Urbane Lebensformen in der Frühen Neuzeit
Band 60124

Kaspar Maase
Grenzenloses Vergnügen
Der Aufstieg der Massenkultur 1850-1970
Band 60143

Chr. Markschies
Zwischen den Welten wandern
Strukturen des antiken Christentums
Band 60101

Wilfried Nippel
Bürger und Polis
Antike und moderne Freiheit
Band 60104

Toni Pierenkemper
Umstrittene Revolutionen
Die Industrialisierung im 19. Jahrhundert
Band 60147

Ronnie Po-chia Hsia
Gegenreformation
Die Welt der katholischen Erneuerung 1540-1770
Band 60130

Winfried Ranke
Der Kalte Krieg
Konfrontation als Ordnungsfaktor
Band 60157

Lutz Raphael
Recht und Ordnung
Herrschaft durch Verwaltung im 19. Jahrhundert
Band 60158

Rolf E. Reichardt
Das Blut der Freiheit
Französische Revolution und demokratische Kultur
Band 60135

Fischer Taschenbuch Verlag

fi 1701 / 6 c

Europäische Geschichte

Herausgegeben von Wolfgang Benz

Saskia Sassen
Migranten, Siedler, Flüchtlinge
Von der Massenauswanderung zur Festung Europa
Band 60138

Claudia Schnurmann
Europa trifft Amerika
Atlantische Wirtschaft in der Frühen Neuzeit 1492-1783
Band 60127

Fred E. Schrader
Die Formierung der bürgerlichen Gesellschaft
1550-1850
Band 60133

Helga Schultz
Handwerker, Kaufleute, Bankiers
Wirtschaftsgeschichte Europas 1500-1800
Band 60128

Peter G. Stein
Römisches Recht und Europa
Die Geschichte einer Rechtskultur
Band 60102

Ulla Wikander
Von der Magd bis zur Angestellten
Macht, Geschlech und Arbeitsteilung 1789-1950
Band 60153

C. Zimmermann
Die Zeit der Metropolen
Urbanisierung und Großstadtentwicklung
Band 60144

Fischer Taschenbuch Verlag

fi 1701 / 1 d